문장의 5형식

1형식 – 주어(S)+동사(V) (S=Subject, V=Verb)
The wind blows. (바람이 분다.)

2형식 – 주어(S)+동사(V)+주격 보어(SC)
(SC=Subject Complement)
My sister became a lawyer.
(내 여동생은 변호사가 되었다.)

3형식 – 주어(S)+동사(V)+목적어(O) (O=Object)
He studied English last night.
(그는 어젯밤에 영어를 공부했다.)

4형식 – 주어(S)+동사(V)+간접목적어(IO)+직접목적어(DO)
(IO=Indirect Object, DO=Direct Object)
Mary gave him a book.
(Mary는 그에게 책 한 권을 줬다.)

5형식 – 주어(S)+동사(V)+목적어(O)+목적격 보어(OC)
(OC=Object Complement)
My family call the dog Lily.
(우리 가족은 그 개를 Lily라고 부른다.)

to부정사 (to + 동사원형)

명사 역할 – To read a book is important.
(책을 읽는 것은 중요하다.)

형용사 역할 – I bought a book to read.
(나는 읽을 책을 샀다.)

부사 역할 – I came home to read the book.
(나는 그 책을 읽기 위해 집에 왔다.)

동명사 (동사원형 + -ing)

주어 역할 – Swimming is my favorite sport.
(수영은 내가 가장 좋아하는 운동이다.)

보어 역할 – My favorite sport is swimming.
(내가 가장 좋아하는 운동은 수영이다.)

동사의 목적어 역할 – I like swimming.
(나는 수영하는 것을 좋아한다.)

전치사의 목적어 역할 – I am interested in swimming.
(나는 수영에 관심이 있다.)

시제

단순 시제

현재 (~한다)
I walk to school every day.
(나는 매일 학교에 걸어간다.)

과거 (~했다)
I walked to school yesterday.
(나는 어제 학교에 걸어갔다.)

미래 (~ 할 것이다)
I will walk to school tomorrow.
(나는 내일 학교에 걸어갈 것이다.)

진행 시제

현재진행 (~하고 있다)
I am walking to school.
(나는 학교에 걸어가고 있다.)

과거진행 (~하고 있었다)
I was walking to school yesterday.
(나는 어제 학교에 걸어가고 있었다.)

미래진행 (~하고 있을 것이다)
I will be walking to school.
(나는 학교에 걸어가고 있을 것이다.)

완료 시제

현재완료 (과거부터 지금까지~했다)
I have walked to school.
(나는 (과거부터 지금까지) 학교에 걸어갔다.)

과거완료 (더 오래전부터 과거까지~해왔다)
I had walked to school.
(나는 (더 오래전부터 과거까지) 학교에 걸어갔다.)

분사

과거분사 (-ed) – 수동, 완료
He saw fallen leaves.
(그는 떨어진 나뭇잎을 봤다.)

현재분사 (-ing) – 능동, 진행
He saw falling leaves.
(그는 떨어지고 있는 나뭇잎을 봤다.)

비교

★ 원급 : 형용사, 부사의 원급

원급 비교 – as+원급+as
She is as tall as he is.
(그녀는 그와 키가 같다.)

비교급 비교 – 원급+-er+than | more+원급+than
She is taller than he (is).
(그녀는 그보다 키가 크다.)
She is more creative than he (is).
(그녀는 그보다 더 창의적이다.)

– less+원급+than
She is less tall than he (is).
(그녀는 그보다 키가 덜 크다.)

최상급 비교 – 원급+-est | most+원급
She is the tallest in the class.
(그녀는 반에서 가장 키가 크다.)
She is the most creative in the class.
(그녀는 반에서 가장 창의적이다.)

[집필진]

구미순 서울 상계중학교
김가영 서울 내곡중학교
김다인 서울 서일중학교
노윤희 서울 아주중학교

배윤경 서울 서운중학교
유민정 서울 윤중중학교
이민지 서울 가재울중학교
조용현 서울 바른스터디학원

차덕원 서울 신일고등학교
홍민석 안양외국어고등학교
수경 English Lab.

[감수진]

강동운 제주 이엠스쿨
강석희 광주 영재사관학원
곽선율 청주 더케이영어학원
구애현 목포 케이과학학원
권경재 부산 국제수학원
권성진 경산 굿쌤영어수능내신전문학원
권수현 고양 식사종로엠학원
권진경 수원 미래엔영어에이블영어학원
김광희 대전 외대타임즈영어학원
김기목 대구 목샘영어교습소
김기수 경주 메타수학영어학원
김다영 대구 리본영어
김도영 하남 미사 'LOGOS EAP'
김민희 군포 에임영어학원
김서윤 해남 TIE고려대학교국제어학원
김세인 세종 이룸영어
김솔비 세종 페이스튼국제학교
김송희 부산 쏭잉글리쉬영어교습소
김유리 서울 리즈잉글리시영어교습소
김은미 김해 씨엘영어수학학원
김은정 울산 노마드수학영어학원
김재영 서울 서초에이스영어
김정원 서울 마스터플랜수학/MP영어
김종찬 부안 최강뮤엠학원
김채린 인천 정상어학원송도국제캠퍼스
김태은 서울 DANglish
김혜진 서울 목동데몬스영어
라은경 충주 이화윤스영어
문명기 서울 문명기영어학원
문지인 부산 문쓰프라이빗영어교습소
문희진 부산 베아투스학원
박미자 부산 거제학원
박병노 대전 제이워크학원
박보현 인천 효성이스턴어학원

박소민 청주 오송고등학교
박영주 양평 BOM학원
박영훈 수원 스카이플러스학원
박은혜 대전 갑천중학교
박은화 부산 위드화명영어교습소
박일진 김해 루체테어학원율하캠퍼스
박재성 당진 시내산 중,고등학교
박지연 서울 대치함영원입시전문학원
박태훈 광주 올바른영어교습소
배상돈 광주 뉴욕영어학원
백재원 파주 백재원입시영어학원
서창준 화성 동탄메타영어학원
성민진 세종 손쌤영어
성유진 경주 국영수과오름학원
손아미 광주 공감플러스영수학원
송연주 고양 루멘영어교습소
송주현 부산 OCO영어학원
신세현 대전 힐탑학원
심지원 김해 더블러썸영어교습소
안미영 파주 어썸영어
안준형 제주 위드유학원
양현진 인천 지니어스영어학원
엄여은 울산 준쌤영어
오원석 포항 깁스쌤영어교습소
오유림 서울 헬리오오쌤영어
오혜민 김포 민영어
유영이 서울 정릉풍림윤선생영어교습소
유현경 화성 더스페이스학원
유형주 서울 마크영어학원
윤용배 대전 이룸학원
이경주 서울 황쌤영어학원
이미현 서울 강남탑브레인
이부용 대구 하마영어학원
이연주 울산 외대HS어학원

이윤석 인천 일등예감학원
이재협 안산 사차원학원
이지연 오산 하이캠퍼스
이지유 원주 제니영어
이현규 전주 이현규영어전문학원
이현미 광주 IGSE풍암학원
임백규 남양주 동화고등학교
임이슬 당진 키움영어센터어학원
장경원 부산 에이스잉글리시영어교습소
장지우 인천 정상어학원송도국제캠퍼스
장홍규 전주 민준영수학원
전지영 서울 삼릉초등학교
정다정 진해 삼성영어셀레나자은냉천학원
정민정 평택 S4국영수학원
정승아 전주 너를위한EM영어수학학원
정시은 포항 SE잉글리시어학원
정재식 수원 마스터제이학원
정희찬 고양 파란영어학원
조아라 인천 더블에이학원
주선률 남양주 위드원학원
주홍대 광주 JOOSTUDY PREMIUM
지희선 고양 비욘드영어지축캠퍼스
채정아 수원 오스틴영어교습소
채진오 김해 장유이룸영어교습소
최석원 전주 에듀캠프학원
최소영 세종 삼성영어셀레나새롬학원
최하나 충주 라이트에듀
최현진 인천 영어완성학원
최혜민 시흥 아이비스프리미엄입시학원
추주호 울산 삼성영어수암학원
하수민 창원 퀸덤영재학원
한지현 용인 유캔영어학원
홍하영 경산 EiE어학원
황지영 서울 동작아발론

자이스토리

중등 영문법 총정리

쉽고 빠른 개념 이해 + 최다 내신 문제

수경출판사

차 례

별책 부록

Workbook
Unit별로 개념 훈련과 어휘 복습

- 2022 개정 교육과정의 10종 교과서와 본교재의 문법 연계를 정리했습니다.
- 학교에서 공부하고 있는 교과서 출판사와 대표 저자 이름을 확인하고 차례대로 공부하십시오.
- 본 자료는 학습에 도움을 주기 위해 분석한 것으로, 학교 진도와 선생님에 따라 진도가 다를 수 있습니다.

자이스토리 영문법 총정리(중2)		능률 (김기택)	동아 (윤정미)	동아 (이병민)
A 문장의 형식과 종류 (All)	Unit 01 문장의 구성 요소	1과, 2과	1과	1과, 2과
	Unit 02 1형식 문장과 2형식 문장	2과, 7과	2과, 3과	2과
	Unit 03 3형식 문장과 4형식 문장	1과, 6과, 8과	5과	4과, 8과
	Unit 04 5형식 문장	5과, 6과, 7과	1과, 2과, 7과	3과
	Unit 05 문장의 종류	3과, 6과	8과	4과
B 명사, 관사	Unit 06 명사의 종류	1과	1과	3과
	Unit 07 명사의 복수형	1과, 2과, 6과	1과, 4과	3과, 4과
	Unit 08 명사의 소유격	7과	1과	7과
	Unit 09 부정관사 a, an	1과, 2과	4과	2과
	Unit 10 정관사 the	5과	1과, 3과	2과, 4과
C 대명사	Unit 11 인칭대명사와 소유대명사	1과, 5과, 6과	4과	1과, 3과
	Unit 12 지시대명사	5과, 7과	1과, 2과	2과
	Unit 13 재귀대명사	–	2과	3과
	Unit 14 대명사 it	4과, 5과, 8과	4과, 7과	2과
	Unit 15 부정대명사	4과, 7과	1과	2과, 6과
	Unit 16 의문대명사	3과, 8과	5과, 8과	4과
D 시제	Unit 17 현재시제	1과, 2과, 8과	1과	1과, 6과
	Unit 18 과거시제	4과, 5과, 6과	1과, 3과	1과, 7과
	Unit 19 동사의 과거−과거분사 불규칙 변화표	2과, 4과	8과	2과
	Unit 20 미래시제	1과, 8과	1과, 5과	8과
	Unit 21 진행시제	1과, 4과	3과, 7과	4과, 7과
	Unit 22 현재완료시제	2과	8과	4과
E 조동사	Unit 23 조동사	4과	1과	1과
	Unit 24 조동사 can (could), will (would)	1과, 2과, 4과	1과	1과, 2과
	Unit 25 조동사 may (might), must (have to), shall, should	2과, 4과	1과, 3과	3과
	Unit 26 be, do, have와 그 외 조동사	2과	5과, 8과	2과, 4과
F 수동태	Unit 27 수동태의 개념 및 형태	4과, 8과	3과, 7과	2과, 7과
	Unit 28 조동사나 시제가 있는 수동태	4과, 8과	3과, 7과	2과, 7과
	Unit 29 4형식과 5형식 문장의 수동태	6과	4과	–
	Unit 30 주의해야 할 수동태 표현	1과, 4과	5과	2과, 3과
G 형용사	Unit 31 형용사의 쓰임	2과, 4과, 8과	7과	3과, 5과
	Unit 32 형용사의 종류 및 어순	4과	8과	3과, 5과
	Unit 33 수사 (형용사)	3과	1과, 7과	2과

미래엔 (문영인)	비상 (황종배)	지학 (송미정)	천재 (소영순)	천재 (이상기)	YBM (시사 1) (박준언)	YBM (시사 2) (김은형)
1과	1과, 8과	1과	1과, 2과	1과	2과, 7과	1과
1과, 2과	4과, 5과	1과, 2과	2과, 3과	2과	1과, 3과	2과, 8과
3과, 5과	2과, 3과	3과	5과	1과, 2과	2과, 5과	1과
4과, 6과	1과, 4과	1과, 4과	6과, 7과	4과	2과, 5과, 7과	5과, 6과, 8과
2과, 4과	8과	2과, 4과	1과, 6과	1과, 5과	5과, 8과	2과, 8과
3과	2과	2과	4과	3과	1과	2과, 5과
2과, 3과	1과, 2과, 4과	1과, 3과	5과, 7과	3과, 4과	1과	2과
4과	7과	2과	8과	3과	1과, 4과	2과
1과, 6과	3과	2과, 8과	5과	1과, 8과	1과, 2과	6과
2과, 7과	5과, 6과	8과	3과, 6과	1과, 5과	1과	5과
1과, 3과	1과, 3과	3과, 6과	1과	2과, 4과	1과, 2과	4과, 7과
3과	1과, 8과	6과	3과, 8과	3과	1과	3과
2과, 7과	–	1과, 2과, 3과	–	1과, 7과	–	5과
2과, 5과	5과, 7과	3과	4과	1과, 3과	1과, 6과	2과, 3과, 6과
1과, 2과	2과	7과, 8과	2과, 8과	7과	5과	5과
1과	2과	1과	4과	1과, 5과	3과	3과
1과	2과, 4과	1과, 3과	1과, 4과	1과	1과	1과
3과, 6과	5과, 6과	4과, 5과	3과	5과, 6과	4과	1과, 6과
5과	7과	3과	4과	3과	6과	2과
1과	2과, 4과	2과	1과	1과, 2과	2과, 5과, 6과	2과
8과	2과	1과, 8과	8과	5과	1과	7과, 8과
5과, 6과	3과	3과, 6과	4과, 7과	3과	6과	2과
3과	2과	7과	1과	2과	3과	1과
3과, 6과	2과, 4과, 5과	7과, 8과	1과, 4과	2과	1과, 2과	1과, 8과
7과	8과	4과	1과	7과	2과, 4과	3과, 7과
5과, 8과	3과, 8과	6과	4과, 7과	1과, 3과	6과	2과
3과, 8과	3과	6과, 7과	3과, 8과	6과, 7과	4과, 7과	4과
3과, 8과	3과	6과, 7과	3과, 8과	6과, 7과	4과, 7과	4과
–	–	–	4과	–	–	4과
1과	–	–	8과	6과	–	–
4과, 7과	1과, 5과	2과, 5과	2과	1과	1과	3과
1과, 7과	4과, 5과	3과, 7과	8과	1과, 5과	2과, 7과	5과
8과	6과	6과	7과	7과	2과, 4과, 6과	4과

자이스토리 영문법 총정리(중2)		능률 (김기택)	동아 (윤정미)	동아 (이병민)
H 부사	Unit 34 부사의 형태	8과	2과	3과
	Unit 35 부사의 역할 및 위치	1과, 3과, 5과	2과, 8과	3과
	Unit 36 그 밖의 중요 부사	2과	1과, 4과	2과
I 비교급	Unit 37 원급	7과	–	–
	Unit 38 비교급, 최상급 형태	2과, 3과	2과, 7과	1과, 5과
	Unit 39 비교급	2과	2과	5과
	Unit 40 최상급	2과, 3과	7과	1과
J 접속사	Unit 41 등위접속사	5과, 8과	1과, 2과	4과, 6과
	Unit 42 상관접속사	–	2과	8과
	Unit 43 명사절을 이끄는 종속접속사	6과	2과	6과, 7과
	Unit 44 부사절을 이끄는 종속접속사	3과, 4과	4과, 6과	2과, 7과, 8과
K 전치사 All	Unit 45 시간을 나타내는 전치사	2과	1과	7과
	Unit 46 장소를 나타내는 전치사	5과	5과, 6과	1과, 3과
	Unit 47 방향 및 기타 전치사	3과, 4과, 5과	2과, 3과	2과, 8과
	Unit 48 전치사의 관용표현	1과, 2과	1과, 5과	3과
L 부정사	Unit 49 to부정사의 명사적 용법	1과, 5과, 8과	1과, 2과, 7과	4과, 5과, 8과
	Unit 50 to부정사의 형용사적 용법	3과	1과	1과, 2과
	Unit 51 to부정사의 부사적 용법	6과, 7과	7과, 8과	4과
	Unit 52 to부정사의 의미상 주어와 관용표현	3과	–	4과, 8과
	Unit 53 원형부정사	7과	–	3과
M 동명사	Unit 54 동명사의 형태 및 역할	2과, 4과	1과	3과
	Unit 55 동명사의 관용표현	4과, 5과, 7과	3과, 8과	7과
N 분사	Unit 56 분사의 형태 및 종류	6과	6과, 8과	4과, 6과
	Unit 57 분사의 역할	2과, 4과, 6과	6과, 8과	4과, 6과
	Unit 58 감정을 나타내는 분사	1과, 5과, 6과	8과	8과
	Unit 59 현재분사와 동명사 비교	1과, 2과	7과	1과, 3과
	Unit 60 분사구문	–	–	–
O 관계사	Unit 61 관계대명사	1과, 5과	4과, 5과	3과, 7과
	Unit 62 관계대명사의 계속적 용법과 생략	–	5과	8과
	Unit 63 관계부사	–	–	–
P 가정법	Unit 64 가정법 과거	–	–	–
	Unit 65 가정법 과거완료	–	–	–
Q 일치, 화법, 도치	Unit 66 시제 일치	4과, 5과	2과	7과
	Unit 67 화법과 도치	1과, 3과	8과	2과

미래엔 (문영인)	비상 (황종배)	지학 (송미정)	천재 (소영순)	천재 (이상기)	YBM (시사 1) (박준언)	YBM (시사 2) (김은형)
3과	2과, 4과, 5과	4과, 6과	4과	4과	2과, 8과	5과
3과, 6과	2과, 4과, 5과	4과, 8과	4과, 8과	4과	1과, 2과, 5과	2과, 3과, 5과
2과	8과	6과	3과, 7과	1과, 2과	4과	2과, 6과
–	5과	–	–	–	8과	–
7과	1과	4과	1과	4과, 5과	1과	2과
7과	8과	4과	1과, 3과	7과	4과	2과
6과, 8과	1과, 8과	5과, 7과	7과	4과, 5과	1과	8과
6과	1과, 2과	6과	2과, 7과	1과, 3과	5과	1과
–	8과	7과	–	–	–	–
6과, 8과	8과	8과	5과	4과	3과	1과, 2과
3과, 7과	7과	2과, 4과, 7과	1과, 3과, 4과	2과, 6과, 8과	2과, 6과, 8과	4과, 6과
2과	3과, 8과	1과, 3과	4과	3과	2과	1과
6과	6과, 7과	6과	2과	2과	1과	6과
7과	3과	4과, 6과	3과, 5과	1과, 4과	4과, 8과	1과, 3과, 5과
1과, 4과, 6과	7과, 8과	2과, 5과	7과	1과	4과, 6과	2과, 7과
1과, 4과, 8과	2과, 7과	2과, 6과	1과, 6과, 7과	2과, 4과, 8과	3과, 5과, 7과	3과, 6과, 7과
5과, 7과	4과, 8과	1과, 6과	2과, 3과	3과, 7과	1과, 4과	1과
2과, 6과	8과	8과	7과	1과	4과, 5과	2과
8과	–	–	2과	–	5과, 8과	1과, 6과
6과, 7과	4과	4과	7과	8과	2과	5과, 8과
6과, 7과	8과	1과, 8과	5과, 7과	4과	2과, 4과, 7과	1과, 5과
3과, 4과	3과, 7과	2과, 8과	2과	1과	5과, 6과	6과
7과	6과, 8과	3과, 5과	4과	3과, 5과	6과	7과
6과, 7과	3과, 6과	3과, 5과	4과, 6과	3과, 5과	6과, 7과	7과
7과	8과	6과, 7과	5과	5과	1과, 6과, 7과	3과
6과	8과	1과	7과, 8과	4과	6과, 8과	7과
–	–	5과	–	–	–	–
1과, 2과	2과, 5과	2과, 5과	2과, 8과	5과, 7과	3과, 7과	3과, 5과
–	2과, 7과	–	–	–	–	7과, 8과
8과	7과	8과	–	–	–	–
–	–	–	–	–	–	–
–	–	–	–	–	–	–
6과	6과, 8과	3과	3과, 8과	7과	4과	2과
6과, 7과	2과	2과, 8과	2과	5과	1과, 8과	1과, 5과

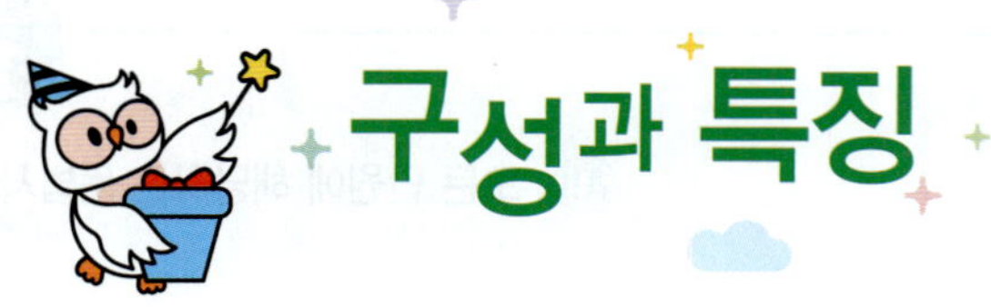

구성과 특징

01 영문법 개념+개념 확인 문제 – 친절한 개념 설명과 개념 확인 문제로 영문법을 익힌다!

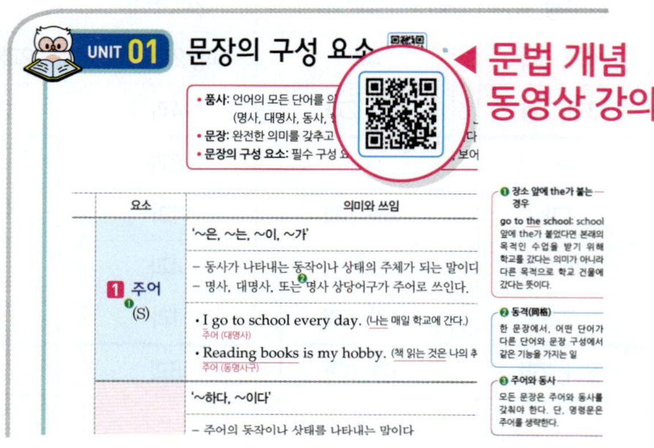

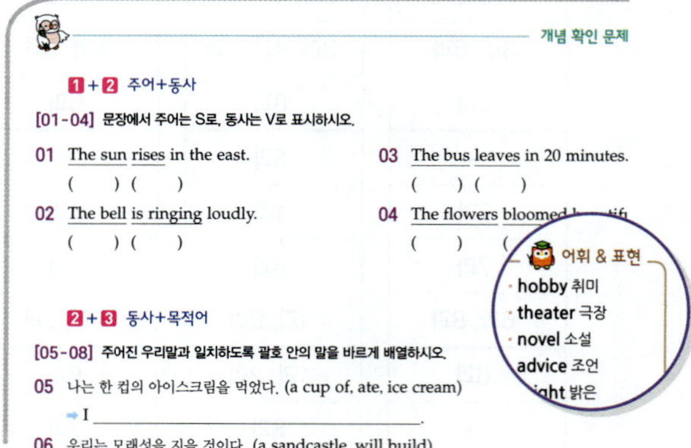

[영문법 개념 총정리]

- 표와 그림, 예문들을 통해 해당 Unit에서 배울 문법을 쉽게 이해할 수 있습니다.

- 명쾌한 문법 개념 동영상 강의로 개념 이해가 더욱 쉽습니다.

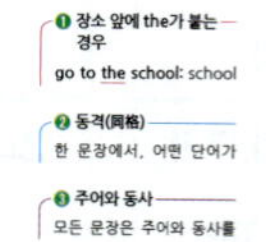

- **빨간색 박스**: 개념 보충 설명
  파란색 박스: 어려운 용어 설명
  보라색 박스: 예외 사항 설명

[개념 확인 문제]

- 다양한 개념 확인 문제들로 학습한 개념을 충분히 익힐 수 있습니다.

- 두 개 이상의 개념을 비교해서 공부할 수 있는 개념 혼합 문제들을 수록했습니다.

[어휘 & 표현]

해당 Unit에 나온 주요 어휘와 표현들을 한번 더 공부할 수 있습니다.

02 단원 평가 문제 – 학습한 문법 개념을 학교 시험 문제로 연습한다!

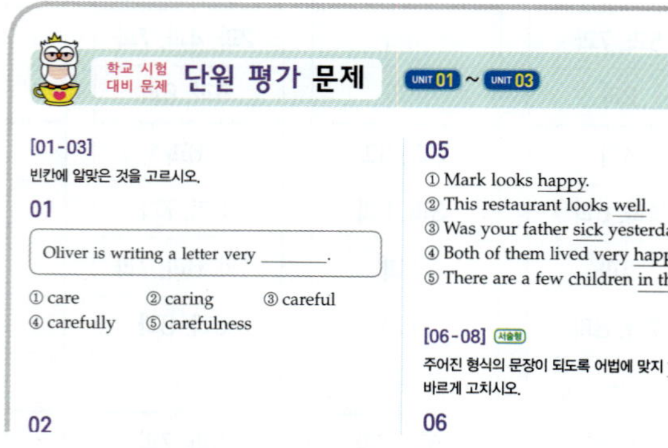

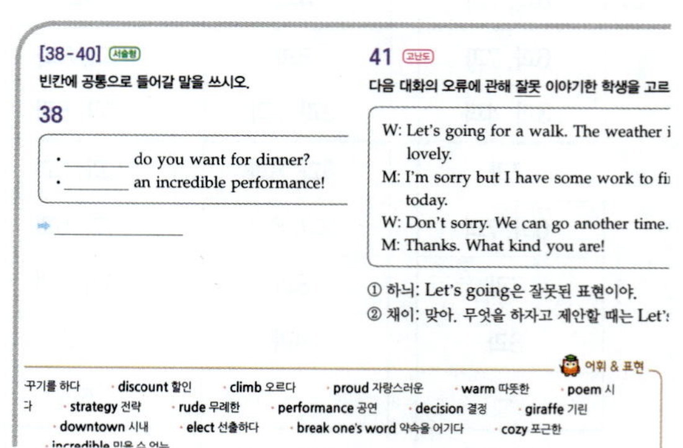

[문법 유형 문제]

- 학교 시험 대비 문제로 학습한 문법 개념에 대한 실력을 평가할 수 있습니다.

- 빈칸에 알맞은 말 고르기, 어법상 틀린 문장 고르기 등 다양한 학교 시험 유형 문제를 수록했습니다.

[고난도 문제+서술형 문제]

- Unit에서 공부한 문법 개념에 대한 서술형 문제들로 실력을 폭넓게 향상시킬 수 있습니다.

- 고난도 문제는 고난도 학교 시험 문제에 대한 대처 능력도 기르도록 다양한 유형으로 수록하였습니다.

03 실전 모의고사 – 단원별 모의고사로 학교 시험을 완벽히 대비한다!

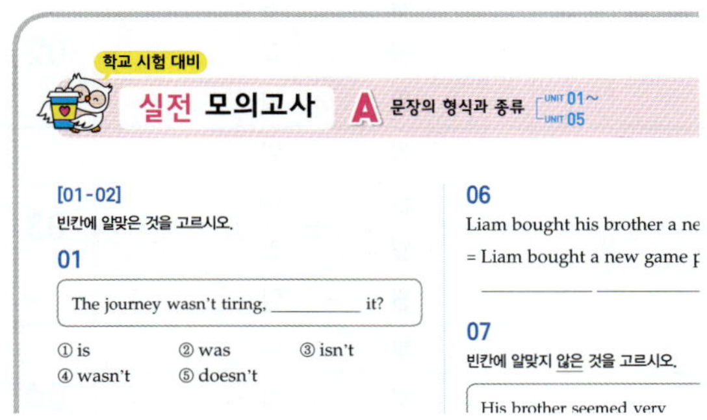

[자주 출제되는 단원별 문법 문제]

- 단원별 문법 개념에 대한 내신형 객관식 유형과 서술형 문제로 학교 시험에 충분히 대비할 수 있습니다.
- 고난도 문제들을 특별히 수록하여 어려운 내신 문제에 대한 대처 능력도 기르도록 하였습니다.

별책 부록

04 Workbook – 공부한 문법 개념과 어휘를 한 번 더 복습한다!

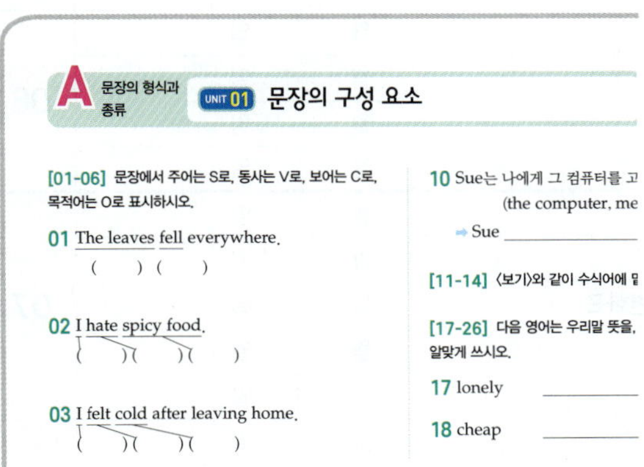

[Unit 개념별로 복습하는 워크북]

- 각 Unit에 해당하는 문제들로 앞에서 배운 내용을 반복해서 학습할 수 있습니다.
- 단원 평가와 유사한 유형으로 문제들을 구성하였습니다.
- 어휘를 잘 익혔는지 확인하는 어휘 테스트 문제도 수록했습니다.

05 자이스토리만의 명쾌한 해설 – 쉽게 이해되는 친절한 해설로 실력이 오른다!

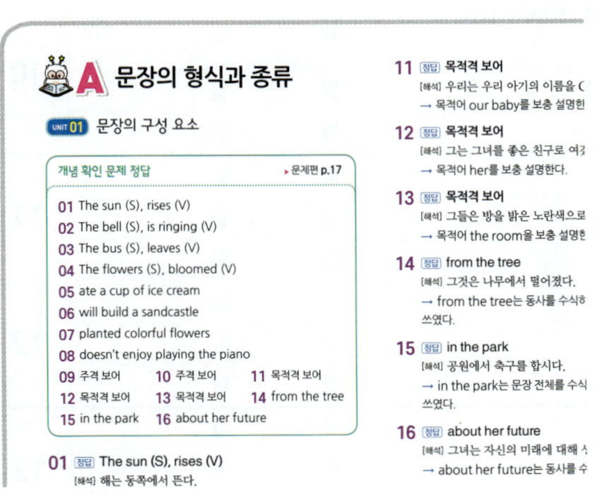

[혼자서도 쉽게 이해되는 친절한 해설]

- Unit별로 정답을 쉽게 확인할 수 있습니다.
- 틀린 문제를 확실히 이해할 수 있도록 쉽게 설명하였습니다.
- 모든 영문 선택지에 대해 우리말 해석을 제공하여 문제에 대한 이해를 도와드립니다.

Xi STORY 중등 영문법 총정리 학습 계획표 

★ Workbook과 함께 공부하면 영문법 실력이 더욱 더 탄탄해집니다.

단원	학습 내용	학습 날짜	확인	DAY
A 문장의 형식과 종류	Unit 01 문장의 구성 요소	월 일		01
	Unit 02 1형식 문장과 2형식 문장	월 일		
	Unit 03 3형식 문장과 4형식 문장	월 일		
	단원 평가 문제 [Unit 01~03]	월 일		
	Unit 04 5형식 문장	월 일		02
	Unit 05 문장의 종류	월 일		
	단원 평가 문제 [Unit 04~05]	월 일		
B 명사, 관사	Unit 06 명사의 종류	월 일		03
	Unit 07 명사의 복수형	월 일		
	Unit 08 명사의 소유격	월 일		
	단원 평가 문제 [Unit 06~08]	월 일		
	Unit 09 부정관사 a, an	월 일		04
	Unit 10 정관사 the	월 일		
	단원 평가 문제 [Unit 09~10]	월 일		
C 대명사	Unit 11 인칭대명사와 소유대명사	월 일		05
	Unit 12 지시대명사	월 일		
	Unit 13 재귀대명사	월 일		
	단원 평가 문제 [Unit 11~13]	월 일		
	Unit 14 대명사 it	월 일		06
	Unit 15 부정대명사	월 일		
	Unit 16 의문대명사	월 일		
	단원 평가 문제 [Unit 14~16]	월 일		
D 시제	Unit 17 현재시제	월 일		07
	Unit 18 과거시제	월 일		
	Unit 19 동사의 과거-과거분사 불규칙 변화표	월 일		
	Unit 20 미래시제	월 일		
	단원 평가 문제 [Unit 17~20]	월 일		
	Unit 21 진행시제	월 일		08
	Unit 22 현재완료시제	월 일		
	단원 평가 문제 [Unit 21~22]	월 일		
E 조동사	Unit 23 조동사	월 일		09
	Unit 24 조동사 can (could), will (would)	월 일		
	단원 평가 문제 [Unit 23~24]	월 일		
	Unit 25 조동사 may (might), must (have to), shall, should	월 일		10
	Unit 26 be, do, have와 그 외 조동사	월 일		
	단원 평가 문제 [Unit 25~26]	월 일		
F 수동태	Unit 27 수동태의 개념 및 형태	월 일		11
	Unit 28 조동사나 시제가 있는 수동태	월 일		
	단원 평가 문제 [Unit 27~28]	월 일		
	Unit 29 4형식과 5형식 문장의 수동태	월 일		12
	Unit 30 주의해야 할 수동태 표현	월 일		
	단원 평가 문제 [Unit 29~30]	월 일		
G 형용사	Unit 31 형용사의 쓰임	월 일		13
	Unit 32 형용사의 종류 및 어순	월 일		
	Unit 33 수사 (형용사)	월 일		
	단원 평가 문제 [Unit 31~33]	월 일		14

단원	학습 내용	학습 날짜		확인	DAY
H 부사	Unit **34** 부사의 형태	월	일		15
	Unit **35** 부사의 역할 및 위치	월	일		
	Unit **36** 그 밖의 중요 부사	월	일		
	단원 평가 문제 [Unit **34~36**]	월	일		16
I 비교급	Unit **37** 원급	월	일		17
	Unit **38** 비교급, 최상급 형태	월	일		
	Unit **39** 비교급	월	일		
	Unit **40** 최상급	월	일		
	단원 평가 문제 [Unit **37~40**]	월	일		18
J 접속사	Unit **41** 등위접속사	월	일		19
	Unit **42** 상관접속사	월	일		
	단원 평가 문제 [Unit **41~42**]	월	일		
	Unit **43** 명사절을 이끄는 종속접속사	월	일		20
	Unit **44** 부사절을 이끄는 종속접속사	월	일		
	단원 평가 문제 [Unit **43~44**]	월	일		
K 전치사	Unit **45** 시간을 나타내는 전치사	월	일		21
	Unit **46** 장소를 나타내는 전치사	월	일		
	Unit **47** 방향 및 기타 전치사	월	일		
	Unit **48** 전치사의 관용표현	월	일		
	단원 평가 문제 [Unit **45~48**]	월	일		22
L 부정사	Unit **49** to부정사의 명사적 용법	월	일		23
	Unit **50** to부정사의 형용사적 용법	월	일		
	Unit **51** to부정사의 부사적 용법	월	일		
	단원 평가 문제 [Unit **49~51**]	월	일		
	Unit **52** to부정사의 의미상 주어와 관용표현	월	일		
	Unit **53** 원형부정사	월	일		24
	단원 평가 문제 [Unit **52~53**]	월	일		
M 동명사	Unit **54** 동명사의 형태 및 역할	월	일		25
	Unit **55** 동명사의 관용표현	월	일		
	단원 평가 문제 [Unit **54~55**]	월	일		26
N 분사	Unit **56** 분사의 형태 및 종류	월	일		27
	Unit **57** 분사의 역할	월	일		
	Unit **58** 감정을 나타내는 분사	월	일		
	단원 평가 문제 [Unit **56~58**]	월	일		
	Unit **59** 현재분사와 동명사 비교	월	일		28
	Unit **60** 분사구문	월	일		
	단원 평가 문제 [Unit **59~60**]	월	일		
O 관계사	Unit **61** 관계대명사	월	일		29
	Unit **62** 관계대명사의 계속적 용법과 생략	월	일		
	Unit **63** 관계부사	월	일		
	단원 평가 문제 [Unit **61~63**]	월	일		30
P 가정법	Unit **64** 가정법 과거	월	일		31
	Unit **65** 가정법 과거완료	월	일		
	단원 평가 문제 [Unit **64~65**]	월	일		32
Q 일치, 화법, 도치	Unit **66** 시제 일치	월	일		33
	Unit **67** 화법과 도치	월	일		
	단원 평가 문제 [Unit **66~67**]	월	일		34
학교 시험 대비 **실전 모의고사 A~D**		월	일		
학교 시험 대비 **실전 모의고사 E~H**		월	일		
학교 시험 대비 **실전 모의고사 I~L**		월	일		
학교 시험 대비 **실전 모의고사 M~Q**		월	일		

중등 영문법 100점을 위한 특별한 공부법

1 중학교의 교과서 문법들을 체계적으로 공부하고
개념 이해를 돕는 대표 예문들을 익힌다.

2 문법 개념은 QR 코드 동영상 강의를 통해
쉽고 명쾌하게 이해한다.

3 개념 확인 문제로 공부한 문법 개념을 정확히 이해했는지 확인하고
연습한다.

4 '어휘 & 표현' 코너를 통해 개념과 문제에서 나온 어휘와 표현들을 익힌다.

5 단원 평가의 내신 대비 객관식, 서술형 문제, 고난도
문제들을 통해 어려운 문제들도 풀 수 있는 능력을
기른다.

6 Workbook을 통해 문법 개념이 확실히 이해되었는지
테스트한다.

7 틀린 문제는 확실히 이해해서 같은 개념의 문제는 다시
틀리지 않도록 한다.

She found the movie interesting at the theater.
주어　　동사　　　목적어　　　　보어　　　　　수식어

(그녀는 극장에서 그 영화가 재미있다고 느꼈다.)

The floor is dusty. Sweep the floor. Let's mop it afterward.
평서문　　　　　　　명령문　　　　　　　　제안문

(바닥이 먼지투성이예요. 바닥을 빗자루로 쓰세요. 그 후에 닦읍시다.)

Who is that chef? How delicious the food tastes!
의문문　　　　　　　감탄문

(저 요리사는 누구인가요? 음식이 정말 맛있어요!)

문장의 구성 요소 

핵심 개념

- **품사:** 언어의 모든 단어를 의미와 쓰임에 따라 분류한 것이며, 영어에서는 8개의 품사 (명사, 대명사, 동사, 형용사, 부사, 전치사, 접속사, 감탄사)로 분류한다.
- **문장:** 완전한 의미를 갖추고 전달될 수 있는 말의 단위이다.
- **문장의 구성 요소:** 필수 구성 요소(주어, 동사, 목적어, 보어)와 수식어가 있다.

	요소	의미와 쓰임
필수 구성 요소	**❶ 주어** ❶ (S)	**'~은, ~는, ~이, ~가'** – 동사가 나타내는 동작이나 상태의 주체가 되는 말이다. – 명사, 대명사, 또는 ❷ 명사 상당어구가 주어로 쓰인다. • I go to school every day. (나는 매일 학교에 간다.) 　주어 (대명사) • Reading books is my hobby. (책 읽는 것은 나의 취미이다.) 　주어 (동명사구)
	❷ 동사 (V)	**'~하다, ~이다'** – 주어의 동작이나 상태를 나타내는 말이다. ❸ – 주어와 함께 문장의 필수 요소에 해당하므로, 특별한 경우를 제외하고는 생략하지 않는다. • He works at the theater. (그는 극장에서 일한다.) 　동사 (주어 He의 동작을 나타냄) • This novel is sad. (이 소설은 슬프다.) 　동사 (주어 This novel의 상태를 나타냄)
	❸ 목적어 (O)	– 동사가 나타내는 동작이나 상태의 대상을 나타내는 말이다. – 목적어 자리에는 명사, 대명사, 또는 명사 상당어구가 온다. (1) 목적어: '~을, ~를' • She likes cake very much. (그녀는 케이크를 매우 좋아한다.) 　(직접)목적어 (likes의 대상) (2) ❹ 간접목적어: '~에게' • I can give you some advice. (나는 너에게 조언을 줄 수 있다.) 　간접목적어　직접목적어
	❹ 보어 (C)	– 주어나 목적어의 의미나 상태를 보충 설명하는 말이다. – 보어 자리에는 명사 상당어구나 형용사가 온다. (1) 주격 보어: 주어를 보충하는 말 • She is my younger sister. (그녀는 내 여동생이다.) 　주격 보어 (명사구) (2) 목적격 보어: 목적어를 보충하는 말 • This music makes him happy. (이 음악은 그를 행복하게 한다.) 　목적격 보어 (형용사)
수식어	**❺ 수식어** (M)	– 다른 말들을 꾸며주는 말이다. – 형용사적 수식어(명사를 꾸밈)와 부사적 수식어(동사, 형용사, 문장 전체 등을 꾸밈)가 있다. • The bright sun shines in the sky. (하늘에 밝은 태양이 빛난다.) 형용사적 수식어 (명사 The sun 수식)　부사적 수식어 (문장 전체 수식)

❶ S, V, O, C, M으로 표시하는 이유

주어(Subject), 동사(Verb), 목적어(Object), 보어(Complement), 수식어(Modifier)의 첫 글자를 따서 표시한다.

❷ 명사 상당어구

명사 역할을 하는 명사구, 대명사, 명사절, 명사적 용법의 to부정사, 동명사 등을 말한다.

❸ 주어와 동사

모든 문장은 주어와 동사를 갖춰야 한다. 단, 명령문은 주어를 생략한다.

❹ 간접목적어

'~에게(간접목적어), ~을 (직접목적어) ~하다'처럼 목적어를 두 개 필요로 하는 동사(give, buy 등)에 쓰이는 목적어이다.

1 + 2　주어+동사

[01-04] 문장에서 주어는 S로, 동사는 V로 표시하시오.

01 The sun rises in the east.
(　　) (　　)

02 The bell is ringing loudly.
(　　) (　　)

03 The bus leaves in 20 minutes.
(　　) (　　)

04 The flowers bloomed beautifully.
(　　)　　(　　)

2 + 3　동사+목적어

[05-08] 주어진 우리말과 일치하도록 괄호 안의 말을 바르게 배열하시오.

05 나는 한 컵의 아이스크림을 먹었다. (a cup of, ate, ice cream)
➡ I ________________________________.

06 우리는 모래성을 지을 것이다. (a sandcastle, will build)
➡ We ________________________________.

07 그들은 형형색색의 꽃을 심었다. (colorful, planted, flowers)
➡ They ________________________________.

08 그녀는 피아노 치는 것을 즐기지 않는다. (doesn't enjoy, the piano, playing)
➡ She ________________________________.

4　보어

[09-13] 밑줄 친 부분이 주격 보어인지 목적격 보어인지 쓰시오.

09 She is <u>my old friend</u>.　➡ ________________

10 The whisper sounds <u>soft</u>.　➡ ________________

11 We named our baby <u>Gwen</u>.　➡ ________________

12 He considered her <u>a great friend</u>.　➡ ________________

13 They painted the room <u>bright yellow</u>.　➡ ________________

5　수식어

[14-16] 문장에서 수식어에 밑줄 그으시오.

14 It fell from the tree.

15 Let's play soccer in the park.

16 She's thinking about her future.

> 어휘 & 표현
> - **hobby** 취미
> - **theater** 극장
> - **novel** 소설
> - **advice** 조언
> - **bright** 밝은
> - **east** 동쪽
> - **leave** 떠나다
> - **bloom** 피다
> - **sandcastle** 모래성
> - **whisper** 속삭임
> - **consider** 여기다

〈 정답과 해설 p. 2 〉

 **UNIT 02** 1형식 문장과 2형식 문장 

- **문장의 5형식**: 영어의 모든 문장을 다섯 가지 기본 구조로 분류할 수 있다.
- **1형식 문장**: 「주어＋동사」로 이루어진 문장
- **2형식 문장**: 「주어＋동사＋주격 보어」로 이루어진 문장

1 1형식 문장 (S+V)

(1) 기본 형태 : 주어＋동사

– 주어와 동사만으로 구성된 문장이다. 보어나 목적어 없이도 완전한 의미를 가진다.

- Dogs bark. (개들이 짖는다.)
  주어 동사
- The bird sings. (새가 노래한다.)
  주어 동사

(2)❶ 수식어를 덧붙여 문장을 수식할 수 있다.

- Curious dogs bark. (호기심 많은 개들이 짖는다.)
  수식어 (형용사)
- The bird sings joyfully. (새가 즐겁게 노래한다.)
  수식어 (부사)

(3) 1형식으로 자주 쓰이는 동사들

'오다, 가다'	appear, arrive, begin, come, end, go, happen, leave 등
	• Lily will arrive soon. (Lily가 곧 도착할 것이다.)
'존재하다'	be, exist, lie, live, stay 등
	• Penguins live in cold climates. (펭귄은 추운 기후에서 산다.)
기타	rain, snow, die, fly, sell, sleep 등
	• It rains heavily almost every day. (거의 매일 거세게 비가 내린다.)

❶ **수식어**

수식어는 다른 말들을 꾸며주는 말로, 없어도 문장이 어색해지지 않는 것을 말한다. 따라서 문장의 형식에 영향을 미치지 않는다.

2 2형식 문장 (S+V+SC)

(1) 기본 형태 : 주어＋동사＋주격 보어

– 주어와 동사, 그리고 주어를 보충 설명하는 주격 보어로 구성된 문장이다.

- She is a doctor. (그녀는 의사이다.)
  주어 동사 주격 보어

(2)❷ 주격 보어에는 명사나 형용사, 또는 그에 해당하는 어구만 쓸 수 있다.

- The flowers look beautiful. (꽃이 아름다워 보인다.)
  주격 보어 (형용사)

(3) 2형식으로 자주 쓰이는 동사들

상태	be, keep, look, seem, stay, remain 등
	• She is a talented musician. (그녀는 재능 있는 음악가이다.)
변화	become, get, grow, go, turn, run 등
	• The weather turned gloomy. (날씨가 어두워졌다.)
감각	feel, look, smell, sound, taste 등
	• The soup tasted too salty. (국물은 너무 짠 맛이 났다.)

❷ **주격 보어**

보어가 될 수 있는 것은 명사와 형용사이며, 부사는 보어로 올 수 없다.

1 1형식 문장

[01-03] 주어진 우리말과 일치하도록 괄호 안의 말을 바르게 배열하시오.

01 추억은 죽지 않는다. (die, memories, never)

➡ _______________________________________

02 사랑은 많은 형태로 존재한다. (in, exists, many forms, love)

➡ _______________________________________

03 손님들은 자정까지 머무를 것이다. (until midnight, will stay, the guests)

➡ _______________________________________

2 2형식 문장

[04-08] 괄호 안에서 알맞은 것을 고르시오.

04 She feels (sad / sadly) today.

05 The spaghetti tastes (good / well).

06 This sauce smells (bad / badly).

07 People kept (silent / silently) during the ceremony.

08 That sounds (great / greatly), but I can't do it today.

1 + **2** 1형식 문장과 2형식 문장

[09-12] 〈보기〉와 같이 문장의 동사에 밑줄을 긋고, 문장이 1형식인지 2형식인지 구분하시오.

> ───〈 보기 〉───
> The lights <u>turn</u> red at night. ➡ _____2형식_____

09 His words aren't true. ➡ _______________

10 He will arrive by eight. ➡ _______________

11 The boy became a great inventor. ➡ _______________

12 Ms. Smith never cooks for her family. ➡ _______________

[13-17] 문장에서 틀린 부분을 찾아 밑줄을 긋고 바르게 고치시오.

13 You look beautifully today. ➡ _______________

14 I can't sleep deep every night. ➡ _______________

15 Their friendship remains strongly. ➡ _______________

16 She left sudden without saying goodbye. ➡ _______________

17 I become confidently before a big presentation. ➡ _______________

〈 정답과 해설 p. 2~3 〉

어휘 & 표현
- **bark** 짖다
- **curious** 호기심 많은
- **joyfully** 즐겁게
- **arrive** 도착하다
- **climate** 기후
- **talented** 재능 있는
- **gloomy** 어둑한
- **salty** 짠
- **memory** 기억, 추억
- **form** 형태
- **midnight** 자정
- **ceremony** 의식
- **inventor** 발명가
- **friendship** 우정
- **sudden** 갑작스러운
- **confidently** 자신감 있게
- **presentation** 발표

UNIT 03 · 3형식 문장과 4형식 문장

- **3형식 문장:** 「주어＋동사＋목적어」로 이루어진 문장
- **4형식 문장:** 「주어＋동사＋간접목적어＋직접목적어」로 이루어진 문장

1 3형식 문장 (S+V+O)

(1) 기본 형태 : 주어＋동사＋목적어

– 주어와 동사, 그리고 동사의 대상이 되는 목적어로 구성된 문장이다.

- I bought a new computer. (나는 새 컴퓨터를 샀다.)
  주어　동사　　목적어

(2) 목적어 자리에는 명사 상당어구가 온다.

- He invited me to the concert. (그는 나를 콘서트에 초대했다.)
  목적어 (대명사)
- Lucy enjoys playing the piano. (Lucy는 피아노 연주하는 것을 즐긴다.)
  목적어 (동명사구)

2 4형식 문장 (S+V+IO+DO)

(1) 기본 형태 : 주어＋동사＋간접목적어❶＋직접목적어

– 주어와 동사, 그리고 간접목적어와 직접목적어로 구성된 문장이다.

- He asked his brother very difficult questions.
  주어　동사　　간접목적어　　　　직접목적어

  (그는 그의 형에게 매우 어려운 질문을 했다.)

(2) 간접목적어와 직접목적어를 가지는 4형식 문장에 쓰이는 동사를 수여동사❷라고 한다.

수여동사	ask, buy, give, lend, offer, send, show, teach, tell, write 등
	· I bought my sister a gift. (나는 내 여동생에게 선물을 사주었다.)

> **❶ 간접목적어: I.O** (Indirect Object), **직접목적어: D.O** (Direct Object)
>
> 간접목적어는 '~에게', 직접목적어는 '~을, ~를'로 해석하는 목적어를 의미한다.

> **❷ 수여동사**
>
> 누구에게 무언가를 주거나 전달하는 동사를 말한다.

3 4형식의 3형식 전환

(1) 「주어＋동사＋간접목적어＋직접목적어」의 4형식 문장을 「주어＋동사＋직접목적어＋전치사＋간접목적어」의 3형식 문장으로 바꿀 수 있다.

「전치사＋간접목적어」는 수식어구이므로, 3형식 문장이 되는 것임

4형식: The company gave its employees awards. (그 회사는 직원들에게 상을 주었다.)
　　　　　　　　　　　　　 간접목적어　　 직접목적어

3형식: The company gave awards to its employees.
　　　　　　　　　　　　 직접목적어　전치사　 간접목적어

(2) 간접목적어 앞에 오는 전치사는 동사에 따라 to, for, of가 정해진다.

to	give, tell, send, bring, offer 등 대부분의 4형식 동사
	· The company sent an email to its clients. (회사는 고객들에게 이메일을 보냈다.)
for	build, buy, cook, find, get, make 등
	· I bought a ticket for my aunt. (나는 이모에게 표를 사드렸다.)
of	ask, inform 등
	· She asked a favor of her friend. (그녀는 친구에게 부탁을 했다.)

1 3형식 문장

[01-03] 밑줄 친 부분을 우리말로 해석하시오.

01　The students <u>solved the problem</u>.　➡ _______________________________________

02　She <u>believes that aliens exist</u>.　➡ _______________________________________

03　My daughter <u>wants to be a web designer</u>.　➡ _______________________________________

2 4형식 문장

[04-06] 〈보기〉와 같이 간접목적어(I.O)와 직접목적어(D.O)를 찾아 쓰시오.

〈보기〉

My friend sent me a little present.	I.O: <u>me</u>	D.O: <u>a little present</u>

04　Professor Lee gave us some advice.　I.O: ______________　D.O: ______________

05　Olivia showed me her new bicycle.　I.O: ______________　D.O: ______________

06　James wrote David an apology letter.　I.O: ______________　D.O: ______________

3 4형식의 3형식 전환

[07-18] 주어진 4형식 문장을 3형식으로 바꿔 쓰시오.

07　He told me his secret.
➡ _______________________________________

08　Art teaches us many things.
➡ _______________________________________

09　He built his son a treehouse.
➡ _______________________________________

10　They sent William a postcard.
➡ _______________________________________

11　Ben got his parents a new car.
➡ _______________________________________

12　The director offered me a raise.
➡ _______________________________________

13　Stewart bought his girlfriend flowers.
➡ _______________________________________

14　The students asked me some questions.
➡ _______________________________________

15　She found her friend a place to stay.
➡ _______________________________________

16　She cooked her family a delicious meal.
➡ _______________________________________

17　They showed the guests their new house.
➡ _______________________________________

18　We got our children a drone.
➡ _______________________________________

🦉 어휘 & 표현

- **invite** 초대하다　　· **company** 회사　　· **employee** 직원　　· **client** 고객　　· **favor** 호의　　· **alien** 외계인
- **apology** 사과　　· **secret** 비밀　　· **postcard** 엽서　　· **director** (회사의) 임원　　· **raise** 상승, (급여) 인상　　· **drone** 드론

〈 정답과 해설 p. 3~4 〉

[01-03]
빈칸에 알맞은 것을 고르시오.

01

> Oliver is writing a letter very ________.

① care   ② caring   ③ careful
④ carefully   ⑤ carefulness

02

> The couple looks ________ although they are tired.

① happy   ② happily
③ happiest   ④ of happiness
⑤ happiness

03

> The teacher explains ________ to the students in detail.

① happy   ② have to
③ the lesson   ④ be repaired
⑤ disappointing

[04-05]
밑줄 친 부분이 어법상 틀린 것을 고르시오.

04

① The boy looks <u>sleepy</u>.
② The bag looks <u>greatly</u>.
③ The girl seems <u>hungry</u>.
④ This cloth feels <u>smooth</u>.
⑤ The soup smells <u>delicious</u>.

05

① Mark looks <u>happy</u>.
② This restaurant looks <u>well</u>.
③ Was your father <u>sick</u> yesterday?
④ Both of them lived very <u>happily</u>.
⑤ There are a few children <u>in the park</u>.

[06-08] 서술형
주어진 형식의 문장이 되도록 어법에 맞지 <u>않는</u> 부분을 찾아 바르게 고치시오.

06

> She showed to me a magic trick.

➡ [4형식] ________________ → ________________

07

> Fried potatoes taste well with tomato ketchup.

➡ [2형식] ________________ → ________________

08

> I will teach yoga Ethan.

➡ [3형식] ________________ → ________________

[09-12]
주어진 문장과 문장 형식이 같은 것을 고르시오.

09

> She reads a book every night.

① We wrote you a new song.
② Jack is running towards me.
③ I can't build robots without you.
④ I feel ashamed about my bad habits.
⑤ You can come here with your friends.

10 고난도

> The cake smells delicious in the oven.

① She bought a new skirt.
② The baby laughs cheerfully.
③ Jane became a talented artist.
④ He wrote his mom a heartfelt letter.
⑤ They planted beautiful flowers in the yard.

11

> They danced under the starry sky.

① He became a great doctor.
② They elected him president.
③ She reads an exciting novel.
④ The dog barked very loudly.
⑤ He gives her a gift on her birthday.

12

> The fresh bread smells incredibly sweet.

① She sings while he is dancing.
② The sky looks so beautiful at sunset.
③ The committee named her chairperson.
④ He wrote a thank you letter on Parents' Day.
⑤ She sends a letter to her friend every month.

[13-14]
문장의 형식이 나머지와 다른 것을 고르시오.

13

① I will teach English to you.
② We practice soccer every day.
③ They spend their money carefully.
④ I heard the news on TV last night.
⑤ The children played happily in the park.

14

① She sings beautifully in the choir.
② The cat sleeps peacefully on the sofa.
③ The wind blows gently through the trees.
④ The music sounds energetic and motivating.
⑤ The flowers bloom in the garden every spring.

[15-17]
두 문장의 뜻이 같도록 빈칸에 알맞은 말을 고르시오.

15

> Will you lend me some money?
> = Will you lend some money _________?

① to me   ② of me   ③ me
④ by me   ⑤ from me

16

> Suji bought her mom a new cap.
> = Suji bought a new cap _________.

① by her mom   ② of her mom
③ to her mom   ④ for her mom
⑤ her mom

17

> They offered her a very good job.
> = They offered a very good job _________.

① by her   ② of her   ③ to her
④ her   ⑤ from her

[18-19]
밑줄 친 부분이 문장의 필수 구성 요소(주어, 동사, 목적어, 보어) 중 하나에 해당되는 것을 고르시오.

18

① She drives aggressively.
② He is moving up and down.
③ I spilled coffee on the carpet.
④ Last year, the river ran almost dry.
⑤ I borrowed a book from my friend.

〈 정답과 해설 p. 4~6 〉

19

① They smiled <u>at me</u>.
② She raised her arm <u>slowly</u>.
③ My grandmother lives <u>alone</u>.
④ They gave their dog <u>a new toy</u>.
⑤ He cleared the table <u>for his mother</u>.

[20-21]

주어진 우리말과 일치하도록 바르게 영작한 것을 고르시오.

20 고난도

> 그것은 정말 아름답게 들린다.

① It really sounds beauty.
② It really sounds beautiful.
③ It really sounds beautifully.
④ It really sounds like beautiful.
⑤ It really sounds like beautifully.

21

> 아버지께서 우리 가족에게 식사를 요리해 주셨다.

① Dad cooked a meal my family.
② Dad cooked a meal of my family.
③ Dad cooked my family for a meal.
④ Dad cooked a meal for my family.
⑤ Dad cooked for my family a meal.

[22-24]

어법상 틀린 것을 고르시오.

22

① The boy is sleepy.
② The bag looks heavily.
③ The girl seems curious.
④ This cloth feels rough.
⑤ The woman seems worried.

23

① We gave a tip the waiter.
② Please give me a moment.
③ Was your dog sick yesterday?
④ Both of them seem very confused.
⑤ There are teachers in the playground.

24 고난도

① The sky appears clear.
② My friend lives by the sea.
③ He sent her to a thoughtful message.
④ I showed her a picture of my childhood.
⑤ They offered us a tour of their new apartment.

[25-26]

밑줄 친 (A)와 같은 형식의 문장을 고르시오.

25 고난도

> W: (A) <u>What did you do last weekend?</u>
> M: ⓐ <u>I traveled to Mt. Halla with my friends.</u>
> W: That sounds fun! ⓑ <u>How was the hike?</u>
> M: ⓒ <u>It was challenging.</u> What about you?
> W: ⓓ <u>I watched movies at home.</u>
> M: ⓔ <u>That sounds interesting!</u>

① ⓐ   ② ⓑ   ③ ⓒ   ④ ⓓ   ⑤ ⓔ

26 고난도

> W: What is Jake doing these days?
> M: (A) <u>He works as a chef now.</u>
> W: ⓐ <u>That's awesome!</u> ⓑ <u>He is really good at cooking.</u>
> M: ⓒ <u>I agree with you.</u> ⓓ <u>Actually, he opened a new restaurant last month.</u>
> W: ⓔ <u>Wow, we should visit his restaurant sometime soon.</u>

① ⓐ   ② ⓑ   ③ ⓒ   ④ ⓓ   ⑤ ⓔ

27 고난도

문장의 형식이 같은 것끼리 묶인 것을 고르시오.

> ⓐ She gave a book to her friend.
> ⓑ I taught my students a new topic.
> ⓒ Eric handed the customer a receipt.
> ⓓ The movie appears interesting to me.
> ⓔ She is fixing her bicycle in the garage.
> ⓕ We watched an interesting movie last night.

① ⓐ, ⓑ, ⓒ　　② ⓐ, ⓔ, ⓕ　　③ ⓑ, ⓒ, ⓓ
④ ⓒ, ⓔ, ⓕ　　⑤ ⓒ, ⓓ, ⓔ

[28-29] 서술형

어법상 틀린 곳을 찾아 바르게 고쳐 문장을 다시 쓰시오.

28

This situation is surprisingly!

➡ ＿＿＿＿＿＿＿＿＿＿＿＿＿＿＿＿

29

Nancy bought a necklace her sister.

➡ ＿＿＿＿＿＿＿＿＿＿＿＿＿＿＿＿

[30-31]

대화를 읽고 다른 형식의 문장을 말한 사람을 고르시오.

30

> Emily: What is Tom's job?
> Mina: He is a teacher.
> Luke: That's interesting!
> Sam: Does he enjoy it?
> Insu: Yes, he seems satisfied.

① Emily　　② Mina　　③ Luke
④ Sam　　⑤ Insu

31 고난도

> Emily: What did you buy at the store?
> Mina: I bought a book.
> Luke: I bought some flowers for my mom.
> Sam: What did you do, Insu?
> Insu: I bought my sister a pretty doll.

① Emily　　② Mina　　③ Luke
④ Sam　　⑤ Insu

[32-33]

다음 글을 읽고 물음에 답하시오.

> I went to the beach with some friends last Sunday. The view of the sunset was amazing. (A) We took a lot of photos there. When I came home, (B) I showed the photos to my family.

32 고난도

밑줄 친 (A)와 같은 형식의 문장을 고르시오.

① That sounds wonderful!
② Did they make him the chef?
③ Let's go to see a movie together!
④ They are my parents and relatives.
⑤ What did you get for your birthday?

33

밑줄 친 (B)와 같은 뜻을 가진 문장을 고르시오.

① I showed my family the photos.
② I showed to my family the photos.
③ I showed my family for the photos.
④ I showed my family with the photos.
⑤ I showed from the photos my family.

 어휘 & 표현

> · **carefully** 조심스럽게　· **although** ~에도 불구하고　· **trick** 속임수　· **ashamed** 부끄러운　· **yard** 마당
> · **starry** 별이 많은　· **incredibly** 엄청나게　· **committee** 위원회　· **peacefully** 평화롭게　· **motivating** 동기가 부여되는
> · **aggressively** 난폭하게　· **spill** 쏟다　· **playground** 운동장　· **receipt** 영수증　· **garage** 차고　· **necklace** 목걸이

〈 정답과 해설 p. 6~7 〉

 **UNIT 04 5형식 문장** 

• **5형식 문장**: 「주어＋동사＋목적어＋목적격 보어」로 이루어진 문장

1 5형식 문장 (S+V+O+OC)

(1) 기본 형태 : 주어＋동사＋목적어＋목적격 보어

– 주어와 동사, 목적어, 그리고 목적어를 보충 설명하는 목적격 보어로 구성된 문장이다.

• Everyone calls him Jake. (모두가 그를 Jake라고 부른다.)
  주어　　동사　목적어 목적격 보어

(2) ❶ 목적격 보어에는 명사나 형용사, 또는 그에 해당하는 어구만 쓸 수 있다.

• The team considers him a key player. (그 팀은 그를 핵심 선수로 여긴다.)
  목적격 보어 (명사구)

• Their creativity makes the project successful. (그들의 창의성은 프로젝트를 성공적으로 만든다.)
  목적격 보어 (형용사)

❶ 목적격 보어

보어가 될 수 있는 것은 명사와 형용사이며, 부사는 보어로 올 수 없다.

2 목적격 보어 – 명사, 형용사

– 다음 동사는 목적격 보어로 명사나 형용사를 쓸 수 있다.

> **call, make, find, get, keep, turn 등**

• His talent made him a star in the art world.

(그의 재능은 그를 예술계의 스타로 만들었다.)

• We found the movie ❷exciting and entertaining.

(우리는 그 영화가 흥미롭고 재미있다는 것을 알았다.)

❷ 목적격 보어로 쓰이는 분사

분사는 형용사의 역할을 하므로 목적격 보어로 쓰일 수 있다. 이때, 목적어와 능동 관계면 현재분사, 수동 관계면 과거분사가 온다.
• He found the book shocking.
(그는 그 책이 충격적이라고 생각했다.)
• She made the room cleaned.
(그녀는 방이 깨끗해지게 했다.)

3 목적격 보어 – to부정사

– 다음 동사는 목적격 보어로 to부정사를 쓸 수 있다.
주로 미래에 'to부정사의 동작'을 할 것을 요청, 요구, 권하는 의미로 쓰인다.

> **advise, allow, ask, cause, encourage, order, tell, want 등**
> ('목적어'가 'to부정사의 동작'을 하도록 조언, 허락, 요구, 유발, 격려, 명령, 말, 원하다)

• He advises us to read the book before the exam.

(그는 우리가 시험 전에 책을 읽을 것을 권한다.)

• We want them to join our team. (우리는 그들이 우리 팀에 합류하기를 바란다.)

4 목적격 보어 – ❸원형부정사

– ❹사역동사와 ❺지각동사는 목적격 보어로 원형부정사를 쓸 수 있다.
– 지각동사의 경우, 진행 중인 동작임을 강조하는 현재분사(-ing)를 쓰기도 한다.

사역동사	make, have, let. (준사역동사 help: to부정사와 원형부정사 둘 다 가능) • The joke made everyone in the room laugh. (그 농담은 방에 있던 모든 사람들을 웃게 만들었다.)
지각동사	feel, hear, notice, see, watch 등 • I saw her perform[performing] on stage last night. (나는 어젯밤에 그녀가 무대에서 공연하는 것을 보았다.)

❸ 원형부정사

원형부정사는 to부정사에서 to가 없는 동사원형의 형태이다.

❹ 사역동사

남에게 어떤 행동을 하게 함을 나타내는 동사를 말한다.

❺ 지각동사

보다, 듣다, 느끼다 등 감각을 나타내는 동사를 말한다.

1 + 2 5형식 문장의 목적격 보어 (명사, 형용사)

[01-12] 문장에서 목적어에는 밑줄을 긋고, 목적격 보어는 동그라미로 표시하시오.

01 They painted the walls blue.

02 I call her an angel.

03 I found the task challenging.

04 She named her daughter Lily.

05 He thought the idea innovative.

06 The chef cooked the steak rare.

07 She considers her father a hero.

08 He made the students relaxed.

09 His behavior made me angry.

10 I didn't consider the movie boring.

11 We appointed Joe the team captain.

12 They found the building abandoned.

[13-14] 그림을 보고, 〈보기〉에서 알맞은 말을 골라 대화를 완성하시오. (중복 사용 불가)

〈보기〉

| injure | injured | injury | happy | happily | happiness |

13

A: What's going on, Jonathan?

B: I fell and got my leg ______________.

14

A: This is for you, mom.

B: Thank you. That makes me so
______________.

1 + 3 + 4 5형식 문장의 목적격 보어 (to부정사, 원형부정사)

[15-23] 괄호 안에서 알맞은 것을 고르시오.

15 My parents want me (be / to be) an actor.

16 I didn't notice the sky (turn / to turn) dark.

17 She advised me (take / to take) the job offer.

18 She allowed her children (play / to play) outside.

19 I hardly see Leo (study / to study) in the library.

20 The event organizer let us (go / to go) home early.

21 The accident will cause him (lose / to lose) his license.

22 He encouraged his team (pursues / to pursue) their dreams.

23 I've never heard my grandparents (use / to use) bad language.

어휘 & 표현

- **consider** 여기다
- **creativity** 창의성
- **successful** 성공적인
- **entertaining** 재미있는
- **advise** 충고하다
- **laugh** 웃다
- **challenging** 어려운
- **innovative** 혁신적인
- **hero** 영웅
- **behavior** 행동
- **appoint** 임명하다
- **abandoned** 버려진
- **organizer** 주최자
- **accident** 사고
- **license** 면허
- **pursue** 쫓다, 추구하다

 **UNIT 05** 문장의 종류 

• **문장의 종류**: 영어 문장은 평서문, 명령문, 제안문, 감탄문, 의문문이 있으며,
각각 긍정문과 부정문으로 쓸 수 있다.

1 평서문 – ~하다, ~이다 (~하지 않다, ~이 아니다)

(1) **긍정 평서문** : 어떤 사실을 설명하는 문장으로, 「주어 + 동사」로 시작한다.

- The sun sets behind the mountains. (산 뒤로 해가 진다.)
- The sky is clear and blue. (하늘이 맑고 파랗다.)

(2) **부정 평서문** : 사실이 아님을 설명하는 문장으로, 부정어 not을 쓴다.

① be동사는 바로 뒤에 not을 쓴다.

　긍정　It is cold outside. (밖은 춥다.)
　부정　❶ It isn't cold outside. (밖은 춥지 않다.)
　　　　be동사 바로 뒤에 not이 옴

② 일반동사는 동사 앞에 ❷ do not, does not, did not을 쓴다.
뒤에는 동사원형이 온다.

　긍정　We like the taste of olives. (우리는 올리브 맛을 좋아한다.)
　부정　We do not like the taste of olives. (우리는 올리브 맛을 좋아하지 않는다.)
　　　　일반동사 앞에 do not이 옴

　긍정　He plays the piano. (그는 피아노를 연주한다.)
　부정　He does not play the piano. (그는 피아노를 연주하지 않는다.)
　　　　일반동사 앞에 does not이 옴

　긍정　She finished her homework. (그녀는 숙제를 끝냈다.)
　부정　She did not finish her homework. (그녀는 숙제를 끝내지 않았다.)
　　　　일반동사 앞에 did not이 옴

❶ 부정문 축약

부정문은 다음과 같이 축약할
수 있다.
is not = isn't
are not = aren't
was not = wasn't
were not = weren't
do not = don't
does not = doesn't
did not = didn't

❷ do, does, did

- 현재시제
  • 3인칭 단수 주어(she, he, it) + does
  • 그 외 주어 + do
- 과거시제
  • 주어 + did

2 명령문 – ~해라, ~하세요 (~하지 마라, ~하지 마세요)

(1) **긍정 명령문** : 동사원형 (~해라)

　– 상대방에게 어떤 행동을 하도록 요구하거나 지시하는 문장이다.
　명령의 주어는 you(너)이기 때문에, 말하지 않아도 알 수 있는 주어인 you를
　생략하고 동사로 문장이 시작한다. 이때, 동사는 원형을 쓴다.

- Clean your room. (네 방을 청소해라.)

(2) **부정 명령문** : **don't / never + 동사원형** (~하지 마라)

　– 상대방에게 어떤 행동을 하지 않도록 요구하거나 지시하는 문장이다.

　긍정　Drink coffee. (커피를 드세요.)
　부정　Don't drink coffee. (커피를 드시지 마세요.)
　　　　앞에 Don't가 옴

　긍정　Call your friend. (친구한테 전화해.)
　부정　Never call your friend. (절대 친구한테 전화하지 마.)
　　　　앞에 Never가 옴

1 평서문

[01-06] 〈보기〉와 같이 주어진 문장을 부정문으로 바꿔 쓰시오.

> 〈보기〉
> The books are on the shelf. ➡ The books are not on the shelf.

01 She arrived on time. ➡ _______________________

02 We were happy together. ➡ _______________________

03 The tickets are sold out. ➡ _______________________

04 They enjoy hiking in winter. ➡ _______________________

05 This cafe serves organic food. ➡ _______________________

06 The experiment was successful. ➡ _______________________

2 명령문

[07-15] 그림을 보고, 〈보기〉에서 알맞은 말을 골라 명령문을 완성하시오. (중복 사용 불가, 부정의 경우, do not을 사용할 것)

> 〈보기〉
> brush   loudly   take   ride   eat   a bike   your hands   drink   a mask
> water   wash   wear   your teeth   enter   a photo   speak   the food

07 ➡ _______________________

08 ➡ _______________________

09 ➡ _______________________

10 ➡ _______________________

11 ➡ _______________________

12 ➡ _______________________

13 ➡ _______________________

14 ➡ _______________________

15 ➡ _______________________

🦉 **어휘 & 표현**

- **clear** 맑은   - **outside** 밖   - **shelf** 선반   - **arrive** 도착하다   - **on time** 제시간에   - **sold out** 매진된   - **serve** 제공하다
- **organic food** 유기농 식품   - **experiment** 실험   - **successful** 성공적인   - **brush** 닦다

〈 정답과 해설 p. 8~9 〉

3 제안문 – ~하자, ~합시다 (~하지 말자, ~하지 맙시다)

(1) 긍정 제안문 : Let's + 동사원형 (～하자)

– 어떤 행동을 함께 하자고 제안하는 문장이다. 권유문이나 청유문이라고도 한다.

- Let's go for a walk in the park. (공원에 산책하러 가자.)
- Let's be honest. (솔직해집시다.)

(2) 부정 제안문 : Let's + not / never + 동사원형 (～하지 말자)

– 어떤 행동을 함께 하지 말자고 제안하는 문장이다.

- 긍정 Let's open the windows. (창문을 열자.)
- 부정 Let's not open the windows. (창문을 열지 말자.)
  Let's 뒤에 not이 옴

- 긍정 Let's forget the past. (과거를 잊읍시다.)
- 부정 Let's never forget the past. (과거를 절대 잊지 맙시다.)
  Let's 뒤에 never가 옴

4 감탄문 – 매우 ~하구나!, 정말 ~하구나!

❶ a/an을 쓰지 않는 경우 – 복수 명사나 셀 수 없는 명사 앞에는 감탄문에서도 a/an을 쓰지 않는다.

– 놀람이나 안타까움 등의 느낌을 표현하는 문장이다.
– how를 이용한 감탄문과 what을 이용한 감탄문이 있다.

	how를 이용한 감탄문	what를 이용한 감탄문
형태	How + 형용사[부사] + (주어 + 동사)!	What +❶ a/an + 형용사 + 명사 + (주어 + 동사)!
쓰임	형용사나 부사 강조	명사 강조
예시	• The news is very exciting. (그 소식은 정말 신이 난다.) → How exciting (the news is)! ((그 소식은) 정말 신이 나는구나!)	• She is a very talented artist. (그녀는 매우 재능 있는 예술가이다.) → What a talented artist (she is)! ((그녀는) 정말 재능 있는 예술가구나!)

개념 확인 문제

3 제안문

[16-21] 주어진 우리말과 일치하도록 괄호 안의 동사를 활용하여 문장을 완성하시오.

16 새로운 식당을 시도해 보자. (try) ➡ _______________ the new restaurant.

17 오늘 이 프로젝트를 끝내자. (finish) ➡ _______________ this project today.

18 Daniel을 파티에 초대하자. (invite) ➡ _______________ Daniel to the party.

19 그것에 대해 더 이상 논쟁하지 말자. (not, argue) ➡ _______________ about it anymore.

20 더 이상 실수하지 말자. (not, make) ➡ _______________ any more mistakes.

21 문 잠그는 것을 절대 잊지 말자. (never, forget) ➡ _______________ to lock the door.

4 감탄문

[22-28] 문장을 how 또는 what을 이용한 감탄문으로 바꿔 쓰시오.

22 The flower is so beautiful.

➡ How ________________________________!

23 The movie was really boring.

➡ How ________________________________!

24 It was a very delicious meal.

➡ What ________________________________!

25 The garden looks so lovely.

➡ How ________________________________!

26 She has a really fantastic idea.

➡ What ________________________________!

27 You are such a talented musician.

➡ What ________________________________!

28 The chocolate melted slowly.

➡ How ________________________________!

[29-34] 문장에서 <u>틀린</u> 부분을 찾아 밑줄을 긋고 바르게 고치시오. (단, 틀린 부분이 없다면 O로 표시할 것)

29 What a great chance!　　　➡ ________________

30 What a fantastic car you had!　　➡ ________________

31 What delicious the food tastes!　➡ ________________

32 What relaxing the vacation was!　➡ ________________

33 How beautiful the flowers look!　➡ ________________

34 How a terrible mistake he made!　➡ ________________

3 + **4** 제안문, 감탄문

[35-40] 괄호 안에서 알맞은 것을 고르시오.

35 (How / What) a clever solution!

36 (Let / Let's) go for a walk together.

37 (How / What) exciting the movie was!

38 Let's (has / have) a picnic by the lake.

39 (Not let's / Let's not) have a movie night at home.

40 (How / What) fast she completed the assignment!

어휘 & 표현

- **invite** 초대하다
- **argue** 논쟁하다
- **mistake** 실수
- **garden** 정원
- **relaxing** 편안한
- **terrible** 끔찍한
- **clever** 현명한
- **solution** 해결책
- **lake** 호수
- **complete** 완수하다
- **assignment** 과제

〈 정답과 해설 p. 9~10 〉

(1) 의문사가 없는 의문문 : 대답이 긍정이면 Yes, 부정이면 No로 답한다.

be동사 의문문	**be동사 + 주어 ~?**
	[의문] Is this your book? (이건 너의 책이니?) [대답] Yes,❶ it is. (응.) / No, it isn't. (아니.)
일반동사 의문문	**do, does, did + 주어 + 동사원형 ~?**
	[의문] Do you like spicy food? (너는 매운 음식을 좋아하니?) [대답] Yes, I do. (응, 좋아해.) / No, I don't. (아니, 안 좋아해.)
	[의문] Does Nancy speak French? (Nancy는 프랑스어를 하니?) [대답] Yes, she does. (응, 해.) / No, she doesn't. (아니, 하지 않아.)
	[의문] Did you attend the meeting? (너는 회의에 참여했니?) [대답] Yes, I did. (응 참여했어.) / No, I didn't. (아니, 참여하지 않았어.)
조동사 의문문	**조동사 + 주어 + 동사원형 ~?**
	[의문] Can you swim? (너는 수영할 수 있니?) [대답] Yes, I can. (응, 할 수 있어.) / No, I can't. (아니, 못 해.)

❶ **의문문의 인칭대명사**

의문문의 주어가 일반 명사일 때는 알맞은 인칭대명사로 바꿔서 대답한다.

(2) 의문사가 있는 의문문 : 구체적인 정보를 묻는 의문문이다. 「의문사＋동사＋주어」 순이다.

> **who** (누구) **what** (무엇) **when** (언제) **where** (어디서)
> **why** (왜) **how** (어떻게) **which** (어느 것)

[의문] Who is your best friend? (너의 가장 친한 친구는 누구니?)
[대답] My best friend is Amy. (내 가장 친한 친구는 Amy야.)

[의문] When do you usually go to bed? (너는 보통 언제 자니?)
[대답] I usually go to bed at 11 P.M. (나는 보통 밤 11시에 자.)

(3) 부가의문문 : 「동사＋주어?」 형태이다.
 – 자신의 말을 확인하거나 상대방의 동의를 구할 때 평서문 뒤에 붙이는 표현이다.
 – 평서문이 긍정문이라면 부가의문문은 부정문이 오고, 평서문이 부정문이라면 부가의문문은 긍정문이 온다.

be동사, 조동사가 쓰인 경우	**부가의문문 자리에 be동사나 조동사를 긍정과 부정만 바꿔서 그대로 쓴다.**
	• This place is quite peaceful, isn't❷ it? 　　　　　　　　　긍정　　　　　　　　부정 　　　　　　　(이 장소는 꽤 평화로워, 그렇지 않니?) • The meeting won't last long, will it? 　　　　　　부정　　　　　　　긍정 　　　　(회의가 오래 지속되지는 않을 거야, 그렇지?)
일반동사가 쓰인 경우	**부가의문문 자리에 일반동사가 아닌 do, does, did를 쓴다.**
	• The movie has a great story, doesn't it? 　　　　　긍정　　　　　　　　부정 　　　　　(영화는 굉장한 이야기를 담고 있어, 그렇지 않니?) • You don't have extra tickets, do you? 　　　부정　　　　　　　　긍정 　　　　　(너는 여분의 표가 없어, 그렇지?)

❷ **부가의문문의 인칭대명사**

주어가 일반 명사일 때는 알맞은 인칭대명사로 바꾼다. 주어가 these, those일 때 부가의문문의 인칭대명사는 they를 쓴다.
 • These are broken, aren't they?
 (이것들은 고장 났어, 그렇지 않니?)

5 의문문

[41-45] 주어진 우리말과 일치하도록 괄호 안의 말을 바르게 배열하시오.

41 Jacob은 수영을 못해요, 그렇죠? (can't, Jacob, can, he, swim)

➡ ______________________________________

42 그녀가 그 새로운 팀원인가요? (the, she, new, team member, is)

➡ ______________________________________

43 당신은 왜 이 도시로 이사를 오셨나요? (did, move, you, to this city, why)

➡ ______________________________________

44 당신과 나는 같은 반 친구였어요, 그렇지 않나요? (were, you and I, weren't, we, classmates)

➡ ______________________________________

45 당신은 기타를 연주하는 법을 아나요? (know, how to play, you, do, the guitar)

➡ ______________________________________

[46-50] 빈칸에 알맞은 말을 〈보기〉에서 골라 부가의문문을 완성하시오. (중복 사용 불가)

〈보기〉

| will | can't | isn't | was | won't |

46 The price won't increase, _______________ it?

47 The weather is hot today, _______________ it?

48 This will be your first visit, _______________ it?

49 The game can be interesting, _______________ it?

50 The concert wasn't boring last night, _______________ it?

어휘 & 표현

- **spicy** 매운
- **attend** 참여하다
- **extra** 여분의
- **classmate** 반 친구
- **increase** 오르다
- **boring** 지루한
- **lecture** 강의
- **correct** 정확한
- **address** 주소
- **believe in** ~을 믿다
- **make sure** ~을 확실하게 하다

1 + **2** + **3** + **4** + **5** 문장의 종류

[51-55] 〈보기〉의 문장들의 종류를 구분하여 문장 번호를 쓰시오.

〈보기〉

① How interesting the lecture was!
② He loves to read books.
③ Is this the correct address?
④ Let's try the new recipe.
⑤ You can do it without me.
⑥ Don't forget to set the alarm.
⑦ They didn't tell me the reason.
⑧ Never stop believing in yourself.
⑨ Make sure to check your email.
⑩ What an amazing performance!
⑪ What is your favorite color?
⑫ Let's never stop learning.

51 평서문: _______________   **52** 명령문: _______________   **53** 제안문: _______________

54 감탄문: _______________   **55** 의문문: _______________

〈 정답과 해설 p. 10~11 〉

[01-03]
주어진 문장과 문장 형식이 같은 것을 고르시오.

01

> They painted the ceiling white.

① I work for a movie company.
② He taught me a gardening tip.
③ They promised us a 20% discount.
④ She always makes her sister happy.
⑤ We climb mountains every Saturday.

02

> I felt someone follow me.

① This is our last hope.
② He made the team proud.
③ I will give you an example.
④ They gave a warm welcome to me.
⑤ I wrote a poem about hope and dreams.

03

> He told his friend a funny story.

① She sings with joy.
② She found the task challenging.
③ The movie seemed very interesting.
④ They discussed the new marketing strategy.
⑤ He offered her a comfortable seat by the window.

[04-06]
빈칸에 알맞지 <u>않은</u> 것을 고르시오.

04

> His failure made us _______________.

① sad
② proud
③ surprised
④ unhappily
⑤ disappointed

05

> Don't _____________________________.

① give up　　　② judge others
③ rude to others　　　④ touch the oven
⑤ fight with your brother

06

> What _____________________________!

① a lovely voice
② a fantastic idea
③ a beautiful sunset
④ a nicely view we have
⑤ an amazing performance

07

문장의 형식이 나머지 넷과 <u>다른</u> 것을 고르시오.

① Don't call me a fool.
② I will make him a scientist.
③ Don't let me go alone, please.
④ We called their names very loudly.
⑤ Science made our lives comfortable.

[08-10] (서술형)

그림을 보고, 〈보기〉에서 알맞은 말을 골라 명령문 또는 제안문을 완성하시오.

(중복 사용 불가, 부정의 경우, not을 사용할 것)

〈보기〉

eat   the flower   run   touch   the candy

08

명령문

➡ ________________________

09

제안문

➡ ________________________

10

명령문

➡ ________________________

11 (고난도)

빈칸에 공통으로 들어갈 것을 고르시오.

- I'll send a copy ________ you.
- Teachers should allow students ________ make their own decisions.

① for   ② of   ③ be
④ to   ⑤ from

[12-17] (서술형)

주어진 우리말과 일치하도록 괄호 안의 말을 바르게 배열하시오.

12

기린은 정말 키가 크구나!
(the giraffe, is, tall, how)

➡ ________________________

13

너의 실수로부터 배워라.
(your mistakes, learn, from)

➡ ________________________

14

정말 독특한 작품이구나!
(piece of artwork, a, what, unique)

➡ ________________________

15

시내에 새로 생긴 카페에 가보자.
(try, that, new cafe downtown, let's)

➡ ________________________

16

Tom은 직업이 무엇이니?
(does, what, for a living, Tom, do)

➡ ________________________

17

그는 축구하는 것을 즐기니?
(he, does, playing, enjoy, soccer)

➡ ________________________

[18-19]

어법상 <u>틀린</u> 것을 고르시오.

18

① The machine works well.
② She wants me to be a teacher.
③ The police sorted out the accident.
④ Wearing glasses made him looks serious.
⑤ Please keep the doors closed while the bus is moving.

〈 정답과 해설 **p. 11~12** 〉

19

① We elected Angela class leader.
② I gave some chocolate to David.
③ John let Mary to open the window.
④ She made some paper flowers for him.
⑤ They advise the students to study math hard.

[20-21]

빈칸에 들어갈 말이 알맞게 짝지어진 것을 고르시오.

20

- You can't speak French, ___(A)___ ?
- We arrived early, ___(B)___ ?

    (A)   (B)

① can you   − did we
② can you   − didn't we
③ can't we − did you
④ can't you − did we
⑤ can't you − didn't we

21

- Julio doesn't break his word, ___(A)___ ?
- Coffee is your favorite drink, ___(B)___ ?

    (A)   (B)

① does he   − is it
② does it   − isn't he
③ does he   − isn't it
④ doesn't   − is he
⑤ doesn't he − is it

[22-23]

자연스러운 대화가 되도록 괄호 안에서 알맞은 것을 고르시오.

22

A: Did you receive my email?
B: (No, I didn't. / At home.) When did you send it?

23

A: When does the movie start?
B: (Yes, it does. / At 7 p.m.)

[24-26] 서술형

그림을 보고, 〈보기〉에서 알맞은 말을 골라 문장을 완성하시오. (중복 사용 불가, 필요시 형태를 변형할 것)

〈보기〉
delicious   wear   cry

24

➡ She advised him ______________ a jacket.

25

➡ He found the candy ______________.

26

➡ He saw her ______________.

[27-28]

주어진 우리말과 일치하도록 바르게 영작한 것을 고르시오.

27

우리 자신에게 솔직해지자.

① Let honest to ourselves.
② Let be honest to ourselves.
③ Be let's honest to ourselves.
④ Let's be honest to ourselves.
⑤ Let's not be honest to ourselves.

28

> John은 그의 반 친구들이 학교 연극에 참여하기를 원한다.

① John wants to join the school play.
② John wants to join his classmates the school play.
③ John wants his classmates joining the school play.
④ John wants his classmates join the school play.
⑤ John wants his classmates to join the school play.

[29-30]
빈칸에 들어갈 말이 나머지 넷과 <u>다른</u> 것을 고르시오.

29

① It wasn't your fault, ________ it?
② The food ________ spicy, wasn't it?
③ It wasn't raining earlier, ________ it?
④ ________ she at the gym earlier today?
⑤ The meeting isn't at 3 PM, ________ it?

30

① ________ cute your cat is!
② ________ are you feeling today?
③ ________ cozy the blanket feels!
④ ________ did the job interview go?
⑤ ________ a tasty meal you prepared!

[31-32]
질문에 대한 답으로 알맞은 것을 고르시오.

31

> Q: Where did you hide the birthday presents?
> A: ________________________

① Yes, I did.
② I did it yesterday.
③ It's your birthday.
④ They're under the table.
⑤ That's because it's her birthday.

32

> Q: Which do you like, the red one or the blue one?
> A: ________________________

① Yes, it is mine.
② No, I don't like it.
③ What about yours?
④ I prefer the red one.
⑤ No, I can't choose any.

[33-34] 서술형
다음 글을 읽고 물음에 답하시오.

> The teacher ordered the students to do their homework.

33

위 문장을 해석하시오.

➡ ____

34 고난도

make를 사용하여 같은 의미의 문장으로 바꾸시오.

➡ ____

[35-37] 서술형
주어진 우리말과 일치하도록 〈보기〉에서 단어를 골라 알맞은 형태로 쓰시오. (중복 사용 불가)

〈보기〉

have	call	drive

35

Mary는 Paul에게 다시 전화해달라고 말했다.

➡ Mary told Paul ______________ her back.

36

나는 그에게 공항까지 태워달라고 부탁했다.

➡ I asked him _______________ me to the airport.

37

부모들은 절대로 아이들이 사탕을 너무 많이 먹도록 두지 않는다.

➡ Parents never let their children _______________ too much candy.

[38-40]

빈칸에 공통으로 들어갈 말을 쓰시오.

38

> • _______ do you want for dinner?
> • _______ an incredible performance!

➡ _______________

39

> • _______ you join us for dinner tomorrow?
> • They won't arrive late, _______ they?

➡ _______________

40

> • _______ beautiful the sunset looks!
> • _______ do you usually spend your weekends?

➡ _______________

41 고난도

다음 대화의 오류에 관해 **잘못** 이야기한 학생을 고르시오.

> W: Let's going for a walk. The weather is lovely.
> M: I'm sorry but I have some work to finish today.
> W: Don't sorry. We can go another time.
> M: Thanks. What kind you are!

① 하늬: Let's going은 잘못된 표현이야.
② 채이: 맞아. 무엇을 하자고 제안할 때는 Let's 뒤에 동사원형을 써야 해.
③ 우주: 명령문인 Don't sorry도 잘못되었어. 주어인 you가 빠졌잖아.
④ 재훈: you는 생략할 수 있어. 하지만 Don't와 sorry 사이에 be는 생략할 수 없지!
⑤ 연두: 마지막 문장엔 What이 아니라 How가 와야 해. 형용사인 kind를 강조하고 있잖아.

42

밑줄 친 문장과 바꿔 쓸 수 있는 문장을 고르시오.

> A: Do you think we can really do this marathon? I'm not sure if we're ready.
> B: Don't worry! We've trained enough.
> A: Okay, let's do it! It's going to be an amazing experience.
> B: <u>What an amazing feeling it is!</u>

① It is an feeling amazing.
② How an amazing feeling!
③ How amazing a feeling is!
④ What amazing is a feeling!
⑤ It is an amazing very feeling.

B

명사, 관사

名詞	冠詞
(이름 명, 말 사)	(갓 관, 말 사)
사람이나 사물의 이름을 나타내는 말	명사 앞에 놓이는 '갓'과 같은 말

I bought three apples and some milk.
셀 수 있는 명사　　셀 수 없는 명사
(나는 사과 세 개와 우유를 조금 샀다.)

He read a book and an article this morning.
부정관사　명사　　부정관사　명사
(그는 오늘 아침에 책과 기사를 읽었다.)

The teacher's lessons are interesting. (선생님의 수업은 흥미롭다.)
정관사　명사의 소유격　명사의 복수형

UNIT 06 명사의 종류

• **명사**: 사람, 사물, 장소 또는 개념을 나타내는 말로, 문장에서는 주어, 목적어, 보어의 역할을 한다.

1 셀 수 있는 명사

(1) 단수형 : a + 단수 명사(명사의 첫소리 발음이 자음일 때),
     an + 단수 명사(명사의 첫소리 발음이 모음일 때)

> a pencil, a cat, a book, a computer, an apple, an hour, an egg 등

• A cookie crumbled in my hand. (쿠키 하나가 내 손에서 부서졌다.)
  첫소리 발음이 자음임
• I received a letter from my friend. (나는 내 친구로부터 편지 한 통을 받았다.)
    첫소리 발음이 자음임
• Scientists conducted an experiment. (과학자들은 한 실험을 했다.)
      첫소리 발음이 모음임
• An elephant is eating a banana in the field.
  첫소리 발음이 모음임

     (코끼리 한 마리가 들판에서 바나나를 먹고 있다.)

(2) 복수형 : 단수 명사 + -s, -es, -ies, -ves

> pencils, boxes, cities, knives, potatoes, computers, sisters, pants 등

• The dogs played together in the park. (개들은 공원에서 함께 놀았다.)
  명사 뒤에 -s가 붙음
• All classes start at 9 in the morning. (모든 수업들은 아침 9시에 시작한다.)
  명사 뒤에 -es가 붙음
• I have several hobbies. (나는 여러 취미들이 있다.)
    명사 뒤에 -ies가 붙음
• She loves to collect leaves in autumn.
      명사 뒤에 -ves가 붙음

     (그녀는 가을에 나뭇잎들을 모으는 것을 좋아한다.)

(3) 셀 수 있는 명사의 종류

보통명사	– 사람, 사물, 동물 등을 나타낸다. – apple, boy, cat, shop, tree 등 • There are a few apples on the table. (탁자 위에 몇 개의 사과가 있다.) • The forest is filled with many kinds of trees. (숲은 많은 종류의 나무로 채워져 있다.)
집합명사 (단수, 복수 모두 취급)	– 하나의 집합체로 볼 땐 단수로 취급한다. – 개개의 구성원으로 볼 땐 복수로 취급한다. – family, class, staff 등 • My family lives in the countryside. (우리 가족은 시골에 살고 있다.) • My family are all very different from one another. (우리 가족은 모두 서로 다르다.)
집합명사 (복수로만 취급)	– 항상 복수 취급한다. – police, cattle, clergy 등 • The police interview witnesses. (경찰은 목격자들을 인터뷰한다.) • The cattle drink water from the pond. (소들은 연못의 물을 마신다.)

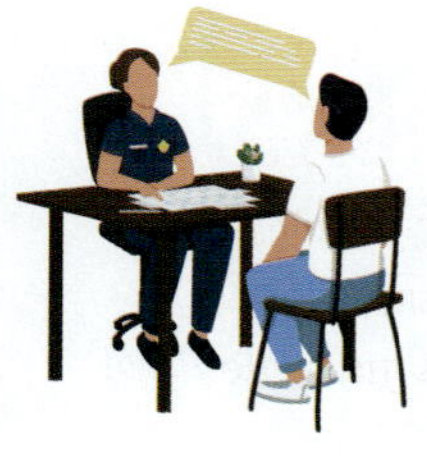

1 셀 수 있는 명사

[01-08] 빈칸에 a나 an을 쓰시오. (단, 필요하지 <u>않은</u> 경우 X로 표시할 것)

01 ______________ stars twinkled in the sky.

02 ______________ cat is sleeping peacefully.

03 I found ______________ coin on the sidewalk.

04 There is ______________ apple in the fridge.

05 ______________ birds flew south for the winter.

06 Please buy me ______________ ice cream cone.

07 We will adopt ______________ dog from the shelter.

08 She will wear ______________ dress to the party.

[09-16] 밑줄 친 부분이 맞으면 ○로 표시하고, 틀리면 바르게 고치시오.

09 Some <u>flowers</u> will bloom soon.　➡ ______________

10 Did you find my two <u>sisters</u>?　➡ ______________

11 Greg will buy a <u>bicycle</u>.　➡ ______________

12 I can finally wear a <u>necklaces</u>.　➡ ______________

13 I planted five <u>tree</u> last year.　➡ ______________

14 She didn't receive a <u>invitation</u>.　➡ ______________

15 They built a <u>sandcastle</u> this morning.　➡ ______________

16 We watched an interesting <u>movies</u> together.　➡ ______________

[17-24] 괄호 안에서 알맞은 것을 고르시오.

17 He is reading an (article / articles) online.

18 (A / Four) cars are waiting at the traffic signal.

19 We need an extra (chair / chairs) for the guests.

20 They visited a (museum / museums) last weekend.

21 We found two (kitten / kittens) in the barn.

22 She solved a lot of (puzzle / puzzles) in the newspaper.

23 (A / Ten) students participated in the science experiment.

24 I bought three (orange / oranges) from the grocery store.

어휘 & 표현

- **crumble** 부서지다　- **conduct** (특정 활동을) 하다　- **clergy** 성직자　- **witness** 목격자　- **pond** 연못　- **twinkle** 반짝이다
- **sidewalk** 보도　- **fridge** 냉장고　- **adopt** 입양하다　- **shelter** 보호소　- **necklace** 목걸이　- **invitation** 초대
- **sandcastle** 모래성　- **extra** 여분의　- **barn** 헛간　- **participate in** ~에 참여하다

< 정답과 해설 p. 14~15 >

2 셀 수 없는 명사

(1) 셀 수 없으므로 복수 표현이 불가능하며, **항상 단수 취급**한다. a나 an을 쓰지 않는다.

- Water is essential for humans. (물은 인간에게 필수적이다.)

단수 동사
- Love has the power that heals the wounds. (사랑은 상처를 치유하는 힘이 있다.)

단수 동사

(2) 셀 수 없는 명사의 종류

물질명사	형태가 없는 물질을 나타내는 명사 – air, bread, gold, money, water 등 • Would you like some coffee? (커피 좀 드시겠어요?) • Flour is essential for baking bread. (밀가루는 빵을 굽는 데 필수적이다.)
추상명사	추상적인 개념을 나타내는 명사 – love, information, honesty, peace 등 • Freedom is a human right. (자유는 인권이다.) • Knowledge is power and health is wealth. (지식은 힘이고 건강은 부다.)
고유명사	사람, 국가, 도시, 월, 요일 등 – Tom, France, Jeju, March, Sunday 등 • I'm going to New York on business. (나는 뉴욕으로 출장을 갈 것이다.) • Seoul is the capital city of Korea. (서울은 대한민국의 수도이다.)
집합명사	개별적으로 세어지지 않고 전체로 간주되는 경우 – equipment, clothing, furniture, jewelry, traffic 등 • The furniture in your room looks fancy. (당신 방에 있는 가구는 화려해 보인다.) • The jewelry is sparkling in the sunlight. (그 보석이 햇빛에 반짝이고 있다.)

2 셀 수 없는 명사

[25-28] 다음 명사 묶음을 명사의 종류에 따라 분류하시오.

> ⓐ gas, oil, milk
> ⓑ hate, pride, luck
> ⓒ anger, time, hope
> ⓓ fire, snow, wine
> ⓔ baggage, junk, stuff
>
> ⓕ Norway, Friday, Nora
> ⓖ Oliver, Monday, Spain
> ⓗ failure, success, quality
> ⓘ jewelry, homework, traffic
> ⓙ Germany, Nancy, May

25 물질명사: _______________

26 추상명사: _______________

27 고유명사: _______________

28 집합명사: _______________

1 + **2** 명사의 종류

[29-48] 셀 수 있는 명사면 C(countable), 셀 수 없는 명사면 UC(uncountable)를 쓰시오.

29 Sydney   _________________

30 elephant   _________________

31 pen   _________________

32 boy   _________________

33 time   _________________

34 silver   _________________

35 equipment   _________________

36 sock   _________________

37 India   _________________

38 ticket   _________________

39 milk   _________________

40 Brazil   _________________

41 phone   _________________

42 January   _________________

43 mountain   _________________

44 knowledge   _________________

45 October   _________________

46 computer   _________________

47 sandwich   _________________

48 Monday   _________________

[49-55] 밑줄 친 부분이 맞으면 ○로 표시하고, 틀리면 바르게 고치시오.

49 He showed a <u>great kindness</u>.   ➡ _________________

50 Can I have a <u>cookie</u> from the jar?   ➡ _________________

51 <u>A children</u> is playing games in the park.   ➡ _________________

52 The engineer designed a <u>small robot</u>.   ➡ _________________

53 Saving a <u>money</u> for the future is a wise decision.   ➡ _________________

54 Seeking <u>wisdom</u> through experience is a lifelong journey.   ➡ _________________

55 We enjoyed listening to a <u>beautiful music</u> during the concert.   ➡ _________________

[56-61] 〈보기〉에서 알맞은 단어를 골라 문장을 완성하시오. (중복 사용 불가)

〈보기〉

a	an	courage	duck	smoke	stick

56 Can I borrow _____________ pen?

57 A _____________ swam across the pond.

58 You can use a _____________ to dig holes.

59 With _____________, you can do anything.

60 _____________ from the campfire filled the air.

61 I saw _____________ eagle at the top of the mountain.

🦉 **어휘 & 표현**

- **essential** 필수적인   • **heal** 치료하다   • **wound** 상처   • **flour** 밀가루   • **human right** 인권   • **knowledge** 지식
- **capital city** 수도   • **fancy** 화려한   • **decision** 결정   • **wisdom** 지혜   • **lifelong** 일생의   • **campfire** 모닥불

〈 정답과 해설 p. 15~16 〉

UNIT 07 명사의 복수형

• **명사의 복수형**: 명사가 두 개 이상인 경우를 나타낼 때 사용한다.
명사 뒤에 -s 또는 -es를 붙여서 복수형을 만든다.

1 셀 수 있는 명사의 복수형

(1) 규칙 변화

대부분의 명사	+ -s	chair → chairs, flower → flowers, house → houses • She has two houses. (그녀는 두 채의 집이 있다.)
-s, -x, -ch, -sh로 끝나는 명사	+ -es	class → classes, fox → foxes, match → matches, dish → dishes • There are some foxes. (여우 몇 마리가 있다.)
-o로 끝나는 명사	+ -s + -es	zoo → zoos, piano → pianos, hero → heroes • Many zoos are closed. (많은 동물원이 문을 닫는다.)
「자음 + y」로 끝나는 명사	y를 i로 고치고 + -es	country → countries, duty → duties, party → parties • I visited six countries. (나는 여섯 국가를 방문했다.)
-f, -fe로 끝나는 명사	f, fe를 v로 고치고 + -es	shelf → shelves, half → halves, life → lives, knife → knives • Two knives are left. (칼 두 개가 남았다.)

(2) 불규칙 변화

불규칙 명사	child → children, foot → feet, goose → geese, man → men, mouse → mice, tooth → teeth
단수형과 복수형이 같은 명사	deer, fish, moose, salmon, series, sheep, species

• Children learn through play and fun. (아이들은 놀이와 재미를 통해 배운다.)

• A deer is standing by the water. (사슴 한 마리가 물가에 서 있다.)

• Deer are commonly seen this time of year. (사슴들은 일 년 중 이맘때 흔히 보인다.)

2 셀 수 있는 명사 중 주의해야 할 복수형

(1) 항상 복수로 쓰는 명사 – ❶ gloves, pants, scissors, socks, trousers 등

• My antique scissors are displayed in a glass case.

(나의 골동품 가위는 유리 전시장에 진열되어 있다.)

(2) 복수 형태지만 단수 취급하는 명사 – 일부 과목명, 질병 이름, 국가명

• Economics is my favorite subject. (경제학은 내가 가장 좋아하는 과목이다.)

• Diabetes demands care. (당뇨병은 관리가 필요하다.)

• The Philippines is a country in Asia. (필리핀은 아시아에 있는 나라이다.)

(3) 복수 형태가 될 때 뜻이 달라지는 명사

단수형	arm (팔)	custom (관습)	pain (고통)	manner (방식)
복수형	arms (무기)	customs (관세)	pains (수고)	manners (예절)

• His manner of speaking reflects his good manners. (그의 말하는 방식은 그의 좋은 예절을 보여준다.)

❶ 한 쌍을 이루는 명사의 수량 표현

단위 명사인 pair를 이용하여, 한 쌍을 이루는 명사의 수량을 표현할 수 있다.
• I need two pairs of gloves.
(난 장갑 두 켤레가 필요해.)

03 DAY

1 셀 수 있는 명사의 복수형

[01-24] 주어진 명사의 복수형을 쓰시오.

01	box	__________	13	man
02	city	__________	14	deer
03	house	__________	15	mouse
04	dish	__________	16	tooth
05	knife	__________	17	goose
06	inch	__________	18	sheep
07	wolf	__________	19	child
08	story	__________	20	salmon
09	glass	__________	21	species
10	balloon	__________	22	fish
11	beach	__________	23	foot
12	hero	__________	24	woman

2 셀 수 있는 명사 중 주의해야 할 복수형

[25-28] 주어진 우리말과 일치하도록 괄호 안에서 알맞은 것을 고르시오.

25 홍역은 어린아이들에게 위험하다.

➡ Measles (is / are) dangerous to young children.

26 너는 훌륭한 예절을 배울 필요가 있다.

➡ You need to learn good (manner / manners).

27 수학은 어려운 과목이다.

➡ (Mathematic / Mathematics) is a challenging subject.

28 교복은 회색 바지를 포함한다.

➡ The school uniform includes grey (trouser / trousers).

어휘 & 표현
- **salmon** 연어
- **commonly** 흔히
- **antique** 골동품의
- **diabetes** 당뇨병
- **reflect** 나타내다
- **measles** 홍역
- **mathematics** 수학
- **trousers** 바지
- **sore** 아픈
- **match** 맞추다

1 + 2 명사의 복수형

[29-32] 밑줄 친 부분이 맞으면 ○로 표시하고, 틀리면 바르게 고치시오.

29 Children <u>loves</u> to play with toys. ➡ __________

30 His feet <u>were</u> sore after a long day. ➡ __________

31 She wore red <u>gloves</u> to match her winter coat. ➡ __________

32 The Netherlands <u>are</u> a country known for its beautiful flowers. ➡ __________

〈 정답과 해설 p. 17~18 〉

3 셀 수 없는 명사의 수량 표현: 「수 + 단위명사 + of + 셀 수 없는 명사」

측정 단위나 담는 용기, 모양 등을 이용하여 나타낸다.

단위명사	의미	예시
bottle bottles	병	a bottle of **beer** (맥주 한 병), two bottles of **wine** (와인 두 병), several bottles of **hot sauce** (매운 소스 여러 병)
cup cups	컵(잔)	a cup of **coffee** (커피 한 잔), two cups of **milk** (우유 두 컵), several cups of **tea** (차 여러 잔)
glass glasses	잔	a glass of **milk** (우유 한 잔), two glasses of **juice** (주스 두 잔), several glasses of **water** (물 여러 잔)
jar jars	병	a jar of **honey** (꿀 한 병), two jars of **jam** (잼 두 병), several jars of **tomato sauce** (토마토소스 여러 병)
loaf loaves	덩어리	a loaf of **bread** (빵 한 덩어리), two loaves of **dough** (반죽 두 덩어리), several loaves of **cheese** (치즈 여러 덩어리)
bar bars	막대	a bar of **gold** (금 막대 하나), two bars of **soap** (비누 바 두 개), several bars of **chocolate** (초콜릿 바 여러 개)
bowl bowls	그릇	a bowl of **rice** (쌀 한 그릇), two bowls of **noodle** (국수 두 그릇), several bowls of **cereal** (시리얼 여러 그릇)
sheet sheets	장	a sheet of **paper** (종이 한 장), two sheets of **fabric** (천 두 장), several sheets of **cotton** (면 여러 장)
❶slice slices	조각	a slice of **pizza** (피자 한 조각), two slices of **bacon** (베이컨 두 조각), several slices of **pie** (파이 여러 조각)
❶piece pieces	조각	a piece of **advice** (충고 하나), two pieces of **furniture** (가구 두 점), several pieces of **cake** (케이크 여러 조각)

❶ slice vs. piece
- **slice**: 얇게 썬 조각
- **piece**: 모양과 상관없는 한 부분

- Can I get a bottle of coke and two cups of Americano? (콜라 한 병과 아메리카노 두 잔 주실 수 있나요?)
- We need four glasses of milk, two jars of peach jam, and three loaves of bread.

(우리는 우유 네 잔, 복숭아 잼 두 병, 그리고 빵 세 덩어리가 필요해요.)

- I'd like to put a bar of chocolate on a bowl of bingsu, instead of a slice of cheese.

(나는 빙수 한 그릇 위에 치즈 한 조각 대신 초콜릿 바 하나를 올려놓고 싶다.)

개념 확인 문제

3 셀 수 없는 명사의 수량 표현

[33-37] 각 단위명사와 명사 묶음을 알맞게 연결하시오.

33 a loaf of   •   • ⓐ soup, salad, popcorn

34 a bar of   •   • ⓑ music, jewelry, poetry

35 a bowl of   •   • ⓒ silver, candy, soap

36 a bottle of   •   • ⓓ sparkling water, olive oil, vinegar

37 a piece of   •   • ⓔ pumpkin pie, garlic bread, cookie dough

[38-49] 그림을 보고, 빈칸에 알맞은 말을 〈보기〉에서 골라 알맞은 형태로 쓰시오. (중복 사용 가능)

〈보기〉

bar cup sheet bowl slice piece loaf glass jar bottle

38

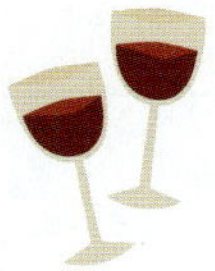

→ ____________ wine

39

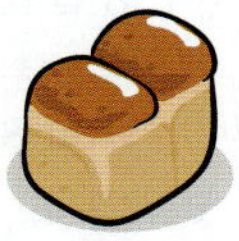

→ ____________ bread

40

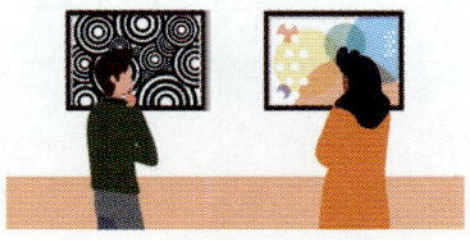

→ ____________ art

41

→ ____________ paper

42

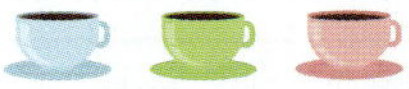

→ ____________ coffee

43

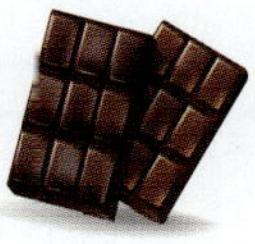

→ ____________ chocolate

44

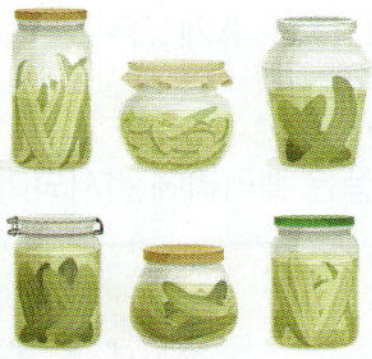

→ ____________ pickle

45

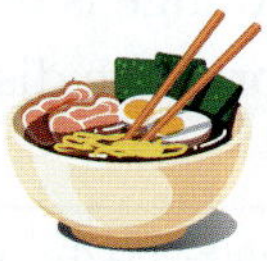

→ ____________ ramen

46

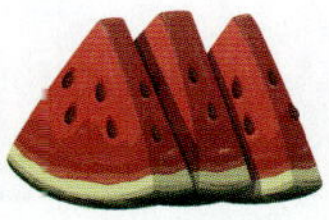

→ ____________ watermelon

47

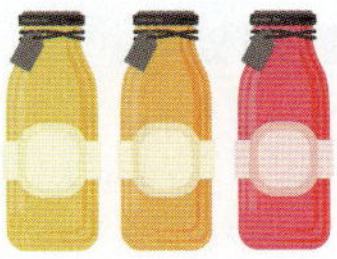

→ ____________ juice

48

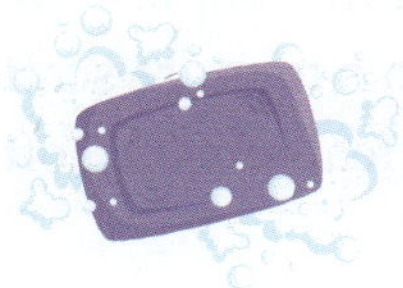

→ ____________ soap

49

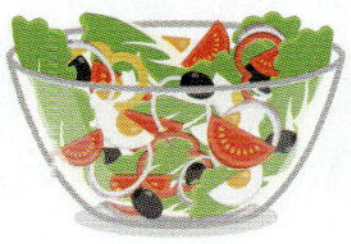

→ ____________ salad

[50-55] 괄호 안에서 알맞은 것을 고르시오.

50 Please grill just two (cups / slices) of bacon.

51 I need to buy a (jar / sheet) of peanut butter.

52 They received only a few (pieces / slices) of feedback.

53 It is a perfect time for a (cup / loaf) of hot chocolate.

54 He prepared four (bowls / loaves) of bread for sandwiches.

55 I collected about a hundred (bottles / sheets) of perfume so far.

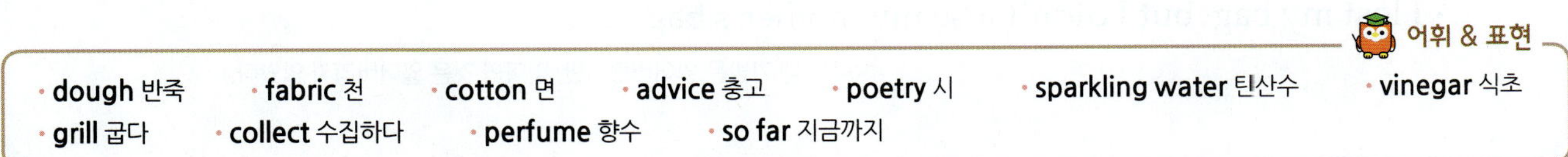

어휘 & 표현

- dough 반죽 · fabric 천 · cotton 면 · advice 충고 · poetry 시 · sparkling water 탄산수 · vinegar 식초
- grill 굽다 · collect 수집하다 · perfume 향수 · so far 지금까지

〈정답과 해설 p. 18~19〉

> **핵심 개념**
> • **명사의 소유격**: '~의'라는 뜻으로, 명사가 소유(가지고 있음)하거나 명사와 관련이 있다는 뜻이다.

1 아포스트로피(')를 붙이는 경우 – 사람이나 동물을 나타내는 명사

단수 명사	+ 's	cat's tail (고양이의 꼬리), dog's nose (개의 코), elephant's trunk (코끼리의 코), Ryan's hand (Ryan의 손), actor's name (배우의 이름)
		• That dog's tail is short. (저 개의 꼬리는 짧다.) • Do you know Hani's nickname? (너는 Hani의 별명을 아니?) • My father's phone is white. (내 아버지의 휴대폰은 흰색이다.)
-s로 끝나는 복수 명사	+ '	birds' song (새들의 노래), cats' owner (고양이들의 주인), ladies' room (여자 화장실), students' book (학생들의 책), teachers' room (교무실)
		• I loaded my bags on the camels' back. (나는 낙타들의 등에 가방을 실었다.) • The teachers' lounge is on the second floor. (선생님들의 휴게실은 2층에 있다.) • The artists' works are displayed in the gallery. (예술가들의 작품은 갤러리에 전시되어 있다.)
-s로 끝나지 않는 복수 명사	+ 's	children's hat (아이들의 모자), men's fashion (남성 패션), women's university (여대), people's idea (사람들의 생각), geese's feather (거위들의 깃털)
		• I want to know people's idea. (저는 사람들의 생각을 알고 싶어요.) • The children's toys are scattered. (아이들의 장난감이 흩어져 있다.) • The geese's feathers are soft. (거위들의 깃털은 부드럽다.)

2 아포스트로피(')를 붙이지 않는 경우 – 무생물 명사

of + 무생물 명사 ❶	end of a hall (복도의 끝), top of a hill (언덕의 꼭대기), cover of a book (책의 표지), size of a box (상자의 크기), title of the play (연극의 제목)
	• I like the cover of this book. (나는 이 책의 표지를 좋아한다.) • He reached the top of the mountain. (그는 그 산의 정상에 도착했다.) • The door of the car is open. (그 차의 문이 열려 있다.)

> **❶ 시간을 나타내는 명사**
> 시간을 나타내는 명사는 무생물 명사이지만 's를 이용하여 소유격을 나타낸다.
> • Last week's weather was warm.
> (지난주의 날씨는 따뜻했다.)

3 생략 가능한 경우 – 반복해서 나오는 경우, 소유격 뒤에 오는 명사는 생략 가능

• That yellow purse is Mason's ~~purse~~. (그 노란색 지갑은 Mason의 것이다.)

• This is my pillow and that is my dog's ~~pillow~~. (이것은 내 베개이고 저것은 내 개의 것이다.)

• I lost my bag, but I didn't lose my mother's ~~bag~~.

(나는 내 가방은 잃어버렸지만, 엄마의 것은 잃어버리지 않았다.)

03 DAY

1 + **2** 아포스트로피(')를 붙이는 경우와 붙이지 않는 경우

[01-08] 괄호 안의 단어의 소유격을 빈칸에 쓰시오.

01 _______________ (My son) size matched perfectly for the new shoes.

02 _______________ (Leaders) actions set an example to follow.

03 _______________ (The teacher) explanation was very clear.

04 The cat was clawing at the leg _______________ (the chair).

05 I will take you to my _______________ (parents) house someday.

06 This _______________ (year) entrance exam was more difficult than ever.

07 The _______________ (men) basketball league plays games every weekend.

08 When I went to _______________ (Sally) birthday party, nobody was there.

[09-12] 문장에서 틀린 부분을 찾아 밑줄을 긋고 바르게 고치시오.

09 The book's some pages are missing. ➡ _______________________

10 The farmer' crops are ready for harvest. ➡ _______________________

11 Todays lesson is about the history of language. ➡ _______________________

12 The female' role in society has evolved over time. ➡ _______________________

1 + **2** + **3** 명사의 소유격

[13-16] 주어진 우리말과 일치하도록 괄호 안의 단어를 이용하여 빈칸에 알맞은 말을 쓰시오.

13 그 병 바닥에는 뭔가 더러운 것이 있었다. (the bottle, the bottom)

➡ There was something dirty at _______________________.

14 나는 언니들의 도움으로 학교를 마칠 수 있었다. (sisters)

➡ I could finish school with my _______________________ help.

15 하얀색은 내 모자이고, 노란색은 내 남동생의 것이다. (my brother)

➡ The white one is my cap, and the yellow one is _______________________.

16 우리는 그 남자 고등학교의 축제를 위해 많은 잔의 체리맛 콜라를 준비할 것이다. (the festival, the boys)

➡ We will prepare many glasses of Cherry Coke for _______________________ high school.

🦉 어휘 & 표현

· **trunk** (코끼리의) 코	· **feather** 깃털	· **play** 연극	· **purse** 지갑	· **pillow** 베개	· **explanation** 설명
· **claw** 할퀴다	· **entrance** 입장, 입학	· **missing** 없어진	· **harvest** 수확	· **evolve** 진화하다	· **prepare** 준비하다

〈 정답과 해설 p. 19 〉

[01-03]

명사의 복수형으로 알맞지 <u>않은</u> 것을 고르시오.

01

① tax – taxes ② deer – deers
③ wish – wishes ④ cup – cups
⑤ memory – memories

02

① fish – fish ② wife – wives
③ doll – dolls ④ goose – gooses
⑤ echo – echoes

03

① foot – foots
② tooth – teeth
③ woman – women
④ potato – potatoes
⑤ butterfly – butterflies

[04-06] 서술형

밑줄 친 곳을 바르게 고치시오.

04

The <u>children'</u> laughter filled the park.

➡ ________________

05

The <u>mouses</u> are eating something in the dining room.

➡ ________________

06

The United States <u>are</u> known for its iconic landmarks.

➡ ________________

[07-08]

빈칸에 알맞지 <u>않은</u> 것을 고르시오.

07

There is a bottle of ________.

① beer ② bread ③ water
④ wine ⑤ juice

08

I need many pieces of ________.

① advice ② paper ③ information
④ cake ⑤ milk

[09-10] 서술형

빈칸에 들어갈 말을 〈보기〉에서 골라 알맞은 형태로 쓰시오.
(중복 사용 불가)

〈보기〉
bowl loaf sheet

09

Could I borrow a ___________ of paper for a memo?

10

My mom baked three ___________ of homemade whole wheat bread.

11 고난도

밑줄 친 부분 중 옳은 것을 고르시오.

① She bought <u>a pair of sock</u>.
② May I drink <u>two cups of tea</u>?
③ He ate <u>two piece of chocolate</u>.
④ She drinks <u>six glass of water</u> every day.
⑤ My mother bought me <u>two pair of boots</u>.

[12-13]

영어로 옮길 때 알맞지 <u>않은</u> 것을 고르시오.

12

① 교무실 – teachers' room
② 고양이의 털 – the cat's fur
③ 음악 소리 – the sound of music
④ 여자 고등학교 – a girls's high school
⑤ 건물의 출구 – the exit of the building

13

① 빵 한 조각 – a piece of bread
② 종이 한 장 – a sheet of paper
③ 치즈 두 장 – two slices of cheese
④ 케이크 한 조각 – a piece of cake
⑤ 가구 몇 점 – some pieces of furnitures

[14-17]

괄호 안에서 알맞은 것을 고르시오.

14

He drank three (glass / glasses) of water in the afternoon.

15

I bought a new pair of comfortable (pant / pants) for the trip.

16

We often see (deer / deers) near our cabin in the woods.

17

Travelers should pay (custom / customs) on the luxury goods purchased abroad.

[18-20] 서술형

주어진 우리말과 일치하도록 괄호 안의 어구를 이용하여 빈칸에 알맞은 말을 쓰시오.

18

내 여동생은 여성복 매장에서 일한다.

(women, clothing store)

➡ My sister works at a(n) ________________.

19

내일 프로그램에서 흥미로운 점이 있나요?

(tomorrow, program)

➡ Is there anything interesting on
________________________?

20

그 차의 열쇠는 조리대에서 발견되었다.

(the key, the car)

➡ ________________ was found on the
kitchen counter.

21 고난도

어법상 옳은 문장들끼리 짝지어져 있는 것을 고르시오.

> ⓐ I have some waters in my bottle.
> ⓑ The room is filled with happiness.
> ⓒ The cup on the table is my roommate's.
> ⓓ The United States have a diverse population.
> ⓔ The friends's laughter echoed through the park.

① ⓐ, ⓓ   ② ⓐ, ⓔ   ③ ⓑ, ⓒ
④ ⓑ, ⓓ   ⑤ ⓒ, ⓔ

어휘 & 표현

- **tax** 세금 · **laughter** 웃음소리 · **iconic** 상징적인 · **landmark** 중요한 역사적 건물 · **whole wheat bread** 통밀빵
- **exit** 출구 · **comfortable** 편안한 · **cabin** 오두막 · **purchase** 구매하다 · **abroad** 해외에서
- **kitchen counter** 조리대 · **diverse** 다양한 · **population** 인구 · **echo** 울리다

〈 정답과 해설 p. 19~20 〉

 부정관사 a, an 

- **관사**: 명사 앞에 위치하며, 명사를 한정해 주는 말로 부정관사(a, an)와 정관사(the)가 있다.
- **부정관사 (a, an)**: 일반적이거나 정해지지 않은 불특정한 명사 앞에 쓴다.

1 a, an의 위치: 셀 수 있는 명사의 단수형 앞에 위치

a + 자음	an + 모음
(1) 첫소리가 자음으로 발음되는 명사 앞 → a bed, a calendar, a door, a guitar • I bought a guitar. (나는 기타 하나를 샀다.)	(1) 첫소리가 모음[a, e, i, o, u]으로 발음되는 명사 앞 → an egg, an idea, an onion, an umbrella • Do you have an umbrella? (당신은 우산 하나를 갖고 있나요?)
(2) 첫소리 철자가 모음이지만 발음이 자음이면 **a**를 쓴다. → a university, a uniform 첫소리가 [ju]로, 자음으로 발음되므로 관사 a가 옴 • Is there a university around here? (여기 주변에 대학교가 있나요?)	(2) 첫소리 철자가 자음이지만 발음이 모음이면 **an**을 쓴다. → an hour, an honor h는 발음되지 않아 첫소리가 모음으로 발음되므로 관사 an이 옴 • See you in an hour! (한 시간 뒤에 보자!)

참고 명사 앞에 형용사가 올 경우, 명사가 아닌 형용사의 첫소리에 따라 a나 an을 쓴다.
- → a delicious omelette
  형용사의 첫소리가 자음이므로 관사 a가 옴
- → an old photograph
  형용사의 첫소리가 모음이므로 관사 an이 옴

- • He saw an old movie with a close friend. (그는 가까운 친구와 함께 오래된 영화를 봤다.)

2 a, an의 쓰임

의미	예문
여러 개 중 막연한 하나	• Can you give me a spoon? (제게 숟가락을 주시겠어요?) • You don't need to bring an umbrella. (당신은 우산을 가져올 필요가 없다.)
하나의 (one)	• I'm planning a week off. (나는 한 주 동안 쉴 계획이다.) • They each brought an item for the party. (그들은 파티를 위해 각자 한 가지 물건을 가져왔다.)
~당, 마다 (per)	• The magazine is published once a month. (그 잡지는 한 달에 한 번 출간된다.) • Please water the plants once an hour. (한 시간에 한 번씩 식물에 물을 주세요.)
일반적인 종류의 총칭	• A dog is a very friendly animal. (개는 매우 친근한 동물이다.) • An octopus has multiple arms. (문어는 여러 개의 팔을 가졌다.)
같은 (the same)	• Birds of a feather flock together. (같은 깃털의 새들이 함께 모인다. (유유상종)) • We are of an age. (우리는 동갑이다.)

04 DAY

1 a, an의 위치

[01-12] 주어진 명사 앞에 a나 an을 쓰시오.

01 __________ cat		**05** __________ job		**09** __________ restaurant
02 __________ idea		**06** __________ honor		**10** __________ island
03 __________ actor		**07** __________ orange		**11** __________ envelope
04 __________ car		**08** __________ house		**12** __________ uniform

2 a, an의 쓰임

[13-19] 밑줄 친 a나 an이 의미하는 바를 〈보기〉에서 고르시오. (중복 사용 가능)

〈보기〉
① one　② per　③ 여러 개 중 막연한 하나　④ 일반적인 종류의 총칭　⑤ the same

13 An ant is a tiny insect.　➡ __________

14 You need a mentor to guide you.　➡ __________

15 I don't even have a dollar now.　➡ __________

16 The newspaper is printed twice a week.　➡ __________

17 She only had an apple and a banana today.　➡ __________

18 The factory produces cars at a rate of 500 a month.　➡ __________

19 The classmates are of an age.　➡ __________

1 + 2 부정관사 a, an

[20-25] 주어진 우리말과 일치하도록 괄호 안의 단어와 a나 an을 써서 문장을 완성하시오.

20 이것은 나에게 유용한 책이다. (useful book)

➡ This is __________________ to me.

21 그녀는 일주일에 두 번 영어 수업을 받는다. (week)

➡ She takes an English lesson twice __________________.

22 우리 어머니는 패션 디자이너이시다. (fashion designer)

➡ My mother is __________________.

23 하루에 사과 한 개가 의사를 멀리하게 한다. (day)

➡ An apple __________________ keeps the doctor away.

24 나는 일찍 도착해서 한 시간 동안 기다려야 했다. (hour)

➡ I arrived early, so I had to wait for __________________.

25 나는 그렇게 정직한 남자는 결코 본 적이 없다. (honest guy)

➡ I have never seen such __________________.

> 🦉 **어휘 & 표현**
> · **publish** 출간하다
> · **multiple** 다수의
> · **feather** 깃털
> · **flock** 모이다
> · **envelope** 봉투
> · **tiny** 작은
> · **insect** 곤충
> · **produce** 생산하다
> · **rate** 비율
> · **keep away** ~을 멀리하다
> · **arrive** 도착하다

〈 정답과 해설 p. 21~22 〉

핵심 개념

• **정관사 (the):** 정해진 특정한 명사 앞에 쓴다.

---

1 the의 쓰임: 단수 명사, 복수 명사 앞에 모두 쓸 수 있다.

쓰임	예문
이미 언급한 명사	• I have a car, but the car is under repair. 앞에 언급된 a car (나는 차가 있지만, 그 차는 수리 중이다.) • I found a phone, and suddenly the phone rang. 앞에 언급된 a phone (나는 휴대 전화를 발견했고, 갑자기 그 전화기가 울렸다.)
서로 알고 있는 대상	• Could you please give me the red pen? (그 빨간 펜을 주시겠어요?) • Please close the door. (그 문 좀 닫아주세요.)
유일한 대상이 되는 명사 (고유 명사)	• The climate near ❶ the equator is hot and humid. (적도 주변의 기후는 덥고 습하다.) • We visited the Louvre Museum last summer. (우리는 지난여름 루브르 박물관을 방문했다.)
수식어구로 뜻이 한정되는 명사	• He's reading the book you recommended. 수식어 you recommended가 있음 (그는 당신이 추천한 책을 읽고 있다.) • You should talk to the person with red hair. 수식어 with red hair가 있음 (당신은 그 빨간 머리의 사람과 말해야 한다.)
서수 및 최상급의 수식을 받는 명사	• He was the third person to complete the marathon. (그는 마라톤을 완주한 세 번째 사람이었다.) • This is the oldest building in the city. (이것은 도시에서 가장 오래된 건물이다.)
악기 이름 앞	• My neighbor sometimes plays the guitar. (내 이웃은 가끔 기타를 연주한다.) • The cello produces deep and rich tones. (첼로는 깊고 풍부한 음색을 만들어낸다.)
「the + 형용사」 : ~한 사람들	• The strong overcome difficulties. (강한 사람들은 어려움을 이겨낸다.) • The weak need support and understanding. (약한 사람들은 도움과 이해를 필요로 한다.)
일반적인 종류의 총칭	• The rose is a symbol of love and beauty. (장미는 사랑과 아름다움의 상징이다.) • The ostrich is the largest bird species. (타조는 가장 큰 조류이다.)
신체의 부분을 나타내는 명사	• We combed the hair of dogs. (우리는 개들의 털을 빗었다.) • Selena looked at me in the face. (Selena는 내 얼굴을 빤히 봤다.)

❶ the의 발음
- 자음으로 시작하는 명사 앞: 더[ðə]
- 모음으로 시작하는 명사 앞: 디[ði]

1 the의 쓰임

[01-06] 알맞은 위치에 the를 넣어 문장을 다시 쓰시오.

01 Sky is clear tonight.

➡ ____

02 Coffee smells delicious.

➡ ____

03 They often play ukulele together.

➡ ____

04 Close door for me, please.

➡ ____

05 Moon shines brightly overhead.

➡ ____

06 I will be first one to fall asleep.

➡ ____

[07-13] 괄호 안에서 알맞은 것을 고르시오.

07 Can you play (a / the) harmonica?

08 (A / The) sun set behind the mountains.

09 He was (a / the) last person to leave us.

10 (A / The) Eiffel Tower is located in Paris, France.

11 He runs five miles (a / the) day.

12 Cheetahs are (a / the) fastest land animal on Earth.

13 I practice yoga for (an / the) hour a day.

[14-20] 문장에서 **틀린** 부분을 찾아 밑줄을 긋고 바르게 고치시오.

14 Please show me latest model. ➡ _______________

15 Santa Claus lives at North Pole. ➡ _______________

16 You are my everything in world. ➡ _______________

17 I have a watch, and watch is red. ➡ _______________

18 I saw a cat, and then cat ran away. ➡ _______________

19 Old have stories to tell about the past. ➡ _______________

20 I learned to play harp when I was little. ➡ _______________

> **어휘 & 표현**
> - **repair** 수리
> - **climate** 기후
> - **equator** 적도
> - **humid** 습한
> - **recommend** 추천하다
> - **complete** 완료하다
> - **rich** 풍부한
> - **overcome** 이겨내다
> - **support** 도움
> - **symbol** 상징
> - **ostrich** 타조
> - **comb** 빗질하다
> - **ukulele** 우쿨렐레
> - **overhead** 머리 위로

〈 정답과 해설 p. 22~23 〉

2 the를 쓰지 않는 경우

과목명	art (미술), economics (경제), ethics (윤리), history (역사), mathematics (수학), music (음악), science (과학)	
	• She teaches economics. (그녀는 경제학을 가르친다.)	
운동 경기	badminton (배드민턴), baseball (야구), basketball (농구), golf (골프), hockey (하키), ski (스키), soccer (축구), swimming (수영), rugby (럭비), table tennis (탁구)	
	• Sam plays golf every Sunday. (Sam은 매주 일요일 골프를 친다.)	
식사	breakfast (아침), lunch (점심), dinner (저녁)	
	• He had dinner at a fancy restaurant. (그는 고급 식당에서 저녁을 먹었다.)	
가족 구성원	aunt (이모/고모), brother (오빠/남동생), cousin (사촌), daughter (딸), father (아빠), grandparents (조부모님), mother (엄마), nephew (조카), niece (조카), son (아들)	
	• They planned a party for Dad. (그들은 아빠를 위한 파티를 계획했다.)	
관직, 신분	Ambassador (대사), CEO (대표이사), Doctor (박사), Governor (주지사), Judge (판사), Mayor (시장), President (대통령), Professor (교수)	
	• Professor Lee writes important papers. (이 교수는 중요한 논문을 쓴다.)	
❶ 국가 / 도시 / 사람	South Korea (대한민국), Mexico (멕시코), Finland (핀란드), Seoul (서울), Bangkok (방콕), Sydney (시드니), Alan, Claire, Dominic, George, Irene	
	• Noah will go to Switzerland. (Noah는 스위스에 갈 것이다.)	
by + 교통 수단 통신 수단	by boat (배로), by bus (버스로), by email (이메일로), by fax (팩스로), by plane (비행기로), by taxi (택시로), by train (기차로), by phone (전화로)	
	• I'll contact you by phone. (나는 당신에게 전화로 연락할 것이다.)	
본래 목적으로 쓰이는 시설물 / 사물	go to church (교회에 가다), go to bed (잠자리에 들다), ❷go to school (학교에 가다)	
	• Jaden went to bed early. (Jaden은 일찍 잠자리에 들었다.)	
관용적인 표현	face to face (대면하여), hand in hand (서로 손을 잡고), listen to music (음악을 듣다), watch TV (TV를 보다), from top to bottom (구석구석), step by step (한 걸음 한 걸음), stay at home (집에 머무르다)	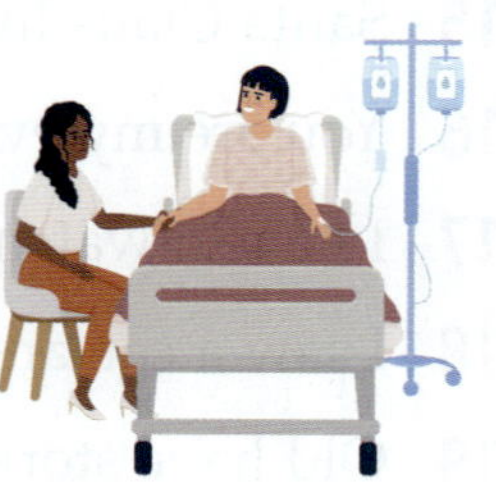
	• I visited my friend in hospital. (나는 입원 중인 친구를 방문했다.)	

❶ 국가명에 the를 쓰는 경우
복수형 국가명 앞에는 the를 쓴다.
• the United States (미국)
the Netherlands (네덜란드)
the Philippines (필리핀)

❷ go to the school
'공부하러 가다'라는 뜻일 때는 the를 쓰지 않지만, '학교 건물에 가다'의 의미일 때는 the를 쓴다.
• Mayor Davis goes to the school to attend an event.
(Davis 시장은 행사에 참석하기 위해 학교에 간다.)

2 the를 쓰지 않는 경우

[21-30] 밑줄 친 부분이 맞으면 ○로 표시하고, 틀리면 바르게 고치시오.

21 I got up late today, so I went to school by the bus. ➡ ______________

22 He went to the church to repair its roof. ➡ ______________

23 The Philippines is a Southeast Asian country. ➡ ______________

24 It's not good for you to skip the breakfast. ➡ ______________

25 Professor Kim has a plan to go to China. ➡ ______________

26 If you're not busy, would you like to play the tennis? ➡ ______________

27 I'm not feeling well today, so I'll stay at home. ➡ ______________

28 The Doctor Joe is really talkative. ➡ ______________

29 We searched the room from top to bottom. ➡ ______________

30 Science advances our understanding of the world. ➡ ______________

1 + 2 정관사 the

[31-37] 주어진 우리말과 일치하도록 괄호 안의 단어를 이용하여 빈칸에 알맞은 말을 쓰시오.

31 우리 가족은 고양이를 키운다. 그 고양이는 아주 똑똑하다. (cat)

➡ My family keeps a cat. ______________ is very smart.

32 그는 매일 피아노를 연주하고 축구 연습을 한다. (piano, soccer)

➡ He plays ______________ and practices ______________ every day.

33 자세한 내용은 오늘 중에 이메일로 보내드리겠습니다. (email)

➡ I'll send you the details ______________ later today.

34 그 성은 세계에서 3번째로 오래된 성이다. (third oldest)

➡ The castle is ______________ castle in the world.

35 나는 어제 너무 피곤해서 일찍 자러 갔다. (bed)

➡ Yesterday, I was too tired, so I went to ______________ early.

36 로마의 콜로세움은 역사적인 상징이다. (Colosseum, Rome)

➡ ______________ in ______________ is a historic symbol.

37 젊은이들은 우리 사회의 미래 지도자들이다. (young)

➡ ______________ are the future leaders of our society.

🦉 어휘 & 표현

- **fancy** 고급의   - **paper** 논문   - **contact** 연락하다   - **repair** 수리하다   - **roof** 지붕   - **Southeast Asian** 동남아시아의
- **skip** 거르다   - **talkative** 말이 많은   - **bottom** 바닥   - **advance** 증진시키다   - **details** 세부사항   - **castle** 성
- **historic** 역사적인   - **symbol** 상징   - **leader** 지도자

〈 정답과 해설 p. 23 〉

[01-03]

빈칸에 알맞은 것을 고르시오.

01

> What do you want for _________ lunch?

① a ② an ③ the
④ × ⑤ this

02

> She didn't say _________ word for a while.

① a ② an ③ the
④ × ⑤ very

03

> I usually listen to _________ music on my way back home.

① a ② an ③ ×
④ with ⑤ no

[04-06] (서술형)

밑줄 친 곳을 바르게 고치시오.

04

<u>Moon</u> goes around the Earth approximately every 27 days.

➡ _____________________

05

We searched the house <u>from the top to the bottom</u>.

➡ _____________________

06

Coffee is one of <u>a most popular</u> drinks in the world today.

➡ _____________________

07

각 빈칸에 들어갈 말이 알맞게 짝지어진 것을 고르시오.

> - He is ___(A)___ excellent engineer.
> - An English dictionary is ___(B)___ useful book to students.
> - ___(C)___ sky is very clear and blue.

   (A)   (B)   (C)
① a − an − The
② a − the − An
③ an − a − The
④ an − an − A
⑤ the − an − A

08

빈칸에 a가 들어갈 것을 고르시오.

① _____ hourglass measures time.
② I'm _____ only teenager in this group.
③ Building _____ igloo requires some skills.
④ _____ university library is a valuable resource.
⑤ The young can always learn something from _____ wise.

09

빈칸에 the가 들어갈 것을 고르시오.

① They ordered sushi rolls for _____ lunch.
② We had a fishing trip with _____ Uncle Mike.
③ Please submit your application by _____ email.
④ He taught the students how to play _____ drum.
⑤ _____ Istanbul is a city with a unique blend of cultures.

10 고난도

a나 an 중 다음 빈칸에 들어갈 말이 나머지 넷과 <u>다른</u> 것을 고르시오.

① I saw _____ interesting movie last night.
② The scientist made _____ important discovery.
③ She found _____ unique vintage dress at the store.
④ We adopted _____ adorable dog from the shelter.
⑤ They have _____ old tree in their backyard.

11

빈칸에 the가 들어갈 수 <u>없는</u> 것을 고르시오.

① She has _____ most beautiful smile.
② _____ car that he drives is a sports car.
③ They planted a tree, but _____ tree is still growing.
④ The magazine publishes new issues twice _____ month.
⑤ _____ Mona Lisa is a masterpiece by Leonardo da Vinci.

[12-17] 서술형

빈칸에 알맞은 관사를 쓰고, 관사가 필요 <u>없는</u> 곳은 ×표 하시오.

12

She went to school by _____________ taxi.

13

_____________ old are wise and experienced.

14

He drinks two glasses of milk _____________ day.

15

_____________ River Severn is the longest river in England.

16

Once upon a time, there lived _____________ artist.

17

There is a boy on the street. _____________ boy is my brother.

18 서술형 고난도

어법상 <u>틀린</u> 문장 두 개를 찾아 바르게 고치시오.

> ⓐ She toured new cities by the bicycle.
> ⓑ The bus arrives at the station once an hour.
> ⓒ At the party, people usually listen to upbeat music.
> ⓓ The London is the capital city of the United Kingdom.
> ⓔ Summer in this town is the most enjoyable time of the year.

(1) _____________ 문장,

_____________ ➡ _____________

(2) _____________ 문장,

_____________ ➡ _____________

19 고난도

어법상 <u>틀린</u> 것을 고르시오.

① The gardener waters the plants twice a week.
② The Great Wall of China is a historic landmark.
③ The eighth chapter of the novel is the most surprising.
④ My kids enjoy playing the badminton at the local park.
⑤ On weekends, we often gather to watch TV together.

〈 정답과 해설 p. 23~25 〉

괄호 안에서 알맞은 것을 고르시오.

20

I will learn how to play (the / ×) ice hockey.

21

This song is (a / the) least popular one.

22

(A / The) Statue of Liberty was a gift from France.

23 고난도

어법상 옳은 문장들끼리 짝지어져 있는 것을 고르시오.

> ⓐ The Earth orbits the Sun.
> ⓑ Eggs are included in breakfast.
> ⓒ A last one to leave will turn off the lights.
> ⓓ An student raised his hand to ask a question.
> ⓔ I can play the flute much better than you.

① ⓐ, ⓑ, ⓒ　　② ⓐ, ⓒ, ⓓ　　③ ⓐ, ⓑ, ⓔ
④ ⓑ, ⓒ, ⓔ　　⑤ ⓒ, ⓓ, ⓔ

24

빈칸에 알맞은 것을 <u>모두</u> 고르시오.

> We visited _______ old castle in the countryside.

① a　　　　② an　　　　③ the
④ ×　　　　⑤ and

[25-26] 서술형

주어진 우리말과 일치하도록 괄호 안의 단어를 이용하여 빈칸에 알맞은 말을 쓰시오.

25

그녀는 노트북을 하나 샀는데, 그 노트북이 느려지고 있다. (laptop)

➡ She bought _______________, but _______________ is running slowly.

26

미국에 있는 백악관은 크로아티아의 돌을 사용하여 지어졌다. (White House, United States)

➡ _______________________________
was built using Croatian stone.

27 고난도

다음 글의 밑줄 친 ⓐ~ⓔ를 바르게 고치지 <u>못한</u> 것을 고르시오.

> In Paris, ⓐ <u>an</u> young couple stops at a charming café. They order a cappuccino and ⓑ <u>a</u> two croissants from Pierre, the friendly waiter. Sitting by the window, they enjoy the view of ⓒ <u>an</u> Eiffel Tower. After ⓓ <u>the</u> brunch, they walk hand in ⓔ <u>the</u> hand along the street.

① an → a　　② a → 삭제　　③ an → 삭제
④ the → 삭제　　⑤ the → 삭제

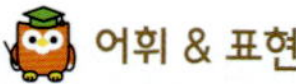 어휘 & 표현

- **approximately** 대략적으로　· **dictionary** 사전　· **hourglass** 모래시계　· **measure** 측정하다　· **require** 필요로 하다
- **valuable** 귀중한　· **resource** 자원　· **submit** 제출하다　· **application** 지원서　· **discovery** 발견
- **adorable** 사랑스러운　· **masterpiece** 걸작　· **upbeat music** 밝은 음악　· **gather** 모이다　· **countryside** 시골
- **laptop** 노트북　· **cappuccino** 카푸치노(커피의 한 종류)　· **croissant** 크루아상(빵의 한 종류)　· **brunch** 아침 겸 점심

대명사

代名詞

(대신할 대, 이름 명, 말 사)

명사를 대신하는 말

This is your coffee, and mine is the one with extra milk.
지시대명사　인칭대명사　　　소유대명사

(이것은 당신의 커피이고, 제 것은 우유가 추가된 것입니다.)

It is raining outside. Who forgot to bring an umbrella?
대명사 it　　　　　　　의문대명사

(밖에 비가 내리고 있어요. 누가 우산 가져오는 것을 잊었나요?)

I did it myself. None of them helped me.
재귀대명사　부정대명사

(난 그것을 스스로 했다. 그들 중 누구도 나를 돕지 않았다.)

인칭대명사와 소유대명사 

> • **대명사**: 명사를 대신하는 말로 인칭대명사, 소유대명사, 재귀대명사, 부정대명사, 의문대명사가 있다.
> • **인칭대명사**: 주로 사람을 가리키는 대명사이다.
> • **소유대명사**: '~의 것'이라는 소유 관계를 뜻하는 대명사이다.

1 인칭대명사: 인칭대명사는 주로 사람을 나타내며, 동물, 사물을 나타낼 수도 있다.
- **1인칭**: 말하는 사람 (= 나, 우리) • **2인칭**: 듣는 사람 (= 너, 너희들)
- **3인칭**: 나와 너를 제외한 다른 사람 (= 그, 그녀, 그들)

인칭	주어	인칭대명사			소유대명사 (~의 것)
		주격 (~은, 는, 이, 가)	소유격 (~의)	목적격 (~을, 를)	
1인칭	단수	I	my	me	mine ⟨my + thing(s)⟩
	복수	we	our	us	ours ⟨our + thing(s)⟩
2인칭	단수 복수	you	your	you	yours ⟨your + thing(s)⟩
3인칭	단수	she	her	her	hers ⟨her + thing(s)⟩
		he	his	him	his ⟨his + thing(s)⟩
	복수	they	their	them	theirs ⟨their + thing(s)⟩
특징		주어로 쓰임	뒤에 명사가 옴	목적어로 쓰임	뒤에 명사가 오지 않음

- He gave me his book, and I gave him mine in return.
  주격　목적격 소유격　주격　목적격 소유대명사
  (그는 나에게 그의 책을 주었고, 나는 그에게 보답으로 내 것을 주었다.)

(1) 주격 인칭대명사: 주어 자리에 오며, '~은, 는, 이, 가'로 해석한다.

- You and Ronald look so alike. You are like twins.
  You and Ronald를 대신하는 주격 인칭대명사
  (당신과 Ronald는 매우 닮았다. 당신들은 쌍둥이같다.)

- Ethan went to the store, and he bought new clothes.
  Ethan을 대신하는 주격 인칭대명사
  (Ethan은 가게에 갔고, 그리고 그는 새 옷을 샀다.)

- When students received the test results, they were excited.
  students를 대신하는 주격 인칭대명사
  (학생들이 시험 성적을 받았을 때, 그들은 흥분했다.)

(2) 목적격 인칭대명사: 동사나 전치사의 목적어 자리에 오며, '~을(를), 에게'로 해석한다.

- The teacher told the students, "I have an announcement for you."
  the students를 대신하는 목적격 인칭대명사
  (선생님이 학생들에게 이야기했다, "여러분에게 할 공지가 하나 있어요.")

- Amelia is rude, so people don't like her.
  Amelia를 대신하는 목적격 인칭대명사
  (Amelia는 무례해서 사람들은 그녀를 좋아하지 않는다.)

- My parents wanted to see Joel and his fiancé, so I invited them
  to dinner.
  Joel and his fiancé를 대신하는 목적격 인칭대명사
  (부모님께서 Joel과 그의 약혼자를 보고 싶어 하셔서 나는 그들을 저녁식사에 초대했다.)

1 인칭대명사

[01-04] 밑줄 친 부분을 알맞은 곳에 분류하시오.

> ⓐ Look at <u>him</u>!
> ⓑ <u>It</u> tastes awful.
> ⓒ <u>They</u> will miss you.
> ⓓ You make <u>me</u> happy.
> ⓔ We will talk to <u>you</u> later.
> ⓕ <u>I</u> want to travel the world.
> ⓖ Did you see <u>them</u> at the park?
> ⓗ They invited <u>us</u> to their wedding.

주격 인칭대명사	단수	**01**
	복수	**02**
목적격 인칭대명사	단수	**03**
	복수	**04**

[05-11] 밑줄 친 부분을 알맞은 주격 인칭대명사로 바꿔 쓰시오.

05 <u>This candle</u> smells of vanilla and cinnamon.

06 <u>Karen and I</u> enjoyed a picnic on a sunny day.

07 <u>John and Linda</u> performed well in the school play.

08 Did <u>you and your friends</u> already finish the project?

09 Scarlett loves to sing and <u>Scarlett</u> has a beautiful voice.

10 I handed Richard the gift, and <u>Richard</u> opened it with excitement.

11 <u>My parents and I</u> went on a vacation to the beach last summer.

[12-18] 밑줄 친 부분을 알맞은 목적격 인칭대명사로 바꿔 쓰시오.

12 My dad hugged <u>my mom</u> tightly.

13 Don't call <u>my brother and me</u> like that.

14 I saw <u>you and your family</u> at the entrance.

15 He doesn't want to cooperate with <u>his colleagues</u>.

16 I collected the dirty dishes and washed <u>the dirty dishes</u>.

17 I showed them the new recipe, and they loved <u>the new recipe</u>.

18 Olivia helped <u>Paul</u> with his math problems.

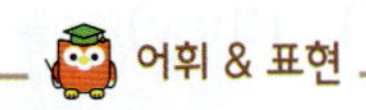 어휘 & 표현

- **alike** 비슷한
- **twins** 쌍둥이
- **announcement** 공지, 발표
- **fiancé** 약혼자
- **awful** 끔찍한
- **cinnamon** 계피
- **perform** 공연하다
- **excitement** 흥분, 신남
- **tightly** 꽉
- **entrance** 입구
- **cooperate** 협력하다
- **colleague** 동료

〈 정답과 해설 p. 25~26 〉

(3) **소유격 인칭대명사:** 뒤에 명사가 오며, '~의'로 해석한다.

- My favorite color is yellow. (나의 가장 좋아하는 색깔은 노란색이다.)
- I can't recall your name. (나는 당신의 이름이 기억이 안 난다.)
- David introduced his team to us. (David는 우리에게 그의 팀을 소개했다.)
- I have a sister. Her name is Tonia. (나는 언니가 한 명 있다. 그녀의 이름은 Tonia이다.)
- The art museum increased its ticket prices.

  (미술관은 그것의 입장권 가격을 올렸다.)
- We love spending time with our friends.

  (우리는 우리의 친구들과 함께 시간을 보내는 것을 좋아한다.)

2 **소유대명사:** '~의 것'으로 해석하며, 「소유격+명사」를 대신하여 뒤에 명사가 오지 않는다.

- The white car parked outside is mine. (밖에 주차된 흰색 차는 내 것이다.)
  my car를 대신하는 소유대명사
- The necklace on Becky's neck isn't hers.
  her necklace를 대신하는 소유대명사
  (Becky의 목에 있는 목걸이는 그녀의 것이 아니다.)
- The decision to move out was ours.
  our decision을 대신하는 소유대명사
  (이사하기로 한 결정은 우리의 것(결정)이었다.)
- This year's success is all yours. (올해의 성공은 모두 여러분들의 것입니다.)
  your success를 대신하는 소유대명사
- The responsibility for organizing the event is theirs.
  their responsibility를 대신하는 소유대명사
  (행사를 조직하는 책임은 그들의 것이다.)

1 + **2** 인칭대명사와 소유대명사

[19-21] 주어진 우리말과 같도록 괄호 안의 인칭대명사를 알맞은 형태로 바꿔 각 문장을 완성하시오.

19 (I) 나의 말이 가장 빨리 달린다. ➡ ____________ horse runs the fastest.

가장 빨리 달리는 말은 나의 것이다. ➡ The horse that runs the fastest is ____________.

20 (you) 당신의 자전거는 벽에 기대어 있다. ➡ ____________ bicycle is leaning against the wall.

벽에 기대어 있는 자전거는 당신의 것이다.

➡ The bicycle leaning against the wall is ____________.

21 (they) 그들의 뒷마당은 꽃으로 가득하다. ➡ ____________ backyard is full of flowers.

꽃으로 가득한 뒷마당은 그들의 것이다. ➡ The backyard full of flowers is ____________.

[22-25] 그림을 보고, 알맞은 소유격 인칭대명사 또는 소유대명사를 쓰시오.

22 

Grace and I are
friends.

➡ Grace is ____________ friend.

➡ Grace is a friend of ____________.

23 

We have toys.

➡ These are ____________ toys.

➡ These toys are ____________.

24

He has a nice
watch.

➡ This is ____________ nice watch.

➡ This nice watch is ____________.

25

I gave my mom
a flower.

➡ Now, this is ____________ flower.

➡ This flower is ____________.

[26-29] 빈칸에 알맞은 말을 〈보기〉에서 골라 쓰시오. (중복 사용 불가)

〈보기〉

| mine | its | theirs | his |

26 The white cat over there is licking ____________ paw.

27 I bought this car yesterday. Now, this car is ____________.

28 Kobe forgot ____________ keys. He can't open the safe without them.

29 The house on the corner is ____________. I saw them entering there.

[30-35] 괄호 안에서 알맞은 것을 고르시오.

30 The dogs ran to me wagging (them / their) tails.

31 I saw him at the cafe, and (he / his) waved hello.

32 This hotel is known for (it / its) excellent dinner.

33 She has to look after (her / hers) brother at home.

34 It was a challenging puzzle, but we solved (it / them).

35 I can't find my textbook. Can you lend me (your / yours)?

🦉 **어휘 & 표현**

· **recall** 기억해 내다　　· **increase** 올리다　　· **responsibility** 책임　　· **organize** 조직하다　　· **lean against** ~에 기대다
· **lick** 핥다　　· **paw** 발바닥　　· **safe** 금고　　· **wag** 흔들다　　· **wave hello** 손을 흔들어 인사하다　　· **challenging** 어려운

〈 정답과 해설 p. 26~27 〉

지시대명사 [this · these / that · those]

• **지시대명사:** '이 ~' 또는 '그 ~'의 뜻으로, 사람이나 사물을 가리키는 대명사이다.

1 지시대명사의 종류

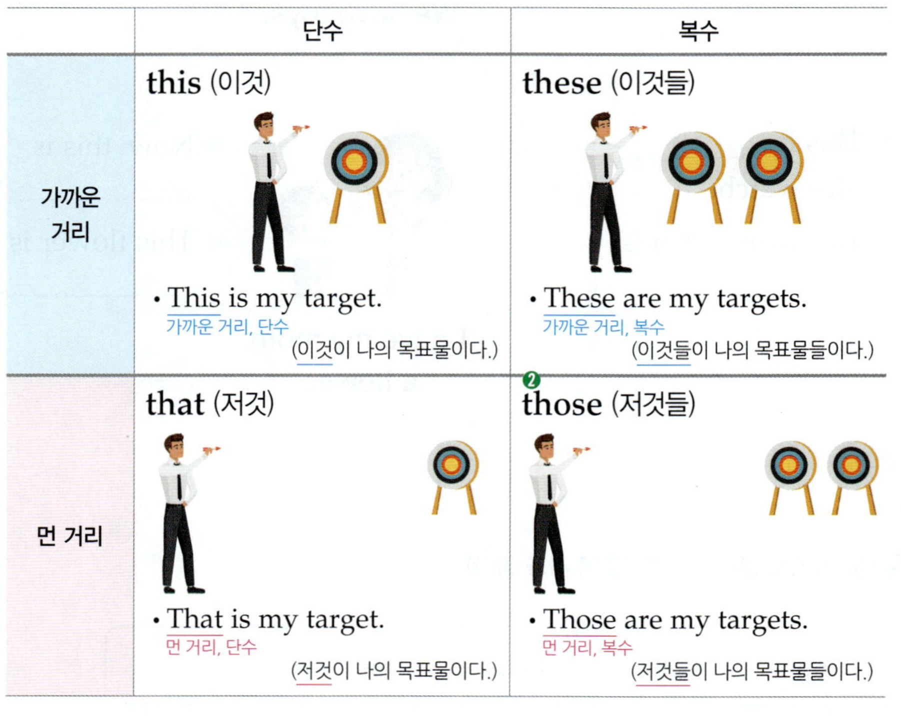

	단수	복수
가까운 거리	**this** (이것) • This is my target. 가까운 거리, 단수 (이것이 나의 목표물이다.)	**these** (이것들) • These are my targets. 가까운 거리, 복수 (이것들이 나의 목표물들이다.)
먼 거리	**that** (저것) • That is my target. 먼 거리, 단수 (저것이 나의 목표물이다.)	**those** (저것들) • Those are my targets. 먼 거리, 복수 (저것들이 나의 목표물들이다.)

❶ **지시대명사와 지시형용사**

this, these, that, those는 뒤에 오는 명사를 수식하는 지시형용사로도 쓰인다.
• Enjoy this beautiful sunset.
(이 아름다운 석양을 즐기세요.)

❷ **those**

those는 who와 함께 쓰이면 '~하는 사람들'이라는 의미를 갖는다.
• I like those who smile often.
(나는 자주 웃는 사람들을 좋아한다.)

• These are cheap, but that is expensive. (이것들은 저렴하지만, 저것은 비싸다.)
• This is my coffee, and those are your donuts.

(이것은 내 커피이고, 저것들은 당신의 도넛이다.)

2 this, that – 앞의 내용을 가리킬 때

– 앞에 나온 구나 절, 문장 전체를 가리킬 수 있다.

• [She smiled], but this made me worried. (그녀는 미소 지었지만, 이것은 나를 걱정하게 만들었다.)
    She smiled를 가리키는 지시대명사
• [I did my best], and that is the truth. (나는 최선을 다했고, 그것은 사실이다.)
    I did my best를 가리키는 지시대명사
• [Dora got an A+ on the math test], but this made Tina jealous.
    Dora got an A+ on the math test를 가리키는 지시대명사
(Dora는 수학 시험에서 A+를 받았지만, 이것은 Tina를 질투하게 했다.)

3 that, those – 반복을 피할 때

– 앞에 나온 명사를 뒤에서 다시 언급할 때 that (단수 명사), those (복수 명사)를 쓴다.

• Her skill is better than that of others. (그녀의 솜씨는 남들의 그것보다 더 낫다.)
    단수 명사 skill을 가리키는 지시대명사
• The effects of smoking are as harmful as those of drinking.
    복수 명사 effects를 가리키는 지시대명사
(흡연의 영향은 음주의 그것만큼 해롭다.)

• His enthusiasm surpasses that of his peers. (그의 열정은 동료들의 그것을 뛰어넘는다.)
    단수 명사 enthusiasm을 가리키는 지시대명사

1 지시대명사의 종류

[01-04] 그림을 보고, 알맞은 지시대명사를 쓰시오.

01

➡ _____________ is for you.

02

➡ _____________ are my soccer team members.

03

➡ _____________ is my school bus.

04

➡ _____________ are sweet and sour lemons.

1 + **2** + **3** 지시대명사

[05-14] 밑줄 친 부분의 쓰임과 같은 것을 〈보기〉에서 골라 기호를 쓰시오.

〈보기〉
ⓐ <u>This</u> is my hometown.
ⓑ Look at <u>those</u> bright stars!

05 Do you want <u>this</u>?   _____________

06 We can't sell <u>those</u> broken candies.   _____________

07 <u>This</u> little flower needs to be watered.   _____________

08 <u>That</u> new movie looks really horrifying.   _____________

09 I want to buy colorful shoes like <u>these</u>.   _____________

10 <u>That</u> will be the last piece of the cake.   _____________

11 Today's issue is greater than <u>that</u> of yesterday's.   _____________

12 The scores of these students are higher than <u>those</u> of their classmates. _____________

13 The price of this product is lower than <u>that</u> of the rest.   _____________

14 He made a lot of effort, and <u>that</u> impressed everyone.   _____________

 어휘 & 표현

· **target** 목표, 목표물   · **jealous** 질투하는   · **effect** 영향, 효과   · **harmful** 해로운   · **enthusiasm** 열정   · **surpass** 뛰어넘다
· **sweet and sour** 새콤달콤한   · **bright** 밝은   · **horrifying** 소름이 끼치는   · **score** 점수   · **rest** 나머지

〈 정답과 해설 p. 27 〉

 **UNIT 13** 재귀대명사 

> • **재귀대명사:** 앞에 나온 명사를 다시 나타내거나, '~ 자신, ~ 것 자체'라는 뜻으로
> 자신을 가리키는 대명사이다. (-self, -selves)

1 재귀대명사의 종류

인칭	단수	복수
1인칭	I → myself (나 자신)	we → ourselves (우리들 자신)
2인칭	you → yourself (너 자신)	you → yourselves (너희들 자신)
3인칭	he → himself (그 자신) she → herself (그녀 자신) it → itself (그것 자체)	they → themselves (그들 자신)

2 재귀대명사의 쓰임

(1) **재귀 용법:** 목적어가 문장의 주어와 같을 때 쓰이며, 문장의 목적어이므로 생략할 수 없다.

- Can you introduce yourselves to us? (여러분은 우리에게 자신을 소개해줄 수 있나요?)
  주어와 목적어가 같음
- Javier blamed himself for the misunderstanding. (Javier는 오해에 대해 자신을 탓했다.)
  주어와 목적어가 같음

(2) **강조 용법:** 주어나 목적어를 강조할 때 쓰이며, 생략할 수 있다.

- I painted my baby's room myself. (나는 나의 아기의 방을 직접 칠했다.)
  생략 가능
- We ourselves will handle the entire project. (우리가 직접 전체 프로젝트를 다룰 것이다.)
  생략 가능

3 자주 쓰는 재귀대명사 표현

전치사 + 재귀대명사	동사 (+전치사) + 재귀대명사
① in itself (본래, 그 자체로) ② of oneself (저절로) ③ by oneself (혼자, 홀로) for oneself (혼자 힘으로, 자신을 위해서) between ourselves (우리끼리 얘긴데)	④ enjoy oneself (즐기다) ⑤ talk to oneself (혼잣말을 하다) ⑥ help oneself to (~을 마음껏 먹다) introduce oneself (소개하다) make oneself at home (느긋하게 쉬다)

① The idea in itself is not enough. (아이디어 그 자체로는 충분하지 않다.)

② The system updates of itself. (시스템은 저절로 업데이트된다.)

③ Our children can make decisions by themselves.
(우리 아이들은 혼자 결정을 내릴 수 있다.)

④ They are enjoying themselves at the party.

(그들은 파티에서 즐거워하고 있다.)

⑤ Kids often talk to themselves. (아이들은 종종 혼잣말을 한다.)

⑥ Help yourselves to the food on the table.

(식탁 위의 음식을 마음껏 드세요.)

05 DAY

1 재귀대명사의 종류

[01-06] 빈칸에 알맞은 재귀대명사를 〈보기〉에서 골라 쓰시오. (중복 사용 불가)

〈보기〉

herself	himself	itself	myself	ourselves	yourself

01 The robot cleaned _____________ automatically.

02 Feel free to enjoy _____________ at the party.

03 We need to take care of _____________ first.

04 I'll introduce _____________ at the meeting tomorrow.

05 She prefers to work by _____________ to maintain focus.

06 Sometimes, he talks to _____________ to organize his thoughts.

2 재귀대명사의 쓰임

[07-08] 밑줄 친 재귀대명사를 용법에 따라 분류하시오.

> ⓐ We can do it <u>ourselves</u>.
> ⓑ Don't blame <u>yourself</u> for the mistake.
> ⓒ Leon hurt <u>himself</u> while playing badminton.
> ⓓ They built their house <u>themselves</u>.
> ⓔ Can you handle this <u>yourself</u>?
> ⓕ The cat groomed <u>itself</u> in the sunlight.
> ⓖ She treated <u>herself</u> with a luxurious spa.
> ⓗ I wrote this novel <u>myself</u>.

07 재귀 용법: _____________________

08 강조 용법: _____________________

3 자주 쓰는 재귀대명사 표현

[09-13] 주어진 우리말과 일치하도록 문장을 완성하시오.

09 문이 저절로 닫혔다.

➡ The door closed _____________________.

10 우리끼리 얘긴데, 저는 우리가 훌륭한 팀 같아요.

➡ _____________________, I think we're a great team.

11 느긋하게 쉬시고 소파에서 안정을 취하세요.

➡ _____________________ at home and relax on the couch.

12 Jane이 자신을 소개할 때 모두 조용히 있었다.

➡ Everyone stayed quiet when Jane _____________________.

13 사람들은 무언가를 기억하길 원할 때 혼잣말을 한다.

➡ People _____________________ when they want to remember something.

어휘 & 표현

- **blame** ~을 탓하다
- **handle** 다루다
- **entire** 전체의
- **automatically** 자동적으로
- **prefer** 선호하다
- **maintain focus** 집중력을 유지하다
- **thought** 생각
- **blame** 비난하다
- **groom** (털을) 다듬다
- **treat** 대접하다
- **luxurious** 호화로운
- **couch** 소파

〈 정답과 해설 p. 27~28 〉

[01-04]

밑줄 친 부분을 분류하여 기호를 쓰시오.

> ⓐ Too much sugar is bad for you.
> ⓑ You're coming tonight, aren't you?
> ⓒ My eyesight is better than his.
> ⓓ Sean took off his coat and sat down.
> ⓔ I don't know why she quit her job.
> ⓕ If your sister is around, bring her too.

01

주격 인칭대명사 ______________

02

목적격 인칭대명사 ______________

03

소유격 인칭대명사 ______________

04

소유대명사 ______________

[05-06]

밑줄 친 재귀대명사의 용법이 나머지 넷과 **다른** 것을 고르시오.

05

① I'll introduce myself.
② I myself wrote this song.
③ We enjoyed ourselves at the party.
④ She looked at herself in the mirror.
⑤ He fell down the stairs and hurt himself.

06

① She did the work herself.
② I can look after myself.
③ Please talk about yourself.
④ I washed myself after school.
⑤ You should be proud of yourself.

07

빈칸에 알맞지 **않은** 것을 고르시오.

> The book on the shelf is ________.

① mine ② his ③ her
④ hers ⑤ yours

[08-10] 서술형

문장에서 **틀린** 부분을 찾아 밑줄을 긋고 바르게 고치시오.

08

This computer can turn themselves off when not in use.

➡ ______________

09

The new house across the street is their.

➡ ______________

10

His salary is higher than those of his friend.

➡ ______________

11 고난도

어법상 옳은 문장들끼리 짝지어져 있는 것을 고르시오.

> ⓐ His dog is wagging its tail.
> ⓑ They invited us to join theirs picnic.
> ⓒ We built the treehouse by ourselves.
> ⓓ My is the purple one on the top shelf.
> ⓔ Let's focus on solving this problem together.
> ⓕ You say that you are okay, but these sounds like a lie.

① ⓐ, ⓑ, ⓕ ② ⓐ, ⓒ, ⓔ ③ ⓑ, ⓒ, ⓕ
④ ⓒ, ⓓ, ⓔ ⑤ ⓓ, ⓔ, ⓕ

12

각 빈칸에 들어갈 말이 알맞게 짝지어진 것을 고르시오.

- The color of your shirt is similar to ___(A)___ of the sky.
- He winked, and ___(B)___ immediately made her smile.
- ___(C)___ interesting books on the shelf are worth reading.

	(A)		(B)		(C)
①	that	–	these	–	This
②	that	–	this	–	Those
③	those	–	this	–	That
④	those	–	that	–	This
⑤	this	–	that	–	Those

13 서술형

주어진 우리말과 일치하도록 빈칸에 알맞은 말을 쓰시오.

이것은 내 양말이다. 그녀의 것은 서랍에 있다.

➡ These are my socks; ___________ are in the drawer.

14 고난도

대화에서 밑줄 친 부분이 의미하는 바로 적절한 것을 고르시오.

A: How was your experience at the two museums?
B: Well, the collection of the first museum was impressive. But <u>that</u> of the second one was disappointing.

① 경험 ② 박물관 ③ 소장품
④ 감명 ⑤ 실망

[15-16]

밑줄 친 부분과 바꿔 쓸 수 있는 것을 고르시오.

15

A: Did anyone go home with Max?
B: I don't think anybody did. He walked home <u>alone</u> as soon as the party was over.

① in himself ② by himself
③ on himself ④ at himself
⑤ under himself

16

A: What was that?
B: I think the window closed <u>on its own</u>.

① on itself ② to itself
③ of itself ④ of themselves
⑤ between themselves

17

〈보기〉의 밑줄 친 that과 쓰임이 같은 것을 고르시오.

〈보기〉
I saw a beautiful sunset, and I said, "Look at <u>that</u>."

① Is <u>that</u> your car outside?
② I love the smell of <u>that</u> bread.
③ He really wants to buy <u>that</u> toy for his birthday.
④ She will wear <u>that</u> beautiful black dress tonight.
⑤ I prefer this warm jacket over <u>that</u> thin one.

 어휘 & 표현

- **eyesight** 시력 · **take off** ~을 벗다 · **quit** 그만두다 · **be around** 주변에 있다 · **fall down the stairs** 계단에서 굴러 떨어지다
- **in use** 사용 중인 · **salary** 월급 · **wag** (꼬리 등을) 흔들다 · **focus on** ~에 집중하다 · **lie** 거짓말 · **similar to** ~와 비슷한
- **immediately** 즉시 · **be worth -ing** ~할 가치가 있다 · **drawer** 서랍 · **impressive** 인상적인 · **disappointing** 실망스러운

〈 정답과 해설 p. 28~29 〉

• **대명사 it**: '그것'을 가리키는 (지시)대명사, 가주어, 가목적어, 비인칭주어,
막연한 상태나 상황을 설명하는 주어 등으로 다양하게 쓰인다.

1 사람을 가리키는 it

– 신원, 정체를 밝힐 때, 성별을 알 수 없거나 중요하지 않을 때 쓴다.

• Someone left a message. **It** should be Benjamin.

(누군가 메시지를 남겼다. 그건 아마 Benjamin일 것이다.)

2 막연한 상황을 나타내는 it

• **It** is okay, we all make mistakes sometimes. (괜찮다, 우리는 모두 종종 실수한다.)

3 가주어 it, 가목적어 it

(1) 길이가 긴 주어나 목적어를 대신해 it을 형식상의 주어(가주어)나 목적어(가목적어) 자리에 쓴다.

(2) 길이가 긴 진주어와 진목적어는 문장 뒷부분에 위치한다.

• That we need more time is obvious.
　길이가 긴 주어
(우리가 더 많은 시간이 필요하다는 것은 분명하다.)

→ **It** is obvious that we need more time.
　가주어　　　　　　　　진주어

• I found to fully focus impossible.
　길이가 긴 목적어
(나는 완전히 집중하는 것이 불가능하다는 것을 알았다.)

→ I found **it** impossible to fully focus.
　가목적어　　　　　진목적어

4 비인칭주어 it

– 날씨, 계절, 시간, 날짜, 요일, 온도, 거리 등을 설명할 때 쓰는 주어로,
'그것'이라고 따로 해석하지 않는다.

날씨	• **It** will be raining heavily tomorrow. (내일은 비가 많이 올 것이다.)
계절	• **It** is autumn, and the leaves are changing colors. (가을이라 나뭇잎들이 색을 바꾸고 있다.)
시간	• **It** is already midnight, so we should go. (벌써 자정이 되었으니 우리는 가야 한다.)
날짜	• **It** is finally the 25th of December. (드디어 12월 25일이다.)
요일	• **It** is Friday today. (오늘은 금요일이다.)
명암	• **It** gets dark early in winter. (겨울에는 일찍 어두워진다.)
온도	• **It** was minus 10 degrees Celsius. (영하 10도였다.)
거리	• **It** was 90 kilometers away from home. (집에서 90킬로미터 떨어져 있었다.)

3 가주어 it, 가목적어 it

[01-04] 주어진 우리말과 일치하도록 괄호 안의 말을 바르게 배열하시오.

01 그는 참여하겠다는 것을 분명히 했다. (made, he, it, he, would participate, clear, that)

➡ ____

02 건강한 생활습관을 유지하는 것이 중요하다. (a healthy lifestyle, is, important, it, to maintain)

➡ ____

03 나는 다양한 문화를 탐험하는 것이 흥미롭다는 것을 알았다.

(different cultures, I, it, interesting, to explore, found)

➡ ____

04 그녀가 대회에서 우승한 것은 놀라운 일이 아니다.

(won the competition, is not, surprising, it, that, she)

➡ ____

4 비인칭주어 it

[05-09] 밑줄 친 부분에 유의하여 문장을 해석하시오.

05 It will be afternoon soon.　　　➡ ________________________

06 It is the 18th of July today.　　➡ ________________________

07 It is bright enough to read books.　➡ ________________________

08 It will be sunny and warm tomorrow.　➡ ________________________

09 It is only five kilometers to the nearest town from here.

➡ ________________________

1 + 2 + 3 + 4 대명사 it

10 〈보기〉의 밑줄 친 it과 쓰임이 같은 것을 모두 고르시오.

〈보기〉
It is summer, and the sun is shining brightly.

ⓐ It's important to stay positive.
ⓑ I can't believe it's already Friday.
ⓒ I found the book, and it was on the shelf.
ⓓ I didn't order this. It must be a mistake.
ⓔ Someone bought flowers. It must be Sarah.
ⓕ It's 6:15 PM, and the sun is starting to set.

➡ ______________

 어휘 & 표현

- **obvious** 명백한
- **fully** 완전히
- **impossible** 불가능한
- **heavily** (정도가) 심하게, 많이
- **make ~ clear** ~을 분명히 하다
- **healthy** 건강한
- **maintain** 유지하다
- **explore** 탐험하다
- **competition** 대회
- **positive** 긍정적인

〈 정답과 해설 p. 29~30 〉

 **UNIT 15**  부정대명사

• **부정대명사**: 정해지지 않은 사람이나 사물을 가리키는 대명사이다.

1 one, ┌ one ~ the other, ┌ some ~ others
        └ another   └ some ~ the others

부정대명사	의미	예문	
one	~ 하나	(1) 앞에 나온 셀 수 있는 명사를 가리키며, 불특정한 것을 나타낸다. • If you have frying pans, can you lend me one? (프라이팬이 있으면, 하나 빌려 주시겠어요?) 앞에 나온 frying pans 중 불특정한 하나 (2) 명사가 복수형일 때는 ones를 쓴다. • Black rocks are on the left and white ones are on the right. 앞에 나온 rocks 중 불특정한 여러 개 (검은 돌들은 왼쪽에 있고 흰 돌들은 오른쪽에 있다.) (3) 일반적인 사람을 나타낼 때도 쓸 수 있다. • One can't always get what one wants. 일반적인 사람　　　일반적인 사람 (누구나 자신이 원하는 것을 항상 가질 수는 없다.)	one
another	또 다른 하나 (단수)	• This one is too big for me. Can you show me another? (이것은 제게 너무 커요. 다른 것을 보여주시겠어요?)	one　another 여럿 중 다른 하나
one, another, the other	하나, 또 다른 하나, 나머지 하나	• There are three pens. One is mine, another is my brother's, and the other is my father's. (세 개의 펜이 있다. 하나는 내 것이고, 또 다른 하나는 내 남동생의 것이고, 나머지 하나는 나의 아버지의 것이다.)	one　another　the other 또 다른 하나　나머지 하나
some ~ others	몇몇 …, 나머지의 일부 (복수)	• Some like tea, and others like coffee. (어떤 사람들은 차를 좋아하고, 다른 사람들은 커피를 좋아한다.) • Some went inside but others went outside. (몇몇은 들어갔고 나머지 일부는 나갔다.)	some　others 여럿 중 다른 여럿
some ~ the others	몇몇 …, 나머지 전부 (복수)	• Some of the fruits are oranges, and the others are apples. (과일들 중 일부는 오렌지이고, 나머지 전부는 사과이다.) • Only some work, and the others rest. (몇몇만 일하고 나머지 전부는 쉰다.)	some　the others 여럿 중 나머지 전부

1 one, the other(s), another, some, others

[01-06] 빈칸에 알맞은 말을 〈보기〉에서 골라 쓰시오. (중복 사용 가능)

〈보기〉
| one | ones | it | them |

01 I lost my watch. I must buy _____________.

02 _____________ never knows what will happen.

03 Where did you get these shoes? I like _____________.

04 I bought a pretty hairband, but _____________ was very expensive.

05 The floral patterns are lovely, but I prefer the plain _____________.

06 There are many scarves, but the woolen _____________ are perfect for winter.

[07-10] 그림을 보고 빈칸에 알맞은 말을 〈보기〉에서 골라 쓰시오. (중복 사용 가능)

〈보기〉
| one | another | some | the other | the others | others |

07

→ Among these animals, _____________ is a giraffe, and _____________ is a pig.

08

→ There are flowers in a vase. _____________ are red, _____________ are yellow and _____________ are blue.

09

→ There are three people in a forest. _____________ is sitting alone, and _____________ are sitting next to each other.

10

→ Two kids are riding a swing. _____________ is wearing a pink dress, and _____________ is wearing a red headband.

🦉 **어휘 & 표현**

· **frying pan** 프라이팬　　· **lend** 빌려주다　　· **floral pattern** 꽃무늬　　· **plain** 무늬가 없는, 평범한　　· **woolen** 모직의(양털로 짠)
· **giraffe** 기린　　· **swing** 그네

〈 정답과 해설 p. 30~31 〉

부정대명사	의미	예문	
some	조금, 약간, 일부	• 긍정문, 권유문(의문문)에 쓰인다. • Some of them arrived early. _{대명사} (그들 중 몇몇은 일찍 도착했다.) • Some chocolates taste bitter. _{형용사} (몇몇 초콜릿은 쓴맛이 난다.) • Would you like to have some? (좀 드실래요?) _{대명사} • Would you like some tea? (차 좀 드시겠어요?) _{형용사}	some
any	조금, 약간, 일부	• 부정문, 의문문, 긍정문에 쓰인다. • There isn't any of the cake left. _{대명사} (약간의 케이크도 남아있지 않다.) • I didn't receive any emails. _{형용사} (나는 어떤 이메일도 받지 않았다.) • Have you seen any of these? _{대명사} (이것들 중 어떤 것이라도 보셨나요?) • Do you have any plans today? _{형용사} (오늘 어떤 계획이 있으신가요?) • Any of your suggestions will be fine. _{대명사} (너의 제안 중 어떤 것이라도 다 좋을 거야.) • I can leave at any time. _{형용사} (나는 어느 때라도 출발할 수 있어.)	any

3 **each, every:** each는 대명사와 형용사로 쓰이지만, every는 형용사로만 쓰인다.

부정대명사	의미	형태 & 예문
each	각각(의)	대명사 : 「each of+복수 명사」+단수 동사 • Each of the stories is unique. (각각의 이야기는 독특하다.) • Each of the kids needs support. (각각의 아이들은 지원이 필요하다.) 형용사 : 「each+단수 명사」+단수 동사 • Each star twinkles in the sky. (각각의 별은 하늘에서 반짝인다.) • Each dog has its own bed. (각각의 개는 자신의 침대가 있다.)
❶ every	모든	형용사 : 「every+단수 명사」+단수 동사 • Every car stops at red lights. (모든 차는 빨간불에 멈춘다.) • Every person deserves respect. (모든 사람은 존중받아 마땅하다.)

❶ everyone, everybody

everyone, everybody도 every와 마찬가지로 단수 취급한다.
• Everyone has to wear a uniform.
(모두 유니폼을 입어야 한다.)

2 some, any

[11-17] 괄호 안에서 알맞은 것을 고르시오.

11 We don't have (some / any) time to waste.

12 I invited (some / any) of my friends but not all.

13 Is there (some / any) chance of rain later today?

14 You won several competitions, but I didn't win (some / any).

15 Do you have vacant rooms? — No, we don't have (some / any).

16 The candy jar is almost empty. Maybe Peter took (some / any) from it.

17 All these students are good, but (some / any) work harder than others.

3 each, every

[18-25] 밑줄 친 부분이 맞으면 ○로 표시하고, 틀리면 바르게 고치시오.

18 Everyone <u>dream</u> of a better future. ➡ ____________

19 Each student <u>learn</u> at their own pace. ➡ ____________

20 Everybody <u>love</u> a delicious homemade meal. ➡ ____________

21 Every <u>book</u> on the shelf is arranged by genre. ➡ ____________

22 Each <u>child</u> received a balloon at the birthday party. ➡ ____________

23 Each <u>flowers</u> in the bouquet was carefully selected. ➡ ____________

24 Each of the artworks <u>was</u> created by different artists. ➡ ____________

25 Each of the students in the school <u>have</u> a unique talent. ➡ ____________

2 + 3 some, any, each, every

[26-29] 〈보기〉에서 알맞은 말을 골라 각 대화를 완성하시오. (중복 사용 불가)

〈보기〉
| some | any | each | every |

26 A: What are you going to do today?

B: I haven't made ____________ plans yet.

27 A: Did you bring all of the documents?

B: Oh no, ____________ of them are missing.

28 A: Did all the students attend the lecture?

B: Yes, ____________ student was present.

29 A: Joshua sent a basket of grapes.

B: That's awesome! ____________ of the grapes looks sweet and juicy.

어휘 & 표현
- **unique** 독특한
- **support** 지원
- **twinkle** 반짝거리다
- **deserve** ~을 받을 만하다
- **respect** 존중
- **waste** 낭비하다
- **chance** 가능성
- **several** 몇몇, 각각의
- **vacant** 빈
- **dream of** ~을 꿈꾸다
- **pace** 속도
- **homemade** 손수 만든
- **bouquet** 꽃다발
- **select** 고르다
- **talent** 재능
- **attend** 출석하다
- **be present** 출석하다
- **juicy** 과즙이 많은

〈 정답과 해설 p. 31 〉

 all (of), both: 대명사와 형용사로 쓰인다.

부정대명사	의미	형태 & 예문
all	모든 사람 모든	대명사 : 「all (of)+단수/복수 명사」+단수/복수 동사 • All (of) the books there were on sale. 　　　　　관사　복수 명사　　　　복수 동사 　　　　　　　　　　　　(그곳의 모든 책은 할인 중이었다.) • All (of) his bread is delicious. (그의 모든 빵은 맛있다.) 　　　　　소유격 단수 명사 단수 동사 참고 all 뒤에 인칭대명사가 오는 경우는 of를 꼭 써야 한다. • All you are invited. (X) → All of you are invited. (O) 　　　　인칭대명사 　　　　　　　　(여러분 모두가 초대되었습니다.) 형용사 : 「all+단수/복수 명사」+단수/복수 동사 • I think all music is art. (나는 모든 음악은 예술이라고 생각한다.) 　　　　　　단수 명사 단수 동사 • All dogs are loyal. (모든 개는 충성스럽다.) 　복수 명사 복수 동사
both	둘 다	대명사 : 「both of+복수 명사」+복수 동사 • Both of the dishes are great. (두 요리 모두 훌륭하다.) 형용사 : 「both+복수 명사」+복수 동사 • Both maps look very old. 　　　　　　　　　(두 지도 모두 매우 오래되어 보인다.)

 either, neither, none: either와 neither는 대명사와 형용사로 쓰이지만, none은 대명사로만 쓰인다.

부정대명사	의미	형태 & 예문
either	둘 중 어느 하나	대명사 : 「either (of + 복수 명사)」+ 단수 동사 • Do you know either of them? 　　　　　　　　　(둘 중에 한 분을 아시나요?) 형용사 : 「either + 단수 명사」+ 단수 동사 • Either option is fine. (어느 선택지든 괜찮다.)
neither	둘 중 어느 쪽도 아닌	대명사 : 「neither (of + 복수 명사)」+ 단수 동사 • Neither has scored a goal. 　　　　　(둘 중 어느 쪽도 골을 넣지 못했다.) 형용사 : 「neither + 단수 명사」+ 단수 동사 • Neither shop was open. 　　　　　　(어느 가게도 문을 열지 않았다.)
none	모두 ~ 않다	〈대명사〉 • None of the water was heated. (물은 하나도 데워지지 않았다.) ❶ • None of them were Korean. (그들 모두 한국인이 아니었다.)

❶ none of ~ + 단수 동사

'아무것도'에 초점을 두어 단수 취급할 수도 있다.
• None of them is right.
(그들 중 아무도 옳지 않다.)

4 all (of), both

[30-36] 밑줄 친 부분이 맞으면 ○로 표시하고, 틀리면 바르게 고치시오.

30 You can't eat all the ice cream. ➡ __________

31 Both shoes is missing their laces. ➡ __________

32 Both of the twins enjoys playing soccer. ➡ __________

33 All of their belongings haven't been found yet. ➡ __________

34 All the guests enjoyed the delicious dinner. ➡ __________

35 I bought a variety of fruits, and I love all them. ➡ __________

36 All participant are welcome to join the discussion. ➡ __________

5 either, neither, none

[37-39] 주어진 우리말과 일치하도록 괄호 안의 말을 바르게 배열하시오.

37 우리 둘 다 답을 모른다. (the answer, us, of, knows, neither)

➡ __________

38 나의 부모님은 모두 매운 음식을 즐기지 않으신다. (parents, of, enjoy, none, my, spicy, food)

➡ __________

39 당신은 문을 열기 위해 열쇠들 중 하나를 사용할 수 있다. (the, of, can, either, you, keys, use)

➡ __________ to open the door.

4 + 5 all (of), both, either, neither, none

[40-44] 주어진 우리말과 일치하도록 빈칸에 알맞은 것을 〈보기〉에서 골라 쓰시오. (중복 사용 불가)

〈보기〉
all	both	either	neither	none

어휘 & 표현
- **on sale** 할인 중인
- **loyal** 충성스러운
- **lace** 신발끈
- **belonging** 소지품
- **a variety of** 다양한
- **participant** 참가자
- **discussion** 토론
- **candidate** 후보자
- **belong to** ~에 속하다, ~ 소유이다
- **chilly** 쌀쌀한
- **comfortable** 편안한

40 방의 모든 불이 꺼졌다.

➡ __________ the lights in the room were turned off.

41 두 후보 모두 충분한 표를 얻지 못했다.

➡ __________ of the candidates received enough votes.

42 선반에 있는 두 권의 책은 모두 내 여동생의 것이다.

➡ __________ of the books on the shelf belong to my sister.

43 추운 저녁을 위해 네 재킷 중 하나를 빌릴 수 있을까?

➡ Can I borrow __________ of your jackets for the chilly evening?

44 대기실에 있는 의자는 모두 편안하지 않았다.

➡ __________ of the chairs in the waiting room were comfortable.

〈 정답과 해설 p. 32 〉

UNIT 16 의문대명사 

> • **의문대명사**: 물음의 대상을 나타내거나 물어보기 위해 사용하는 대명사로, 의문문에 사용한다.

1 who, whose, whom – 사람에 관해 물을 때 쓴다.

who 누구	주격	Q: <u>Who</u> won the game? (누가 경기에서 이겼나요?) A: I won the game. (제가 경기에서 이겼어요.) Q: <u>Who</u> is your partner? (누가 너의 파트너야?) A: Julia is my partner. (Julia가 나의 파트너야.)
whose 누구의 것	소유격	Q: ❶<u>Whose</u> is this? (이것은 누구의 것인가요?) A: It is mine. (제 것이에요.) Q: <u>Whose</u> smartwatch is this? 　　　　(이것은 누구의 스마트워치야?) A: This is Peter's. (Peter의 것이야.)
who(m) 누구를	목적격	Q: <u>Who(m)</u> are you talking to? (누구에게 말하고 있니?) ❷= To <u>whom</u> are you talking? A: I'm talking to you. (나는 너에게 말하고 있어.) Q: <u>Who(m)</u> are you looking for? (누구를 찾고 있나요?) = For <u>whom</u> are you looking? A: I'm looking for my sons. (제 아들들을 찾고 있어요.)

❶ **의문대명사 vs. 의문형용사**

- **의문대명사**: 직접적으로 정보를 묻는 대명사
  • Whose was that idea?
  (그 생각은 <u>누구의 것</u>이었나요?)
- **의문형용사**: 명사를 수식하여 정보를 특정하는 형용사로, whose, which, what은 의문형용사로도 쓰인다.
  • Whose idea was that?
  (그것은 <u>누구의 생각</u>이었나요?)

❷ **전치사 뒤에 오는 의문대명사**

전치사 바로 뒤에 목적격 의문대명사가 올 경우, whom 대신 who가 쓰일 수 없다.

2 what – 동물, 사물, 사람의 직업 또는 신분을 물을 때 쓴다.

what 무엇	Q: What is the loudest animal in the world? (세상에서 가장 큰 소리를 내는 동물은 무엇인가요?) 동물을 나타냄 A: The answer is the Blue Whale. (정답은 흰긴수염고래입니다.) Q: What will you have for dinner? (저녁으로 무엇을 먹을 건가요?) 사물을 나타냄 A: I will have pasta. (파스타를 먹을 거예요.) Q: What do you do for living? (당신의 직업은 무엇인가요?) A: I'm a writer. (저는 작가입니다.) [참고] 사람의 직업이나 신분을 나타낼 때 사용할 수 있다.

3 which – 사람, 동물, 사물을 물을 때 쓴다.

which 어느 것	주로 'A or B'와 같은 주어진 범위가 있을 때 사용한다. Q: Which is your sister among these three women? 사람을 나타냄 　　　　(세 명의 여자 중에 당신의 여동생은 누구인가요?) A: The one wearing the blue dress. (파란색 드레스를 입고 있는 사람이요.) Q: Which are bigger, whales or elephants? (고래와 코끼리 중 무엇이 더 큰가요?) 동물을 나타냄 A: Elephants are bigger. (코끼리가 더 커요.) Q: Which was the problem, time or money? (시간과 돈 중 무엇이 문제였나요?) 사물을 나타냄 A: Both of them were the problems. (둘 다 문제였습니다.)

06 DAY

1 who, whose, whom

[01-06] 주어진 우리말과 일치하도록 빈칸에 알맞은 것을 〈보기〉에서 골라 쓰시오. (중복 사용 가능)

〈보기〉

who　　　whose　　　whom

01 이 열쇠들은 누구의 것이었나요?　➡ ＿＿＿＿＿＿ were these keys?

02 당신은 누구에 관해 말하는 건가요?　➡ Of ＿＿＿＿＿＿ are you speaking?

03 다음 우승자는 누가 될까요?　➡ ＿＿＿＿＿＿ will be the next winner?

04 이 편지의 손 글씨는 누구의 것인가요?　➡ ＿＿＿＿＿＿ handwriting is on this letter?

05 당신은 오늘 누구와 점심을 먹었나요?　➡ With ＿＿＿＿＿＿ did you have lunch today?

06 달에 착륙한 최초의 사람은 누구였나요?　➡ ＿＿＿＿＿＿ was the first person to land on the Moon?

1 + **2** who, whose, whom, what

[07-12] 괄호 안에서 알맞은 것을 고르시오.

07 (What / Whose) did Joshua tell you?

08 (What / Who) are they doing now?

09 (Who / Whose) book is this on the table?

10 (What / Whom) do you do for a living?

11 (What / Whom) is Parker's position at his job?

12 To (who / whom) should I send this package?

어휘 & 표현
- **idea** 생각
- **loud** 시끄러운
- **whale** 고래
- **writer** 작가
- **handwriting** 손 글씨
- **land on** ~에 착륙하다
- **position** 직위
- **package** 택배
- **look for** ~을 찾다
- **roommate** 룸메이트
- **on sale** 할인 중인

1 + **2** + **3** 의문대명사

[13-19] 질문에 알맞은 응답을 찾아 연결하시오.

13 Whose is this glass?　　　•　　　• ⓐ My sister. I can't find her.

14 Which one is cheaper?　　　•　　　• ⓑ She is my roommate.

15 What time will you visit?　　　•　　　• ⓒ They were Sylvia's.

16 Whom are you looking for?　　　•　　　• ⓓ Maybe 7 p.m.

17 What kind of job do you have?　　　•　　　• ⓔ The left one. It is on sale.

18 Who is this lady in the picture?　　　•　　　• ⓕ I don't have one yet.

19 Whose gloves were left on the table? •　　　• ⓖ I'm not sure, but it's not mine.

〈 정답과 해설 p. 32~33 〉

[01-04]

빈칸에 알맞은 것을 고르시오.

01

> _________ the hotels in our city were booked.

① All ② Every ③ Either
④ Each ⑤ None

02

> _________ of the books on the shelf has a unique story to tell.

① All ② Ones ③ Each
④ Both ⑤ Every

03

> With _________ do I need to speak about the program?

① who ② whom ③ whose
④ when ⑤ what

04

> A: _________ one do you like more, me or William?
> B: I don't want to answer that.

① Who ② Whom ③ Where
④ Which ⑤ What

05 고난도

어법상 <u>틀린</u> 것을 고르시오.

① Everybody likes her.
② Some of my friends like baseball.
③ Do you mind working another hour?
④ Each of the employees have their own desk.
⑤ I have lost my wallet. Please recommend a good one to me.

[06-07]

밑줄 친 부분이 가리키는 대상으로 적절한 것을 고르시오.

06

> George has two daughters, Karin and Daisy. He said, "<u>Both of them</u> are so smart!"

① George ② Karin
③ Daisy ④ Daisy or Karin
⑤ Karin and Daisy

07

> Harin, Minji and Eunju enrolled in our class a month ago. <u>All of them</u> have their own e-mail addresses.

① Minji
② Eunju
③ Harin and Minji
④ Harin and Eunju
⑤ Harin, Minji and Eunju

08 고난도

어법상 옳은 문장의 개수를 쓰시오.

> ⓐ Henry likes brown shoes, but I prefer black ones.
> ⓑ I'm the only girl in the club. The other are all boys.
> ⓒ Some like American cars while others like European cars.
> ⓓ Some of the students are going on a field trip tomorrow.
> ⓔ Each member of the family have a role in preparing dinner.

➡ _____________개

09

빈칸에 some과 any 중 하나를 쓰려고 할 때, 들어갈 말이
나머지 넷과 다른 것을 고르시오.

① _____ of the students speak English well.
② Can I have _____ water, please?
③ _____ like baseball, and others like
   basketball.
④ Is there _____ sugar in the bottle?
⑤ I bought _____ food on my way home.

10

빈칸에 who와 whose 중 하나를 쓰려고 할 때, 들어갈 말이
나머지 넷과 다른 것을 고르시오.

① _____ told you about it?
② _____ is in charge of this?
③ _____ called you last night?
④ _____ won the race yesterday?
⑤ _____ turn is it to clean the kitchen?

[11-14] 고난도

빈칸에 알맞은 말을 〈보기〉에서 골라 쓰시오. (중복 사용 불가)

┌─────────〈보기〉─────────┐
  some   any   each   every
└────────────────────────────┘

A: Rafael, do you have **11** _____________
   plans for the weekend?
B: I'm thinking of inviting **12** _____________
   friends over for a barbecue.
A: Sounds fun! Do you need help?
B: Thanks. Could you pick up some burgers
   from the store?
A: Sure. How many should I get?
B: If **13** _____________ of the guests eats two
   burgers, ten will be enough.
A: Okay. I hope **14** _____________ guest gets
   full.
B: I hope so, too.

[15-16] 서술형

대화에서 밑줄 친 부분이 의미하는 바를 우리말로 쓰시오.

15

A: Amy, did you and Mark complete the
   project on time?
B: Yes, <u>both of us</u> worked until late at night.

➡ _________________

16

A: Are there any seats available for the
   concert tonight?
B: <u>None</u> are left. It's completely sold out.
A: That's disappointing!

➡ _________________

17

각 빈칸에 들어갈 말이 알맞게 짝지어진 것을 고르시오.

┌────────────────────────────┐
│ • I hope that ___(A)___ won't rain on my   │
│   wedding day.   │
│ • ___(B)___ of the apples you gave were ripe.│
└────────────────────────────┘

	(A)		(B)
①	it	–	Each
②	it	–	None
③	it	–	Every
④	one	–	Either
⑤	one	–	Some

18 고난도

밑줄 친 부분의 쓰임이 나머지 넷과 다른 것을 고르시오.

① <u>Who</u> ate all the cake?
② <u>Who</u> knocked on the door?
③ <u>Who</u> wants to go for a walk?
④ <u>Who</u> is coming to a farewell party?
⑤ <u>Who</u> did you borrow the book from?

[19-20]

밑줄 친 대명사의 쓰임이 나머지 넷과 <u>다른</u> 것을 고르시오.

19

① <u>It</u> gets darker.
② <u>It</u> is 4km away.
③ <u>It</u> is not my book.
④ <u>It</u> is seven o'clock.
⑤ <u>It</u> is very hot today.

20

① <u>It</u> was not easy to answer the question.
② <u>It</u> is important to study English.
③ <u>It</u> is impossible to keep the air clean.
④ <u>It</u> is eight thirty in the morning.
⑤ <u>It</u> is dangerous to cross the street.

[21-22] 서술형

주어진 우리말과 일치하도록 빈칸에 알맞은 말을 쓰시오.

21

나는 네 명의 아들이 있다. 그중에 두 명은 간호사이고 나머지는 의사이다.

→ I have four sons; two of them are nurses, and ____________ are doctors.

22

당신이 듣고 있는 수업은 무엇이며, 어느 수업이 가장 흥미로운가요?

→ What classes are you taking, and ____________ one do you find the most interesting?

[23-24] 서술형

문장에서 <u>틀린</u> 부분을 찾아 밑줄을 긋고 바르게 고치시오.

23

Everyone are busy with their homework.

→ ____________

24

Eric has three model airplanes; one is red, and others are blue.

→ ____________

25 고난도

어느 빈칸에도 들어갈 수 <u>없는</u> 것을 고르시오.

> At the bookstore, Ethan finds ___(A)___ new books. ___(B)___ of them look interesting. ___(C)___ is a busy day, so he leaves with just two. One of them is a mystery novel, and ___(D)___ is an essay. He can't wait to finish ___(E)___ of them.

① all   ② both   ③ some
④ it   ⑤ the others

26 서술형 고난도

밑줄 친 부분 중 <u>틀린</u> 것을 찾아 바르게 고치시오.

> When I read books, I choose ① <u>one</u> from different topics. ② <u>Some</u> of my favorites are from the science section, while ③ <u>others</u> are about history. I always ask myself, "④ <u>Who</u> is the author and ⑤ <u>which</u> is it about?" before diving into a new book.

→ ____________ → ____________

D

시제

時制

(때 시, 지을 제)

동사의 행동이 언제 일어났는지를
나타내는 것

UNIT 17 현재시제
동사의 행동이 지금 일어남

UNIT 18 과거시제
동사의 행동이 과거에 일어났음

UNIT 19 동사의 과거-과거분사 불규칙 변화표

UNIT 20 미래시제
동사의 행동이 앞으로 일어날 것임

UNIT 21 진행시제
동사의 행동이 일어나고 있는 중임

UNIT 22 현재완료시제
동사의 행동이 과거에 일어나서
현재까지 영향을 주고 있음

I go to the gym. I went to the gym yesterday.
현재시제 　　　　　　　 과거시제

(나는 체육관에 간다. 나는 어제 체육관에 갔다.)

I will go to the gym tomorrow. (나는 내일 체육관에 갈 것이다.)
미래시제

They are playing soccer, and they have scored two goals already.
진행시제 　　　　　　　　　　　　 현재완료시제

(그들은 축구를 하고 있으며, 벌써 두 골을 넣었다.)

 **UNIT 17 현재시제** 

- **시제:** 동사에 표시되며, 말하는 시간을 기준으로 동사의 동작이나 상태가 현재·과거·미래 중에 언제 일어나는지에 대한 문법적인 시간을 말한다.
- **현재시제:** 동사의 동작이나 상황이 현재 일어나고 있으며, '~한다, ~이다' 등의 뜻으로, 동사의 현재 형태로 나타낸다.

1 현재시제의 쓰임

(1) 현재의 사실이나 상태

- She teaches English at a local school. (그녀는 현지 학교에서 영어를 가르친다.)

(2) 습관이나 반복되는 일

- We take a school bus at 8 a.m. every morning. (우리는 매일 아침 8시에 학교 버스를 탄다.)

(3) 불변의 진리, 속담, 격언

- The sun rises in the east. (해는 동쪽에서 뜬다.)

(4) 가까운 미래

- Nate comes back to Korea next week. (Nate는 다음 주에 한국으로 돌아올 것이다.)

(5) 시간과 조건의 부사절 − 현재시제로 미래를 나타낸다.

- If it snows, we'll build a snowman. (만약 눈이 오면, 우리는 눈사람을 만들 것이다.)

2 현재시제 동사의 형태 변화

(1) 주어가 1인칭 단수, 복수 ┐
　　　　2인칭 단수, 복수 │ 일 때는, **동사원형**을 쓴다.
　　　　3인칭 복수 ┘

(2) 주어가 3인칭 단수일 때는, **3인칭 단수형**을 쓴다.

❶ be동사의 현재시제

주어	be동사
1인칭 단수 (I)	am
1인칭 복수 (We) 2인칭 단수, 복수 (You) 3인칭 복수 (They)	are
3인칭 단수 (He, She, It)	is

〈동사의 3인칭 단수형〉: 대부분의 동사 뒤에 -s, -es를 붙인다.

동사	규칙	예시와 예문
대부분의 동사	동사원형 + -s	think → thinks, use → uses, find → finds, love → loves, look → looks, eat → eats, believe → believes, know → knows 등 • The chef bakes tasty cookies. (요리사는 맛있는 쿠키를 굽는다.)
-o, -s, -x, -sh, -ch로 끝나는 동사	동사원형 + -es	do → does, miss → misses, fix → fixes, wish → wishes, watch → watches 등 • She goes to the gym every morning. (그녀는 매일 아침 체육관에 간다.)
「자음 + -y」로 끝나는 동사	y를 i로 바꾸고 + -es	cry → cries, worry → worries, study → studies, apply → applies, carry → carries, satisfy → satisfies, dry → dries 등 • The bird flies high in the sky. (새가 하늘 높이 난다.)
불규칙 동사	규칙 없음	have → has • John has a talent for playing the guitar. (John은 기타 연주에 재능이 있다.)

1 + **2** 현재시제

[01-08] 괄호 안에서 알맞은 것을 고르시오.

01 Harper (was / is) in the library now.

02 He (start / starts) his new job on Friday.

03 Light (traveling / travels) faster than sound.

04 Our flight (departed / departs) in 10 minutes.

05 Water (boiling / boils) at 100 degrees Celsius.

06 The Pacific Ocean (is / are) the largest ocean.

07 Sorry, she (is / being) not here at the moment.

08 I usually (wake / waked) up at 7 in the morning.

07 DAY

[09-24] 주어진 동사의 주어가 3인칭 단수일 때, 현재시제 동사의 형태를 쓰시오.

09 bite (물다)	_________	**17** pass (통과하다)	_________
10 deny (거부하다)	_________	**18** pour (붓다)	_________
11 drop (떨어지다)	_________	**19** punch (주먹으로 치다)	_________
12 flow (흐르다)	_________	**20** push (밀다)	_________
13 go (가다)	_________	**21** relax (휴식하다)	_________
14 kiss (입 맞추다)	_________	**22** shake (흔들다)	_________
15 have (가지다)	_________	**23** strike (치다)	_________
16 mix (섞다)	_________	**24** wink (깜박거리다)	_________

[25-29] 주어진 우리말과 일치하도록 괄호 안의 말을 바르게 배열하시오. (단, 동사는 필요시 형태를 바꿀 것)

25 말보다 행동이 더 중요하다. (speak, actions, louder)

➡ __________________________________ than words.

26 구르는 돌은 이끼가 끼지 않는다. (moss, gather, no)

➡ A rolling stone __________________________.

27 1과 4를 더하면 5가 된다. (four, five, and, make)

➡ Adding one __________________________.

28 Philip은 일요일에 교회에 간다. (on, to, go, Sunday, church)

➡ Philip __________________________.

29 중력은 물체를 땅 쪽으로 끌어당긴다. (objects, towards, attract, gravity)

➡ __________________________ the ground.

 **어휘 & 표현**
- **local** 현지의
- **rise** (해가) 뜨다
- **build** 만들어 내다, (건물을) 짓다
- **travel** 이동하다
- **depart** 출발하다
- **boil** (물이) 끓다
- **Pacific Ocean** 태평양
- **moment** 순간
- **moss** 이끼
- **attract** 끌어당기다
- **gravity** 중력

〈 정답과 해설 p. 35~36 〉

> • **과거시제:** 현재보다 앞선 시제이다. '~했다, ~이었다' 등의 뜻으로, 동사의 과거형태로 나타낸다.

1 과거시제의 쓰임

(1) 과거에 이미 끝난 동작이나 상태

- I <u>watched</u> a comedy show on TV last night.

  (나는 어젯밤에 TV에서 코미디 쇼를 보았다.)

- She <u>was</u> happy to see her old friends at the reunion.

  (그녀는 동창회에서 옛 친구들을 만나 기뻤다.)

(2) 역사적 사실

- Columbus <u>sailed</u> across the Atlantic in 1492.

  (콜럼버스는 1492년에 대서양을 횡단했다.)

- The first human <u>landed</u> on the Moon on July 20, 1969.

  (1969년 7월 20일 최초의 인간이 달에 착륙했다.)

❶ be동사의 과거시제

주어	be동사
1인칭 단수 (I)	was
1인칭 복수 (We) 2인칭 단수, 복수 (You) 3인칭 복수 (They)	were
3인칭 단수 (He, She, It)	was

❷ 단모음, 단자음

소리를 낼 때 혀의 위치나 입술의 모양을 처음부터 끝까지 변화 없이 유지하는 것을 말한다.

2 ❶ 과거시제 동사의 규칙 변화

동사	규칙	예시와 예문
대부분의 동사	동사원형 + -ed	help → help**ed**, listen → listen**ed**, respect → respect**ed**, call → call**ed**, work → work**ed**, play → play**ed** 등
		• They <u>visited</u> the museum and <u>learned</u> about history. (그들은 박물관을 <u>방문했고</u> 역사에 대해 배웠다.)
-e로 끝나는 동사	동사원형 + -d	like → like**d**, live → live**d**, arrive → arrive**d**, hate → hate**d**, smile → smile**d**, taste → taste**d**, receive → receive**d** 등
		• The cat <u>chased</u> a butterfly around the garden. (고양이는 정원을 돌며 나비 한 마리를 쫓았다.)
「자음 + -y」로 끝나는 동사	y를 i로 바꾸고 + -ed	try → tr**ied**, study → stud**ied**, reply → repl**ied**, marry → marr**ied**, carry → carr**ied**, worry → worr**ied** 등
		• Some viewers <u>cried</u> during the movie's ending. (몇몇 관객은 영화 엔딩 중에 울었다.)
		• I <u>copied</u> the important notes during the lecture. (나는 강의 중에 중요한 노트를 복사했다.)
❷ 「단모음+단자음」으로 끝나는 동사	마지막 자음을 한 번 더 쓰고 + -ed	sto**p** → sto**pped**, dro**p** → dro**pped**, pla**n** → pla**nned**, cha**t** → cha**tted** 등
		• She <u>wrapped</u> the gift in colorful paper. (그녀는 알록달록한 종이로 선물을 포장했다.)
		• I <u>rubbed</u> my hands together to warm them up. (나는 따뜻하게 하기 위해 두 손을 비볐다.)

2 과거시제 동사의 규칙 변화

[01-18] 주어진 동사의 과거형을 쓰시오.

01 bake (굽다) ___________	**10** look (보다) ___________
02 create (창조하다) ___________	**11** notify (알리다) ___________
03 clean (청소하다) ___________	**12** reach (도달하다) ___________
04 copy (복사하다) ___________	**13** share (공유하다) ___________
05 delay (연기하다) ___________	**14** stay (머무르다) ___________
06 employ (고용하다) ___________	**15** slip (미끄러지다) ___________
07 hug (포옹하다) ___________	**16** shop ((물건을) 사다) ___________
08 hurry (서두르다) ___________	**17** pack ((짐을) 싸다) ___________
09 identify (확인하다) ___________	**18** watch (보다) ___________

1 + 2 과거시제

[19-25] 빈칸에 알맞은 말을 〈보기〉에서 골라 과거시제 문장을 완성하시오. (중복 사용 불가)

〈보기〉

attend	be	call	die	complete	receive	travel

19 It ___________ popular back in the 1990s.

20 The client ___________ me earlier today.

21 He ___________ his project yesterday.

22 I ___________ a conference last summer.

23 We ___________ an invitation to the dinner party.

24 How many people ___________ in the earthquake?

25 My family often ___________ to Vancouver when I was young.

[26-29] 주어진 문장을 과거시제 문장으로 바꿔 쓰시오.

26 He studies hard for the exam.

➡ ___________________________________

27 She receives a promotion at work.

➡ ___________________________________

28 They visit their grandparents during the holidays.

➡ ___________________________________

29 We celebrate my sister's birthday with a surprise party.

➡ ___________________________________

어휘 & 표현

- **reunion** 동창회
- **sail** 항해하다
- **Atlantic** 대서양
- **land** 착륙하다
- **history** 역사
- **chase** 쫓다
- **wrap** 포장하다
- **rub** 비비다
- **conference** 회의
- **invitation** 초대
- **earthquake** 지진
- **promotion** 승진
- **celebrate** 축하하다

〈 정답과 해설 p. 36~37 〉

동사의 과거-과거분사 불규칙 변화표

1 A − A − A형 (원형, 과거, 과거분사가 모두 같은 경우)

> 참고 과거분사란, 동사의 모양을 바꿔 형용사 역할을 하는 것이다.
> 명사를 수식하거나 수동태를 만드는 등의 역할을 한다.

뜻	원형	과거	과거분사	뜻	원형	과거	과거분사
비용이 들다	cost	cost	cost	놓다	put	put	put
자르다	cut	cut	cut	읽다	read	read	read
치다	hit	hit	hit	놓다	set	set	set
다치다	hurt	hurt	hurt	닫다	shut	shut	shut
~하게 하다	let	let	let	퍼지다	spread	spread	spread

2 A − B − B형 (과거와 과거분사가 같은 경우)

뜻	원형	과거	과거분사	뜻	원형	과거	과거분사
가져오다	bring	brought	brought	잃어버리다	lose	lost	lost
짓다	build	built	built	만들다	make	made	made
사다	buy	bought	bought	의미하다	mean	meant	meant
잡다	catch	caught	caught	만나다	meet	met	met
거래하다	deal	dealt	dealt	지불하다	pay	paid	paid
먹이다	feed	fed	fed	말하다	say	said	said
느끼다	feel	felt	felt	팔다	sell	sold	sold
찾다	find	found	found	보내다	send	sent	sent
얻다	get	got	got, gotten	앉다	sit	sat	sat
가지다	have	had	had	자다	sleep	slept	slept
듣다	hear	heard	heard	소비하다	spend	spent	spent
지니다	hold	held	held	서다	stand	stood	stood
유지하다	keep	kept	kept	쓸다	sweep	swept	swept
놓다, 낳다	lay	laid	laid	가르치다	teach	taught	taught
인도하다	lead	led	led	말하다	tell	told	told
떠나다	leave	left	left	생각하다	think	thought	thought
빌려주다	lend	lent	lent	이해하다	understand	understood	understood

1 + **2** A − A − A형, A − B − B형

[01-26] 주어진 동사의 과거형과 과거분사형을 순서대로 쓰시오.

01 cut — ____________ — ____________
02 hear — ____________ — ____________
03 make — ____________ — ____________
04 find — ____________ — ____________
05 have — ____________ — ____________
06 catch — ____________ — ____________
07 keep — ____________ — ____________
08 lay — ____________ — ____________
09 hurt — ____________ — ____________
10 leave — ____________ — ____________
11 think — ____________ — ____________
12 sell — ____________ — ____________
13 deal — ____________ — ____________

14 feed — ____________ — ____________
15 mean — ____________ — ____________
16 sleep — ____________ — ____________
17 hold — ____________ — ____________
18 set — ____________ — ____________
19 shut — ____________ — ____________
20 spread — ____________ — ____________
21 bring — ____________ — ____________
22 meet — ____________ — ____________
23 read — ____________ — ____________
24 lead — ____________ — ____________
25 lose — ____________ — ____________
26 put — ____________ — ____________

[27-34] 주어진 문장을 과거시제 문장으로 바꿔 쓰시오.

27 She tells us an amusing joke at the party.

→ She ____________ us an amusing joke at the party.

28 They stand in line for the movie.

→ They ____________ in line for the movie.

29 We sit together to watch the sunset.

→ We ____________ together to watch the sunset.

30 He pays for the concert tickets online.

→ He ____________ for the concert tickets online.

31 After a tiring day, they sleep for hours.

→ After a tiring day, they ____________ for hours.

32 She sets an alarm before going to bed.

→ She ____________ an alarm before going to bed.

33 He shuts the window to block out the noise.

→ He ____________ the window to block out the noise.

34 She leaves a note on the kitchen counter before going to work.

→ She ____________ a note on the kitchen counter before going to work.

어휘 & 표현
- **shut** 닫다
- **spread** 퍼뜨리다, 펼치다
- **amusing** 재미있는
- **joke** 농담
- **stand in line** 줄을 서다
- **sunset** 일몰
- **tiring** 지치는
- **block out** 막다
- **noise** 소음
- **kitchen counter** 부엌 조리대

〈 정답과 해설 p. 38~39 〉

3 **A − B − A형** (원형과 과거분사가 같은 경우)

뜻	원형	과거	과거분사
되다	become	became	become
오다	come	came	come
극복하다	overcome	overcame	overcome
달리다	run	ran	run

4 **A − B − C형** (원형, 과거, 과거분사가 모두 다른 경우)

뜻	원형	과거	과거분사	뜻	원형	과거	과거분사
~이다	be	was, were	been	자라다	grow	grew	grown
낳다	bear	bore	born(e)	숨다	hide	hid	hidden
시작하다	begin	began	begun	알다	know	knew	known
물다	bite	bit	bitten	눕다	lie	lay	lain
불다	blow	blew	blown	타다	ride	rode	ridden
깨뜨리다	break	broke	broken	울리다	ring	rang	rung
선택하다	choose	chose	chosen	오르다	rise	rose	risen
하다	do	did	done	보다	see	saw	seen
그리다	draw	drew	drawn	가라앉다	sink	sank	sunk
마시다	drink	drank	drunk	노래하다	sing	sang	sung
운전하다	drive	drove	driven	말하다	speak	spoke	spoken
먹다	eat	ate	eaten	훔치다	steal	stole	stolen
떨어지다	fall	fell	fallen	수영하다	swim	swam	swum
잊다	forget	forgot	forgotten	잡다	take	took	taken
날다	fly	flew	flown	던지다	throw	threw	thrown
얼다	freeze	froze	frozen	깨다	wake	woke	woken
주다	give	gave	given	입다	wear	wore	worn
가다	go	went	gone	쓰다	write	wrote	written

1 + 2 + 3 + 4 동사의 과거-과거분사 불규칙 변화표

[35-64] 주어진 동사의 과거형과 과거분사형을 순서대로 쓰시오.

35	do	— ___ — ___	50	see	— ___ — ___
36	cost	— ___ — ___	51	break	— ___ — ___
37	eat	— ___ — ___	52	sing	— ___ — ___
38	pay	— ___ — ___	53	wear	— ___ — ___
39	ring	— ___ — ___	54	drink	— ___ — ___
40	choose	— ___ — ___	55	take	— ___ — ___
41	buy	— ___ — ___	56	rise	— ___ — ___
42	teach	— ___ — ___	57	say	— ___ — ___
43	tell	— ___ — ___	58	know	— ___ — ___
44	send	— ___ — ___	59	sit	— ___ — ___
45	let	— ___ — ___	60	stand	— ___ — ___
46	build	— ___ — ___	61	wake	— ___ — ___
47	throw	— ___ — ___	62	hit	— ___ — ___
48	come	— ___ — ___	63	bite	— ___ — ___
49	write	— ___ — ___	64	become	— ___ — ___

[65-67] 그림을 보고, 알맞은 말을 〈보기〉에서 골라 과거시제 문장을 완성하시오. (중복 사용 불가)

〈보기〉

read　　　teach　　　sing

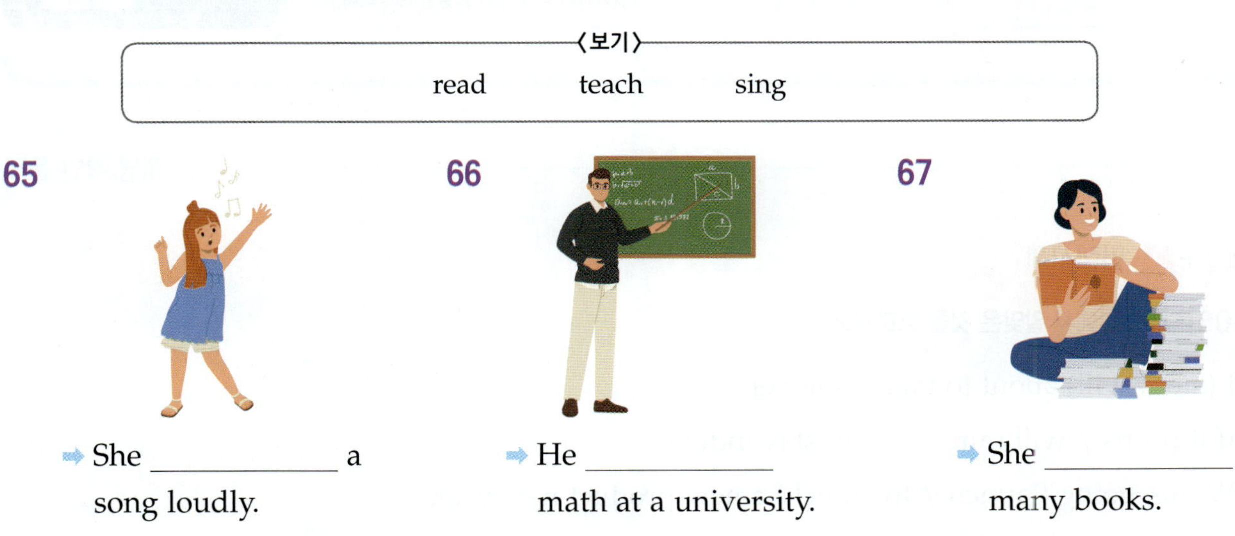

65 ➡ She ___ a song loudly.

66 ➡ He ___ math at a university.

67 ➡ She ___ many books.

어휘 & 표현

· **overcome** 극복하다　· **freeze** 얼다　· **sink** 가라앉다　· **loudly** 크게　· **math** 수학　· **university** 대학

〈 정답과 해설 p. 39~40 〉

> — 핵심 개념 —
> • **미래시제:** 현재보다 나중에 일어날 시제이다. '~할 것이다, ~일 것이다' 등의 뜻이다.
>   will, be going to 등을 사용해서 나타낸다.

1 미래시제의 쓰임

미래시제는 현재보다 나중에 하는 일을 나타낼 때 쓴다.

- **We will travel to Europe next year.** (우리는 내년에 유럽을 여행할 것이다.)
  내년에 할 일

❶ 미래시제의 예외
때나 조건을 나타내는 부사절에서는 현재시제가 미래시제를 대신한다.

2 미래시제의 종류 ❶

will + 동사원형	'~할 것이다, ~일 것이다'
	미래에 일어날 일이나 의지를 나타낸다.
	• I will send you the details by email. (자세한 내용은 당신에게 이메일로 보낼 것이다.) • She will become a teacher. (그녀는 선생님이 될 것이다.)
be going to + 동사원형	'~일 것이다, ~하려고 하다'
	미래에 일어날 계획된 일을 나타낸다.
	• We're going to move to New York next year. (우리는 내년에 뉴욕으로 이사를 갈 것이다.) • I'm going to buy a new car soon. (나는 곧 새 차를 살 것이다.)
be about to + 동사원형	'막 ~하려고 하다'
	즉시 일어날 미래를 나타낸다.
	• She is about to make an important announcement. (그녀가 막 중요한 발표를 하려고 한다.) • The train is about to depart from the station. (기차가 역에서 곧 출발할 예정이다.)

1 + 2 미래시제

[01-06] 괄호 안에서 알맞은 것을 고르시오.

01 I (am / will) about to take a shower.

02 If it (rains / will rain), we will stay indoors.

03 We are going (launch / to launch) a new product next year.

04 He was about (to leave / leaving) when his phone rang.

05 Oliver is (go / going) to run for mayor in the upcoming election.

06 They will (leave / to leave) Seoul for London tomorrow morning.

[07-10] 주어진 우리말과 일치하도록 괄호 안에서 알맞은 것을 고르시오.

07 그들은 매일 아침 공원으로 걸어간다.

➡ They (walk / will walk) to the park every morning.

08 그녀는 파티를 위해 케이크를 구울 것이다.

➡ She (baked / is going to bake) a cake for the party.

09 요리사가 비밀 재료를 막 공개하려 한다.

➡ The chef (revealed / is about to reveal) the secret ingredient.

10 그는 마감일 전에 과제를 완수했다.

➡ He (completed / will complete) the assignment before the deadline.

[11-20] 주어진 우리말과 일치하도록 빈칸에 알맞은 말을 〈보기〉에서 골라 알맞은 형태로 쓰시오.

(중복 사용 가능, 괄호 안의 조건을 만족시킬 것)

〈보기〉
| visit | help | learn | announce | arrive |

11 그들은 저녁 7시쯤 파티에 도착했다.

➡ They ________________ at the party around 7 PM.

12 그들은 저녁 7시쯤 파티에 도착할 것이다. (will을 쓸 것)

➡ They ________________ at the party around 7 PM.

13 Sam은 항상 저녁식사 후에 내 숙제를 도와준다.

➡ Sam always ________________ me with my homework after dinner.

14 Sam은 저녁식사 후에 내 숙제를 도와줄 것이다. (be going to를 쓸 것)

➡ Sam ________________ me with my homework after dinner.

15 그녀는 지난해 새로운 언어를 배웠다.

➡ She ________________ a new language last year.

16 그녀는 올해 새로운 언어를 배울 예정이다. (be going to를 쓸 것)

➡ She ________________ a new language this year.

17 그들은 대회의 우승자를 발표했다.

➡ They ________________ the winner of the competition.

18 그들은 대회의 우승자를 곧 발표할 것이다. (be about to를 쓸 것)

➡ They ________________ the winner of the competition.

19 우리는 여름방학 동안 국립공원을 방문했다.

➡ We ________________ the national park during the summer vacation.

20 우리는 여름방학 동안 국립공원을 방문할 예정이다. (be going to를 쓸 것)

➡ We ________________ the national park during the summer vacation.

어휘 & 표현
· **detail** 세부 사항
· **announcement** 발표
· **launch** 출시하다
· **run for mayor** 시장직에 입후보하다
· **upcoming** 다가오는
· **election** 선거
· **reveal** 공개하다
· **ingredient** 재료
· **assignment** 과제
· **deadline** 마감일
· **announce** 발표하다
· **national park** 국립공원

[01-02]
빈칸에 공통으로 들어갈 것을 고르시오.

01

> • Haste _________ waste.
> • He _________ his bed every morning.

① make ② makes ③ to make
④ made ⑤ making

02

> • Plants _________ sunlight to produce energy.
> • I _________ meditation apps before bed each night.

① use ② uses ③ to use
④ used ⑤ using

03
어법상 **틀린** 것을 고르시오.

① Apples are good for our health.
② The early bird catches the worm.
③ I take a walk with my dog every day.
④ Columbus discovered America in 1492.
⑤ The trees fall down by the storm last night.

04
빈칸에 알맞은 것을 고르시오.

> She cut down the old tree _________.

① next year
② next weekend
③ tomorrow
④ last week
⑤ once it stops raining

05
자연스러운 대화가 되도록 알맞은 낱말로 짝지어진 것을 고르시오.

> W: When did the meeting start?
> M: It (A) starts / started at 9 a.m.
> W: I'm sorry for being late. I (B) miss / missed the bus.
> M: No worries. All (C) is / was well that ends well.

	(A)	(B)	(C)
①	starts	– miss	– is
②	starts	– missed	– is
③	started	– miss	– was
④	started	– missed	– is
⑤	started	– missed	– was

[06-10] 서술형
밑줄 친 곳을 바르게 고쳐 문장을 다시 쓰시오.

06
Heat <u>turn</u> ice into water.

→ _______________________________

07
The train <u>leave</u> at 6 every morning.

→ _______________________________

08
Mindy <u>hears</u> a loud noise last night.

→ _______________________________

09
She <u>will to visit</u> her parents next weekend.

→ _______________________________

10

How old <u>are</u> you when you graduated from college?

➡ ___________________________________

[11-13] 고난도 서술형

ⓐ~ⓔ 가운데 틀린 곳을 찾아 그 기호를 쓰고 바르게 고쳐 쓰시오.

> Emily ⓐ <u>walk</u> to school every morning. Yesterday, she ⓑ <u>saw</u> a butterfly on her way and ⓒ <u>thinked</u> it was beautiful. So, she ⓓ <u>takes</u> a photo of it and ⓔ <u>showed</u> it to her classmates. Emily's walk to school is always an adventure.

11

➡ __________ → __________

12

➡ __________ → __________

13

➡ __________ → __________

14

빈칸에 들어갈 말이 알맞게 짝지어진 것을 고르시오.

> W: Barbara ___(A)___ her knee playing soccer yesterday.
> M: Really? I hope she ___(B)___ better soon.

	(A)		(B)
①	hurt	–	got
②	hurt	–	gets
③	hurts	–	get
④	hurts	–	gets
⑤	hurted	–	gets

15

빈칸에 알맞지 <u>않은</u> 것을 고르시오.

> Florence _________ a beautiful voice.

① has   ② had   ③ hear
④ heard   ⑤ hears

16

동사의 과거형이 알맞지 <u>않은</u> 것을 고르시오.

① tie → tied   ② dry → dried
③ speak → spoke   ④ shut → shutted
⑤ warn → warned

17

빈칸에 알맞은 것을 고르시오.

> The concert is about _________, so find your seats quickly.

① start   ② starts   ③ to start
④ started   ⑤ will start

18 고난도

어법상 옳은 것끼리 묶인 것을 고르시오.

> ⓐ We chatted for hours.
> ⓑ They get married last year.
> ⓒ He set the alarm for 6 a.m.
> ⓓ He loses his keys frequently.
> ⓔ He build toy cars as a hobby.
> ⓕ She putted books on the shelf.
> ⓖ She comes to the party last night.
> ⓗ I do my homework before dinner.

① ⓐ, ⓑ, ⓖ, ⓗ   ② ⓔ, ⓒ, ⓓ, ⓗ
③ ⓑ, ⓓ, ⓕ, ⓗ   ④ ⓑ, ⓔ, ⓕ, ⓖ
⑤ ⓒ, ⓓ, ⓔ, ⓕ

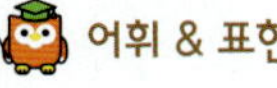

어휘 & 표현

- **haste** 서두름   • **make one's bed** 침대를 정리하다   • **produce** 생산하다, 만들다   • **meditation** 명상
- **app** 애플리케이션(application의 줄임말)   • **discover** 발견하다   • **meeting** 회의   • **heat** 열   • **graduate** 졸업하다
- **adventure** 모험   • **warn** 경고하다   • **chat** 떠들다   • **for hours** 몇 시간 동안   • **frequently** 자주

〈 정답과 해설 p. 41~42 〉

 **UNIT 21** 진행시제 

• **진행시제:** 현재진행(지금 ~중이다), 과거진행(과거에 ~중이었다), 미래진행(미래에 ~중일 것이다)
시제가 있으며, be동사에 시제를 표현하고 동사 뒤에 '-ing'를 붙여서 나타낸다.

---

1 현재진행시제

am, are, is + -ing

(~하고 있다, ~하는 중이다)

(1) 현재 진행 중인 동작을 나타낼 때

• I am writing a report now. (나는 지금 보고서를 쓰고 있다.)

(2) 최근에 진행 중인 일을 나타낼 때

• She is learning Spanish these days.
(그녀는 요즘 스페인어를 배우고 있다.)

(3) 가까운 미래를 표현할 때

• They are arriving here tomorrow.
미래의 부사구
(그들은 내일 여기에 도착할 것이다.)

• The movie is beginning in five minutes.
미래의 부사구
(영화가 5분 후에 시작할 것이다.)

---

2 과거진행시제 ❶

was, were + -ing

(~하고 있었다, ~하는 중이었다)

(1) 과거의 한 시점에 진행 중인 동작을 나타낼 때

• Ted was drawing cartoons yesterday.
(Ted는 어제 만화를 그리고 있었다.)

• What were you doing at 10:00 last night?
(어제 저녁 10시에 너는 무엇을 하고 있었니?)

(2) 과거에 계획되었으나 변경되거나 중단되었을 때

• I was going to take some rest, but Rex took me out.
(나는 휴식하려고 했지만, Rex가 나를 데리고 나갔다.)

→ 휴식할 계획이었지만 Rex가 데리고 나가서 휴식하지 못했다는 상황을 나타낸다.

❶ 과거시제와 과거진행시제

과거시제는 행동이 완료된 상황을 표현하는 데 비해, 과거진행시제는 행동의 중간을 표현한다.

---

3 미래진행시제

will be + -ing

(~하고 있을 것이다)

(1) 미래의 특정 시점에 진행 중인 일을 나타낼 때

• By the time you arrive, I will be attending a workshop.
(네가 도착할 때쯤, 나는 워크숍에 참석 중일 것이다.)

• At this time next year, he will be traveling to Europe.
(내년 이맘때면 그는 유럽 여행을 하고 있을 것이다.)

(2) 미래의 예정을 나타낼 때

• In ten years, I will be teaching English at a high school.
(10년 후에, 나는 고등학교에서 영어를 가르치고 있을 것이다.)

1 + 2 현재진행시제 + 과거진행시제

[01-05] 주어진 문장을 진행시제로 바꿔 쓰시오. (단, 주어진 문장의 시제에 맞출 것)

01 Liam reads a book by the fireplace.

➡ ____

02 She knitted a sweater for her niece.

➡ ____

03 I waited at the station for 20 minutes.

➡ ____

04 They film a movie in the downtown area.

➡ ____

05 He volunteers at a local animal shelter.

➡ ____

3 미래진행시제

[06-09] 밑줄 친 부분에 유의하여 다음 문장을 해석하시오.

06 By this time next year, I <u>will be working</u> in a new position.

➡ ____

07 By the end of the year, she <u>will be running</u> her own business.

➡ ____

08 In a few hours, they <u>will be enjoying</u> a vacation on the beach.

➡ ____

09 By the time you arrive, we <u>will be finishing</u> up the presentation.

➡ ____

1 + 2 + 3 진행시제

[10-15] 빈칸에 알맞은 말을 〈보기〉에서 골라 진행시제 문장을 완성하시오. (중복 사용 불가)

〈보기〉

| visit | study | answer | have | wait | water |

어휘 & 표현
- **report** 보고서
- **cartoon** 만화
- **attend** 참석하다
- **fireplace** 벽난로
- **knit** 뜨개질하다
- **niece** (여자) 조카
- **downtown** 시내
- **shelter** 보호소
- **presentation** 발표
- **go out** (전깃불 등이) 꺼지다
- **platform** 승강장

10 We ________________ the plants right now.

11 At this time tomorrow, I ________________ my grandparents.

12 She ________________ English when the power went out.

13 Luke ________________ your question now.

14 When the train arrives, we ________________ on the platform.

15 When my parents arrived home, we ________________ dinner.

〈 정답과 해설 p. 43~44 〉

4 동사의 진행형

동사	규칙	예시와 예문
대부분의 동사	동사원형 + -ing	think → think**ing**, send → send**ing**, read → read**ing**, listen → listen**ing** 등 [현재진행] The sun **is glowing** brightly on this beautiful day. (이 아름다운 날에 해가 밝게 빛나고 있다.) [과거진행] We **were watching** a movie last night. (우리는 어젯밤에 영화를 보고 있었다.)
-e로 끝나는 동사	e를 빼고 + -ing	writ**e** → writ**ing**, liv**e** → liv**ing**, rid**e** → rid**ing**, choos**e** → choos**ing** 등 [과거진행] The chef **was preparing** a delicious meal. (요리사가 맛있는 식사를 준비하고 있었다.) [미래진행] I **will be riding** horses on the weekend. (나는 주말에 말을 타고 있을 것이다.)
-ie로 끝나는 동사	ie를 y로 바꾸고 + -ing	t**ie** → t**ying**, d**ie** → d**ying**, l**ie** → l**ying** 등 [과거진행] He **was untying** the laces of his shoes. (그는 신발 끈을 풀고 있었다.) [미래진행] They **will be lying** in the sun this afternoon. (그들은 오늘 오후에 햇볕에 누워있을 것이다.)
「단모음 + 단자음」으로 끝나는 동사	마지막 자음을 한 번 더 쓰고 + -ing	sit → si**tting**, swim → swi**mming**, cut → cu**tting**, get → ge**tting**, hit → hi**tting** 등 [현재진행] The kids **are digging** a giant sandcastle. (아이들이 거대한 모래성을 파고 있다.) [과거진행] We **were sitting** on the porch. (우리는 현관에 앉아 있었다.)

5 진행형으로 잘 쓰지 않는 동사

감각, 지각을 나타내는 동사	feel, taste, see, hear 등 - This soup ~~is tasting~~ good. (×) - This soup **tastes** good. (○) (이 수프는 맛있다.)
소유를 나타내는 동사	❶ have, own, belong, possess 등 - I'm ~~owning~~ a vintage car. (×) - I **own** a vintage car. (○) (나는 예스러운 자동차를 소유하고 있다.)
감정을 나타내는 동사	like, love, want, miss 등 - They ~~are wanting~~ to go to the beach. (×) - They **want** to go to the beach. (○) (그들은 해변에 가고 싶어 한다.)
상태를 나타내는 동사	be, seem, appear, become, exist 등 - The weather ~~is seeming~~ nice today. (×) - The weather **seems** nice today. (○) (오늘 날씨가 좋은 것 같다.)

❶ 진행시제로 쓰이는 have

have가 '먹다'의 뜻으로 쓰이면 진행시제로 쓰일 수 있다.
- She **is having** a meal with her son.
(그녀는 그녀의 아들과 식사를 하고 있다.)

4 동사의 진행형

[16-21] 그림을 보고, 주어진 동사를 활용하여 현재진행과 과거진행 중 적절한 시제로 문장을 완성하시오.

16

→ Jennifer _______________ on her bed.
She looks sick. (lie)

17

→ It _______________ when I got there
yesterday. (snow)

18

→ Annie _______________ a picture now.
She is good at drawing. (draw)

19

→ Alex _______________ for his cap when
his mother entered his room. (look)

20

→ Lucas _______________ in the ocean
right now. He likes sea creatures.
(swim)

21

→ When I got outside, Mia
_______________ in the rain. (dance)

4 + 5 동사의 진행형 + 진행형으로 잘 쓰지 않는 동사

[22-28] 문장에서 <u>틀린</u> 부분을 찾아 밑줄을 긋고 바르게 고치시오.

22 He was tieing the knot tightly.　　　　→ _______________

23 He was rubing his hands together.　　　→ _______________

24 The sauce is tasting bitter to me.　　　→ _______________

25 She was hating waiting in long lines.　　→ _______________

26 The books are belonging to the city library.　→ _______________

27 James was writeing his parents a long letter.　→ _______________

28 She is geting her hair styled for the wedding.　→ _______________

🦉 **어휘 & 표현**

· **untie** 풀다　· **dig** (흙을) 파다　· **giant** 거대한　· **porch** 현관　· **vintage** 오래된, 예스러운　· **sandcastle** 모래성
· **sea creature** 해양 생물　· **knot** 매듭　· **bitter** 쓴　· **belong to** ~에 속하다

〈 정답과 해설 p. 44 〉

> **핵심 개념**
> •**현재완료시제:** 동사의 행동이 과거에 일어났고 현재까지 영향을 주고 있음을 나타낸다.

1 현재완료시제의 개념

과거시제	현재완료시제
과거에 초점을 두고, 현재와 상관없이 과거에 끝난 일을 나타냄	현재에 초점을 두고, 과거에 일어난 일이 현재까지 이어짐을 나타냄
• We <u>knew</u> each other in kindergarten. (우리는 유치원 때 서로를 알았다.)	• We <u>have known</u> each other since kindergarten. (우리는 유치원 때부터 서로를 알아 왔다.)
– 과거시제는 과거 상태만 나타낸다. – 이 문장만으로는 현재 서로 아는 사이인지 알 수 없다. 다른 문장이 더 있어야 알 수 있다. • We still <u>know</u> each other now. (우리는 여전히 서로 안다.)	– 현재완료시제는 한 문장으로도 과거와 현재 상태를 나타낼 수 있다.

2 현재완료시제의 형태

(1) 긍정문

(3인칭 단수 뒤) **has** ⎤
(1, 2인칭 단·복수, 3인칭 복수 뒤) **have** ⎦ + ❶ 과거분사

> ❶ **과거분사**
> 동사에서 변형된 것으로, 다음과 같이 쓰일 수 있다.
> - **수동태:** be동사+과거분사
> - **현재완료:** have/has + 과거분사

- She <u>has completed</u> her assignment. (그녀는 그녀의 과제를 마쳤다.)
- They <u>have already seen</u> this movie. (그들은 이미 이 영화를 보았다.)

(2) 부정문

has ⎤ + **not** 또는 ⎤ + 과거분사
have ⎦   **never** ⎦

- He <u>has never tried</u> scuba diving. (그는 스쿠버 다이빙을 해본 적이 없다.)
- I <u>have not received</u> a response to my email yet. (나는 이메일에 대한 응답을 아직 받지 못했다.)

(3) 의문문

의문사
(who (누구), what (무엇), + **has** ⎤ + 주어 + 과거분사
when (언제) 등)   **have** ⎦

- <u>Has</u> she ever <u>traveled</u> to Asia? (그녀는 아시아를 여행한 적이 있나요?)
- <u>How</u> have you <u>been</u> lately? (당신은 요즘 어떻게 지내세요?)

1 + 2 현재완료시제의 개념과 형태

[01-05] 괄호 안의 동사를 활용하여 현재완료시제 문장을 완성하고 우리말로 쓰시오.

01 Ethan ______________ a novel. (write) ➡ Ethan은 소설을 ______________.

02 He ______________ his keys again. (lose) ➡ 그는 또 열쇠를 ______________.

03 I ______________ all the tasks. (complete) ➡ 나는 모든 작업을 ______________.

04 It ______________ for a whole week. (rain) ➡ 일주일 내내 ______________.

05 It ______________ into a beautiful garden. (grow) ➡ 그것은 아름다운 정원이 ______________.

[06-09] 주어진 우리말과 일치하도록 괄호 안에서 알맞은 것을 고르시오.

06 우리는 박물관을 두 번 방문했다.

➡ We (visited / have visited) the museum twice.

07 우리는 어제 박물관을 방문했다.

➡ We (visited / have visited) the museum yesterday.

08 그들은 숲에서 길을 잃었다. (아직도 잃은 상태이다.)

➡ They (lost / have lost) their way in the forest.

09 Kelly는 5년 동안 중국어를 공부해왔다.

➡ Kelly (studied / has studied) Chinese for five years.

> **어휘 & 표현**
> · **kindergarten** 유치원
> · **complete** 마치다
> · **response** 응답
> · **novel** 소설
> · **task** 작업
> · **grow into** 자라서 ~이 되다
> · **lose one's way** 길을 잃다
> · **destination** 목적지
> · **reply** 답장하다

[10-12] 주어진 문장을 괄호 안의 단어를 활용하여 부정문으로 바꿔 쓰시오.

10 He has spoken to the manager.

➡ (not) ______________________________

11 I have talked to him about the matter.

➡ (not) ______________________________

12 The children have cleaned their room.

➡ (never) ______________________________

[13-15] 주어진 문장을 의문문으로 바꿔 쓰시오.

13 We have arrived at the destination.

➡ ______________________________

14 I have forgotten to reply to your email.

➡ ______________________________

15 You have worked for this company.

➡ How long ______________________________?

〈 정답과 해설 p. 45 〉

3 현재완료시제의 용법

용법	의미 & 예문
계속	**'~해 오고 있다'** – 과거에 일어난 일이 현재까지 계속됨 for, since, how long, so far 등과 함께 쓰인다. • They have known each other for years. 　(그들은 몇 년 동안 서로 알고 지내왔다.) • She has studied Spanish since last summer. 　(그녀는 지난 여름부터 스페인어를 공부하고 있다.) • How long have you lived in France? 　(당신은 프랑스에서 얼마나 오래 사는 중인가요?) • She has worked at the company for six months so far. 　(그녀는 지금까지 그 회사에서 6개월 동안 일해왔다.)
경험	**'(지금까지) ~해 본 적이 있다'** – 과거부터 지금까지 경험한 적이 있음 ever, never, before, ~ times 등과 함께 쓰인다. • Have you ever tried scuba diving? 　(당신은 스쿠버 다이빙을 해 본 적이 있나요?) • Tiffany has never tasted sushi in her life. 　(Tiffany는 살면서 초밥을 맛본 적이 없다.) ❶ • I have been to Europe before. 　(나는 전에 유럽에 가 본 적이 있다.) • Our grandparents have visited Thailand three times. 　(우리 조부모님은 태국에 세 번 다녀오신 적이 있다.)
완료	❷ **'(지금 막) ~했다'** – 과거에 시작한 일이 현재 완료되었음 just, yet, already, recently 등과 함께 쓰인다. • Wendy has just finished having dinner. 　(Wendy는 방금 저녁을 다 먹었다.) • He hasn't completed his homework yet. 　(그는 아직 숙제를 끝내지 못했다.) • They have already booked their flight for next week. (그들은 이미 다음 주 항공편을 예약했다.) • Kate and her husband have recently moved to a new house. 　(Kate와 그녀의 남편은 최근에 새로운 집으로 이사를 했다.)
결과	**'~해버렸다, (그 결과) …하다'** – 과거의 일의 결과가 현재에 영향을 미침 • Tom has lost his wallet. 　(Tom은 그의 지갑을 잃어버렸다. (아직 찾지 못함)) ❶ • She has gone to Brazil. (그녀는 브라질에 가고 없다.) • Lina has transferred to the sales department. 　(Lina는 영업부로 이동하고 없다.) • He has forgotten the password, so he can't log in now. 　(그는 비밀번호를 잊어버려서, 지금 로그인할 수 없다.)

❶ **have gone to vs. have been to**
- **have gone to**(결과): 현재 가버리고 없음
- **have been to**(경험): 가 본 적 있음

❷ **부사의 위치**
- **just, already 등**: have/has와 과거분사 사이
- **yet**: 문장 맨 끝

3 현재완료시제의 용법

[16-23] 밑줄 친 현재완료시제의 용법으로 알맞은 것을 〈보기〉에서 고르시오.

〈보기〉

① 계속: ～해 오고 있다
② 경험: (지금까지) ～해 본 적이 있다
③ 완료: (지금 막) ～했다
④ 결과: ～해버렸다, (그 결과) …하다

16 The package has just arrived. _______________

17 I have seen that movie before. _______________

18 This is the best show I have ever seen. _______________

19 We have lived in this house for ten years. _______________

20 We have known each other since childhood. _______________

21 Barbara has recently graduated from school. _______________

22 Donald has left his family and still refuses to come back. _______________

23 You don't have your card now. You have thrown it away. _______________

[24-30] 주어진 우리말과 일치하도록 빈칸에 알맞은 것을 〈보기〉에서 골라 쓰시오. (중복 사용 불가)

〈보기〉

already   yet   just   for   since   ever   never

24 Tony와 나는 여기서 일 년 동안 살아왔다.

➡ Tony and I have lived here _______________ a year.

25 그는 콘서트에 참석한 적이 한 번도 없다.

➡ He has _______________ attended a concert.

26 Lucy는 아직 내 이메일에 답장을 하지 않았다.

➡ Lucy hasn't responded to my email _______________.

27 나는 작년 여름부터 피아노를 배우고 있다.

➡ I have learned to play the piano _______________ last summer.

28 당신은 이렇게 아름다운 석양을 지금까지 본 적이 있나요?

➡ Have you _______________ seen such a beautiful sunset?

29 Eva는 벌써 여행을 위한 가방을 챙겼다.

➡ Eva has _______________ packed her bags for the trip.

30 우리는 방금 휴가를 위한 비행기를 예약했다.

➡ We have _______________ booked our flights for the vacation.

〈 정답과 해설 p. 45~46 〉

4 현재완료진행시제: have[has] been + -ing

(1) 주로 for, since와 함께 쓰여 과거에 시작된 일이 현재까지 계속 진행되고 있음을 나타낸다.

- They have been traveling around the world for a year. (그들은 1년 동안 전 세계를 여행하는 중이다.)

- He has been playing the piano since he was five years old.

(그는 다섯 살 때부터 피아노를 치고 있다.)

(2) 현재완료시제 〈계속〉 용법과 비슷하지만, 진행 중임을 좀 더 강조한다.

- She has looked for her phone since yesterday. (그녀는 어제부터 핸드폰을 찾아왔다.)

- She has been looking for her phone since yesterday. (그녀는 어제부터 핸드폰을 찾고 있다.)

5 현재완료시제와 함께 쓸 수 없는 부사구

– 현재완료는 현재를 포함하고 있으므로, yesterday, ago, last, in + 연도 ~ 등의
명백한 과거를 나타내는 부사구나 의문사 when, what time과 함께 쓸 수 없다.

I ~~have~~ just ~~met~~ her for the first time yesterday. (×)
yesterday가 쓰였으므로 현재완료시제 have met은 쓸 수 없음
I just met her for the first time yesterday. (○) (나는 어제 처음으로 그녀를 만났다.)
과거시제 met이 와야 함

At what time ~~have~~ you ~~completed~~ the task? (×)
what time이 쓰였으므로 현재완료시제 have completed는 쓸 수 없음
At what time did you complete the task? (○) (당신은 몇 시에 작업을 완료했나요?)
과거시제 did가 와야 함

4 현재완료진행시제

[31-35] 주어진 우리말과 일치하도록 〈보기〉에서 동사를 골라 현재완료진행시제를 완성하시오. (중복 사용 불가)

〈보기〉

| study | live | renovate | read | attend |

31 나는 이 책을 몇 주 동안 읽고 있다.

➡ I ___________________ this book for weeks.

32 그녀는 종일 시험을 위한 공부를 하고 있다.

➡ She ___________________ for her exams all day.

33 그들은 1월부터 그 집을 개조하고 있다.

➡ They ___________________ the house since January.

34 그들은 어렸을 때부터 같은 댄스 교실에 다니고 있다.

➡ They ___________________ the same dance class since they were kids.

35 우리는 이 근처에서 거의 3년간 살고 있다.

➡ We ___________________ in this neighborhood for almost three years.

[36-39] 주어진 우리말과 일치하도록 괄호 안의 말을 바르게 배열하시오. (단, 동사는 과거시제나 현재완료시제로 쓸 것)

36 나는 어제 잘 잤다. (well, I, sleep)

➡ ____ yesterday.

37 나는 어젯밤 파티에서 당신을 봤다. (the party, I, you, see, at)

➡ ____ last night.

38 그들은 2010년부터 이탈리아에 살고 있다. (Italy, they, in, live)

➡ ____ since 2010.

39 당신은 몇 시에 사무실에 도착했나요? (arrive, you, the office, at)

➡ What time ____ ?

1 + **2** + **3** + **5** 현재완료시제

[40-47] 주어진 우리말과 일치하도록 〈보기〉에서 동사를 골라 현재완료시제를 완성하시오. (중복 사용 불가)

〈보기〉
| be | try | have | see | finish | choose | practice | clean |

40 우리는 그 노래를 여러 번 연습했다.

➡ We _______________________ the song many times.

41 당신은 멕시코 음식을 먹어본 적이 있나요?

➡ _______________ you ever _______________ Mexican food?

42 나는 지금까지 그 시리즈의 세 개의 에피소드를 보았다.

➡ I _______________ three episodes of the series so far.

43 그녀는 이미 숙제를 끝냈다.

➡ She _______________________ her homework already.

44 당신은 노르웨이에 가본 적이 있나요?

➡ _______________ you ever _______________ to Norway?

45 나는 개인 레슨을 받은 적이 없다.

➡ I _______________ never _______________ a private lesson.

46 나는 손님들을 위해 집 전체를 청소했다.

➡ I _______________________ the entire house for the guests.

47 그들은 그들의 팀을 위한 새로운 지도자를 선택했다.

➡ They _______________________ a new leader for their team.

어휘 & 표현

· **renovate** 개조하다 · **neighborhood** 근처, 이웃 · **practice** 연습하다 · **so far** 지금까지 · **private** 사적인 · **entire** 전체, 온

〈 정답과 해설 p. 46~47 〉

01

동사의 진행형으로 바꾼 것 중 알맞지 <u>않은</u> 것을 고르시오.

① fix → fixing
② write → writting
③ stop → stopping
④ wave → waving
⑤ carry → carrying

02

주어진 우리말과 일치하도록 빈칸에 알맞은 것을 고르시오.

> 혼자 이사한 이후로 나는 요리를 배우는 중이다.
> ➡ I _________ to cook since I moved out on my own.

① learned
② was learning
③ will be learning
④ has been learning
⑤ have been learning

[03-04]

자연스러운 대화가 되도록 괄호 안에서 알맞은 것을 고르시오.

03

> A: Next Saturday is my father's 60th birthday.
> B: Really? He (looks / is looking) younger than his actual age.

04

> A: Have you ever (gone / been) to Italy?
> B: Yes, I have! I visited Rome and Florence.

[05-07] 서술형

밑줄 친 부분에 유의하여 우리말 해석을 완성하시오.

05

He <u>will be dyeing</u> his beard.

➡ 그는 그의 _______________________________.

06

He <u>hasn't discovered</u> it yet.

➡ 그는 _______________________________.

07

He <u>was jogging</u> when it started to snow.

➡ 비가 내리기 시작했을 때, 그는 _______________ _______________________.

[08-09]

주어진 문장을 괄호 안의 시제대로 바르게 바꾸지 <u>못한</u> 것을 고르시오.

08

> Kim plays the piano.

① (미래) Kim will play the piano.
② (현재진행) Kim is playing the piano.
③ (과거진행) Kim was playing the piano.
④ (미래진행) Kim will be playing the piano.
⑤ (현재완료 의문문) Have Kim played the piano?

09

> We swim in the pool.

① (미래) We are going to swim in the pool.
② (현재진행) We are swimming in the pool.
③ (미래진행) We will be swimming in the pool.
④ (현재완료) We have swum in the pool.
⑤ (현재완료 부정문) We don't have swum in the pool.

10

<보기>의 밑줄 친 현재완료시제와 용법이 같은 것을 고르시오.

> ─────<보기>─────
> I <u>have</u> never <u>been</u> to Europe.

① Tina <u>has gone</u> to Hawaii.
② He <u>has</u> just <u>received</u> an offer letter.
③ We <u>have lived</u> here for a decade.
④ <u>Have</u> you ever <u>listened</u> to that music?
⑤ I <u>have known</u> her since high school.

11

주어진 우리말과 일치하도록 빈칸에 알맞은 것을 고르시오.

> 몇 시간 후에, 학생들은 기말고사를 치르고 있을 것이다.
> ➡ In a few hours, the students __________ their final exams.

① took
③ have taken
⑤ will be taking
② take
④ was taking

12 고난도

자연스럽지 <u>않은</u> 대화를 고르시오.

① A: I'm hungry.
  B: Are you going to eat something?
② A: What's going on?
  B: Travis is about to propose to Helen.
③ A: What took you so long?
  B: I was answering the phone.
④ A: This is my first visit to Germany.
  B: Oh, really? I was there last year.
⑤ A: Yesterday was my birthday.
  B: Oh, what time have you blown out the candles?

[13-14] 서술형

자연스러운 대화가 되도록 밑줄 친 우리말을 괄호 안의 단어를 이용하여 완성하시오.

13

> A: Have you ever visited Seoul?
> B: Yes, I have. <u>나는 지난여름에 그곳에 갔었어.</u>
> (go there)

➡ ______________________ last summer.

14

> A: <u>너는 최근에 John을 본 적이 있니?</u> (see)
> B: No, I haven't. He has moved to a new city for his job.
> A: Oh, I didn't know that.

➡ ______________________ lately?

[15-18] 서술형

주어진 우리말과 일치하도록 괄호 안의 단어를 알맞은 형태로 쓰시오.

15

Mike는 스웨덴으로 가고 없다. (go)
➡ Mike ______________ to Sweden.

16

Jacob은 테니스공을 치고 있었다. (hit)
➡ Jacob ______________ a tennis ball.

17

나는 그녀가 가발을 쓴 모습을 한 번도 본 적이 없다.
(never, see)

➡ I ______________ her wearing a wig.

18

부모님이 집에 왔을 때 그는 공부를 하고 있었다.
(study, come)

➡ He ______________ when his parents ______________ home.

< 정답과 해설 p. 47~48 >

[19-20]

밑줄 친 부분 중 어법상 **틀린** 것을 고르시오.

19

① Dogs <u>are barking</u> loudly.
② The birds <u>were singing</u> now.
③ The movie <u>is about to begin</u>.
④ I <u>will visit</u> my grandparents this Saturday.
⑤ I <u>am going to stop</u> by the library to return books.

20

① She <u>has lost</u> her new bike.
② <u>Have</u> you ever <u>seen</u> a ghost?
③ <u>Have</u> you <u>finished</u> your dinner?
④ I've <u>been staying</u> in Korea for two years.
⑤ I <u>haven't have</u> a chance to hear his music.

[21-23] 서술형

주어진 우리말과 일치하도록 괄호 안의 말을 바르게 배열하시오. (단, 동사는 필요시 형태를 바꿀 것)

21

Keith는 2002년부터 Toronto에 살았다.
(Toronto, in, live, Keith, 2002, since)

➡ ________________________________

22

그녀는 뛰어난 재능을 가지고 있다.
(great, possess, she, talent)

➡ ________________________________

23

영화가 몇 시에 끝났나요?
(time, what, the movie, end)

➡ ________________________________

24 고난도

어법상 옳은 문장끼리 묶은 것을 고르시오.

> ⓐ Stars are existing in the night sky.
> ⓑ Have you ever made a model ship before?
> ⓒ We are about to beginning the meeting.
> ⓓ Harry will visited his relatives during the holidays.
> ⓔ He is going to take a trip around Europe next week.

① ⓐ, ⓓ   ② ⓑ, ⓔ   ③ ⓒ, ⓓ
④ ⓒ, ⓔ   ⑤ ⓓ, ⓔ

[25-27] 고난도

두 문장을 한 문장으로 쓸 때 알맞은 것을 고르시오.

25

> • The concert began at 8 p.m.
> • It's still going on.

① The concert begins now.
② The concert has finished at 8 p.m.
③ The concert was going on at 7 p.m.
④ The concert have been going on since 8 p.m.
⑤ The concert has been going on since 8 p.m.

26

> • Sophia went to another school.
> • She is not here anymore.

① Sophia is staying here.
② Sophia has never been here.
③ Sophia has gone to another school.
④ Sophia will not study in another school.
⑤ Sophia has never left to another school before.

27

> • I started to learn English a month ago.
> • I'm still learning it.

① I didn't start learning English.
② I don't learn English anymore.
③ I have learned English for a month.
④ I haven't started to learn English yet.
⑤ I will start learning English next month.

[28-29] 고난도

빈칸에 들어갈 말이 알맞게 짝지어진 것을 고르시오.

28

> W: Hey, Mark. What are you doing now?
> M: I ___(A)___ a movie. I ___(B)___ it more than ten times because it's one of my favorites.

	(A)		(B)
①	am watching	–	watched
②	am watching	–	was watching
③	am watching	–	have watched
④	will be watching	–	watched
⑤	will be watching	–	have watched

29

> W: Have you ever ___(A)___ to New York City?
> M: Yes, I have. I ___(B)___ there two years ago.

	(A)		(B)
①	be	–	have visited
②	been	–	visited
③	been	–	have visited
④	gone	–	visited
⑤	gone	–	have visited

[30-31] 서술형

주어진 문장을 괄호 안의 지시대로 바꿔 쓰시오.

30

> I have met your brother before.

➡ (의문문으로) ______________________

____

➡ (부정문으로) ______________________

____

31

> They have booked their tickets recently.

➡ (의문문으로) ______________________

____

➡ (부정문으로) ______________________

____

32 고난도

밑줄 친 부분 중 어법상 옳은 것을 고르시오.

> A big event ① is about happen. Sarah ② will going to have an important job interview today. She ③ have prepared for it for a long time. She is feeling both excited and nervous, but she's confident in her abilities. She ④ is hoping to get a good result. Maybe tomorrow, Sarah ⑤ will celebrate getting her dream job.

➡ ______________________

어휘 & 표현

- **look** ~처럼 보이다, ~인 것 같다　• **actual** 실제의　• **dye** 염색하다　• **beard** 턱수염　• **offer letter** 제안서　• **decade** 10년
- **blow out a candle** 초를 불어서 끄다　• **wig** 가발　• **return** 반납하다　• **ghost** 유령　• **relatives** 친척
- **happen** 일어나다, 발생하다　• **job interview** 구직 면접　• **prepare** 준비하다　• **confident** 자신감 있는
- **dream job** 꿈꾸던 직장[직업]

"the ball is in somebody's court"

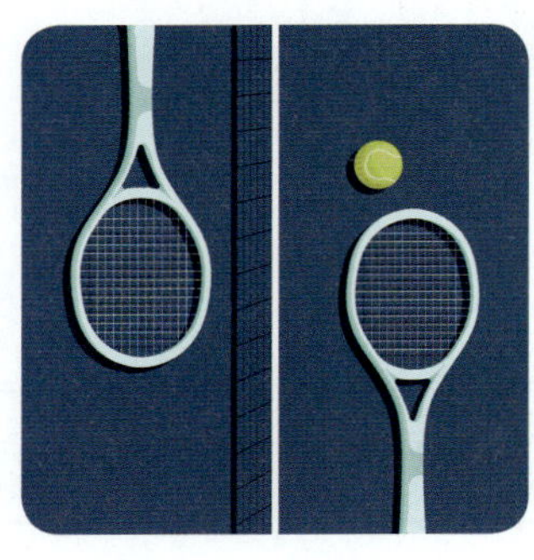

- 이 표현은 직역하면 '공이 누군가의 코트에 있다'라는 뜻이에요. 테니스나 배드민턴 같은 스포츠에서 상대방이 공을 친 후, 그 공이 내 코트에 오면 내가 쳐야 할 차례가 되죠?
- 마찬가지로 이 표현은 '누군가가 어떤 결정을 내리거나 행동을 해야 하는 상황'을 의미해요. 예를 들어, 누군가가 선택을 해야 하는 상황일 때 The ball is in your court.라고 말하면서, '이제 네가 결정을 내려야 해.'라고 표현할 수 있어요.

"out of the blue"

- blue를 떠올리면 우리는 '파란색'을 가장 먼저 떠올릴 거예요. out of는 '~에서 (밖으로)'라는 뜻이니까 out of the blue를 조금 의역하면 '푸른 하늘에서'라고 연관 지을 수 있어요. 푸른 하늘에서 갑자기 무언가가 떨어지면, 그건 매우 예상치 못한 일이겠죠?
- out of the blue는 '전혀 예상하지 못한 일이나 갑작스럽게 일어난 상황'을 의미해요. 보통 우리가 전혀 준비되지 않았거나 예상하지 못한 상황에서 사용해요.

"burn bridges"

- 이 표현은 직역하면 '다리를 태우다'라는 뜻인데요, 다리를 태우면 어떻게 될까요? 한 번 불을 지르면 다리를 건너는 것이 불가능해지겠죠?
- 이처럼 burn bridges는 '어떤 관계나 기회를 완전히 끊어버리다'라는 의미예요. 한 번 끊어버린 관계나 기회는 다시 회복하기 힘들기 때문에, 이 표현은 관계나 기회를 영구적으로 망치거나 돌이킬 수 없는 상황을 만들 때 쓰여요.

조동사

助動詞

(도울 조, 움직일 동, 말 사)

동사의 의미를 보조하거나
문법적 요소를 추가하는 역할

UNIT 23 조동사

UNIT 24 조동사 can (could), will (would)

UNIT 25 조동사 may (might), must (have to), shall, should

UNIT 26 be, do, have와 그 외 조동사

I can help, and I will be there soon. (제가 도와드릴 수 있고, 곧 갈게요.)
조동사 (능력)   조동사 (의지)

It may take a while, but you must finish the task.
조동사 (추측)   조동사 (의무)

(시간이 좀 걸릴 수 있지만, 당신은 그 일을 끝내야 한다.)

Shall we go for a walk? You should bring a jacket.
조동사 (제안)   조동사 (충고)

(산책할까요? 당신은 재킷을 가져와야 해요.)

Have you had dinner yet? He is cooking dinner.
조동사 (완료형을 만듦)   조동사 (진행형을 만듦)

(저녁 드셨나요? 그는 저녁을 요리 하고 있어요.)

Do you want to join us? (저희와 함께 하실래요?)
조동사 (의문문을 만듦)

> **핵심 개념**
> •**조동사**: 동사의 의미를 보조하거나 문법적 요소를 추가하는 역할을 하는 보조동사이다.

1 조동사의 특징

(1) **조동사 + 동사원형**: 조동사 뒤에는 항상 동사원형을 쓴다.
- She will visit the hospital. (그녀는 병원을 방문할 것이다.)
  visits (×)

(2) 주어의 인칭과 수에 따라 형태가 변하지 않는다.
- He can swim very fast. (그는 매우 빠르게 수영할 수 있다.)
  cans (×)

(3) 조동사는 연이어 쓸 수 없다. 두 개의 조동사를 써야 할 때는 뒤에 올 조동사의❶ 대체 어구를 사용한다.
- Mia will be able to assist you. (Mia가 당신을 도와드릴 수 있을 거예요.)
  can (×)

> ❶ **조동사의 대체 어구**
> • can = be able to
> • will = be going to
> • must = have to

2 조동사의 종류

– can(could), will(would), may(might), shall, should, must, had better 등
– 조동사는 동사 앞에 쓰여 능력, 의지, 추측, 의무 등의 의미를 더한다.

She can dance here. 그녀는 여기서 춤출 수 있다. **능력**	She could dance here. 그녀는 여기서 춤출 수 있었다. **가능**
She will dance here. 그녀는 여기서 춤출 것이다. **미래**	She may dance here. 그녀는 여기서 춤춰도 된다. **허가**
She said she would dance here. 그녀는 여기서 춤출 것이라고 말했다. **의지**	She might dance here. 그녀는 여기서 춤출지도 모른다. **추측**
She should dance here. 그녀는 여기서 춤을 춰야 한다. **의무**	She must dance here. 그녀는 여기서 춤을 춰야 한다. **의무**
	She had better dance here. 그녀는 여기서 춤을 추는 것이 낫다. **충고**

가운데: She dances here. 그녀는 여기서 춤춘다.

3 조동사의 부정문 – 「조동사 + not + 동사원형」❷

- She can speak Korean. (그녀는 한국어를 할 수 있다.)
  → She can't speak Korean. (그녀는 한국어를 할 수 없다.)
- We should take a break. (우리는 휴식을 취해야 한다.)
  → We shouldn't take a break. (우리는 휴식을 취해서는 안 된다.)

> ❷ **조동사의 부정형 축약**
> cannot[can't],
> could not[couldn't],
> will not[won't],
> would not[wouldn't],
> might not[mightn't],
> must not[mustn't],
> should not[shouldn't]

4 조동사의 의문문 – 「(의문사) + 조동사 + 주어 + 동사원형」

- Can you give me a hand now? (지금 나 좀 도와 줄 수 있니?)
- Where would you park your car? (당신은 차를 어디에 주차하실 건가요?)

1 + 2 조동사의 특징과 종류

[01-08] 괄호 안에서 알맞은 것을 고르시오.

01 The teacher (will / wills) be back soon.

02 I could (hear / to hear) the sound of waves.

03 I would (love / loved) to go to Sweden someday.

04 He must (try / tries) to learn from his mistakes.

05 You can (change / changing) the date to another day.

06 She should (consider / considers) taking a break.

07 It (be might / might be) a good idea to study more.

08 I will (can go / be able to go) for a walk this afternoon.

3 + 4 조동사의 부정문과 의문문

[09-12] 문장을 괄호 안의 지시대로 바꿔 쓰시오.

09 It might rain today.

➡ (부정문으로) ______________________________

10 She will accept the job offer.

➡ (의문문으로) ______________________________

11 We can go out for dinner tonight.

➡ (의문문으로) ______________________________

12 You should submit your application.

➡ (부정문으로) ______________________________

어휘 & 표현
- **take a break** 휴식을 취하다
- **wave** 파도
- **accept** 받아들이다
- **submit** 제출하다
- **application** 지원서
- **skip** 거르다
- **foreign language** 외국어
- **company** 회사
- **matter** 문제, 사안
- **holiday** 휴일

1 + 2 + 3 + 4 조동사

[13-20] 문장에서 <u>틀린</u> 부분을 찾아 밑줄을 긋고 바르게 고치시오.

13 We should not skips breakfast. ➡ ______________

14 Mark may be not in the cafeteria. ➡ ______________

15 Can speak she any foreign language? ➡ ______________

16 May I asked why you left the company? ➡ ______________

17 I could agree not with you on the matter. ➡ ______________

18 You not must drive after drinking alcohol. ➡ ______________

19 What will your family does for the holiday? ➡ ______________

20 Would you helping me with this math problem? ➡ ______________

〈 정답과 해설 p. 50~51 〉

 조동사 can (could), will (would) 

1 can (could)

❶ 능력, 가능	현재	**can** '~할 수 있다' • She <u>can</u> speak four languages fluently. (그녀는 4개 언어를 유창하게 구사할 수 있다.)
	과거	**could** '~할 수 있었다' • He <u>could</u> ride his bike at the age of four. (그는 4살 때 자전거를 탈 수 있었다.)
허가		'~해도 좋다, ~해도 된다' • You <u>can</u> use my car today. (너는 오늘 내 차를 사용해도 좋다.) ❷• <u>Could</u> they join us for dinner tonight? (그들이 오늘 저녁 식사에 함께 해도 될까요?)
요청, 부탁		'~해 주시겠어요?' • <u>Can</u> you open the door? (문 좀 열어주시겠어요?) • <u>Could</u> you explain it again? (그것을 다시 설명해 주시겠어요?)
추측, 가능성		'~일지도 모른다' / not과 함께 쓰여 '~일 리가 없다' • It <u>can</u> rain later this afternoon. (오늘 오후 늦게 비가 올지도 모른다.) • It <u>couldn't</u> be true. He is a liar. (그것은 사실일 리 없다. 그는 거짓말쟁이다.)

❶ can, could의 대체 어구

'능력, 가능'을 의미하는 can, could는 be able to로 대신할 수 있다.

❷ Could you ~?

Could you ~?는 Can you ~?보다 더 정중한 표현으로, 이때 could는 can의 과거형이 아니다.

1 can (could)

[01-05] 주어진 두 문장의 뜻이 같도록 빈칸에 can 또는 can't를 쓰시오.

01 Kate is able to type quickly.

= Kate _____________ type quickly.

02 He is clearly not a morning person.

= He _____________ be a morning person.

03 You are allowed to enter the building.

= You _____________ enter the building.

04 He is able to lift heavy weights at the gym.

= He _____________ lift heavy weights at the gym.

05 She is not able to swim because of her injury.

= She _____________ swim because of her injury.

〈보기〉
① 능력, 가능: ~할 수 있다
② 허가: ~해도 좋다
③ 요청, 부탁: ~해 주시겠어요?
④ 가능성, 추측: ~일지도 모른다/~일 리 없다

06 Their story <u>can't</u> be real. _____________

07 <u>Could</u> you give me a hand? _____________

08 You <u>can</u> wear any of my shirts. _____________

09 The robot <u>can</u> perform complex tasks. _____________

10 <u>Can</u> you recommend a good restaurant? _____________

11 Students <u>can</u> use their phones during break time. _____________

12 Last year, he <u>could</u> run a marathon in under four hours. _____________

13 The tickets <u>could</u> be sold out by the time we get there. _____________

14 <u>Could</u> you get another cup of coffee before the meeting? _____________

15 We <u>can</u> get much information on the Internet. _____________

16 You <u>can</u> ride my bike, but please don't lose it. _____________

17 Thomas <u>couldn't</u> be the criminal. He was with me all day long. _____________

[18-23] 자연스러운 대화가 되도록 괄호 안의 단어와 can 또는 can't를 쓰시오.

18 A: Can I use your computer?

B: Sure. You _____________ my computer. (use)

19 A: Excuse me, you _____________ in this area. (smoke)

B: Oh, I'm sorry. I didn't know.

20 A: Will Sarah be able to finish her homework?

B: Absolutely, she _____________ it! (complete)

21 A: Tony said he saw a ghost in the old house.

B: He _____________ right. Lucy saw it, too. (be)

22 A: Can I bring my dog to the party?

B: I'm afraid you _____________ pets to the party. (bring)

23 A: I heard they're shutting down the restaurant.

B: That _____________ true! There are always lines out the door. (be)

🦉 어휘 & 표현

· **fluently** 유창하게   · **explain** 설명하다   · **liar** 거짓말쟁이   · **allow** 허락하다   · **injury** 부상   · **perform** 수행하다
· **complex** 복잡한   · **recommend** 추천하다   · **absolutely** 틀림없이   · **ghost** 귀신   · **shut down** (가게 등을) 닫다

〈 정답과 해설 **p. 51~52** 〉

2 will (would)

❶ 단순 미래	현재	**will** '~할 것이다, ~하게 될 것이다' • The store <u>will</u> open at 5 o'clock. (가게는 5시에 열 <u>것이다</u>.)
	과거	**would** '~할 것이었다, ~하게 될 것이었다' • He said it <u>would</u> rain soon. (그는 곧 비가 내릴 <u>것이라고</u> 말했다.)
❶ 의지, 의도	현재	**will** '~할 것이다' • I <u>will not</u>(= won't) get up early tomorrow. (나는 내일 일찍 일어나지 <u>않을</u> 것이다.)
	과거	**would** '~할 것이었다' • She <u>would</u> not go to see a movie then. (그녀는 그때 영화를 보러 가지 않으려고 했다.)
요청, 제안		'~해 주시겠어요?' • <u>Will</u> you please help me move these boxes? (이 상자들을 옮기는 것을 도와주시겠어요?) • <u>Would</u> you give me some water? (제게 물 좀 주시겠어요?)
would like to+ 동사원형		'~하고 싶다' • I <u>would like to</u>(= 'd like to) have a dog. (나는 강아지를 키우고 싶다.)
would like + 명사		'~을 원하다' • I <u>would like</u> coffee. (나는 커피를 원해요.)

❶ will, would의 대체 어구
'미래, 의지, 의도'를 의미하는 will, would는 be going to로 대신할 수 있다.

2 will (would)

[24-27] 주어진 두 문장의 뜻이 같도록 빈칸에 be going to를 알맞은 형태로 쓰시오. (필요시 not을 넣을 것)

24 She will write a book.

= She ___________________________ write a book.

25 I would visit, but I felt ill.

= I ___________________________ visit, but I felt ill.

26 The restaurant won't open until next week.

= The restaurant ___________________________ open until next week.

27 Taylor wouldn't tell him the secret.

= Taylor ___________________________ tell him the secret.

28 I (will / won't) buy that car since I don't have enough money.

29 I (will / would) like to take a vacation to the beach.

30 He (will / would) like a slice of cheese cake for dessert.

31 She (will / won't) eat seafood because she likes it.

32 Alice is going (renovate / to renovate) her house.

1 + **2** 조동사 can (could), will (would)

[33-40] 자연스러운 문장이 되도록 연결하시오.

33 I will lead   •   • ⓐ the meeting tomorrow.

34 Everyone can   •   • ⓑ help him stay awake?

35 Will the coffee   •   • ⓒ bird species by the sound of them.

36 I would like   •   • ⓓ to talk to Mr. Wilson in 305.

37 She can identify   •   • ⓔ the way to the city museum?

38 Are you able   •   • ⓕ bring their own snacks.

39 Could you show me •   • ⓖ to fix the issue with the app?

40 Would you like   •   • ⓗ some black tea?

[41-45] 주어진 우리말과 일치하도록 빈칸에 알맞은 것을 〈보기〉에서 골라 쓰시오. (중복 사용 불가)

〈보기〉				
can't	could	will	won't	would

41 나는 이 순간을 잊지 않을 것이다.

➡ I ___________ forget this moment.

42 그는 열쇠를 어디에서도 찾을 수 없다.

➡ He ___________ find his keys anywhere.

43 그녀는 보석 한 조각을 원한다.

➡ She ___________ like a piece of jewelry.

44 내일, 나는 새로운 일을 시작할 것이다.

➡ Tomorrow, I ___________ start my new job.

45 내가 어렸을 때, 나는 첼로를 연주할 수 있었다.

➡ When I was a child, I ___________ play the cello.

🦉 **어휘 & 표현**

· **ill** 아픈   · **seafood** 해산물   · **renovate** 개조하다   · **identify** 구별하다   · **species** 종(種)   · **black tea** 홍차   · **jewelry** 보석

〈 정답과 해설 **p. 52** 〉

01

not이 들어갈 알맞은 위치를 고르시오.

(①) You (②) must (③) smoke (④) here (⑤).

02

밑줄 친 부분의 의미가 나머지 넷과 다른 것을 고르시오.

① <u>Have</u> you read the newspaper?
② <u>Would</u> you turn down the music?
③ <u>Will</u> you pick up some groceries?
④ <u>Can</u> you pass me the salt, please?
⑤ <u>Could</u> you reschedule the meeting?

[03 - 06]

주어진 우리말과 일치하도록 빈칸에 알맞은 것을 〈보기〉에서 골라 쓰시오. (중복 사용 불가)

〈보기〉
can't   could   will   won't

03

나는 벌써 8월이라는 것을 믿을 수가 없다.

→ I ___________ believe it's already August.

04

나는 이번 주말까지 이 프로젝트를 끝낼 것이다.

→ I ___________ finish this project by the end of the week.

05

그는 약속을 어기지 않을 것이다.

→ He ___________ break his promise.

06

다시 말씀해 주시겠어요?

→ ___________ you please repeat that?

07

빈칸에 알맞은 것을 고르시오.

We ___________ go hiking because it rained heavily yesterday.

① used to   ② might   ③ should
④ had better   ⑤ couldn't

[08 - 09]

주어진 우리말과 일치하도록 바르게 영작한 것을 고르시오.

08

그는 지금 피곤할 리가 없다.

① He could be tired now.
② He cannot be tired now.
③ He will not be tired now.
④ He had better be tired now.
⑤ He would like to be tired now.

09

Mary는 콘서트에 참석하고 싶어 한다.

① Mary can attend the concert.
② Mary will attend the concert.
③ Mary would attend the concert.
④ Mary wouldn't attend the concert.
⑤ Mary would like to attend the concert.

10

빈칸에 공통으로 들어갈 수 있는 것을 고르시오.

• ___________ you explain that once more?
• She ___________ like to visit Bangkok someday.

① can   ② could   ③ will
④ would   ⑤ be able to

두 문장의 뜻이 같도록 빈칸에 알맞은 것을 고르시오.

11

> They are going to buy a new car next year.
> = They _________ buy a new car next year.

① will ② can ③ could
④ are able to ⑤ wouldn't

12

> She wants to adopt a rescue dog.
> = She _________ to adopt a rescue dog.

① will ② would ③ can
④ would like ⑤ could like

[13-15]

밑줄 친 조동사의 의미로 알맞은 것을 〈보기〉에서 고르시오.
(중복 사용 불가)

〈보기〉
ⓐ 능력, 가능　　ⓑ 요청, 부탁　　ⓒ 가능성, 추측

13

I can swim farther than you. ____________

14

Would you make a reservation for me?

____

15

The rumors could not be true. ____________

16 고난도

두 문장의 의미가 다른 것을 고르시오.

① I'm not able to buy the house.
　= I can't buy the house.
② I want to go to the beach.
　= I would like to go to the beach.
③ She is going to bake a cake.
　= She will bake a cake.
④ It was impossible for us to see the stars.
　= We couldn't see the stars.
⑤ He would like a glass of water.
　= He could like a glass of water.

[17-20] 서술형

우리말과 일치하도록 〈보기〉에서 알맞은 단어를 골라 주어진 문장을 다시 쓰시오. (중복 사용 불가)

〈보기〉
can　　can't　　will　　won't

> I attend the party tonight.

17

나는 오늘 파티에 참석할 수 없다.

➡ _______________________________

18

나는 오늘 파티에 참석할 것이다.

➡ _______________________________

19

나는 오늘 파티에 참석할 수 있다.

➡ _______________________________

20

나는 오늘 파티에 참석하지 않을 것이다.

➡ _______________________________

🦉 **어휘 & 표현**

- **newspaper** 신문　· **turn down** (소리 등을) 낮추다　· **reschedule** 일정을 변경하다　· **break one's promise** 약속을 어기다
- **adopt** 입양하다　· **rescue** 구조하다　· **reservation** 예약　· **rumor** 소문　· **impossible** 불가능한

〈 정답과 해설 **p. 53** 〉

UNIT 25 조동사 may (might), must (have to), shall, should 

1 may (might)

추측	'~일지도 모른다' (might는 may보다 더 불확실한 추측)
	• It may sound simple, but it is not easy. (단순하게 들릴지 모르지만, 그것은 쉽지 않다.) • He might be the best candidate for the job. (그는 그 일에 가장 적합한 후보자일지도 모른다.)
❶ 허가	'~해도 좋다' • May I take this seat? (제가 여기 앉아도 되나요?) • You might use my laptop. (당신은 제 노트북을 사용하셔도 됩니다.)

❶ 허가의 **may**

'허가'의 의미일 때 may는 격식을 차린 표현으로, can과 could가 더 많이 사용된다.

2 must (have to)

강한 의무, 필요	❷ '~해야 한다'
	현재 We must find a solution to the problem. (우리는 그 문제에 대한 해결책을 찾아야 한다.) 과거 I had to let him know the truth. (나는 그가 진실을 알도록 해야 했다.) 미래 Paul will have to leave this town. (Paul은 이 마을을 떠나야 할 것이다.)
	부정: **must not** '~해서는 안 된다' • Visitors must not enter this area. (방문객은 이 구역에 출입해서는 안 된다.) **do not have to** '~할 필요가 없다' • You do not have to work overtime. (당신은 초과 근무를 할 필요가 없다.)
강한 추측	'~임에 틀림없다' • You must be excited about something. (당신은 뭔가에 들떠있음에 틀림없다.)

❷ '~해야 한다'

must가 '~해야 한다'의 의미를 가질 때, 「have to + 동사원형」으로 바꿔쓸 수 있다.
• We have to find a solution to the problem.
(우리는 그 문제에 대한 해결책을 찾아야 한다.)

3 shall, should

약한 의무, 충고, 제안	'~해야 한다, ~하는 게 좋겠다'
	• You shall follow the rules. (너는 규칙을 따라야 한다.) • You should take your medicine now. (너는 지금 약을 먹는 것이 좋다.) • Shall we order takeout for dinner? (저녁으로 포장 음식을 주문할까요?)
추측, 확신	'~일 것이다' • I shall return soon. (나는 곧 돌아올 것이다.) • He should be at the office now. (그는 지금 사무실에 있을 것이다.)

1 may (might)

[01-04] 밑줄 친 부분과 같은 의미로 쓰인 것을 〈보기〉에서 고르시오.

〈보기〉
ⓐ You <u>may</u> choose whatever you like.
ⓑ It <u>may</u> rain later this afternoon.

01 You <u>may</u> leave the classroom early. ___________

02 She <u>may</u> not be available for the call. ___________

03 Sales <u>may</u> increase thanks to the commercial. ___________

04 Visitors <u>may</u> take photographs inside the building. ___________

2 must (have to)

[05-10] 밑줄 친 부분과 같은 의미로 쓰인 것을 〈보기〉에서 고르시오.

〈보기〉
ⓐ Drivers <u>must</u> stop at red traffic lights.
ⓑ You <u>must</u> be Dexter's sister.

05 You <u>must</u> not tell the secret to anybody. ___________

06 There <u>must</u> be some technical issues on the train. ___________

07 Passengers <u>must</u> fasten their seatbelts during the flight. ___________

08 The store <u>must</u> not be open today because the lights are off. ___________

09 Victoria <u>must</u> be the suspect since she didn't show up yesterday. ___________

10 You <u>must</u> obey the captain's commands, or you will be in danger. ___________

2 + 3 must (have to), shall, should

[11-14] 주어진 우리말과 일치하도록 괄호 안에서 알맞은 것을 고르시오.

11 아이들은 성냥을 가지고 놀면 안 된다.

➡ Children (don't have to / must not) play with matches.

12 당신은 모든 것에 대해 사과할 필요는 없다.

➡ You (don't have to / must not) apologize for everything.

13 그는 금요일에는 넥타이를 매지 않아도 된다.

➡ He (doesn't have to / should not) wear a tie on Fridays.

14 우리 잠깐 쉴까요?

➡ (Shall / Must) we take a break for a while?

〈 정답과 해설 p. 54 〉

어휘 & 표현
- **candidate** 후보자
- **solution** 해결책
- **overtime** 규정 시간 외에
- **available** 가능한
- **commercial** 광고
- **technical** 기술적인
- **issue** 사안, 문제
- **passenger** 승객
- **fasten** 매다
- **seatbelt** 안전벨트
- **suspect** 용의자
- **command** 명령
- **match** 성냥
- **apologize** 사과하다

be, do, have와 그 외 조동사

> **핵심 개념**
> • **조동사 be, do, have**: 본동사 앞에서 보조적인 기능을 하여 의문문, 부정문, 진행형, 완료형, 수동태, 강조, 생략 등에 사용된다.

1 be

진행형을 만듦	**be** + 현재분사 • She is <u>studying</u> for her exams. 　　　　　　　(그녀는 시험을 위해 공부를 하고 있다.)
수동태를 만듦	**be** + 과거분사 • The novel <u>was written</u> by a renowned author. 　　　　　　　(그 소설은 저명한 작가에 의해 <u>쓰였다</u>.)

2 do

일반동사의 의문문을 만듦	**do, does, did** + 주어 + 동사원형 • <u>Do</u> you <u>believe</u> in aliens? (당신은 외계인을 믿나요?) • <u>Does</u> the store <u>open</u> at 9 AM? (가게가 오전 9시에 문을 여나요?) • <u>Did</u> they <u>attend</u> the meeting? (그들은 회의에 참석했나요?)
일반동사의 부정문을 만듦	**do, does, did** + **not** + 동사원형 • You <u>don't spend</u> much money. (너는 돈을 많이 쓰지 않는다.) • He <u>doesn't like</u> spicy food. (그는 매운 음식을 좋아하지 않는다.) • I <u>didn't play</u> soccer last year. (나는 작년에 축구하지 않았다.)
일반동사를 강조함	**do, does, did** + 동사원형 • I <u>do appreciate</u> your help. (나는 정말 당신의 도움에 감사드립니다.) • He <u>does have</u> a cat. (그는 정말로 고양이를 가지고 있다.) • She <u>did finish</u> her homework on time. 　　　　　　　(그녀는 정말로 숙제를 제시간에 끝냈다.)
동사(구)의 반복을 피함	동사 대신 **do, does, did**를 씀 (대동사) • We enjoy hiking on weekends, and they <u>do</u> as well. 　　　　　　　(우리는 주말에 등산을 즐기고, 그들도 즐긴다.) • She practices running every day, and he <u>does</u>, too. 　　　　　　　(그녀는 매일 달리기를 연습하고, 그도 연습한다.) • Who fixed the door? – Allen <u>did</u>. 　　　　　　　(누가 문을 고쳤나요? - Allen이 고쳤어요.)

3 have

완료시제를 만듦	**has, have, had** + 과거분사 • She <u>has eaten</u> dinner already. (그녀는 이미 저녁을 먹었다.) • They <u>have visited</u> several countries. 　　　　　　　(그들은 여러 나라를 방문했다.)

1 be

[01-03] 조동사 be를 이용하여 다음 문장을 괄호 안의 지시대로 바꿔 쓰시오.

01 Boys play soccer on the playground.

➡ (현재진행형으로) ____

02 The children didn't listen to music.

➡ (과거진행형으로) ____

03 The chef prepares the meal.

➡ (the meal을 주어로 하는 수동태 문장으로) ____

2 do

[04-07] 조동사 do를 이용하여 다음 문장을 괄호 안의 지시대로 바꿔 쓰시오.

04 She finished her project on time.

➡ (의문문으로) ____

05 The team won the championship last season.

➡ (동사 강조) ____

06 Kevin returned home, and I returned too.

➡ (반복되는 동사 대신 쓰기) ____

07 We ate sushi for dinner yesterday.

➡ (부정문으로) ____

> **어휘 & 표현**
> · **renowned** 저명한
> · **author** 저자
> · **alien** 외계인
> · **appreciate** 감사하다
> · **on time** 제시간에
> · **championship** 결승전
> · **collection** 소장품
> · **instruction** 설명
> · **rehearse** 예행연습하다
> · **swimming pool** 수영장
> · **backyard** 뒤뜰

1 + **2** + **3** be, do, have

[08-15] 다음 〈보기〉와 같이 밑줄 친 동사가 조동사인지 본동사인지 구분하시오.

〈보기〉

Pablo <u>may</u> be talking on the phone.	➡ (<u>조동사</u> / 본동사)
Pablo <u>talked</u> on the phone a minute ago.	➡ (조동사 / <u>본동사</u>)

08 He <u>has</u> a collection of antique coins. ➡ (조동사 / 본동사)

09 This <u>is</u> a serious problem. ➡ (조동사 / 본동사)

10 You <u>did</u> not lock the door. ➡ (조동사 / 본동사)

11 I <u>have</u> been to London three times. ➡ (조동사 / 본동사)

12 <u>Did</u> you understand the instructions? ➡ (조동사 / 본동사)

13 The report <u>was</u> reviewed by the team. ➡ (조동사 / 본동사)

14 The actors <u>were</u> rehearsing their lines. ➡ (조동사 / 본동사)

15 We <u>have</u> a swimming pool in the backyard. ➡ (조동사 / 본동사)

〈 정답과 해설 **p. 54~55** 〉

4 would, used to ❶

would, used to (모두 가능)	**'~하곤 했다'** – 과거의 반복적인 행위를 나타냄 • I would go swimming every morning. (나는 매일 아침 수영을 하러 가곤 했다.) • She used to read books for the children. (그녀는 아이들에게 책을 읽어 주곤 했다.)
used to (would는 사용 불가)	**'~이 있었다'** – 행위가 아닌, 과거의 상태를 나타낼 때 • There used to be a jungle gym here. (예전에는 여기에 정글짐이 있었다.) • That wedding hall used to be an Olympic stadium. (저 결혼식장은 예전에 올림픽 경기장이었다.) **'~하곤 했다'** – 과거의 습관이었지만, 지금은 하지 않는 것을 나타낼 때 • He used to play with paper planes. = 현재는 놀지 않는다는 의미를 포함 (그는 종이비행기를 가지고 놀곤 했다.) • She used to speak in Spanish. (그녀는 스페인어로 말하곤 했다.) = 현재는 말하지 않는다는 의미를 포함

5 had better, had better not

had better (= 'd better)	**'~하는 편이 좋겠다'** • You'd better leave the dog alone. (당신은 그 개를 홀로 두는 편이 좋겠다.)
❷ **had better not** (= 'd better not)	**'~하지 않는 편이 좋겠다'** • You'd better not eat this mushroom. (당신은 그 버섯을 먹지 않는 편이 좋겠다.)

개념 확인 문제

4 would, used to

[16-18] 주어진 우리말과 일치하도록 괄호 안에서 알맞은 것을 모두 고르시오.

16 나는 시금치를 싫어했는데, 지금은 샐러드에 든 시금치를 좋아한다.

➡ I (would / used to) hate spinach, but now I love it in salads.

17 우리는 팝콘과 탄산음료와 함께 영화의 밤을 보내곤 했다.

➡ We (would / used to) have a movie night with popcorn and soda.

18 이 건물은 학교였는데 지금은 아파트다.

➡ This building (would / used to) be a school, but now it's an apartment.

5 had better (not)

[19-22] 그림을 보고, 괄호 안의 단어와 had better (not)를 활용하여 대화를 완성하시오.

19

(eat)

A: I'm gaining weight lately.

B: You ________________ too much.

20

(try)

A: This jacket is too big for me.

B: You ________________ a smaller size.

21

(pay attention)

A: I almost had a car accident.

B: You ________________ to the traffic lights.

22

(play)

A: This place is so quiet.

B: You ________________ loud music.

4 + **5** would, used to, had better (not)

[23-26] 주어진 문장과 의미가 일치하도록 〈보기〉의 표현을 이용하여 문장을 다시 쓰시오. (중복 사용 불가)

〈보기〉

| would | had better | used to | had better not |

23 She was a famous singer, but not anymore.

➡ ____

24 She used to read books for hours without a break.

➡ ____

25 It would be wise for you to follow the school rules.

➡ ____

26 It would be wise for you not to waste your time and money.

➡ ____

🦉 어휘 & 표현

· **paper plane** 종이비행기　· **mushroom** 버섯　· **spinach** 시금치　· **soda** 탄산음료　· **gain weight** 무게가 늘다
· **car accident** 교통사고　· **waste** 낭비하다

[01-02]

not이 들어갈 알맞은 위치를 고르시오.

01

> He (①) does (②) have (③) to (④) leave (⑤).

02

> (①) She (②) had (③) better (④) miss (⑤) her flight.

03

밑줄 친 부분의 의미가 나머지 넷과 다른 것을 고르시오.

① They <u>may</u> be at the party.
② You <u>have to</u> tell me the truth.
③ She <u>must</u> be late due to traffic.
④ It <u>could</u> be a misunderstanding.
⑤ He <u>might</u> not remember your name.

[04-06] (서술형)

문장에서 틀린 부분을 찾아 밑줄을 긋고 바르게 고치시오.

04

Back in college, I would stayed up late.

➡ ______________

05

She woulds bake cookies for her coworkers.

➡ ______________

06

I used smoke, but I gave it up a couple of years ago. ➡ ______________

[07-09] (서술형)

그림을 보고, 괄호 안의 단어와 had better (not)를 이용하여 문장을 완성하시오.

07

(switch off)
➡ You ______________ the gas stove.

08

(play)
➡ You ______________ with the ball on the street.

09

(touch)
➡ You ______________ the iron.

10

두 문장의 의미가 서로 다른 것을 고르시오.

① He used to play basketball.
  = He would play basketball.
② They may visit us next month.
  = They might visit us next month.
③ You must not hurry up.
  = You don't have to hurry up.
④ You should not drink and drive.
  = You must not drink and drive.
⑤ We must be respectful to our elders.
  = We should be respectful to our elders.

11

주어진 우리말과 일치하도록 바르게 영작한 것을 고르시오.

> 나는 은행에 갈 필요가 없다.

① I can't go to the bank.
② I may not go to the bank.
③ I must not go to the bank.
④ I don't have to go to the bank.
⑤ I had better not go to the bank.

12

빈칸에 공통으로 들어갈 수 있는 것을 고르시오.

> • You don't _________ to clean the kitchen every day.
> • I _________ seen that novel before.

① do   ② be   ③ have
④ may   ⑤ should

[13-16] 서술형

우리말과 일치하도록 〈보기〉에서 알맞은 어구를 이용하여 주어진 문장을 다시 쓰시오. (중복 사용 불가, 필요시 부정형으로 서술)

> 〈보기〉
> have to   should
> used to   had better

> They stay late at school.

13

그들은 학교에 늦게까지 있지 않는 편이 좋겠다.

→ _________________________________

14

그들은 학교에 늦게까지 있곤 했다.

→ _________________________________

15

그들은 학교에 늦게까지 있을 필요가 없다.

→ _________________________________

16

그들은 학교에 늦게까지 있어야 한다.

→ _________________________________

[17-18]

밑줄 친 부분의 기능이 나머지 넷과 다른 것을 고르시오.

17

① This is a new method.
② It was written by robots.
③ I am waiting for the bus.
④ He was studying for his exams.
⑤ The window was broken by a baseball.

18

① I do love to travel.
② We did not go to the library.
③ Did you enjoy your vacation?
④ He does not play video games.
⑤ He will do his homework after dinner.

[19-20] 서술형

어법상 틀린 문장 2개를 찾아 기호를 쓰고, 바르게 고쳐 문장을 다시 쓰시오.

> ⓐ May I taking your order?
> ⓑ I had better bring an umbrella.
> ⓒ Did I made the right choice?
> ⓓ She does have a talent for painting.
> ⓔ The building used to be a hospital.
> ⓕ He doesn't have to bring a gift to the party.

19

→ _________, _________________________

20

→ _________, _________________________

〈 정답과 해설 p. 56~57 〉

빈칸에 알맞은 것을 고르시오.

21

> It _________ sound strange to you, but it is true.

① is　　② may　　③ has to
④ shouldn't　　⑤ wouldn't

22

> Nowadays the price of a computer is lower than before. So you _________ pay a lot to get one.

① can　　　　　② must
③ had better　　④ would like to
⑤ don't have to

[23-26]

밑줄 친 조동사의 의미로 알맞은 것을 〈보기〉에서 고르시오.
(중복 사용 불가)

> 〈보기〉
> ⓐ 능력, 가능　　　ⓔ 의지, 의도
> ⓑ 허가　　　　　ⓕ 강한 의무
> ⓒ 요청, 부탁　　　ⓖ 과거의 습관
> ⓓ 가능성, 추측　　ⓗ 바람, 희망

23

You <u>must</u> be on time. _____________

24

Look at the sky! It <u>must</u> rain later today.
____

25

You <u>may</u> leave the stage now. _____________

26

He <u>used to</u> be afraid of heights.
____

27

〈보기〉의 우리말과 일치하도록 단어 카드를 바르게 배열했을 때, 네 번째에 오는 것을 고르시오.

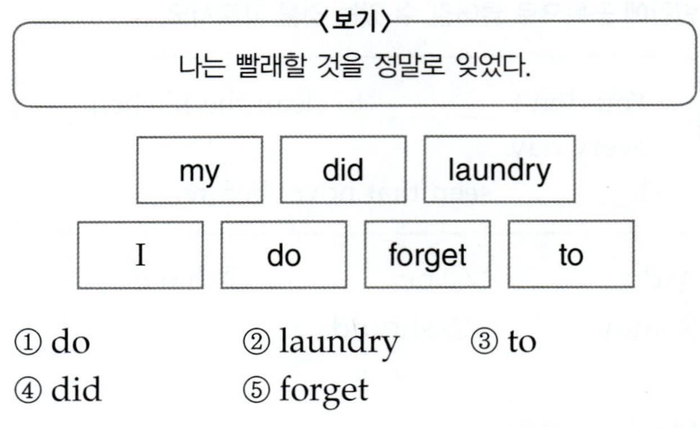

① do　　　　② laundry　　③ to
④ did　　　　⑤ forget

28 (서술형)

다음 대화의 밑줄 친 ⓐ~ⓔ 중 어색한 곳을 찾아 바르게 고치시오.

> A: I'm sorry, but I ⓐ <u>can't go</u> to the theater tonight. I ⓑ <u>have to take care</u> of my sister.
> B: Oh, don't worry. We ⓒ <u>can plan</u> for another day.
> A: How about next weekend?
> B: That sounds good for me. You ⓓ <u>don't have to forget</u> about it.
> A: I ⓔ <u>won't forget</u>. I'll add it to my calendar.

➡ (ⓐ / ⓑ / ⓒ / ⓓ / ⓔ) _____________

 어휘 & 표현

- **misunderstanding** 오해　　· **college** 대학　　· **coworker** 직장 동료　　· **a couple of** 몇 개의　　· **respectful** 존경심을 보이는
- **talent** 재능　　· **strange** 이상한　　· **height** 높이　　· **do laundry** 빨래하다　　· **calendar** 달력

수동태

受動態

(받을 수, 움직일 동, 형태 태)

주어가 동사의 동작을 당함

UNIT 27 수동태의 개념 및 형태

UNIT 28 조동사나 시제가 있는 수동태

UNIT 29 4형식과 5형식 문장의 수동태

UNIT 30 주의해야 할 수동태 표현

The door should be locked before leaving.

조동사가 있는 수동태

(떠나기 전에 문은 잠겨야 한다.)

4형식 수동태

능동태 My parents gave me some advice.

간접목적어 직접목적어

I was given some advice by my parents.

간접목적어를 주어로

Some advice was given to me by my parents.

직접목적어를 주어로

(부모님께서 나에게 몇몇 조언을 해주셨다.)

5형식 수동태

능동태 They allowed the kids to stay up late on weekends.

The kids were allowed to stay up late on weekends.

과거시제 수동태

(아이들은 주말에 늦게까지 깨어 있는 것이 허용된다.)

수동태의 개념 및 형태

- **능동태**: 주어가 동사의 동작을 행함을 나타내는 동사 형태이다.
- **수동태**: 주어가 동사의 동작을 당함을 나타내는 동사 형태이다.

1 능동태와 수동태

능동태: A hunter caught the rabbit.
주어　　능동태 동사　목적어
(사냥꾼이 토끼를 잡았다.)

수동태: The rabbit was caught by a hunter.
주어　　수동태 동사　「by + 행위자」
(토끼는 사냥꾼에게 잡혔다.)

2 수동태 만드는 법

능동태 : 주어＋일반동사＋목적어

① ② ③

수동태 : 주어＋「be동사＋과거분사」＋「by＋목적격」

③ 주어　② 동사　① 목적어
능동태 They build a new house. (그들은 새집을 짓는다.)

수동태 A new house is built by them. (새집은 그들에 의해 지어진다.)
① 주어　② 동사　③「by + 목적격」

① 능동태 문장의 목적어 → 수동태 문장의 주어로 옮긴다.
② 능동태 문장의 동사 → 「be동사 + 과거분사」로 바꾼다.
③ 능동태 문장의 주어 → 「by + 목적격(행위자)」으로 바꾼다.
참고 「by＋목적격(행위자)」은 생략되기도 한다.

❶ 「by＋목적격(행위자)」을 생략하는 경우

행위자가 불분명한 경우, 행위자가 people이나 we와 같이 일반인이거나 정확하지 않은 경우, 물건이나 건물의 위치를 나타내는 경우에는 「by ＋ 목적격(행위자)」을 생략한다.

능동태 They launch a new product next month. (그들은 다음 달에 신제품을 출시한다.)
수동태 A new product is launched by them next month. (신제품은 다음 달에 그들에 의해 출시된다.)

3 수동태의 부정문 : be동사와 과거분사 사이에 not을 넣는다.

be동사 + not + 과거분사

능동태 We use this machine. (우리는 이 기계를 사용한다.)
수동태 This machine is used by us. (이 기계는 우리에 의해 사용된다.)
부정문 This machine is not used by us. (이 기계는 우리에 의해 사용되지 않는다.)

4 수동태의 의문문 : be동사를 주어 앞으로 보낸다. 의문사를 쓸 경우, be동사 앞에 쓴다.

(의문사) + be동사 + 주어 + 과거분사

능동태 People love the actress. (사람들은 그 배우를 사랑한다.)
수동태 The actress is loved by people. (그 배우는 사람들의 사랑을 받는다.)

의문문 Is the actress loved by people? (그 배우는 사람들의 사랑을 받나요?)
의문사 의문문 Why is the actress loved by people? (그 배우는 왜 사람들의 사랑을 받나요?)

1 능동태와 수동태

[01-03] 문장이 능동태 문장인지 수동태 문장인지 구분하시오.

01 Alex planted a variety of crops on his farm. ➡ (능동태 / 수동태)

02 This building is designed by a famous architect. ➡ (능동태 / 수동태)

03 The park is located in the northern part of the city. ➡ (능동태 / 수동태)

2 수동태 만드는 법

[04-06] 주어진 능동태 문장을 수동태 문장으로 바꿔 쓰시오.

04 Chris removed the box from his room.

➡ _______________________________________

05 People speak both English and French in Canada.

➡ _______________________________________

06 We organized a charity event for the abused animals.

➡ _______________________________________

3 + **4** 수동태의 부정문과 의문문

[07-09] 문장을 괄호 안의 지시대로 바꿔 쓰시오.

07 Our room was booked a month ago. (부정문으로)

➡ _______________________________________

08 Students are influenced by many celebrities. (의문문으로)

➡ _______________________________________

09 The article was written by a university professor. (의문문으로)

➡ _______________________________________

1 + **2** + **3** + **4** 수동태의 개념 및 형태

[10-13] 주어진 우리말과 일치하도록 괄호 안의 말을 바르게 배열하시오. (단, 동사는 태에 맞게 변형할 것)

10 이 책은 나에 의해서 번역되지 않았다. (me, translate, by, not, this book)

➡ _______________________________________

11 그 보물은 그들에 의해 발견되지 않았다. (them, the treasure, by, discover, not)

➡ _______________________________________

12 〈햄릿〉은 Shakespeare에 의해 쓰여졌다. (Hamlet, by, write, Shakespeare)

➡ _______________________________________

13 전구가 언제 Edison에 의해 발명되었나요? (Edison, the light bulb, invent, when, by)

➡ _______________________________________

〈 정답과 해설 p. 58 〉

어휘 & 표현

- **actress** (여)배우
- **crop** 농작물
- **farm** 농장
- **design** 설계하다
- **architect** 건축가
- **be located in** ~에 있다, 위치해 있다
- **remove A from B** A를 B로부터 치우다[내보내다]
- **French** 프랑스어
- **charity event** 자선 행사
- **abused** 학대받은
- **influence** 영향을 끼치다
- **celebrity** 유명인사
- **article** 기사(글)
- **translate** 번역하다
- **treasure** 보물
- **light bulb** 전구
- **invent** 발명하다

UNIT 28 조동사나 시제가 있는 수동태

1 조동사가 있는 수동태 : 조동사 + be + 과거분사 + by 목적격

– be동사 앞에 조동사를 써서 나타낸다.
– 조동사 뒤에는 항상 동사원형이 오므로 be동사는 be의 형태로 온다.

- 능동태 We must make a decision. (우리는 결정을 내려야 한다.)
- 수동태 A decision must be made by us. (결정은 우리에 의해 내려져야 한다.)

- 능동태 The playwright can write the script. (극작가는 대본을 쓸 수 있다.)
- 수동태 The script can be written by the playwright. (대본은 극작가에 의해 쓰일 수 있다.)

- 능동태 The government should build more schools. (정부는 더 많은 학교를 건설해야 한다.)
- 수동태 More schools should be built by the government. (정부에 의해 더 많은 학교가 건설되어야 한다.)

2 수동태의 시제

수동태의 시제는 능동태의 시제와 마찬가지로 be동사를 바꿔 나타낸다.

시제	형태	예문
현재시제	am / is / are + 과거분사	능동태 The research team analyzes the data. (연구팀은 데이터를 분석한다.) 수동태 The data is analyzed by the research team. (데이터는 연구팀에 의해 분석된다.)
과거시제	was / were + 과거분사	능동태 The police officers wrote the report. (그 경찰관들이 보고서를 작성했다.) 수동태 The report was written by the police officers. (그 보고서는 경찰관들에 의해 작성되었다.)
미래시제	will + be + 과거분사	능동태 Our team will handle the task. (우리 팀이 그 일을 처리할 것이다.) 수동태 The task will be handled by our team. (그 일은 우리 팀에 의해 처리될 것이다.)
현재완료시제	have / has + been + 과거분사	능동태 I have used this space since 2018. (나는 이 공간을 2018년부터 사용하고 있다.) 수동태 This space has been used ❶ by me since 2018. (이 공간은 2018년부터 나에 의해 사용되고 있다.)
현재진행시제	am / is / are + being + 과거분사	능동태 The waiter is serving hot food. (종업원은 뜨거운 음식을 제공하는 중이다.) 수동태 Hot food is being served by the waiter. (뜨거운 음식은 종업원에 의해 제공되는 중이다.)

❶ 「by + 행위자」의 위치

「by + 행위자」는 보통 문장의 마지막에 오지만 부사(구)가 문장의 마지막에 오는 경우에는 그 앞에 위치하기도 한다.

1 조동사가 있는 수동태

[01-05] 주어진 조동사와 동사를 활용하여 수동태 문장을 완성하시오.

01 This computer _________________ only by me. (can, start)

02 Jack _________________ by our team leader. (may not, pick)

03 These trophies _________________ more carefully. (must, handle)

04 Shake the bottle, and then everything _________________. (will, mix)

05 It _________________ by the end of the week. (should, review)

2 수동태의 시제

[06-10] 문장을 괄호 안의 지시대로 바꿔 쓰시오.

06 My car is being repaired now. (과거시제 수동태로)

➡ _________________ last week.

07 Machines are put on the truck. (현재진행시제 수동태로)

➡ _________________ on the truck.

08 Someone turned off the computer. (현재완료시제 수동태로)

➡ _________________

09 That country develops a new weapon. (미래시제 수동태로)

➡ _________________

10 Robert rehearses the presentation before the meeting. (현재시제 수동태로)

➡ _________________ before the meeting.

1 + 2 조동사나 시제가 있는 수동태

[11-15] 주어진 우리말과 일치하도록 괄호 안에서 알맞은 것을 고르시오.

11 그의 돼지들은 하루에 두 번 먹이가 주어질 것이다.

➡ His pigs will (be fed / been feed) twice a day.

12 울타리가 Calum에 의해 설치되고 있다.

➡ The fence (is being / has being) built by Calum.

13 그 목걸이는 소파 밑에서 발견될 수 있다.

➡ The necklace (can is / can be) found under the sofa.

14 배가 파도에 의해 흔들리고 있다.

➡ The ship is (being rocked / been rocking) by the waves.

15 많은 집들이 그 화재로 인해 파괴되었다.

➡ Many houses have been (destroyed / destroying) by the fire.

> 어휘 & 표현
> - **decision** 결정
> - **playwright** 극작가
> - **script** 대본
> - **analyze** 분석하다
> - **handle** 다루다
> - **space** 공간
> - **serve** (음식 등을) 제공하다
> - **shake** 흔들다
> - **mix** 섞다
> - **review** 검토하다
> - **develop** 개발하다
> - **weapon** 무기
> - **rehearse** 예행연습을 하다
> - **fence** 울타리
> - **rock** 흔들리다
> - **destroy** 파괴하다

〈 정답과 해설 p. 59 〉

[01-03]

빈칸에 알맞은 것을 고르시오.

01

> Honey _________ since ancient times.

① uses
② is using
③ has used
④ will be used
⑤ has been used

02

> A new magazine _________ next year.

① launched
② be launched
③ was launched
④ will be launched
⑤ has been launched

03

> _________ this device made in Korea?

① Do
② Were
③ Did
④ Was
⑤ Does

04

능동태 문장을 수동태 문장으로 바르게 바꾼 것을 고르시오.

> People will write a poem on the wall.

① A poem writes on the wall.
② A poem was written on the wall.
③ A poem will be written on the wall.
④ A poem has been written on the wall.
⑤ A poem was going to be written on the wall.

05

빈칸에 들어갈 말이 알맞게 짝지어진 것을 고르시오.

> W: When ___(A)___ this computer ___(B)___ ?
> M: About an hour ago.

	(A)	(B)		(A)	(B)
①	is	–	used	② did	– use
③	are	–	used	④ was	– used
⑤	was	–	using		

06

빈칸에 알맞지 <u>않은</u> 것을 고르시오.

> My blanket _________ by my dog.

① is using
② may be used
③ was used
④ is being used
⑤ has been used

07 [서술형]

능동태 문장을 찾아 기호를 쓰고, 수동태 문장으로 바꿔 쓰시오. (단, 능동태 문장의 시제를 따라갈 것)

> ⓐ Mexicans speak Spanish.
> ⓑ The violin was being played.
> ⓒ My laptop was broken yesterday.
> ⓓ Where was the document stored?
> ⓔ He has composed many songs since 2002.
> ⓕ You should solve the problem by Thursday.

➡ (1) _____________,
   ____

➡ (2) _____________,
   ____

➡ (3) _____________,
   ____

08

주어진 우리말과 일치하도록 바르게 영작한 것을 고르시오.

> 그 편지는 당신에 의해 어디로 보내졌나요?

① Where the letter sent by you?
② Where do the letter sent by you?
③ Where the letter was sent by you?
④ Where was the letter sent by you?
⑤ Where is the letter being sent by you?

[09-10]

어법상 틀린 것을 고르시오.

09

① My watch was stolen by a thief.
② The mouse was chased by cats.
③ Smoking is strictly prohibit here.
④ The novel has been written by her.
⑤ It will not be cleaned by tomorrow.

10

① The error was no deleted.
② The due date has been changed.
③ My dog is being washed by Eric.
④ These were bought at the bookstore.
⑤ Why are the chairs arranged in a circle?

11 서술형

자연스러운 대화가 되도록 괄호 안의 단어를 알맞은 형태로 쓰시오.

> A: You are planning to throw a party, aren't you?
> B: Yes. I am. The party ______________ next Saturday. (hold)

[12-13] 서술형

문장에서 **틀린** 부분을 찾아 밑줄을 긋고 바르게 고치시오.

12

Was the ring hide under the pillow?

➡ ________________

13

The client's complaint should be deal with immediately.

➡ ________________

14

두 문장의 뜻이 같도록 바꾸어 쓸 때 빈칸에 알맞은 말을 고르시오.

> The cleaning crew has cleaned the house.
> = The house ________ by the cleaning crew.

① be cleaned
② has be cleaned
③ been has cleaned
④ has been cleaned
⑤ have been cleaned

15 고난도

(A)~(E) 중 어느 빈칸에도 들어갈 수 **없는** 것을 고르시오.

> • Cookies are ___(A)___ baked by Mike.
> • The letter ___(B)___ mailed last week.
> • It will ___(C)___ completed today.
> • ___(D)___ the books returned to the library?
> • Plants have ___(E)___ placed near the window.

① is   ② been   ③ being
④ be   ⑤ were

〈 정답과 해설 p. 60~61 〉

4형식과 5형식 문장의 수동태 

1 4형식 문장의 수동태

- 4형식 문장: 주어 + 동사 + 간접목적어 + 직접목적어
- 4형식 문장은 간접목적어와 직접목적어 각각을 주어로 하는 두 개의 수동태를 만들 수 있다.

(1) 간접목적어가 주어인 수동태: 간접목적어 + be동사 + 과거분사 + 직접목적어 + (by + 행위자)

[능동태] My uncle sent me a gift last Christmas.
(지난 크리스마스에 삼촌은 나에게 선물을 보냈다.)

[수동태] I was sent a gift by my uncle last Christmas.
주어가 된 능동태의 간접목적어
(나는 지난 크리스마스에 삼촌으로부터 선물을 받았다.)

(2) 직접목적어가 주어인 수동태: 직접목적어 + be동사 + 과거분사 + to/for/of + 간접목적어 + (by + 행위자)

[능동태] My uncle sent me a gift last Christmas.
(지난 크리스마스에 삼촌은 나에게 선물을 보냈다.)

[수동태] A gift was sent to me by my uncle last Christmas.
주어가 된 능동태의 직접목적어
(지난 크리스마스에 삼촌에 의해 선물이 나에게 보내졌다.)

> [능동태] My teacher gave me a book. (선생님께서 나에게 책을 주셨다.)
> 동사 간접목적어 직접목적어
>
> [수동태] **(1) 간접목적어가 주어인 수동태**
> • I was given a book by my teacher. (나는 선생님께 책을 받았다.)
> 주어가 된 간접목적어
>
> [수동태] **(2) 직접목적어가 주어인 수동태**
> • A book was given to me by my teacher.
> 주어가 된 직접목적어
> (책이 선생님에 의해 내게 주어졌다.)

❶ 직접목적어만을 수동태의 주어로 하는 경우

make, buy, write, read 등의 동사는 간접목적어를 주어로 하는 수동태는 쓸 수 없다.
- She wrote her brother a letter.
(그녀는 오빠에게 편지를 썼다.)
→ A letter was written to her brother by her. (○)
→ Her brother was written a letter by her. (×)

❶
(3) 직접목적어를 주어로 하는 경우 간접목적어 앞에 전치사를 쓴다. 그때 오는 전치사는 동사의 종류에 따라 달라진다.

to + 간접목적어	give, tell, teach, send, bring, lend, pass, write, read, show 등	• Books are given to Tom. (책들은 Tom에게 주어진다.) • A doll was sent to the baby by her grandparents. (인형은 조부모님에 의해 아기에게 보내졌다.)
for + 간접목적어	sing, find, make, buy, cook, bake, get 등	• Dinner is cooked for the guests. (저녁 식사가 손님들에게 조리된다.) • A dress was made for the customer by the tailor. (치마는 재단사에 의해 고객에게 만들어졌다.)
of + 간접목적어	ask, inform, inquire 등	• Opinions are inquired of the team. (의견이 팀에게 물어진다.) • A question was asked of the students by the professor. (질문이 교수님에 의해 학생들에게 물어졌다.)

1 4형식 문장의 수동태

[01-03] 주어진 문장을 두 가지 수동태 문장으로 바꿔 쓰시오. (단, 문장을 쓸 수 없으면 X로 표시할 것)

01 My parents bought me a nice shirt.

→ I ______________________________________.

→ A nice shirt ______________________________________.

02 He asked me so many silly questions.

→ I ______________________________________.

→ So many silly questions ______________________________________.

03 They will show the visitors new products today.

→ The visitors ______________________________________.

→ New products ______________________________________.

[04-08] 문장에서 틀린 부분을 찾아 밑줄을 긋고 바르게 고치시오.

04 The fax wasn't sent of you. → ______________

05 A cup of tea was made of me by Pablo. → ______________

06 I was taught for how to dance by Ms. Leo. → ______________

07 Opinions are inquired to the team. → ______________

08 Tom was given to an interesting book by his father. → ______________

[09-12] 괄호 안의 지시대로 문장을 완성하시오.

09 They showed us their new car. (their new car를 주어로 하는 수동태)

→ ______________________________________ by them.

10 The company awarded the employees a bonus. (the employees를 주어로 하는 수동태)

→ ______________________________________ by the company.

11 I baked my sister a delicious cake. (a delicious cake를 주어로 하는 수동태)

→ ______________________________________ by me.

12 The teacher assigned the students a challenging task. (the students를 주어로 하는 수동태)

→ ______________________________________ by the teacher.

🦉 **어휘 & 표현**

- **guest** 손님　　· **tailor** 재단사　　· **professor** 교수　　· **silly** 어리석은　　· **opinion** 의견　　· **award** 수여하다
- **employee** 근로자　　· **assign** (과제를) 주다　　· **challenging** 어려운

⟨ 정답과 해설 p. 61~62 ⟩

2 5형식 문장의 수동태

- **5형식 문장**: 주어＋동사＋목적어＋목적격 보어
- 5형식 문장의 목적어는 수동태의 주어가 되고, 목적격 보어는 주격 보어가 된다.

(1) 목적격 보어가 명사, 형용사, to부정사인 경우: 「be동사＋과거분사」 뒤에 목적격 보어를 그대로 쓴다.

능동태: 「주어＋동사＋목적어＋**목적격 보어**」

수동태: 「주어＋「be동사＋과거분사」(수동태)＋**주격 보어**＋(by＋목적격)」

목적격 보어 (명사구)
[능동태] They elected me **class president**. (그들은 나를 학급 회장으로 선출했다.)

그대로 옴
[수동태] I was elected **class president** by them.
주격 보어
(나는 그들에 의해 학급 회장으로 선출됐다.)

목적격 보어 (형용사)
[능동태] The audience found the news **surprising**.

그대로 옴 (청중들은 그 소식이 놀랍다는 것을 알았다.)
[수동태] The news was found **surprising** by the audience.
주격 보어
(그 소식은 청중들에 의해 놀라운 것으로 밝혀졌다.)

목적격 보어 (to부정사)
[능동태] I expect the package **to arrive** by noon.

그대로 옴 (나는 정오까지 택배가 도착할 것으로 예상한다.)
[수동태] The package is expected **to arrive** by noon.
주격 보어
(택배는 정오까지 도착할 것으로 예상된다.)

> ❶ **사역동사, 준사역동사, 지각동사**
> - 사역동사: 시키다, ~하게 하다 (let, have, make)
> - 준사역동사: ~하도록 돕다 (help)
> - 지각동사: 보다, 듣다, 느끼다 등 (see, hear, feel, watch, listen to 등)

(2) 사역동사, 지각동사가 쓰인 경우: ❶ 사역동사, 지각동사는 목적격 보어로 원형부정사를 취한다.
❷ 목적격 보어인 원형부정사를 to부정사로 바꾼다.

능동태: 「주어＋동사＋목적어＋**목적격 보어**」

수동태: 「주어＋「be동사＋과거분사」(수동태)＋**주격 보어**＋(by＋목적격)」

목적격 보어 (원형부정사)
[능동태] I watched her **take a walk** in the park.
지각동사
to부정사로 옴 (나는 그녀가 공원에서 산책하는 것을 목격했다.)
[수동태] She was watched **to take a walk** in the park by me.
주격 보어
(그녀가 공원에서 산책하는 것이 나에 의해 목격되었다.)

사역동사 목적격 보어 (원형부정사)
[능동태] Parents make kids **read** books every night.
to부정사로 옴 (부모들은 매일 밤 아이들에게 책을 읽게 한다.)
[수동태] Kids are made **to read** books every night by their parents.
주격 보어
(아이들은 부모님에 의해 매일 밤 책을 읽게 된다.)

> ❷ **목적격 보어인 현재분사**
> 지각동사의 목적격 보어로 현재분사가 오면 수동태 문장에서도 이를 그대로 쓴다.
> • I heard him snoring.
> (나는 그가 코를 골고 있는 것을 들었다.)
> → He was heard snoring by me.
> (그가 코를 골고 있는 것이 나에 의해 들렸다.)

[참고] **사역동사 let과 have**: 사역동사 let과 have는 수동태 동사로 쓰일 수 없다.
비슷한 의미를 나타내기 위해 let은 allow, have는 make로 바꾸어 쓴다.

[능동태] Heidi let her dog play in the yard. (Heidi는 그녀의 개가 마당에서 놀게 했다.)

[수동태] Heidi's dog ~~was let~~ to play in the yard by her. (X)

[수동태] Heidi's dog was allowed to play in the yard by her. (O)
(Heidi의 개는 그녀에 의해 마당에서 놀게 되었다.)

2 5형식 문장의 수동태

[13-17] 괄호 안의 단어를 이용하여 빈칸에 알맞은 말을 쓰시오.

13 All the windows are kept _______________ (open) in the summer.

14 Judy was heard _______________ (sing) a song by me last night.

15 I was made _______________ (think) about my future by the book.

16 The thief was seen _______________ (drive) away in a truck at midnight.

17 The book is called _______________ (a masterpiece) by critics.

[18-23] 문장을 괄호 안의 지시대로 바꿔 쓰시오.

18 They made him apologize for his behavior. (수동태로)
➡ ____ by them.

19 We ordered her to clean up the mess. (수동태로)
➡ ____ by us.

20 Her children were allowed to play in the backyard by her. (능동태로)
➡ ____

21 The assistant was made to organize the files by him. (능동태로)
➡ ____

22 I forced him to admit to the crime. (수동태로)
➡ ____ by me.

23 The garden flowers were seen to bloom by her. (능동태로)
➡ ____

> **어휘 & 표현**
> · **elect** 선출하다
> · **expect** 예상하다
> · **masterpiece** 걸작
> · **critic** 비평가
> · **apologize** 사과하다
> · **behavior** 행동
> · **order** 명령하다, 시키다
> · **mess** 난장판, 난잡한 것
> · **assistant** 조교, 조수
> · **organize** 체계화하다
> · **admit to** ~을 인정하다
> · **crime** 범죄
> · **bloom** 꽃이 피다
> · **pass to** ~에게 넘기다, 건네다

1 + 2 4형식과 5형식 문장의 수동태

[24-29] 자연스러운 문장이 되도록 연결하시오.

24 Lincoln was •　　　　　• ⓐ Joel by us.

25 We were told •　　　　　• ⓑ of him by me.

26 A toy was got •　　　　　• ⓒ a story by our teacher.

27 A favor was asked •　　　　　• ⓓ to me by the king.

28 Our son was named •　　　　　• ⓔ for the child by his parents.

29 The crown was passed •　　　　　• ⓕ elected President in 1860.

〈 정답과 해설 p. 62~63 〉

주의해야 할 수동태 표현 

1 동사구의 수동태

동사구를 수동태로 전환할 때는 하나의 동사처럼 취급하여 한꺼번에 쓴다.

> bring up (~을 양육하다) ① run over (~을 치다) ② pick up (~을 찾아오다)
> take care of (~을 돌보다) look after (~을 돌보다) ③ put off (~을 연기하다) 등

① 능동태 A car ran over the boy. (차가 소년을 쳤다.)
　 수동태 The boy was run over by a car. (소년은 차에 치였다.)

② 능동태 He'll pick up the pizza. (그는 피자를 찾아올 것이다.)
　 수동태 The pizza will be picked up by him. (피자는 그에 의해 픽업될 것이다.)

③ 능동태 She put off the visit until next weekend. (그녀는 방문을 다음 주말로 미뤘다.)
　 수동태 The visit was put off until next weekend by her. (그 방문은 그녀에 의해 다음 주말로 연기되었다.)

2 by 이외의 전치사를 쓰는 수동태

(1) 알아두어야 할 관용표현

> ① be worried about (~에 대해 걱정하다)　be involved in (~에 관련되다)
> ② be filled with (~로 가득하다)　be engaged in (~에 몰두하다)
> 　 be excited about (~에 흥분되다)　be interested in (~에 흥미가 있다)
> ③ be surprised at (~에 놀라다)　be satisfied with (~에 만족하다)
> ④ be composed of (~로 구성되다)　be covered with (~로 덮여 있다)

① Charles is worried about the upcoming exam. (Charles는 곧 있을 시험에 대해 걱정한다.)
② The bottle is filled with water. (병은 물로 가득 차 있다.)
③ He was surprised at the unexpected gift. (그는 뜻밖의 선물에 놀랐다.)
④ The team will be composed of people from various fields.

(그 팀은 다양한 분야의 사람들로 구성될 것이다.)

(2) 의미를 구별해야 하는 관용표현

표현	의미	예문
be made of	~로 만들어지다 (물리적 변화)	• The table is made of wood. (그 테이블은 나무로 만들어졌다.)
be made from	~로 만들어지다 (화학적 변화)	• The paper is made from recycled materials. (그 종이는 재활용된 재료로 만들어졌다.)
be known as	~로 알려지다	• Christine is known as a science pioneer. (Christine은 과학의 선구자로 알려져 있다.)
be known to	~에게 알려지다	• The actor is known to audiences worldwide. (그 배우는 전 세계 관객들에게 알려져 있다.)
be known for	~ 때문에 유명하다	• The city is known for its history. (그 도시는 역사 때문에 유명하다.)
be known by	~에 의해 알려지다	• The novel was known by many readers. (그 소설은 많은 독자들에 의해 알려졌다.)

1 동사구의 수동태

[01-04] 괄호 안에서 알맞은 것을 고르시오.

01 The criminal (was run / was run over) by a car.

02 Babies must be (taken care / taken care of) carefully.

03 The meeting has (been put off / put been off) for a week.

04 Ingrid's cat was looked (after by / by after) me during the holidays.

2 by 이외의 전치사를 쓰는 수동태

[05-11] 빈칸에 알맞은 말을 〈보기〉에서 골라 쓰시오. (중복 사용 불가)

〈보기〉
| about | at | from | in | of | to | with |

05 Water bottles are made ____________ recycled plastic.

06 I'm interested ____________ the future world.

07 Is Jeniffer excited ____________ the result?

08 He was satisfied ____________ the room condition.

09 The group is composed ____________ 250 members.

10 Someday, your talent will be known ____________ the world.

11 We were surprised ____________ the sudden change in weather.

1 + 2 주의해야 할 수동태 표현

[12-17] 주어진 우리말과 일치하도록 괄호 안의 단어를 이용하여 빈칸에 알맞은 말을 쓰시오.

12 그의 손은 먼지로 덮여 있었다. (cover)

➡ His hands ____________________ dirt.

13 지난주는 약속으로 가득 차 있었다. (fill)

➡ Last week ____________________ appointments.

14 나는 우리 조부모님에 의해 양육되었다. (bring up)

➡ I ____________________ by my grandparents.

15 부모님은 나의 나쁜 성적에 대해 걱정하신다. (worry)

➡ My parents ____________________ my poor grade.

16 이 빵집은 갓 구운 빵 때문에 유명하다. (know)

➡ This bakery ____________________ its freshly baked bread.

17 학생들은 수학 문제를 푸는 것에 몰두하고 있다. (engage)

➡ The students ____________________ solving math problems.

어휘 & 표현
- **upcoming** 곧 있을, 다가오는
- **unexpected** 뜻밖의
- **various** 다양한
- **field** 분야
- **pioneer** 개척자, 선구자
- **worldwide** 세계적인
- **criminal** 범죄자
- **recycled** 재활용된
- **condition** 상태, 조건
- **appointment** 약속
- **grade** 성적
- **freshly** 갓 ~한

〈 정답과 해설 **p. 63** 〉

01

빈칸에 들어갈 전치사가 나머지 넷과 <u>다른</u> 것을 고르시오.

① The tent was lent _____ the campers.
② A meal was cooked _____ me.
③ An email was sent _____ the client.
④ The award is given _____ talented artists.
⑤ The new menu was shown _____ customers.

02

문장의 의미가 나머지 넷과 <u>다른</u> 것을 고르시오.

① He gave his sister some flowers.
② He gave some flowers to his sister.
③ His sister gave him some flowers.
④ His sister was given some flowers by him.
⑤ Some flowers were given to his sister by him.

[03-04]

주어진 우리말과 일치하도록 빈칸에 알맞은 것을 고르시오.

03

Zoe는 새로운 소설을 쓰는 것에 몰두하고 있다.
→ Zoe _____ writing a new fiction.

① engage
② is engaged
③ engages
④ is engaged by
⑤ is engaged in

04

Handel은 음악의 어머니로 알려져 있다.
→ Handel is known _____ the mother of music.

① to   ② by   ③ as   ④ from   ⑤ in

05

빈칸에 공통으로 들어갈 것을 고르시오.

- He is interested _____ photography.
- I wasn't involved _____ the production of his film.

① of   ② in   ③ on
④ off   ⑤ after

06 서술형

각 문장에서 어법상 <u>틀린</u> 부분을 하나씩 찾아 바르게 고치시오.

(A) What are you worried, Jack?
(B) I was forced learn how to swim.
(C) These strange shapes are called to Mystery Circles.

(A) _____________ ➡ _____________
(B) _____________ ➡ _____________
(C) _____________ ➡ _____________

[07-09] 서술형 고난도

빈칸에 각각 알맞은 전치사를 쓰시오.

- The street was crowded __(A)__ tourists.
- The robber was caught __(B)__ the police.
- The cake is composed __(C)__ flour, sugar, and eggs.

07
(A): _____________

08
(B): _____________

09
(C): _____________

두 문장의 뜻이 같도록 빈칸에 알맞은 말을 쓰시오.

10

My father gave me a credit card last week.

➡ A credit card ________________ by my father last week.

11

I offered him a special discount.

➡ He ________________________ by me.

12

I will make him stop smoking.

➡ He ________________________ by me.

13 고난도

빈칸에 들어갈 말이 알맞게 짝지어진 것을 고르시오.

- A soft serenade was sung ___(A)___ me.
- Tilly was seen ___(B)___ the room by me yesterday.

	(A)	(B)		(A)	(B)
①	to	–	enter	② to	– entered
③	for	–	enter	④ for	– to enter
⑤	by	–	entered			

[14-15] 서술형

밑줄 친 (A), (B)를 알맞은 형태로 바꿔 쓰시오.

- Dinner was cooked (A) of us by my father.
- My sister was allowed (B) to be borrowed my laptop.

14
(A) ____________

15
(B) ____________

[16-17]

두 문장의 뜻이 같도록 빈칸에 알맞은 것을 고르시오.

16

My aunt took care of me yesterday.
= I ________ care of by my aunt yesterday.

① took   ② be taken
③ am taken   ④ was taken
⑤ was taking

17

She will remind him to call his parents.
= He ________ his parents by her.

① is reminded call
② is reminded to call
③ will be reminded call
④ will be reminded to call
⑤ will be reminded him call

18 고난도

주어진 대화의 오류에 관해 알맞게 이야기한 학생을 고르시오.

A: What did you do last weekend?
B: I went to Mt. Dobong.
A: It snowed a lot last weekend, didn't it?
B: Yes. The mountain was covered from snow. It was wonderful.
A: You must have had fun there!

① 다슬: 지난 주말에 관해 이야기하고 있으니까 have you done만 쓰일 수 있어.
② 윤지: 맞아, 대답도 I have gone to Mt. Dobong이라고 고쳐야 해.
③ 재유: 눈이 온 거니까 It is snowed가 더 자연스러워.
④ 현우: cover와 함께 쓰이는 전치사는 from이 아니라 with야.
⑤ 유리: 의무를 말하는 게 아닌데 must가 쓰인 건 적절하지 않아.

19

주어진 수동태 문장을 능동태 문장으로 바꿀 때 적절하지 <u>않은</u> 것을 고르시오.

① A cake was baked for me by my sister.
　→ My sister baked me a cake.

② The children were heard to sing by us.
　→ We heard the children to sing.

③ He was made to wear a uniform by me.
　→ I made him wear a uniform.

④ She was asked to come to the party by me.
　→ I asked her to come to the party.

⑤ A letter was sent to me by my best friend.
　→ My best friend sent me a letter.

[20-21]　고난도

어법상 <u>틀린</u> 것을 고르시오.

20

① He is known for his witty jokes.
② I was disappointed with your attitude.
③ Every shop was heard play Christmas music.
④ Cats are considered sacred in many countries.
⑤ In this process, most of the energy is used up.

21

① He was found guilty.
② It was made just for me.
③ He was made a delicious cake.
④ The house is known for its history.
⑤ Amy was called a princess by her friends.

[22-24]　

주어진 우리말과 일치하도록 빈칸에 알맞은 말을 〈보기〉에서 골라 알맞은 형태로 쓰시오. (중복 사용 불가)

〈보기〉
| know for | make of | know to |

22

그 꽃병은 도자기로 만들어진다.

➡ The vase ＿＿＿＿＿＿ ceramic.

23

그 비밀은 극소수에게만 알려져 있었다.

➡ The secret ＿＿＿＿＿＿ only a few.

24

그 공원은 등산로로 유명하다.

➡ The park ＿＿＿＿＿＿ its hiking trails.

25

〈보기〉의 우리말과 일치하도록 단어 카드를 바르게 배열했을 때, 여섯 번째에 오는 것을 고르시오.

〈보기〉
야외 여름 콘서트가 연기될 것이다.

| put | the outdoor | off |
| will | concert | summer | be |

① put　　② off　　③ will
④ concert　　⑤ be

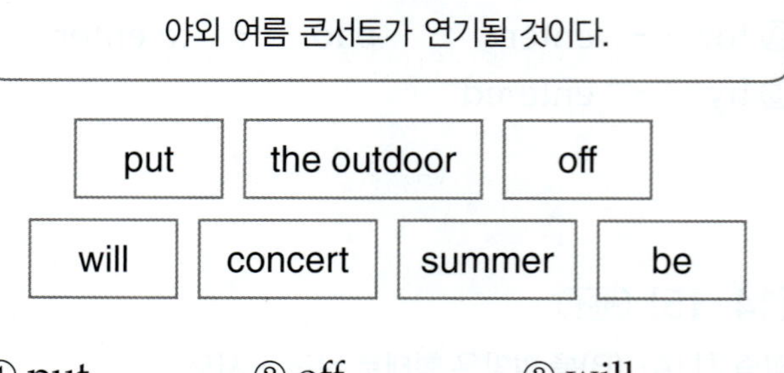

형용사

形容詞

(모양 형, 얼굴 용, 말 사)

명사(사람·사물)의 상태, 특징 등을 나타내는 말

The old house on the corner looks peaceful.
형용사의 한정적 쓰임   형용사의 서술적 쓰임

(모퉁이에 있는 오래된 집은 평화로워 보인다.)

Those two tall bookshelves make a noise. (저 두 개의 높은 책장이 소리 를 낸다.)
지시형용사 수량형용사 일반형용사

They have three children, and the third one is still in high school.
수사 (형용사)   수사 (형용사)

(그들은 세 명의 자녀가 있고, 세 번째 자녀는 아직 고등학생이다.)

> • **형용사**: 사람, 사물의 상태나 특징을 나타내는 말로, 문장에서 명사를 수식하거나 주격 또는 목적격 보어 역할을 한다.

1 한정적 쓰임: 명사·대명사의 앞이나 뒤에서 사람·사물의 상태나 특징을 나타낸다. 명사나 대명사를 꾸며주는 수식어로 쓰인다.

- She has a **kind** heart. (그녀는 친절한 마음씨를 갖고 있다.)
  형용사 명사
- Show me something **new**. (제게 새로운 것을 보여주세요.)
  대명사 형용사

한정적 쓰임으로만 쓰이는 형용사	chief (주요한), daily (매일의), elder (나이가 많은), former (이전의), inner (안쪽의), live (살아 있는), main (주요한), mere (겨우), only (유일한) 등

- The **main** goal is happiness. (주된 목표는 행복이다.)
  형용사 명사
- That is the **only** reason why I stay here. (그것이 내가 여기에 남는 유일한 이유이다.)
  형용사 명사

2 서술적 쓰임: 주격 보어 또는 목적격 보어의 역할을 한다. 주로 사람의 감정 및 사물의 성질을 나타낸다.

- Their house on the hill is **large**. (언덕 위 그들의 집은 크다.)
  주어   주격 보어
- We found this place **cozy**. (우리는 이 장소가 아늑하다는 것을 알았다.)
  목적어   목적격 보어

서술적 쓰임으로만 쓰이는 형용사	afraid (두려운), alike (비슷한), alive (살아 있는), alone (혼자), asleep (잠든), awake (깨어 있는), aware (알고 있는), content (만족하는), glad (기쁜), worth (가치 있는) 등

- I was **late**, so I missed the bus. (나는 늦어서 버스를 놓쳤다.)
  주어   주격 보어
- The proposal made me **glad**. (그 제안은 나를 기쁘게 만들었다.)
  목적어 목적격 보어

3 주의해야 할 형용사

(1) the + 형용사 : '~한 사람들'로 복수 취급

- The **strong** should protect the **weak**. (강자는 약자를 보호해야 한다.)

(2) 「-thing, -one, -body」+ 형용사 : 형용사가 뒤에서 꾸민다.

- I have **nothing special** to do. (나는 특별히 할 일이 없다.)

- **Anyone available** can join the team. (가능한 누구나 팀에 합류할 수 있다.)

(3) 국가명 + -n, -sh, -ch, -ese

- Korea (한국) / Korean (한국의)
- America (미국) / American (미국의)
- Spain (스페인) / Spanish (스페인의)
- Denmark (덴마크) / Danish (덴마크의)
- France (프랑스) / French (프랑스의)
- Holland (네덜란드) / Dutch (네덜란드의)
- China (중국) / Chinese (중국의)
- Japan (일본) / Japanese (일본의)

1 + 2 + 3 형용사의 쓰임

[01-05] 문장에서 형용사를 찾아 밑줄을 긋고, 형용사의 쓰임을 구분하시오.

01 She found the book fascinating. → [한정적 / 서술적] 쓰임

02 The little boy wore a colorful hat. → [한정적 / 서술적] 쓰임

03 The soup in the kitchen smells delicious. → [한정적 / 서술적] 쓰임

04 The bright sun warmed the sandy beach. → [한정적 / 서술적] 쓰임

05 Her blanket kept her warm through the night. → [한정적 / 서술적] 쓰임

[06-14] 문장에서 형용사를 찾아 밑줄을 긋고, 각 형용사의 역할로 알맞은 것을 〈보기〉에서 고르시오.

〈보기〉
ⓐ 명사 수식   ⓑ 주격 보어   ⓒ 목적격 보어

06 The songs keep me awake. ___________

07 Is there something wrong? ___________

08 They considered the task easy. ___________

09 An old man was walking slowly. ___________

10 He wasn't sorry for the mistakes. ___________

11 I thought the painting breathtaking. ___________

12 She felt proud after the performance. ___________

13 I guess she was not happy at the time. ___________

14 The Dutch player will compete in the game. ___________

[15-19] 〈보기〉와 같이 한정적 쓰임의 형용사를 서술적 쓰임으로 바꿔 문장을 완성하시오.

〈보기〉
This is a quick way. → This way is quick.
He is a talented man. → The man is talented.

15 This is a quiet place. → This _________________.

16 It was a boring concert. → The _________________.

17 He is an excellent leader. → The _________________.

18 They are great musicians. → The _________________.

19 These were empty buildings. → These _________________.

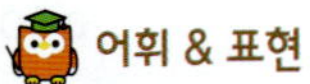
〈 정답과 해설 p. 65~66 〉

UNIT 32 형용사의 종류 및 어순

> • **형용사의 종류:** 일반형용사, 수량형용사, 수사 등이 있으며,
> 여러 개의 형용사가 명사를 수식할 때는 일정한 순서를 따른다.

1 일반형용사

Opinion (의견, 날씨, 맛, 감정, 성격, 상태 등)	beautiful (아름다운), lovely (사랑스러운), kind (친절한), cloudy (구름 낀), foggy (안개 낀), bitter (쓴), nutty (견과류 맛이 나는), salty (짠), spicy (매운), anxious (불안해하는), glad (기쁜), jealous (질투하는), sad (슬픈), calm (조용한), clean (깨끗한) 등
Size (크기)	big (큰), small (작은), tiny (아주 작은), huge (거대한) 등
Age (나이)	old (오래된), young (젊은), ancient (고대의), new (새로운), mature (성숙한) 등
Shape (모양)	curly (곱슬곱슬한), short (짧은), round (둥근), square (사각의), oval (타원형의) 등
Color (색깔)	white (흰), yellow (노란), brown (갈색의), red (빨간), blue (파란), green (초록의) 등
Origin (출신)	Korean (한국의), Italian (이탈리아의), American (미국의), Japanese (일본의) 등
Material (재료)	glass (유리의), leather (가죽의), wooden (나무의), cotton (면의), plastic (플라스틱의) 등
Purpose (용도)	medical (의료용의), educational (교육용의), commercial (상업용의) 등

- a beautiful small old round wooden table (아름답고 작고 오래되고 둥근 나무 탁자)
  의견 / 크기 / 나이 / 모양 / 재료
- a lovely big red French leather bag (사랑스럽고 큰 빨간색 프랑스제 가죽 가방)
  의견 / 크기 / 색깔 / 출신 / 재료

2 수량형용사

❶ a lot of
a lot of
= lots of
= plenty of

(1) 많은 – many, much, a lot of

many	**many** + 셀 수 있는 명사 • There are **many** apples on the tree. (나무에 많은 사과가 있다.) 셀 수 있는 명사 • I saw **many** people in the square. (나는 광장에서 많은 사람들을 봤다.) 셀 수 있는 명사 • She gave me **many** sunscreens. (그녀는 내게 많은 자외선차단제를 주었다.) 셀 수 있는 명사
much	**much** + 셀 수 없는 명사 • We don't have **much** time. (우리는 시간이 많이 없다.) 셀 수 없는 명사 • He doesn't spend **much** money on meals. (그는 식사에 많은 돈을 쓰지 않는다.) 셀 수 없는 명사 • Why did she put so **much** salt? (왜 그녀는 그렇게 많은 소금을 넣었을까?) 셀 수 없는 명사
❶ a lot of	**a lot of** + 셀 수 있는 명사, 셀 수 없는 명사 • There are **a lot of** flowers and grass. (많은 꽃과 풀이 있다.) 셀 수 있는 명사 / 셀 수 없는 명사 • You should read **a lot of** books. (너는 많은 책을 읽어야 한다.) 셀 수 있는 명사 • I found why I got **a lot of** sadness. (나는 내가 왜 많은 슬픔을 가졌는지 알았다.) 셀 수 없는 명사

1 일반형용사

[01-08] 밑줄 친 부분에 유의하여 다음 우리말 해석을 완성하시오.

01 White clouds filled the blue sky.

➡ ________________________________ 가득 채웠다.

02 The old castle has high and thick walls.

➡ 그 오래된 성은 ________________________________ 가지고 있다.

03 His honest apology was accepted.

➡ ________________________________ 받아들여졌다.

04 I found dirty socks under the bed.

➡ 나는 침대 밑에서 ________________________________ 발견했다.

05 Teenage boys have a lot of energy.

➡ ________________________________ 많은 에너지를 가지고 있다.

06 This plastic bottle is recyclable.

➡ ________________________________ 재활용할 수 있다.

07 It was a windy day yesterday.

➡ 어제는 ________________________________.

08 She likes to wear a fruity perfume.

➡ 그녀는 ________________________________ 즐겨 뿌린다.

2 수량형용사

[09-16] 밑줄 친 부분이 맞으면 ○로 표시하고, 틀리면 many 또는 much로 바르게 고치시오.

09 How many cookies did you bake? ➡ ____________

10 I don't have many time before my meeting. ➡ ____________

11 We have a lot of books on various subjects. ➡ ____________

12 The park offers many activities for families. ➡ ____________

13 Reading is a good way to learn much things. ➡ ____________

14 I don't have many information about the topic. ➡ ____________

15 There is plenty of food for everyone at the party. ➡ ____________

16 He wanted to have lots of experience in the field. ➡ ____________

🦉 어휘 & 표현

· **square** 사각형, 광장　· **grass** 풀, 잔디　· **sadness** 슬픔　· **cloud** 구름　· **castle** 성　· **thick** 두꺼운　· **apology** 사과
· **accept** 받아들이다　· **teenage** 십 대의　· **recyclable** 재활용할 수 있는　· **fruity** 과일 향이 나는　· **subject** 주제, 학과

〈 정답과 해설 p. 66~67 〉

(2) **약간의** – a few, a little

a few	**a few + 셀 수 있는 명사**
	• There are **a few** bananas left. (바나나가 몇 개 남아 있다.) 　　　　　　　　셀 수 있는 명사
	• Only **a few** people participated in the event. 　　　　　　　셀 수 있는 명사 　　　　　　　　　　　　　　(겨우 몇 명의 사람들만 그 행사에 참여했다.)
	• Tom saved **a few** ducklings from the pit. 　　　　　　　셀 수 있는 명사 　　　　　　　　　　　　(Tom은 구덩이에서 새끼 오리 몇 마리를 구해냈다.)
a little	**a little + 셀 수 없는 명사**
	• She added **a little** salt to her food. (그녀는 음식에 약간의 소금을 넣었다.) 　　　　　　　　셀 수 없는 명사
	• It requires only **a little** fuel. (그것은 약간의 연료만 필요로 한다.) 　　　　　　　　셀 수 없는 명사
	• Could you give me **a little** advice? (약간의 조언을 해주실 수 있나요?) 　　　　　　　　셀 수 없는 명사

(3) **거의 없는** – few, little

few	**few + 셀 수 있는 명사**
	• She has **few** friends to invite. (그녀는 초대할 친구가 거의 없다.) 　　　　　　셀 수 있는 명사
	• **Few** witnesses were there. (거기에는 목격자가 거의 없었다.) 　　　셀 수 있는 명사
	• Jenny found **few** errors from this report. 　　　　　　　셀 수 있는 명사 　　　　　　　(Jenny는 이 보고서에서 오류를 거의 못 찾았다.)
little	**little + 셀 수 없는 명사**
	• He has **little** energy to keep studying. (그는 계속 공부할 힘이 거의 없다.) 　　　　　셀 수 없는 명사
	• A cactus can survive with **little** water. 　　　　　　　　　셀 수 없는 명사 　　　　　　　　(선인장은 물이 거의 없어도 생존할 수 있다.)
	• He has **little** hope of moving to another city. 　　　셀 수 없는 명사 　　　　　　　　(그는 다른 도시로 옮길 희망이 거의 없다.)

(4) **약간의** – some,　**어떤** – any
　– 셀 수 있는 명사, 셀 수 없는 명사 앞에 모두 쓸 수 있다. ◁ UNIT **15 참고**

some	긍정문	• I need <u>some</u> apples for this recipe. (나는 이 요리법을 위한 약간의 사과가 필요하다.) • Bring <u>some</u> potatoes to the kitchen. (부엌으로 감자 몇 개를 들고 오세요.)
	권유의 의문문	• Would you like <u>some</u> help? (도움 좀 드릴까요?) • Would you like <u>some</u> ice cream? (아이스크림 좀 드실래요?)
any	긍정문	• I can answer <u>any</u> questions. (나는 어떤 질문이든 대답할 수 있다.) • She will apply to <u>any</u> companies in Daegu. 　　　　　　　　　　(그녀는 대구에 있는 어떤 회사에든 지원할 것이다.)
	의문문, 조건문	• Do you have <u>any</u> batteries? (어떤 건전지라도 갖고 있나요?) • If you have <u>any</u> questions, ask me. (어떤 질문이라도 있으시면, 제게 물어보세요.)
	부정문	• I can't give you <u>any</u> hints. (나는 당신에게 조금의 단서도 줄 수 없다.) • They didn't steal <u>any</u> stuffs. (그들은 어떤 물건도 훔치지 않았다.)

2 수량형용사

[17-24] 괄호 안에서 알맞은 것을 고르시오.

17 She had (few / little) interest in sports.

18 He has (few / little) friends in the city.

19 I have (a few / a little) free time this afternoon.

20 (A few / A little) drops of rain fell from the sky.

21 I need to buy (a few / a little) groceries on my way home.

22 We need (a few / a little) patience to manage this situation.

23 I have (a little / little) money, so I can't go to the concert.

24 She was not famous at all. (A few / Few) people recognized her.

[25-29] 주어진 우리말과 일치하도록 빈칸에 some이나 any를 쓰시오.

25 나는 공유할 좋은 소식이 있어요!

→ I have ____________ good news to share!

26 당신은 파티에 어떤 친구라도 초대했나요?

→ Did you invite ____________ friends to the party?

27 오늘 저녁에 시간이 조금 있어요.

→ I have ____________ spare time this evening.

28 그는 연설 경험이 전혀 없다.

→ He doesn't have ____________ experience in speaking.

29 어떠한 우려 사항이라도 있으시면 말씀해 주세요.

→ Please let me know if you have ____________ concerns.

어휘 & 표현

- **duckling** 새끼 오리
- **pit** 구덩이
- **invite** 초대하다
- **drop** 방울
- **grocery** 식료품
- **patience** 인내심
- **manage** 처리하다
- **recognize** 알아보다
- **share** 공유하다
- **spare** 남는, 여분의
- **speaking** 연설
- **concern** 우려, 걱정
- **ruler** 자
- **show up** 나타나다
- **unfortunately** 불행히도

[30-31] 빈칸에 알맞은 말을 〈보기〉에서 골라 쓰시오. (중복 사용 불가)

〈보기〉

a few   few   little   any

30 A: Do you have ____________ rulers?

B: Yes, I have ____________ rulers on my desk.

31 A: How many people showed up at the party?

B: Unfortunately, very ____________ people. There was a lot of food left.

A: Oh, I see. There was ____________ time to invite everyone.

〈 정답과 해설 p. 67 〉

3 형용사의 어순

(1) 두 개 이상의 형용사가 하나의 명사를 수식할 경우, 다음과 같은 순서로 쓴다.

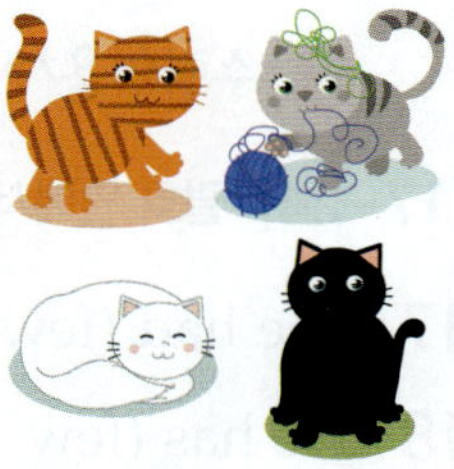

❶ 전치한정사 +	관사 / 지시형용사 / 인칭대명사의 소유격	+ ❷ 수량형용사 + 일반형용사 + 명사

- My four adorable kittens are always playful.
  (My: 인칭대명사의 소유격, four: 수량형용사, adorable: 일반형용사, kittens: 명사)
  (나의 네 마리의 사랑스러운 고양이는 항상 장난기가 많다.)
- Those two wooden doors make a sound every time I open them.
  (Those: 지시형용사, two: 수량형용사, wooden: 일반형용사, doors: 명사)
  (저 두 개의 나무문은 내가 열 때마다 소리가 난다.)

(2) 이때 일반형용사는 주로 다음과 같은 어순으로 쓴다.

Opinion (의견, 날씨, 맛, 감정, 성격, 상태 등) → Size (크기) → Age (나이) → Shape (모양) → Color (색깔) → Origin (출신) → Material (재료) → Purpose (용도)의 순서를 따른다.
단어의 첫 자를 연결한 OSASCOMP로 외우면 유용하다.

- A soft large red cotton blanket covered the couch.
  (soft: 의견, large: 크기, red: 색깔, cotton: 재료)
  (부드럽고 큰 빨간 면 담요가 소파를 덮었다.)
- They placed a cute old triangular Mexican rug in the hallway.
  (cute: 의견, old: 나이, triangular: 모양, Mexican: 출신)
  (그들은 귀엽고 오래된 삼각형 멕시코 러그를 복도에 두었다.)

(3) -thing/-body/-one으로 끝나는 대명사는 형용사가 그 뒤에 위치한다.

- The paintings were nothing special. (그 그림들은 특별한 것이 없다.)
  (special: 형용사)
- Someone tall is standing at the back of the room.
  (tall: 형용사)
  (키가 큰 누군가가 방 뒤쪽에 서 있다.)

❶ 전치한정사
predeterminer라고 하며, 한정사(관사, 지시형용사, 인칭대명사의 소유격) 앞에 놓여 수량을 나타낸다.
all, both, double, half, twice 등이 있다.
예) all the delicious foods (all: 전치한정사, the: 관사)
(온갖 맛있는 음식들)

❷ 수량형용사의 어순
서수와 기수를 모두 쓸 때, 서수는 기수보다 앞에 온다.
예) the first two cute children in the row (first: 서수, two: 기수)
(줄에서 맨 앞 두 명의 귀여운 아이들)

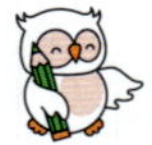

개념 확인 문제

3 형용사의 어순

[32-37] 밑줄 친 부분이 어떤 형용사에 해당하는지 〈보기〉에서 고르시오.

〈보기〉
ⓐ 지시형용사 ⓑ 수량형용사 ⓒ 일반형용사

32 Would you like some cake? ________
33 That person is a total stranger. ________
34 Please give me just one last chance. ________
35 Those red shoes are not comfortable. ________
36 He keeps making meaningless excuses. ________
37 Too much sugar is not good for your health. ________

38 저 아름다운 흰색 백합을 봐라. (those, lilies, beautiful, white)

➡ Look at ________________________.

39 나는 매우 신선한 무언가를 먹고 싶다. (fresh, very, something)

➡ I want to eat ________________________.

40 주차장에는 작은 빨간색 차가 두 대 있다. (red, two, small, cars)

➡ There are ________________________ in the parking lot.

41 나는 내 생일에 다섯 개의 알록달록한 풍선을 받았다. (balloons, five, colorful)

➡ I received ________________________ for my birthday.

42 용감한 누군가가 나와서 팀을 이끌어 줄 수 있나요? (brave, someone)

➡ Can ________________________ come forward and lead the team?

43 우주에 관해 궁금한 사람은 누구나 이 강의에 참석할 수 있다. (about the cosmos, curious, anybody)

➡ ________________________ can attend this lecture.

13 DAY

1 + **2** + **3** 형용사의 종류 및 어순

[44-52] 문장에서 **틀린** 부분을 찾아 바르게 고쳐 다시 쓰시오.

44 Old my dog can still bark loudly.

➡ ________________________

45 I haven't received some new mails today.

➡ ________________________

46 We have to move a lots of heavy furniture.

➡ ________________________

47 Not much senior students are coming to the field trip.

➡ ________________________

48 She showed few interest in the topic.

➡ ________________________

49 How much days are there in a leap year?

➡ ________________________

50 How many flour do we need for the cake?

➡ ________________________

51 Is there wrong something with your computer?

➡ ________________________

52 She made a little mistakes in her presentation.

➡ ________________________

🦉 **어휘 & 표현**

- **adorable** 사랑스러운
- **kitten** 새끼 고양이
- **wooden** 나무로 된
- **blanket** 담요
- **couch** 소파
- **hallway** 복도
- **stranger** 낯선 사람
- **comfortable** 편안한
- **meaningless** 의미 없는
- **excuse** 변명
- **cosmos** 우주
- **lecture** 강의
- **bark** 짖다
- **furniture** 가구
- **field trip** 현장 학습
- **leap year** 윤년
- **flour** 밀가루
- **presentation** 발표

〈 정답과 해설 p. 68 〉

 **UNIT 33** 수사 (형용사) 

> • **수사**: 기수·서수, 정수, 소수, 분수, 배수, 시간, 연도·날짜, 전화번호 등의
>   숫자 또는 수량을 표현하는 방법이다.

1 기수와 서수

• **기수** : '개수'를 나타내는 말   • **서수** : '순서'를 나타내는 말

기수	서수	기수	서수
1: one	1st: first	15: fifteen	15th: fifteenth
2: two	2nd: second	19: nineteen	19th: nineteenth
3: three	3rd: third	20: twenty	20th: twentieth ❶
4: four	4th: fourth	21: twenty-one	21st: twenty-first
5: five	5th: fifth	22: twenty-two	22nd: twenty-second
6: six	6th: sixth	23: twenty-three	23rd: twenty-third
7: seven	7th: seventh	100: a[one] hundred	100th: one hundredth
8: eight	8th: eighth	1,000: a[one] thousand	1,000th: one thousandth
9: nine	9th: ninth	1,000,000(백만): a[one] million	1,000,000th(백만 번째): one millionth
10: ten	10th: tenth	1,000,000,000(십억): a[one] billion	1,000,000,000th(십억 번째): one billionth

❶ **-ty로 끝나는 기수의 서수**
-ty로 끝나는 기수의 서수는 -tieth로 표현한다.

2 숫자

정수	• 세 자리씩 천 단위로 끊어 읽는다. 　− hundred 뒤의 and는 생략할 수 있다. • 345 → three hundred (and) forty-five • 2,863 → two thousand eight hundred (and) sixty-three
소수	• 소수점은 point로 읽고, 소수점 이하는 한 자리씩 따로따로 읽는다. 　− 소수점 앞의 수가 0이면 0(zero)을 생략하고 point부터 읽기도 한다. • 1.264 → one point two six four • 0.4 → zero point four 또는 point four
분수	• 분자는 기수(개수)로 읽고, 분모는 서수(순서)로 읽는다. 　− 분자가 2 이상이면 분모에 -s를 붙인다. 　− 정수와 분수가 있으면 「정수＋and＋분수」로 구분하여 읽는다. • $\frac{1}{6}$ → a sixth 또는 one-sixth　• $\frac{2}{7}$ → two-sevenths • $\frac{1}{2}$ → a half 또는 one-half　• $\frac{1}{4}$ → ❷ a quarter 또는 one-quarter • $4\frac{2}{3}$ → four and two-thirds　• $6\frac{4}{5}$ → six and four-fifths
배수	몇 배가 되는지를 나타내는 수로, 3배부터는 「기수＋times」로 읽는다. once (1배), twice (2배), three times (3배), four times (4배), ten times (10배), hundred times (100배)

❷ **half와 quarter**
half는 2분의 1(절반)을, quarter는 4분의 1을 뜻한다.

1 + **2** 기수와 서수, 숫자

[01-10] 기수는 서수로, 서수는 배수로 바꿔 쓰시오. (단, 영어로 쓸 것)

01 five   ➡ ______________

02 nine   ➡ ______________

03 eight   ➡ ______________

04 twelve   ➡ ______________

05 twenty   ➡ ______________

06 fortieth   ➡ ______________

07 eightieth   ➡ ______________

08 millionth   ➡ ______________

09 fifty-first   ➡ ______________

10 eighteenth   ➡ ______________

[11-20] 수를 알맞게 쓰시오.

11 $\dfrac{1}{6}$ ➡ ______________

12 $\dfrac{3}{4}$ ➡ ______________

13 $\dfrac{7}{15}$ ➡ ______________

14 $2\dfrac{6}{17}$ ➡ ______________

15 $10\dfrac{2}{5}$ ➡ ______________

16 0.08   ➡ ______________

17 18.44   ➡ ______________

18 10.11   ➡ ______________

19 56,789   ➡ ______________

20 9,902   ➡ ______________

[21-26] 주어진 우리말과 일치하도록 빈칸에 알맞은 말을 쓰시오. (단, 영어로 쓸 것)

 어휘 & 표현
- **million** 백만
- **twinkle** 반짝이다
- **village** 마을
- **population** 인구
- **distance** 거리
- **talented** 재능있는

21 밤하늘에 수백만 개의 별들이 반짝였다.

➡ ______________ of stars twinkled in the night sky.

22 그 마을은 군포 인구의 5분의 1이 있다.

➡ The village has ______________ of the population of Gunpo.

23 그 건물의 15층은 전망이 좋다.

➡ The ______________ floor of the building has a great view.

24 우리 학교는 너희 학교보다 학생 수가 열 배나 많다.

➡ My school has ______________ as many students as your school.

25 두 도시 사이의 거리는 50.51킬로미터였다.

➡ The distance between the two cities was ______________ kilometers.

26 Elton에게는 세 명의 아들이 있다. 둘째 아들은 재능있는 음악가이다.

➡ Elton has ______________ sons. The ______________ one is a talented musician.

〈 정답과 해설 p. 69~70 〉

3 **시각 읽기**

(1) 시간 → 분 순서로 읽는다.
- 9:14 → nine fourteen　• 10:21 → ten twenty-one　• 11:30 → eleven thirty

(2) 10분 미만이라면 중간에 'o'를 붙일 수 있고, "오"로 읽는다. (0 = 'o')
- 1:08 → one-(o)-eight　　　　　• 3:02 → three-(o)-two

(3) 정각에는 o' clock을 붙일 수 있다.
- 4:00 → four (o' clock)　　　　• 5:00 → five (o' clock)

(4) 전치사 after, past, to를 이용하여 표현할 수 있다.
- 분 after 시 : 시로부터 분 지난
  = past
- 분 to 시 : 시가 되기 분 전
- 2:15 → two fifteen 또는 a quarter after[past] two
- 4:30 → four thirty 또는 half after[past] four (※ half to ~는 잘 쓰이지 않음)
- 2:45 → two forty-five 또는 a quarter to three

> **❶ half와 quarter**
> quarter는 15분, half는 30분을 나타낸다.

4 **연도와 날짜**

연도	– 두 자리씩 끊어서 읽는다. (2000년 이후는 정수를 읽는 것처럼 읽을 수 있다.) • 1999년 → nineteen ninety-nine　　• 1856년 → eighteen fifty-six • 719년 → seven (hundred and) nineteen • 2025년 → two thousand (and) twenty-five
날짜	– 날짜(일)는 서수로 읽는다. • 7월 21일 → July (the) twenty-first 또는 the twenty-first of July • 9월 12일 → September (the) twelfth 또는 the twelfth of September – 연도는 월과 일보다 나중에 읽는다. • 1972년 11월 21일 → November (the) twenty-first, nineteen seventy-two – 월을 나타내는 말 　1월 January　2월 February　3월 March 　4월 April　5월 May　6월 June 　7월 July　8월 August　9월 September 　10월 October　11월 November　12월 December

5 **전화번호**

(1) 전화번호는 한 자리씩 읽는다.
- 같은 숫자가 나란히 나오면 double을 쓰기도 한다. 0은 o[ou], zero라고 읽기도 한다.
- 123-4506 → one two three, four five o[zero] six
- 123-4556 → one two three, four five five[double five] six

(2) 지역 번호는 area code를 붙여 읽는다.
- 첫 자리가 0이면 zero라고 읽는다.
- (02) 123-4567 → area code zero two, one two three, four five six seven

(3) 휴대폰 앞 자리는 주로 zero라고 읽는다.
- 010-1234-5678 → zero one zero, one two three four, five six seven eight

3 + 4 시각 읽기, 연도와 날짜

[27-28] 그림을 보고, 알맞은 영어 표기법을 쓰시오.

27

➡ ______________________________

28

➡ ______________________________

[29-32] 시각, 연도, 날짜를 영어로 읽을 때의 표기법을 쓰시오.

29 2024년 ➡ ______________________________

30 11시 55분 ➡ ______________________________

31 5월 6일 ➡ ______________________________

32 9월 1일 ➡ ______________________________

13 DAY

1 + 2 + 3 + 4 + 5 수사 (형용사)

[33-40] 주어진 우리말과 일치하도록 빈칸에 알맞은 말을 쓰시오. (단, 영어로 쓸 것)

어휘 & 표현
- **area code** 지역 번호
- **release** 개봉하다
- **attempt** 시도
- **April Fool's Day** 만우절
- **graduate** 졸업하다
- **previous** 이전의

33 그 영화는 1992년에 개봉했다.

➡ The movie was released in ______________________________.

34 이번이 22번째 시도이다.

➡ This is the ______________________________ attempt.

35 4월 1일은 만우절로 알려져 있다.

➡ ______________________________ is known as April Fools' Day.

36 2027년에 그녀는 대학을 졸업할 것이다.

➡ In ______________________________, she'll graduate from college.

37 그 버스는 3시 45분에 역에 도착했다.

➡ The bus arrived at the station at ______________________________.

38 그는 파이의 약 10분의 7을 먹었다.

➡ About ______________________________ of the pie was eaten by him.

39 우리의 새로운 정원은 이전 것보다 32배 더 크다.

➡ Our new garden is ______________________________ larger than the previous one.

40 당신은 또 늦었다, 지금은 2시 10분이다.

➡ You are late again, it's ______________________________.

〈 정답과 해설 p. 70 〉

[01-02]

밑줄 친 부분과 바꿔 쓸 수 있는 것을 고르시오.

01

> They completed only a quarter of the marathon.

① a fourth　② one-four　③ a fours
④ one-fours　⑤ one-fourths

02

> There are a lot of reasons to smile every day.

① few　　　② much　　　③ little
④ many　　⑤ a few

03

빈칸에 들어갈 말이 알맞게 짝지어진 것을 고르시오.

> ___(A)___ is known for its beautiful landscapes and rich ___(B)___ history.

　　　(A)　　　　　(B)
① Spain　　－　Spanish
② Dutch　　－　Holland
③ Chinese　－　China
④ French　　－　France
⑤ Danish　　－　Denmark

04

밑줄 친 부분과 바꿔 쓸 수 없는 것을 고르시오.

> There is plenty of space in the backyard for a barbecue.

① many　　　② much　　　③ lots of
④ a lot of　　⑤ enough

05

빈칸에 알맞은 것을 고르시오.

> I have ________ time, so I can't meet up with friends.

① few　　　② little　　　③ a few
④ much　　⑤ many

[06-10]

밑줄 친 형용사의 쓰임을 구분하시오.

06

I kept the room tidy. ➡ [한정적 / 서술적] 쓰임

07

The blue sky was clear. ➡ [한정적 / 서술적] 쓰임

08

The red apple tasted sweet.
➡ [한정적 / 서술적] 쓰임

09

The fresh air filled the room.
➡ [한정적 / 서술적] 쓰임

10

He considers the task difficult.
➡ [한정적 / 서술적] 쓰임

[11-12]
[11-12]
밑줄 친 부분이 어법상 **틀린** 것을 고르시오.

11

① I want something <u>cold</u>.
② She is a <u>well</u> swimmer.
③ I have few friends, so I feel <u>lonely</u>.
④ She looked beautiful in her <u>new</u> clothes.
⑤ My mother is always <u>friendly</u> to my friends.

12

① She eats <u>a lot of</u> vegetables.
② I've seen <u>few</u> progress on the project.
③ There are <u>a few</u> international cello contests.
④ The first cup should have just <u>a little</u> water.
⑤ How <u>many</u> dog species are there in the world?

[13-16]
빈칸에 알맞지 **않은** 것을 고르시오.

13

________ students attended the workshop to enhance their skills.

① Much　　② Many　　③ A few
④ A lot of　　⑤ Plenty of

14

________ years ago, I traveled to Europe for the first time.

① A few　　② Some　　③ Little
④ Lots of　　⑤ A lot of

15

She sent her sister a card with ________ love.

① some　　② much　　③ a little
④ many　　⑤ plenty of

16 고난도

He completed ________-tenths of the puzzle.

① one　　② two　　③ five
④ six　　⑤ nine

17

밑줄 친 부분 중 **틀린** 것을 고르시오.

① He has <u>a lot of</u> friends.
② Can I have <u>some</u> water, please?
③ This is my <u>first</u> time to visit this city.
④ There is <u>few</u> chance of rain tomorrow.
⑤ She doesn't have <u>any</u> idea about the project.

[18-20] 고난도
빈칸에 들어갈 말이 알맞게 짝지어진 것을 고르시오.

18

The building was built in ___(A)___, and it is ___(B)___ taller than the older one.

	(A)		(B)
①	one nine eight eight	–	twice
②	twenty-nineteen	–	third times
③	twenty thirteenth	–	three times
④	two zero zero seven	–	three time
⑤	two thousand and two	–	three times

〈 정답과 해설 p. 71~72 〉

19

> The teenagers wore a ___(A)___ ___(B)___ ___(C)___ jacket to the summer festival.

	(A)		(B)		(C)
①	red	–	bright	–	leather
②	red	–	leather	–	bright
③	bright	–	red	–	leather
④	leather	–	bright	–	red
⑤	leather	–	red	–	bright

20

> My little sister will start school with a ___(A)___ ___(B)___ ___(C)___ pencil case.

	(A)		(B)		(C)
①	round	–	wooden	–	pink
②	round	–	pink	–	wooden
③	pink	–	round	–	wooden
④	pink	–	wooden	–	round
⑤	wooden	–	round	–	pink

[21-23]
밑줄 친 부분과 바꿔 쓸 수 있는 것을 고르시오.

21

> You have <u>almost no</u> patience when waiting in line.

① much ② many ③ very
④ few ⑤ little

22

> I will meet him at the park at <u>four thirty</u>.

① half to four ② half past five
③ half after five ④ half past four
⑤ half before four

23

> We celebrate our anniversary on <u>the eighteenth of July</u> every year.

① 18, July ② eighteen July
③ eighteenth July ④ July eighteenth
⑤ eighteenth the July

[24-26]
주어진 우리말과 일치하도록 바르게 영작한 것을 고르시오.

24

> 냉장고에 탄산음료가 하나도 남지 않았다.

① There was soda left in the fridge.
② There was any soda left in the fridge.
③ There was some soda left in the fridge.
④ There wasn't any soda left in the fridge.
⑤ There wasn't some soda left in the fridge.

25

> 그녀는 매달 그녀의 임금의 4분의 3을 저축한다.

① She saves three-four of her salary every month.
② She saves three-fours of her salary every month.
③ She saves three-fourth of her salary every month.
④ She saves three quarter of her salary every month.
⑤ She saves three-fourths of her salary every month.

26

> 그것이 엄마의 세 번째 수술이었다.

① That was my mom's 3 surgery.
② That was my mom's third surgery.
③ That was my third mom's surgery.
④ That was my mom's three surgery.
⑤ That was my mom's three times surgery.

[27-28]

다음 글을 읽고 물음에 답하시오.

> It was a busy day. People thought there wasn't ___(A)___ time to wait, so just a few people stopped at the traffic lights. Despite the chaos, ___(B)___ buskers added ___(C)___ music to the scene.

27

빈칸 (A)에 적절하지 <u>않은</u> 것을 고르시오.

① much   ② many   ③ any
④ plenty of   ⑤ a lot of

28

빈칸 (B), (C)에 들어갈 말이 알맞게 짝지어진 것을 고르시오.

	(B)		(C)			(B)		(C)
① some	–	little		② some	–	few
③ any	–	few		④ any	–	little
⑤ some	–	any				

29 고난도

어법상 <u>틀린</u> 것을 고르시오.

① The library has hundreds of books.
② She saved one-fifth of the cake for later.
③ How many languages are spoken worldwide?
④ I felt few excitement about the event.
⑤ A lot of candies are still in the jar.

[30-31]

영어 표기법이 알맞지 <u>않은</u> 것을 고르시오.

30

① 9시 55분 – five to ten
② 2020년 – two thousand and twenty
③ 11월 30일 – November thirtieth
④ 3:17 – three seventeenth
⑤ 10월 15일 – the fifteenth of October

31

① 5시 30분 – five thirty
② 11시 45분 – a quarter to twelve
③ 7월 1일 – the one of July
④ 2024년 – two thousand and twenty-four
⑤ 5월 25일 – May twenty-fifth

[32-34]

주어진 단어가 들어갈 알맞은 위치를 고르시오.

32

> good

I (①) wanted (②) to do (③) something (④) for my society (⑤).

33

> three

We bought (①) spacious (②) red (③) plastic (④) chairs (⑤) for the backyard.

34

> tiny

There (①) were (②) some (③) black (④) spots (⑤) on the ripe banana.

〈 정답과 해설 p. 72 〉

[35-37]

어법상 틀린 곳을 골라 바르게 고치시오.

35

Three-fifth of the assignments are done.

➡ _______________ → _______________

36

My mother gave me her silver old ring.

➡ _______________ → _______________

37

Jane found unusual something in the jar.

➡ _______________ → _______________

[38-39] 서술형 고난도

어법상 틀린 문장 2개를 찾아 기호를 쓰고, 바르게 고쳐 문장을 다시 쓰시오.

ⓐ I'll be there in a few minutes.
ⓑ Two-tenth of the group disagreed.
ⓒ There's a lot of rain in the forecast.
ⓓ I haven't seen any new movies lately.
ⓔ The young is full of potential for the future.
ⓕ The ten tiny birds chirp loudly in the morning.

38

➡ _______, _______________________

39

➡ _______, _______________________

[40-42]

다음 글을 읽고 물음에 답하시오.

> ⓐ 7월 22일에, a Saturday afternoon, the park was filled with people. By ⓑ 14:45, the playground was crowded with kids, while others were relaxing on the grass. At exactly 3 PM, a magician started his show near the fountain. ⓒ 그는 긴 녹색 풍선 다섯 개를 꺼냈다.

40

밑줄 친 ⓐ를 바르게 영작한 것을 고르시오.

① On the second July
② On July the second
③ On twenty-two, July
④ On July twenty-second
⑤ On July the twenty-two

41 고난도

밑줄 친 ⓑ와 바꿔 쓸 수 없는 것을 고르시오.

① 2:45 PM
② two forty-five
③ a quarter to three
④ fifteen to three
⑤ three quarters after three

42

밑줄 친 ⓒ를 바르게 영작한 것을 고르시오.

① He took out long five green balloons.
② He took out green five long balloons.
③ He took out long green five balloons.
④ He took out green long five balloons.
⑤ He took out five long green balloons.

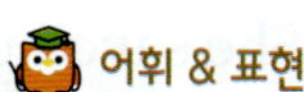 어휘 & 표현

- **complete** 완료하다 · **landscape** 경치 · **progress** 진전 · **international** 국제적인 · **enhance** 향상시키다
- **patience** 인내심 · **celebrate** 축하하다 · **anniversary** 기념일 · **fridge** 냉장고 · **salary** 임금 · **chaos** 혼돈, 혼란
- **breed** 품종, 유형 · **ripe** 익은 · **assignment** 과제 · **unusual** 특이한 · **disagree** 반대하다 · **potential** 잠재력
- **chirp** 짹짹거리다 · **exactly** 정확하게 · **fountain** 분수

부사

副詞

(도울 부, 말 사)

동사, 형용사, 문장 전체, 자신 이외의 부사를 수식하는 말

UNIT 34 **부사의 형태**

UNIT 35 **부사의 역할 및 위치**

UNIT 36 **그 밖의 중요 부사**

Surprisingly, she quickly finished the work.
문장 전체 수식   동사 finished 수식

(놀랍게도, 그녀는 빠르게 일을 마쳤다.)

If you like those shoes, try them on.
부사의 위치 (타동사+대명사+부사)

(그 신발이 마음에 들면 신어 보세요.)

Where can I buy the best ice cream in town?
의문부사

(마을에서 가장 맛있는 아이스크림을 어디에서 살 수 있나요?)

UNIT 34 부사의 형태

• **부사**: 동사, 형용사, 문장 전체, 자신 이외의 부사 등을 수식하는 말로, '~하게'로 해석한다.

1 부사의 종류

시간, 때	now, soon, yet, then 등	장소	there, near, up, down 등
방법	well, carefully, quickly 등	정도	hardly, quite, too, very 등
빈도	always, usually, often, frequently, never 등		

2 형용사를 부사로 바꾸기

형용사	규칙	예시와 예문
대부분의 형용사	+ -ly	careful → carefully, loud → loudly, smooth → smoothly • That red truck drives smoothly down the road. (저 빨간 트럭이 도로를 부드럽게 달린다.)
「자음 + y」로 끝나는 형용사	y를 ily로 고치기	easy → easily, happy → happily, lucky → luckily, steady → steadily • They chatted cozily by the fireplace. (그들은 벽난로 옆에서 편안하게 이야기를 나누었다.)
-le로 끝나는 형용사	le를 ly로 고치기	gentle → gently, simple → simply, probable → probably • The furniture set was reasonably priced. (가구 세트는 합리적으로 가격이 매겨졌다.)
-ll로 끝나는 형용사	+ -y	dull → dully, full → fully • The restaurant was fully booked. (그 식당은 예약이 꽉 찼다.)
-ue로 끝나는 형용사	❶ ue를 uly로 고치기	true → truly • I truly believe in the power of kindness. (나는 친절의 힘을 진심으로 믿는다.)

❶ **unique의 부사형**
'독특한'을 의미하는 unique는 -ue로 끝나는 형용사이지만, 부사로 바꿀 때 ue를 uly로 고치는 것이 아닌, uniquely로 쓴다.

❷ **-ly가 붙으면 의미가 달라지는 부사**
- hard (열심히)
- hardly (거의 ~않다)
- close (가까이)
- closely (긴밀히)
- high (높이)
- highly (대단히)
- late (늦게)
- lately (최근에)
- near (가까이)
- nearly (거의)
- short (짧게)
- shortly (곧)

3 형용사와 형태가 같은 부사

- early [형] 이른 [부] 일찍
- enough [형] 충분한 [부] 충분히
- fast [형] 빠른 [부] 빠르게
- far [형] 먼 [부] 멀리
- hard [형] 단단한, 어려운, 열심인 [부] 열심히
- high [형] 높은 [부] 높이
- late [형] 늦은 [부] 늦게
- last [형] 마지막인 [부] 마지막으로
- low [형] 낮은 [부] 낮게
- long [형] 오래된 [부] 오래
- near [형] 가까운 [부] 가까이

The early bird catches the worm. (일찍 일어나는 새가 벌레를 잡는다.)
　　형용사
We left early to avoid traffic congestion. (우리는 교통 체증을 피하기 위해 일찍 떠났다.)
　　부사

The turtle has a hard shell to protect itself. (거북이는 자신을 보호하기 위한 단단한 껍데기가 있다.)
　　　　　　❷ 형용사
Sally exercises hard every day to stay healthy. (Sally는 건강을 유지하기 위해 매일 열심히 운동한다.)
　　　　　　부사

2 형용사를 부사로 바꾸기

[01-14] 주어진 형용사의 부사형을 쓰시오.

01 quiet _____________ **08** full _____________

02 dull _____________ **09** smooth _____________

03 polite _____________ **10** subtle _____________

04 actual _____________ **11** careful _____________

05 brave _____________ **12** true _____________

06 gentle _____________ **13** easy _____________

07 happy _____________ **14** sudden _____________

3 형용사와 형태가 같은 부사

[15-20] 문장을 해석하고, 밑줄 친 부분의 품사를 고르시오.

15 The airplane flew <u>low</u> over the mountains. ➡ [형용사 / 부사]

  ➡ ____

16 The volume on the TV is too <u>low</u>. ➡ [형용사 / 부사]

  ➡ ____

17 He always wakes up <u>early</u> in the morning. ➡ [형용사 / 부사]

  ➡ ____

18 We took an <u>early</u> flight to save time. ➡ [형용사 / 부사]

  ➡ ____

19 There is not <u>enough</u> water in the bottle. ➡ [형용사 / 부사]

  ➡ ____

20 I practiced the skill <u>enough</u>. ➡ [형용사 / 부사]

  ➡ ____

1 + 2 + 3 부사의 형태

[21-24] 두 문장의 뜻이 같도록 문장에 쓰인 형용사를 이용해 빈칸에 알맞은 말을 쓰시오.

21 She is a fast learner. ➡ She learns _____________.

22 He is a hard worker. ➡ He works _____________.

23 He is a heavy drinker. ➡ He drinks _____________.

24 He is a fluent Chinese speaker. ➡ He speaks Chinese _____________.

🦉 **어휘 & 표현**

- **fireplace** 벽난로 · **reasonably** 합리적으로 · **dull** 따분한 · **kindness** 친절함 · **worm** 벌레
- **traffic congestion** 교통 체증 · **shell** 껍데기 · **protect** 보호하다 · **save time** 시간을 절약하다 · **fluent** 유창한

〈 정답과 해설 p. 73~74 〉

1 부사의 역할

동사 수식	• She quickly ran to catch the bus. 동사 ran을 수식함 (그녀는 버스를 타기 위해 빠르게 뛰었다.) • They cheered loudly for their home team. 동사 cheered를 수식함 (그들은 그들의 홈팀을 큰 소리로 응원했다.)
형용사 수식	• The movie was quite boring. (그 영화는 꽤 지루했다.) 형용사 boring을 수식함 • She could feel completely relaxed. 형용사 relaxed를 수식함 (그녀는 완전히 편안함을 느낄 수 있었다.)
부사 수식	• She deleted the document surprisingly fast. 부사 fast를 수식함 (그녀는 놀랍도록 빠르게 문서를 삭제했다.) • He drove very slowly through the narrow roads. 부사 slowly를 수식함 (그는 좁은 길을 아주 천천히 운전했다.)
문장 전체 수식	• Fortunately, I found the lost package. 이어지는 문장을 수식함 (다행히, 나는 잃어버린 택배를 찾았다.) • Suddenly, the lights went out. (갑자기 불이 꺼졌다.) 이어지는 문장을 수식함

2 부사의 위치

(1) **동사, 형용사, 부사를 수식할 때 : 주로 수식하는 말 바로 앞 또는 뒤에 쓴다.**

- This room is very cozy. (이 방은 매우 아늑하다.)
  형용사 cozy를 수식함
- I can speak English fluently. (나는 영어를 유창하게 말할 수 있다.)
  can speak English를 수식함

(2) **문장 전체를 수식할 때 : 맨 앞에 오는 경우가 많다.**

- Surely, we were right. (확실히, 우리가 옳았다.)
  이어지는 문장을 수식함
- Suddenly, everyone stopped talking. (갑자기, 모두가 말하는 것을 멈췄다.)
  이어지는 문장을 수식함

(3) **「타동사+부사」의 형태로 올 때**

	목적어가 명사일 때	목적어가 대명사일 때
위치	「타동사+부사+명사」, 「타동사+명사+부사」 둘 다 가능	「타동사+대명사+부사」만 가능
예문	• Kate turned on the light. 타동사+부사+명사 = Kate turned the light on. 타동사+명사+부사 (Kate는 전등을 켰다.)	• Daddy, I want to try this on. 타동사+대명사+부사 (아빠, 이거 입어보고 싶어요.) • Did you bring it back? 타동사+대명사+부사 (너는 그것을 돌려주었니?)

1 부사의 역할

[01-10] 밑줄 친 부사가 수식하는 대상을 찾아 〈보기〉와 같이 빈칸에 쓰시오.

> 〈보기〉
> He <u>quietly</u> closed the door.　　➡ 동사 closed

01 He sings <u>beautifully</u> on the stage.　　➡ ___________

02 He looked <u>much</u> younger than his age.　　➡ ___________

03 The water was <u>too</u> cold for swimming.　　➡ ___________

04 Don't make your decision <u>too</u> hurriedly.　　➡ ___________

05 <u>Generally</u>, he takes a walk before breakfast.　　➡ ___________

06 Jake thinks that she is a <u>truly</u> intelligent girl.　　➡ ___________

07 He works <u>very</u> hard even at thankless tasks.　　➡ ___________

08 The teacher spoke <u>kindly</u> to the new student.　　➡ ___________

09 <u>Fortunately</u>, the rain stopped before the concert.　　➡ ___________

10 Gavin has worked <u>so</u> diligently for the past 3 years.　　➡ ___________

2 부사의 위치

[11-16] 밑줄 친 부분을 대명사로 바꿔 문장을 완성하시오.

11 It's time to take <u>your shoes</u> off.

➡ It's time ____________________________.

12 Let's throw away <u>the old magazines</u>.

➡ Let's ____________________________.

13 They had to turn down <u>the job offer</u>.

➡ They had to ____________________________.

14 Could you please turn on <u>the lights</u> in the living room?

➡ Could you please ____________________________?

15 Write down <u>the important points of the presentation</u>.

➡ ____________________________.

16 The committee put off <u>the important meeting</u> until next week.

➡ The committee ____________________________ until next week.

🦉 **어휘 & 표현**

- **cheer** 응원하다　· **completely** 완전하게　· **delete** 제거하다　· **narrow** 좁은　· **package** 택배　· **stage** 무대
- **hurriedly** 서둘러서　· **thankless** 보람없는　· **take off** ~을 벗다　· **turn down** ~을 거절하다　· **presentation** 발표
- **committee** 위원회

〈 정답과 해설 p. 74~75 〉

3 빈도부사 – 어떤 일이 얼마나 자주 일어나는지를 나타내는 부사

(1) 빈도부사의 종류

빈도부사	의미	예문
always	항상	• Mina is always busy. (미나는 항상 바쁘다.) • They always greet everyone with a friendly smile. (그들은 항상 친절한 미소로 모두를 맞이한다.)
usually	보통	• The class usually starts at 9:00. (그 수업은 보통 9시에 시작한다.) • She usually eats breakfast before leaving for work. (그녀는 대개 출근하기 전에 아침을 먹는다.)
often	자주	• Bob often plays baseball. (Bob은 자주 야구를 한다.) • He often sings in the shower. (그는 종종 샤워할 때 노래를 부른다.)
sometimes	때때로	• He sometimes goes to school by bus. (그는 때때로 버스로 학교에 간다.) • Iris sometimes forgets to return library books on time. (Iris는 가끔 도서관 책을 제때 반납하는 것을 잊는다.)
hardly rarely seldom	거의 ~않다	• Jane hardly eats outside. (Jane은 거의 밖에서 먹지 않는다.) • They rarely saw each other after graduation. (그들은 졸업 후에 거의 만나지 않았다.)
never	결코(절대) ~않다	• Gwen has never tried diving before. (Gwen은 전에 절대 다이빙을 시도하지 않았다.) • Noah never takes the elevator because of the trauma. (Noah는 트라우마 때문에 엘리베이터를 결코 타지 않는다.)

(2) 빈도부사의 위치

① be동사나 조동사의 뒤에 빈도부사가 위치한다.

② 일반동사의 앞에 빈도부사가 위치한다.

be동사 + 빈도부사	조동사 + 빈도부사 + 일반동사	빈도부사 + 일반동사
am are is + always / usually / often / sometimes / hardly / never was were	can will + always / usually / often / sometimes / hardly / never + wake / spend / go / drink / watch do	always / usually / often / sometimes / hardly / never + wake / spend / go / drink / watch
• I am always full of energy. (나는 항상 활기가 넘친다.) • Andy is sometimes very late. (Andy는 때때로 매우 늦는다.)	• I can never find my car key. (나는 내 차 열쇠를 절대 찾을 수가 없다.) • The bus will usually arrive on time. (그 버스는 보통 제시간에 도착할 것이다.) • He doesn't often eat meat. (그는 고기를 자주 먹지 않는다.)	• I always wake up at 7 a.m. (나는 항상 오전 7시에 일어난다.) • She often goes to the gym. (그녀는 자주 체육관에 간다.)

3 빈도부사

[17-22] 주어진 우리말과 일치하도록 빈칸에 알맞은 것을 〈보기〉에서 골라 쓰시오. (중복 사용 불가)

> 〈보기〉
> always　usually　often　sometimes　rarely　never

17 그는 항상 회의 시간에 맞춰 도착한다.

➡ He _____________ arrives on time for meetings.

18 그녀는 아침에 종종 조깅하러 간다.

➡ She _____________ goes for a jog in the morning.

19 그들은 좋아하는 TV 프로그램을 거의 놓치지 않는다.

➡ They _____________ miss their favorite TV show.

20 나는 해산물 알레르기가 있어서 그것을 절대 먹지 않는다.

➡ I _____________ eat seafood because I'm allergic to it.

21 새는 대개 특정한 계절 동안 이동한다.

➡ Birds _____________ migrate during certain seasons.

22 산불은 때때로 자연적으로 발생한다.

➡ Forest fires _____________ occur naturally.

2 + **3** 부사의 위치, 빈도부사

[23-29] 내용이 자연스럽도록 괄호 안의 말을 바르게 배열하시오.

23 After playing, make sure to (put, away, them).

➡ After playing, make sure to _____________.

24 Flowers (bloom, hardly) in the shade.

➡ Flowers _____________ in the shade.

25 They (always, leaving, are) the door open.

➡ They _____________ the door open.

26 You (never, should, touch) the exposed wires.

➡ You _____________ the exposed wires.

27 I (often, was) the last one to leave the office.

➡ I _____________ the last one to leave the office.

28 We (celebrate, usually) birthdays with a family dinner.

➡ We _____________ birthdays with a family dinner.

29 The wind (change, might, sometimes) direction unexpectedly.

➡ The wind _____________ direction unexpectedly.

> 🦉 **어휘 & 표현**
> - **greet** 인사하다
> - **graduation** 졸업
> - **trauma** 정신적 외상
> - **allergic to** ~에 알레르기가 있는
> - **migrate** 이주하다
> - **bloom** (꽃이) 피다
> - **occur** 발생하다
> - **shade** 그늘
> - **exposed** 노출된
> - **direction** 방향
> - **unexpectedly** 예상 밖으로

〈 정답과 해설 p. 75 〉

그 밖의 중요 부사

① very, much

very 매우	형용사의 원급 수식	· The restaurant is very popular. (그 레스토랑은 매우 인기가 있다.) 형용사의 원급 popular 수식 · Rosie is very busy now. (Rosie는 지금 매우 바쁘다.) 형용사의 원급 busy 수식
	부사의 원급 수식	· They arrived very early at the party. 부사의 원급 early 수식 (그들은 파티에 매우 일찍 도착했다.) · Nick studies very well. (Nick은 공부를 매우 잘한다.) 부사의 원급 well 수식
much 훨씬	형용사의 비교급 수식	· She is much younger than me. (그녀는 나보다 훨씬 더 어리다.) 형용사의 비교급 younger 수식 · Gold is much more expensive than silver. 형용사의 비교급 more expensive 수식 (금은 은보다 훨씬 더 비싸다.)
	부사의 비교급 수식	· He ran much faster than anyone else. 부사의 비교급 faster 수식 (그는 그 누구보다 훨씬 더 빠르게 달렸다.) · Jason scored much higher than Allen. 부사의 비교급 higher 수식 (Jason은 Allen보다 훨씬 더 높게 득점했다.)

② ago, before

ago ~ 전에	단순과거 문장	· We first met 17 years ago. (우리는 17년 전에 처음 만났다.) 단순과거 met과 함께 쓰임 · He left the office an hour ago. (그는 한 시간 전에 사무실을 떠났다.) 단순과거 left와 함께 쓰임
before ~ 전에	완료시제 문장	· Have you taken this class before? 완료시제 Have taken과 함께 쓰임 (전에 이 수업을 들은 적이 있나요?) · I've never been to the rooftop before. 완료시제 have been과 함께 쓰임 (나는 전에 옥상에 간 적이 없다.)

③ already, yet, still

already	긍정문: '이미'	· He is already married. (그는 이미 결혼했다.)
	의문문: '벌써'	· Is it lunch time already? (벌써 점심시간인가요?)
yet	부정문: '아직'	· I haven't decided yet. (나는 아직 결정하지 못했다.)
	의문문: '벌써'	· Have you met her yet? (벌써 그녀를 만났나요?)
still 여전히	긍정문	· She is still cheerful despite the rain. (그녀는 비가 오는데도 여전히 활기차다.)
	의문문	· Is the restaurant still open at this hour? (그 식당은 이 시간에도 여전히 영업하나요?)
	부정문	· They still don't understand the concept. (그들은 여전히 개념을 이해하지 못한다.)

1 very, much

[01-04] 밑줄 친 부사가 수식하는 것에 따라 다음 문장을 분류하시오.

> ⓐ You seem <u>very</u> happy today.
> ⓑ He always speaks <u>very</u> softly.
> ⓒ It was a <u>very</u> terrifying book.
> ⓓ I am <u>much</u> taller than my mother.
> ⓔ The car moved <u>very</u> slowly in traffic.
> ⓕ Your coffee is <u>much</u> tastier than mine.
> ⓖ He responds to calls <u>much</u> more promptly now.
> ⓗ She explains the topic <u>much</u> more clearly than you do.
> ⓘ The athlete jumped <u>much</u> higher than he had jumped before.
> ⓙ Bob was <u>very</u> careful while driving through the narrow streets.

01 형용사의 원급: ________________

02 형용사의 비교급: ________________

03 부사의 원급: ________________

04 부사의 비교급: ________________

2 ago, before

[05-12] 빈칸에 ago 또는 before를 써서 문장을 완성하시오.

05 The movie started half an hour ____________.

06 They have traveled to that country ____________.

07 Catherine has never traveled abroad ____________.

08 He has often spoken about his dreams ____________.

09 They returned from their vacation two days ____________.

10 We met each other for the first time a month ____________.

11 Have you ever visited the Louvre Museum ____________?

12 The ancient ruins were discovered by archaeologists a century ____________.

3 already, yet, still

[13-19] 괄호 안에서 알맞은 것을 고르시오.

13 Has the mail arrived (still / yet)?

14 She hasn't finished her homework (yet / already).

15 The old clock on the wall (yet / still) keeps perfect time.

16 The cake is (yet / already) baked and ready to be served.

17 Are you (still / already) living in the same neighborhood?

18 The package was (yet / already) delivered when I got home.

19 Have you (still / already) booked your tickets for the concert?

어휘 & 표현
- **rooftop** 옥상
- **cheerful** 활기찬
- **despite** ~에도 불구하고
- **concept** 개념
- **terrifying** 무서운
- **promptly** 신속하게
- **explain** 설명하다
- **abroad** 해외로
- **ancient ruins** 고대 유적
- **archaeologist** 고고학자
- **neighborhood** 지역
- **deliver** 배달하다
- **book** 예약하다

〈 정답과 해설 **p. 75~76** 〉

4 too, either

too 또한, 역시	긍정문	• My parents love reading, and I do too. (나의 부모님은 독서를 좋아하시고, 나 또한 그렇다.) • Derek will quit his job, and I will too. (Derek은 그의 직장을 그만둘 것이고, 나 역시 그럴 것이다.)
either 또한, 역시	부정문	• I can't run faster than Samuel either. (나 또한 Samuel보다 더 빨리 달릴 수 없다.) • Sharon's parents didn't arrive either. (Sharon의 부모님도 역시 도착하지 않았다.)

5 even, else

even ~도, ~조차	강조하려는 말의 앞에 쓰임	• Mary didn't even try to help. (Mary는 도와주려 하지도 않았다.)
else 또 다른, 그 밖에	수식하려는 말의 뒤에 쓰임	• They will move to somewhere else. (그들은 또 다른 곳으로 이사를 갈 것이다.)

참고 else가 의문대명사나 부정대명사 뒤에 쓰였다면 **형용사**로 쓰인 것이다.

• What **else** can we do? (우리가 그 밖에 무엇을 할 수 있니?)
  의문대명사
• Does anyone **else** come to the party? (또 다른 누군가가 파티에 오니?)
  부정대명사

6 ❶ 의문부사 – 시간, 장소, 원인, 방법 등에 대한 정보를 물을 때 사용한다.

when 언제 (시간)	• When is your birthday? (당신의 생일은 언제인가요?) • When did you graduate from university? (당신은 언제 대학을 졸업했나요?)
where 어디에 (장소)	• Where did I put my glasses? (내가 어디에 내 안경을 뒀었지?) • Where is the nearest gas station? (가장 가까운 주유소는 어디인가요?)
why 왜 (원인)	• Why are you bothering her? (당신은 왜 그녀를 괴롭히나요?) • Why did you change your mind? (당신은 왜 마음을 바꿨나요?)
how 어떻게 (방법)	• How do you make pancakes? (당신은 어떻게 팬케이크를 만드나요?) • How did he become so famous? (그는 어떻게 그렇게 유명해졌나요?)
❷ how 얼마나 (정도)	• How old is your dog? (당신의 개는 얼마나 나이가 들었나요?) • How long have you been waiting? (당신은 얼마나 오래 기다렸나요?)

❶ 의문대명사
vs. 의문형용사
vs. 의문부사
- **의문대명사**: 문장에서 주어, 목적어, 보어 역할을 하는 대명사
- **의문형용사**: 명사를 수식하여 정보를 특정하는 형용사
- **의문부사**: 동사를 수식하여 특정한 정보를 묻는 부사

❷ 「how+형용사/부사」
'정도'에 대한 정보를 물을 때는 how 뒤에 형용사나 부사를 붙여 쓴다.

4 too, either

[20-23] 대화의 빈칸에 too나 either를 쓰시오.

20 A: I'm not a fan of horror movies. B: Oh, I'm not ___________.

21 A: I really like playing board games. B: Me ___________.

22 A: I enjoyed the movie last night. B: Oh, I did ___________!

23 A: I can't stand her anymore. B: Right? I can't ___________.

5 even, else

[24-31] 빈칸에 even이나 else를 쓰시오.

24 She worked late ___________ after a long day.

25 The book was lost, so she read something ___________.

26 It was so quiet that you could ___________ hear a pin drop.

27 He was tired, so he couldn't ___________ lift a finger.

28 She looked everywhere ___________ but couldn't find her keys.

29 I didn't ___________ know they were coming to the party.

30 She decided to go somewhere ___________ for her vacation this year.

31 The movie was fun to me, but everyone ___________ thought it was boring.

6 의문부사

[32-27] 주어진 응답을 보고 〈보기〉에서 알맞은 것을 골라 질문을 완성하시오. (중복 사용 불가)

〈보기〉

when	where	deep	why	often	how

32 Q: ___________ should I say sorry? A: Because you hurt her feelings.

33 Q: ___________ did you study French? A: I practiced a lot.

34 Q: ___________ will the movie start? A: In 10 minutes.

35 Q: ___________ can I find the restroom? A: It's just around the corner.

36 Q: How ___________ is the pool? A: It's about 2 meters.

37 Q: How ___________ do you walk your dog? A: Every day.

 어휘 & 표현

· **quit** 그만두다 · **university** 대학 · **gas station** 주유소 · **bother** 괴롭히다 · **stand** 참다, 견디다 · **lift** 들다
· **practice** 연습하다 · **pool** 수영장

〈 정답과 해설 p. 76~77 〉

01

형용사와 부사를 잘못 짝지은 것을 고르시오.

① full – fully
② true – truly
③ slow – slowly
④ happy – happily
⑤ probable – probablely

[02-04]

주어진 단어가 들어갈 알맞은 위치를 고르시오.

02

> often

People (①) are (②) considered (③) to be (④) rude (⑤).

03

> them

After you (①) collect (②) the parts, (③) put (④) together (⑤).

04

> out

We have to fill (①) it (②) for (③) the (④) new (⑤) job.

[05-06]

대화의 빈칸에 들어갈 알맞은 것을 고르시오.

05

> A: Did you see the movie *Titanic*?
> B: ________, I don't like movies set in ocean.

① Very
② Honestly
③ Carefully
④ Terribly
⑤ Hardly

06

> A: How was Caleb's presentation?
> B: He performed ________.

① seldom
② never
③ later
④ success
⑤ successfully

07

어법상 옳지 않은 것을 고르시오.

① The stars shine brightly.
② Let's go somewhere soon.
③ Please make a clearly statement.
④ We will never be the same again.
⑤ I hardly get any peace nowadays.

[08-09] 고난도

밑줄 친 부분의 품사가 나머지 넷과 다른 것을 고르시오.

08

① The test was <u>hard</u>.
② They made a <u>hard</u> decision.
③ The rock was too <u>hard</u> to break.
④ It is <u>hard</u> to believe what he's saying.
⑤ The wind blew <u>hard</u> against the trees.

09

① The discussion lasted until <u>late</u> night.
② The breakdown caused him to be <u>late</u>.
③ She apologized for her <u>late</u> response.
④ I received a <u>late</u> notice from the bank.
⑤ The store closed <u>late</u> due to a special event.

[10-12] 서술형

우리말과 일치하도록 〈보기〉에서 알맞은 단어를 골라 주어진 문장을 다시 쓰시오. (중복 사용 불가)

〈보기〉
always   usually   often
sometimes   hardly   never

10

She is late for meetings.

그녀는 회의에 절대 늦지 않는다.

➡ ______________________________

11

We will appreciate your help.

우리는 항상 당신의 도움에 감사할 것입니다.

➡ ______________________________

12

He eats vegetables.

그는 좀처럼 채소를 먹지 않는다.

➡ ______________________________

13 고난도 서술형

어법상 틀린 문장을 찾아 바르게 고치시오.

Dear Dexter,
① I hope this letter finds you well. ② Our recent visit to Greece was truly amazing. ③ Such experience comes never easily. ④ Definitely, we should visit there once more. ⑤ No, let's make it our little tradition.
Best regards,
Emma

➡ __________ 문장,
____

[14-15]

빈칸에 공통으로 들어갈 것을 고르시오.

14

• Please take it __________ indoors.
• He forgot to turn __________ the stove.

① on   ② up   ③ out
④ off   ⑤ down

15

• We'll give __________ free samples tomorrow.
• Let's throw it __________ and make room.

① in   ② on   ③ by
④ at   ⑤ away

[16-19]

밑줄 친 부사가 수식하는 대상에 따라 문장을 분류하시오.

ⓐ The cat purred softly.
ⓑ It's quite sunny outside today.
ⓒ Suddenly, the room fell silent.
ⓓ She enjoyed the book very much.
ⓔ The music plays loudly at the concert.
ⓕ The weather seemed unusually warm.
ⓖ When will our team perform well in the competition?
ⓗ She adapted to the change surprisingly smoothly.

16   **17**
동사 수식: __________   형용사 수식: __________

18   **19**
부사 수식: __________   문장 전체 수식: __________

20

밑줄 친 부분 중 **틀린** 것을 고르시오.

① The new restaurant is <u>nearly</u> full.
② Please listen <u>closely</u> to the details.
③ The landscape became <u>very</u> darker.
④ I enjoy hiking, and my friends do <u>too</u>.
⑤ Have you ever flown in a hot air balloon <u>before</u>?

21

어법상 옳은 것을 고르시오.

① She is much happy now.
② The water got very colder.
③ He works very efficiently.
④ The food is much delicious.
⑤ The farmer was a much kind man.

[22-27]

주어진 우리말과 일치하도록 빈칸에 알맞은 말을 〈보기〉에서 골라 쓰시오. (중복 사용 불가)

〈보기〉
yet   very   still   much   either   before

22

나는 어제보다 기분이 훨씬 더 낫다.
➡ I feel ＿＿＿＿＿＿ better than yesterday.

23

환대해 주셔서 정말 감사합니다.
➡ I'm ＿＿＿＿＿＿ grateful for your hospitality.

24

Jane의 남자친구를 전에 만난 적이 있나요?
➡ Have you met Jane's boyfriend ＿＿＿＿＿＿?

25

나는 아직 아침을 먹지 않았다. 나는 친구를 기다리는 중이다.
➡ I haven't had breakfast ＿＿＿＿＿＿. I'm waiting for my friend.

26

나는 책을 다 읽지 않았다. 나는 여전히 첫 장이다.
➡ I haven't finished my book; I'm ＿＿＿＿＿＿ on the first chapter.

27

Nancy는 아침형 인간이 아니며, 그녀의 룸메이트 역시 그렇다.
➡ Nancy isn't a morning person, and her roommate isn't, ＿＿＿＿＿＿.

[28-29]

빈칸에 들어갈 말이 알맞게 짝지어진 것을 고르시오.

28

She hasn't responded to my email ＿＿(A)＿＿;
I'm ＿＿(B)＿＿ waiting for her reply.

	(A)		(B)
①	yet	−	yet
②	yet	−	still
③	already	−	yet
④	already	−	still
⑤	still	−	yet

29

W: ＿＿(A)＿＿ old is your cat?
M: He's 13 years old, but he's ＿＿(B)＿＿ very energetic!

	(A)		(B)
①	How	−	even
②	How	−	still
③	How	−	else
④	When	−	still
⑤	When	−	already

30

어법상 <u>틀린</u> 것을 고르시오.

① He is highly intelligent.
② How late did she go to bed yesterday?
③ I have not watched the movie already.
④ Have you received the letter from him yet?
⑤ Shortly, the results of the test will be announced.

[31-32] 서술형

대화에서 밑줄 친 부분이 의미하는 바를 우리말로 쓰시오.

31

A: I usually go for a run in the morning.

B: <u>I do too!</u> It's a great way to start the day, isn't it?

➡ ____

32

A: I can't stand waiting in long lines.

B: <u>I can't either.</u> It's so frustrating.

➡ ____

33 고난도

어법상 옳은 것을 <u>모두</u> 고르시오.

> ⓐ She finished the race minutes ago.
> ⓑ She is very taller than her younger sister.
> ⓒ He speaks French, and his brother does too.
> ⓓ She wants to go to the beach, and I do either.
> ⓔ He is hungry, but he is still cooking dinner.

➡ ________________

34

빈칸에 before가 들어갈 수 <u>없는</u> 것을 고르시오.

① I haven't met anyone like her ______.
② Have you ever been to Seoul ______?
③ She had never tried taco ______.
④ I saw them just a few minutes ______.
⑤ You had met each other ______.

35

자연스럽지 <u>않은</u> 대화를 고르시오.

① A: Where are you going?
   B: To school library.
② A: How often do you work out?
   B: At least once a week.
③ A: When did you leave the house?
   B: A few hours ago.
④ A: Why didn't you sign up for the event?
   B: I have another plan.
⑤ A: How can I improve my writing skills?
   B: As soon as possible.

36 고난도

밑줄 친 부분에 관해 <u>잘못</u> 이야기한 학생을 고르시오.

> ⓐ I <u>still</u> love you.
> ⓑ You are acting weird <u>late</u>.
> ⓒ It doesn't matter to me <u>either</u>.
> ⓓ It was over just a few days <u>before</u>.
> ⓔ <u>How tall</u> is the Eiffel Tower?

① 다나: ⓐ의 still은 긍정문에 쓸 수 없으니까 I don't still love you.라고 해야 해.
② 승준: ⓑ는 '최근에'를 의미하는 lately가 더 적절해.
③ 주형: ⓒ는 부정문이니까 적절하게 사용되었어.
④ 푸름: ⓓ는 단순과거 문장이니까 ago가 와야 해.
⑤ 기호: ⓔ처럼 '정도'를 물을 때 how 뒤에 형용사나 부사를 쓸 수 있어.

〈 정답과 해설 p. 78~79 〉

[37-38]

대화의 빈칸에 알맞은 것을 고르시오.

37

> A: Did you receive the package?
> B: I haven't checked the mail ________.

① too　　　② yet　　　③ ago
④ either　　⑤ already

38

> A: ________ didn't you leave earlier?
> B: I overslept this morning.

① When　　② Where　　③ Why
④ How　　　⑤ How long

[39-40]

빈칸에 공통으로 들어갈 것을 고르시오.

39

> • How ________ flour do we need?
> • It was ________ longer than I thought.

① old　　　② long　　　③ very
④ much　　⑤ many

40

> • ________ did you find me?
> • ________ long have you been sitting here?

① When　　② Where　　③ Why
④ How　　　⑤ X

41

밑줄 친 부분의 쓰임이 <u>어색한</u> 것을 고르시오.

① He can't <u>else</u> swim in the children's pool.
② They moved to a new city a year <u>ago</u>.
③ We should look somewhere <u>else</u> for the clue.
④ She couldn't <u>even</u> walk after the leg exercise.
⑤ She hasn't figured out how to fix the car <u>yet</u>.

[42-44] 서술형

다음 중 어법상 <u>틀린</u> 문장 세 개를 찾아 바르게 고쳐 문장을 다시 쓰시오.

> ⓐ I ran hard to catch the bus.
> ⓑ She is a high skilled plumber.
> ⓒ Always hold your head high.
> ⓓ They sat closely during the movie.
> ⓔ He studied the document closely to find any errors.
> ⓕ The car was hard damaged in the accident.
> ⓖ We can meet anywhere else if the cafe is crowded.

42

➡ ____ 문장, ____________________

43

➡ ____ 문장, ____________________

44

➡ ____ 문장, ____________________

I

비교급
比較級
(견줄 비, 견줄 교, 등급 급)
두 대상, 또는 그 이상을 견주어
한쪽의 더하거나 덜한 정도를 나타내는 것

UNIT 37 **원급** 양측의 성질이나 상태가 비슷하거나 같음을 나타내는 것
原級 (근원 원, 등급 급)

UNIT 38 **비교급, 최상급 형태**

UNIT 39 **비교급**
둘 이상을 견주어 한쪽이 더하거나 덜한 정도를 나타내는 것

UNIT 40 **최상급** 셋 이상을 비교하여 '가장 ~한', '최고의' 등을 나타내는 것
最上級 (가장 최, 윗 상, 등급 급)

This test is as difficult as the last one. (이 시험은 지난 시험만큼 어렵다.)
원급

I find swimming more challenging than running.
비교급

(나는 수영이 달리기보다 더 어렵다고 생각한다.)

This is the most beautiful painting in the gallery.
최상급

(이것은 미술관에서 가장 아름다운 그림이다.)

UNIT 37 원급

• **원급**: 양측의 성질이나 상태가 비슷하거나 같음을 나타내는 것이다. 동등 비교라고도 한다.

1 비교의 세 가지 등급

형용사나 부사의 형태 변화를 통해 원급, 비교급, 최상급의 형태로 나타낼 수 있다.

원급	둘이 비슷한 수준 (…만큼 ~한)	형용사, 부사의 원래 형태
비교급	둘 중 하나와 다른 하나의 차이 (더 ~한)	원급 + **-er, more** + 원급
최상급	셋 이상 중 정도가 가장 큰 것 (가장 ~한)	원급 + **-est, most** + 원급

[원급] This tree is as old as the house. (이 나무는 집만큼 오래되었다.)
　　　　　　　형용사의 원래 형태

[비교급] This is my old bicycle, but yours is even older.
　　　　　　　　　　　　　　　　　　　　　old에 -er을 붙인 형태
(이것은 나의 오래된 자전거이지만, 당신의 자전거는 훨씬 더 오래되었다.)

[최상급] Of all my cousins, I am the oldest. (전체 사촌 중에서 내가 가장 나이가 많다.)
　　　　　　　　　　　　　　　　　old에 -est를 붙인 형태

2 원급 − 둘 사이를 비교해서 정도가 비슷하거나 같음을 표현한다.

(1) 기본 형태: 「**as + 형용사, 부사의 원급 + as**」 '…만큼 ~한/하게'

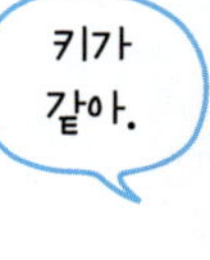

• The girl is as tall as the boy. (그 소녀는 그 소년만큼 키가 크다.)
　　　　　　형용사 원급
• The cheetah runs as fast as the wind. (치타는 바람만큼 빨리 달린다.)
　　　　　　　　　　부사 원급
• He spoke as quietly as a whisper. (그는 속삭임만큼 조용하게 말했다.)
　　　　　　　부사 원급

(2) 부정형: 「**not so[as] + 형용사, 부사의 원급 + as**」 '…만큼 ~하지 않은/않게'

• He is not so[as] diligent as his brother. (그는 그의 동생만큼 부지런하지 않다.)
　　　　　　　형용사 원급
• The sandwich was not so[as] tasty as I expected.
　　　　　　　　　　　　　형용사 원급
(그 샌드위치는 내가 기대했던 것만큼 맛있지 않았다.)

• I did not get up so[as] early as I had planned.
　　　　　　　　　부사 원급
(나는 계획했었던 것만큼 일찍 일어나지 않았다.)

(3) 비교의 두 대상은 문법적 성격이 같아야 한다.

• The movie was not so funny as the trailer.
　　　　　　　　　　　비교의 두 대상이 명사로 같음
(그 영화는 예고편만큼 재미있지 않았다.)

[참고] 주절과 공통되는 부분은 대동사로 쓰거나 생략할 수 있다.

• She is as smart as he is. (그녀는 그만큼 똑똑하다.)
　　　　　　　　　대동사 is
• I like pizza as much as you do. (나는 너가 좋아하는 만큼 피자를 좋아한다.)
　　　　　　　　　　　대동사 do

---

❶ 대동사

같은 동사가 반복되는 것을 피하려고 대신 쓰는 동사

1) be동사와 조동사
　　　　　→ 그대로
• You are as brave as I am.
(너는 나만큼 용감하구나.)

2) 일반동사 (주절 동사의 시제에 맞춰서)
　　　　→ do/does/did
• Leah runs as fast as he does.
(Leah는 그만큼 빨리 달린다.)

2 원급

[01-06] 주어진 우리말과 일치하도록 괄호 안의 단어를 이용하여 빈칸을 완성하시오.

01 그 영화는 소설만큼 오싹했다. (thrilling)

➡ The movie was _________________ the novel.

02 차는 아이스크림만큼 달지 않다. (sweet)

➡ The tea is _________________ the ice cream.

03 오늘 날씨는 어제만큼 좋지 않다. (pleasant)

➡ The weather today is _________________ yesterday.

04 당신의 문제는 내 문제만큼 단순하지 않다. (simple)

➡ Your problem is _________________ mine.

05 그 고양이는 그림자만큼 조용하게 움직였다. (quietly)

➡ The cat moved _________________ a shadow.

06 그는 그의 딸이 시간을 관리하는 것만큼 잘 관리한다. (well)

➡ He manages time _________________ his daughter does.

[07-12] 〈보기〉와 같이 주어진 문장을 원급을 이용하여 완성하시오.

〈보기〉
> The blue one suits better than the white one.
> = The white one does not suit so[as] well as the blue one.

07 My room is tidier than yours.

= Your room _________________________________ mine.

08 Winter is colder than autumn.

= Autumn _________________________________ winter.

09 The coffee is hotter than the tea.

= The tea _________________________________ the coffee.

10 They have more space than we do.

= We _________________________________ they do.

11 This store has more options than our store.

= Our store _________________________________ this store.

12 Pedro speaks Spanish more fluently than you do.

= You _________________________________ Pedro does.

🦉 **어휘 & 표현**

· **whisper** 속삭임　　· **diligent** 부지런한　　· **trailer** 예고편　　· **thrilling** 오싹한　　· **shadow** 그림자　　· **manage** 관리하다
· **suit** 어울리다　　· **tidy** 정돈된　　· **space** 공간　　· **fluently** 유창하게

〈 정답과 해설 p. 80~81 〉

3 다양한 원급 표현

(1) 「as + 원급 + as + 주어 + can[could]」
= 「as + 원급 + as + possible」 '가능한 한 ~한/하게'

- He ran as fast as he could.

  = He ran as fast as possible.

  (그는 가능한 한 빠르게 달렸다.)

- Please leave as soon as you can.

  = Please leave as soon as possible.

  (가능한 한 일찍 떠나세요.)

- The dog barked as loudly as it could to alert me.

  = The dog barked as loudly as possible to alert me.

  (그 개는 나에게 위험을 알리기 위해 가능한 한 크게 짖었다.)

(2) **as[so] long as** '~하는 동안, ~하는 한'

- I'll stay with you as[so] long as you need me.

  (나는 당신이 나를 필요로 하는 한 당신과 있을 것이다.)

- Any book will do as[so] long as it is interesting.

  (어떤 책이든 흥미롭기만 하면 될 것이다.)

- As[So] long as you're happy, I'm happy too. (네가 행복하기만 하면 나도 행복하다.)

  참고 '긴'을 의미하는 long의 일반적인 원급 표현으로 쓰일 수도 있다.

  - The silence didn't last as long as we expected.

    (조용함은 우리가 예상했던 만큼 오래가지 않았다.)

(3) ❶ 「배수사 + as + 원급 + as」 '…배 ~하다'

- This bag is twice as heavy as your backpack.

  (이 가방은 네 배낭보다 두 배 무겁다.)

- Humans live ten times as long as cats do.

  (인간은 고양이보다 10배 오래 산다.)

- The new model is five times as powerful as the old one.

  (새로운 모델은 예전 것보다 5배 강력하다.)

- The long skirt costs three times as much as the short one.

  (긴 치마의 가격은 짧은 치마의 3배이다.)

❶ 배수사

몇 배가 되는지를 나타내는 수로, 3배부터는 「기수+times」로 나타낸다.
- once (1배)
  twice (2배)
  three times (3배)

3 다양한 원급 표현

[13-19] 밑줄 친 부분에 유의하여 다음 문장을 해석하시오.

13 This car is <u>twice as fast as</u> the old one.

➡ _______________________________________

14 That snake is <u>as long as</u> a tree branch.

➡ _______________________________________

15 Get out of the building <u>as soon as possible</u>.

➡ _______________________________________

16 This one is <u>a hundred times as heavy as</u> that one.

➡ _______________________________________

17 Please complete the task <u>as quickly as you can</u>.

➡ _______________________________________

18 You can stay <u>as long as</u> you follow the house rules.

➡ _______________________________________

19 Francis studied <u>as hard as he could</u> for the exam.

➡ _______________________________________

 어휘 & 표현

- **alert** 알리다
- **silence** 침묵
- **powerful** 강력한
- **cost** 가격이 ~ 나가다
- **branch** 나뭇가지
- **complete** 완료하다
- **support** 지지하다
- **wall** 벽
- **rush hour** 혼잡 시간대
- **fairytale** 동화
- **magical** 마법 같은
- **sunrise** 일출
- **confidently** 자신 있게

2 + 3 원급

[20-26] 주어진 우리말과 일치하도록 괄호 안의 말을 바르게 배열하시오.

20 나는 가능한 한 자주 내 이메일을 확인했다. (as, as, my, I, email, could, often)

➡ I checked ____________________________________.

21 그들은 당신을 가능한 한 많이 지지할 것이다. (as, as, you, much, possible)

➡ They will support ____________________________________.

22 내가 건강한 동안 나는 계속 일하기를 원한다. (I, am, as, so, long, healthy)

➡ I want to keep working ____________________________________.

23 오른쪽 벽은 왼쪽 벽 길이의 네 배이다. (the left wall, four times, long, as, as)

➡ The right wall is ____________________________________.

24 오늘 교통체증은 혼잡 시간대만큼 심하지 않다. (it is, so, not, heavy, as)

➡ The traffic today is ____________________________________ during rush hour.

25 일출은 동화 속의 한 장면처럼 마법 같았다. (a fairytale, from, as, as, a scene, magical)

➡ The sunrise was ____________________________________.

26 우리는 가능한 한 자신 있게 질문에 대답했다. (we, confidently, the questions, as, as, could)

➡ We answered ____________________________________.

〈 정답과 해설 p. 81 〉

 **UNIT 38** 비교급, 최상급 형태 

- **비교급 형태**: 형용사 또는 부사 뒤에 '**-er**'을 또는 앞에 '**more**'를 붙여 사용한다.
- **최상급 형태**: 형용사 또는 부사 뒤에 '**-est**'를 또는 앞에 '**most**'를 붙여 사용한다.

1 규칙 변화

(1) 대부분 1음절 단어 — 비교급 : 원급 + -er, 최상급 : 원급 + -est

❶ 「모음+y」로 끝나는 단어 - 일반적인 경우처럼 단어 뒤에 -er과 -est를 붙인다.
예) gray - grayer - grayest

[비교급] John is taller than Steve. (John은 Steve보다 키가 더 크다.)

[최상급] John is the tallest in our class. (John은 우리 학급에서 가장 키가 크다.)

구분	규칙	원급	비교급	최상급
대부분	[비교급] 원급 + **-er** [최상급] 원급 + **-est**	low 낮은 tall 키가 큰	lower 더 낮은 taller 키가 더 큰	lowest 가장 낮은 tallest 키가 가장 큰
	[비교급] The weather is getting colder these days. (요즘 날씨가 더 추워지고 있다.) [최상급] The coldest hours are just before dawn. (가장 추운 시간은 동트기 직전이다.)			
-e로 끝날 때	[비교급] 원급 + **-r** [최상급] 원급 + **-st**	wide 넓은 wise 현명한	wider 더 넓은 wiser 더 현명한	widest 가장 넓은 wisest 가장 현명한
	[비교급] Safer options are also available. (더 안전한 선택도 가능하다.) [최상급] This is the safest route to take. (이것이 갈 수 있는 가장 안전한 길이다.)			
❶ 「자음+y」로 끝날 때	[비교급] y를 i로 고치고 + **-er** [최상급] y를 i로 고치고 + **-est**	easy 쉬운 sleepy 졸린	easier 더 쉬운 sleepier 더 졸린	easiest 가장 쉬운 sleepiest 가장 졸린
	[비교급] Nothing makes me happier than you. (당신보다 나를 더 행복하게 만드는 것은 없다.) [최상급] Thank you for the happiest year. (가장 행복한 한 해에 감사드립니다.)			
「단모음+단자음」으로 끝날 때	[비교급] 단자음을 한 번 더 쓰고 **-er** [최상급] 단자음을 한 번 더 쓰고 **-est**	thin 마른 hot 더운	thinner 더 마른 hotter 더 더운	thinnest 가장 마른 hottest 가장 더운
	[비교급] The autumn leaves gradually turned redder. (가을 단풍이 점점 더 붉어졌다.) [최상급] He picked the reddest rose for me. (그는 나를 위해 가장 붉은 장미를 골랐다.)			

(2) 대부분 2음절 이상의 단어, 분사 형태의 형용사, 「형용사 + ly」 형태의 부사 — 비교급 : more + 원급, 최상급 : most + 원급

[비교급] He is more famous than her. (그는 그녀보다 더 유명하다.)

[최상급] He is the most famous celebrity in our town. (그는 우리 동네에서 가장 유명한 인물이다.)

구분	원급	비교급	최상급
대부분 2음절 이상의 원급	anxious 불안한 famous 유명한	more anxious 더 불안한 more famous 더 유명한	most anxious 가장 불안한 most famous 가장 유명한
	[비교급] It was more annoying than I thought. (그것은 내가 생각했던 것보다 더 성가셨다.) [최상급] It is the most annoying thing in the world. (그것은 세상에서 가장 귀찮은 것이다.)		
두 개의 비교급을 갖는 경우	friendly 친근한	friendlier, more friendly ┐ 더 친근한	friendliest, most friendly ┐ 가장 친근한
	[비교급] The new design is simpler[more simple] than the old one. (새 디자인은 옛날 것보다 더 간단하다.) [최상급] This is the simplest[most simple] solution to the problem. (이것이 그 문제에 대한 가장 간단한 해결책이다.)		

1 규칙 변화

[01-24] 형용사 또는 부사의 비교급과 최상급을 쓰시오.

	원급	비교급	최상급		원급	비교급	최상급
01	bright	– ____	– ____	13	hungry	– ____	– ____
02	cheap	– ____	– ____	14	lazy	– ____	– ____
03	clean	– ____	– ____	15	lonely	– ____	– ____
04	clear	– ____	– ____	16	mad	– ____	– ____
05	cool	– ____	– ____	17	noisy	– ____	– ____
06	dark	– ____	– ____	18	pretty	– ____	– ____
07	dense	– ____	– ____	19	scary	– ____	– ____
08	fine	– ____	– ____	20	shiny	– ____	– ____
09	hard	– ____	– ____	21	silly	– ____	– ____
10	high	– ____	– ____	22	slim	– ____	– ____
11	light	– ____	– ____	23	tasty	– ____	– ____
12	loud	– ____	– ____	24	wet	– ____	– ____

17 DAY

[25-31] 밑줄 친 부분이 맞으면 O로 표시하고, 틀리면 바르게 고쳐 문장을 다시 쓰시오.

25 Don't you feel <u>more tired</u> today?

➡ ____________________________

26 How can Lincoln be <u>generouser</u>?

➡ ____________________________

27 We play music <u>softlier</u> in the evening.

➡ ____________________________

28 I will face it with the <u>confidentest</u> attitude.

➡ ____________________________

29 That was the <u>boringest</u> movie I've ever seen.

➡ ____________________________

30 He became <u>more scared</u> with each step he took.

➡ ____________________________

31 The fireworks exploded <u>loudlier</u> than expected.

➡ ____________________________

〈 정답과 해설 p. 82~83 〉

2 불규칙 변화

원급	비교급	최상급	예문
good 좋은	better 더 좋은, 더 잘	best 가장 좋은, 가장 잘	비교급 I feel better today than I did yesterday. (나는 어제보다 오늘 기분이 더 좋다.) 최상급 Laughter is the best medicine. (웃음이 가장 좋은 약이다.)
well 잘			비교급 The changed plan worked better. (수정된 계획이 더 잘 작용했다.)
bad 나쁜	worse 더 나쁜, 더 아픈	worst 가장 나쁜, 가장 아픈	비교급 The situation is worse than we imagined. (상황은 우리가 상상했던 것보다 더 나쁘다.) 최상급 He had the worst day at work today. (그는 오늘 직장에서 가장 힘든 하루를 보냈다.)
ill 아픈			최상급 It's the worst flu I've ever had. (내가 앓았던 최고로 아픈 독감이다.)
many 수 많은	more 더 많은	most 가장 많은	비교급 There are more people in the park today. (오늘 공원에 더 많은 사람들이 있다.) 최상급 Jack has the most energy in his class. (Jack은 그의 반에서 가장 많은 에너지를 갖고 있다.)
much 양 많은			
few 수 적은	fewer 더 적은	fewest 가장 적은	최상급 David received the fewest votes. (David가 가장 적은 표를 받았다.)
little 양 적은	less 더 적은	least 가장 적은	비교급 There was less traffic on the roads. (도로에 교통량이 더 적었다.)
far 거리 먼, 멀리	farther 더 먼	farthest 가장 먼	최상급 He threw the ball to the farthest corner. (그는 공을 가장 먼 구석으로 던졌다.)
far 정도 더욱	further 더 깊이	furthest 가장 깊이	비교급 Further investigation revealed new evidence. (추가 조사가 새로운 증거를 드러냈다.)
late 시간 늦은, 늦게	later 이후의	latest 최신의	비교급 Let's grab a coffee later in the afternoon. (이따 오후에 커피를 마십시다.)
late 순서 늦은, 늦게	latter 후자의	last 마지막의	최상급 This is the last train to the city. (이것이 도시로 가는 마지막 기차이다.)
old 오래된, 나이든	❶older 더 오래된	oldest 가장 오래된	비교급 My brother is two years older than me. (내 형은 나보다 두 살 더 많다.) 최상급 This building is the oldest building in town. (이 건물은 마을에서 가장 오래된 건물이다.)
old 연상의	elder 더 연상의	eldest 가장 연상의	비교급 My elder brother is my best friend. (형은 나의 가장 친한 친구이다.) 최상급 She is the eldest child in her family. (그녀는 가족 중에서 맏이다.)

❶ older vs. elder
oldest vs. eldest

elder, eldest는 사람의 나이를 나타낼 때만 쓰이지만, older, oldest는 사물에도 쓸 수 있다.

2 불규칙 변화

[32-45] 형용사 또는 부사의 원급, 비교급, 최상급을 쓰시오.

	원급	비교급	최상급		원급	비교급	최상급
32	good	_____	_____	**39**	_____	_____	furthest
33	bad	_____	_____	**40**	_____	fewer	_____
34	_____	elder	_____	**41**	ill	_____	_____
35	_____	farther	_____	**42**	many	_____	_____
36	little	_____	_____	**43**	_____	_____	last
37	_____	later	_____	**44**	_____	_____	oldest
38	much	_____	_____	**45**	well	_____	_____

1 + 2 비교급, 최상급 형태

[46-53] 주어진 우리말과 일치하도록 괄호 안에서 알맞은 것을 고르시오.

46 그녀는 그녀의 남동생보다 더 적은 돈을 가지고 있다.

➡ She has (little / less) money than her brother.

47 더 자세한 내용을 제공해 주시겠습니까?

➡ Can you please provide (further / farther) details?

48 오늘 날씨가 어제보다 더 안 좋다.

➡ The weather today is (bad / worse) than yesterday.

49 에베레스트 산은 세계에서 가장 높은 산이다.

➡ Mount Everest is the (high / highest) peak in the world.

50 커피는 여름 태양만큼 뜨겁다.

➡ The coffee is as (hot / hotter) as the summer sun.

51 그녀는 대회에서 가장 재능있는 가수이다.

➡ She is the (more / most) talented singer in the competition.

52 소설의 결말은 도입보다 더 낫다.

➡ The novel's ending is (gooder / better) than the beginning.

53 루브르 박물관은 세계적으로 가장 유명한 미술관이다.

➡ The Louvre Museum is the (more / most) renowned art museum globally.

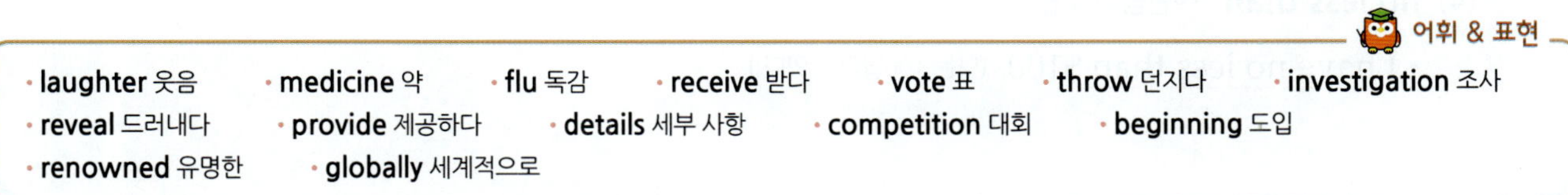

🦉 **어휘 & 표현**

- **laughter** 웃음 · **medicine** 약 · **flu** 독감 · **receive** 받다 · **vote** 표 · **throw** 던지다 · **investigation** 조사
- **reveal** 드러내다 · **provide** 제공하다 · **details** 세부 사항 · **competition** 대회 · **beginning** 도입
- **renowned** 유명한 · **globally** 세계적으로

〈 정답과 해설 p. 83~84 〉

UNIT 39 비교급

> **핵심 개념**
>
> • **비교급**: 두 대상 또는 그 이상을 견주어 한쪽이 더하거나 (우등 비교)
>   덜한 (열등 비교) 정도를 나타내는 것이다.

1 비교급 – 둘 사이를 비교해서 한쪽이 다른 한쪽보다 낫거나 열등함을 표현한다.

(1) 우등 비교: **「비교급 + than」** '…보다 더 ~하다'

- My brother is taller than ❶ I am.
  형용사 비교급

(2) 열등 비교: **「less + 원급 + than」** '…보다 덜 ~하다, …보다 ~하지 않다'
  = **「not as[so] (much) + 원급 + as」** '…만큼 ~하지는 않다'

- The movie was less exciting than the novel. (그 영화는 소설보다 덜 흥미로웠다.)
  형용사 비교급
= The movie was not so much exciting as the novel.
  형용사 원급
  (그 영화는 소설만큼 흥미롭지는 않았다.)

> **🍎 > 🍎**
> 큰 사과   작은 사과
>
> **❶ 비교의 두 대상**
>
> 비교의 두 대상은 문법적 성격이 같아야 한다. 단, 「주어 + 동사」는 목적격으로 바꿔 쓸 수 있다.

2 주의해야 하는 비교급

(1) ❷ 비교급 강조 부사: 앞에 a lot, even, far, much, still 등을 써서 비교급을 강조한다.

- The tiger is a lot more powerful than the cheetah.
  비교급 more powerful 강조
  (호랑이는 치타보다 훨씬 더 힘이 세다.)

- I'll stay here far more quietly than yesterday.
  비교급 more quietly 강조
  (나는 어제보다 훨씬 더 조용하게 여기 머무를 것이다.)

(2) than을 쓰지 않는 비교급: junior, senior, prior, superior, inferior 등
  라틴어에서 온 형용사는 than이 아닌 to로 비교한다.

- There are several people junior to me. (나보다 후배인 몇몇 사람들이 있다.)

- Your skills are superior to mine. (당신의 실력은 내 것보다 더 뛰어나다.)

> **❷ very의 쓰임**
>
> very는 비교급은 강조할 수 없고, 원급만 강조한다.
> - Tigers are very powerful.
> (호랑이는 아주 힘이 세다.)

3 다양한 비교급 표현

(1) **「비교급 and 비교급」** '점점 더 ~한/하게'

- It's getting hotter and hotter. (점점 더 더워지고 있다.)

(2) **「the 비교급, the 비교급」** '~할수록 더 …하다'

- The more you have, the more you want. (더 많이 가질수록 더 많이 원한다.)

(3) **no more than** '겨우, 많아야, 기껏해야'

- I have no more than $100. (나는 겨우 100달러가 있다.)

(4) **no less than** '~만큼이나 많이'

- I have no less than $100. (나는 100달러나 있다.)

1 비교급

[01-08] 주어진 우리말과 일치하도록 괄호 안의 단어를 이용하여 빈칸을 완성하시오.

01 여름은 봄보다 더 덥다. (hot)

➡ Summer is ___________ spring.

02 봄은 여름보다 덜 덥다. (hot)

➡ Spring is ___________ summer.

03 고양이는 거북이보다 더 빠르다. (fast)

➡ Cats are ___________ turtles.

04 거북이는 고양이보다 덜 빠르다. (fast)

➡ Turtles are ___________ cats.

05 다이아몬드는 진주보다 더 빛난다. (shiny)

➡ Diamonds are ___________ pearls.

06 진주는 다이아몬드보다 덜 빛난다. (shiny)

➡ Pearls are ___________ diamonds.

07 태양은 달보다 더 밝다. (bright)

➡ The sun is ___________ the moon.

08 달은 태양보다 덜 밝다. (bright)

➡ The moon is ___________ the sun.

2 주의해야 하는 비교급

[09-11] 밑줄 친 부분이 맞으면 ○로 표시하고, 틀리면 바르게 고치시오.

09 Your smartphone is <u>very lighter than</u> mine. ➡ ___________

10 The house looks <u>much more modern</u> than last year. ➡ ___________

11 As the team captain, she is <u>senior than</u> the other players. ➡ ___________

3 다양한 비교급 표현

[12-14] 주어진 우리말과 일치하도록 괄호 안에서 알맞은 것을 고르시오.

12 총 비용은 겨우 100달러였다.

➡ The total cost was no (more / less) than $100.

13 음악이 점점 더 커졌다.

➡ The music became (loud / louder) and louder.

14 당신이 빨리 달릴수록, 당신은 더 일찍 도착할 것이다.

➡ The (fast / faster) you run, the sooner you'll arrive.

> **어휘 & 표현**
> · **junior** 연하의, 후배의
> · **senior** 연상의, 선배의
> · **prior** 사전의
> · **superior** 우수한
> · **inferior** 열등한
> · **several** 몇몇의
> · **pearl** 진주
> · **modern** 현대적인
> · **spacious** 넓은
> · **previous** 이전의
> · **method** 방법
> · **knowledge** 지식

1 + 2 + 3 비교급

[15-18] 알맞은 것을 연결하여 문장을 완성하시오.

15 The river is flowing faster •

16 His apartment is more spacious •

17 This method is superior •

18 The more you study, •

• ⓐ to the previous one.

• ⓑ and faster.

• ⓒ the more knowledge you gain.

• ⓓ than hers.

〈 정답과 해설 p. 84~85 〉

UNIT 40 최상급

> •**최상급**: 셋 이상을 비교하여 '가장 ~한', '최고의' 등을 나타내는 것이다.

1 **최상급** – 셋 이상을 비교하여 그중에서 정도가 가장 높은 것을 표현한다.

가장 큰 차

(1) 기본 형태: 「**the + 최상급**」 '가장 ~한/하게'

- What is the highest mountain in the world?
  형용사 최상급

  (세계에서 가장 높은 산은 무엇인가요?)

- The plane flew the highest among all others in the sky.
  부사 최상급

  (비행기는 하늘에서 다른 것들 중 가장 높이 날았다.)

(2) the 생략: 부사의 최상급에서 the는 생략할 수 있다.

- Who runs (the) fastest? (누가 가장 빨리 달리나요?)
  부사 최상급
- The children laugh (the) most joyfully.
  부사 최상급

  (아이들이 가장 즐겁게 웃는다.)

2 **다양한 최상급 표현**

(1) 「**the 최상급 + of + 복수 명사**」 '…중에 가장 ~한/하게'

- Depression is the most common of moods.

  (우울은 감정 중 가장 흔하다.)

- The largest rock of the rocks blocked the path.

  (바위 중에 가장 큰 바위가 길을 막았다.)

(2) 「**the 최상급 + in + 장소, 범위**」 '…에서 가장 ~한/하게'

- He is the funniest man in Britain.

  (그는 영국에서 가장 재미있는 사람이다.)

- Let's try the spiciest dish in the restaurant!

  (식당에서 가장 매운 음식을 먹어보자!)

❶ 단수 동사

「one of the 최상급 + 복수 명사」에서 핵심 주어는 one이므로 단수 동사가 와야 한다.

(3) 「**one of the 최상급 + 복수 명사**」 '가장 ~한 것 중 하나[한 명]'

- One of the most challenging sports ❶ is rock climbing.

  (가장 힘든 운동 중 하나는 암벽 등반이다.)

- Samuel is one of the best chefs in the country.

  (Samuel은 이 나라에서 최고의 요리사 중 한 명이다.)

1 최상급

[01-10] 괄호 안의 단어를 이용하여 최상급 표현을 완성하시오.

01 Asia is ________________________ continent on Earth. (large)

02 Silvan was ________________________ leader I've ever met. (bad)

03 He's ________________________ person in the office. (lazy)

04 The sun shone ________________________ early in the morning. (bright)

05 I hid the key at ________________________ corner of the garden. (far)

06 The rumor spread ________________________ across social media. (fast)

07 The math test was ________________________ of all the tests. (difficult)

08 Have you heard ________________________ news about the promotion? (late)

09 Your team played ________________________ in the final match. (aggressively)

10 You are the one who knows ________________________ about me. (little)

2 다양한 최상급 표현

[11-17] 주어진 우리말과 일치하도록 괄호 안의 단어를 이용하여 빈칸을 완성하시오.

11 Michelle은 그녀의 형제자매 중 가장 어리다. (of, her, sibling, young)

➡ Michelle is ____.

12 이곳은 전체 공원에서 가장 조용한 지점이다. (in, the entire park, spot, quiet)

➡ It is ____.

13 가장 무거운 동물 중 하나는 흰긴수염고래이다. (of, animal, one, heavy)

➡ ____ is the blue whale.

14 나는 당신에게 밤하늘에서 가장 밝은 별을 줄 수 있다. (in, the night sky, star, bright)

➡ I can get you ____.

15 판나 코타는 모든 디저트 중에서 가장 맛있다. (all, delicious, of, dessert)

➡ Panna cotta is ____.

16 Beethoven은 모든 작곡가 중에서 가장 영향력이 있다. (all, of, influential, composer)

➡ Beethoven is ____.

17 남극 지역은 세계에서 가장 추운 장소 중 하나이다. (of, in, cold, one, place, the world)

➡ Antarctic is ____.

17 DAY

🦉 어휘 & 표현

- **joyfully** 즐겁게
- **depression** 우울
- **common** 흔한
- **mood** 감정
- **block** 막다
- **Britain** 영국
- **challenging** 힘든
- **continent** 대륙
- **rumor** 소문
- **spread** 퍼지다
- **promotion** 승진
- **aggressively** 공격적으로
- **sibling** 형제자매
- **entire** 전체의, 온
- **spot** 지점
- **blue whale** 흰긴수염고래
- **influential** 영향력 있는
- **composer** 작곡가
- **Antarctic** 남극 지역

〈 정답과 해설 p. 85~86 〉

3 최상급의 의미를 갖는 원급과 비교급

① **비교급 + than any other + 단수 명사:** '다른 어떤 …보다 더 ~하다'
② **비교급 + than all the other + 복수 명사:** '다른 모든 …보다 더 ~하다'
③ **no (other) 단수 명사 + 비교급 + than:** '어느 무엇도 …보다 더 ~하지 않다'
④ **no (other) 단수 명사 + as[so] + 원급 + as:** '어느 무엇도 …만큼 ~하지 않다'
⑤ **There is nothing + 비교급 + than:** '…보다 ~한 것은 없다'

❶ nothing 대신 쓸 수 있는 것
이 문장에서처럼 범위가 정해진 경우에는 nothing 대신 'no 범위'로 구체적으로 쓸 수 있다.

① The ostrich is heavier than any other bird in the world. (타조는 세상의 다른 어떤 새보다 더 무겁다.)
　　　　　　　　비교급　　　　　　　　　　　단수 명사

② The ostrich is heavier than all the other birds in the world.
　　　　　　　　비교급　　　　　　　　　　　복수 명사
　　　　　　　　　　　　　　　　(타조는 세상의 다른 모든 새들보다 더 무겁다.)

③ No (other) bird is heavier than the ostrich in the world. (세상의 어느 새도 타조보다 더 무겁지 않다.)
　　　　　　단수 명사　　비교급

④ No (other) bird is as[so] heavy as the ostrich in the world. (세상의 어느 새도 타조만큼 무겁지 않다.)
　　　　　　단수 명사　　　　원급

⑤ There is ❶nothing[no bird] heavier than the ostrich in the world.
　　　　　　　　　　　　　　비교급
　　　　　　　　　　　　　(세상에서 타조보다 더 무거운 것[새]은 없다.)

3 최상급의 의미를 갖는 원급과 비교급

[18-27] 주어진 문장과 같은 뜻이 되도록 문장을 완성하시오.

> The sunflower is the tallest flower.

18 The sunflower is _________________ than any _________________.

19 The sunflower is _________________ than all _________________.

20 No other _________________ than the sunflower.

21 No other _________________ as the sunflower.

22 There is nothing _________________ the sunflower.

> The cheetah is the fastest land animal.

23 The cheetah is _________________ than any _________________.

24 The cheetah is _________________ than all _________________.

25 No other _________________ than the cheetah.

26 No other _________________ as the cheetah.

27 There is nothing _________________ the cheetah.

어휘 & 표현
· ostrich 타조
· sunflower 해바라기
· land animal 육지 동물

[01-03]

다음 표를 보고 물음에 답하시오.

name	Sally	Mary	Susan
age	14	14	16
weight	40kg	45kg	52kg
height	165cm	160cm	170cm

[01-02]

질문에 알맞은 응답을 고르시오.

01

> Who is as old as Mary?

① It is Susan.
② Sally is as old as Mary.
③ Susan is as old as Mary.
④ Susan and Sally are as old as Mary.
⑤ Mary and Susan are at the same age.

02

> Who is the tallest of the three?

① Mary is the tallest of the three.
② Sally is the tallest of the three.
③ Susan is the tallest of the three.
④ Mary is taller than Sally and Susan.
⑤ Susan and Sally are the tallest of the three.

03

표의 내용과 일치하지 않는 것을 고르시오.

① Sally is less heavy than Mary.
② Susan is the oldest of the three.
③ Mary is the heaviest of the three.
④ Susan is older than Sally and Mary.
⑤ Sally and Mary are at the same age.

[04-05]

빈칸에 알맞지 않은 것을 고르시오.

04

> This box looks _________ bigger than that box.

① far   ② more   ③ much
④ a lot   ⑤ even

05

> My brother is _________ than me.

① wiser   ② shorter   ③ taller
④ faster   ⑤ youngest

06 고난도

어법상 틀린 것을 고르시오.

① They were inferior to us in number.
② Mary has more books than Nicholas.
③ The watch is less expensive than the other one.
④ You can have no more than one piece of cake.
⑤ The population of China is very higher than that of Korea.

07

문장의 의미가 나머지 넷과 다른 것을 고르시오.

① There is no girl kinder than Natalie.
② No other girl is as kind as Natalie.
③ No other girl is kinder than Natalie.
④ Natalie is kinder than any other girl.
⑤ Natalie is less kind than all the other girls.

[08-11]

주어진 우리말과 일치하도록 빈칸에 알맞은 말을 〈보기〉에서
골라 알맞은 형태로 쓰시오. (중복 사용 불가)

〈보기〉

| deep | much | early | little | many |

08

당신은 일찍 일어날수록, 아침에 더 많은 시간을 가질
수 있다.

➡ ______________ you wake up, ______________
time you have in the morning.

09

시간이 흐를수록, 그를 향한 그녀의 사랑은 점점 더
깊어졌다.

➡ As time went by, her love for him grew
______________.

10

내 요리법은 겨우 세 개의 재료만 필요로 한다.

➡ My recipe needs ______________ three
ingredients.

11

그것은 백 권만큼이나 많은 책을 보관할 수 있다.

➡ It can hold ______________ a hundred
books.

[12-14]

빈칸에 알맞은 것을 고르시오.

12

The sooner we leave, ________ we'll arrive
at our destination.

① early ② earliest
③ earlier ④ the more
⑤ the earlier

13

That movie was really boring. It was
______________ I've ever seen.

① most boring movie
② the boringest movie
③ the most boring movie
④ the movie more boring
⑤ the more boring movie

14

Making excuses is ________ than being late.

① bad ② badder ③ worse
④ worst ⑤ more bad

[15-16]

자연스러운 대화가 되도록 빈칸에 알맞은 것을 고르시오.

15

A: John is the fastest runner in the team.
B: That's true. There is no one ________ than
John in the team.

① fast ② faster ③ fastest
④ the fastest ⑤ as fast

16

A: My new phone is more expensive than
my old one.
B: Right. The latest model is the ________
expensive of all.

① most ② best ③ more
④ less ⑤ very

두 문장이 같은 뜻이 되도록 빈칸에 알맞은 말을 쓰시오.

17

Please bring a maximum of two guests to the party.

= Please bring no _____________ two guests to the party.

18 고난도

Jupiter is the largest planet in our solar system.

= Jupiter _____________ than all _____________ in our solar system.

[19-20] 서술형

주어진 우리말과 일치하도록 빈칸에 공통으로 들어갈 말을 쓰시오.

19

- 티켓은 VIP 패스보다 덜 비쌌다.
  = Tickets were _________ expensive than the VIP passes.
- 자그마치 스무 명의 자원봉사자들이 나타났다.
  = No _________ than twenty volunteers showed up.

➡ _____________

20

- 새 조리법은 전통적인 것보다 훨씬 더 맛있다.
  = The new recipe is _________ tastier than the traditional one.
- 전통적인 조리법은 새것만큼 맛있지는 않다.
  = The traditional recipe is not so _________ tasty as the new one.

➡ _____________

[21-22] 서술형

밑줄 친 곳을 바르게 고쳐 문장을 다시 쓰시오.

21

The Sahara is the largest <u>at</u> the deserts.

➡ _______________________________________

22

Astronomers discovered one of the most distant <u>galaxy</u>.

➡ _______________________________________

[23-26] 서술형

각 문장에서 어법상 틀린 부분을 하나씩 찾아 바르게 고치시오.

(A) His IQ is superior than average.
(B) They traveled lot farther than we did.
(C) The weather was not so much pleasanter as last weekend.
(D) The more we stay together, stronger we become.

23

(A) _______________________________________

24

(B) _______________________________________

25

(C) _______________________________________

26

(D) _______________________________________

[27-28]

빈칸에 들어갈 말이 알맞게 짝지어진 것을 고르시오.

W: It's ___(A)___ chilly today.
M: Yeah, I think it's ___(B)___ colder than yesterday.

27

	(A)	(B)		(A)	(B)
①	very	very	②	very	much
③	a lot	very	④	much	very
⑤	far	more			

28

W: Julian's essay was ___(A)___ than all the other students'.
M: Really? I can't believe he's one of the ___(B)___ writers in his class.

	(A)		(B)		(A)		(B)
①	good	–	better	②	better	–	best
③	good	–	best	④	better	–	better
⑤	best	–	better				

[29-32] 서술형

다음 기네스북의 세계기록에 대한 표를 보고 물음에 답하시오.

	Name
tall	Mr. Wadlow (272 cm)
heavy	Mr. Minnoch (635 kg)
long	the Nile River (6,650 km)
high	Mt. Everest (8,848 m)

[29-31]

자연스러운 대화가 되도록 빈칸에 알맞은 말을 쓰시오.

29

A: Who is the tallest man in the world?
B: Mr. Wadlow is ___________ than all the other men in the world.

30

A: What is Mr. Minnoch's Guinness World Record?
B: His record is ___________ man in the world.

31

A: What Guinness World Record does Mt. Everest hold?
B: ___________ is higher than Mt. Everest in the world.

32 고난도

두 문장의 뜻이 같도록 빈칸에 알맞은 말을 쓰시오.

The longest river in the world is the Nile River.
= The Nile River is ___________ any other river in the world.

[33-34]

원급의 비교급, 최상급 변화를 잘못 짝지은 것을 고르시오.

33

① new — newer — newest
② thin — thiner — thinest
③ heavy — heavier — heaviest
④ active — more active — most active
⑤ boring — more boring — most boring

34

① much – more – most
② bad – badder – baddest
③ polite – politer – politest
④ tough – tougher – toughest
⑤ excited – more excited – most excited

[35-37] 서술형

주어진 우리말과 일치하도록 빈칸에 들어갈 말을 〈보기〉에서 골라 알맞은 형태로 쓰시오. (중복 사용 불가)

〈보기〉

little   long   far

35

당신이 어떤 파일도 삭제하지 않는 한 내 컴퓨터를 사용할 수 있다.

➡ You can use my computer ___________ you don't delete any files.

36

스마트폰은 태블릿보다 메모리가 더 적다.

➡ The smartphone has ______________ memory than the tablet.

37

언덕 정상까지 가려면 우리는 더 멀리 걸어야 한다.

➡ We need to walk ______________ to reach the summit of the hill.

[38-39] 고난도

두 문장이 같은 뜻이 되도록 빈칸에 알맞은 것을 고르시오.

38

> • The local train is not so ___(A)___ as the express one.
> • The express train is ___(B)___ than the local one.

	(A)		(B)
①	fast	–	fast
②	fast	–	faster
③	faster	–	fast
④	faster	–	faster
⑤	fastest	–	fastest

39

> • The host did not arrive at the party as ___(A)___ as Nora.
> • Nora arrived at the party ___(B)___ than the host.

	(A)		(B)
①	late	–	late
②	later	–	late
③	late	–	later
④	later	–	later
⑤	later	–	latter

40 고난도

어법상 틀린 것을 고르시오.

① The tiger is the best hunter in the world.
② The tiger is the most powerful cat in the world.
③ Sumatran tigers are as smart as Siberian tigers.
④ Siberian tigers are bigger than Sumatran tigers.
⑤ Male tigers are not as larger as females of the same type.

[41-42]

빈칸에 알맞은 것을 고르시오.

41

> She scored ________ many points in the second game as in the first.

① as two
② two as
③ as twice
④ twice as
⑤ twice more

42

> A: What an adorable dog! How old is he?
> B: He's already 9 years old.
> A: Wow. Mine is not ________ yours. She is only 3.

① as old
② old as
③ as older
④ older as
⑤ as old as

43 서술형

주어진 우리말과 일치하도록 빈칸에 공통으로 들어갈 말을 쓰시오.

> • 나는 파스타를 좋아하는 만큼 피자도 좋아한다.
>   = I love pizza as ________ as I love pasta.
> • Whitney는 그녀의 반 친구들만큼 많이 먹지 않았다.
>   = Whitney did not eat so ________ as her classmates did.

➡ ______________

주어진 두 문장이 같은 뜻이 되도록 빈칸에 알맞은 말을
쓰시오.

44

He solved the puzzle as quickly as possible.

= He solved the puzzle as quickly as

___________.

45

You should drive as carefully as possible in
cold weather.

= You should drive as carefully as
___________ in cold weather.

[46-48] 고난도 서술형

다음 글의 밑줄 친 @~ⓔ 중 어법상 틀린 세 개를 찾아
바르게 고치시오.

Jane and Robert were fishing buddies.
While Jane was not so ⓐ <u>more skilled</u> as
Robert, she tried her ⓑ <u>best</u>. She cast her
line as ⓒ <u>further</u> as she could. However,
Robert always caught fish ⓓ <u>third</u> times
as many as Jane did. So Robert gave
some tips to Jane, and their friendship
grew ⓔ <u>stronger</u>.

46

➡ ______, ____________

47

➡ ______, ____________

48

➡ ______, ____________

[49-51]

다음 글을 읽고 물음에 답하시오.

Yumi was ________ student among her
classmates. She always read more books
than her friends. <u>그녀는 그녀의 학급에서 가장
높은 점수를 받았다.</u> Her study methods
were considered the most effective. As a
result, everyone wanted to hear her
advice.

49

빈칸에 알맞은 것을 고르시오.

① more clever   ② taller than
③ the smartest   ④ smarter than
⑤ more intelligent

50 고난도

밑줄 친 부분을 영어로 옮길 때, 적절하지 <u>않은</u> 것을
고르시오.

① She received the highest grades in her
class.
② Nobody in her class received higher
grades than she did.
③ She received higher grades than anyone
else in her class.
④ No other student received as high grades
as her in her class.
⑤ Nobody in her class received more higher
grades than she did.

51 고난도 서술형

윗글의 내용을 한 문장으로 요약할 때 빈칸에 들어갈 말을
윗글에서 찾아 완성하시오.

➡ Yumi's classmates want to hear her advice
because they think she has ____________
study methods.

🦉 어휘 & 표현

- **population** 인구   · **ingredient** 재료   · **destination** 목적지   · **excuse** 변명   · **maximum** 최대
- **astronomer** 천문학자   · **galaxy** 은하계   · **summit** 정상   · **local train** 완행 열차   · **express train** 급행 열차
- **male** 남성의   · **female** 여성의   · **adorable** 사랑스러운   · **buddy** 친구   · **cast** 던지다   · **friendship** 우정

접속사

接續詞

(이을 접, 이을 속, 말 사)

두 개 이상의 단어와 단어, 구와 구,
절과 절, 문장과 문장을 이어주는 말

They are planning to visit Paris and Rome this summer.
등위접속사

(그들은 이번 여름에 파리와 로마를 방문할 계획이다.)

He plays the piano as well as the violin.
상관접속사

(그는 바이올린뿐만 아니라 피아노도 연주한다.)

She told me that she would be here by noon.
명사절을 이끄는 종속접속사

(그녀는 정오까지 이곳에 올 거라고 나에게 말했다.)

Although the test was very difficult, I solved all of it.
부사절을 이끄는 종속접속사

(시험이 매우 어려웠지만 나는 모두 풀었다.)

UNIT 41 등위접속사

1 등위접속사의 개념: 문법적으로 대등한 둘 이상의 단어, 구, 절을 연결하는 접속사이다.

－ 세 개 이상의 항목을 나열할 때는 원칙적으로 마지막 항목 앞에만 쓴다.

• Would you like tea or coffee? (차를 원하세요, 또는 커피를 원하세요?)
  단어 접속사 단어

• I enjoy reading books and going for walks.
  구   접속사   구
  (나는 책을 읽고 산책하는 것을 즐긴다.)

• I love hiking, but today it's raining.
  절   접속사   절
  (나는 등산을 좋아하는데, 오늘은 비가 온다.)

2 등위접속사의 종류와 쓰임

and	그리고, ~과, ~와	앞뒤의 내용이 대등한 것을 연결한다. • The sky is blue, and the grass is green. (하늘은 파랗고, 풀은 푸르다.) 시간적인 순서를 나타낼 때 사용한다. • I invited my friends, and we had fun. (나는 내 친구들을 초대해서 재미있게 놀았다.)
but	그러나, 하지만	앞뒤의 반대되는 내용을 연결한다. • I studied very hard, but I got a bad grade. (나는 열심히 공부했지만, 성적이 좋지 않았다.)
or	또는, 혹은	둘 또는 그 이상의 선택해야 할 것을 연결한다. • You can have pizza or pasta for dinner. (당신은 저녁으로 피자 또는 파스타를 먹을 수 있다.)
so	그래서	절과 절을 이어 주며, so의 앞의 절이 원인, 뒤의 절이 결과를 나타낸다. • He didn't have a map, so he got lost. (그는 지도가 없어서 길을 잃었다.)
for	왜냐하면 ~하니까	• 절과 절을 이어 주며, for의 앞의 절이 결과, 뒤의 절이 원인·이유를 나타낸다. • 항상 콤마 (,) 와 같이 쓰인다. • He missed the train, for he couldn't find his ticket. (그는 표를 찾을 수 없었기 때문에 기차를 놓쳤다.)

3 명령문 + and, or

명령문 + and	'~해라, 그러면'	• Do your best, and you will get what you want. 명령문 (최선을 다해라, 그러면 네가 원하는 것을 얻을 것이다.)
명령문 + or	'~해라, 그렇지 않으면'	• Call your mom, or she will worry about you. 명령문 (엄마한테 전화해라, 그렇지 않으면 엄마는 너를 걱정하실 것이다.)

1 등위접속사의 개념

[01-06] 괄호 안에서 알맞은 것을 고르시오.

01 You can go (and / now) or tomorrow.

02 Waltz is simple and (elegant / elegantly).

03 This restaurant is small but (cozy / coziness).

04 I brought some snacks and (delicious / drinks).

05 We should leave quickly but (careful / carefully).

06 I bought an umbrella, for (it might rain / will be raining) later.

2 등위접속사의 종류와 쓰임

[07-13] 괄호 안에서 알맞은 것을 고르시오.

07 Is your favorite color blue (or / so / for) green?

08 I enjoy reading books (and / so / for) watching movies.

09 The weather was cold, (for / or / so) I wore my gloves.

10 He likes to play soccer, (but / or / for) it keeps him active.

11 She wanted to go for a walk, (but / or / so) it started raining.

12 The concert was sold out, (but / so / for) we couldn't get tickets.

13 He practiced all night, (or / but / for) he wanted to win the game.

3 명령문 + and, or

[14-17] 〈보기〉와 같이 주어진 문장을 명령문으로 바꿔 쓰시오.

> ─〈 보기 〉─
> If you tell me the truth, I will support you.
> ➡ Tell me the truth, and I will support you.

14 If you come home early, you can eat the pizza.

　➡ Come home early, and ＿＿＿＿＿＿＿＿＿＿＿.

15 Unless you hurry up, you will miss the opportunity.

　➡ Hurry up, or ＿＿＿＿＿＿＿＿＿＿＿.

16 If you don't invite Mr. and Ms. Molly, they won't come.

　➡ Invite Mr. and Ms. Molly, or ＿＿＿＿＿＿＿＿＿＿＿.

17 Unless you take my advice, you will be in trouble.

　➡ Take my advice, or ＿＿＿＿＿＿＿＿＿＿＿.

어휘 & 표현
- **elegant** 우아한
- **cozy** 편안한
- **quickly** 빠르게
- **carefully** 조심스럽게
- **active** 활동적인
- **sold out** 매진된
- **support** 지지하다
- **opportunity** 기회
- **advice** 조언
- **be in trouble** 곤란해지다, 곤경에 처하다

〈 정답과 해설 **p. 90** 〉

> • **상관접속사**: 서로 연결되어 같이 쓰는 접속사로, 문법적으로 대등한
> 단어와 단어, 구와 구, 절과 절을 연결한다. ── 핵심 개념

1 상관접속사의 구조

- He is both talented and hardworking. (그는 재능과 근면 둘 다 갖추고 있다.)
  - 상관접속사 / 단어 / 단어
- She is not only a talented singer but also a good dancer.
  - 상관접속사 / 구 / 구
  - (그녀는 재능 있는 가수일 뿐만 아니라 훌륭한 댄서이다.)
- Either you can take the bus or you can walk to school. (너는 버스를 타거나 걸어서 학교에 갈 수 있다.)
  - 상관접속사 / 절 / 절

2 상관접속사의 종류와 쓰임

both A and B	A와 B 둘 다	• Both his words and actions are trustworthy. (그의 말과 행동은 둘 다 믿을 만하다.)
either A or B	A 또는 B 둘 중 하나	• Please answer with either yes or no. ('예'나 '아니오'로 대답해 주세요.)
neither A nor B	A, B 둘 다 아닌	• I can speak neither French nor English. (나는 프랑스어도 영어도 못한다.)
not A but B	A가 아니라 B	• Jane is not in her room but in the kitchen. (Jane은 방이 아니라 부엌에 있다.)
not only A but also B = B as well as A also는 생략 가능	A뿐만 아니라 B도	• The movie is not only entertaining but also informative. = The movie is informative as well as entertaining. (그 영화는 재미있을 뿐만 아니라 유익하다.)

3 상관접속사의 수 일치

(1) **B에 동사의 수를 일치시킴:** B가 단수면 단수 동사, 복수면 복수 동사가 옴

either A or B	• Either cookies or coffee is fine. (쿠키나 커피가 좋아요.) A / B(수를 일치해야 하는 주어) / 동사
neither A nor B	• Neither her brothers nor her father speaks Japanese. A / B(수를 일치해야 하는 주어) / 동사 (그녀의 형제들과 아버지 모두 일본어를 하지 않으신다.)
not A but B	• Not the shirt but the pants need washing. A / B(수를 일치해야 하는 주어) / 동사 (셔츠가 아니라 바지가 세탁이 필요하다.)
not only A but also B	• Not only birds but also a squirrel visits the garden. A / B(수를 일치해야 하는 주어) / 동사 (새뿐 아니라 다람쥐도 정원을 찾는다.)
B as well as A	• I as well as she enjoy hiking in the mountains. B(수를 일치해야 하는 주어) / A / 동사 (그녀뿐 아니라 나도 산에서 하이킹하는 것을 즐긴다.)

(2) **항상 복수 취급함:** 항상 복수 동사가 옴

both A and B	• Both laughter and friendship enrich our lives. A / B / 동사 (웃음과 우정 모두 우리의 삶을 풍요롭게 한다.)

1 상관접속사의 구조

[01-04] 밑줄 친 부분이 맞으면 O로 표시하고, 틀리면 바르게 고치시오.

01 Both Mary and I like Italian food. ➡ _____________

02 They are good at not only cooking but baking. ➡ _____________

03 People were either killed or injuries by the accident. ➡ _____________

04 Our goal is not to finish quickly, but finished with excellence. ➡ _____________

2 상관접속사의 종류와 쓰임

[05-08] 주어진 우리말과 일치하도록 빈칸에 알맞은 말을 쓰시오.

05 '예' 또는 '아니요'일 필요는 없다.

➡ It doesn't have to be _____________ yes _____________ no.

06 그는 한 번이 아니라 여러 번 늦었다.

➡ He was late _____________ once _____________ many times.

07 그녀는 신나지도 지루하지도 않아 보였다.

➡ She seemed _____________ excited _____________ bored.

08 나는 영어 선생님일 뿐만 아니라 재즈 가수이다.

➡ I am a jazz singer _____________ _____________ _____________ an English teacher.

[09-10] 그림을 보고 괄호 안의 단어를 이용하여 문장을 완성하시오.

09  

(not only ~ but also, a famous actress, a gifted singer)

➡ She is ____

____ .

10 

(both ~ and, games, comics)

➡ He liked ________________________________ but he gave up both of them.

3 상관접속사의 수 일치

[11-14] 괄호 안에서 알맞은 것을 고르시오.

11 Not Florian but you (are / is) my best friend.

12 Either I or she (have / has) to clean the classroom.

13 Neither the politician nor the voters (agree / agrees).

14 Experience as well as knowledge (is / are) important.

> 🦉 **어휘 & 표현**
> · **hardworking** 근면한, 열심히 일하는
> · **trustworthy** 믿을 만한
> · **entertaining** 재미있는
> · **informative** 유익한
> · **enrich** 풍요롭게 하다
> · **excellence** 뛰어남, 탁월함
> · **gifted** 재능이 있는
> · **politician** 정치인
> · **voter** 투표자, 유권자
> · **knowledge** 지식

〈 정답과 해설 **p. 91** 〉

01

다음 중 자연스럽지 <u>않은</u> 것을 고르시오.

① Is the baby a boy and a girl?
② I didn't listen, for he was lying.
③ Just move the frame left or right.
④ I'm sorry, but I can't stay longer.
⑤ Your car looked dirty, so I cleaned it.

[02-03]

빈칸에 공통으로 들어갈 말을 고르시오.

02

> • The road was icy, _________ we drove
>   slowly.
> • He likes you, _________ he tries to meet
>   you as often as possible.

① well　　　② but　　　③ or
④ so　　　⑤ for

03

> • They sat down _________ told me all about
>   it.
> • Visit early, _________ you can get this book
>   at half-price.

① and　　　② but　　　③ or
④ so　　　⑤ for

04 고난도

어법상 <u>틀린</u> 것을 고르시오.

① He has green eyes and curly hair.
② Either you or your brother has the key to
   the cabinet.
③ Not you but your hamster needs to see a
   doctor.
④ Cow waste may look useless, but we can
   make it useful.
⑤ Mathematics as well as science are my
   least favorite subject.

[05-06]

주어진 두 문장이 같은 뜻이 되도록 빈칸에 알맞은 것을
고르시오.

05

> If you run fast, you will be on time for the
> class.
> = Run fast, _________ you won't be late for
>   the class.

① and　　　② for　　　③ or
④ nor　　　⑤ also

06

> If you study hard, you will pass the exam.
> = Study hard, _________ you will fail the
>   exam.

① and　　　② so　　　③ or
④ nor　　　⑤ also

[07-09]

빈칸에 들어갈 접속사가 알맞게 짝지어진 것을 고르시오.

07

> _____(A)_____ Sumi _____(B)_____ Mina wants to skip
> the lesson.
> (수미와 미나 중 누구도 수업을 빼먹고 싶지 않다.)

　　　　(A)　　　　(B)
① As　　　−　　as
② Not　　　−　　but
③ Both　　　−　　and
④ Either　　−　　or
⑤ Neither　−　　nor

08

_____(A)_____ my mind _____(B)_____ my body seem
to be ready.
(나의 몸과 마음 둘 다 준비된 것 같다.)

	(A)		(B)		(A)		(B)
①	Not	–	but	②	Both	–	and
③	And	–	but	④	Either	–	or
⑤	Neither	–	nor				

09

Twenty people were _____(A)_____ enjoying
_____(B)_____ learning from the workshop.
(스무 명의 사람들이 워크샵을 즐기거나 배우고 있다.)

	(A)		(B)		(A)		(B)
①	as	–	as	②	not	–	but
③	both	–	and	④	either	–	or
⑤	neither	–	nor				

10

빈칸에 관해 잘못 이야기한 학생을 고르시오.

ⓐ Don't be late, _________ you can't get in.
ⓑ I can speak _________ Japanese _________
  Chinese.
ⓒ Not only Theodor _________ Spencer
  knows you.
ⓓ He apologized to me, _________ he valued
  our friendship.
ⓔ It's _________ because of you, but because
  of me.

① 소정: 늦으면 들어갈 수 없다고 해야
  자연스러우니까 ⓐ에는 or가 들어가야 해.
② 민후: 의미에 차이는 있겠지만, ⓑ에는 both-and,
  neither-nor, either-or가 모두 가능한걸?
③ 보나: ⓒ에는 but also가 들어가야 하는데, also는
  생략할 수 있어.
④ 시진: ⓓ에 for를 넣으면 문맥이 자연스러워져.
⑤ 태성: ⓔ에는 아무것도 들어가지 않아야 말이 되는
  문장이구나!

11 고난도

주어진 우리말과 일치하도록 바르게 영작한 것을 <u>모두</u>
고르시오.

노인들뿐만 아니라 젊은이들도 키오스크를 어려워한다.

① Not the young but the old find kiosks
  difficult.
② Either the old or the young find kiosks
  difficult.
③ Neither the young nor the old find kiosks
  difficult.
④ The young as well as the old find kiosks
  difficult.
⑤ Not only the old but also the young find
  kiosks difficult.

12

다음 각 빈칸에 들어갈 말이 알맞게 짝지어진 것을
고르시오.

W: Why do you hate Bill so much?
M: He is not only _____(A)_____ but also _____(B)_____ .

	(A)		(B)
①	rude	–	arrogance
②	rude	–	arrogant
③	rude	–	arrogantly
④	rudely	–	arrogant
⑤	rudely	–	arrogance

[13-14] 서술형

주어진 우리말과 일치하도록 〈조건〉에 맞게 영작하시오.

13

〈조건〉
• time, will을 활용할 것
• 6단어로 적을 것

나는 시간도 의지도 없다.

➡ _______________________________

14

> 〈조건〉
> ・주어는 It으로 적을 것
> ・important, urgent를 활용할 것
> ・8단어로 적을 것

그것은 중요할 뿐만 아니라 긴급하다.

➡ ______________________________

[15-18]

빈칸에 들어갈 접속사가 알맞게 짝지어진 것을 고르시오.

15

> ・I believed you, ___(A)___ you were always honest to me.
> ・Lose some weight, ___(B)___ you will face health problems.

	(A)		(B)		(A)		(B)
①	for	–	or	②	for	–	and
③	and	–	and	④	but	–	or
⑤	or	–	for				

16

> ・Tell me the truth, ___(A)___ you can be forgiven.
> ・Which movie do you prefer, horrors ___(B)___ comedies?

	(A)		(B)		(A)		(B)
①	or	–	or	②	or	–	and
③	and	–	and	④	and	–	or
⑤	or	–	for				

17

> ・This restaurant is small, ___(A)___ they have great food.
> ・I had no honey, ___(B)___ I added sugar instead.

	(A)		(B)		(A)		(B)
①	or	–	so	②	for	–	and
③	but	–	for	④	but	–	so
⑤	so	–	for				

18

> ・It's ___(A)___ Spanish or French that she speaks.
> ・You need to leave now not only for you ___(B)___ for everyone.

	(A)		(B)
①	either	–	or
②	and	–	neither
③	both	–	or
④	either	–	but also
⑤	neither	–	but

[19-20]

다음 대화를 읽고 물음에 답하시오.

> M: The weather is really nice ___(A)___ sunny today. How about taking a walk in the park?
> W: That sounds good, ___(B)___ I'm worried about getting sunburned.
> M: You're right. Either we can find a shady spot to rest ________ we can bring umbrellas with us.
> W: Good idea. Hurry, ________ we'll miss the nice weather.

19

(A)와 (B)에 적절한 접속사로 연결된 것을 고르시오.

	(A)		(B)
①	for	–	but
②	and	–	for
③	and	–	but
④	and	–	or
⑤	or	–	for

20

빈칸에 공통으로 들어갈 접속사를 고르시오.

① or　　② so　　③ for
④ and　　⑤ but

[21-22]

다음 대화를 읽고 물음에 답하시오.

W: What shall we do this Saturday?
M: How about visiting the art museum?
W: That sounds fun, ___(A)___ what about the new science center near the museum? I visited it last Saturday.
M: The science center sounds great, ________ I can do my science homework there.
W: True. Bring some water, ___(B)___ I will bring lunch!

21

(A)와 (B)에 적절한 접속사로 연결된 것을 고르시오.

	(A)		(B)		(A)		(B)
①	but	–	and	②	and	–	for
③	and	–	but	④	and	–	or
⑤	or	–	for				

22

빈칸에 들어갈 접속사를 고르시오.

① or ② so ③ for ④ and ⑤ but

[23-24]

다음 글을 읽고 물음에 답하시오.

Jenny was planning a surprise party for her friend. She made a list of tasks to complete, ___(A)___ she didn't have enough time. So, she decided to ask her sister for help. They worked quickly ________ efficiently. The party was incredibly enjoyable, ___(B)___ Jenny was grateful for her sister's help.

23

(A)와 (B)에 적절한 접속사로 연결된 것을 고르시오.

	(A)		(B)		(A)		(B)
①	but	–	nor	②	and	–	for
③	and	–	but	④	but	–	so
⑤	or	–	for				

24

빈칸에 적절한 접속사를 고르시오.

① and ② for ③ but ④ so ⑤ for

[25-26]

다음 글을 읽고 물음에 답하시오.

Emily had a busy day (①) she needed to decide to either focus on her work (②) attend a project meeting. ___(A)___ work and meeting seemed important, ___(B)___ she didn't want to give up both her work (③) the meeting. However, she realized she could work on her project during the day (④) attend the meeting in the evening. Thus, she decided to balance her time between her work (⑤) the meeting.

25

① ~ ⑤ 중에 and가 올 수 없는 곳을 고르시오.

① ② ③ ④ ⑤

26 고난도

(A)와 (B)에 들어갈 말이 알맞게 짝지어진 것을 고르시오.

	(A)		(B)		(A)		(B)
①	Neither	–	for	②	Neither	–	and
③	Both	–	but	④	Both	–	so
⑤	Neither	–	either				

🦉 **어휘 & 표현**

- **lie** 거짓말하다
- **frame** 틀
- **stay** 머물다
- **icy** 얼음에 뒤덮인
- **as ~ as possible** 가능한 한 ~하게
- **curly** 곱슬의
- **waste** 폐기물
- **useless** 쓸모없는
- **mathematics** 수학
- **subject** 과목
- **on time** 제시간에
- **pass an exam** 시험을 통과하다
- **fail** 낙제하다
- **value** 소중히 여기다
- **rude** 무례한
- **arrogant** 거만한
- **will** 의지
- **urgent** 긴급한
- **lose weight** 살을 빼다
- **face** 직면하다
- **shady spot** 음지, 그늘이 진 곳
- **efficiently** 효율적으로
- **grateful** 감사하는
- **thus** 그러므로, 그래서

〈 정답과 해설 p. 92~93 〉

 **UNIT 43** 명사절을 이끄는 종속접속사 

> • **명사절을 이끄는 종속접속사**: 종속절 앞에 위치하여 ❶주절과 ❷종속절을 연결해 주는 접속사이다.
> 문장에서 주어절, 목적어절, 보어절로 쓰인다.

1 종속접속사의 종류와 쓰임

• If it snows heavily, schools might be closed tomorrow.
  종속절   주절
        (눈이 많이 오면 내일 학교가 문을 닫을지도 모른다.)

❶ 주절
두 개의 문장이 종속접속사로 연결됐을 때 주된 내용을 나타내는 부분

❷ 종속절
종속접속사 뒤에 나와 주절의 내용을 보충 설명하는 부분

명사절 접속사	명사 역할(주어, 목적어, 보어)을 한다.
	– that, whether, if, what, when, who, whom, how, where 등
	
	Whether가 붙음으로써 주어 역할을 하는 명사절이 됨
	• Whether I join (or not) depends on you.
	  종속절 주절
	    (내가 합류할지 말지는 너에게 달려 있다.)
	
	that이 붙음으로써 목적어 역할을 하는 명사절이 됨
	• I expect that everything will be okay.
	 주절 종속절
	    (나는 모든 것이 잘될 거라고 기대한다.)
	
	why가 붙음으로써 보어 역할을 하는 명사절이 됨
	• The mystery is why he acted like that.
	 주절 종속절
	    (수수께끼는 왜 그가 그렇게 행동했냐는 것이다.)

부사절 접속사	시간, 이유, 조건 등의 의미를 주절에 연결하는 부사 역할을 한다.
	– before, when, so that, though, since, until, as 등
	
	Before가 붙음으로써 시간의 의미를 더하는 부사절이 됨
	• Before you leave, please let me know.
	  종속절 주절
	   (당신이 떠나기 전에, 저에게 알려주세요.)
	
	because가 붙음으로써 이유의 의미를 더하는 부사절이 됨
	• She didn't sleep last night because she had an urgent assignment.
	   주절 종속절
	  (그녀는 급한 과제가 있었기 때문에 어젯밤에 잠을 자지 않았다.)

❸ 가주어, 진주어
• **가주어(가짜 주어)**: 주어를 뒤로 보내고 주어 자리에 대신 쓰는 it
• **진주어(진짜 주어)**: 가주어 it을 쓰는 자리에 원래 와야 하는 주어

2 명사절 접속사 – that: '하기, ~라는 것'

주어 역할	보통 가주어 ❸it은 주어 자리에, 진주어 ❸that절은 문장 뒷부분으로 보낸다. • That he wakes up by himself is impossible. = It is impossible that he wakes up by himself. (그가 스스로 일어나는 것은 불가능하다.)
목적어 역할	that절이 목적어일 때 that은 생략할 수 있다. • I believe (that) the decision was the right one. (나는 그 결정이 옳은 결정이었다고 믿는다.)
보어 역할	2형식 문장의 주격 보어로 쓰인다. • His wish is that his children succeed in life. (그의 소원은 자녀들이 인생에서 성공하는 것이다.)

1 종속접속사의 종류와 쓰임

[01-06] 문장에서 밑줄 친 종속절이 명사절인지 부사절인지 쓰시오.

01 <u>What you said</u> surprised everyone. ➡ __________

02 The issue is <u>whether we should earn more money.</u> ➡ __________

03 <u>Unless you finish your work</u>, you can't play games. ➡ __________

04 <u>While you were sleeping</u>, I finished the project. ➡ __________

05 She believes <u>that hard work pays off.</u> ➡ __________

06 I didn't go to the party <u>since I wasn't feeling well.</u> ➡ __________

2 명사절 접속사 – that

[07-12] 명사절을 찾아 밑줄을 긋고, 문장에서 어떤 역할을 하는지 〈보기〉에서 골라 기호를 쓰시오.

〈보기〉
ⓐ 주어　　　ⓑ 목적어　　　ⓒ 보어

07 The fact is that we failed. ➡ __________

08 That he is not here bothers me. ➡ __________

09 The problem is that no one cares. ➡ __________

10 I can't believe that he has always lied. ➡ __________

11 She tells me that she will leave next week. ➡ __________

12 It doesn't matter that you changed your mind. ➡ __________

20
DAY

1 + **2** 명사절을 이끄는 종속접속사

[13-16] 주어진 우리말을 참고하여 밑줄 친 부분이 맞으면 O로 표시하고, 틀리면 바르게 고치시오.

13 그는 자신이 실수했다는 것을 인정했다.

= He admitted <u>that</u> he made a mistake. ➡ __________

14 당신은 내가 아직 괜찮지 않은 것조차 모른다.

= You don't even know <u>when</u> I'm not okay yet. ➡ __________

15 내 희망은 모두가 행복해지는 것이다.

= My hope is <u>if</u> everyone becomes happy. ➡ __________

16 그가 내 생일을 기억했다는 것은 놀랍다.

= It is surprising <u>that</u> he remembered my birthday. ➡ __________

🦉 **어휘 & 표현**

- **depend on** ~에 의존하다　　· **mystery** 수수께끼　　· **urgent** 급한　　· **decision** 결정　　· **succeed** 성공하다
- **earn** (돈을) 벌다　　· **pay off** 보상이 따르다, 보람이 있다　　· **bother** 괴롭히다　　· **admit** 인정하다

〈 정답과 해설 p. 93~94 〉

3 명사절 접속사 – whether, if ~ (or not): '~인지 (아닌지)'

– 불확실하거나 의문시되는 사실에 대해 이야기할 때 쓴다.
– or not이 뒤에 이어지기도 한다. ➊

주어 역할	주로 **whether**를 쓴다. ・Whether the event will take place (or not) is still uncertain. 　　　　　　　　　　　　(그 행사가 열릴지 (아닐지)는 아직 불확실하다.)
목적어 역할	동사의 목적어: **if, whether** 둘 다 쓴다. 전치사의 목적어: **whether**만 쓴다. ・I wonder if(= whether) she received my email (or not). 　　　　　　　　　(나는 그녀가 내 이메일을 받았는지 (아닌지) 궁금하다.) ・Success depends on whether you do the job well (or not). 　　　　　　　(당신이 그 일을 잘하는지 (아닌지)에 따라 성공이 좌우된다.)
보어 역할	주로 **whether**를 쓴다. ・The problem is whether the product is good enough (or not). 　　　　　　　　　(문제는 제품이 충분히 좋은지 (아닌지)이다.)

➊ **whether or not**

whether는 바로 뒤에 or not을 쓰기도 하지만, if는 if or not으로 쓸 수 없다.
・They asked whether or not we were finished. (O)
They asked if or not we were finished. (X)
(그들은 우리가 끝났는지 아닌지 물었다.)

4 명사절 접속사 – 의문사 ➋

– 의문사가 이끄는 절이 문장의 종속절로 쓰이면, 이것을 간접의문문이라고 한다.
– 이때 의문사는 접속사처럼 주절에 종속절(간접의문문)을 연결한다.

[참고] 간접의문문의 어순: 「의문사 + 주어 + 동사 + ~」
　　　　　「의문사(= 주어) + 동사 + ~」 (의문사가 주어일 때)

➋ **의문사**

의문사에는 who, what, when, where, why, how가 있다.

who	누가	・Who won the award will be announced. 주어 자리, 「의문사(= 주어) + 동사」 　　　　　　　(누가 상을 받았는지가 발표될 예정이다.)
what	무엇이, 무엇을	・I'm unsure about what caused the change in plans. 전치사의 목적어 자리, 「의문사(= 주어) + 동사」 (무엇이 계획 변경을 초래했는지에 대해 나는 알지 못한다.)
when	언제	・Ted wants to know when the package will be delivered. 목적어 자리, 「의문사 + 주어 + 동사」 (Ted는 택배가 언제 배달되는지 알고 싶어한다.)
where	어디에	・Tell us where you found that beautiful painting. 직접목적어 자리, 「의문사 + 주어 + 동사」 (그 아름다운 그림을 당신은 어디서 찾았는지 우리에게 알려주세요.)
why	왜	・The question is why sales dropped. 보어 자리, 「의문사 + 주어 + 동사」 (문제는 왜 판매량이 떨어졌는지이다.)
how	어떻게	・Mia wonders how he learned to play the guitar so well. 목적어 자리, 「의문사 + 주어 + 동사」 (Mia는 그가 어떻게 기타를 그렇게 잘 배웠는지 궁금해 한다.)

3 명사절 접속사 – whether, if ~ (or not)

[17-20] 괄호 안의 말을 바르게 배열하시오.

17 The question is (space, we, enough, have, whether).

➡ The question is _______________________________.

18 He asked (the, they, meeting, if, reschedule, could).

➡ He asked _______________________________.

19 (the, she, proposal, whether, accepts) remains unclear.

➡ _______________________________ remains unclear.

20 My decision will be (based, get, whether, on, we, investment).

➡ My decision will be _______________________________.

4 명사절 접속사 – 의문사

[21-23] 문장에서 틀린 곳을 바르게 고쳐 문장을 다시 쓰시오.

21 Please show me where is the reception.

➡ _______________________________

22 You can guess when will be the next promotion.

➡ _______________________________

23 We understand why did she make that decision.

➡ _______________________________

1 + **2** + **3** + **4** 명사절을 이끄는 종속접속사

[24-27] 주어진 우리말과 일치하도록 빈칸에 알맞은 것을 〈보기〉에서 골라 쓰시오. (중복 사용 불가)

〈보기〉
how	that	if	who

24 그는 내가 팀에 합류할 수 있는지 결정할 것이다.

➡ He'll decide ____________ I can join the team.

25 당신은 매듭을 묶는 방법을 제게 보여줄 수 있나요?

➡ Can you show me ____________ you tie a knot?

26 나는 콘서트가 매진됐다고 들었다.

➡ I heard ____________ the concert was sold out.

27 우리는 누가 프로젝트를 주도해야 하는지 논의했다.

➡ We discussed ____________ should lead the project.

〈 정답과 해설 p. 94 〉

어휘 & 표현
- **take place** (행사가) 열리다
- **uncertain** 불확실한
- **award** 상
- **be unsure about** ~에 대해 불확실하다
- **sales** 판매량
- **reschedule** 일정을 다시 잡다
- **proposal** 제안
- **accept** 수락하다
- **be based on** ~을 근거로 하다
- **investment** 투자
- **reception** 접수처
- **promotion** 승진
- **understand** 이해하다
- **knot** 매듭
- **lead** 이끌다, 주도하다

 **UNIT 44** 부사절을 이끄는 종속접속사 

> •**부사절을 이끄는 종속접속사**: 종속절 앞에 위치하여 주절과 종속절을 연결해 주는 접속사이며,
> 시간, 조건, 목적, 이유, 양보, 결과 등의 뜻으로 쓰인다.

1 시간 – 부사절 접속사

when	~할 때	• When the phone rang, she answered it. (전화벨이 울리자, 그녀는 전화를 받았다.)
while	~하는 동안	• While he was reading, I quietly entered the room. (그가 책을 읽는 동안, 나는 조용히 방으로 들어갔다.)
as	~할 때	• The sky turned orange and pink as the sun set. (해가 지자 하늘이 주황색과 분홍색으로 변했다.)
until	~할 때까지	• I'll wait here until you finish your meeting. (회의가 끝날 때까지 여기서 기다릴게요.)
before	~ 전에	• Before you leave, grab your keys. (떠나기 전에, 열쇠를 챙기세요.)
after	~ 후에	• After the rain stopped, we went outside. (비가 그친 후, 우리는 밖으로 나갔다.)
since	~한 이래로	• We haven't heard from him since he left. (그가 떠난 이후로 우리는 그에게서 소식을 못 들었다.)

[참고] 전치사로도 쓰이는 접속사

as (~처럼, ~로서), until (~까지), before (~ 전에), after (~ 후에), since (~부터)는
문장에서 전치사로도 쓰이기 때문에 뒤에 명사(구)가 올 수도 있다.

이때 as처럼 접속사와 전치사가 연결하는 의미가 서로 다른 단어도 있으므로 주의해야 한다.

• She acted as the spokesperson for the event. (그녀는 행사의 대변인처럼 행동했다.)
  전치사 (~처럼)
• He smiled as he handed me the gift. (그는 나에게 선물을 건네주면서 미소를 지었다.)
  접속사 (~하면서)

2 조건 – 부사절 접속사

if	~한다면	• If it rains, we'll postpone the outdoor event. (비가 온다면, 우리는 야외 행사를 연기할 것이다.)
unless	~하지 않는다면	• Unless you water the plants, they won't thrive. (식물에 물을 주지 않으면, 그것들은 번성하지 않을 것이다.)
once	일단 ~하면	• Once you complete the project, submit it. (일단 프로젝트가 완료되면, 그것을 제출하세요.)

3 목적 – 부사절 접속사

so that	~하도록, ~하기 위하여	• She spoke louder so that everyone could hear. (그녀는 모두가 들을 수 있도록 더 크게 말했다.)
in order that		• We met early in order that we could finish on time. (우리는 제시간에 끝낼 수 있도록 일찍 만났다.)

1 시간 – 부사절 접속사

[01-04] 문장에서 접속사와 부사절을 찾아 밑줄을 긋고, 밑줄 그은 부분을 해석하시오.

01 Did Joel knock on the door while I was sleeping? ➡ _______________

02 When the bell rang, someone left the classroom. ➡ _______________

03 As the storm approached, people hurried to escape. ➡ _______________

04 All things should be ready before the guests arrive. ➡ _______________

2 조건 – 부사절 접속사

[05-08] 주어진 두 문장의 의미가 같도록 문장을 완성하시오.

05 If he doesn't apologize, I won't forgive him.
= Unless _______________________________.

06 If we don't wear a coat, we will catch a cold.
= Unless _______________________________.

07 If I don't start now, I will never finish on time.
= Unless _______________________________.

08 If you don't pay attention, you will miss the details.
= Unless _______________________________.

> 🦉 **어휘 & 표현**
> - **spokesperson** 대변인
> - **postpone** 연기하다, 미루다
> - **thrive** 번성하다
> - **submit** 제출하다
> - **approach** 접근하다
> - **escape** 탈출하다
> - **forgive** 용서하다
> - **catch a cold** 감기에 걸리다
> - **detail** 세부 사항
> - **graduate** 졸업하다
> - **decorate** 장식하다
> - **brush** 칫솔질하다

20 DAY

1 + 2 + 3 시간, 조건, 목적 – 부사절 접속사

[09-13] 주어진 우리말과 일치하도록 빈칸에 알맞은 것을 〈보기〉에서 골라 쓰시오. (중복 사용 불가)

〈보기〉
| until | after | since | once | so that |

09 그녀는 늦지 않도록 알람을 맞췄다.
➡ She set an alarm ____________ she wouldn't be late.

10 아침을 먹은 후 나는 도서관에 갔다.
➡ ____________ I ate breakfast, I went to the library.

11 우리가 고등학교를 졸업한 이래로 15년이 흘렀다.
➡ It has been 15 years ____________ we graduated from high school.

12 일단 케이크가 구워지면, 우리는 그것을 꾸밀 수 있다.
➡ ____________ the cake is baked, we can decorate it.

13 어린이는 스스로 그것을 할 수 있을 때까지 칫솔질하는 데 도움이 필요하다.
➡ Kids need help brushing ____________ they can do it on their own.

〈 정답과 해설 **p. 95** 〉

🔲 4 이유 – 부사절 접속사

because	~하기 때문에	• I wore a jacket <u>because it was chilly outside.</u> (밖이 추웠기 때문에 나는 재킷을 입었다.)
as		• <u>As he was hungry,</u> he made a sandwich. (그는 배가 고파서, 샌드위치를 만들었다.)
since		• <u>Since it was a holiday,</u> the office was closed. (휴일이었기 때문에, 사무실은 문을 닫았다.)
now that	~이니까	• <u>Now that they are married,</u> they are planning to buy a house. (이제 그들은 결혼을 했으니, 집을 살 계획이다.)

❶ because와 because of

because of도 '~ 때문에'를 의미하지만 전치사이므로 뒤에 명사(구)가 온다.
• The final round was cancelled <u>because of</u> rain.
(비 때문에 결승전이 취소되었다.)

🔲 5 양보 – 부사절 접속사

(al)though	비록 ~일지라도	• <u>Although he was tired,</u> he stayed up late. (그는 피곤했지만 늦게까지 깨어 있었다.)
even though		• <u>Even though the team played well,</u> they didn't win. (팀은 경기를 잘했지만, 승리를 거두지 못했다.)
even if 가상의, 미래의 일		• <u>Even if it snows,</u> the event will still take place. (눈이 와도, 행사는 계속 진행될 것입니다.)

❷ (al)though와 despite, in spite of

despite와 in spite of도 '~에도 불구하고'를 의미하지만 전치사이므로 뒤에 명사(구)가 온다.
• They finished on time <u>despite</u> a late start.
(그들은 늦은 시작에도 불구하고 제시간에 끝냈다.)

🔲 6 결과 – 부사절 접속사

so + [형용사 / 부사] + **that**	매우 ~해서 ~하다	• She spoke <u>so softly that</u> we couldn't hear her. (그녀는 매우 작게 말해서 우리는 들을 수 없었다.)
such + a(n) + 형용사 + 명사 + **that**		• It was <u>such a hot day that</u> everyone sought shade. (매우 더운 날이어서 모두가 그늘을 찾았다.)

개념 확인 문제

🔲 4 + 🔲 5 이유, 양보 – 부사절 접속사

[14 - 17] 문장에서 접속사와 부사절을 찾아 밑줄을 긋고, 밑줄 그은 부분을 해석하시오.

14 Since it was raining, we decided to stay indoors.　➡ ________________

15 Now that the project is complete, we can celebrate.　➡ ________________

16 Although it was a windy day, they kept walking.　➡ ________________

17 I'll visit my parents even if I am busy.　➡ ________________

18 I was hungry. I decided to order pizza. (as)

➡ ____

19 She was nervous. However, she performed confidently. (even though)

➡ ____

20 Reynold left early. He had to catch a train. (because)

➡ ____

5 + 6 양보, 결과 – 부사절 접속사

[21-27] 괄호 안에서 알맞은 것을 고르시오.

21 (Despite / Even if) I fail, I won't give up trying.

22 He has (so / such) a kind heart that he always helps others.

23 The movie was (so / such) scary that I couldn't sleep at night.

24 (Although / Despite) his lack of experience, he got the job.

25 It is (so / such) an exciting opportunity that we must not miss.

26 It was (so / such) a hot day that the ice cream melted quickly.

27 (Even though / In spite of) his illness, he attended all his classes.

어휘 & 표현
- chilly 추운
- cancel 취소하다
- stay up late 늦게까지 깨어있다
- celebrate 축하하다
- perform 공연하다
- confidently 자신감 있게
- lack of ~의 부족(한 상태)
- cough 기침하다
- fall asleep 잠이 들다

4 + 5 + 6 이유, 양보, 결과 – 부사절 접속사

[28-32] 주어진 우리말과 일치하도록 빈칸에 알맞은 것을 〈보기〉에서 골라 쓰시오. (중복 사용 불가)

〈보기〉

now that	so ~ that	because	such ~ that	though

28 나는 더웠기 때문에 집에 있었다.

➡ I stayed at home ____________ it was hot.

29 춥지 않지만, 그녀는 계속 기침한다.

➡ ____________ it's not cold, she keeps coughing.

30 그는 매우 피곤해서 바로 잠이 들었다.

➡ He was ____________ tired ____________ he fell asleep right away.

31 비가 멈췄으니까, 우리는 밖에 나갈 수 있다.

➡ ____________ ____________ the rain stopped, we can go outside.

32 매우 좋은 날이어서 우리는 캠핑 여행을 즐겼다.

➡ It was ____________ a nice day ____________ we enjoyed our camping trip.

〈 정답과 해설 p. 95~96 〉

01

that이 들어갈 알맞은 위치를 고르시오.

Whitney (①) realized (②) she (③) made (④) a (⑤) mistake.

02

why가 들어갈 알맞은 위치를 고르시오.

(①) I (②) wonder (③) you didn't (④) mention that (⑤) earlier.

03

주어진 문장의 밑줄 친 as와 같은 의미로 쓰인 것을 고르시오.

He is loved by others as he is handsome.

① This fruit is as sweet as honey.
② As I was sick, I couldn't work.
③ It started to rain as we went home.
④ I work as a nurse in a busy hospital.
⑤ The train arrived just as we reached the platform.

04 고난도

주어진 문장의 밑줄 친 that과 쓰임이 같은 것을 고르시오.

I heard that you got a promotion at work.

① That is the house where I grew up.
② I didn't expect that response from you.
③ The song that he recommended became my favorite.
④ She mentioned that she would be late for the meeting.
⑤ I saved money so that I could buy a new car.

[05 - 10]

빈칸에 알맞은 것을 고르시오.

05

A: That was a lot to memorize.
B: Let's take a short break ________ we can clear our head.

① despite ② what ③ where
④ so that ⑤ whether

06

A: It was very hot last night.
B: ________ the night air was hot, my daughter slept soundly.

① Who ② If ③ Why
④ So that ⑤ Even though

07

A: Did you eat the cheese spaghetti?
B: No. I've given up dairy products ________ I'm trying to lose my weight.

① that ② unless ③ because
④ where ⑤ whether

08

I was late ________ the train was delayed.

① while ② because ③ although
④ whether ⑤ because of

09

I am thinking about ________ I should apologize.

① while ② until ③ although
④ whether ⑤ because of

10

__________ the sun is shining, it isn't very warm.

① While　　② When　　③ Because
④ Whether　　⑤ Although

[11-13] 서술형

〈보기〉와 같이 주어진 문장을 한 문장으로 다시 쓰시오.

〈보기〉
I don't know. What is your name?
➡ I don't know what your name is.

11

Tell me. Who made fun of you?

➡ __________________________________

12

Do you know? What made him angry?

➡ __________________________________

13 고난도

Alan asks me. "Why do you stop the car?"

➡ __________________________________

14

주어진 우리말을 참고하여, 밑줄 친 ⓐ~ⓔ 중 틀린 것을 고르시오.

그녀의 어머니가 그녀와 함께 살고 있기 때문에 훨씬 쉬운 게 틀림없다.
= ⓐ It ⓑ must be much ⓒ easier
　 ⓓ because of her mother lives with ⓔ her.

① ⓐ　　② ⓑ　　③ ⓒ　　④ ⓓ　　⑤ ⓔ

[15-17]

빈칸에 공통으로 들어갈 접속사를 고르시오.

15

• I wonder __________ he will come.
• He didn't decide __________ he should go or stay.

① that　　② and　　③ because
④ whether　　⑤ although

16

• I want to know __________ you live.
• Nobody knows __________ they are now.

① where　　② when　　③ why
④ what　　⑤ who

17

• I am not sure __________ she left her hometown.
• That is __________ they lost the game.

① who　　② why　　③ once
④ what　　⑤ now that

[18-19]

각 빈칸에 들어갈 말이 알맞게 짝지어진 것을 고르시오.

18

• It is true ____(A)____ he is lucky.
• I wonder ____(B)____ the store is still open.

　　(A)　　　　　(B)
① whether － as
② once － since
③ that － if
④ while － even if
⑤ unless － so that

〈 정답과 해설 p. 96~97 〉

19

- Your problem is ___(A)___ you always make excuses.
- ___(B)___ I take the risk, I won't grow.

(A)	(B)		(A)	(B)
① until	–	How	② that	– Unless
③ if	–	That	④ before	– After
⑤ what	–	Where		

[20-22] 서술형

어법상 틀린 부분을 찾고 〈보기〉에서 적절한 것을 찾아 쓰시오. (중복 사용 불가)

〈보기〉

so　　whether　　despite

20

It depends on if you join us or not.

➡ _____________ → _____________

21

She was such kind that I felt at ease.

➡ _____________ → _____________

22

Although his efforts, he couldn't fix the car.

➡ _____________ → _____________

[23-24] 고난도

어법상 틀린 것을 고르시오.

23

① I will go on the trip even if it rains.
② Now that it's summer vacation, I will rest.
③ You can't get in unless you have a ticket.
④ It is such nice day that we can go on a picnic.
⑤ Although there was a long line, we enjoyed dinner.

24

① You need to tell me where they are.
② That is how they arrived at the station.
③ You should tell them when will you arrive.
④ I really want to know why they are fighting.
⑤ They don't have to remember when the show starts.

25 고난도

어법상 옳은 것을 고르시오.

① I won't believe it unless I see it myself.
② I had a great time although the long wait.
③ I'm trying to find out how works the machine.
④ He didn't tell me when is in charge of the project.
⑤ The coffee was such hot that I burned my tongue.

26

주어진 우리말과 일치하도록 바르게 영작한 것을 고르시오.

Clara는 내가 어디에 있었는지 궁금해하고 있다.

① Clara is wondering if I was.
② Clara is wondering where was I.
③ Clara is wondering where I was.
④ Clara is wondering whether I was.
⑤ Clara is wondering if where I was.

[27-28]

우리말과 일치하도록 빈칸에 알맞은 것을 고르시오.

27

그 꽃들은 너무 아름다워서 많은 사람이 그것들을 보러 온다.

➡ The flowers are ________ beautiful that many people come to see them.

① so　　　② very　　　③ much
④ even　　⑤ such

28

그들은 누가 그 프로젝트를 담당하는지를 모른다.
➡ They don't know _________.

① who the project is in charge of
② who is in charge of the project
③ which is in charge of the project
④ of which the project is in charge
⑤ whose the project is in charge of

[29-30]

주어진 우리말을 참고하여, 다음 밑줄 친 @~@ 중 틀린 것을 고르시오.

29

Walter가 떠나기 전에 메시지를 남겼나요?
= ⓐ Did Walter ⓑ leave ⓒ a message
   ⓓ after he ⓔ left?

① ⓐ ② ⓑ ③ ⓒ ④ ⓓ ⑤ ⓔ

30

매우 붐비는 도로라서 나는 주차 자리를 단 하나도 찾을 수 없다.
= It's ⓐ so ⓑ a busy street ⓒ that I
   ⓓ can't find a single ⓔ parking spot.

① ⓐ ② ⓑ ③ ⓒ ④ ⓓ ⑤ ⓔ

[31-33]

두 문장이 같은 뜻이 되도록 알맞은 말을 〈보기〉에서 골라 쓰시오. (중복 사용 불가)

〈보기〉
now that   even though   in order that

31

I got up early to go jogging with my dad.
➡ I got up early ______________ I could go
   jogging with my dad.

32

I feel safe because you are here with me.
➡ ______________ you are here with me, I feel
   safe.

33

Although you saw someone, you can't be sure that it was me.
➡ You can't be sure that it was me,
   ______________ you saw someone.

[34-36]

주어진 우리말과 일치하도록 빈칸에 알맞은 것을 〈보기〉에서 골라 쓰시오. (중복 사용 불가)

〈보기〉
so   until   although

34

나는 너가 돌아올 때까지 여기서 기다릴 것이다.
➡ I will wait here ______________ you come
   back.

35

그녀는 열심히 공부했지만 시험에 합격하지 못했다.
➡ She didn't pass the test ______________
   she studied hard.

36

나는 너무 피곤해서 낮잠을 자기로 했다.
➡ I was ______________ tired that I decided
   to take a nap.

[37-38] 서술형

밑줄 친 부분에 유의하여 우리말 해석을 완성하시오.

37

While I was waiting at the bus stop, three buses went by in the opposite direction.
= ______________________, 버스 세 대가
   반대 방향으로 지나갔다.

〈 정답과 해설 p. 97~98 〉

38

Once you <u>decide</u>, we can focus on the tasks at hand.

= ______________________, 우리는 당면한 작업에
  집중할 수 있다.

39

주어진 문장의 밑줄 친 since와 같은 의미로 쓰인 것을
고르시오.

> It's now nearly a year <u>since</u> we started our business.

① <u>Since</u> we don't know the future, it is best to be cautious.
② She has been worried ever <u>since</u> the letter arrived.
③ They are quite expensive <u>since</u> they are hard to find.
④ <u>Since</u> everything can be done from home, we don't need to dress up.
⑤ <u>Since</u> everyone knows each other, we can skip the introduction.

[40-41]

다음 대화를 읽고 물음에 답하시오.

> W: What's wrong?
> M: I'm worried about tomorrow's contest.
> W: Oh, you mean the math contest, right?
> M: Yes. As you know, I want to be a math teacher. That is ___(A)___ I want to win the first prize for the contest. But I don't know ___(B)___ I can do my best.
> W: Don't be nervous. I believe ___(C)___ you will do well. I'll keep my fingers crossed for you.
> M: Thank you.

40

(A)에 들어갈 알맞은 접속사를 고르시오.

① who　　　② why　　　③ when
④ what　　　⑤ where

41

(B)와 (C)에 적절한 접속사로 연결된 것을 고르시오.

	(B)	(C)		(B)	(C)
①	if	–	so	②	why	–	when
③	if	–	when	④	even if	–	that
⑤	if	–	that				

[42-43]

다음 글을 읽고 물음에 답하시오.

> Emilia was extremely happy ___(A)___ she heard ⓐ <u>that</u> she had been accepted into the university. She couldn't believe ___(B)___ anxious she had been ___(C)___ the decision was made. She smiled, feeling relieved and excited for the future.

42 〔고난도〕

(A), (B), (C)에 적절한 접속사로 연결된 것을 고르시오.

	(A)	(B)	(C)
①	when	– how	– before
②	where	– why	– while
③	while	– until	– when
④	until	– when	– while
⑤	when	– what	– after

43

ⓐ와 쓰임이 같은 것을 고르시오.

① <u>That</u> car over there is very expensive.
② I don't like <u>that</u> idea at all.
③ <u>That</u> is exactly what I was thinking.
④ He whispered so <u>that</u> no one would hear.
⑤ He explains <u>that</u> the new policy will take effect.

어휘 & 표현

- **response** 응답, 답변 ・ **clear one's head** 머리를 비우다 ・ **soundly** (잠이 든 모양이) 곤히, 깊이 ・ **dairy product** 유제품
- **make fun of** ~을 놀리다 ・ **opposite direction** 반대 방향 ・ **at hand** 당면한 ・ **cautious** 신중한
- **dress up** 옷을 갖춰 입다 ・ **introduction** 소개 ・ **keep one's finger crossed** 행운을 빌다 ・ **extremely** 극도로

전치사

前置詞

(앞 전, 둘 치, 말 사)

명사·대명사의 앞에 위치하여
다른 말과 관계를 나타내는 말

I took a nap <u>during</u> the movie. (나는 영화 보는 동안 낮잠을 잤다.)
전치사 (시간)

I live <u>in</u> a small apartment <u>in</u> the city center.
전치사 (장소)
(나는 도심의 작은 아파트에 살고 있다.)

He took the book <u>out of</u> his bag <u>with</u> great care.
전치사 (방향 및 기타)
(그는 가방에서 책을 조심스럽게 꺼냈다.)

Please pay attention <u>to</u> the road while walking.
전치사 (관용표현)
(걸을 때 도로에 주의를 기울이세요.)

 시간을 나타내는 전치사 

• **전치사**: 명사, 대명사 앞에 위치하여 다른 말과의 관계를 나타내주는 말이다.

1 전치사의 개념

(1) 명사 앞에 쓰여 문장에 추가 정보(시간, 방향, 장소 등)를 알려주는 말이다.
- a book on the table (탁자 위의 책)

(2) 명사(구), 대명사 앞에 쓰인다.
- at night (밤에) • before lunch (점심 전에) • from Korea (한국으로부터)
- in the morning (아침에) • for a moment (잠시 동안)

(3) 전치사 뒤에 오는 대명사는 주로 목적격을 쓴다.
- He's waiting for her. (그는 그녀를 기다리고 있다.)

❶ at, on, in이 붙지 않는 경우

every, next, last, this, each, all, some과 함께 쓰인 시간 명사구 앞에는 전치사 at, on, in이 붙지 않는다.
• We go to the movies every Saturday night.
(우리는 토요일 저녁마다 영화를 보러 간다.)

2 ❶ at, on, in: '~에'

at	① 구체적인 시각	The meeting is scheduled at 9:00 AM. (회의는 오전 9시에 예정되어 있다.)
	② 특정한 시점	The moon rises at night. (달은 밤에 뜬다.)
on	① 날짜	My son was born on July 14th. (내 아들은 7월 14일에 태어났다.)
	② 요일	The store is closed on Monday. (그 가게는 월요일에 문을 닫는다.)
	③ 특정한 날	I received many gifts on my birthday. (나는 내 생일에 많은 선물을 받았다.)
in	① 월, 연도	The company was founded in 2010. (그 회사는 2010년에 설립되었다.)
	② 계절	In fall, leaves turn bright colors. (가을에 나뭇잎은 밝은색으로 변한다.)
	③ 세기	Art grew in the 15th century. (예술은 15세기에 성장했다.)
	④ 비교적 긴 시간	The birds sing in the morning. (그 새들은 아침에 노래한다.)

개념 확인 문제

1 + 2 at, on, in

[01-06] 빈칸에 at, on, in 중 알맞은 것을 쓰시오. (단, 필요하지 않은 곳에는 X로 표시할 것)

01 We have a short break ＿＿＿＿＿ every noon.

02 We will have a short break ＿＿＿＿＿ noon.

03 They will marry ＿＿＿＿＿ Christmas eve.

04 They will marry ＿＿＿＿＿ next Christmas eve.

05 ＿＿＿＿＿ winter, the days are shorter.

06 ＿＿＿＿＿ last winter, the days were much shorter.

07

➡ I always set an alarm to wake up ____________ 8 ____________ the morning.

08

➡ I usually have lunch ____________ noon.

09

➡ I practice soccer with my friend ____________ the afternoon.

10

➡ I join my family for dinner ____________ 7:30 p.m.

11

➡ I enjoy watching TV ____________ night.

12

➡ ____________ Fridays, I go to the library to borrow new books.

🦉 **어휘 & 표현**

· **be scheduled at** ~에 예정되어 있다　　· **be born** 태어나다　　· **found** 설립하다　　· **leaf** 나뭇잎　　· **turn** (특정한 상태로) 변하다
· **bright** 밝은　　· **break** 휴식　　· **marry** 결혼하다　　· **set an alarm** 알람을 맞추다　　· **join ~ for ...** ~와 …을 함께 하다
· **borrow** 빌리다

〈 정답과 해설 **p. 99~100** 〉

<table>
<tr><td rowspan="4">for</td><td>숫자가 포함된 구체적인 길이의 시간 앞
for two hours (두 시간 동안), for a week (한 주 동안) 등</td></tr>
<tr><td>• We walk a dog for two hours.
(우리는 두 시간 동안 개를 산책시킨다.)</td></tr>
<tr><td>• Dave has lived in Seoul for five years.
(Dave는 서울에 5년 동안 살아왔다.)</td></tr>
<tr><td>• I will learn mobile app development for a few months.
(나는 몇 달 동안 모바일 앱 개발을 배울 것이다.)</td></tr>
<tr><td rowspan="4">during</td><td>특정한 기간 앞
during the night (밤 동안), during the summer (여름 동안) 등</td></tr>
<tr><td>• They learned to ski during the winter vacation.
(그들은 겨울방학 동안 스키를 배웠다.)</td></tr>
<tr><td>• He fell asleep during the movie.
(그는 영화 보는 동안 잠이 들었다.)</td></tr>
<tr><td>• They chatted casually during the walk.
(그들은 산책 동안 평소처럼 수다를 떨었다.)</td></tr>
</table>

<table>
<tr><td rowspan="4">until,
till</td><td>특정 시점까지 행위나 상황이 지속됨
until sunset (해질 때까지), till midnight (자정까지) 등</td></tr>
<tr><td>• He will study science until 9.
(그는 9시까지 과학 공부를 할 것이다.)
9시
과학 공부를 9시까지 계속함</td></tr>
<tr><td>• The store is open until 10 p.m.
(그 가게는 오후 10시까지 문을 연다.)</td></tr>
<tr><td>• My friends and I played computer games until sunrise.
(친구들과 나는 해가 뜰 때까지 컴퓨터 게임을 했다.)</td></tr>
<tr><td rowspan="4">by</td><td>특정 시점까지 행위나 상황이 완료됨
by next week (다음 주까지), by noon (정오까지) 등</td></tr>
<tr><td>• Please submit your assignment by 9 o'clock.
(9시까지 과제 제출 바랍니다.)
9시
지속 여부와 상관없이 9시까지 완료되어야 함</td></tr>
<tr><td>• We need to arrive by 7 a.m. to catch the train.
(우리는 기차를 타기 위해 오전 7시까지 도착해야 한다.)</td></tr>
<tr><td>• Attention. You should come back by 4:30, okay?
(주목하세요. 여러분은 4시 반까지 돌아와야 해요, 알겠죠?)</td></tr>
</table>

3 for, during

[13-17] 주어진 우리말과 일치하도록 괄호 안의 단어를 for나 during과 함께 쓰시오.

13 이 회사는 수년 동안 번창해 왔다. (years)

➡ This company has thrived ____________________.

14 나뭇잎은 가을 동안 색이 변한다. (the fall)

➡ The leaves change colors ____________________.

15 콘서트 동안, 그 밴드는 최고의 히트곡들을 연주했다. (the concert)

➡ ____________________, the band played their greatest hits.

16 그녀는 리조트에 5일 동안 머물렀다. (five days)

➡ She stayed at the resort ____________________.

17 승객들은 비행 중에 안전벨트를 매야 한다. (the flight)

➡ Passengers are required to fasten their seatbelts ____________________.

4 until, by

[18-21] 주어진 우리말과 일치하도록 괄호 안에서 알맞은 것을 고르시오.

18 이 출입증은 7월까지 유효하다.

➡ The pass is valid (by / until) July.

19 그녀는 자정까지 그의 전화를 기다렸다.

➡ She waited for his call (by / until) midnight.

20 그는 다음 주 월요일까지 책을 돌려주겠다고 약속했다.

➡ He promised to return the book (by / until) next Monday.

21 그녀는 축제가 끝날 때까지 안에 있을 것이다.

➡ She will stay inside (by / until) the end of the festival.

3 + 4 for, during, until, by

[22-28] 괄호 안에서 알맞은 것을 고르시오.

22 Please call me back (by / until) dinner.

23 We should not talk (during / for) the movie.

24 The shop will be open (by / until) 11 at night.

25 I will wait for you just (during / for) 10 minutes.

26 My brother is busy working from morning (by / till) night.

27 You had better finish your homework (by / till) tomorrow.

28 I learn how to drive twice a week (during / for) an hour.

〈 정답과 해설 p. 100 〉

어휘 & 표현
- **walk a dog** 개를 산책시키다
- **development** 개발, 발전
- **casually** 평소대로
- **submit** 제출하다
- **assignment** 과제
- **thrive** 번창하다
- **play** 연주하다
- **hits** 히트곡
- **flight** 비행
- **passenger** 승객
- **fasten** 매다, 고정시키다
- **seatbelt** 안전벨트
- **valid** 유효한
- **promise** 약속하다

5 from, since: '~부터'

from	'A부터 B까지'라는 표현의 「from A to B」로 자주 쓰임 from January (1월부터), from Monday to Friday (월요일부터 금요일까지) 등 • I usually sleep <u>from</u> 11 PM to 8 AM. (나는 보통 오후 11시부터 오전 8시까지 잔다.) • The new prices will be effective <u>from</u> the beginning of next month. (새로운 가격은 다음 달 초부터 적용될 것입니다.)
since	주로 완료시제와 함께 쓰여 행위가 지속됨을 나타냄 since the beginning (시작부터 줄곧), since last year (작년부터) 등 • I've known him <u>since</u> kindergarten. (나는 그를 유치원 때부터 알아 왔다.) • Justin has been a big fan of Star Wars <u>since</u> 17. (Justin은 17살 때부터 스타워즈의 열성 팬이었다.)

6 before (~하기 전에), after (~한 후에)

before	~하기 전에	before sunrise (해뜨기 전에), before bedtime (잠들기 전에), before the exam (시험 전에) 등 • Please wash your hands <u>before</u> meals. (식사 전에 손을 씻으세요.) • I have my morning coffee <u>before</u> starting work. (나는 일을 시작하기 전에 모닝 커피를 마신다.)
after	~한 후에	after lunch (점심식사 후에), after the movie (영화 본 후에), after the rain (비 온 뒤) 등 • Please brush your teeth <u>after</u> meals. (식사 후에 양치하세요.) • <u>After</u> finishing my homework, I'll call you. (숙제를 마친 후에 나는 네게 전화할 것이다.)

참고 접속사로도 쓰이는 before와 after

before와 after는 문장에서 접속사로도 쓰이기 때문에 뒤에 절이 올 수도 있다.

• Before the storm arrived, they closed the windows. (폭풍이 오기 전에 그들은 창문을 닫았다.)
  접속사 / 절
• After the party ended, they cleaned up the mess. (파티가 끝난 후, 그들은 엉망진창인 것을 치웠다.)
  접속사 / 절

6 before, after

[29-33] 일정을 보고, 빈칸에 before나 after를 쓰시오.

time	activity
8:00 AM	wake up and stretch
9:00 AM	have breakfast
10:00 AM	practice yoga
12:00 PM	cook and eat lunch
2:00 PM	attend a photography class
4:00 PM	take a walk around the neighborhood
6:00 PM	order pizza
8:00 PM	relax and read
11:00 PM	prepare for bed and sleep

29 I have breakfast at 9:00 AM ____________ practicing yoga.

30 I cook and eat lunch ____________ practicing yoga.

31 I attend a photography class ____________ taking a walk around the neighborhood.

32 ____________ taking a walk, I order pizza at 6:00 PM.

33 I prepare for bed and sleep at 11:00 PM ____________ relaxing and reading.

21 DAY

5 + 6 from, since, before, after

[34-37] 주어진 우리말과 일치하도록 빈칸에 알맞은 것을 〈보기〉에서 골라 쓰시오. (중복 사용 불가)

〈보기〉

after	before	from	since

34 나는 회의 후에 당신을 볼 것이다.

➡ I will see you ____________ the meeting.

35 우리는 어렸을 때부터 줄곧 알고 지냈다.

➡ We've known each other ____________ childhood.

36 면접은 오후 3시 30분부터 오후 4시까지 진행될 것이다.

➡ The interview will last ____________ 3:30 PM to 4:00 PM.

37 방에 들어가기 전에 신발을 벗으시오.

➡ Please take off your shoes ____________ entering the room.

어휘 & 표현

- **be effective** 효력이 있다, 적용되다
- **kindergarten** 유치원
- **meal** 식사
- **mess** 엉망진창
- **practice** 연습하다
- **photography** 사진
- **neighborhood** 동네
- **relax** 휴식을 취하다
- **interview** 면접
- **last** (특정 시간 동안) 계속되다

〈 정답과 해설 p. 100 〉

장소를 나타내는 전치사 

1 at, on, in: '~에(서)'

at	① 비교적 좁은 장소나 지점 ② 건물의 용도에 맞는 일 ③ 행사나 모임	**at** school, **at** home, **at** a party, **at** a meeting, **at** the restaurant, **at** the beach, **at** the movies, **at** the cafe, **at** the airport 등
		① I will meet you **at** the bus stop. (나는 당신을 버스 정류장에서 만날 것이다.) ② Neal has learned basic English grammar **at** school. (Neal은 학교에서 기초 영어 문법을 배워왔다.) ③ Eddie showed a new theory **at** the physics conference. (Eddie는 물리학 학회에서 새로운 이론을 제시했다.)
on	① 표면에 접촉했을 때 ② 교통수단, 통신수단 ③ 길	**on** a bus, **on** a plane, **on** a subway, **on** a ferry, **on** a bike, **on** a highway, **on** a street, **on** the roof, **on** the desk, **on** the mat, **on** the way 등
		① He dreams peacefully when he sleeps **on** his bed. (그는 침대에서 잘 때 평화롭게 꿈을 꾼다.) ② They watched the news **on** TV. (그들은 TV로 뉴스를 봤다.) ③ I bought some bread **on** the way back home. (나는 집에 돌아오는 길에 빵을 조금 샀다.)
in	① 넓은 장소나 지역 ② 내부나 테두리 안에 있을 때 ③ 우주나 하늘	**in** Seoul, **in** class, **in** a city, **in** a town, **in** a car, **in** a taxi, **in** a hospital, **in** a university, **in** a theater, **in** a conference room 등
		① I studied economics **in** Melbourne. (나는 멜버른에서 경제학을 공부했다.) ② There are five apples **in** the basket. (바구니 안에 사과 다섯 개가 있다.) ③ A lot of crows are flying **in** the sky. (많은 까마귀가 하늘에 날아다니고 있다.)

개념 확인 문제

1 at, on, in

[01-06] 빈칸에 at, on, in 중 알맞은 것을 쓰시오.

01 A mirror hangs ____________ the wall.

02 They are swimming ____________ the pool.

03 The mugs are ____________ the kitchen counter.

04 She is waiting for her guests ____________ the door.

05 A group of students chatted ____________ the bus stop.

06 The children played hide and seek ____________ the backyard.

07

➡ There is something ____________ the box.

08

➡ There is an apple ____________ top of the box.

09

➡ He is ____________ the bike.

10

➡ She is waving her hand ____________ the taxi.

11

➡ He is lying ____________ the sofa.

12

➡ He is standing ____________ the door.

13

➡ His pocket is empty; there is nothing ____________ it.

14

➡ Be careful when you're ____________ the ladder.

15

➡ She works ____________ the supermarket near our house.

16

➡ He is walking his dog ____________ the forest.

어휘 & 표현

- **basic** 기초의
- **grammar** 문법
- **ferry** 연락선(사람, 차량 등을 운반하는 배)
- **highway** 고속도로
- **peacefully** 평화롭게
- **conference room** 회의실
- **economics** 경제학
- **hang** 걸다, 걸리다
- **kitchen counter** 주방 조리대
- **chat** 떠들다
- **hide and seek** 숨바꼭질
- **wave one's hand** 손을 흔들다
- **empty** 텅 빈

〈 정답과 해설 **p. 101** 〉

2 over, above

over	덮여 있듯 바로 위에	over the horizon, over the mountains 등
		• There is a bridge over the river. (강 위에 다리가 있다.) • The sun was rising over the horizon. (수평선 위로 태양이 떠오르고 있었다.)
above	조금 떨어진 위에	above the building, above the clouds 등
		• Some birds are flying above the house. (새들이 그 집 위에서 날고 있다.) • The helicopter was hovering above the sea. (헬리콥터가 바다 위를 맴돌고 있다.)

over는 '~ 위에'의 뜻도 있지만, 시간, 비용 등과 함께 쓰여 '~ 이상'의 뜻을 갖는다.
• The driver goes over the speed limit.
(그 운전자는 제한 속도 이상으로 간다.)

3 beneath, under, below

beneath	접촉하여 아래에	beneath the surface, beneath her feet 등
		• The floor beneath the carpet was wet. (카펫 아래 바닥이 젖었다.) • Most of the iceberg lies beneath the surface of the water. (빙산의 대부분은 물 표면 아래에 있다.)
under	바로 아래에	under the bed, under the table, under the tree 등
		• There is a dog under the table. (탁자 아래에 개가 있다.) • A man is listening to music under the shade of the tree. (한 남자가 나무 그늘 밑에서 노래를 듣고 있다.)
below	조금 떨어져 아래에	below ground level, below the boat, below the horizon 등
		• The date is written below the title. (제목 밑에 날짜가 적혀있다.) • The afternoon schedule is listed below this section. (오후 일정은 이 구역 아래에 나열되어 있습니다.)

4 between, among

between	둘 사이에	between the two pillows, between us, between two trucks 등
		• The girl between Sam and Tom is my sister. (Sam과 Tom 사이에 있는 소녀는 내 여동생이다.) • What is the dog doing between two security guards? (개는 두 경비원 사이에서 무엇을 하고 있니?)
among	셋 이상 사이에	among the crowd, among the students, among the books 등
		• The treasure was hidden among the rocks. (그 보물은 바위 사이에 숨겨져 있었다.) • There is a white tiger among the ordinary tigers. (평범한 호랑이들 사이에 백호가 한 마리 있다.)

1 + 3 at, on, in, beneath, under, below

[17-21] 문장과 그림의 내용이 일치하면 O, 일치하지 <u>않으면</u> X로 표시하시오.

17 There is nothing on the desk. ➡ (O / X)

18 There is a dog under the desk. ➡ (O / X)

19 There are some balls in the box. ➡ (O / X)

20 There is a picture below the bed. ➡ (O / X)

21 There is a fruit basket on the table. ➡ (O / X)

1 + 2 + 3 + 4 장소를 나타내는 전치사

[22-25] 그림을 보고, 괄호 안에서 알맞은 것을 고르시오.

22

➡ The red ball is (above / under) the box.

23

➡ The tiger is lying (on / beneath) a branch of the tree.

24

➡ Bananas are found (over / among) the fruits.

25

➡ The red block is positioned (below / between) the orange block and the blue block.

 어휘 & 표현

- horizon 수평선　　· bridge 다리　　· helicopter 헬리콥터　　· hover (공중에서) 맴돌다　　· surface 표면　　· wet 젖은, 축축한
- iceberg 빙산　　· shade 그늘　　· section 구역　　· pillow 베개　　· security guard 경비원　　· treasure 보물
- ordinary 평범한　　· branch 나뭇가지　　· be positioned 위치하다

〈 정답과 해설 **p. 101~102** 〉

5 by, beside, next to, in front of, behind

by, beside, next to	～ 옆에	by the window, beside the bed, next to him 등
		• I sat by my friend. (나는 친구 옆에 앉았다.) • He placed the book beside the laptop. 　(그는 노트북 옆에 책을 놓았다.) • She sat next to her sister at the dinner table. 　(그녀는 저녁 식사 때 언니 옆에 앉았다.)
in front of	～ 앞에	in front of me, in front of the house, in front of the mirror 등
		• I put some oranges in front of apples. 　(나는 오렌지를 사과 앞에 두었다.) • The teacher stood in front of the class. 　(선생님은 반 앞에 서 계셨다.) • He stood in front of the mirror to fix his tie. 　(그는 넥타이를 고치기 위해 거울 앞에 섰다.)
behind	～ 뒤에	behind us, behind the couch, behind the curtains 등
		• I parked my car behind a big tree. 　(나는 큰 나무 뒤에 차를 세웠다.) • The garden is behind the house. 　(정원은 집 뒤에 있다.) • She hid behind the door to surprise him. 　(그녀는 그를 놀라게 하려고 문 뒤에 숨었다.)

5 by, beside, next to, in front of, behind

[26-28] 주어진 우리말과 일치하도록 빈칸에 알맞은 것을 〈보기〉에서 골라 쓰시오. (중복 사용 불가)

〈보기〉

in front of　　　behind　　　next to

26 고양이는 커튼 뒤에 숨는 것을 좋아한다.

➡ The cat likes to hide ＿＿＿＿＿＿ the curtains.

27 키가 큰 나무가 집 앞에 서 있다.

➡ The tall tree stands ＿＿＿＿＿＿ the house.

28 그 식당은 영화관 옆에 있다.

➡ The restaurant is ＿＿＿＿＿＿ the movie theater.

A: Where is the mouse?

B: It's **29** _______________ the monitor on your desk.

A: I've looked there, but I couldn't find it.

B: Check **30** _______________ the box.

1 + **4** + **5** 장소를 나타내는 전치사

[31-36] 그림을 보고, 괄호 안에서 알맞은 것을 고르시오.

31 Sam is sitting (behind / by) Robin.

32 Min is sitting next to (Jane / Tom).

33 There is a TV (at / in) the classroom.

34 Jane is sitting (in front of / next to) Bob.

35 Sue is sitting (between / among) Jane and Robin.

36 There is a blackboard (behind / over) the teacher.

1 + **2** + **3** + **4** + **5** 장소를 나타내는 전치사

[37-44] 괄호 안에서 알맞은 것을 고르시오.

37 My house is (in / at / on) the twentieth floor.

38 I met your boss (in / at / on) the party last night.

39 She was talking with someone (on / in / at) her car.

40 We need to find the truth (among / at / over) the lies.

41 Stars twinkled (above / behind / in) us in the night sky.

42 The clouds gathered (beneath / in / over) the mountains.

43 I found your keys (at / beneath / above) the pile of papers.

44 The dog slept (by / in / over) the fireplace to keep warm.

🦉 어휘 & 표현

· **curtain** 커튼
· **park** 주차하다
· **hide** 숨다
· **blackboard** 칠판
· **truth** 진실
· **lie** 거짓
· **twinkle** 반짝거리다
· **gather** 모이다
· **pile** 더미
· **fireplace** 벽난로

< 정답과 해설 **p. 102** >

방향 및 기타 전치사

1 방향 전치사

up	~ 위로	• Jenny is going up the stairs. (Jenny는 계단을 오르고 있다.)	
down	~ 아래로	• Scott is going down the stairs. (Scott은 계단을 내려가고 있다.)	
into	~ 안으로	• Beth went into her room. (Beth는 방으로 들어갔다.)	
out of	~ 밖으로	• Derek went out of Beth's room. (Derek은 Beth의 방 밖으로 나왔다.)	
to	~로, ~에	• They traveled to Sweden to visit family. (그들은 가족을 방문하기 위해 스웨덴으로 여행을 갔다.) • She walked to the store to buy some groceries. (그녀는 식료품을 사기 위해 가게에 걸어갔다.)	
❶for	~을 향해	• I will take a train for Daegu at 6. (나는 여섯 시 대구행 기차를 탈 것이다.) • He rode his bike for the beach. (그는 해변을 향해 자전거를 탔다.)	
❶toward	~을 향해, ~ 쪽으로	• The dog ran toward its owner. (개는 주인을 향해 달려갔다.) • They are moving toward the park. (그들은 공원 쪽으로 이동하고 있다.)	
across	~을 가로질러 (횡단을 의미)	• She goes across the road. (그녀는 길을 가로질러 간다.)	
along	~을 따라서	• He is walking along the road. (그는 길을 따라서 걷고 있다.)	
through	~을 통하여 (통과를 의미)	• He ran away through the crowd. (그는 군중들 사이를 통과하여 도망쳤다.) • The river flows through the valley. (강은 계곡을 지나 흐른다.)	
around, round	~ 주위에	• Where is a station (a)round your house? (당신 집 주변에 역은 어디 있어요?) • The children ran (a)round the playground. (아이들은 놀이터 주위를 뛰어다녔다.)	

❶ for와 toward

for와 toward는 '~을 향해'의 뜻을 가진다. for는 뒤에 정확한 목표 대상이 나오고 toward는 나아가는 방향이 나온다는 차이가 있다.

1 방향 전치사

[01-06] 그림을 보고, 빈칸에 알맞은 말을 〈보기〉에서 골라 쓰시오. (중복 사용 불가)

〈보기〉

| into | out of | across | along | for | around |

01

➡ Mary is walking ____________ the garden.

02

➡ Mom was washing the dishes when I walked ____________ the kitchen.

03

➡ John lives just ____________ the street from my house.

04

➡ Many hotels are located ____________ the seashore in Busan.

05

➡ The airplane is heading ____________ Paris.

06

➡ The thief jumped ____________ the window and ran away.

21 DAY

[07-12] 주어진 우리말과 일치하도록 괄호 안에서 알맞은 것을 고르시오.

07 배는 수평선을 향해 항해했다.

➡ The ship sailed (down / toward) the horizon.

08 그녀는 조심스럽게 사다리를 올라갔다.

➡ She carefully climbed (up / round) the ladder.

09 기차는 시골을 통과해 다닌다.

➡ The train travels (out of / through) the countryside.

10 그들은 자전거를 타고 다리를 건넜다.

➡ They rode their bicycles (into / across) the bridge.

11 강은 마을 가장자리를 따라 흐른다.

➡ The river flows (along / up) the edge of the village.

12 Eva는 엘리베이터 안에 들어가 버튼을 눌렀다.

➡ Eva stepped (into / around) the elevator and pressed the button.

어휘 & 표현
- **stair** 계단
- **valley** 계곡
- **run away** 도망가다
- **be located** 위치하다
- **seashore** 해안가
- **head** 향하다
- **thief** 도둑
- **sail** 항해하다
- **ladder** 사다리
- **countryside** 시골
- **edge** 가장자리
- **press** 누르다

〈 정답과 해설 p. 102~103 〉

with	① (도구) ~로	• He's peeling a green apple with a knife. (그는 칼로 초록 사과의 껍질을 벗기고 있다.)	
	② ~와 함께	• I love spending time with my pets. (나는 반려동물과 시간을 보내는 것을 좋아한다.)	
	③ ~을 가진	• We need someone with new ideas. (우리는 새로운 생각을 가진 사람이 필요하다.)	
of	① (재료) ~로	• The house was made of wood. (그 집은 나무로 만들어졌다.)	
	② (원인) ~(으)로	• She died of heart disease. (그녀는 심장병으로 죽었다.)	
from	① (재료) ~로	• Wine is made from grapes. (와인은 포도로 만들어진다.)	
	② (원인) ~(으)로	• He suffered from headaches. (그는 두통으로 아팠다.)	
by	① (수단) ~로	• Don't go there by taxi. (그곳에 택시로 가지 마라.)	
	② ~에 의해	• The discovery was made by Marie Curie. (그 발견은 마리 퀴리에 의해 이루어졌다.)	
	③ ~로	• The team won the basketball game by 10 points. (그 팀은 농구 경기에서 10점 차로 이겼다.)	
① in	① (수단) ~로	• Can you speak in English? (영어로 말할 수 있나요?)	
	② ~을 입고 있는	• The man in black walked silently. (검은 옷을 입은 남자가 말없이 걸었다.)	
for	(목적) ~ 때문에	• He worked for money. (그는 돈 때문에 일을 했다.)	
on	(목적) ~하러	• She went on business. (그녀는 업무차 갔다.)	
as	~로(서)	• A flat stone is used as a table. (평평한 돌은 식탁으로 사용된다.)	
about	~에 대해	• He was talking about his trip to Italy. (그는 그의 이탈리아 여행에 대해 이야기하고 있었다.)	
like	~처럼	• She dresses like a fashion model. (그녀는 패션 모델처럼 옷을 입는다.)	
	~와 같은	• They visited famous landmarks like the Eiffel Tower. (그들은 에펠탑과 같은 유명한 랜드마크를 방문했다.)	

❶ 자주 쓰이는 전치사

- **in**: 시간(월, 연도, 계절 등 비교전 긴 기간), 장소(비교적 넓은 구역), 도구, 수단, 복장 등 앞에 쓰임
- **on**: 시간(요일, 날짜, 특정일 등), 장소(표면이나 접촉한 위), 수단, 주제, 목적, 상태 등 앞에 쓰임
- **at**: 시간(시각, 시점, 비교적 짧은 기간), 장소(비교적 좁은 장소), 방향 등 앞에 쓰임
- **for**: 목적, 용도, 기간, 이유, 원인 등 앞에 쓰임

2 기타 전치사

[13-20] 빈칸에 알맞은 말을 〈보기〉에서 골라 쓰시오. (중복 사용 불가)

〈보기〉

with　　of　　from　　by　　in　　for　　on　　as

13 Tom works ＿＿＿＿＿＿ a chef at a five-star restaurant.

14 He went ＿＿＿＿＿＿ vacation to Brazil last summer.

15 The singer was accused ＿＿＿＿＿＿ theft last year.

16 Many people commute ＿＿＿＿＿＿ bicycle these days.

17 Bread is mainly made ＿＿＿＿＿＿ flour, milk, and eggs.

18 Though he joked only ＿＿＿＿＿＿ fun, she was hurt by it.

19 He is carrying freshly baked bread ＿＿＿＿＿＿ oven gloves.

20 You can't speak ＿＿＿＿＿＿ Korean during the French class.

1 + **2** 방향 및 기타 전치사

[21-22] 빈칸에 공통으로 들어갈 말을 쓰시오.

21 The kids ran ＿＿＿＿＿＿ the ice cream truck.

She packed a lunch ＿＿＿＿＿＿ the picnic in the park.

22 He wrote the letter ＿＿＿＿＿＿ a pen.

He traveled to Europe ＿＿＿＿＿＿ his family.

[23-28] 주어진 우리말과 일치하도록 괄호 안에서 알맞은 것을 고르시오.

23 그는 페리로 그 섬에 도착했다.

➡ He arrived at the island (by / as) ferry.

24 그 케이크는 초콜릿으로 만들어졌다.

➡ The cake was made (from / in) chocolate.

25 저 의자는 사이드 테이블로 사용된다.

➡ That stool is used (by / as) a side table.

26 기차는 여러 터널을 통과해 지나갔다.

➡ The train passed (from / through) several tunnels.

27 고양이는 열린 문 쪽으로 걸어갔다.

➡ The cat walked (with / toward) the open door.

28 그녀는 붓으로 그림을 그렸다.

➡ She painted the picture (from / with) a brush.

> **어휘 & 표현**
> · **peel** (과일, 채소 등의) 껍질을 벗기다[깎다]
> · **disease** 병
> · **suffer** 고통받다
> · **discovery** 발견
> · **silently** 조용히, 말없이
> · **flat** 평평한
> · **dress** 옷을 입다
> · **accuse** 고소하다
> · **theft** 절도
> · **commute** 통근하다
> · **mainly** 주로
> · **stool** 의자

〈 정답과 해설 **p. 103** 〉

UNIT 48 전치사의 관용표현

1 be동사 + 형용사 + 전치사

be동사+형용사+전치사	의미	예문
be afraid of	~을 두려워하다	• Tom is afraid of heights. (Tom은 고소공포증이 있다.)
be ashamed of	~을 부끄러워하다	• He was ashamed of his action. (그는 자신의 행동을 부끄러워했다.)
be proud of	~을 자랑스러워하다	• I am proud of my country's history. (나는 우리나라의 역사를 자랑스러워한다.)
be fond of	~을 좋아하다	• She is fond of candy. (그녀는 사탕을 좋아한다.)
be capable of	~을 할 수 있다	• He is capable of fixing watches. (그는 시계를 고칠 줄 안다.)
be jealous of	~을 질투하다	• He is jealous of his friend's new car. (그는 친구의 새 차를 질투한다.)
be full of	~로 가득 차다	• The mall was full of goods. (몰은 물건들로 가득 차 있었다.)
be related to	~와 관련 있다	• The book is related to the author's childhood. (그 책은 작가의 어린 시절과 관련이 있다.)
be familiar to	~에게 익숙하다	• This song is familiar to fans. (이 노래는 팬들에게 익숙하다.)
be accustomed to	~에 익숙해지다	• I'm now accustomed to this situation. (나는 이제 이 상황이 익숙하다.)
be responsible for	~에 책임이 있다	• You are responsible for this matter. (당신은 이 문제에 책임이 있다.)
be famous for	~로 유명하다	• Hollywood is famous for its movie industry. (할리우드는 영화 산업으로 유명하다.)
be known for	~로 알려지다	• Busan is known for its seafood. (부산은 해산물 요리로 알려져 있다.)
be notorious for	~로 악명 높다	• Seattle is notorious for its rainy weather. (시애틀은 비 오는 날씨로 악명이 높다.)
be good at	~을 잘하다	• Alex is good at public speaking. (Alex는 공개 연설을 잘한다.)
be poor at	~을 못하다	• She is poor at skiing. (그녀는 스키를 타지 못한다.)
be familiar with	~에 익숙하다	• They're familiar with the route to the beach. (그들은 해변으로 가는 길에 익숙하다.)
be crowded with	~로 가득하다	• The park is crowded with families. (공원은 가족들로 붐빈다.)
be based on	~에 근거하다	• This film is based on a true story. (이 영화는 실제 이야기에 근거한다.)
be different from	~와 다르다	• The new model is totally different from the previous version. (새로운 모델은 이전 버전과 완전히 다르다.)

1 be동사 + 형용사 + 전치사

[01-05] 빈칸에 들어갈 전치사를 분류하여 기호를 쓰시오.

> ⓐ I am not ashamed _________ my behavior.
> ⓑ The movie is based _________ a historical events.
> ⓒ The streets are crowded _________ tourists.
> ⓓ He is fond _________ collecting vintage stamps.
> ⓔ Why are you so jealous _________ his success?
> ⓕ Skin cancer is related _________ sun exposure.
> ⓖ The city is notorious _________ its high crime rate.
> ⓗ You need to be accustomed _________ waking up early.
> ⓘ The lifeguard is responsible _________ keeping swimmers safe.

01 for: _____________
02 of: _____________
03 on: _____________
04 to: _____________
05 with: _____________

[06-10] 자연스러운 문장이 되도록 연결하시오.

06 The jar is full   •   • ⓐ from mine.

07 He's ashamed   •   • ⓑ with travelers.

08 The airport was crowded   •   • ⓒ of colorful candies.

09 I am good   •   • ⓓ of his past mistakes.

10 His view on the issue is different •   • ⓔ at remembering people's faces.

[11-13] 빈칸에 공통으로 들어갈 말을 쓰시오.

11 Tom is good _____________ fixing cars.

Most students are poor _____________ writing essays.

12 Don't be afraid _____________ failure.

He believes his team is capable _____________ winning the championship.

13 The melody was familiar _____________ her.

Smoking is closely related _____________ an increased risk of lung cancer.

🦉 **어휘 & 표현**

> • **height** 키, 높이, 높은 곳   • **goods** 상품, 물건   • **situation** 상황   • **industry** 산업   • **public speaking** 공개 연설
> • **route** 길, 노선   • **previous** 이전의   • **behavior** 행동   • **historical** 역사의   • **stamp** 우표   • **cancer** 암
> • **exposure** 노출   • **crime rate** 범죄율   • **lifeguard** 안전 요원   • **past** 과거의   • **view** 견해   • **failure** 실패   • **lung** 폐

〈 정답과 해설 p. 103~104 〉

2 동사 + 전치사

동사 + 전치사	의미	동사 + 전치사	의미
① look for	~을 찾다	depend on	~에 의지하다, ~에 달려 있다
wait for	~을 기다리다	put on	~을 입다
apply for	~에 지원하다	④ focus on	~에 집중하다
lead to	~로 이끌다	⑤ laugh at	~을 비웃다
② belong to	~에 속하다	look at	~을 보다
listen to	~을 듣다	❶ die of	(노령, 병으로 인해) ~로 죽다
③ deal with	~을 다루다	❶ die from	(사고, 부주의로 인해) ~로 죽다
agree with	~에 동의하다	⑥ believe in	~을 믿다

> **❶ die of, die from**
>
> die of는 사망의 원인이 비교적 직접적일 때 쓰고, die from은 그 원인이 간접적이거나 사고로 인한 사망일 때 쓴다.
> - The elderly man died of old age.
>   (그 노인은 노환으로 죽었다.)
> - He died from a gunshot wound.
>   (그는 총상으로 죽었다.)

① We are looking for a bag for mom. (우리는 엄마를 위한 가방을 찾고 있다.)

② The phone belongs to Kate. (그 전화기는 Kate의 것이다.)

③ I deal with my e-mails in the morning. (나는 아침에 이메일을 처리한다.)

④ Let's focus on the key points. (핵심적인 사항에 집중합시다.)

⑤ She laughs at her own mistakes. (그녀는 자신의 실수를 비웃는다.)

⑥ They believe in the power of positive thinking.

(그들은 긍정적인 사고의 힘을 믿는다.)

3 동사 + 명사 + 전치사

동사 + 명사 + 전치사	의미	동사 + 명사 + 전치사	의미
take the place of	~을 대신하다	② take part in	~에 참가하다
① take advantage of	~을 이용하다	take pride in	~을 자랑하다
make fun[a fool] of	~을 놀리다	③ pay attention to	~에 주의를 기울이다
make use of	~을 이용하다	④ take care of (= look after, care for)	~을 돌보다

① I take advantage of weekends for family time.

(나는 가족 시간을 위해 주말을 이용한다.)

② He took part in the marathon last year.

(그는 작년에 마라톤에 참가했다.)

③ Pay attention to the road signs. (도로 표지판에 주의하세요.)

④ Can you take care of my cat? (제 고양이를 돌봐주시겠어요?)

❷ 동사 + 전치사

[14-22] 괄호 안에서 알맞은 것을 고르시오.

14 Daniel is looking (for / in / on) his lost cat.

15 Does this keyboard belong (of / to / with) you?

16 I fully agree (in / of / with) you on this matter.

17 Lack of exercise can lead (in / on / to) memory loss.

18 I believe (from / in / to) the importance of family.

19 He died (for / from / in) serious injuries in the accident.

20 He deals (for / on / with) customer complaints every day.

21 We applied (for / to / with) a summer internship program.

22 Success depends (at / of / on) how much time you put in.

> 🦉 **어휘 & 표현**
> - **key point** 핵심 사항
> - **positive thinking** 긍정적인 사고(思考)
> - **road sign** 표지판
> - **memory loss** 기억력 감퇴
> - **importance** 중요성
> - **serious** 심각한
> - **injury** 부상
> - **complaint** 불만 사항
> - **put in** 투입하다
> - **abandoned** 버려진
> - **shortcoming** 단점
> - **patiently** 인내심을 갖고
> - **head out** ~으로 향하다
> - **be on vacation** 휴가 중이다

❸ 동사 + 명사 + 전치사

[23-25] 주어진 우리말과 일치하도록 괄호 안의 단어와 적절한 전치사를 이용하여 빈칸에 알맞은 말을 쓰시오.

23 그런 작은 일에 주의를 기울이지 말아라. (pay attention)

➡ Don't ________________________ such small things.

24 그녀는 버려진 아기 고양이를 돌보기로 결심했다. (take care)

➡ She decided to ________________________ the abandoned kitten.

25 누군가의 단점을 놀리는 것은 예의가 아니다. (make fun)

➡ It's not polite to ________________________ someone's shortcomings.

❶ + ❷ + ❸ 전치사의 관용표현

[26-29] 주어진 우리말과 일치하도록 빈칸에 알맞은 것을 〈보기〉에서 골라 쓰시오. (중복 사용 불가)

〈보기〉			
of	from	for	on

26 그는 인내심을 갖고 공항에서 친구를 기다렸다.

➡ He patiently waited __________ his friend at the airport.

27 그녀는 마음에 드는 드레스를 입고 저녁 식사를 하러 나갔다.

➡ She put __________ her favorite dress and headed out for dinner.

28 나는 그녀가 휴가를 가는 동안 매니저를 대신할 것이다.

➡ I will take the place __________ the manager while she is on vacation.

29 이 라자냐 레시피는 내가 예전에 사용했던 것과 다르다.

➡ This recipe for lasagna is different __________ the one I used in the past.

〈 정답과 해설 p. 104 〉

[01-04]
그림을 보고 알맞은 것을 고르시오.

01

➡ Your dog is resting (above / under) the table.

02

➡ I usually go to church (at / on) Christmas.

03

➡ Rora is swinging (over / under) the tree.

04

➡ Kevin, stop hiding (behind / in front of) the bush and come out!

[05-06] 서술형
빈칸에 공통으로 들어갈 말을 쓰시오.

05

- The leaves change color _________ the fall.
- Tom saw a brown bear _________ the woods.
- I often find peace and relaxation _________ my car.

➡ _____________

06

- The international department is _________ the fifth floor.
- We will watch fireworks _________ New Year's Eve.
- I stayed in the factory late at night _________ Monday.

➡ _____________

[07-08]
빈칸에 들어갈 수 <u>없는</u> 것을 고르시오.

07

A cat stood _________ the mirror.

① by   ② beside   ③ behind
④ after   ⑤ in front of

08 고난도

The fish swam _________ the surface of the water.

① below   ② under   ③ beneath
④ on   ⑤ during

각 빈칸에 들어갈 말이 알맞게 짝지어진 것을 고르시오.

09

Sophia: I'll be away ___(A)___ a week.
Logan: Oh no, I will miss you especially ___(B)___ our morning coffee chats.

    (A)   (B)
① for   –   during
② for   –   by
③ by   –   for
④ since   –   by
⑤ since   –   for

10

Grace: I'll wait for you ___(A)___ 9 p.m.
Ethan: Don't worry. I'll finish my work ___(B)___ 8 p.m.

    (A)   (B)
① by   –   on
② until   –   by
③ at   –   since
④ since   –   from
⑤ until   –   in

[11-14]

빈칸에 알맞은 말을 〈보기〉에서 골라 대화를 완성하시오.
(중복 사용 불가)

              〈보기〉
from   since   before   after

A: I've been dreaming about this trip
11 _____________ last summer.

B: That sounds exciting! Can I join you
12 _____________ the beginning?

A: Sure! First, let's finalize the itinerary together **13** _____________ the end of this week.

B: Okay, we can start packing
14 _____________ finalizing it.

[15-16]

빈칸에 공통으로 들어갈 것을 고르시오.

15

• I have an interview _________ 11 in the morning.
• Let's grab dinner _________ the Italian restaurant.

① at   ② on   ③ over
④ before   ⑤ between

16

• The work should be completed _________ noon.
• They gathered _________ the fireplace to tell stories.

① by   ② since   ③ over
④ until   ⑤ beside

[17-18]

어법상 <u>틀린</u> 것을 고르시오.

17 [고난도]

① Who's the girl standing behind Jane?
② A drone is floating on the building.
③ Please do not write below this line.
④ The bus doesn't stop here on and after March 1.
⑤ The paper fell between the desk and the wall.

18

① Christine sat by Patrick.
② There was no one at the information desk.
③ Payment must be made above the end of the week.
④ They quickly disappeared among the crowd.
⑤ Our house is between the mountain and the sea.

빈칸에 들어갈 수 <u>없는</u> 것을 고르시오.

19

> Joel and Lily will get married _________ May.

① in ② after ③ this
④ behind ⑤ before

20

> A: Where did you put your watch?
> B: I put it _________ my bed.

① under ② next to ③ between
④ on ⑤ beside

[21-22] 고난도
어법상 틀린 것을 고르시오.

21

① Who hung the banner over the entrance?
② The sun set above the horizon.
③ More tunnels will be installed beneath the river.
④ Charlie sat calmly next the cushion.
⑤ The truth was hidden among a number of lies.

22

① The submarine dove below the waves.
② Patrick finally came home after a long day.
③ The new software will be released on April.
④ Somebody broke into my house during the night.
⑤ I'm taking a break from September to December.

[23-26]
빈칸에 알맞은 말을 〈보기〉에서 골라 대화를 완성하시오.
(중복 사용 불가)

〈보기〉
| between | in | in front of | on |

A: Are you ready for the jazz festival **23** ___________ Friday?

B: More than ready. It will be held **24** ___________ the national park, right?

A: Yes. The park is **25** ___________ the downtown area and the river.

B: Okay, then. I'll see you **26** ___________ the entrance.

[27-30] 서술형
주어진 우리말과 일치하도록 괄호 안의 단어와 알맞은 전치사를 이용해 문장을 완성하시오.

27

그녀는 그들 중에서 가장 나이가 많았다. (them)
➡ She was the eldest ___________________.

28

그것은 장례식 바로 직후 일어났다. (the funeral)
➡ It happened right ___________________.

29

도둑은 커튼 뒤에 숨어있었다. (the curtain)
➡ The thief was hiding ___________________.

30

아이들이 교실 문 앞에 줄을 섰다.
(the classroom door)
➡ The children lined up ___________________
___________________.

[31-32]

어법상 <u>틀린</u> 것을 고르시오.

31

① The show ended at 10 p.m.
② We have been friends since 2012.
③ The movie was released in Friday.
④ He likes to go jogging in the morning.
⑤ Please call me again after the lunch break.

32 고난도

① The bakery stayed open above midnight.
② The power went out during the rainstorm.
③ I can easily find you among the strangers.
④ The exhibition will run from Monday to Friday.
⑤ He has worked as a teacher since graduation.

[33-35]

다음 글을 읽고 물음에 답하시오.

> I noticed a sudden shadow ___(A)___ the ground. Looking up, I found nothing ___(B)___ my head. Then, I saw something standing silently ___(C)___ me. It was <u>hiding among the trees.</u> I walked close to it and realized it was just a branch commonly seen ___(D)___ the forest.

33

(A), (B), (C)에 알맞은 전치사로 연결된 것을 고르시오.

	(A)		(B)		(C)
①	in	–	under	–	below
②	in	–	below	–	above
③	on	–	above	–	behind
④	on	–	under	–	below
⑤	at	–	above	–	under

34 서술형

밑줄 친 문장의 우리말 해석을 쓰시오.

→ ______________________

35 서술형

(D)에 적절한 전치사를 쓰시오.

→ ______________________

[36-41] 서술형

밑줄 친 부분이 맞으면 ○로 표시하고, <u>틀리면</u> 바르게 고쳐 다시 쓰시오.

36

The seat <u>next</u> him was empty.

→ ______________________

37

We kept driving <u>on</u> the stony road.

→ ______________________

38

I can feel the ground <u>beneath</u> to my feet.

→ ______________________

39

This attitude is common <u>among</u> the teenagers.

→ ______________________

40

There were about forty people <u>since</u> Ruth's birthday party.

→ ______________________

41

He was chatting with his friends <u>at</u> the rooftop cafe.

→ ______________________

〈 정답과 해설 p. 106~107 〉

[42-45]

그림을 보고 알맞은 것을 고르시오.

42

➡ He is climbing (up / below) the ladder.

43

➡ Kids are walking (across / through) the street.

44

➡ Player no. 9 kicked the ball hard (along / toward) the goalpost.

45

➡ They are carrying a sofa (for / out of) the truck.

[46-48] 서술형

주어진 우리말과 일치하도록 빈칸에 알맞은 전치사를 쓰시오.

46

나는 당신을 친구로서 존중한다.

➡ I respect you ______________ a friend.

47

당신은 그런 거짓말을 한 스스로를 부끄러워해야 한다.

➡ You should be ashamed ______________ yourself for telling such lies.

48

그 도시는 심하게 오염된 공기로 악명이 높다.

➡ The city is notorious ______________ its severely polluted air.

[49-52] 서술형

두 문장이 같은 뜻이 되도록 괄호 안의 단어와 알맞은 전치사를 이용해 문장을 완성하시오.

49

We took a flight to go to Ulaanbaatar. (plane)
➡ We went to Ulaanbaatar ______________.

50

I can look after myself. (capable)
➡ I am ______________ looking after myself.

51

Bruno plays tennis well. (good)
➡ Bruno is ______________ playing tennis.

52

Darkness scares Victor. (afraid)
➡ Victor is ______________ darkness.

(A), (B), (C)에 알맞은 전치사로 연결된 것을 고르시오.

53

> • Yesterday I received an e-mail ___(A)___ French.
> • Conan took part ___(B)___ the upcoming school play.
> • They are proud ___(C)___ their cultural heritage.

	(A)		(B)		(C)
①	in	−	under	−	in
②	in	−	in	−	of
③	on	−	above	−	in
④	on	−	in	−	of
⑤	over	−	under	−	at

54

> • Jones died ___(A)___ a snake bite.
> • I hope this year is full ___(B)___ happiness!
> • I'm sure this ring isn't made ___(C)___ gold.

	(A)		(B)		(C)
①	to	−	of	−	for
②	to	−	after	−	by
③	from	−	of	−	of
④	from	−	after	−	for
⑤	in	−	before	−	of

[55-57]

어법상 틀린 것을 고르시오.

55

① He is looking for a new job.
② I don't want to depend on anyone.
③ You had better apply to a scholarship.
④ I'm sorry, but I don't agree with you.
⑤ That house doesn't belong to me any more.

56

① Don't let them make a fool of you.
② We will wait for you until you come.
③ He listens to classical music every morning.
④ Use of illegal drugs can lead in disability and death.
⑤ Thousands of people die from car accidents every year.

57

① She dived into the water.
② The stone rolled down the hill.
③ We hiked along the mountain trail.
④ The dish gets its sweetness from honey.
⑤ The market was famous around fresh products.

[58-59] 고난도

다음 중 어느 빈칸에도 들어갈 수 없는 것을 고르시오.

58

> • I'm not quite fond ________ plants.
> • My ears were accustomed ________ the silence.
> • You are so poor ________ memorizing numbers.
> • This story is based ________ fact.

① at ② of ③ on
④ to ⑤ with

59

> • Do you believe ________ an afterlife?
> • That is not related ________ the topic.
> • Many people still die ________ hunger.
> • My brother took the place ________ our father.

① on ② from ③ in
④ to ⑤ of

〈 정답과 해설 p. 107~108 〉

60

빈칸에 알맞은 것을 고르시오.

> Some of Oliver's classmates laughed ________ his idea.

① at   ② by   ③ in
④ for   ⑤ of

61 `고난도`

밑줄 친 부분을 바르게 고치지 <u>못한</u> 것을 고르시오.

> ⓐ Please pay attention <u>on</u> what I am saying.
> ⓑ Why don't you make use <u>with</u> your great talent?
> ⓒ He really doesn't look <u>of</u> his belongings.
> ⓓ Simba's uncle Scar was always jealous <u>after</u> him.
> ⓔ The tree fell down <u>as</u> the strong storm.

① ⓐ on → to   ② ⓑ with → of
③ ⓒ of → after   ④ ⓓ after → with
⑤ ⓔ as → from

[62-63]

빈칸에 공통으로 들어갈 것을 고르시오.

62

> • Is this the bus ________ Chicago?
> • I came here ________ the advice.

① up   ② on   ③ as
④ for   ⑤ around

63

> • Jim always wears a jacket ________ a hood.
> • This place will be crowded ________ tourists.

① to   ② by   ③ on   ④ in   ⑤ with

[64-67] `서술형`

주어진 우리말과 일치하도록 괄호 안의 단어와 알맞은 전치사를 이용해 문장을 완성하시오.

64

Carlos는 유머 감각으로 알려져 있다.

(his, known, sense of humor, is)

➡ Carlos ________________________.

65

그는 포기하지 않은 스스로가 자랑스러웠다.

(he, was, himself, proud)

➡ ________________________ for not giving up.

66

체육관 회원권을 이용하는 것을 잊지 마세요.

(the gym membership, advantage, take)

➡ Don't forget to ________________________
________________________.

67

당신은 부정적인 쪽이 아니라 긍정적인 쪽에 집중해야 한다. (focus, side, the positive)

➡ You need to ________________________,
not the negative one.

🦉 **어휘 & 표현**

- **bush** 덤불
- **relaxation** 휴식
- **international department** 국제 부서
- **firework** 불꽃놀이
- **beginning** 시작
- **finalize** 확정하다
- **itinerary** (여행) 일정
- **grab dinner** 저녁을 먹다
- **float** 뜨다
- **payment** 결제
- **disappear** 사라지다
- **crowd** 군중
- **entrance** 입구
- **install** 설치하다
- **submarine** 잠수함
- **release** 출시하다
- **break into** 침입하다
- **funeral** 장례식
- **exhibition** 전시회
- **branch** 나뭇가지
- **stony** 돌이 많은
- **attitude** 태도
- **goalpost** 골대
- **severely** 심각하게
- **Ulaanbaatar(=Ulan Bator)** 울란바토르(몽골의 수도)
- **cultural heritage** 문화유산
- **disability** 장애
- **afterlife** 사후 세계

L

부정사

不定詞
(아닐 부, 정해진 정, 말 사)

'to + 동사원형' 또는 '동사원형'의 형태로 동사의
성질을 가지고 있고, 명사, 형용사, 부사로 쓰이는 말

He really wants to learn how to play the guitar.
명사적 용법

(그는 기타를 치는 법을 정말로 배우고 싶어 한다.)

She made a plan for us to follow during our trip.
의미상 주어   형용사적 용법

(그녀는 우리가 여행 중에 따를 계획을 세웠다.)

The teacher let the students leave early to catch the last bus.
원형부정사   부사적 용법

(선생님은 학생들이 마지막 버스를 타도록 일찍 떠나게 했다.)

 **UNIT 49 to부정사의 명사적 용법** 

> • **to부정사**: 'to + 동사원형'의 형태로 동사의 성질을 가지고 있으며,
>   문장에서는 명사, 형용사, 부사 역할을 한다.
> • **to부정사의 명사적 용법**: 문장에서 주어, 목적어, 보어의 역할을 한다.

1 to부정사의 형태와 용법

(1) 기본 형태: to + 동사원형

- They plan to travel to Europe.

  (그들은 유럽을 여행할 것을 계획한다.)

(2) 부정형: not / never + to + 동사원형

- She decided not to attend the event.

  (그녀는 그 행사에 참석하지 않기로 결정했다.)

- The parents warned their children never to talk to strangers.

  (부모는 자녀에게 절대 낯선 사람과 말하지 말라고 경고했다.)

(3) to부정사의 세 가지 용법

bake → to bake
(동사) (to부정사)
굽다

- ① **명사적 용법** (주어, 목적어, 보어 역할)
  - I want to bake a pie. (나는 파이 하나를 굽는 것을 원한다.)
    목적어 역할
- ② **형용사적 용법** (명사 수식, 주격 보어 역할)
  - I got a dough to bake. (나는 구울 반죽을 얻었다.)
    명사 수식
- ③ **부사적 용법** (동사, 형용사, 부사, 또는 문장 전체 수식, 목적, 결과 등 의미)
  - I go to the cooking class to bake a pie.
    목적의 의미

    (나는 파이를 굽기 위해 요리 교실에 간다.)

2 to부정사의 명사적 용법

(1) 주어 역할 (~하기, ~하는 것) : 주어 역할을 하며, 단수 취급한다.

- To draw pictures is my hobby. (그림 그리는 것은 나의 취미이다.)
- To eat fruits daily is good for your health. (매일 과일을 먹는 것은 건강에 좋다.)

  ❶ ✪ **가주어 – 진주어 구문**: 주어 역할을 하는 to부정사가 길어지면, 주어 자리에
  가주어 it을 쓰고 진주어인 to부정사를 뒤로 보낸다.

  ┌ To overeat is unhealthy. (과식하는 것은 건강에 좋지 않다.)
  │   주어
  └ = It is unhealthy to overeat.
    가주어   진주어

  ┌ To save money for the future is wise. (미래를 위해 돈을 모으는 것은 현명하다.)
  │   주어
  └ = It is wise to save money for the future.
    가주어   진주어

  ┌ To play soccer every day is not easy. (매일 축구하는 것은 쉬운 일이 아니다.)
  │   주어
  └ = It is not easy to play soccer every day.
    가주어   진주어

❶ **가주어, 진주어**
- **가주어 (가짜 주어)**: 주어를 뒤로 보내고 주어 자리에 대신 쓰는 it
- **진주어 (진짜 주어)**: 가주어 it을 쓰는 자리에 원래 와야 하는 주어

1 to부정사의 형태와 용법

[01-08] 밑줄 친 부분이 맞으면 O로 표시하고, 틀리면 바르게 고치시오.

01 I'm sorry <u>to heard</u> his news.　➡ ____________

02 He promised <u>to calls</u> me later.　➡ ____________

03 There is nothing <u>to worrying</u> about.　➡ ____________

04 It is impossible <u>to lives</u> without water.　➡ ____________

05 They decided <u>never go</u> on vacation again.　➡ ____________

06 <u>To not run</u> in the hallway is a school rule.　➡ ____________

07 My lifelong dream was <u>be to</u> a jazz pianist.　➡ ____________

08 <u>To learn</u> a new language requires a lot of effort.　➡ ____________

[09-11] 밑줄 친 부분을 용법에 따라 분류하여 기호를 쓰시오.

> ⓐ He was surprised <u>to see</u> me.
> ⓑ <u>To love</u> unconditionally is rare.
> ⓒ They had to run <u>to catch</u> the bus.
> ⓓ All you have to do is <u>to stay</u> silent.
> ⓔ Harry finally decided <u>to quit</u> his job.
> ⓕ We didn't have time <u>to talk</u> about it.
> ⓖ I have three puppies <u>to take</u> care of.
> ⓗ The path <u>to follow</u> is marked by signs.
> ⓘ You grew up <u>to be</u> a wonderful ballerina!

09 명사적 용법: ____________

10 형용사적 용법: ____________

11 부사적 용법: ____________

[12-14] 밑줄 친 부분에 유의하여 우리말 해석을 완성하시오.

12 She stretched <u>to relax</u> her muscles.

➡ 그녀는 근육을 ____________________________.

13 Her favorite way <u>to relax</u> is sleeping all day.

➡ ____________________________ 하루 종일 자는 것이다.

14 <u>To relax</u> is important for maintaining mental health.

➡ ____________________________ 정신 건강을 유지하는 데 중요하다.

 어휘 & 표현

- **decide** 결정하다　・**promise** 약속하다　・**impossible** 불가능한　・**hallway** 복도　・**lifelong** 평생의, 일생의
- **require** 필요로 하다　・**effort** 노력　・**unconditionally** 무조건적으로　・**rare** 드문　・**ballerina** 발레리나
- **stretch** 스트레칭하다　・**muscle** 근육　・**maintain** 유지하다　・**mental health** 정신 건강

〈 정답과 해설 p.108~109 〉

(2) **목적어 역할 (~하는 것을, ~하기를):** 타동사 다음에 와서 목적어 역할을 한다. ❶

- He began to learn the guitar last summer.

(그는 작년 여름에 기타 배우기를 시작했다.)

- I wanted to share what I had with the poor.

(나는 내가 가진 것을 가난한 사람들과 나누기를 원했다.)

⭐ **to 부정사를 목적어로 쓰는 동사**

┌ agree(동의하다) ask(묻다, 요청하다) choose(선택하다)
│ decide(결정하다) expect(예상하다) fail(실패하다) hope(바라다)   ┐
│ learn(배우다) plan(계획하다) promise(약속하다)   ├ + to부정사
└ refuse(거절하다) want(원하다) wish(소망하다)   ┘

(3) **보어 역할**

① **주격 보어 역할 (~하는 것이다)** : 불완전자동사 다음에 와서 주어의 상태나 성질 등을 보충 설명한다. ❶

- Our aim is to provide quality education. (우리의 목표는 양질의 교육을 제공하는 것이다.)
- The key to happiness is to find joy in the little things. (행복의 비결은 작은 것에서 기쁨을 찾는 것이다.)

② **목적격 보어 역할** : 불완전타동사의 목적어 뒤에 와서 목적어를 보충 설명한다. ❶

- She asked me to explain the result. (그녀는 내가 결과를 설명할 것을 요청했다.)
- He wants me to call him back. (그는 내가 그에게 다시 전화하기를 원한다.)

⭐ **to 부정사를 목적격 보어로 쓰는 동사**

┌ advise(조언하다) allow(허락하다) ask(묻다, 요청하다)   ┐
│ cause(야기하다) enable(가능하게 하다) order(명령하다)   ├ + 목적어 + to부정사
└ tell(시키다) want(원하다) warn(경고하다)   ┘

(4) **「의문사+to 부정사」** : 문장 안에서 명사처럼 쓰인다. (단, 「why+to부정사」는 쓰지 않는다.)

「what + to 부정사」	'무엇을 ~할지'	• She was uncertain about what to wear to the event. (그녀는 그 행사에 무엇을 입을지 확신이 없었다.)
「where + to 부정사」	'어디에서 ~할지'	• They discussed where to go for their summer vacation. (그들은 여름 휴가를 어디로 갈지 의논했다.)
「how + to 부정사」	'어떻게 ~할지'	• Can you explain how to assemble this furniture? (이 가구를 어떻게 조립하는지 설명해 주실 수 있나요?)
「who(m) + to 부정사」	'누구를 ~할지'	• He is unsure whom to invite to the dinner. (그는 저녁 식사에 누구를 초대할지 확신이 없다.)
「when + to 부정사」	'언제 ~할지'	• We are still deciding when to start the meeting. (우리는 여전히 회의를 언제 시작할지 결정하고 있다.)

참고 「의문사 + to부정사」 = 「의문사 + 주어 + should [can] + 동사원형」

- He doesn't teach me how to open it. (그는 나에게 그것을 어떻게 여는지 가르쳐주지 않는다.)

= He doesn't teach me how I should[can] open it.

---

❶ 동사의 종류

- **완전자동사(1형식 동사):** 목적어와 보어 없이 쓰이는 동사
- **불완전자동사(2형식 동사):** 보어를 필요로 하는 동사
- **완전타동사(3, 4형식 동사):** 목적어를 필요로 하는 동사
- **불완전타동사(5형식 동사):** 목적어와 보어를 필요로 하는 동사

2 to부정사의 명사적 용법

[15-18] 문장을 가주어 it을 이용한 문장으로 바꿔 쓰시오.

15 To miss the chance was unfortunate.

➡ It ____.

16 To have someone like you in my life is amazing.

➡ It ____.

17 To forgive you and your family will take some time.

➡ It ____.

18 To say 'chocolate-covered pickles' sounds so weird.

➡ It ____.

[19-22] 우리말과 일치하도록 괄호 안의 단어를 이용하여 문장을 완성하시오.

19 그는 노벨상을 받기를 바란다. (win, Nobel Prize, a)

➡ He hopes ____________________________.

20 우리는 그가 그의 말을 바꾸기를 기대한다. (his, change, words)

➡ We expect him ____________________________.

21 당신은 이번 주말에 무엇을 하고 싶은가요? (this, weekend, do)

➡ What do you want ____________________________?

22 나는 당신이 내 동료 Samuel을 만나길 바란다. (colleague, meet, my)

➡ I want you ____________________________, Samuel.

> **어휘 & 표현**
> - share 나누다
> - quality 양질의
> - education 교육
> - explain 설명하다
> - uncertain 확신이 없는
> - discuss 의논하다
> - assemble 조립하다
> - furniture 가구
> - unsure 확신이 없는
> - unfortunate 운이 안 좋은
> - weird 이상한
> - colleague 동료
> - vote for ~에 투표하다
> - application form 신청서

23 DAY

[23-26] ⟨보기⟩와 같이 주어진 두 문장이 같은 뜻이 되도록 알맞은 말을 쓰시오.

⟨보기⟩
I don't know what to do next. ➡ I don't know what I should do next.

23 I still don't know who to vote for.

➡ I still don't know _______________________________.

24 You need to find out when to feed it.

➡ You need to find out _______________________________.

25 He isn't sure how to propose to his girlfriend.

➡ He isn't sure _______________________________.

26 Please tell me where to download the application form.

➡ Please tell me _______________________________.

⟨정답과 해설 **p. 109~110**⟩

UNIT 50 to부정사의 형용사적 용법 

> • **to부정사의 형용사적 용법**: 명사 또는 대명사를 수식하는 한정적 쓰임과
> 주격 보어로 쓰이는 서술적 쓰임이 있다.

1 명사, 대명사 수식 (한정적 쓰임) ❶

(1) 「**명사, 대명사+to부정사**」: '~할, ~해야 할'
  - 명사 또는 대명사를 꾸며주는 역할을 한다.

  - There are lots of skills **to master** for soccer. (축구를 위해 익혀야 할 많은 기술들이 있다.)
    명사 skills 수식
  - I need something **to eat** for lunch. (나는 점심으로 먹을 무언가가 필요하다.)
    대명사 something 수식

(2) 「**명사, 대명사+to부정사+전치사**」
  - to부정사의 수식을 받는 명사가 전치사의 목적어일 경우, to부정사 뒤에
    반드시 전치사를 쓴다.

  ┌ Does he have a house **to live in**? (○) (그는 살 집이 있나요?)
  └ Does he have a house **to live**? (×)
    a house는 전치사 in의 목적어이므로 live 뒤에 in을 써야 함

  ┌ I need a pen **to write with**. (○) (나는 가지고 쓸 펜이 필요하다.)
  └ I need a pen **to write**. (×)
    a pen은 전치사 with의 목적어이므로 write 뒤에 with를 써야 함

> ❶ **형용사의 쓰임**
> - **한정적 쓰임**: 명사나 대명사를 꾸며주는 수식어로 쓰인다.
> - **서술적 쓰임**: 주격 보어 또는 목적격 보어의 역할을 한다.

[참고]

-thing, -body, one	+ 형용사 + to부정사

-thing, -body, one으로 끝나는 대명사 뒤에 형용사가 올 때, to부정사는 형용사 뒤에 온다.

  - She wanted to buy **anything** expensive to eat. (그녀는 아무거나 비싼 먹을 것을 사길 원했다.)
  - We find **somebody** weak to help. (우리는 도움을 줄 약한 누군가를 찾는다.)
  - There was **no one** available to answer the phone. (전화를 받을 시간이 있는 사람이 아무도 없었다.)

2 주격 보어 역할 (서술적 쓰임) ❶

  - 「**be동사 + to부정사**」: '예정, 가능, 의도, 의무, 운명'의 의미를 나타낸다.
  - 주로 일상적인 상황보다는 격식을 갖춘 상황에 사용된다.

예정	~할 예정이다	• She is to visit the United States. (그녀는 미국에 갈 예정이다.) = is going to visit
가능	~할 수 있다	• Happiness is not to be bought with money. = is not able to be bought　　(행복은 돈으로 살 수 없다.)
의도	~하려고 한다	• If you are to succeed, set clear goals. = intend to succeed　　(당신이 성공하려고 한다면, 분명한 목표를 세워라.)
의무	~해야 한다	• He is to finish his report by 6 p.m. = has to finish　　(그는 6시까지 그의 보고서를 끝내야 한다.)
운명	~할 운명이다	• She is never to return to her country. = is destined to return　　(그녀는 자신의 나라에 결코 돌아오지 못할 운명이다.)

1 명사, 대명사 수식

[01-08] 괄호 안의 말을 바르게 배열하시오.

01 There is (to, nobody, the blame, take).

➡ There is ___________________________.

02 Do you have (to, to, talk, anybody)?

➡ Do you have ___________________________?

03 We have the (right, the, to, truth, tell).

➡ We have the ___________________________.

04 Please bring (me, a, to, with, eat, spoon).

➡ Please bring ___________________________.

05 You definitely need (to, something, cheer you up, nice).

➡ You definitely need ___________________________.

06 He is not the type of (cheat, student, to) during the exam.

➡ He is not the type of ___________________________ during the exam.

07 Could you hand (a, towel, me, to, dry, with)?

➡ Could you hand ___________________________?

08 There is (to, new, nothing, report) about the situation.

➡ There is ___________________________ about the situation.

2 주격 보어 역할

[09-11] 〈보기〉와 같이 주어진 두 문장이 같은 뜻이 되도록 알맞은 말을 쓰시오.

> ――――〈보기〉――――
> They are able to manage the situation.
> ➡ They <u>are to</u> manage the situation.

09 We all are destined to die someday.

➡ We all ___________________________.

10 I still have to negotiate the price.

➡ I ___________________________.

11 I intend to rewrite the whole story just for you.

➡ I ___________________________.

〈 정답과 해설 **p. 110** 〉

to부정사의 부사적 용법

> • **to부정사의 부사적 용법**: 문장에서 동사, 형용사, 다른 부사, 문장 전체를 수식하며,
> 목적, 결과, 이유, 원인 등을 나타낸다.

1 목적의 의미

(1) '∼하기 위해서' 목적이나 의도를 나타낸다.

   – 목적의 의미를 명확하게 나타내기 위해 to 앞에 in order 또는 so as를 쓰기도 한다.

- She went to the U.S. to study medicine in 2025.
(그녀는 의학을 공부하기 위해 2025년에 미국에 갔다.)

- I'll study hard in order to pass the exam.
(나는 시험에 합격하기 위해 열심히 공부할 것이다.)

- He exercised regularly so as to maintain good health.
(그는 건강을 유지하기 위해 규칙적으로 운동을 했다.)

(2) '∼하지 않기 위해서' (부정형) :

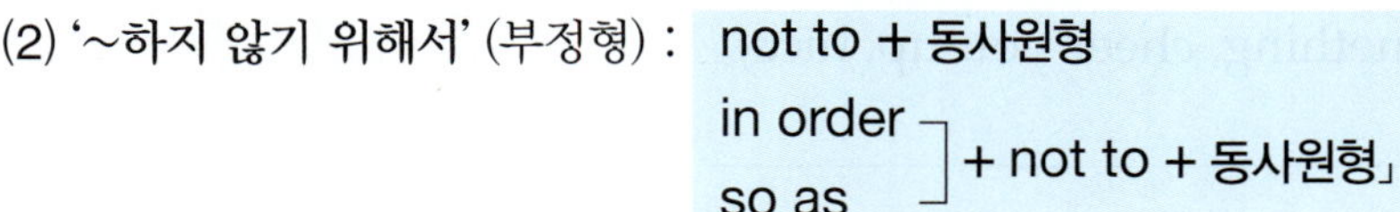

not to + 동사원형

in order ┐
so as   ┘ + not to + 동사원형」

- I set an alarm (in order) not to miss the bus. (나는 버스를 놓치지 않기 위해 알람을 맞췄다.)

- Walk softly (so as) not to wake him up. (그를 깨우지 않도록 조심히 걸어라.)

2 결과의 의미

   – '∼해서 (결국) …되다' 주로 live, grow up 등의 동사 다음에 온다.

   – to 앞에 only를 써서 〈실망〉을 나타내기도 한다.

- He grew up to be a famous soccer player.
(그는 자라서 유명한 축구 선수가 되었다.)

- John returned home, only to find his father dead.
(John은 집에 돌아와서 아버지가 돌아가신 것을 알게 되었다.)

3 형용사 수식

(1) 「be + 형용사 + to부정사」 : '∼하기에 …하다'

   – 형용사의 뒤에서 '무엇을 하기에' 형용사가 '어떠한지'를 나타낸다.

- This book is difficult to read. (이 책은 읽기에 어렵다.)

(2) 「감정의 형용사+to부정사」 : '∼해서 …하다' ❶

   – 감정의 형용사 뒤에 오며, 감정의 원인을 나타낸다.

- I was pleased to see him again. (나는 그를 다시 봐서 기뻤다.)

(3) 「형용사+to부정사」 : '∼하다니 …하다'

   – 주로 사람에 대한 평가를 나타내는 형용사 뒤에서 판단의 근거를 나타낸다.

- He must be angry to say that. (그렇게 말하다니 그는 화가 났음에 틀림없다.)

> ❶ **감정의 형용사**
>
> glad(기쁜),
> happy (행복한),
> excited (신이 나는),
> relieved (안도하는),
> surprised(놀란),
> sad(슬픈),
> shocked(충격적인) 등

1 목적의 의미

[01-05] 밑줄 친 부분이 맞으면 O로 표시하고, **틀리면** 바르게 고치시오.

01 He spoke carefully in order <u>not to tell</u> the secret. ➡ ____________

02 We attended the seminar in order <u>gain</u> new skills. ➡ ____________

03 I covered the cake with a lid so as <u>not let</u> it dry out. ➡ ____________

04 Let's take a shortcut <u>so to reach</u> the destination faster. ➡ ____________

05 You should wear a helmet <u>to protect</u> yourself while biking. ➡ ____________

3 형용사 수식

[06-08] 주어진 우리말과 일치하도록 괄호 안의 말을 이용하여 빈칸에 알맞은 말을 쓰시오.

06 이 새로운 선반들은 조립하기에 쉬워 보인다. (easy, assemble, seem)

➡ These new shelves ____________________________.

07 Julio는 그의 고향과 작별하게 되어 슬펐다. (say, sad, be, Julio, goodbye)

➡ ____________________________ to his hometown.

08 일부러 창문을 깨다니 그는 미친 것이 틀림없다. (the, break, crazy, be, window)

➡ He must ____________________________ on purpose.

1 + 2 + 3 to부정사의 부사적 용법

[09-15] 밑줄 친 부분의 쓰임을 〈보기〉에서 골라 기호를 쓰시오.

〈보기〉

ⓐ 목적 　ⓑ 결과 　ⓒ '~하기에 …하다' 　ⓓ 감정의 원인 　ⓔ 판단의 근거

09 This river is dangerous <u>to swim</u> in. (　　　)

10 I was disappointed <u>to miss</u> the live concert. (　　　)

11 Alma is here <u>to attend</u> his teacher's funeral. (　　　)

12 How much water do we need <u>to stay</u> healthy? (　　　)

13 He was foolish <u>to waste</u> his money on gambling. (　　　)

14 I woke up <u>to discover</u> that I had a brain disorder. (　　　)

15 She arrived at the hall, only <u>to find</u> that no one was there. (　　　)

 어휘 & 표현

- **medicine** 의학　- **maintain** 유지하다　- **set an alarm** 알람을 맞추다　- **carefully** 조심스럽게　- **gain** 얻다　- **lid** 덮개
- **shortcut** 지름길　- **destination** 목적지　- **protect** 보호하다　- **shelf** 선반　- **on purpose** 고의로　- **funeral** 장례식
- **foolish** 바보같은　- **gambling** 도박　- **discover** 발견하다　- **brain disorder** 뇌장애

〈 정답과 해설 **p. 110~111** 〉

[01-05]
밑줄 친 부분의 용법이 나머지 넷과 다른 것을 고르시오.

01
① To see is to believe.
② She wanted to win so badly.
③ It is hard to explain what I saw.
④ Our goal is to increase the sales.
⑤ Would you like something to eat?

02
① I have nothing to say to you.
② We eat to live, not live to eat.
③ He lied in order to get attention.
④ The firefighters worked quickly to put out the fire.
⑤ Natalie did her best, only to receive criticism.

03
① He forgot to call his friend.
② She was excited to see the concert.
③ They were surprised to hear the news.
④ She was so happy to win the competition.
⑤ To improve his skills, he practices a lot.

04
① He saved money to buy a new car.
② She studied hard to pass the exam.
③ He is the best person to ask for advice.
④ She was excited to meet her favorite author.
⑤ I was disappointed to realize I made a mistake.

05 고난도
① They left early to avoid the traffic.
② He was upset to hear the bad news.
③ She was too tired to continue working.
④ We were relieved to find the missing keys.
⑤ It is necessary to finish the report by Friday.

[06-07]
주어진 단어가 들어갈 알맞은 위치를 고르시오.

06
> to

I (①) don't (②) know (③) whom (④) trust (⑤) here.

07
> so

They came to this island (①) as (②) to (③) dig (④) up (⑤) the ruins.

08
빈칸에 알맞은 것을 고르시오.

> It is almost impossible _________ water in the desert.

① find　　② to find　　③ find to
④ be to find　　⑤ to finding

[09-10] 서술형
우리말과 일치하도록 〈보기〉에서 알맞은 단어를 활용하여 주어진 문장을 다시 쓰시오. (중복 사용 불가)

> ───────〈보기〉───────
> intend　　　destined

09
> I was to return it by noon.

나는 그것을 정오까지는 돌려주려고 했었다.

➡ ________________________________

10

> You and I are to be together.

당신과 나는 함께할 운명이다.

➡ _______________________________

11

선택지를 모두 사용해서 문장을 만들 때, ⓒ에 들어갈 알맞은 것을 고르시오.

> 어디에서 내릴지 제게 알려주세요.
> = Let (ⓐ) (ⓑ) (ⓒ) (ⓓ) (ⓔ) off.

① where ② get ③ know
④ me ⑤ to

12 [고난도]

빈칸에 알맞은 것을 고르시오.

> She parked far away _________ the entrance.

① block ② to blocks
③ not block ④ not to block
⑤ so as to not block

13

〈보기〉의 우리말과 일치하도록 단어 카드를 바르게 배열했을 때, 여섯 번째에 오는 것을 고르시오.

> ───〈보기〉───
> 거짓말하지 않겠다고 제게 약속해 줄 수 있나요?

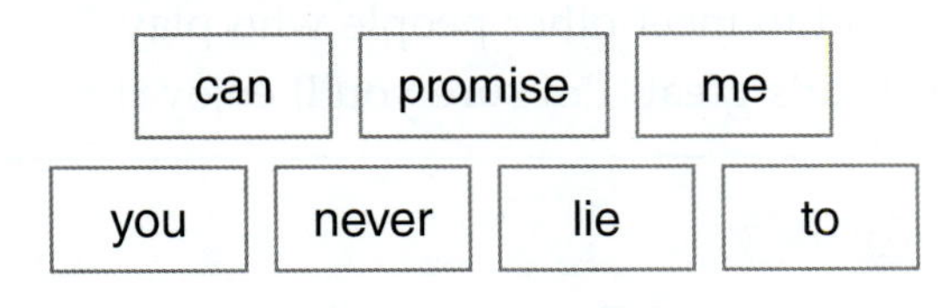

① lie ② me ③ to
④ never ⑤ promise

[14-17]

주어진 문장의 밑줄 친 부분과 용법이 같은 것을 고르시오.

14

> Find someone else to eat with.

① Is this mushroom safe to eat?
② Try not to eat between meals.
③ It's warm enough to eat outside.
④ We are looking for food to eat.
⑤ It is common to eat turkey on Thanksgiving Day.

15

> To read novels is my favorite hobby.

① We left early to arrive on time.
② She studied hard to pass the exam.
③ His hobby is to travel around the world.
④ I went to the store to buy some groceries.
⑤ The team worked late to finish the project.

16

> She was delighted to receive the award.

① I want to learn how to cook.
② She decided to join the gym.
③ His goal is to run a marathon.
④ He was surprised to hear the news.
⑤ It is important to learn a foreign language.

17 [고난도]

> She found a place to stay during her trip.

① His ambition is to write a novel.
② She loves to paint in her free time.
③ We cleaned every day to keep the house tidy.
④ He needs a friend to help him with his homework.
⑤ He studied hard to get a scholarship every semester.

<정답과 해설 **p. 111~112**>

18 [고난도]

어법상 틀린 것을 고르시오.

① I also have the right not to love.
② We have different reasons to live for.
③ I'm glad to hear you feel better today.
④ I don't see why to explain myself to others.
⑤ Claire advised me to take the day off.

[19-20] [서술형]

〈보기〉와 같이 주어진 두 문장이 같은 뜻이 되도록 문장을 다시 쓰시오.

> 〈보기〉
> I'm not sure when I should leave.
> = I'm not sure when to leave.

19

Tell me what I should do next.

= ___________________________

20

Mr. Elias doesn't know how to react.

= ___________________________

21 [고난도]

밑줄 친 부분에 관해 잘못 이야기한 학생을 고르시오.

> • She ⓐ had to face the fact.
> • It is natural ⓑ to be nervous.
> • I have one more question ⓒ to ask.
> • Donna expected Harvey ⓓ to fight for her.
> • Ross went to London ⓔ to hear Emily's answer.

① 은수: ⓐ는 '의무'를 나타내니까 was to face로 바꿔 쓸 수 있겠다.
② 소진: ⓑ는 길이가 길어서 뒤로 보내진 진주어구나!
③ 나리: ⓒ는 앞에 나온 question을 수식하고 있어.
④ 동호: ⓓ는 '판단의 근거'를 나타내는 부사적 용법으로 쓰였네.
⑤ 도은: ⓔ는 '목적'을 나타내니까 in order to hear로도 쓸 수 있어.

[22-23]

주어진 우리말과 일치하도록 바르게 영작한 것을 고르시오.

22

> 대안을 세우는 것은 도움이 된다.

① Have a backup plan is helpful.
② It is helpful have a backup plan.
③ It is helpful to have a backup plan.
④ It is to have a backup plan helpful.
⑤ It is helpful to having a backup plan.

23

> 그녀는 도시에서 흥미로운 할 일을 찾지 못했다.

① She found nothing exciting do in the city.
② She found nothing to do exciting in the city.
③ She found exciting nothing to do in the city.
④ She found nothing exciting to do in the city.
⑤ She found anything exciting to do in the city.

[24-25]

다음 대화를 읽고 물음에 답하시오.

> W: I'm thinking about ⓐ to start a new hobby. What do you suggest?
> M: Why don't you learn ⓑ how to play a musical instrument?
> W: That sounds interesting! I've always wanted ⓒ to play the guitar.
> M: Great choice! It's important ⓓ to practice regularly (A) to get better.
> W: Yes, I know. I'm excited ⓔ to join a class and to meet other people who play.
> M: That's great! I'm sure you'll enjoy it.

24 [고난도]

ⓐ ~ ⓔ 중에 어법상 틀린 것을 고르시오.

① ⓐ   ② ⓑ   ③ ⓒ   ④ ⓓ   ⑤ ⓔ

25 고난도

(A)와 용법이 같지 <u>않은</u> 것을 고르시오.

① He was surprised <u>to hear</u> the news.
② She has a lot of work <u>to do</u> tonight.
③ He worked hard <u>to succeed</u> in his exams.
④ <u>To avoid</u> any mistakes, read the manual first.
⑤ She went to the store <u>to buy</u> some bread and milk.

[26-27]

다음 글을 읽고 물음에 답하시오.

Tom decided ⓐ <u>to buy</u> a new bicycle for his weekend adventure. He went to the shopping mall (A) <u>to choose</u> the best one. After finding the right one, he needed ⓑ <u>to check</u> that the bike was comfortable ⓒ <u>to ride</u>. Tom asked the store clerk ⓓ <u>how to adjust</u> the seat. Finally, he was happy ⓔ <u>to start</u> his journey and explore the nearby trails.

26 고난도

ⓐ ～ ⓔ에 대한 설명으로 옳지 <u>않은</u> 것을 고르시오.

① ⓐ는 decided의 목적어로, 명사적 용법이다.
② ⓑ는 needed의 목적어로, 명사적 용법이다.
③ ⓒ는 the bike를 수식하는 형용사적 용법이다.
④ ⓓ는 asked의 목적어로, 명사적 용법이다.
⑤ ⓔ는 happy의 원인이나 이유를 나타내는 부사적 용법이다.

27

(A)와 용법이 같은 것을 고르시오.

① I'm looking for something <u>to eat</u>.
② She is looking for a house <u>to live in</u>.
③ They are searching for a room <u>to rent</u>.
④ I went to the park <u>to get</u> some fresh air.
⑤ He has a book <u>to read</u> before the meeting.

[28-30]

다음 글을 읽고 물음에 답하시오.

Anna had been sick for several months. She believed that (A) <u>lead</u> a healthy life was very important. So, she thought that it was essential ⓐ <u>to exercise</u> regularly. Her goal was ⓑ <u>to stay</u> vibrant and healthy. She decided ⓒ <u>to follow</u> a detailed exercise plan including daily jogging and yoga on weekends. ⓓ <u>To achieve</u> her goals, she needed ⓔ <u>to set</u> aside time every morning for exercise.

28 고난도

(A)의 적절한 형태로 연결된 것을 고르시오.

① to lead, lead
② to lead, leading
③ lead, have lead
④ lead, have led
⑤ to lead, be led

29 고난도

ⓐ ～ ⓔ 중, to부정사 용법이 <u>다른</u> 것을 고르시오.

① ⓐ　　② ⓑ　　③ ⓒ　　④ ⓓ　　⑤ ⓔ

30 고난도

윗글의 주제를 다음과 같이 할 때, 괄호 안의 말을 바르게 배열하시오.

(lead, Anna's efforts, life, a healthy, to)

➡ ______________________________

　　through exercise

🦉 어휘 & 표현

· **firefighter** 소방관　· **criticism** 비판, 비난　· **put out** (불을) 끄다　· **ruin** 유적　· **desert** 사막　· **destine** 운명 짓다
· **entrance** 입구　· **ambition** 야망　· **scholarship** 장학금　· **semester** 학기　· **instrument** 도구, 가구　· **explore** 탐험하다

〈 정답과 해설 **p. 112~113** 〉

 **UNIT 52** to부정사의 의미상 주어와 관용표현 

• **to부정사의 의미상 주어**: 문장의 주어와 다른 to부정사가 나타내는 동작의 주체가 의미상 주어이다.

1 to부정사의 의미상 주어 − to부정사가 나타내는 동작의 주체를 의미한다.

(1) 의미상 주어를 써야 하는 대부분의 경우 : for＋목적격＋to부정사

− to부정사 앞에 「for＋목적격」을 쓴다.

• The toy is safe for children to play with.
  to play with의 의미상 주어
  (이 장난감은 아이들이 가지고 놀기에 안전하다.)

• The recipe is simple for anyone to follow.
  to follow의 의미상 주어
  (이 요리법은 누구나 따라할 만큼 쉽다.)

(2) 사람의 성격을 나타내는 형용사 뒤에 쓰일 경우 : 「of＋목적격＋to부정사」

− to부정사 앞에 「of＋목적격」을 쓴다.

• It is so sweet of you to say so. (그렇게 말하다니 너는 참 상냥하구나.)
  to say의 의미상 주어

• It is so generous of you to donate to the charity.
  to donate의 의미상 주어
  (자선단체에 기부하다니 당신은 정말 관대하네요.)

(3) 의미상 주어를 쓰지 않는 경우

① 막연한 일반인인 경우

• It takes two hours to get from Seoul to Busan.
  to get의 의미상 주어가 막연한 일반인임
  (서울에서 부산까지 가는 데 두 시간이 걸린다.)

• It usually takes ten minutes to boil water.
  to boil의 의미상 주어가 막연한 일반인임
  (물을 끓이는 데는 보통 10분이 걸린다.)

② 문장의 주어와 같은 경우

• He was surprised to hear the unexpected news.
  to hear의 의미상 주어가 문장의 주어인 He임
  (그는 예상치 못한 소식을 듣고 놀랐다.)

• She went to the store to buy some groceries.
  to buy의 의미상 주어가 문장의 주어인 She임
  (그녀는 식료품을 사러 가게에 갔다.)

③ 문장의 목적어와 같은 경우

• I want you to change your life style.
  to change의 의미상 주어가 문장의 목적어인 you임
  (나는 당신이 생활 방식을 바꾸기를 원한다.)

• We expect the package to arrive here by next week.
  to arrive의 의미상 주어가 문장의 목적어인 the package임
  (우리는 다음 주까지 택배가 이곳에 도착할 것을 예상한다.)

1 to부정사의 의미상 주어

[01-05] 괄호 안에서 알맞은 것을 고르시오.

01 How clever (for / of) you to remember it!

02 It was difficult (for / of) her to find peace.

03 Oxygen is essential (for / of) us to survive.

04 It is heartless (for / of) them to ignore her.

05 It is polite (for / of) Madison to offer her seat.

[06-09] 밑줄 친 부분에 유의하여 다음 문장을 해석하시오.

06 It is brave <u>of her to stand up</u> to them.

➡ ____

07 There is not enough food <u>for us to share</u>.

➡ ____

08 It is honest <u>of you to admit</u> your mistake.

➡ ____

09 It is smart <u>of him not to miss</u> the chance.

➡ ____

[10-13] 주어진 우리말과 일치하도록 괄호 안의 말을 바르게 배열하시오.

10 다른 사람들을 놀리다니 당신은 너무 무례했다. (so rude, of others, it, was, of, to make fun, you)

➡ ____

11 우리가 아름다운 것을 원하는 것은 정상적이다. (it, us, to desire, beautiful things, is, for, normal)

➡ ____

12 내가 생각을 정리하는 것은 도움이 될 것이다.

(to organize, my thought, me, be, helpful, it, would, for)

➡ ____

13 우리가 어떤 중요한 변화를 만드는 것은 불가능할 것 같다.

(impossible, it, for, any major change, may be, to make, us)

➡ ____

 어휘 & 표현

• **follow** 따라하다	• **generous** 관대한	• **donate** 기부하다
• **charity** 자선단체	• **boil** 끓이다	• **unexpected** 예상치 못한
• **package** 택배	• **oxygen** 산소	• **heartless** 무자비한
• **ignore** 무시하다	• **polite** 예의 바른	• **stand up to** ~에 맞서다
• **admit** 인정하다	• **desire** 원하다	• **organize** 정리하다
• **major** 중요한		

〈 정답과 해설 p. 114 〉

② to부정사의 관용표현

(1) too ~ to

$$\text{too} + \begin{bmatrix} \text{형용사} \\ \text{부사} \end{bmatrix} + \text{(의미상 주어)} + \text{to부정사} : \text{너무 ~해서 …할 수 없는}$$

$$= \text{so} + \begin{bmatrix} \text{형용사} \\ \text{부사} \end{bmatrix} + \text{that} + \text{주어} + \begin{bmatrix} \text{can not} \\ \text{could not} \end{bmatrix} + \text{동사원형}$$

He is too young to understand this book.
too＋형용사＋to부정사
(그는 너무 어려서 이 책을 이해할 수 없다.)

= He is so young that he can't understand this book.
so＋형용사＋that＋주어＋can not＋동사원형

I ran too slowly to win the race. (나는 너무 느리게 뛰어서 경주를 이길 수 없었다.)
too＋부사＋to부정사

= I ran so slowly that I couldn't win the race.
so＋부사＋that＋주어＋could not＋동사원형

The storm was too strong for us to go outside.
too＋형용사＋의미상 주어＋to부정사
(폭풍우가 너무 세서 우리는 밖에 나갈 수 없었다.)

= The storm was so strong that we couldn't go outside.
so＋형용사＋that＋주어＋could not＋동사원형

(2) enough to

$$\begin{bmatrix} \text{형용사} \\ \text{부사} \end{bmatrix} + \text{enough} + \text{(의미상 주어)} + \text{to부정사} : \text{~할 만큼 …한}$$

$$= \text{so} + \begin{bmatrix} \text{형용사} \\ \text{부사} \end{bmatrix} + \text{that} + \text{주어} + \begin{bmatrix} \text{can} \\ \text{could} \end{bmatrix} + \text{동사원형}$$

He is outstanding enough to become captain.
형용사＋enough＋to부정사
(그는 주장이 될 만큼 뛰어나다.)

= He is so outstanding that he can become captain.
so＋형용사＋that＋주어＋can＋동사원형

I ran quickly enough to win the race easily.
부사＋enough＋to부정사
(나는 경주를 쉽게 이길 만큼 빨리 달렸다.)

= I ran so quickly that I could win the race easily.
so＋부사＋that＋주어＋could＋동사원형

The road is wide enough for two cars to pass.
형용사＋enough＋의미상 주어＋to부정사
(도로는 두 대의 차가 지나갈 정도로 넓다.)

= The road is so wide that two cars can pass.
so＋형용사＋that＋주어＋can＋동사원형

참고 so ~ that을 이용한 표현을 「too + 형용사/부사 + to부정사」, 「형용사/부사 + enough + to부정사」로 바꿀 때
  – to부정사의 목적어가 주어와 일치하는 경우, to부정사 뒤에 목적어를 쓰지 않는다.
   • The problem is so difficult that we can't solve it. (문제가 너무 어려워서 우리는 그것을 풀 수 없다.)
    → The problem is too difficult to solve. (O)
      to solve의 목적어가 주어인 The problem과 일치하므로 it을 생략함
    → The problem is too difficult to solve it. (X)

2 to부정사의 관용표현

[14-16] 〈보기〉와 같이 두 문장이 같은 뜻이 되도록 빈칸에 알맞은 말을 쓰시오.

> 〈보기〉
> I was too excited to sit still.
> = I was so excited that I couldn't sit still.

14 The room is too dark for them to find me.

= The room ______________________________.

15 This shirt is too small for me to wear.

= This shirt ______________________________.

16 I am too embarrassed to look anyone in the eye.

= I ______________________________.

[17-19] 〈보기〉와 같이 두 문장이 같은 뜻이 되도록 빈칸에 알맞은 말을 쓰시오.

> 〈보기〉
> He is tall enough to touch the ceiling.
> = He is so tall that he can touch the ceiling.

17 The battery is strong enough to power the entire house.

= The battery ______________________________.

18 The speaker explained clearly enough for us to understand every word.

= The speaker ______________________________.

19 The sofa is comfortable enough for us to sleep on.

= The sofa ______________________________.

[20-21] 주어진 우리말과 일치하도록 괄호 안의 말을 이용하여 빈칸에 알맞은 말을 쓰시오.

20 그는 너무 긴장해서 말 한마디도 할 수 없었다. (nervous, say)

= He ______________________ a word.

= He ______________________________ a word.

21 Francisco는 자신의 두려움에 맞설 만큼 대담하다. (confront, bold)

= Francisco ______________________ his fears.

= Francisco ______________________________ his fears.

〈 정답과 해설 p. 114~115 〉

UNIT 53 원형부정사

> • **원형부정사**: to 없이 동사원형만으로 부정사 역할을 한다.
>   사역동사와 지각동사의 목적격 보어로 쓰인다.

1 사역동사의 목적격 보어 – 원형부정사

(1) 사역동사 make, have, let : 목적격 보어로 원형부정사를 쓴다.

(목적어와 목적격 보어가 능동 관계일 때)

❶ 사역동사
남에게 어떤 행동을 하게 함을 나타내는 동사
예) make, have, let

> **Mom made me clean my room.** (엄마는 내가 내 방을 청소하도록 시키셨다.)
> 　　사역동사　목적어　목적격 보어 (원형부정사)　　　[목적어가 목적격 보어 하도록 시키다]

- **Dad made me do homework.** (아빠는 내가 숙제를 하도록 하셨다.)
  사역동사　목적어　목적격 보어 (원형부정사)
- **I'll have him call you back soon.** (그가 너에게 다시 전화하도록 할게.)
  사역동사　목적어　목적격 보어 (원형부정사)
- **They never let me drive the car.** (그들은 내가 차를 절대 운전하지 못하도록 한다.)
  　　　　사역동사　목적어　목적격 보어 (원형부정사)

(2) 준사역동사 help: help는 목적격 보어로 to부정사와 원형부정사를 모두 쓸 수 있다.

> **My daughter always helps me (to) wash the dishes.**
> 　　　　　준사역동사　목적어　목적격 보어 (to부정사, 원형부정사)
> 　　　　　　　　(내 딸은 항상 내가 설거지하는 것을 도와준다.)

- **Could you help us (to) solve the problem?**
  준사역동사　목적어　목적격 보어 (to부정사, 원형부정사)
  (당신은 우리가 그 문제를 해결하는 것을 도와주시겠어요?)
- **They helped us (to) move the heavy furniture.**
  준사역동사　목적어　목적격 보어 (to부정사, 원형부정사)
  (그들은 우리가 무거운 가구를 옮기는 것을 도와주었다.)

참고 get은 사역의 의미가 있지만 목적격 보어로 원형부정사가 아닌 to부정사를 쓴다.

- **I will get him to accept your offer.** (나는 그가 당신의 제안을 받아들이도록 할 것이다.)
  accept (×)
- **He got her to complete the project.** (그는 그녀가 그 프로젝트를 마무리하도록 했다.)
  complete (×)

1 사역동사의 목적격 보어인 원형부정사

[01-03] 빈칸에 알맞은 말을 〈보기〉에서 골라 쓰시오. (중복 사용 불가, 필요시 형태를 변형할 것)

〈보기〉
speak
send
clean

01 I'll have her ___________ the email later.

02 She'll get him ___________ at the conference.

03 He helped us ___________ the kitchen after the dinner party.

[04-15] 괄호 안에서 알맞은 것을 <u>모두</u> 고르시오.

04 Thinking of it made him (feel / feels) sick.

05 Let me (think / thought) about it one more time.

06 We helped our neighbors (fix / to fix) their fence.

07 Please don't make me (laugh / to laugh), Kenny.

08 You can't make me (did / do) what you can't do.

09 I had the plumber (renovate / to renovate) the sink.

10 The coach let the team (take / takes) a short break.

11 The police had the driver (get / getting) out of the car.

12 The manager lets us (leave / left) work early on Fridays.

13 He helped his grandmother (to water / water) the plants.

14 Mr. Lopez had Charles (apologize / apologizes) to his colleague for the trouble caused during their phone call.

15 Because she doesn't have the tools, I will get my brother (assemble / to assemble) his new furniture.

[16-19] 주어진 우리말과 뜻이 같도록 문장을 바르게 고쳐 다시 쓰시오. (단, 틀린 부분이 없다면 O로 표시할 것)

16 당신은 내가 바보처럼 보이게 했다.

You made me looking like a fool.

➡ ____

17 제가 자리를 찾는 것을 도와주시겠어요?

Can you help me to find my seat, please?

➡ ____

18 나는 우리의 관계가 악화되도록 두고 싶지 않다.

I don't want to let our relationship worsens.

➡ ____

19 그녀는 아들에게 자기 전에 쓰레기를 꺼내게 했다.

She got her son take out the trash before bedtime.

➡ ____

 어휘 & 표현
- **furniture** 가구
- **accept** 받아들이다
- **complete** 마무리하다
- **fence** 울타리
- **laugh** 웃다
- **plumber** 배관공
- **renovate** 개조하다
- **apologize** 사과하다
- **colleague** 동료
- **assemble** 조립하다
- **relationship** 관계
- **worsen** 악화되다
- **take out** ~을 꺼내다

〈 정답과 해설 p. 115~116 〉

2 **지각동사의 목적격 보어 – 원형부정사**

(1) **지각동사 see, watch, hear 등** : 목적격 보어로 원형부정사를 쓴다.

(목적어와 목적격 보어가 능동 관계일 때)

We saw the player kick the ball. (우리는 그 선수가 공을 차는 것을 보았다.)
지각동사   목적어   목적격 보어 [목적어가 목적격 보어 하는 것을 지각하다]

- I saw the boy cross the street hurriedly.
  지각동사   목적어   목적격 보어 (원형부정사)

  (나는 그 소년이 급하게 길을 건너는 것을 보았다.)

- Nancy heard the crowd cheer for the team.
  지각동사   목적어   목적격 보어 (원형부정사)

  (Nancy는 관중들이 팀을 응원하는 것을 들었다.)

- Noah noticed the sun shine brightly in the morning.
  지각동사   목적어   목적격 보어 (원형부정사)

  (Noah는 아침에 해가 밝게 빛나는 것을 알아챘다.)

(2) **지각동사의 목적격 보어로 원형부정사 대신 현재분사를 쓰는 경우**

– 목적어의 동작이 진행 중임을 강조하기 위해 목적격 보어 자리에
  원형부정사 대신 현재분사를 쓰기도 한다.

- His parents saw him playing in the World Cup.
  지각동사   목적격 보어 (현재분사)
                = play

  (그의 부모는 그가 월드컵에서 경기하는 것을 보았다.)

- I heard my phone ringing from across the room.
  지각동사   목적격 보어 (현재분사)
                = ring

  (나는 방 건너편에서 전화벨이 울리는 것을 들었다.)

3 **원형부정사의 관용표현**

why not + 원형부정사	(제안) ~하는 게 어때?	• Why not join us for dinner tonight? (오늘 저녁 식사에 함께 하는 게 어때요?)
do nothing but + 원형부정사	단지 ~하기만 하다	• He does nothing but watch TV all day. (그는 하루 종일 TV만 본다.)
do anything but + 원형부정사	~말고는 다 하다	• I'll do anything but study. (나는 공부 말고는 뭐든지 다 할 것이다.)
❷**cannot (help) but** + 원형부정사	~하지 않을 수 없다	• I cannot (help) but laugh at her jokes. (나는 그녀의 농담에 웃지 않을 수 없다.)

2 지각동사의 목적격 보어 – 원형부정사

[20-29] 밑줄 친 부분이 맞으면 ○로 표시하고, **틀리면** 바르게 고치시오.

20 I felt something <u>touches</u> my shoulder. ➡ __________

21 He can't relax unless he sees me <u>to smile</u>. ➡ __________

22 They heard the news <u>spread</u> like wildfire. ➡ __________

23 We watched the sun <u>sets</u> over the horizon. ➡ __________

24 I heard you <u>to yell</u> 'Ouch!' just a moment ago. ➡ __________

25 One time, I saw Rosa <u>smelling</u> a watermelon. ➡ __________

26 The police observed a man <u>entering</u> the bank. ➡ __________

27 She felt the mood of the room <u>to shift</u> suddenly. ➡ __________

28 Selena smelled something <u>burning</u> in the kitchen. ➡ __________

29 I've noticed you <u>buying</u> flowers here a few times. ➡ __________

3 원형부정사의 관용표현

[30-36] 우리말과 일치하도록 빈칸에 알맞은 것을 〈보기〉에서 골라 쓰시오. (중복 사용 가능)

〈보기〉
| why not | nothing but | anything but | cannot help but |

30 몇 달 정도 쉬는 게 어때요?

➡ __________ take a few months off?

31 나의 고양이는 가만히 있는 것 말고는 뭐든지 다 할 것이다.

➡ My cat will do __________ sit still.

32 만약 서로 사랑한다면, 결혼하는 게 어때요?

➡ If you love each other, __________ get married?

33 그녀는 하루 종일 단지 불평만 한다.

➡ She does __________ complain all day long.

34 그는 나의 조언을 듣는 것 말고는 뭐든지 다 했다.

➡ He did __________ listen to the advice from me.

35 당신은 지키지 않을 약속만 할 건가요?

➡ Are you going to do __________ make empty promises?

36 아이들은 함께 있으면 킥킥대지 않을 수 없다.

➡ The children __________ giggle when they're together.

어휘 & 표현
- **hurriedly** 급하게
- **crowd** 관중
- **joke** 농담
- **shoulder** 어깨
- **unless** ~하지 않는 한
- **spread like wildfire** 삽시간에 퍼지다
- **horizon** 수평선
- **yell** 소리치다
- **watermelon** 수박
- **observe** 관찰하다
- **shift** 바뀌다
- **complain** 불평하다
- **empty** 텅 빈
- **giggle** 킥킥대다

〈 정답과 해설 p. 116~117 〉

[01-02]
빈칸에 알맞은 것을 고르시오.

01

> Why is it important _________ to get in here?

① at you   ② by you   ③ for you
④ of you   ⑤ on you

02

> It is kind _________ to carry the old lady's luggage.

① at you   ② by you   ③ for you
④ of you   ⑤ on you

03 고난도
어법상 옳은 것을 고르시오.

① Ms. Brown noticed me came in.
② Tom didn't help me fixing my broken glasses.
③ Should I have my family to know about you?
④ Judy made me to solve her problems instead.
⑤ Isaac heard someone knocking on the door.

[04-05]
빈칸에 들어갈 수 <u>없는</u> 것을 고르시오.

04

> It's very _________ of you to take one step forward.

① brave   ② stupid   ③ wise
④ normal   ⑤ generous

05 고난도

> I came here to help Karen _________.

① to relax
② stay focused
③ fixing her hair
④ find inner peace
⑤ to make progress

[06-08] 서술형
주어진 우리말을 참고하여, 어법상 <u>틀린</u> 부분을 찾아 바르게 고쳐 문장을 다시 쓰시오.

06

When I see old photos, I cannot help but recalling painful memories.
오래된 사진들을 볼 때, 나는 아픈 기억을 떠올리지 않을 수 없다.

➡ _______________________________

____

07

Is this sign enough big for everybody to see clearly?
이 표지판은 모두가 명확하게 볼 수 있을 만큼 큰가요?

➡ _______________________________

____

08

The joke was so funny for I couldn't stop laughing.
그 농담은 너무 웃겨서 나는 웃는 것을 멈출 수 없었다.

➡ _______________________________

____

09

빈칸에 들어갈 말이 나머지 넷과 다른 것을 고르시오.

① It is possible ________ us to win.
② How nice ________ you to say so!
③ It was painful ________ me to breathe.
④ It is hard ________ people to change their values.
⑤ It is rare ________ Alec to miss a day at school.

10 고난도

두 문장의 의미가 서로 다른 것을 고르시오.

① I am wealthy enough to retire early.
 = I am so wealthy that I can retire early.
② You are too old to climb a mountain.
 = You are so old that you can climb a mountain.
③ Why not go for a walk after lunch?
 = What about going for a walk after lunch?
④ He was foolish to cheat during the exam.
 = It was foolish of him to cheat during the exam.
⑤ All the baby did was to cry the entire night.
 = The baby did nothing but cry the entire night.

[11-12]

빈칸에 알맞은 것을 고르시오.

11

It's okay. Let your dog ________ my hands.

① sniff
② sniffing
③ sniffed
④ to sniff
⑤ to sniffed

12

Edward was too upset ________ your misbehavior.

① forgive
② to forgive
③ forgiven
④ forgave
⑤ forgiving

13

빈칸에 들어갈 말로 적절하지 않은 것을 고르시오.

Nate and I are planning ___①___ around the world. We have saved money ___②___ plane tickets. However, our parents don't let us ___③___ that because they think we are too young ___④___ by ourselves. So, we have decided ___⑤___ our plan for a few years.

① to travel
② to buy
③ to do
④ to leave
⑤ to postpone

[14-16] 서술형

주어진 우리말을 참고하여, 어법상 틀린 부분을 찾아 바르게 고쳐 문장을 다시 쓰시오.

14

He did not but repeat himself.
그는 단지 같은 말을 반복하기만 했다.

➡ _______________________________

15

Your dough is too soft that bake.
당신의 반죽은 너무 부드러워서 구울 수 없다.

➡ _______________________________

16

You told me to do anything but to gamble.
당신은 내게 도박 말고는 다 하라고 말했다.

➡ _______________________________

17

〈보기〉 중 빈칸에 들어갈 수 있는 것의 개수를 쓰시오.

〈보기〉

boring　clever　expensive
easy　dangerous　thoughtful

It would be ________ for you to stay here tonight.

➡ ____________ 개

[18-19]

빈칸에 들어갈 말이 알맞게 짝지어진 것을 고르시오.

18

Tony thinks he is old ___(A)___ a car, but his parents don't let him ___(B)___ .

	(A)		(B)
①	enough drive	–	drive
②	enough drive	–	to drive
③	enough to drive	–	to drive
④	enough to drive	–	drive
⑤	to enough drive	–	to drive

19

I was happy ___(A)___ them to come back to hometown. However, they chose ___(B)___ soon, and it made me ___(C)___ sad.

	(A)		(B)		(C)
①	for	–	leaving	–	to feel
②	for	–	to leave	–	to feel
③	for	–	to leave	–	feel
④	of	–	leaving	–	to feel
⑤	of	–	to leave	–	feel

20

어법상 틀린 것을 고르시오.

① Let her gone and live your life.
② I felt my heart beating super fast.
③ Did you see him get out of the classroom?
④ Amelie is watching birds singing on the tree.
⑤ Animals always help me to get out of depression.

21 고난도

어법상 옳은 것끼리 묶인 것을 고르시오.

ⓐ I just saw you to scratch my car.
ⓑ I can feel my dog's heart beating.
ⓒ I don't want to watch you to change.
ⓓ The manual helps users to set up the software.
ⓔ I cannot help but to overhear you talking about your trip.

① ⓐ, ⓒ　　② ⓑ, ⓓ　　③ ⓑ, ⓒ, ⓓ
④ ⓐ, ⓓ, ⓔ　　⑤ ⓑ, ⓓ, ⓔ

[22-23] 서술형

어법상 틀린 부분 두 곳을 찾아 바르게 고치시오.

A: I'm struggling with the math assignment.
B: Why not asking your tutor for assistance? You can have him explains it in detail.
A: What a good idea! Thank you for the advice.

22

____________ → ____________

23

____________ → ____________

동명사

動名詞

(움직일 동, 이름 명, 말 사)

동사의 성질과 의미를 가지고 명사로 쓰이는 말

Watching movies is a great way of relaxing after a busy day.
주어 역할　　　　　　　　　　　전치사의 목적어 역할

(영화를 보는 것은 바쁜 하루를 마친 후 휴식을 취하는 좋은 방법이다.)

His goal is becoming a successful entrepreneur.
보어 역할

(그의 목표는 성공적인 기업가가 되는 것이다.)

He avoided answering the difficult question during the interview.
동사의 목적어 역할

(그는 면접 중에 어려운 질문에 대답하는 것을 피했다.)

The trip to the museum is worth visiting if you're interested in history.
관용표현

(역사에 관심이 있다면 박물관 여행은 방문할 가치가 있다.)

- **동명사**: '동사원형 + -ing' 형태로 동사의 성질과 의미를 가진다.
  문장에서는 명사(주어, 보어, 목적어)로 쓰인다.

1 동명사의 형태

(1) **기본 형태**: 동사원형 **+** -ing <UNIT 21 참고>

- sing (노래하다) → singing (노래하는 것)

(2) **부정형**: not / never **+** 동사원형 **+** -ing

- sing (노래하다) → singing (노래하는 것) → not[never] singing (노래하지 않는 것)

2 동명사의 역할

bake → baking
(동사) 굽다 → (동명사) 굽는 것

① 주어 역할 → 굽는 것은
- Baking bread isn't easy. (빵을 굽는 것은 쉽지 않다.)
  주어 역할

② 보어 역할 → 굽는 것이다
- Her favorite hobby is baking bread.
  주격 보어 역할
  (그녀가 가장 좋아하는 취미는 빵을 굽는 것이다.)

③ 목적어 역할 → 굽는 것을
- I like baking bread. (나는 빵을 굽는 것을 좋아한다.)
  동사 like의 목적어 역할
- I am good at baking bread. (나는 빵을 굽는 것에 능숙하다.)
  전치사 at의 목적어 역할

(1) **주어 역할 (~하기, ~하는 것)**: 주어 역할을 하며, 단수 취급한다.

- Learning is a lifelong journey. (배우는 것은 평생의 여정이다.)
- Running every morning energizes the body.
  (매일 아침 달리는 것은 몸에 활력을 준다.)

[참고] 이때 동명사는 to부정사로 바꿔 쓸 수 있다.

(2) **보어 역할 (~하는 것이다)**: 불완전자동사 다음에 온다.

- Her dream is traveling the world. (그녀의 꿈은 세계를 여행하는 것이다.)
- The key to success is having a positive attitude.
  (성공의 열쇠는 긍정적인 태도를 가지는 것이다.)

[참고] 이때 동명사는 to부정사로 바꿔 쓸 수 있다.

(3) **전치사의 목적어 역할**: 전치사의 목적어로 동사를 써야 할 때, 동명사 형태로 쓴다. <UNIT 55 참고>

- I'm interested in learning data analysis. (나는 데이터 분석을 배우는 데 관심이 있다.)
- I'm interested in to learn data analysis. (×)
  to부정사는 올 수 없음

[참고] to부정사는 전치사의 목적어로 올 수 없다.

1 동명사의 형태

[01-05] 괄호 안에서 알맞은 것을 고르시오.

01 His greatest joy is (helping / helped) others.

02 I regret (never taking / taking never) any risk.

03 He is capable of (lying / lie) to get out of trouble.

04 They started (sold / selling) medicine to patients.

05 (Getting not / Not getting) enough sleep affects your mood.

2 동명사의 역할

[06-08] 밑줄 친 동명사의 역할을 구분하시오.

> ⓐ <u>Being</u> a good person is a choice.
> ⓑ <u>Worrying</u> won't make things any better.
> ⓒ My passion is <u>praising</u> everyone I meet.
> ⓓ His responsibility was <u>overseeing</u> the team.
> ⓔ Our priority is <u>improving</u> customer service.
> ⓕ You are known for <u>talking</u> behind others' backs.
> ⓖ I am sick of <u>listening</u> to your endless complaints.
> ⓗ I am still thinking about <u>dropping</u> out of school.
> ⓘ <u>Climbing</u> the mountain can be dangerous when it is raining.

06 주어   **07** 보어   **08** 전치사의 목적어

1 + 2 동명사의 형태 및 역할

[09-13] 밑줄 친 부분이 맞으면 O로 표시하고, 틀리면 바르게 고치시오.

09 I can't imagine <u>don't loving</u> you. ➡ ___________

10 Saving people <u>are</u> what I really want to do. ➡ ___________

11 We dreamed of <u>started</u> a new family. ➡ ___________

12 <u>Traveling</u> broadens how I see the world. ➡ ___________

13 I hate <u>not knowing</u> what to do in such situations. ➡ ___________

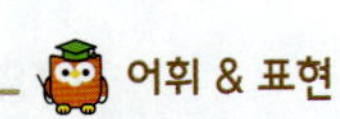 어휘 & 표현

> · **lifelong** 평생의   · **energize** 활력을 주다   · **positive** 긍정적인   · **attitude** 태도   · **analysis** 분석   · **risk** 위험
> · **medicine** 약   · **praise** 칭찬하다   · **responsibility** 책임감   · **oversee** 감독하다   · **priority** 우선순위   · **endless** 끝없는
> · **talk behind one's back** ~의 험담을 하다   · **complaint** 불평, 불만   · **drop out of school** 학교를 중퇴하다   · **broaden** 넓히다

〈 정답과 해설 p. 119 〉

3 동명사와 to부정사를 목적어로 취하는 동사 비교

(1) 동명사를 목적어로 취하는 동사

| avoid(피하다), consider(고려하다), deny(거부하다), dislike(싫어하다), enjoy(즐기다), escape(모면하다), finish(끝내다), imagine(상상하다), mind(언짢아하다), postpone(미루다), practice(연습하다), suggest(제안하다), stop(멈추다), quit(그만두다), give up(포기하다), put off(연기하다) 등 | **+ -ing** (동명사) → |

- I'll finish reading this chapter.
  (나는 이 챕터를 다 읽을 것이다.)
- Do you mind closing the door?
  (문 좀 닫아 주시겠어요?)
- He finally gave up smoking.
  (그는 마침내 흡연하는 것을 포기했다.)
- Please stop complaining.
  (제발 불평하는 것을 멈추세요.)

(2) to부정사를 목적어로 취하는 동사

| afford(~할 여유가 되다), agree(동의하다), choose(선택하다), decide(결정하다), desire(갈망하다), expect(예상하다), fail(실패하다), hope(바라다), learn(배우다), need(필요로 하다), plan(계획하다), promise(약속하다), refuse(거절하다), want(원하다), wish(소망하다) 등 | **+ to부정사** → |

- They decided to adopt a dog.
  (그들은 반려견을 입양하기로 결정했다.)
- We want to celebrate our anniversary.
  (우리는 우리의 기념일을 기념하기를 원한다.)
- Ricky desires to finish the race.
  (Ricky는 경주를 끝내기를 바란다.)
- Bill can afford to buy a building.
  (Bill은 건물 하나를 살 여유가 있다.)

(3) 동명사와 to부정사를 목적어로 취할 때 의미가 같은 동사

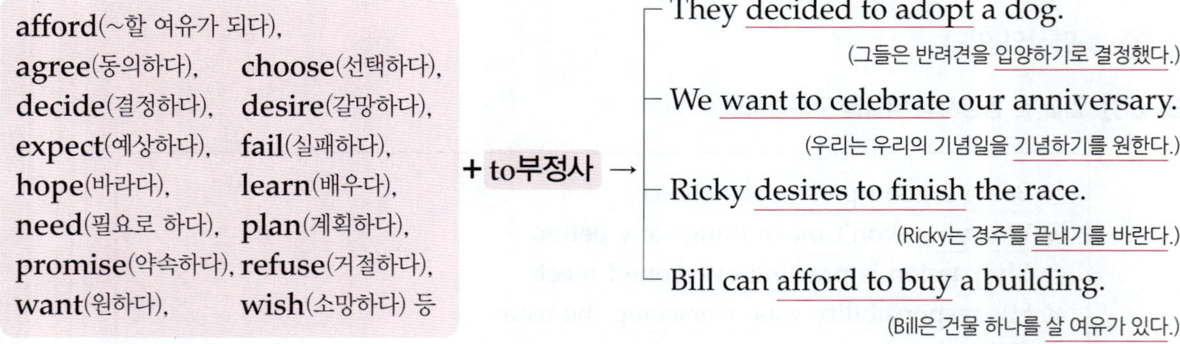

begin(시작하다), continue(계속하다), hate(싫어하다), like(좋아하다), love(좋아하다), prefer(선호하다), start(시작하다) 등 **+ [-ing / to부정사] →**

- She loves reading(= to read) novels.
  (그녀는 소설 읽는 것을 좋아한다.)
- They began building(= to build) a new house. (그들은 새로운 집을 짓기 시작했다.)

(4) 동명사와 to부정사를 목적어로 취할 때 의미가 다른 동사

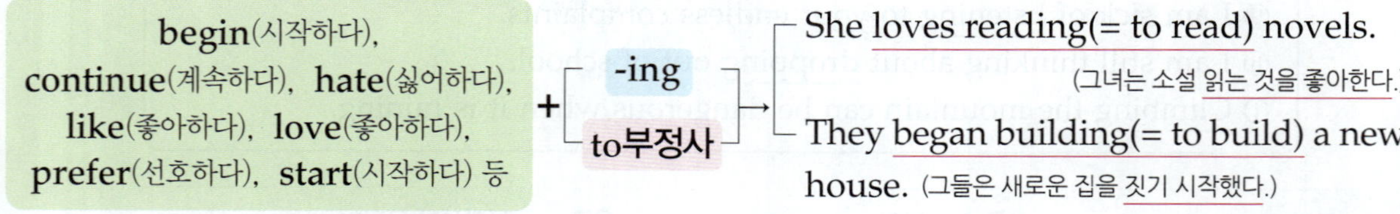

try	+ 동명사	'시험 삼아 ~해보다'	• Try wearing a jacket. (재킷을 입어보세요.)
	+ to부정사	'~하려고 노력하다'	• I'll try to finish my homework. (나는 숙제를 끝내려고 노력할 것이다.)
regret	+ 동명사	'~한 것을 후회하다'	• I regret missing the chance. (나는 기회를 놓친 것을 후회한다.)
	+ to부정사	'~하게 되어 유감이다'	• We regret to say no. (아니라고 말하게 되어 유감입니다.)
remember	+ 동명사	'~했던 것을 기억하다'	• Do you remember singing? (너는 노래 부른 것을 기억하니?)
	+ to부정사	'~할 것을 기억하다'	• Remember to smile every day. (매일 웃을 것을 기억해라.)
forget	+ 동명사	'~했던 것을 잊다'	• I forgot locking the door. (나는 문을 잠근 것을 잊었다.)
	+ to부정사	'~할 것을 잊다'	• Don't forget to water the plants. (식물에 물 줄 것을 잊지 마세요.)

3 동명사와 to부정사를 목적어로 취하는 동사 비교

[14-24] 밑줄 친 부분을 알맞게 고칠 방법을 〈보기〉에서 찾아 기호를 쓰시오.

> 〈보기〉
> ⓐ 동명사로 바꾸기　　ⓑ to부정사로 바꾸기　　ⓒ 동명사와 to부정사로 바꾸기 모두 가능

14 I prefer <u>wear</u> darker clothes.　　　　　(　　　　　)

15 We promised <u>stay</u> as friends.　　　　　(　　　　　)

16 The rain continued <u>pour</u> down.　　　　　(　　　　　)

17 He avoided <u>answer</u> my questions.　　　　　(　　　　　)

18 She refused <u>take</u> no for an answer.　　　　　(　　　　　)

19 Let's put off <u>renovate</u> our bathroom.　　　　　(　　　　　)

20 Sasha desires <u>start</u> her own business.　　　　　(　　　　　)

21 You need to practice <u>think</u> positively.　　　　　(　　　　　)

22 The wheels started <u>sink</u> into the mud.　　　　　(　　　　　)

23 The company denied <u>pollute</u> the river.　　　　　(　　　　　)

24 I failed <u>convince</u> her to change her mind.　　　　　(　　　　　)

[25-32] 밑줄 친 부분에 유의하여 우리말 해석을 완성하시오.

25 They <u>regret breaking</u> their promise.

➡ 그들은 약속을 ____________________________________.

26 I <u>regret to tell</u> you that the food was terrible.

➡ 나는 당신에게 음식이 형편없었다고 ____________________________.

27 We <u>tried to solve</u> the puzzle together.

➡ 우리는 함께 퍼즐을 ____________________________.

28 I <u>tried baking a cake</u>, but it didn't turn out well.

➡ 나는 ____________________________, 잘 안 됐다.

29 She <u>remembers visiting</u> Africa last summer.

➡ 그녀는 지난여름 아프리카를 ____________________________.

30 You don't have to <u>remember to breathe</u> all the time.

➡ 당신은 항상 ____________________________ 않아도 된다.

31 Bailey <u>forgot to tell</u> her that it was a joke.

➡ Bailey는 그녀에게 그것이 농담이라고 ____________________________.

32 I will never <u>forget having</u> a good time with you.

➡ 나는 당신과 즐거운 시간을 ____________________________.

> 🦉 **어휘 & 표현**
> - **dislike** 싫어하다
> - **escape** 모면하다
> - **postpone** 미루다
> - **put off** ~을 연기하다
> - **afford** ~할 여유가 되다
> - **anniversary** 기념일
> - **renovate** 개조하다
> - **positively** 긍정적으로
> - **wheel** 바퀴
> - **pollute** 오염시키다
> - **convince** 설득하다
> - **break one's promise** 약속을 어기다
> - **breathe** 숨 쉬다

〈 정답과 해설 **p. 119~120** 〉

UNIT 55 동명사의 관용표현

1 동명사의 관용표현

go + -ing	'~하러 가다'	• Let's go shopping this weekend. (이번 주말에 쇼핑하러 가자.)
be busy + -ing	'~하느라 바쁘다'	• He's busy knitting baby clothes. (그는 아기 옷을 뜨개질하느라 바쁘다.)
be worth + -ing	'~할 가치가 있다'	• The novel is worth reading. (그 소설은 읽을 가치가 있다.)
spend + 시간 / 돈 + -ing	'~하는 데 시간/돈을 소비하다'	• I spend a lot of time shopping. (나는 쇼핑하는 데 많은 시간을 보낸다.)
cannot help + -ing	'~하지 않을 수 없다'	• I can't help laughing at the joke. (나는 그 농담에 웃지 않을 수 없다.)
have difficulty / trouble (in) + -ing	'~하는 데 어려움을 겪다'	• She has difficulty solving puzzles. (그녀는 퍼즐을 푸는 데 어려움이 있다.)

2 전치사의 목적어로 쓰인 동명사의 관용표현

by + -ing	'~함으로써'	• Improve your health by exercising. (운동함으로써 건강을 증진시켜라.)
without + -ing	'~하지 않고'	• She left without saying a word. (그녀는 아무 말도 하지 않고 떠났다.)
talk about + -ing	'~에 대해 이야기하다'	• We often talk about traveling. (우리는 종종 여행에 대해 이야기한다.)
be worried about + -ing	'~에 대해 걱정하다'	• He's worried about failing the exam. (그는 시험에 떨어질까 봐 걱정한다.)
feel like + -ing	'~하고 싶다'	• I feel like watching a movie tonight. (나는 오늘 밤 영화를 보고 싶다.)
be good at + -ing	'~을 잘하다'	• He is good at playing the piano. (그는 피아노를 잘 친다.)
be tired of + -ing	'~을 지겨워하다'	• She was tired of waiting for the bus. (그녀는 버스를 기다리는 것에 지쳤다.)
go / keep on + -ing	'계속 ~하다'	• She goes on pursuing her dream. (그녀는 자신의 꿈을 계속 추구한다.)
be used to + -ing	'~하는 데 익숙하다'	• I'm used to waking up early. (나는 일찍 일어나는 것에 익숙하다.)
thank A for + -ing	'~에 대해 A에게 감사하다'	• I thanked Sarah for helping me. (나는 나를 도와준 Sarah에게 감사했다.)
stop / prevent / keep A from + -ing	'A가 ~하는 것을 막다'	• Keep him from making mistakes. (그가 실수하지 않도록 해라.)

1 동명사의 관용표현

[01-06] 괄호 안의 단어를 이용하여 빈칸에 알맞은 말을 쓰시오.

01 What they said ______________________. (is worth, share)

02 They ______________________ during class. (cannot, yawn, help)

03 Noah ______________________ despite the cold weather. (went, ski)

04 I ______________________ the company's logo. (was busy, design)

05 I ______________________ myself to her. (my whole life, spent, compare)

06 I understand you ______________________ at night. (difficulty, have, sleep, in)

2 전치사의 목적어로 쓰인 동명사의 관용표현

[07-15] 주어진 우리말을 참고하여, 틀린 부분을 찾아 밑줄을 긋고 바르게 고치시오.

07 나는 두 번째 기회를 주는 것에 익숙하지 않다.

➡ I'm not use to giving second chances. ➡ ______________

08 그는 내가 용기를 낸 것에 대해 나에게 감사했다.

➡ He thanked me of having the courage. ➡ ______________

09 Evan은 저축을 잘 하지 못한다.

➡ Evan is not very good on saving money. ➡ ______________

10 당신은 피자 한 조각 먹고 싶은가요?

➡ Do you feel to grabbing a slice of pizza? ➡ ______________

11 나는 항상 속이는 것이 지겨웠다.

➡ I was tired in pretending all the time. ➡ ______________

12 그들은 마지막까지 계속 소원을 빌 것이다.

➡ They will keep at wishing until the end. ➡ ______________

13 나는 스스로 잘못된 선택을 하는 것을 막을 수 없었다.

➡ I couldn't stop myself in making poor choices. ➡ ______________

14 당신은 적은 양의 혈액을 기부함으로써 생명을 구할 수 있다.

➡ You can save lives from donating small amount of blood. ➡ ______________

15 그는 도움을 요청하지 않고 프로젝트를 가까스로 끝냈다.

➡ He managed to finish the project with asking for help. ➡ ______________

🦉 **어휘 & 표현**

· **knit** 뜨개질하다 　· **pursue** 추구하다 　· **yawn** 하품하다 　· **despite** ~에도 불구하고 　· **compare** 비교하다 　· **courage** 용기
· **grab** 급히[잠깐] ~하다, ~을 먹다 　· **pretend** 속이다 　· **donate** 기부하다 　· **amount** 양 　· **blood** 혈액

〈 정답과 해설 p. 120~121 〉

[01-04]
빈칸에 알맞은 것을 고르시오.

01

> I don't know the reason why I keep on
> ________ of him.

① think ② to think ③ thinking
④ thought ⑤ thinks

02

> They had great difficulty in ________ the way.

① find ② finds ③ found
④ finding ⑤ to find

03

> He was busy ________ out grammatical
> errors in the article.

① to point ② in point ③ pointing
④ at pointing ⑤ by pointed

04

> Please quit ________ and tell me what is
> going on.

① cry ② to cry ③ cried
④ crying ⑤ to crying

[05-06]
어법상 틀린 것을 고르시오.

05

① Sometimes I hate being touched.
② I hope overcoming this problem.
③ He didn't mind waiting for you.
④ She enjoyed working with children.
⑤ They kept on telling all the details.

06

① I don't want going backward.
② He hasn't finished speaking.
③ Nell denies trying to harm me.
④ They suggested sharing the cost.
⑤ She dislikes attending boring meetings.

07

밑줄 친 부분의 역할이 나머지 넷과 다른 것을 고르시오.

① Our main concern is <u>staying</u> safe.
② I remember <u>taking</u> his class before.
③ I tried <u>reaching</u> her after the incident.
④ He has tried to quit <u>smoking</u> many times.
⑤ They began <u>clapping</u> with excitement.

08 고난도

빈칸에 들어갈 수 없는 것을 고르시오.

> All of them ________ staying at the party.

① avoided ② considered ③ regretted
④ forgot ⑤ planned

09

밑줄 친 부분의 쓰임이 잘못된 것을 고르시오.

① He avoided <u>being</u> left behind.
② Let's not put off <u>buying</u> gifts.
③ You failed <u>proving</u> your innocence.
④ Nolan started <u>asking</u> me the reason.
⑤ We will practice <u>releasing</u> the parachute.

[10-12] 서술형
주어진 우리말을 참고하여, 어법상 틀린 부분을 찾아 바르게
고쳐 문장을 다시 쓰시오.

10

I don't feel like said, "Excuse me."
나는 '실례합니다'라고 말하고 싶지 않다.

➡ ________________________________

11

We are tired at saying the same thing.
우리는 같은 말을 반복하는 것이 지겹다.

➡ _______________________________________

12

He spends two hours to travel to work.
그는 출근하는 데 두 시간을 소비한다.

➡ _______________________________________

13

우리말 해석이 <u>틀린</u> 것을 고르시오.

① The museum was worth revisiting.
　→ 그 박물관은 재방문할 가치가 있었다.
② Yolanda continued to win the lottery.
　→ Yolanda는 계속해서 복권에 당첨되었다.
③ They had trouble hiring new staff.
　→ 그들은 새 직원을 고용하는 데 어려움을 겪었다.
④ I regret suggesting such a risky plan.
　→ 나는 그런 위험한 계획을 제안하게 되어
　　유감이다.
⑤ We save energy by turning off the lights.
　→ 우리는 불을 끔으로써 에너지를 절약한다.

14 고난도

빈칸에 들어갈 말이 알맞게 짝지어진 것을 고르시오.

> • Miguel practiced ___(A)___ nicely to
>   customers.
> • I just hate ___(B)___ why.
> • He was not used to ___(C)___ coffee in the
>   morning.

	(A)		(B)		(C)
①	to talk	–	not knowing	–	drink
②	to talk	–	knowing not	–	drink
③	talking	–	not knowing	–	drink
④	talking	–	knowing not	–	drinking
⑤	talking	–	not knowing	–	drinking

15 서술형

빈칸에 공통으로 들어갈 말을 쓰시오.

> • He is worried _________ not being
>   prepared.
> • We need to talk _________ redecorating the
>   main building.

➡ _______________________________________

[16-18] 서술형

밑줄 친 부분에 유의하여 우리말 해석을 완성하시오.

16

Wyatt is <u>good at calming down</u> the kids.
➡ Wyatt은 아이들을 _________________.

17

As she aged, her tail <u>kept on growing</u>.
➡ 나이가 들면서, _________________.

18

I <u>couldn't help falling in love</u> with you.
➡ 나는 당신과 _________________.

[19-21]

주어진 우리말과 일치하도록 바르게 영작한 것을 고르시오.

19

> 동물들은 언어를 사용하지 않고 의사소통한다.

① Animals communicate of using a language.
② Animals communicate on using a language.
③ Animals communicate by using a language.
④ Animals communicate from using a
　language.
⑤ Animals communicate without using a
　language.

20

당신은 플레인 요거트를 사용할 것을 기억해야 한다.

① You should regret using plain yogurt.
② You should regret to use plain yogurt.
③ You should be used to using plain yogurt.
④ You should remember using plain yogurt.
⑤ You should remember to use plain yogurt.

21

그녀는 달콤한 뭔가를 먹고 싶다.

① She feels like eat something sweet.
② She feels like eating something sweet.
③ She feels like to eat something sweet.
④ She feels like something eating sweet.
⑤ She feels like something to eat sweet.

22

두 문장의 뜻이 같은 것을 고르시오.

① I regret doing it instead of you.
  = I regret to do it instead of you.

② They tried to open the window.
  = They tried opening the window.

③ She likes to collect pieces of art work.
  = She likes collecting pieces of art work.

④ He remembers to visit his grandchildren.
  = He remembers visiting his grandchildren.

⑤ Did you forget to invite Jordan?
  = Did you forget inviting Jordan?

[23-24]

밑줄 친 부분과 문장에서 하는 역할이 같은 것을 고르시오.

23

My goal is <u>getting</u> a scholarship for college.

① <u>Swimming</u> is good exercise.
② It is important to keep <u>practicing</u>.
③ I enjoy <u>playing</u> soccer with friends.
④ <u>Reading</u> books is my favorite hobby.
⑤ His future hope is <u>becoming</u> a great chef.

24 고난도

One of the benefits of <u>being</u> kind is building trust.

① Her role is <u>leading</u> the team.
② We're thinking about <u>moving</u> to a new city.
③ My son's favorite activity is <u>baking</u> cookies.
④ <u>Jogging</u> is the first thing I do every morning.
⑤ <u>Having</u> patience is the key to solving difficult situations.

[25-26] 서술형

주어진 우리말과 일치하도록 〈조건〉에 맞게 영작하시오.

25

〈조건〉
• be, thank, honest를 활용할 것
• 6단어로 적을 것

우리는 솔직한 것에 Owen에게 감사했다.

= ______________________________

26 고난도

〈조건〉
• the accident, prevent, happen을 활용할 것
• 7단어로 적을 것

그는 그 사고가 나는 것을 막을 수 없었다.

= ______________________________

27 고난도

다음 〈보기〉 중 빈칸에 들어갈 수 있는 것의 개수를 쓰시오.

〈보기〉
agreed / began / hated / imagined
preferred / refused / postponed

Dominic ________ to take an important role.

➡ ______________________________

빈칸에 들어갈 수 <u>없는</u> 것을 고르시오.

28

> Brian thanked me for _________ him.

① inviting
② helped
③ talking to
④ listening to
⑤ calling

29

> She _________ eating vegetables for lunch.

① loves
② enjoys
③ needs
④ prefers
⑤ dislikes

30

> He _________ to join the team for the upcoming project.

① agreed
② failed
③ desired
④ refused
⑤ considered

31

빈칸에 들어갈 말이 알맞게 짝지어진 것을 고르시오.

> • Without ___(A)___ me, she left.
> • My sisters desire ___(B)___ different cultures.
> • I am used ___(C)___ up early.

	(A)		(B)		(C)
①	telling	–	to explore	–	to waking
②	telling	–	exploring	–	waking
③	telling	–	to explore	–	to wake
④	to tell	–	exploring	–	waking
⑤	to tell	–	to explore	–	to waking

32 고난도

빈칸에 들어갈 말이 알맞게 짝지어지지 <u>않은</u> 것을 고르시오.

> Silvia ___(A)___ ___(B)___ to the concert.

	(A)		(B)
①	expected	–	to bring a camera
②	gave up	–	to take me
③	decided	–	to go early
④	wished	–	to get tickets
⑤	promised	–	to come

어법상 <u>틀린</u> 곳을 찾아 바르게 고쳐 쓰시오.

33

> Harrison insisted on to go abroad for study.

➡ ______________ → ______________

34

> They agreed seeing the person in charge.

➡ ______________ → ______________

35

> We postponed to go camping because of the yellow dust.

➡ ______________ → ______________

36

> She is not used to see such a big crowd.

➡ ______________ → ______________

< 정답과 해설 p. 122~123 >

37

(A)~(E)에 들어갈 말로 적절하지 <u>않은</u> 것을 고르시오.

- I'm sorry but I don't feel ___(A)___ helping you.
- I wouldn't mind ___(B)___ for my family.
- Am I annoyed at ___(C)___ the game?
- I enjoy ___(D)___ some time with you.
- I'm tired ___(E)___ cleaning up the mess.

① (A): like
② (B): cooking
③ (C): no winning
④ (D): spending
⑤ (E): of

38 고난도

어법상 <u>틀린</u> 대화를 고르시오.

① A: I find cooking very relaxing.
   B: Really? I prefer to eat out.
② A: I practice to paint landscapes.
   B: That sounds wonderful!
③ A: Do you enjoy hiking on weekends?
   B: Yes, I do.
④ A: I love reading books in my free time.
   B: That's great!
⑤ A: What do you think about practicing yoga regularly?
   B: I think it's a good idea.

39 고난도

(A)~(C)에 들어갈 말이 알맞게 짝지어진 것을 고르시오.

Emma started taking cooking classes on weekends. Last week, she decided (A) making / to make a traditional Italian pasta dish. After (B) cooking / to cook for hours, she felt proud of the meal she prepared. Now, she expects (C) continuing / to continue experimenting with different cuisines.

	(A)	(B)	(C)
①	making	cooking	continuing
②	making	to cook	to continue
③	to make	cooking	continuing
④	to make	cooking	to continue
⑤	to make	to cook	to continue

[40-41]

다음 대화를 읽고 물음에 답하시오.

M: What do you do when you're free?
W: I enjoy ⓐ jogging every morning.
M: Really? I've decided ⓑ to learn swimming next week.
W: That sounds great! Learning ⓒ to swim will be a lot of fun.
M: (A) 나는 수영을 잘 못할까 봐 걱정돼.
W: Don't worry, just keep on ⓓ practicing. You won't get better without ⓔ to try!
M: Thank you for the advice.

40

ⓐ ~ ⓔ 중에 어법상 틀린 것을 고르시오.

① ⓐ   ② ⓑ   ③ ⓒ   ④ ⓓ   ⑤ ⓔ

41 고난도

(A) 문장과 일치하도록 바르게 영작한 것을 고르시오.

① I'm worried about not good at swim.
② I'm worried about not be good at swim.
③ I'm worried about not be good at swimming.
④ I'm worried about not being good at swimming.
⑤ I'm worried about not to be good at swimming.

N

분사

동사의 성질과 의미를 가지고,
형용사로 쓰이는 말

The girl dancing on the stage was praised by the audience.
현재분사   과거분사

(무대에서 춤추는 소녀는 관객들에게 칭찬을 받았다.)

I find reading the same book over and over again boring.
감정을 나타내는 분사

(나는 같은 책을 계속 반복해서 읽는 것이 지루하다고 생각한다.)

Writing emails can be tiring, but it's necessary for staying in touch.
동명사   현재분사

(이메일을 쓰는 것은 피곤할 수 있지만, 연락을 유지하는 데 필요하다.)

Crossing the bridge, you'll see the park on the other side.
분사구문

(다리를 건너면, 반대편에 있는 공원이 보일 것이다.)

> • **분사:** 동사에 -ing(현재분사) 또는 -ed(과거분사)를 붙여 만든 것으로,
> 동사의 성질과 의미를 가지고 형용사 역할을 한다. ── 핵심 개념

1 분사의 형태 – 현재분사 : 「동사원형 + -ing」
　　　　　　　 – 과거분사 : 「동사원형 + -ed」 (불규칙이 더 많음)

〈현재분사〉
an exciting movie
「동사원형+-ing」
(흥미로운 영화)

〈과거분사〉
the excited children
「동사원형+-ed」
(흥미를 느끼는 아이들)

2 분사의 종류

현재분사 (동사원형 + -ing)		과거분사 (동사원형 + -ed)	
① **'∼하는'** (능동)	– **명사 수식:** 수식하는 명사와의 관계가 능동일 때 • shocking news (충격을 주는 소식)	① **'∼된'** (수동)	– **명사 수식:** 수식하는 명사와의 관계가 수동일 때 • bored kids (지루함을 느끼는 아이들)
	– **주격 보어:** 주어와의 관계가 능동일 때 • The movie was boring.　(영화는 지루했다.)		– **주격 보어:** 주어와의 관계가 수동일 때 • He looked confused.　(그는 혼란스러워 보였다.)
	– **목적격 보어:** 목적어와의 관계가 능동일 때 • I saw you running down the street. (나는 당신이 거리를 내려가는 것을 보았다.)		– **목적격 보어:** 목적어와의 관계가 수동일 때 • I heard the news reported. (나는 소식이 보도되는 것을 들었다.)
			– **동사 완성:** be동사와 함께 수동태를 만들 때 • The cake was baked by him. (케이크가 그에 의해 만들어졌다.)
② **'∼하고 있는'** (진행)	– **명사 수식:** 수식하는 명사가 행동을 진행 중일 때 • a crying baby (울고 있는 아기)	② **'∼한'** (완료)	– **명사 수식:** 수식하는 명사의 행동이 완료됐을 때 • a painted wall (도색된 벽)
	– **동사 완성:** be동사와 함께 진행형을 만들 때 • They are playing in the backyard. (그들은 뒷마당에서 놀고 있다.)		– **동사 완성:** have 동사와 함께 완료시제를 만들 때 • We have seen this movie already. (우리는 이미 이 영화를 봤다.)
falling flowers (떨어지고 있는 꽃들)		fallen flowers (떨어진 꽃들)	

1 + **2** 분사의 형태 및 종류

[01-07] 주어진 우리말과 일치하도록 괄호 안의 단어를 알맞은 분사 형태로 쓰시오.

01 당신은 지금 뭐 하고 있나요? (do)

➡ What are you ____________ right now?

02 그들이 말한 언어는 덴마크어이다. (speak)

➡ The language ____________ by them is Danish.

03 예약한 항공편 때문에 전화드립니다. (call)

➡ I am ____________ about the flight I reserved.

04 깨지기 쉬운 품목은 허용되지 않는다. (accept)

➡ Breakable items won't be ____________.

05 나는 몇 주 동안 내 카드를 사용하지 않았다. (use)

➡ I haven't ____________ my card in weeks.

06 우리는 잠긴 문을 열기 위해 열심히 노력했다. (lock)

➡ We tried so hard to unlock the ____________ door.

07 우주를 탐험하는 인물들은 신비로웠다. (explore)

➡ The characters ____________ space were mysterious.

[08-16] 괄호 안에서 알맞은 것을 고르시오.

08 She is (painted / painting) a picture.

09 This house was (built / building) in 1910.

10 Sharon was (used / using) a wooden ladder.

11 He stood (looked / looking) at me in silence.

12 They kept me (waited / waiting) for a long time.

13 Rita never has her sneakers (cleaned / cleaning).

14 My dog is the (barked / barking) one next to yours.

15 The cause of the flood was (unknown / unknowing).

16 He is the basketball player (loved / loving) by a lot of fans.

🦉 **어휘 & 표현**

- **shocking** 충격적인　・**confused** 혼란스러운　・**report** 보도하다　・**backyard** 뒷마당　・**Danish** 덴마크어
- **reserve** 예약하다　・**accept** 허용하다　・**breakable** 깨지기 쉬운　・**unlock** 열다　・**explore** 탐험하다
- **mysterious** 신비로운　・**wooden** 나무로 된　・**ladder** 사다리　・**in silence** 조용히　・**sneakers** 운동화　・**flood** 홍수

〈 정답과 해설 **p. 124** 〉

UNIT 57 분사의 역할

• **분사의 역할**: 문장에서 형용사처럼 명사를 수식하며, 주격 보어, 목적격 보어 등으로도 쓸 수 있다.

1 명사를 수식하는 분사 : 분사는 형용사처럼 명사를 수식할 수 있다.

(1) 분사 + 명사 : 분사가 단독으로 명사를 수식할 때는 명사 앞에 온다.

현재분사 Look at the sleeping cat. (잠자는 고양이를 봐라.)

과거분사 There is a scratched door. (긁힌 문이 있다.)

(2) 명사 + 분사구 : 분사가 구를 이루며 명사를 수식할 때는 명사 뒤에 온다.

현재분사 I took a picture of a quokka playing with a leaf.

(나는 잎을 가지고 놀고 있는 쿼카의 사진을 찍었다.)

과거분사 I bought a bowl made of plastic. (나는 플라스틱으로 만들어진 그릇을 샀다.)

2 보어로 쓰이는 분사 : 분사는 형용사처럼 보어 역할을 할 수 있다.

(1) **주격 보어** : 주어의 상태나 행위를 보충 설명한다.

① 주어와 능동 관계일 때는 현재분사를 쓴다.

현재분사 Finding the treasure is very exciting. (보물을 찾는 것은 매우 재미있다.)
주어인 Finding ~ treasure와 능동 관계임

② 주어와 수동 관계일 때는 과거분사를 쓴다.

과거분사 He seemed very worried. (그는 매우 걱정스러워 보였다.)
주어인 He와 수동 관계임

(2) **목적격 보어** : 목적어의 상태나 행위를 보충 설명한다.

① 목적어와 능동 관계일 때는 현재분사를 쓴다.

현재분사 I heard them yelling at each other.
목적어인 them과 능동 관계임

(나는 그들이 서로에게 소리치는 것을 들었다.)

② 목적어와 수동 관계일 때는 과거분사를 쓴다.

과거분사 I had my hair cut. (나는 나의 머리가 깎이도록 했다. (나는 나의 머리를 깎았다.))
목적어인 my hair와 수동 관계임

3 동사 활용에 쓰이는 분사 : 진행형, 수동태, 완료형을 만드는 데 쓰인다.

be + 현재분사	진행형	• My friend is studying at the library. (내 친구는 도서관에서 공부하고 있다.)
be + 과거분사	수동태	• The report was submitted before the deadline. (그 보고서는 마감일 전에 제출되었다.)
have, has + 과거분사	완료형	• I have visited Korea twice in my life. (나는 살면서 한국을 두 번 방문했다.)

1 명사를 수식하는 분사

[01-04] 괄호 안의 말을 알맞은 위치에 넣어 문장을 다시 쓰시오.

01 We stepped carefully over the glass. (broken)

➡ _______________________________________

02 His decision left everyone speechless. (shocking)

➡ _______________________________________

03 The old man is my grandfather. (holding a cane)

➡ _______________________________________

04 The firefighter was taken to the hospital. (injured during the rescue)

➡ _______________________________________

2 보어로 쓰이는 분사

[05-10] 괄호 안의 단어를 알맞은 분사 형태로 바꿔 빈칸에 쓰고, 주격 보어 역할을 하는지 목적격 보어 역할을 하는지 구분하시오.

05 I had my computer _____________ (repair). ➡ _____________

06 I can't hear you _____________ (sing) over the noise. ➡ _____________

07 You look _____________ (amaze) in that outfit. ➡ _____________

08 He felt _____________ (shock) for the first time. ➡ _____________

09 Luis heard his name _____________ (call) several times. ➡ _____________

10 The course was _____________ (interest) for everyone. ➡ _____________

3 동사 활용에 쓰이는 분사

[11-13] 밑줄 친 부분을 괄호 안의 조건에 맞게 고쳐 문장을 완성하시오.

11 We visited Paris last summer. (현재완료시제로)

➡ We _______________ Paris twice.

12 A famous author wrote this novel. (과거시제 수동태로)

➡ This novel _______________ by a famous author.

13 They discuss the problems of modern society. (현재진행시제로)

➡ They _______________ the problems of modern society.

27 DAY

🦉 어휘 & 표현

- **scratch** 긁히다 · **treasure** 보물 · **yell** 소리치다 · **submit** 제출하다 · **deadline** 마감일 · **speechless** 말을 못 하는
- **cane** 지팡이 · **firefighter** 소방관 · **rescue** 구조 · **repair** 수리하다 · **outfit** 옷, 복장 · **several times** 여러 번
- **author** 저자, 글쓴이 · **novel** 소설 · **discuss** 논의하다 · **modern** 현대의 · **society** 사회

〈 정답과 해설 p. 124~125 〉

감정을 나타내는 분사

핵심 개념

- **현재분사**: 사람이나 사물이 사람에게 감정을 느끼게 할 때 사용 (대부분 주어가 사물이다.)
- **과거분사**: 사람이 감정을 느낄 때 사용 (대부분 주어가 사람이다.)

감정 동사	**1** 현재분사 : 느끼게 하는 (동사원형 + -ing)	**2** 과거분사 : 느끼는 (동사원형 + -ed)
amaze (놀라게 하다)	amazing (놀라게 하는)	amazed (놀란)
① bore (지루하게 하다)	boring (지루하게 하는)	bored (지루한)
② confuse (혼란시키다)	confusing (혼란을 일으키는)	confused (혼란스러운)
③ depress (우울하게 하다)	depressing (우울하게 하는)	depressed (우울한)
disappoint (실망시키다)	disappointing (실망시키는)	disappointed (실망한)
④ interest (관심을 끌다)	interesting (흥미로운)	interested (흥미를 느끼는)
move (감동시키다)	moving (감동적인)	moved (감동받은)
please (기쁘게 하다)	pleasing (기쁘게 하는)	pleased (기쁜)
⑤ satisfy (만족시키다)	satisfying (만족시키는)	satisfied (만족스러운)
⑥ shock (충격을 주다)	shocking (충격을 주는)	shocked (충격받은)
surprise (놀라게 하다)	surprising (놀라게 하는)	surprised (놀란)
⑦ thrill (오싹하게 하다)	thrilling (오싹하게 하는)	thrilled (오싹한)
⑧ tire (피곤하게 하다)	tiring (피곤하게 하는)	tired (피곤한)

① This drama is boring, so I'm bored. (이 드라마는 지루해서, 나는 지루함을 느낀다.)
　　　　　　현재분사　　　　　　과거분사

② There was a confusing movement. It made people feel confused.
　　　　　　현재분사　　　　　　　　　　　　　　　　과거분사
　　　　(혼란스러운 움직임이 있었다. 그것은 사람들을 혼란스럽게 만들었다.)

③ Failing the test is depressing. I feel depressed.
　　　　　　　　현재분사　　　　　　　과거분사
　　　　(시험에 떨어지는 것은 우울하게 한다. 나는 우울하다.)

④ Her presentation was interesting. I'm now interested in the environment.
　　　　　　　　현재분사　　　　　　　과거분사
　　　　(그녀의 발표는 흥미로웠다. 나는 지금 환경에 관심이 있다.)

⑤ The consultation was satisfying to me. I was satisfied with the practical advice.
　　　　　　　　현재분사　　　　　　　과거분사
　　　　(그 상담은 내게 만족을 주었다. 나는 실질적인 조언에 만족스러웠다.)

⑥ The news was shocking. I was shocked by the news.
　　　　　　현재분사　　　　　　과거분사
　　　　(그 소식은 충격적이었다. 나는 그 소식에 충격받았다.)

⑦ This rollercoaster ride is thrilling, so I'm thrilled.
　　　　　　　　현재분사　　　　　　과거분사
　　　(이 롤러코스터는 오싹해서, 나는 짜릿하다.)

⑧ The tiring noise from upstairs made me feel tired.
　　　현재분사　　　　　　　　　　　　　　　과거분사
　　　(위층의 피곤한 소음이 나를 피곤하게 만들었다.)

1 + 2 감정을 나타내는 분사

[01-80] 괄호 안의 단어를 알맞은 형태로 바꿔 빈칸에 쓰시오.

01 (please)
→ The result was ____________.
→ I am ____________ with the result.

02 (confuse)
→ The boy's age was ____________.
→ People were ____________ by the boy's age.

03 (depress)
→ Andrea is ____________ by the wet weather.
→ The wet weather is ____________.

04 (disappoint)
→ I was so ____________ by your response.
→ Your response is so ____________.

05 (interest)
→ Trying a new recipe is ____________.
→ Whitney is ____________ in trying a new recipe.

06 (move)
→ Many listeners were ____________ by Julian's speech.
→ Julian's speech was ____________.

07 (bore)
→ The kids got ____________ with staying indoors.
→ Staying indoors is ____________ for the kids.

08 (amaze)
→ The fact that no one was hurt is ____________.
→ We were ____________ by the fact that no one was hurt.

[09-13] 주어진 우리말을 참고하여, 밑줄 친 부분이 맞으면 O로 표시하고, 틀리면 바르게 고치시오.

09 Evelyn과 논쟁하는 것은 피곤하다.
→ It is <u>tiring</u> to argue with Evelyn.　　　　　→ ____________

10 Patrick은 결과에 만족한다.
→ Patrick is <u>satisfying</u> with the outcome.　　　　→ ____________

11 나는 피곤할 때 실수를 더 만든다.
→ I make more mistakes when I'm <u>tiring</u>.　　　　→ ____________

12 숨겨진 보물의 발견은 충격적이었다.
→ The discovery of the hidden treasure was <u>shocked</u>.　→ ____________

13 그 단순한 행동이 우리의 관계에 놀라운 영향을 미쳤다.
→ The simple act had a <u>surprised</u> effect on our relationship.　→ ____________

🦉 **어휘 & 표현**

- **movement** 움직임
- **environment** 환경
- **consultation** 상담
- **practical** 실질적인, 실용적인
- **rollercoaster** 롤러코스터
- **noise** 소음
- **upstairs** 위층
- **result** 결과
- **wet** 축축한, 젖은
- **speech** 연설
- **indoors** 실내에서
- **argue with** ~와 논쟁하다
- **outcome** 결과
- **discovery** 발견
- **effect** 영향, 결과, 효과
- **relationship** 관계

〈 정답과 해설 p. 125~126 〉

27 DAY

[01-02]

빈칸에 알맞은 것을 고르시오.

01

> I like the sound of the _________ rain at night.

① fall ② falls ③ falling
④ fell ⑤ fallen

02

> Mia had her suitcase _________ in the subway.

① steal ② stole ③ stolen
④ to steal ⑤ stealing

03

주어진 문장의 밑줄 친 부분과 문장에서 하는 역할이 같은 것을 고르시오.

> The ending of tonight's movie was <u>satisfying</u>.

① Don't wake the <u>sleeping</u> baby.
② She bought a shirt <u>made</u> of cotton.
③ The <u>broken</u> vase lay on the floor.
④ I haven't <u>sat</u> at a desk for a while.
⑤ I felt <u>disappointed</u> by the cancellation.

[04-05]

어법상 틀린 것을 고르시오.

04

① I couldn't calm the crying baby.
② There is the bread cutting in half.
③ Where should I report the stolen bike?
④ Isn't the guy buying the flowers your husband?
⑤ The book published in the 1860s still gets attention.

05 고난도

① We are quite embarrassed by this error.
② My nephew living in LA runs a restaurant.
③ The news announced last night was really shocked.
④ There are many people walking up and down the street.
⑤ Animals born in a zoo receive care from zookeepers.

06 고난도

〈보기〉 중 빈칸에 들어가기에 자연스러운 것을 <u>모두</u> 고르시오.

> 〈보기〉
> ⓐ surprised ⓑ moving ⓒ disappointed
> ⓓ pleasing ⓔ satisfied ⓕ shocking

> The students looked _________ after receiving their report cards.

➡ _____________

[07-08] 서술형

두 문장을 분사를 이용하여 한 문장으로 다시 쓰시오.

07

> • The phone rings constantly.
> • It drives me crazy.

➡ The phone ___________________ drives me crazy.

08

> • The dog is named Typhoon.
> • It belongs to the Hemsworth family.

➡ The dog _______________ belongs to the Hemsworth family.

09

빈칸에 들어갈 말이 알맞게 짝지어진 것을 고르시오.

- The fallen branches are ___(A)___ the road.
- I love your collection of teapots ___(B)___ in Morocco.
- The chocolate ___(C)___ in gold foil tastes amazing.

	(A)		(B)		(C)
①	blocked	–	buying	–	wrapped
②	blocked	–	buying	–	wrapping
③	blocking	–	buying	–	wrapping
④	blocking	–	bought	–	wrapping
⑤	blocking	–	bought	–	wrapped

[10-13]

주어진 단어가 들어갈 알맞은 위치를 고르시오.

10

> exposed

Be careful not (①) to (②) touch (③) the (④) wires (⑤).

11

> sitting

Look at the (①) bird (②) on (③) Oliver's (④) shoulder (⑤)!

12

> surprising

She (①) gave (②) a(n) (③) answer (④) to the question (⑤).

13

> depressed

The (①) man (②) by the (③) news (④) couldn't believe (⑤) it.

14

빈칸에 알맞은 것을 고르시오.

> It's ________ to be with Hector because of his negative attitude.

① depress ② depressed ③ depresses
④ depressing ⑤ to depress

15 고난도 서술형

대화를 한 문장으로 요약하려고 할 때, 대화에 쓰인 단어를 활용해 빈칸에 알맞은 말을 쓰시오.

> Alice: What's the matter? You look upset.
> Tim: I'm annoyed about something.
> Alice: What is it?
> Tim: David always tries to be the pitcher in the baseball team. But I really want to be one, too.

➡ Tim thinks David is ___________ because he always tries to be the pitcher.

16 서술형

어법상 틀린 것을 찾아 고치시오.

> A: How was your trip to Egypt?
> B: I was ① impressed by the pyramids.
> A: Sounds ② amazing. Have you ③ visited other ④ historical sites?
> B: No, sightseeing was a bit ⑤ bored.

(① / ② / ③ / ④ / ⑤)

➡ ___________

어휘 & 표현

- **suitcase** 여행 가방 · **cotton** 목화, 면 · **cancellation** 취소, 무효 · **publish** 출간하다 · **attention** 주목 · **embarrass** 당황스럽게 하다
- **nephew** 조카 · **announce** 발표하다 · **zookeeper** 동물원 사육사 · **constantly** 끊임없이 · **collection** 소장품
- **foil** (알루미늄) 포장지 · **negative** 부정적인 · **attitude** 태도 · **pitcher** 투수 · **historical** 역사적인 · **sightsee** 관광하다

〈 정답과 해설 p. 126~127 〉

 **UNIT 59** 현재분사와 동명사 비교 

> • **현재분사와 동명사:** 현재분사와 동명사는 '동사원형 + -ing'로 형태는 같으나,
> 현재분사는 문장에서 형용사로, 동명사는 명사로 쓰인다.

1 역할 비교

현재분사 (형용사 역할 → 명사 수식)	동명사 (명사 역할 → 주어, 목적어, 보어)
– '~하는, ~하고 있는' – 명사를 수식하는 형용사 역할	– '~하는 것, ~하기' – 행위 자체를 나타내거나, 기존 명사에 용도·목적의 의미를 더하는 명사 역할
• The running water creates a peaceful sound. (흐르는 물이 평화로운 소리를 만들어낸다.) • Look at the girl listening to music. (음악을 듣고 있는 소녀를 봐라.)	• Running is good exercise. (달리기는 좋은 운동이다.) • I love listening to music. (나는 음악을 듣는 것을 매우 좋아한다.)

2 '-ing + 명사'

현재분사 + 명사	동명사 + 명사
– '~하는, ~하고 있는' – 동작이나 상태를 나타냄	– 용도와 목적을 나타냄
• sleeping baby (잠자는 아기) • singing bird (노래하는 새) • crying child (우는 아이) • dancing girl (춤추는 소녀) • shining star (빛나는 별) • barking dog (짖는 개) • flying airplane (날아가는 비행기) • The dancing woman looks pretty. 춤을 추는 (춤을 추는 그 여자는 예뻐 보인다.) • The hiking man took some rest. 등산하는 (그 등산하는 남자는 휴식을 취했다.)	• sleeping bag (침낭) • parking lot (주차장) • changing room (탈의실) • waiting room (대기실) • washing machine (세탁기) • boxing gloves (권투 장갑) • reading club (독서 모임) • Ms. Shim gave me a pair of dancing shoes. (dancing shoes ≠ 춤을 추는 신발) (심 선생님은 내게 무용화를 주셨다.) • Sam has lost his hiking stick. (hiking stick ≠ 등산하는 지팡이) (Sam은 등산용 지팡이를 잃어버렸다.)

3 'be동사 + -ing'

be동사 + 현재분사 (진행)	be동사 + 동명사 (주격 보어)
– '~하는 중이다' – 진행시제를 나타냄	– '~하는 것이다' – 주격 보어로, 주어와 동격을 나타냄
• I was writing a letter to my friend. (나는 친구에게 편지를 쓰는 중이었다.) • She is reading a book. (그녀는 책을 읽고 있다.)	• My goal is starting my own business. (내 목표는 나만의 사업을 시작하는 것이다.) • His job is teaching English. (그의 직업은 영어를 가르치는 것이다.)

1 + **2** + **3** 현재분사와 동명사 비교

[01-11] 밑줄 친 부분의 쓰임과 같은 것을 〈보기〉에서 골라 기호를 쓰시오.

〈보기〉
ⓐ A <u>rolling</u> stone gathers no moss.
ⓑ <u>Writing</u> requires practice and patience.

01 Being a parent is <u>rewarding</u>. ( )

02 Ronald hates <u>making</u> mistakes. ( )

03 I've never even heard you <u>talking</u>. ( )

04 What a cozy <u>living</u> room you have! ( )

05 <u>Recording</u> room A is occupied now. ( )

06 A <u>sleeping</u> cat can't catch a mouse. ( )

07 I love the shape of his <u>laughing</u> eyes. ( )

08 A <u>burning</u> candle can cause large fires. ( )

09 His <u>traveling</u> bag was filled with clothes. ( )

10 We once had a <u>swimming</u> pool at our house. ( )

11 Skyler can sense the sound of a <u>flying</u> insect. ( )

[12-17] 밑줄 친 부분에 유의하여 우리말 해석을 완성하시오.

12 Everyone is <u>doubting</u> your ability.

➡ 모두가 당신의 능력을 ______________________.

13 The easiest way is <u>forgiving</u> him.

➡ 가장 쉬운 방법은 그를 ______________________.

14 I was <u>preparing</u> to leave the hotel.

➡ 나는 호텔을 떠날 ______________________.

15 A stranger <u>is erasing</u> something on the wall.

➡ 한 낯선 사람이 벽에 있는 무언가를 ______________________.

16 Debate <u>is discussing</u> some issues with others.

➡ 토론은 다른 사람들과 어떤 문제들을 ______________________.

17 My New Year's resolution <u>is eating</u> healthier.

➡ 나의 새해 결심은 더 건강하게 ______________________.

🦉 **어휘 & 표현**

· **peaceful** 평화로운　· **gather** 모으다　· **moss** 이끼　· **require** 필요로 하다　· **patience** 인내　· **rewarding** 보람 있는
· **cozy** 아늑한　· **recording room** 녹음실　· **occupy** 사용하다　· **cause** 원인, 원인이 되다　· **doubt** 의심하다　· **ability** 능력
· **erase** 지우다　· **debate** 토론　· **discuss** 논의하다　· **resolution** 결심

〈 정답과 해설 p. 127~128 〉

UNIT 60 분사구문

> • **분사구문**: 현재분사 또는 과거분사를 포함하고 구 또는 절로 이루어진 형태로,
> 시간, 이유, 양보, 조건, 동시동작 등을 나타낸다.

1 분사구문 만드는 법

접속사 주어 동사
• **When I knocked on the door**, I heard nothing inside.
부사절 　　　　　　　　　　주절

(내가 문을 두드렸을 때, 나는 안에서 어떤 소리도 듣지 못했다.)

~~When~~ I knocked on the door, I heard nothing inside.
→ ① 부사절의 **접속사**를 없앤다.

② 같은 주어
~~When~~ ~~I~~ knocked on the door, I heard nothing inside.
→ ② 부사절의 **주어**와 주절의 주어가 같으면 부사절의 **주어**를 없앤다.

③ 같은 시제
~~When~~ ~~I~~ ~~knocked~~ on the door, I heard nothing inside.
(→ knocking)
→ ③ 부사절의 **동사**를 현재분사의 형태(-ing)로 바꾼다. **being**은 종종 생략된다.

분사구문 **Knocking on the door**, I heard nothing inside.
분사구문

(문을 두드렸을 때, 나는 안에서 어떤 소리도 듣지 못했다.)

❶ 접속사를 없애지 않는 경우

접속사의 의미를 분명히 하고자 할 때, 분사구문에서 접속사를 생략하지 않기도 한다.

① 대부분의 경우, 부사절의 **접속사를 없앤다**. ❶

• Before you go to bed, remember to turn off the lights.

분사구문 **Going to bed**, remember to turn off the lights.
접속사 before를 없앰

(자기 전에, 불을 끄는 것을 기억하세요.)

❷ 부사절의 주어가 주절의 주어와 다른 경우

부사절의 주어와 주절의 주어가 다를 경우, 분사구문에서 주어를 그대로 쓴다.

• You not being home, we left the package at your door.
(네가 집에 없었기 때문에, 우리는 문 앞에 소포를 두고 갔다.)

② 부사절의 주어와 주절의 주어가 같으면 **부사절의 주어를 없앤다**. ❷

• As I walked through the park, I enjoyed the fresh air.

분사구문 **Walking through the park**, I enjoyed the fresh air.
부사절의 주어 I를 없앰

(공원을 걸으며, 나는 신선한 공기를 즐겼다.)

③ 부사절의 동사가 주절의 동사의 시제와 같을 경우, **현재분사의 형태 (-ing)로 바꾼다**. ❸
being은 종종 생략된다.

• Because I missed the bus, I was late to the meeting.

분사구문 **Missing the bus**, I was late to the meeting.
missed를 missing으로 바꿈

(버스를 놓쳤기 때문에, 나는 회의에 늦었다.)

❸ 부사절의 시제가 다를 경우

부사절의 동사의 시제가 주절보다 앞설 경우, 「having + p.p.」 형태로 쓴다.

• Having solved the puzzle, we celebrate our success.
(퍼즐을 풀었기 때문에, 우리는 성공을 자축한다.)

참고 부사절의 동사에 **not**이 있을 경우, 분사 앞에 **not**을 쓴다.

• As she didn't want to go alone, she invited her friend.

분사구문 **Not wanting to go alone**, she invited her friend.
동사에 not이 있어서 wanting 앞에 not을 씀

(혼자 가기 싫어서, 그녀는 친구를 초대했다.)

1 분사구문 만드는 법

[01-07] 〈보기〉와 같이 분사구문을 이용하여 주어진 문장을 완성하시오.

> ─〈보기〉─
> If you turn to the right, you can find the bank.
> = Turning to the right, you can find the bank.

01 Everyone laughed, as they thought I was joking.

= Everyone laughed, ＿＿＿＿＿＿＿ ＿＿＿＿＿＿＿ ＿＿＿＿＿＿＿＿.

02 Tyler checked his emails while he drank coffee.

= Tyler checked his emails while ＿＿＿＿＿＿＿ ＿＿＿＿＿＿＿.

03 When Wilson shared his idea, his colleagues cheered.

= ＿＿＿＿＿＿ ＿＿＿＿＿＿ ＿＿＿＿＿＿ ＿＿＿＿＿＿, his colleagues cheered.

04 Although I met you many years ago, I can recognize you.

= ＿＿＿＿＿＿ ＿＿＿＿＿＿ ＿＿＿＿＿＿ many years ago, I can recognize you.

05 As I didn't feel well, I stayed away from stressful situations.

= ＿＿＿＿＿＿ ＿＿＿＿＿＿ ＿＿＿＿＿＿, I stayed away from stressful situations.

06 All my stuff created a loud noise as it fell down on the floor.

= All my stuff created a loud noise, ＿＿＿＿＿＿ ＿＿＿＿＿＿ on the floor.

07 When you start to record, be sure to turn off the echo effect.

= When ＿＿＿＿＿＿ ＿＿＿＿＿＿ ＿＿＿＿＿＿, be sure to turn off the echo effect.

[08-11] 주어진 우리말과 일치하도록 괄호 안의 말을 바르게 배열하시오. (단, 동사는 알맞은 분사로 변형할 것)

08 선생님이 나를 보셨기 때문에, 나는 수업을 뺄 수 없었다. (the teacher, me, see)

➡ ＿＿＿＿＿＿＿＿＿＿＿＿, I couldn't skip class.

09 위험을 깨닫지 못한 채, 그녀는 숲속으로 들어갔다. (realize, not, the danger)

➡ ＿＿＿＿＿＿＿＿＿＿＿＿, she went into the forest.

10 집을 청소했기 때문에, 나는 현재 여유가 있다. (clean, the house)

➡ ＿＿＿＿＿＿＿＿＿＿＿＿, I have some time to relax now.

11 종이 울리자, 학생들이 서둘러 교실 밖으로 나왔다. (the bell, ring)

➡ ＿＿＿＿＿＿＿＿＿＿＿＿, the students rushed out of the classroom.

28 DAY

🦉 어휘 & 표현

· inside 안에   · invite 초대하다   · joke 농담하다   · share 나누다   · colleague 동료   · cheer 격려하다
· recognize 알아보다   · stressful 스트레스를 받는   · loud 시끄러운   · fall down 떨어지다   · record 기록하다
· echo effect 메아리 효과   · skip 빠지다   · forest 숲   · relax 쉬다   · rush 서두르다

〈 정답과 해설 **p. 128~129** 〉

- 분사구문은 시간, 이유, 양보, 조건, 동시동작 등과 같은 부사절의 의미를 대신한다.
- 따라서 문맥에 맞게 자연스럽게 해석해야 한다.

시간	when (~할 때), after (~ 후에), before (~ 전에) 등	• When he saw the scary dog, he ran away. [분사구문] Seeing the scary dog, he ran away. (사나운 개를 보자, 그는 달아났다.) • Before I go to bed, I often watch funny videos. [분사구문] Before going to bed, I often watch funny videos. (잠자기 전에, 나는 종종 웃긴 동영상을 본다.)
원인, 이유	as, because, since (~ 때문에) 등	• Since I had no money, I couldn't buy the car. [분사구문] Having no money, I couldn't buy the car. (돈이 없어서, 나는 그 차를 살 수 없었다.)
양보	even though, although, though (~할지라도) 등	• Though I live next door, I don't know him. [분사구문] Living next door, I don't know him. (옆집에 살지만, 나는 그를 모른다.)
조건	if (~한다면) 등	• If you listen carefully, you'll understand the speaker's message. [분사구문] Listening carefully, you'll understand the speaker's message. (잘 듣는다면, 당신은 화자의 메시지를 이해할 수 있을 것이다.)
동시동작	while (~하는 동안), as (~하면서) 등	• While he was in the hospital, he didn't stop studying. [분사구문] Being in the hospital, he didn't stop studying. (병원에 있는 동안에, 그는 공부를 멈추지 않았다.) • As he was reading a book, he ate breakfast. [분사구문] Reading a book, he ate breakfast. (책을 읽으면서, 그는 아침을 먹었다.)

3 「with + 명사 (대명사) + 분사」

- '~한 채로, ~하면서'라는 동시동작을 의미하는 분사구문이다.
- 명사, 대명사와 분사의 관계가 능동일 때는 현재분사를, 수동일 때는 과거분사를 쓴다.

(1) 능동 관계 : 현재분사를 쓴다.

• The movie started while everyone was enjoying their popcorn.
(모두가 팝콘을 먹는 동안 영화가 시작되었다.)

┌─ 능동 관계 ─┐
[분사구문] The movie started with everyone enjoying their popcorn.
현재분사
(모두가 팝콘을 먹으면서 영화가 시작되었다.)

(2) 수동 관계 : 과거분사를 쓴다.

• He left the room, and the light was being turned on. (그는 방을 나갔고, 불은 켜져 있었다.)

┌─ 수동 관계 ─┐
[분사구문] He left the room with the light turned on. (그는 불이 켜진 채 방을 나갔다.)
과거분사

2 분사구문의 쓰임

[12-14] 주어진 두 문장이 같은 뜻이 되도록 빈칸에 알맞은 말을 〈보기〉에서 골라 쓰시오. (중복 사용 불가)

〈보기〉

Although   Because   While

12 Knowing the answer, Bob raised his hand.

➡ ______________ Bob knew the answer, he raised his hand.

13 Born in a wealthy family, he went bankrupt.

➡ ______________ he was born in a wealthy family, he went bankrupt.

14 Walking along the street, I came across my old friend.

➡ ______________ I was walking along the street, I came across my old friend.

3 「with + 명사 (대명사) + 분사」

[15-20] 괄호 안에서 알맞은 것을 고르시오.

15 You should chew with your mouth (closed / closing).

16 Did you go to bed with the oven (turned / turning) on?

17 We hurried to the shelter with the rain (poured / pouring).

18 His dog followed me with its tail (wag / wagging) happily.

19 Someone is staring at you with her arms (crossed / crossing).

20 He watched TV with his feet (rest / resting) on the table.

[21-24] 주어진 우리말과 일치하도록 괄호 안의 말을 바르게 배열하시오. (단, 동사는 알맞은 분사로 변형할 것)

21 해가 지면서 하늘은 주황색으로 변했다. (set, sun, the, with)

➡ ______________________________, the sky turned orange.

22 눈을 감은 채 나는 호흡에 집중했다. (my, close, with, eyes)

➡ I focused on my breathing ______________________________.

23 크리스마스가 다가오면서 공기가 기쁨으로 가득 찼다. (Christmas, with, approach)

➡ The air was filled with joy ______________________________.

24 그들은 축제를 위해 얼굴을 칠한 채로 뛰어다니고 있었다. (their faces, with, paint)

➡ They were running around ______________________________ for the festival.

28DAY

어휘 & 표현

· **scary** 사나운   · **run away** 달아나다   · **raise** 들다   · **wealthy** 부유한   · **go bankrupt** 파산하다   · **shelter** 대피소
· **pour** 쏟아지다   · **tail** 꼬리   · **wag** 흔들다   · **rest** 받치다, 기대다   · **focus on** ~에 집중하다   · **breathing** 호흡
· **approach** 다가오다

〈 정답과 해설 p. 129 〉

[01-02]
빈칸에 알맞은 것을 고르시오.

01

> Nobody can enter the room with the door
> _________ down.

① shut ② shutted ③ shutting
④ shuts ⑤ be shut

02

> With some flowers _________, the table
> looked elegant.

① arrange ② to arrange ③ arranging
④ arranged ⑤ to arranging

[03-04]
밑줄 친 부분과 바꿔 쓸 수 있는 것을 고르시오.

03

> We walked to the beach <u>while our car was
> parked nearby</u>.

① with our car parks nearby
② with our car parked nearby
③ with our car parking nearby
④ with our car was parked nearby
⑤ with our car was parking nearby

04

> The book had a few mistakes <u>as it was written
> in haste</u>.

① writing in haste
② written in haste
③ it written in haste
④ been written in haste
⑤ the book writing in haste

[05-07] 서술형
주어진 문장을 분사구문을 이용하여 다시 쓰시오. (단, 접속사는 생략할 것)

05

As darkness fell, someone knocked on the door.

➡ With __________________, someone knocked on the door.

06

After we watch the movie, we share our thoughts.

➡ __________________, we share our thoughts.

07

Because she studied hard, she feels confident.

➡ __________________, she feels confident.

08 고난도
주어진 우리말과 일치하도록 바르게 영작한 것을 고르시오.

> 우리가 해변을 따라 걸었을 때, 우리는 아름다운 일몰을 보았다.

① Walked along the beach, we saw a beautiful sunset.
② Walking along the beach, we saw a beautiful sunset.
③ They walking along the beach, we saw a beautiful sunset.
④ Having walked along the beach, we see a beautiful sunset.
⑤ When we walk along the beach, we saw a beautiful sunset.

[09-11]

밑줄 친 부분의 쓰임이 나머지 넷과 <u>다른</u> 것을 고르시오.

09

① What is this <u>shining</u> object?
② I like <u>taking</u> a shower at night.
③ <u>Staying</u> healthy is very important.
④ They finished <u>washing</u> the dishes.
⑤ I couldn't find the <u>gardening</u> gloves.

10

① Our baby hates <u>riding</u> a car.
② We had to jump off a <u>running</u> car.
③ She kept me <u>waiting</u> for 30 minutes.
④ I was <u>writing</u> lyrics for the band's new album.
⑤ With a kettle <u>boiling</u>, the kitchen filled with steam.

11

① <u>Being</u> cold, I turned up the heat.
② <u>Watching</u> their reunion, we began to cry.
③ <u>Reading</u> newspaper on the sofa, he fell asleep.
④ <u>Waiting</u> for the elevator, I met my old colleague.
⑤ <u>Translating</u> English novels into Korean is his job.

12

밑줄 친 부분과 바꿔 쓸 수 있는 것을 고르시오.

> Because she took the wrong bus, she was late by an hour for the class.

① Taken the wrong bus
② Taking the wrong bus
③ She takes the wrong bus
④ Being taken the wrong bus
⑤ Having took the wrong bus

13 서술형

어법상 틀린 문장 2개를 찾아 기호를 쓰고, 바르게 고쳐 문장을 다시 쓰시오.

> ⓐ You ran away with others left behind.
> ⓑ Lived in France, Pierre speaks French well.
> ⓒ I want to buy a sleeping bag for our camping trip.
> ⓓ Antonio whispered goodbye with tears run down his face.
> ⓔ Working three nights in a row, he looked really exhausted.

(1) ____________, ____________________

____

(2) ____________, ____________________

____

[14-16] 서술형

주어진 문장을 분사구문을 이용하여 다시 쓰시오. (단, 접속사는 생략할 것)

14

After he cleans the bathroom, he rewards himself with a cup of coffee.

➡ ____________________, he rewards himself with a cup of coffee.

15 고난도

As the project was done on time, we celebrated with a team dinner.

➡ With ____________________, we celebrated with a team dinner.

16 고난도

As the problem was solved, they could finally relax.

➡ With ____________________, they could finally relax.

〈 정답과 해설 p. 129~130 〉

[17-18]

두 문장이 같은 뜻이 되도록 알맞은 말을 〈보기〉에서 골라 쓰시오. (중복 사용 불가)

〈보기〉
Though   When   If

17

Seeing the police, the thief panicked.

= ______________ the thief saw the police, he panicked.

18

Sitting in the sun, I still feel cold.

= ______________ I sit in the sun, I still feel cold.

19

밑줄 친 부분과 바꿔 쓸 수 있는 것을 고르시오.

Feeling worried, I went outside and walked down the street.

① If you felt worried
② As they felt worried
③ Because I felt worried
④ Since she felt worried
⑤ When I had felt worried

20

빈칸에 알맞은 것을 고르시오.

__________ to the radio, Elena smiled at the familiar song.

① Listens   ② As listen   ③ Listened
④ Listening   ⑤ Being listened

21 서술형

주어진 우리말과 일치하도록 〈조건〉에 맞게 영작하시오.

〈조건〉
• watch, concentrate를 활용할 것
• With로 문장을 시작할 것
• 6단어로 적을 것

나는 당신이 보는 상태에서는 집중할 수 없다.

➡ ______________________________

[22-23]

주어진 문장의 밑줄 친 부분과 쓰임이 같은 것을 고르시오.

22 고난도

She was wearing a stolen pearl necklace.

① Debating over some issues is not easy.
② Let's consider building a factory nearby.
③ The best part of my day is meeting you.
④ I signed up for a cooking class today.
⑤ Look at the police chasing a woman!

23

I bought a fishing rod as a present for my father.

① I saw a dog running down the street.
② She greeted me with her eyes sparkling.
③ Eating pizza always makes me feel better.
④ The athlete waved to the cheering kid.
⑤ Turning to the left, you will find London Bridge.

 어휘 & 표현

• elegant 우아한	• in haste 성급하게	• darkness 어둠	• confident 자신 있는	• lyric 가사	• reunion 재회
• translate 번역하다	• leave ~ behind ~을 남기고 오다	• whisper 속삭이다	• exhausted 지친	• reward 보상하다	
• celebrate 기념하다	• thief 도둑	• panic 공황 상태에 빠지다(panic - panicked - panicked)		• concentrate 집중하다	
• debate 논의하다	• factory 공장	• chase 뒤쫓다	• fishing rod 낚싯대	• greet 맞이하다	

0

관계사
關係詞
(관계할 관, 맬 계, 말 사)
선행사를 대신하여
접속사처럼 두 문장을 연결하는 말

The guy who helped me carry my groceries was so kind.
관계대명사

(내가 장을 본 짐을 들어준 그 남자는 정말 친절했다.)

I adopted a puppy, which has brought so much joy into my life.
관계대명사의 계속적 용법

(나는 강아지를 입양했는데, 그것은 내 삶에 큰 기쁨을 가져다줬다.)

I watched the documentary (that) you recommended.
생략 가능한 관계대명사

(나는 네가 추천한 다큐멘터리를 봤다.)

Do you remember the time when we stayed up all night talking?
관계부사

(우리가 밤새 얘기하며 깨어있던 때를 기억하나요?)

 **UNIT 61** 관계대명사 

• **관계대명사:** 선행사를 대신하는 대명사와 두 문장을 연결하는 접속사 역할을 동시에 한다.
who, which, that, what(선행사가 포함되어 있음) 등이 있다.

1 관계대명사의 역할

(1) 「**접속사＋대명사**」의 역할: 접속사처럼 절을 연결하며 대명사처럼 명사를 대신한다.

• I know a boy. He lives in France. (나는 한 소년을 안다. 그는 프랑스에 산다.)

→ I know a boy and he lives in France.
　　　　　　　　「접속사＋대명사」
　　　　　　　　　　　　　　　(나는 한 소년을 아는데 그는 프랑스에 산다.)

→ I know a boy who lives in France. (나는 프랑스에 사는 한 소년을 안다.)
　　　　　　　관계대명사

(2) 앞에 있는 명사(선행사)를 수식하는 형용사절을 이끈다.

• He has a younger sister who works at a hospital.
　　　　　　　　　　　形용사절을 이끄는 관계대명사
　　　　　　　　　　　(그는 병원에서 일하는 여동생이 있다.)

❶ **주격 관계대명사절의 수 일치**

주격 관계대명사절의 동사는 선행사의 인칭과 수에 일치시킨다.

2 관계대명사의 종류

– 관계대명사가 관계대명사절에서 하는 역할에 따라 주격, 목적격, 소유격으로 구분한다.

┌ 선행사가 사람이면 **who, whom, whose, that**
└ 선행사가 사물 또는 동물이면 **which, whose, that**

선행사　＼　관계대명사의 격	주격	목적격	소유격
사람	who	who, whom	whose
사물, 동물	which	which	whose
사람, 사물, 동물	that	that	–
없음	what	what	–

3 선행사가 사람 – who, who(m), whose

who 주격	관계대명사절 안에서 주어 역할을 한다. • She is the one. She won the lottery. (그녀가 그 사람이다. 그녀는 복권에 당첨되었다.) → She is **the one** who won the lottery. (그녀가 복권에 당첨된 그 사람이다.)
who(m) 목적격	관계대명사절 안에서 목적어 역할을 한다. • This is the man. I met him yesterday. (이 사람은 그 남자이다. 나는 어제 그를 만났다.) → This is **the man** who(m) I met yesterday. (이 사람은 내가 어제 만났던 그 남자이다.)
whose 소유격	관계대명사 뒤에 나오는 명사와 소유 관계를 나타낸다. • He is the author. His books are famous. (그는 작가이다. 그의 책들은 유명하다.) → He is **the author** whose books are famous. (그는 책들이 유명한 작가이다.)

1 관계대명사의 역할

[01-06] 밑줄 친 관계대명사의 선행사를 찾아 쓰시오.

01 Give me the book <u>that</u> is on the desk. ➡ __________

02 Figure skating is the sport <u>that</u> we like. ➡ __________

03 I need a person <u>who</u> speaks both Chinese and English. ➡ __________

04 I have a friend <u>whom</u> I've known since kindergarten. ➡ __________

05 Do you know the person <u>whose</u> bag was left in the cafeteria? ➡ __________

06 I finished the book <u>which</u> has a beautiful cover. ➡ __________

2 관계대명사의 종류

[07-14] 밑줄 친 부분의 역할을 〈보기〉에서 골라 쓰시오.

〈보기〉

주격 관계대명사	목적격 관계대명사	소유격 관계대명사

07 She has a friend <u>who</u> lives in Paris. __________

08 This is the doctor <u>whom</u> I always respect. __________

09 You are the person <u>who</u> she loves. __________

10 I saw a man <u>whose</u> dog was wagging its tail. __________

11 I called my son <u>who</u> was studying in a cafe. __________

12 The professor <u>who</u> I admire will give a lecture. __________

13 The woman <u>who</u> they met has beautiful eyes. __________

14 Look at that man <u>whose</u> coat is covered with dust. __________

1 + 2 + 3 관계대명사

[15-22] 괄호 안에서 알맞은 것을 고르시오.

15 I miss a friend (who / whom) lives in London.

16 The girl (who / which) is smiling is my sister.

17 He is my cousin who (like / likes) to go golfing.

18 I have a friend (that / whose) father is an architect.

19 The man (whom / which) I met yesterday was an actor.

20 He is the man who (work / works) at the steel company.

21 The river (who / which) flows through London is the Thames.

22 Do you remember the man (who / whose) phone you borrowed?

 **어휘 & 표현**

- **win the lottery** 복권에 당첨되다
- **author** 작가
- **kindergarten** 유치원
- **cafeteria** 구내식당
- **cover** 표지
- **respect** 존경하다
- **wag** (꼬리를) 흔들다
- **admire** 존경하다
- **lecture** 강의
- **architect** 건축가
- **steel company** 철강 회사
- **borrow** 빌리다

〈 정답과 해설 **p. 131~132** 〉

29 DAY

4 선행사가 사물, 동물 – which, whose

which 주격	관계대명사절 안에서 주어 역할을 한다. • She found the map. It was hidden. (그녀는 지도를 찾았다. 그것은 숨겨져 있었다.) → She found **the map** which was hidden. (그녀는 숨겨져 있던 지도를 찾았다.)
which 목적격	관계대명사절 안에서 목적어 역할을 한다. • That is the book. I bought it today. (그것은 책이다. 나는 그것을 오늘 샀다.) → That is **the book** which I bought today. (그것은 내가 오늘 산 책이다.)
whose 소유격	관계대명사 뒤에 나오는 명사와 소유 관계를 나타낸다. • Please find the dog. Its nose is brown. (강아지를 찾아주세요. 그것의 코는 갈색입니다.) → Please find **the dog** whose nose is brown. (코가 갈색인 강아지를 찾아주세요.) [참고] 과거에는 whose 자리에 of which를 쓰기도 했으나, 현대에는 whose를 주로 사용한다.

5 선행사가 사람, 사물, 동물 – that

(1) 관계대명사 who, whom, which를 대신할 수 있다.
- The woman who(m)[that] I met is a teacher. (내가 만났던 여자는 선생님이다.)
  who(m) 대신 that을 쓸 수 있음
- The story which[that] he told us was funny. (그가 우리에게 들려준 이야기는 재밌었다.)
  which 대신 that을 쓸 수 있음

(2) 선행사에 다음이 포함되어 있을 때는 주로 that을 쓴다.

사람 + 사물/동물	• I saw the girl and her dog that were walking. (나는 걷고 있는 소녀와 그녀의 개를 보았다.)
서수, 최상급, the only / very / same	• He was the first man that came to the party. (그는 파티에 온 첫 번째 사람이었다.)
-thing	• Tell me something that you saw at that time. (당신이 그때 본 것을 나에게 말해주세요.)
all, much, little, no	• This is all that I can do. (이것이 내가 할 수 있는 전부이다.)

6 선행사가 없을 때 – what

(1) 선행사를 포함하는 관계대명사로, 앞에 선행사가 오지 않는다. ('~하는 것(들)'으로 해석)

- Tell me what you know. (네가 아는 것을 내게 말해줘.)
  앞에 선행사가 없음

(2) 선행사(명사)가 하는 역할인 주어, 목적어, 보어가 되는 명사절 역할을 한다.

주어	• What I want is not money but time. (내가 원하는 것은 돈이 아니라 시간이다.) 문장의 주어
목적어	• I don't know what you are saying. (나는 당신이 말하는 것을 모르겠다.) 문장의 목적어
보어	• This is what I said two months ago. (이것이 두 달 전에 내가 말한 것이다.) 문장의 보어

(3) 「선행사 + 관계대명사」로 바꿔쓸 수 있다. – the thing(s) which[that]
- This is what I want to buy. (이것은 내가 사고 싶어 하는 것이다.)
  → This is the thing which[that] I want to buy.
  「선행사 + 관계대명사」

3 + 4 + 5 + 6 who, which, that, what

[23-30] 괄호 안에서 주로 쓰이는 관계대명사로 알맞은 것을 <u>모두</u> 고르시오.

23 All (who / that) glitters is not gold.

24 The friend (who / that) helped me is very kind.

25 They gave us (what / that) we needed.

26 The restaurant (which / that) we visited had tasty food.

27 The only thing (whose / that) matters is your happiness.

28 All the information (what / that) you need is in the report.

29 He said something (whose / that) caught everyone's attention.

30 Can you see the man and his dog (which / that) are running together?

5 + 6 that, what

[31-33] 주어진 두 문장이 같은 뜻이 되도록 빈칸에 알맞은 말을 쓰시오.

31 What he said is true.

= ________________ ________________ ________________ he said is true.

32 These are the things which my sister wants to have.

= These are ______________ my sister wants to have.

33 Don't put off the thing that should be done now.

= Don't put off ______________ should be done now.

[34-43] 빈칸에 what과 that 중 알맞은 것을 쓰시오.

34 ______________ she told us is not true.

35 Watching TV is ______________ I want to do most now.

36 The only game ______________ I play is chess.

37 This ring is the thing ______________ my mother left for me.

38 I don't understand ______________ you're trying to say.

39 There's no one ______________ I gave my new phone number to.

40 Can you explain to me ______________ happened yesterday?

41 There is much information ______________ needs to be considered.

42 The only person ______________ can truly understand you is yourself.

43 I'll never forget ______________ you said during our conversation.

어휘 & 표현

- **hidden** 숨겨진
- **glitter** 반짝거리다
- **tasty** 맛있는
- **matter** 중요하다
- **catch one's attention** ~의 관심을 끌다
- **put off** 미루다
- **explain** 설명하다
- **happen** 일어나다
- **consider** 고려하다
- **conversation** 대화

29 DAY

〈 정답과 해설 **p. 132~133** 〉

관계대명사의 계속적 용법과 생략

• **관계대명사의 계속적 용법**: 관계대명사 앞에 ','를 붙여서 정보를 추가하는 형식이다.

1 관계대명사의 계속적 용법 ❶

(1) 관계대명사 앞에 콤마(,)를 붙여 추가 정보를 덧붙인다.

- I met my neighbor, and he is a chef at a local restaurant.
  → I met my neighbor, who is a chef at a local restaurant.

  (나는 이웃을 만났는데, 그는 동네 식당의 요리사이다.)

- I have a dog, and it is named Winky.
  → I have a dog, which is named Winky.

  (나는 강아지가 있는데, 이름이 Winky이다.)

(2) 「접속사(and, but, because) + 대명사」로 바꾸어 쓸 수 있다.

- I can't trust Brandon because he often tells a lie.
  → I can't trust Brandon, who often tells a lie.

  (나는 Brandon을 믿을 수 없는데, 그가 종종 거짓말을 하기 때문이다.)

- We planned a picnic, and it seemed fun.
  → We planned a picnic, which seemed fun.

  (우리는 소풍을 계획했는데, 그것은 재미있을 것 같았다.)

(3) 관계대명사 that은 계속적 용법으로 쓸 수 없다.

- She bought a new car, ~~that~~(→ which) was a modern model.

  (그녀는 새 차를 샀는데, 그것은 최신 모델이었다.)

- She loves painting, ~~that~~(→ which) is her hobby.

  (그녀는 그림 그리기를 좋아하는데, 그것은 그녀의 취미이다.)

> ❶ **계속적 용법의 선행사**
>
> 계속적 용법의 관계대명사는 앞에 오는 절 전체를 선행사로 하기도 한다.
> - He showed me round the town, which was very kind of him.
> (그가 나에게 마을을 보여줬는데, 그것은 매우 친절했다.)

2 관계대명사의 생략

(1) 목적격 관계대명사로 쓰인 who(m), which, that은 생략할 수 있다.

- I invited the professor (who(m)) I respect.

  (나는 내가 존경하는 교수님을 초대했다.)

- She talked about wild animals (which) she saw in Africa.

  (그녀는 아프리카에서 본 야생동물에 관해서 이야기했다.)

- There was no one (that) I could ask for help.

  (내가 도움을 청할 수 있는 사람이 아무도 없었다.)

(2) 「주격 관계대명사+be동사+분사」 형태일 때, 「주격 관계대명사+be동사」는 생략할 수 있다.

- The boy (who is) playing basketball is Paul.

  (농구를 하고 있는 소년은 Paul이다.)

- He loved pictures (which were) painted by me.

  (그는 내가 그린 그림들을 좋아했다.)

1 관계대명사의 계속적 용법

[01-04] 밑줄 친 관계대명사에 유의하여 문장을 해석하시오.

01 The person <u>who</u> called you is waiting outside.

➡ _______________________________________

02 I have a neighbor, <u>who</u> volunteers at the animal shelter.

➡ _______________________________________

03 The man <u>whose</u> wallet was stolen reported it to the police.

➡ _______________________________________

04 He has a smartphone, <u>which</u> has a high-quality camera.

➡ _______________________________________

2 관계대명사의 생략

[05-10] 문장에서 생략이 가능한 부분을 찾아 쓰시오. (단, 생략할 부분이 없다면 X로 표시할 것)

05 Look at the house whose roof is blue.　_______________

06 Can she read a book that is written in French?　_______________

07 Seoul is the place that I have visited several times.　_______________

08 Have you found the purse which you lost yesterday?　_______________

09 I'm looking for a woman who can care for my daughter.　_______________

10 The boy who is drinking juice at that table is my brother.　_______________

> **어휘 & 표현**
> - **local** 지역의, 현지의
> - **trust** 믿다, 신뢰하다
> - **modern** 최신의, 현대의
> - **professor** 교수
> - **respect** 존경하다
> - **wild animal** 야생동물
> - **ask for help** 도움을 요청하다
> - **animal shelter** 동물보호소
> - **report** 신고하다, 보고하다
> - **high-quality** 고품질의
> - **roof** 지붕
> - **several** 몇몇
> - **purse** 지갑
> - **care for** ~을 돌보다
> - **plate** 음식을 차리다

1 + 2 관계대명사의 계속적 용법과 생략

[11-14] 주어진 우리말과 일치하도록 괄호 안의 말을 바르게 배열하시오. (필요시, 콤마(,)를 쓸 것)

11 나는 책을 샀는데, 그 책은 너무 어려웠다. (so difficult, I, which, bought, was, a book)

➡ _______________________________________

12 내가 네게 빌려준 펜은 책상 위에 있다. (lent, you, is on the desk, the pen, I)

➡ _______________________________________

13 그녀는 아프다고 말했지만, 그것은 거짓말이었다. (was a lie, said, she, was ill, which, she)

➡ _______________________________________

14 주방장 모자를 쓴 요리사는 정성껏 요리를 하나씩 플레이팅한다.

(with care, wearing, the chef, plates each dish, a chef's hat)

➡ _______________________________________

〈 정답과 해설 **p. 133~134** 〉

 **UNIT 63** 관계부사 

> • **관계부사**: 선행사인 부사를 대신하고 두 문장을 연결하는 접속사 역할을 동시에 한다.
> when, why, where, how 등이 있다.

1 관계부사의 역할

(1) 「**접속사＋부사**」의 역할 : 접속사처럼 절을 연결하며 부사를 대신한다.

- I remember the day and I met you that day. (나는 그날을 기억하는데 나는 그날 당신을 만났다.)
  「접속사＋부사」

→ I remember the day when I met you. (나는 당신을 만난 그날을 기억한다.)
  관계부사

(2) 앞에 있는 명사(선행사)를 수식하는 형용사절을 이끈다.

- Can you tell me the time when we will me?
  형용사절을 이끄는 관계부사

  (우리가 만날 시간을 알려줄 수 있니?)

2 관계부사의 종류

– 선행사에 따라 **where, when, why, how**를 쓴다.
– 「**전치사＋관계대명사**」로 바꿔쓸 수 있다.

❶선행사		관계부사	전치사 + 관계대명사
(1) 장소	the place, the city, the case, the point	where	= in / at + which
(2) 시간	the time, the day	when	= on / at + which
(3) 이유	the reason	why	= for which
(4) 방법	the way	how	= in which

> ❶ **관계부사나 일반적인 의미의 선행사의 생략**
>
> 선행사가 place, reason, time 등과 같이 일반적으로 쓰이는 명사일 때, 선행사나 관계부사를 생략할 수 있다.
> • This is where we first met.
> (이곳이 우리가 처음 만난 곳이다.)

(1) That is the city. I grew up there. (저곳이 그 도시이다. 나는 거기서 자랐다.)

→ That is **the city** where[in which] I grew up. (저곳이 내가 자란 도시이다.)

(2) Tomorrow will be the day. I start my new job then.

  (내일은 그날일 것이다. 나는 그때 새로운 일을 시작한다.)

→ Tomorrow will be **the day** when[on which] I start my new job.

  (내일은 내가 새로운 일을 시작하는 날일 것이다.)

(3) I don't know the reason. He made that choice for the reason.

  (나는 이유를 모른다. 그는 그 이유로 그런 선택을 했다.)

→ I don't know **the reason** why[for which] he made that choice.

  (나는 그가 그런 선택을 한 이유를 모른다.)

(4) This is the way. She solves a problem in the way.

  (이것은 방법이다. 그녀는 그 방법으로 문제를 해결한다.)

→ This is **the way** (또는 how) she solves a problem.

  (이것이 그녀가 문제를 해결하는 방법이다.)

> ❷ **관계부사 how**
>
> 방법을 나타내는 관계부사 how는 선행사 the way와 같이 쓰지 않고, 반드시 둘 중 하나만 쓴다. 단, in which는 선행사 the way와 함께 쓰일 수 있다.

1 관계부사의 역할

[01-05] 밑줄 친 부분에 유의하여 문장을 해석하시오.

01 Is that the building <u>where your father works</u>?

→ ____

02 Tell me the exact time <u>when your plane takes off</u>.

→ ____

03 I admire <u>how she expresses her thoughts</u>.

→ ____

04 The world <u>where we live now</u> is still beautiful.

→ ____

05 Can you tell me the reason <u>why you made that decision</u>?

→ ____

2 관계부사의 종류

[06-10] 빈칸에 알맞은 관계부사를 쓰시오.

06 This is the place ____________ I had dinner with my friend.

07 Let me know the day ____________ the car accident happened.

08 I want to know the time ____________ the baby feels hungry.

09 What is the reason ____________ he always looks serious?

10 I will visit the village ____________ Rodin spent his whole life.

1 + 2 관계부사

[11-14] 주어진 우리말과 일치하도록 관계부사를 이용하여 문장을 완성하시오.

11 나는 내가 샴푸를 샀던 가게를 기억할 수 없다.

I bought shampoo at the shop. + I cannot remember the shop.

→ I cannot remember ______________________________.

12 너는 그가 너를 좋아하는 이유를 안다.

He likes you in that reason. + You know the reason.

→ You know ______________________________.

13 그녀는 네가 한국에 온 날을 잊어버렸다.

You came to Korea on that day. + She forgot the day.

→ She forgot ______________________________.

14 그는 어떻게 하면 사람들을 웃게 할 수 있는지 나에게 보여준다.

He can make people laugh in the way. + He shows me the way.

→ He shows me ______________________________.

어휘 & 표현

- **grow up** 자라다
- **choice** 선택
- **solve** 해결하다
- **exact** 정확한
- **take off** 이륙하다
- **express** 표현하다
- **thought** 생각
- **decision** 결정
- **accident** 사고
- **happen** 일어나다
- **serious** 진지한, 심각한
- **spend one's whole life** ~의 평생을 보내다

〈 정답과 해설 p. 134~135 〉

29 DAY

[01-05]

빈칸에 알맞은 것을 고르시오.

01

> A puzzle is a question _________ is difficult to solve.

① whose ② who ③ whom
④ of which ⑤ that

02

> They bought a car _________ design caught everyone's attention.

① whose ② which ③ what
④ who ⑤ whom

03 고난도

> He shows me _________ he organizes his schedule.

① who ② which ③ how
④ what ⑤ whose

04

> I don't know _________ she behaves that way.

① why ② what ③ which
④ whose ⑤ who

05

> Lily is going to work for a company _________ makes washing machines.

① what ② that ③ whose
④ of which ⑤ where

06

자연스러운 대화가 되도록 빈칸에 알맞은 것을 고르시오.

> A: Where did you go for your vacation?
> B: I went to a small island, _________ was peaceful and remote.

① that ② why ③ how
④ which ⑤ when

[07-08] 서술형

두 문장을 한 문장으로 쓸 때 빈칸에 알맞은 관계사를 쓰시오.

07

> • I have a watch.
> • It was made in America.

➡ I have a watch, ___________ was made in America.

08

> • Can you explain the way?
> • This machine works in that way.

➡ Can you explain ___________ this machine works?

09

밑줄 친 부분과 쓰임이 같은 것을 고르시오.

> The person that you met earlier is my cousin.

① I know that he is a smart boy.
② I want that book on the top shelf.
③ It was true that she won the competition.
④ Choose the movie that people want to see.
⑤ I love that painting in your living room.

10

주어진 말이 들어갈 알맞은 위치를 고르시오.

> who is

We (①) hired (②) a new employee (③) highly skilled (④) in computer programming (⑤).

[11-13]

두 문장을 한 문장으로 쓸 때 빈칸에 알맞은 관계사를 쓰시오.

11

> • This is about a boy.
> • He faced many difficulties but became a famous dancer.

➡ This is about a boy __________ faced many difficulties but became a famous dancer.

12

> • She enjoys the book.
> • The book shows how to make pasta.

➡ She enjoys the book __________ shows how to make pasta.

13

> • Jane remembers the day.
> • She passed the exam that day.

➡ Jane remembers the day __________ she passed the exam.

14

빈칸에 들어갈 말이 나머지 넷과 다른 것을 고르시오.

① He is the funniest boy ______ I've ever met.
② Something ______ you said made me sad.
③ I appreciate ______ you did for me.
④ There is no excuse ______ justifies lying.
⑤ This is the worst day ______ I've had.

15

빈칸에 공통으로 들어갈 말을 쓰시오.

> • I received ________ I ordered.
> • Do you know ________ she bought for him?

➡ __________

[16-17]

빈칸에 들어갈 말이 알맞게 짝지어진 것을 고르시오.

16

> • We visited the historic castle, ______(A)______ was located on a hill.
> • This was the moment ______(B)______ everything changed for the better.

   (A)   (B)   (A)   (B)
① that – which   ② that – why
③ which – when   ④ which – how
⑤ whose – when

17

> • The valley ______(A)______ the town lies is polluted.
> • There are a few countries ______(B)______ people drive on the left.

   (A)   (B)   (A)   (B)
① which – where   ② where – what
③ where – which   ④ in which – where
⑤ in which – which

18

ⓐ~ⓒ 중 관계부사가 생략된 곳과 생략된 관계부사가 알맞게 짝지어진 것을 고르시오.

> The museum (ⓐ) is (ⓑ) the place (ⓒ) ancient artifacts are displayed.

① ⓐ – where   ② ⓐ – why
③ ⓑ – where   ④ ⓒ – when
⑤ ⓒ – where

〈 정답과 해설 p. 135~136 〉

19 고난도

어법상 옳은 것을 <u>모두</u> 고르시오.

> ⓐ She has a cat which love to play with yarn.
> ⓑ This is all the money that we have.
> ⓒ The book what I recommended is on the shelf.
> ⓓ This exam was the hardest one that I've ever taken.
> ⓔ The girl whose car broke down is waiting for a tow truck.
> ⓕ I met a musician who latest album is topping the charts.

➡ ______________

[20-22]

주어진 우리말과 일치하도록 바르게 영작한 것을 고르시오.

20

> 이곳은 내가 공부하는 도서관이다.

① This is the library which I study.
② This is the library when I study.
③ This is the library what I study.
④ This is the library in where I study.
⑤ This is the library in which I study.

21

> 나는 그녀가 화를 내는 이유를 몰랐다.

① I didn't know the reason why she was angry.
② I didn't know the reason how she was angry.
③ I didn't know the reason when she was angry.
④ I didn't know the reason in which she was angry.
⑤ I didn't know the reason with which she was angry.

22

> 나는 우리가 1등 했었던 순간을 기억한다.

① I remember the moment why we won the first prize.
② I remember the moment how we won the first prize.
③ I remember the moment what we won the first prize.
④ I remember the moment when we won the first prize.
⑤ I remember the moment in when we won the first prize.

23

밑줄 친 부분을 생략할 수 있는 것의 개수를 쓰시오.

> ⓐ I visited <u>the place</u> where I first met my lifelong friend.
> ⓑ I don't know the time <u>at which</u> the train will arrive.
> ⓒ He is the boy <u>who</u> threw away the garbage.
> ⓓ I'll never forget the time <u>when</u> my father bought me a dress.
> ⓔ Those are pictures <u>that were</u> painted by me.

➡ ______________ 개

24

밑줄 친 부분을 생략할 수 <u>없는</u> 것을 고르시오.

① The man <u>whom</u> I like is a good actor.
② There are many songs <u>that</u> I wrote.
③ Everything <u>that</u> she says to me is fun.
④ I visited the place <u>where</u> he grew up.
⑤ This is the building <u>that</u> belongs to the local government.

다음 문장을 보고 물음에 답하시오.

> I have two sons, who are middle school teachers.

25

주어진 문장을 우리말로 해석하시오.

➡ ___________________________________

26

주어진 문장을 and를 사용한 새로운 문장으로 다시 쓰시오.

➡ ___________________________________

27 서술형

주어진 우리말과 일치하도록 괄호 안의 단어와 관계사를 이용하여 빈칸에 알맞은 말을 쓰시오.

이것이 그녀가 그림을 그리는 방법이다.

(she, draws the picture)

➡ This is ___________________________.

28 고난도 서술형

밑줄 친 부분을 관계부사를 이용하여 바꿔 쓰시오.

A: Did you hear that Mark quit his job?

B: Oh, really? What happened?

A: He quit his job because he is moving away.

➡ The reason ___________________ is that he is moving away.

29 서술형

두 문장을 한 문장으로 쓸 때 빈칸에 적절한 관계대명사를 2개 쓰시오.

> • People feel a need for a bridge.
> • The bridge connects Brooklyn and Queens.

➡ People feel a need for a bridge ___________ connects Brooklyn and Queens.

30

밑줄 친 부분에 관해 잘못 이야기한 학생을 고르시오.

> • ⓐ What we need is a goal.
> • The book ⓑ that I bought is a bestseller.
> • The place ⓒ where we picnic is riverside.
> • I saw a man ⓓ who is wearing red shorts.
> • He wore a blue shirt, ⓔ which matched his eyes.

① 지혜: ⓐ는 명사절을 이끄는 관계대명사야.

② 준호: The book을 선행사로 하는 ⓑ는 which로 바꿔쓸 수 있어.

③ 은지: ⓒ는 선행사가 The place이기 때문에 생략할 수 있어.

④ 지민: ⓓ도 뒤에 분사 wearing이 오기 때문에 생략 가능해.

⑤ 이서: ⓔ는 계속적 용법의 관계대명사로, 선행사가 사물이기 때문에 that으로 바꿔쓸 수 있어.

[31-33]

다음 대화를 읽고 물음에 답하시오.

> Amy: What did you get for your birthday?
> John: Mom gave me a watch.
> Amy: That's a lovely gift! Did you like it?
> John: Yes, I did. It's exactly ___(A)___ I wanted.
> Amy: Anything else?
> John: Actually, yes. My friends surprised me with a dinner at my favorite restaurant.
> Amy: That sounds amazing! Which restaurant did they choose?
> John: They took me to the Italian place ___(B)___ we always talk about.

31 고난도

어법상 (A)에 올 수 없는 것을 고르시오.

① what
② which
③ the thing
④ the thing that
⑤ the thing which

〈 정답과 해설 p. 136~137 〉

32

밑줄 친 Which와 쓰임이 같은 것을 고르시오.

① The car <u>which</u> is red is parked outside.
② She wore a dress <u>which</u> was very stylish.
③ I found a wallet <u>which</u> was lost last week.
④ <u>Which</u> color do you prefer for the walls?
⑤ She lost her keys, <u>which</u> caused a lot of trouble.

33 고난도

어법상 (B)에 적절한 것을 고르시오.

① how   ② what   ③ where
④ which   ⑤ why

[34-35]

다음 글을 읽고 물음에 답하시오.

In a small village, there was a charming old house ⓐ <u>that</u> had been abandoned for years. The house, ⓑ <u>which</u> was covered in ivy, intrigued many people. One day, a young woman named Emma, ⓒ <u>who</u> loved history, decided to explore it. She wanted to know _____(A)_____ had happened in the house long ago. In the attic, she discovered a diary in which the previous owner had written about the adventures ⓓ <u>whose</u> she had experienced. Emma found the diary, ⓔ <u>which</u> revealed many secrets about the house, fascinating.

34 고난도

ⓐ~ⓔ 중 어법상 바르지 <u>않은</u> 것을 고르시오.

① ⓐ   ② ⓑ   ③ ⓒ   ④ ⓓ   ⑤ ⓔ

35 고난도

(A)에 적절한 것을 고르시오.

① where   ② that   ③ what
④ why   ⑤ how

[36-37]

다음 글을 읽고 물음에 답하시오.

In an old town, there was an old library _____(A)_____ everyone wondered about. The library had a mysterious book that no one could open. A curious girl wanted to discover the reason _____(B)_____ the book remained closed. One evening, she found a hidden key beneath the floorboards, _____(C)_____ revealed how to unlock the book. Inside, she discovered a map _____(A)_____ explained the secrets of the library.

36 고난도

(A)에 공통으로 들어갈 말을 고르시오.

① why   ② that   ③ whose
④ where   ⑤ what

37 고난도

(B)와 (C)에 들어갈 말이 알맞게 짝지어진 것을 고르시오.

	(B)	(C)		(B)	(C)
①	how	–	why	② which	–	how
③	why	–	what	④ how	–	that
⑤	why	–	which			

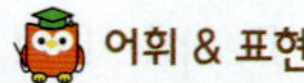

- **attention** 주의, 주목 · **behave** 처신하다 · **remote** 외딴, 먼 · **earlier** 아까, 앞서 · **competition** 대회, 경쟁
- **hire** 고용하다 · **employee** 직원 · **justify** 정당화하다 · **historic** 역사적인 · **castle** 성 · **ancient artifact** 고대 유물
- **display** 전시하다 · **yarn** 실 · **lifelong** 평생의 · **garbage** 쓰레기 · **local government** 지방 자치 단체
- **charming** 매력적인 · **intrigue** 호기심을 자극하다 · **attic** 다락방 · **mysterious** 신비로운

P

가정법

假定法

(거짓 **가**, 정할 **정**, 법 **법**)
사실이 아닌 일이나
일어날 가능성이 없는 일을 가정하는 것

UNIT 64 **가정법 과거**
현재 사실과 반대되는 상황을 가정하는 것

UNIT 65 **가정법 과거완료**
과거 사실과 반대되는 상황을 가정하는 것

If I were you, I would invest in that opportunity.

가정법 과거

(내가 너라면, 그 기회에 투자할 텐데.)

If we had taken the earlier train, we wouldn't have missed the event.

가정법 과거완료

(우리가 더 일찍 기차를 탔더라면, 그 행사를 놓치지 않았을 텐데.)

> **핵심 개념**
> • **가정법:** 사실을 말하는 문장은 직설법이고,
>   사실이 아닌 일이나 일어날 가능성이 없는 일을 가정하거나 소망하는 문장은 가정법이다.
> • **가정법 과거:** 현재 사실에 반대되거나 실현 가능성이 거의 없는 상황을 가정할 때 쓴다.

1 if의 쓰임: '~한다면, ~라면'

'만약 ~라면' (가정법)	현재나 과거 사실에 반대되는, 실현 가능성이 거의 없는 상황을 가정할 때 쓴다. ┌ **가정법 과거:** 현재 사실에 반대되는 상황을 가정 └ **가정법 과거완료:** 과거 사실에 반대되는 상황을 가정 • If I lived here, we could spend more time together. 　나는 여기 살지 않음 　　　　　(만약 내가 여기 산다면, 우리는 더 많은 시간을 함께 보낼 텐데.) • If I had taken a day off, I could have surfed in Busan. 　휴가를 내지 않았음 　　　　　(만약 내가 하루 휴가를 냈었다면, 부산에서 서핑했었을 텐데.)
'~인지 아닌지' (명사절 접속사)	불확실하거나 의문시되는 사실을 이야기할 때 쓴다. • I'm not sure if he will agree. (나는 그가 동의할지 확실하지 않다.) 　동의할지 확실하지 않음
'~한다면' (부사절 접속사)	실현 가능성이 있는 일에 대한 조건을 이야기할 때 쓴다. • If I am not busy, I will go shopping. '바쁘지 않다'라는 조건을 제시함 　　　　　(나는 바쁘지 않다면, 쇼핑을 갈 것이다.)

2 if 가정법 과거

> **If + 주어 + 동사의 과거형, + 주어 + would/could/might + 동사원형 …**
> 　(만약 ~라면)　　　　　　　　　　　　　(…할 텐데)

– 현재 사실에 반대되는, 실현 가능성이 거의 없는 상황을 가정할 때 쓴다.

┌ [현재 사실] Since I don't have the key, I can't open the door.
│ 　　　　　현재에 관한 내용
│ 　　　　　　　　　　　(나는 열쇠가 없기 때문에, 문을 열 수 없다.)
│
└ [가정법 과거] If I had the key, I could open the door.
　　　　if절의 동사 (동사의 과거형)　　주절의 동사 (could + 동사원형)
　　　　　　　　　(만약 내가 열쇠가 있다면, 문을 열 수 있을 텐데.)

┌ [현재 사실] As I'm not aware of your e-mail address, I won't send you the file.
│ 　　　　　현재에 관한 내용
│ 　　　　　　　　(나는 당신의 이메일 주소를 모르기 때문에, 당신에게 파일을 보내지 않을 것이다.)
│
└ [가정법 과거] ❶ If I were aware of your e-mail address, I would send you the file.
　　　　if절의 동사 (동사의 과거형)　　　　　　　　주절의 동사 (would + 동사원형)
　　　　　(만약 내가 당신의 이메일 주소를 안다면, 나는 당신에게 그 파일을 보낼 텐데.)

❶ if절의 be동사

if절의 동사로 be동사가 오면, 주어에 상관없이 were를 쓴다.
• If he **were** healthy, he could be a soccer player.
(만약 그가 건강하**다면**, 그는 축구 선수가 될 수 있을 텐데.)

1 if의 쓰임

[01-06] 밑줄 친 부분의 쓰임을 〈보기〉에서 골라 기호를 쓰시오.

> ───〈보기〉───
> ⓐ 불확실하거나 의문시되는 사실을 이야기함
> ⓑ 실현 가능성이 있는 일에 대한 조건을 이야기함
> ⓒ 현재 사실에 반대되는 상황을 이야기함

01 Check if the tickets are still available. _______________

02 If it snowed, I would build a snowman. _______________

03 If you need help, don't hesitate to ask. _______________

04 Let's ask if the store has the item in stock. _______________

05 If she doesn't call me, I won't forgive her. _______________

06 We don't know if the package will arrive today. _______________

2 if 가정법 과거

[07-09] 문장을 〈보기〉와 같이 if 가정법 과거로 바꿔 쓰시오.

> ───〈보기〉───
> Since she has a cold, she won't go to school.
> ➡ If she did not have a cold, she would go to school.

07 As I'm busy, I won't take a trip.

➡ _______________________________________

08 As I am not rich, I can't buy a lot of shoes.

➡ _______________________________________

09 Since I don't have enough time, I won't play football.

➡ _______________________________________

[10-13] 주어진 우리말과 일치하도록 괄호 안의 단어를 이용하여 빈칸에 알맞은 말을 쓰시오.

10 만약 그가 부자라면, 그는 나를 도울 텐데. (rich)

➡ _______________________, he would help me.

11 만약 그녀가 너라면, 그녀는 학교를 결석하지 않을 텐데. (will be absent)

➡ If she were you, _______________________ from school.

12 만약 그녀가 James를 좋아한다면, 그녀는 그를 생일 파티에 초대할 텐데. (like)

➡ _______________________, she would invite him to her birthday party.

13 만약 Christine에게 자유시간이 있다면, 그녀는 수영하러 갈 수 있을 텐데. (can go swimming)

➡ If Christine had free time, _______________________.

어휘 & 표현
- **agree** 동의하다
- **be available** 구할 수 있다
- **build a snowman** 눈사람을 만들다
- **hesitate** 망설이다
- **have ~ in stock** ~의 재고가 있다
- **forgive** 용서하다
- **package** 소포
- **arrive** 도착하다
- **be absent from school** 학교를 결석하다
- **invite** 초대하다

〈 정답과 해설 p. 138~139 〉

> **I wish (that)** + 주어 + 동사의 과거형
> (∼하면 좋을 텐데)

– 현재 실현 가능성이 희박한 일에 대한 아쉬움을 나타낼 때 쓴다.

가정법 과거 I wish she were kind to me.
　　　　　　 동사의 과거형
　　　　　　　　　　(그녀가 나에게 친절하면 **좋을 텐데**.)

현재 사실 I am sorry she is not kind to me.
　　　　　　　　(그녀가 나에게 친절하지 않아서 유감이다.)

가정법 과거 I wish I had a million dollars. (내게 백만 달러가 있으면 **좋을 텐데**.)
　　　　　　 동사의 과거형
현재 사실 I am sorry I don't have a million dollars.
　　　　　　　　　　(내게 백만 달러가 없어서 유감이다.)

가정법 과거 I wish I could travel back in time. (내가 시간 여행을 할 수 있으면 **좋을 텐데**.)
　　　　　　 과거시제 조동사
현재 사실 I am sorry I can't travel back in time.
　　　　　　　　　　(나는 시간 여행을 할 수 없어서 유감이다.)

가정법 과거 I wish it weren't so cold today. (오늘 그렇게 춥지는 않으면 **좋을 텐데**.)
　　　　　　 동사의 과거형
현재 사실 I am sorry it is so cold today. (오늘 너무 추워서 유감이다.)

> **❶ I wish 가정법 that절의 be동사**
>
> I wish 가정법 that절의 동사로 be동사가 오면, 주어에 상관없이 were를 쓴다.

4 **as if[though] 가정법 과거**

> 주어 + 동사의 현재형 + **as if[though]** + 주어 + 동사의 과거형
> (마치 ∼인 것처럼)

– 현재의 사실과 반대되는 일을 사실인 척할 때 쓴다.

가정법 과거 He acts as if[though] he were a king. (그는 마치 왕인 것처럼 행동한다.)
　　　　　　　　　　　　　　　 동사의 과거형
현재 사실 In fact, he isn't a king. (사실, 그는 왕이 아니다.)

가정법 과거 You speak as if[though] you knew the answer already.
　　　　　　　　　　　　　　　 동사의 과거형
　　　　　　　　　　(너는 마치 이미 정답을 알고 있는 것처럼 말한다.)

현재 사실 In fact, you don't know the answer. (사실, 너는 정답을 모른다.)

가정법 과거 She smiles as if[though] she didn't have any worries.
　　　　　　　　　　　　　　　 동사의 과거형
　　　　　　　　　　(그녀는 마치 아무 걱정 없는 것처럼 웃는다.)

현재 사실 In fact, she has worries. (사실, 그녀는 걱정이 있다.)

가정법 과거 They look at me as if[though] I made a mistake.
　　　　　　　　　　　　　　　 동사의 과거형
　　　　　　　　　　(그들은 마치 내가 실수를 저지르는 것처럼 나를 본다.)

현재 사실 In fact, I don't make a mistake. (사실, 나는 실수를 저지르지 않는다.)

> **❷ as if[though] 가정법의 be동사**
>
> as if[though] 가정법의 동사로 be동사가 오면, 주어와 상관없이 were를 쓴다.

3 I wish 가정법 과거

[14-17] 주어진 문장을 I wish 가정법으로 바꿔 쓸 때 빈칸에 알맞은 말을 쓰시오.

14 I'm sorry it is not possible.

→ I wish it ______________ possible.

15 I'm sorry I can't speak fluent Spanish.

→ I wish I ______________ fluent Spanish.

16 I'm sorry I have to work on weekends.

→ I wish I ______________ on weekends.

17 I'm sorry I don't have enough money to buy a camera.

→ I wish that I ______________ enough money to buy a camera.

4 as if[though] 가정법 과거

[18-20] 주어진 문장을 as if[though] 가정법으로 바꿔 쓸 때 빈칸에 알맞은 말을 쓰시오.

18 In fact, he isn't an Englishman.

→ He speaks English as if he ______________ an Englishman.

19 In fact, Charles doesn't know anything.

→ Charles talks to me as though he ______________ everything.

20 In fact, we are there.

→ He walks past us as though we ______________ even there.

1 + **2** + **3** + **4** 가정법 과거

[21-26] 주어진 우리말과 일치하도록 괄호 안의 단어를 이용하여 빈칸에 알맞은 말을 쓰시오.

21 내가 키가 크면 좋을 텐데. (tall)

→ I wish that ______________.

22 내게 마법의 힘이 있다면, 나는 여름에 눈이 오게 할 텐데. (if, have magical powers)

→ ______________, I would make it snow in summer.

23 그는 마치 내가 그의 비서인 것처럼 행동한다. (as if, secretary)

→ He acts ______________.

24 Nicole은 마치 그녀가 슈퍼스타인 것처럼 행동한다. (as if, a superstar)

→ Nicole acts ______________.

25 내가 마음을 읽을 수 있다면, 나는 모든 비밀을 알 수 있을 텐데. (will know)

→ If I could read minds, ______________ all the secrets.

26 내게 타인을 치유할 수 있는 힘이 있으면 좋을 텐데. (have the power)

→ I wish that ______________ to heal others.

어휘 & 표현
- **million** 백만
- **travel back in time** 시간을 거슬러 과거로 가다
- **worry** 걱정
- **possible** 가능한
- **fluent** 유창한
- **Englishman** 영국인
- **walk past** ~을 지나치다
- **magical** 마법의
- **secretary** 비서
- **heal** 치유하다

31 DAY

〈 정답과 해설 **p. 139** 〉

UNIT 65 가정법 과거완료 

> • **가정법 과거완료**: 과거 사실에 반대되거나 실현 가능성이 거의 없는 상황을 가정할 때 쓴다.

1 if 가정법 과거완료

If + 주어 + had + 과거분사, + 주어 + would/could/might + have + 과거분사 …
(만약 ~였다면)　　　　　　　　　　　　　　　　　　　　(…했을 텐데)

– 과거 사실에 반대되는, 실현 가능성이 거의 없는 상황을 가정할 때 쓴다.

[과거 사실] As he didn't leave home early, he could not take the train.
과거에 관한 내용
(그는 집을 일찍 떠나지 않아서, 기차를 탈 수 없었다.)

[가정법 과거완료] If he had left home early, he could have taken the train.
if절의 동사 (had + 과거분사)　　　주절의 동사 (could + have + 과거분사)
(만약 그가 집을 일찍 떠났었더라면, 그는 기차를 탈 수 있었을 텐데.)

[과거 사실] As we weren't careful, the accident happened.
과거에 관한 내용
(우리가 조심하지 않아서, 그 사고가 일어났다.)

[가정법 과거완료] If we had been careful, the accident wouldn't have happened.
if절의 동사 (had + 과거분사)　　　주절의 동사 (would + have + 과거분사)
(만약 우리가 조심했었다면, 그 사고는 일어나지 않았을 텐데.)

2 if 가정법 과거와 if 가정법 과거완료 비교

if 가정법 과거 (만약 ~라면 …할 텐데)	현재 사실에 반대	─if절─ **if** + 주어 + 동사의 과거형, ─주절─ 주어 + would/could/might + 동사원형
if 가정법 과거완료 (만약 ~였다면 …했을 텐데)	과거 사실에 반대	─if절─ **If** + 주어 + **had** + 과거분사, ─주절─ 주어 + would/could/might + **have** + 과거분사

(1) 가정법 〈과거〉라고 해서 과거의 일을 가정하는 것이 아님에 주의해야 한다.

(2) if절의 시제에 따라 가정법의 시제가 결정된다.

– if절의 동사가 과거시제: 가정법 과거

– if절의 동사가 과거완료시제: 가정법 과거완료

[가정법 과거] If I had a million dollars, I would donate to charity.
if절의 동사 (동사의 과거형)　　　주절의 동사 (would + 동사원형)
(만약 내가 백만 달러가 있다면, 나는 자선단체에 기부할 텐데.)

[가정법 과거완료] If I had had a million dollars, I would have donated to charity.
if절의 동사 (had + 과거분사)　　　주절의 동사 (would + have + 과거분사)
(만약 내가 백만 달러가 있었다면, 나는 자선단체에 기부했었을 텐데.)

[가정법 과거] If I knew the answer, I would tell you.
if절의 동사 (동사의 과거형)　　주절의 동사 (would + 동사원형)
(만약 내가 그 답을 안다면, 너에게 말할 텐데.)

[가정법 과거완료] If I had known the answer, I would have told you.
if절의 동사 (had + 과거분사)　　　주절의 동사 (would + have + 과거분사)
(만약 내가 그 답을 알았었다면, 너에게 말했었을 텐데.)

1 if 가정법 과거완료

[01-05] 주어진 문장을 if 가정법 과거완료로 바꿔 쓸 때 빈칸에 알맞은 말을 쓰시오.

01 As I missed the bus, I couldn't be on time.

→ ___________________ the bus, I could have been on time.

02 As he was not tall, he could not be a basketball player.

→ If he had been tall, he ___________________ a basketball player.

03 As we overslept, we didn't make it to the meeting.

→ If we had not overslept, we ___________________ it to the meeting.

04 As he didn't know her birthday, he wouldn't give a gift to her.

→ ___________________ her birthday, he would have given a gift to her.

05 As I left my phone at home, I missed all those calls.

→ If I had not left my phone at home, I ___________________ all those calls.

2 if 가정법 과거와 if 가정법 과거완료 비교

[06-12] 주어진 우리말과 일치하도록 괄호 안에서 알맞은 것을 고르시오.

06 내가 거인이라면, 나는 맨 위 선반에 닿을 수 있을 텐데.

→ If I were a giant, I could (reach / have reached) the top shelf.

07 유니콘이 존재한다면, 나는 그들과 친구가 될 텐데.

→ If unicorns (existed / have existed), I would become a friend to them.

08 그녀가 들었다면, 그녀는 기차를 놓치지 않았을 텐데.

→ If she (listened / had listened), she wouldn't have missed the train.

09 내가 공부를 열심히 했다면, 나는 수학 선생님이 될 수 있었을 텐데.

→ If I had studied hard, I could (be / have been) a math teacher.

10 내게 지니가 있었다면, 무한한 소원을 빌었을 텐데.

→ If I (had / had had) a genie, I would have wished for unlimited wishes.

11 만약 내가 타임머신을 가졌었다면, 공룡들을 방문했을 텐데.

→ If I had had a time machine, I would (visit / have visited) the dinosaurs.

12 영화가 재미있었다면, 나는 지루하지 않았을 텐데.

→ If the movie (was / had been) interesting, I would not have been bored.

31 DAY

🦉 어휘 & 표현

- **donate** 기부하다　　· **charity** 자선단체　　· **miss** (버스 등을) 놓치다　　· **oversleep** 늦잠 자다　　· **giant** 거인　　· **reach** 닿다
- **shelf** 선반　　· **exist** 존재하다　　· **genie** 요정　　· **unlimited** 무한한, 무수히 많은　　· **dinosaur** 공룡

〈 정답과 해설 **p. 140** 〉

> **I wish (that) + 주어 + had + 과거분사**
> (~했으면 좋을 텐데)

– 과거 실현 가능성이 희박한 일에 대한 아쉬움을 나타낼 때 쓴다.

[가정법 과거완료] I wish I **hadn't eaten** salad for lunch.
　　　　　　　　　　　had+과거분사
　　　　　　　　　　(내가 점심으로 샐러드를 먹지 않았었다면 좋을 텐데.)

[과거 사실] I am sorry that I ate salad for lunch.
　　　　　　　　　(내가 점심으로 샐러드를 먹었던 것이 유감이다.)

[가정법 과거완료] I wish I **had remembered** your birthday.
　　　　　　　　　　　had+과거분사
　　　　　　　　　　(내가 당신의 생일을 기억했었다면 좋을 텐데.)

[과거 사실] I am sorry I forgot your birthday.
　　　　　　　　　(내가 당신의 생일을 잊었던 것이 유감이다.)

[가정법 과거완료] I wish he **had finished** his homework by himself.
　　　　　　　　　　　had+과거분사
　　　　　　　　　　(그가 스스로 숙제를 끝냈었다면 좋을 텐데.)

[과거 사실] I am sorry he did not finish his homework by himself.
　　　　　　　　　(그가 스스로 숙제를 끝내지 않았던 것이 유감이다.)

> **주어 + 동사의 현재형 + as if[though] + 주어 + had + 과거분사**
> (~했으면 좋을 텐데)

– 과거의 사실과 반대되는 일을 사실인 척할 때 쓴다.

[가정법 과거완료] You look **as if[though]** you **hadn't slept** well.
　　　　　　　　　　　　　　　　　　had + 과거분사
　　　　　　　　　(당신은 마치 잠을 잘 자지 못했던 것처럼 보인다.)

[과거 사실] In fact, you slept well. (사실, 당신은 잠을 잘 잤다.)

[가정법 과거완료] Mr. and Mrs. Goodman talk **as if[though]** they **had been** rich.
　　　　　　　　　　　　　　　　　　　　　　　　　had + 과거분사
　　　　　　　　　(Goodman 부부는 마치 부자였었던 것처럼 말한다.)

[과거 사실] In fact, Mr. and Mrs. Goodman were not rich.
　　　　　　　　　(사실, Goodman 부부는 부자가 아니었다.)

[가정법 과거완료] She acts **as if[though]** she **had graduated** from Harvard.
　　　　　　　　　　　　　　　　　　had + 과거분사
　　　　　　　　　(그녀는 마치 하버드를 졸업했었던 것처럼 행동한다.)

[과거 사실] In fact, she didn't graduate from Harvard.
　　　　　　　　　(사실, 그녀는 하버드를 졸업하지 않았다.)

3 I wish 가정법 과거완료

[13-16] 주어진 문장을 I wish 가정법으로 바꿔 쓸 때 빈칸에 알맞은 말을 쓰시오.

13 I'm sorry I ate so much cake at the party.

➡ I wish that I ________________ so much cake at the party.

14 I'm sorry I didn't know the reason at that time.

➡ I wish that I ________________ the reason at that time.

15 I'm sorry she did not clean her room diligently.

➡ I wish that she ________________ her room diligently.

16 I'm sorry it rained during our outdoor picnic.

➡ I wish that it ________________ during our outdoor picnic.

4 as if[though] 가정법 과거완료

[17-19] 주어진 문장을 as if[though] 가정법으로 바꿔 쓸 때 빈칸에 알맞은 말을 쓰시오.

17 In fact, he met her last night.

➡ He talks as if he ________________ her last night.

18 In fact, I didn't learn the recipe.

➡ I cook the dish as if I ________________ the recipe.

19 In fact, he didn't write the song himself.

➡ He sings the song as though he ________________ it himself.

1 + 3 + 4 가정법 과거완료

[20-25] 주어진 우리말과 일치하도록 괄호 안의 단어를 이용하여 빈칸에 알맞은 말을 쓰시오.

20 네가 나를 보러 왔었다면 좋을 텐데. (you, come to see me)

➡ I wish that ________________.

21 Louis는 마치 미래를 봤던 것처럼 말한다. (he, as if, see the future)

➡ Louis speaks ________________.

22 내가 프랑스어를 했었다면, 파리를 방문했을 텐데. (I, speak French, if)

➡ ________________, I would have visited Paris.

23 차가 마치 점검을 받았던 것처럼 부드럽게 움직인다. (it, as if, be serviced)

➡ The car moves smoothly ________________.

24 내가 더 어렸을 때 기타를 배웠다면 좋을 텐데. (I, learn to play the guitar)

➡ I wish that ________________ when I was younger.

25 그가 두려움을 극복했었다면, 그는 꿈을 좇았을 텐데. (he, will pursue his dreams)

➡ If he had overcome his fear, ________________.

> 어휘 & 표현
> - **by oneself** 스스로
> - **graduate from** ~을 졸업하다
> - **reason** 이유
> - **diligently** 부지런하게
> - **outdoor** 야외의
> - **future** 미래
> - **service** (차량을) 점검하다
> - **smoothly** 부드럽게
> - **pursue** 추구하다
> - **overcome** 극복하다
> - **fear** 두려움

〈 정답과 해설 p. 140~141 〉

[01-02]

빈칸에 알맞은 것을 고르시오.

01

> A: She talks as if she ________ a writer.
> B: Yes, but in fact, she is not a writer.

① is　　　　② were　　　　③ has been
④ I thinking　　⑤ I was thought

02

> A: Bob offered you a new job, but you didn't take it. Why?
> B: I might ________ taking the job if the salary had been higher.

① considered　　　　② have considered
③ had considered　　④ not consider
⑤ not have considered

03

자연스럽지 <u>않은</u> 대화를 고르시오.

① A: I worked all day long yesterday.
② B: Why? Do you need money?
③ A: I need a new mobile phone. I've lost my phone.
④ B: If you hadn't lost your phone, you can get off work early.
⑤ A: Right. I wish I had enough money to buy a new fancy phone.

[04-05] 서술형

두 문장이 같은 뜻이 되도록 빈칸에 알맞은 말을 쓰시오.

04

If it had been fine, we would have gone on a picnic.

➡ As it ___________ fine, we ___________ on a picnic.

05

I'm sorry I wasn't in Pyeong Chang Olympic stadium to see the opening ceremony.

➡ I wish I ___________ in Pyeong Chang Olympic stadium to see the opening ceremony.

06

밑줄 친 부분의 쓰임이 나머지 넷과 <u>다른</u> 것을 고르시오.

① I don't know <u>if</u> I can help you.
② <u>If</u> you were here, I would be happy.
③ He asked me <u>if</u> your answer was right.
④ I wonder <u>if</u> it rains tomorrow.
⑤ He isn't sure <u>if</u> she will come.

[07-08]

주어진 우리말과 일치하도록 바르게 영작한 것을 고르시오.

07

> 그녀는 마치 유령을 봤던 것처럼 보인다.

① She looks as if she saw a ghost.
② She looks as if she had seen a ghost.
③ She wishes that she had seen a ghost.
④ She looked as if she didn't see a ghost.
⑤ She had looked as if she would have seen a ghost.

08

> 나는 시험을 보지 않았으면 좋을 텐데.

① I wish I take no exams.
② I wish I had taken no exams.
③ I wish I won't take exams.
④ I wish I wouldn't take exams.
⑤ I wish I will take no exams.

09

밑줄 친 부분의 우리말 해석이 **틀린** 것을 고르시오.

① She acts as if she didn't care about anything.
(그녀가 아무것도 신경 쓰지 않는 것처럼)

② I wish there were lots of people.
(많은 사람들이 있었다면)

③ I wish we had a bigger car.
(우리가 더 큰 차를 가지고 있다면)

④ If I had the book, I would lend it to you.
(만약 내가 그 책을 가지고 있다면)

⑤ If I had been with them, I would have done everything for them.
(나는 그들을 위해 무엇이든지 했었을 텐데.)

[10-11]

빈칸에 들어갈 말이 알맞게 짝지어진 것을 고르시오.

10

M: I miss Emma.
W: If she ___(A)___ closer, we could ___(B)___ her more often.

	(A)		(B)
①	lived	–	see
②	lived	–	had seen
③	lives	–	have seen
④	had lived	–	have seen
⑤	have lived	–	see

11

W: I wish you ___(A)___ me how the film ends. You've spoiled it for me.
M: Sorry. I wish I ___(B)___ more sensible.

	(A)		(B)
①	hadn't told	–	am
②	hadn't told	–	had been
③	didn't tell	–	am
④	didn't tell	–	have been
⑤	don't tell	–	had been

[12-13]

두 문장이 같은 뜻이 되도록 빈칸에 알맞은 것을 고르시오.

12

As you didn't get up early, the day wasn't long.
= If you had got up early, the day _________ long.

① is　　② was　　③ were
④ would been　⑤ would have been

13

I am sorry that I didn't pay more attention in class.
= I wish I _________ more attention in class.

① were　　② pay　　③ paid
④ had paid　　⑤ had not paid

14

어법상 **틀린** 것을 고르시오.

① If you had asked me, I would have told you her address.

② If he had got up early, he would have come here.

③ He broke his leg. I wish he had been careful then.

④ If she had been positive, she can be productive in her job.

⑤ If she had not made a mistake, she could have won a gold medal.

15 고난도 서술형

빈칸에 공통으로 들어갈 말을 쓰시오.

• If I _________ not been busy, I would have visited the theater.
• If I _________ a car, I would drive to work instead of taking the bus.

➡ _________________

〈 정답과 해설 p. 141~142 〉

주어진 문장을 가정법으로 바꿔 쓸 때, 괄호 안의 단어를
사용하여 빈칸에 알맞은 말을 쓰시오.

16

In fact, she knows me well.

➡ She stares at me as though I ______________
a complete stranger. (be)

17

I'm sorry I spent the whole night playing
games.

➡ I wish I ______________ the whole
night playing games. (spend)

주어진 우리말과 일치하도록 괄호 안의 단어를 이용하여
빈칸에 알맞은 말을 쓰시오.

18

네가 나를 도와주지 않았었더라면, 나는 절대 끝내지
못했을 거야. (help)

➡ If you ______________ me, I would never
have finished it.

19

나는 그것을 마치 어제 일인 것처럼 기억하고 있다. (be)

➡ I remember it as if it __________ yesterday.

20

Homer가 미리 대본을 훑어본다면, 그는 실수 없이
공연할 텐데. (perform)

➡ If Homer looked over the script in
advance, he ______________ without
a mistake.

21 고난도

어느 빈칸에도 들어갈 수 <u>없는</u> 것을 고르시오.

> • If he ___(A)___ at home, he could answer
> the phone.
> • If I had ___(B)___ enough time, I could
> have gone for a walk.
> • I wish I ___(C)___ learned more from you.
> • If I had known your arrival time, I would
> ___(D)___ met you there.
> • It sounds as though David had ___(E)___
> ill.

① had   ② were   ③ be
④ been   ⑤ have

다음 글을 읽고 물음에 답하시오.

> Yesterday, Braden was doing his
> homework on his computer. While he
> was doing his work, the screen blanked
> out. It caused him to lose all his
> important data since he didn't save his
> work. ⓐ 그가 그의 자료를 저장했었다면 좋을 텐
> 데. If you had been in his situation, ⓑ
> (what, have done, would, you) to prevent
> data loss?

22

밑줄 친 ⓐ의 우리말과 일치하도록 괄호 안의 단어를
이용하여 문장을 완성하시오.

(I wish, he, save, his data)

➡ ______________________

23

ⓑ의 괄호 안의 단어를 바르게 배열하시오.

➡ ______________________

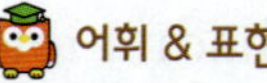

• **salary** 급여   • **get off work** 퇴근하다   • **fancy** 멋진   • **stadium** 경기장   • **opening ceremony** 개회식   • **spoil** 망치다
• **sensible** 분별력 있는   • **productive** 생산적인   • **stare** 쳐다보다   • **in advance** 미리, 사전에   • **arrival time** 도착시간
• **blank out** 갑자기 텅 비다   • **save** (자료 등을) 저장하다   • **prevent** 막다   • **loss** 손실

일치, 화법, 도치

一致　　話法　　倒置

(하나 일, 이를 치) (말씀 화, 법 법) (넘어질 도, 둘 치)

We suspected that there was something wrong with the car.
주절 (과거)　　　　　　　종속절 (과거)

(우리는 차에 뭔가 문제가 있다고 의심했다.)

On the cliff edge stood a lighthouse, guiding ships.
부사구　　　　도치된 주어와 동사

(절벽 끝에는 배들을 안내하는 등대가 서 있었다.)

He said to her, "I can't make it to the meeting."
직접화법

(그는 그녀에게 "나는 회의에 참석할 수 없어."라고 말했다.)

He told her that he couldn't make it to the meeting.
간접화법

(그는 그녀에게 회의에 참석할 수 없다고 말했다.)

 **UNIT 66 시제 일치** 

> • **시제 일치**: 주절의 주어와 상황에 따라 종속절 동사에 시제를 맞춰 쓰는 것을 말한다.

1 시제 일치의 원칙

– 한 문장 안에 절이 두 개 이상 있을 때는 주절의 시제와 종속절의 시제를 일치시켜야 한다.

(1) 주절의 시제 : 현재시제 → 종속절의 시제 : 모든 시제 가능

- I think that he is an honest man. (나는 그가 정직한 사람이라고 생각한다.)
  주절 (현재) / 종속절 (현재)
- She doesn't know that he lied to her.
  주절 (현재) / 종속절 (과거)
  (그녀는 그가 그녀에게 거짓말했던 것을 모른다.)
- I am sure that he will succeed in the exam.
  주절 (현재) / 종속절 (미래)
  (나는 그가 시험에서 성공할 것임을 확신한다.)

(2) 주절의 시제 : 과거시제 → 종속절의 시제 : 과거시제, 과거완료시제 ❶

- I thought that she was happy with me.
  주절 (과거) / 종속절 (과거)
  (나는 그녀가 나와 함께 있어 행복하다고 생각했다.)
- We thought she would come. (우리는 그녀가 올 것이라 생각했다.)
  주절 (과거) / 종속절 (과거형 조동사)
- My mother knew that I had done the dishes.
  주절 (과거) / 종속절 (과거완료)
  (어머니는 내가 설거지를 했다는 것을 아셨다.)

❶ 과거완료시제
had p.p.의 형태로, 과거에 일어난 일들 중 먼저 일어난 일을 나타낼 때 쓴다.

2 시제 일치의 예외

(1) 진리 ①, 속담 ②, 격언 ③, 현재의 습관 : 주절의 시제와 상관없이 현재시제를 쓴다.

① I knew that the sun rises in the east. (나는 해가 동쪽에서 뜬다는 것을 알았다.)
  주절 (과거) / 종속절 (현재)
② You told me that time is money. (당신은 내게 시간은 금이라고 말했다.)
  주절 (과거) / 종속절 (현재)
③ John said that he always checks his emails in the morning.
  주절 (과거) / 종속절 (현재)
  (John은 항상 아침에 이메일을 확인한다고 말했다.)

(2) 과거의 상황이 현재에도 지속될 때 : 주절이 과거시제라도 현재시제를 쓸 수 있다.

- Bailey said that he never watches horror movies.
  주절 (과거) / 종속절 (현재)
  (Bailey는 공포영화를 절대 안 본다고 말했다.)
- Alex said that he likes pizza. (Alex는 피자를 좋아한다고 말했다.)
  주절 (과거) / 종속절 (현재)

(3) 역사적 사실 : 주절의 시제와 상관없이 과거시제를 쓴다.

- He learned that the Korean War broke out in 1950.
  주절 (과거) / 종속절 (과거)
  (그는 한국전쟁이 1950년에 일어났다고 배웠다.)
- They knew that the Titanic sank in 1912.
  주절 (과거) / 종속절 (과거)
  (그들은 타이타닉호가 1912년에 침몰했다는 것을 알았다.)

1 시제 일치의 원칙

[01-03] 주어진 문장을 과거시제로 바꿔 쓸 때 빈칸에 알맞은 말을 쓰시오.

01 We know that she is busy.

➡ We knew that she ______________ busy.

02 I hear that it will rain tomorrow.

➡ I heard that it ______________ tomorrow.

03 I feel that I can't meet them again after the event.

➡ I felt that I ______________ them again after the event.

🦉 **어휘 & 표현**

- **honest** 정직한
- **succeed** 성공하다
- **break out** (전쟁 등이) 발발하다
- **conquer** 정복하다
- **planet** 행성
- **honesty** 정직
- **policy** 정책, 방책
- **go round** 주위를 돌다
- **do one's best** 최선을 다하다
- **certain** 확실한

2 시제 일치의 예외

[04-08] 괄호 안의 단어를 알맞은 형태로 쓰시오.

04 We learned that Napoleon ______________ Prussia in 1806. (conquer)

05 Everybody knew that Venus ______________ the second planet from the Sun. (be)

06 She didn't believe he ______________ early every morning. (exercise)

07 My mother advised that honesty ______________ the best policy. (be)

08 The teacher said that Hangeul ______________ created by King Sejong. (be)

1 + 2 시제 일치

[09-12] 밑줄 친 부분이 맞으면 ○로 표시하고, 틀리면 바르게 고치시오.

09 He thinks that he <u>can</u> do anything. ➡ ______________

10 We learned that the earth <u>went</u> round the sun. ➡ ______________

11 She told me that she <u>was</u> happy to see me. ➡ ______________

12 He said that his school <u>begins</u> at eight. ➡ ______________

[13-15] 주어진 우리말과 일치하도록 괄호 안의 말을 이용하여 빈칸에 알맞은 말을 쓰시오.

13 그는 그녀가 성공을 위해서 최선을 다했다는 것을 알고 있다. (know, do one's best)

➡ He ______________ that she ______________ for success.

14 선생님은 2 더하기 2는 4라고 말씀하셨다. (say, be)

➡ The teacher ______________ that two plus two ______________ four.

15 그가 직장에 또 다시 결근할 것은 확실했다. (be certain, will be)

➡ It ______________ that he ______________ absent from work again.

⟨ 정답과 해설 p. 143~144 ⟩

33 DAY

 **UNIT 67** 화법과 도치 

- **화법**: 다른 사람의 말을 재현하는 방법이다.
  다른 사람의 말을 그대로 전달하는 직접화법과 전달자의 입장에 맞게 바꾸어 전달하는 간접화법이 있다.
- **도치**: 강조나, 부정 등을 위해 동사가 주어 앞에 오는 형태를 도치라고 한다.

1 직접화법과 간접화법의 개념

(1) **직접화법** : 다른 사람이 한 말을 인용부호(" ")를 이용하여 그대로 전달하는 것

- She said to me, "I want to be an artist."
  상대방의 말을 그대로 전달함
  (그녀는 나에게 "나는 화가가 되고 싶어."라고 말했다.)

(2) **간접화법** : 다른 사람이 한 말을 전달자의 입장에 맞게 바꿔서 전달하는 것

- She told me that she wanted to be an artist.
  상대방의 말을 전달자의 입장에 맞게 바꿔서 전달함
  (그녀는 나에게 화가가 되고 싶다고 말했다.)

2 화법전환 – 평서문

①평서문
말하는 이가 사건의 내용을 객관적으로 말하는 문장이다.

직접화법 David said to me, "I will see this again tomorrow."
(David는 나에게 "나는 이것을 내일 다시 볼 거예요."라고 말했다.)

간접화법 David told me that he would see that again the next day.
(David는 나에게 그것을 다음날 다시 볼 거라고 말했다.)

① 전달 동사를 바꾼다. say(~을 말하다) → say
「say to + 사람」(~에게 말하다) → 「tell + 사람」

② 콤마(,)와 인용부호(" ")를 삭제한다. 두 절을 접속사 that으로 연결한다. (단, that은 생략할 수 있다.)

③ that절의 주어는 알맞은 인칭대명사로 바꾼다. I → he(David)

④ that절의 시제는 전달 동사(say)의 시제와 일치시킨다. will see → would see

⑤ 시간의 부사 및 지시대명사는 전달자 입장으로 바꾼다. this → that, tomorrow → the next day

직접화법		간접화법
now (지금)		then (그때), at the time (당시에)
today (오늘)		that day (그날)
yesterday (어제)		the day before (전날)
tomorrow (내일)		the next[following] day (다음날)
this week (이번 주)	→	that week (그 주)
next week (다음 주)		the following week (그 다음 주)
last week (지난주)		the week before, the previous week (전주)
here (여기)		there (거기)
this (이것)		that (그것)
ago (전에)		before (그전에)

직접화법 She said to me, "I am busy now." (그녀는 내게 "지금 바빠요."라고 말했다.)

간접화법 She told me that she was busy then. (그녀는 그때 내게 매우 바빴다고 말했다.)

1 직접화법과 간접화법의 개념

[01-04] 밑줄 친 부분에 유의하여 문장을 해석하시오.

01 Sarah said, "I'll be there at 5 p.m."

➡ _______________________________________

02 Mom told me that dinner would be ready soon.

➡ _______________________________________

03 Emily said to me, "I can't believe you're moving away."

➡ _______________________________________

04 The weather forecast said that there would be heavy rain.

➡ _______________________________________

2 화법전환 – 평서문

[05-08] 주어진 직접화법을 간접화법으로 바꿔 쓸 때, 괄호 안에서 알맞은 것을 고르시오.

05 Mia said, "I'm busy today."

➡ Mia said that she (is / was) busy (today / that day).

06 Christine said, "I want to stay here."

➡ Christine said that she (wants / wanted) to stay (here / there).

07 He said to me, "I can't play baseball now."

➡ He told me that he (can't / couldn't) play baseball (now / then).

08 Tom said to her, "I will go there tomorrow."

➡ Tom told her that he (will / would) go there (that day / the next day).

[09-13] 주어진 직접화법은 간접화법으로, 간접화법은 직접화법으로 바꿔 쓰시오.

09 Emily said, "The new policy starts today."

➡ _______________________________________

10 The doctor tells me that I should take the medication.

➡ _______________________________________

11 Alex said, "I'm really excited about the trip."

➡ _______________________________________

12 Lisa said to me, "I have a surprise for you."

➡ _______________________________________

13 He said to me, "I need the report by tomorrow."

➡ _______________________________________

어휘 & 표현
- **artist** 화가
- **following** 그 다음의
- **soon** 곧
- **believe** 믿다
- **move away** 떠나다
- **weather forecast** 일기예보
- **heavy rain** 폭우
- **policy** 정책
- **medication** 약
- **surprise** 놀라운 소식
- **report** 보고서

33 DAY

〈 정답과 해설 p. 144~145 〉

(1) 의문사가 없는 의문문

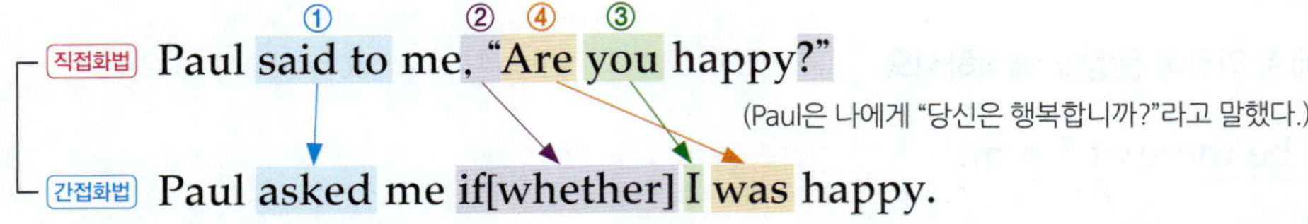

① 전달 동사를 바꾼다. say(~을 말하다)
　　「say to + 사람」(~에게 말하다) ⎤ ask

② 콤마(,)와 인용부호(" "), 물음표를 삭제한다. 두 절을 접속사 if나 whether로 연결한다.

③ if나 whether절의 주어는 알맞은 인칭대명사로 바꾼다. you → I

④ if나 whether절의 어순을 「주어＋동사」로 바꾼다. Are you → I was
　　(단, 일반동사의 경우, 의문문을 만들 때 사용한 do, does, did를 삭제한다.)

(2) 의문사가 있는 의문문

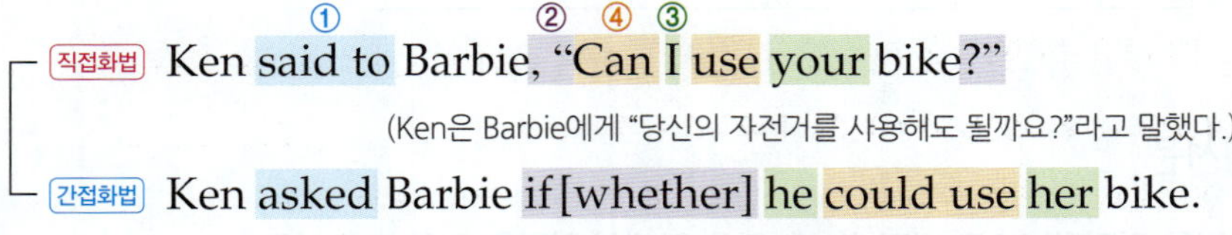

① 전달 동사를 바꾼다. say(~을 말하다)
　　「say to + 사람」(~에게 말하다) ⎤ ask

② 콤마(,)와 인용부호(" "), 물음표를 삭제한다. 두 절을 직접화법에 쓰인 의문사로 연결한다.

③ 의문사절의 주어는 알맞은 인칭대명사로 바꾼다. your → my

④ 의문사 뒤의 어순을 「주어 ＋ 동사」로 바꾼다. is your assistant → my assistant was
　　(단, 의문사가 주어인 경우 「의문사 + 동사」를 유지한다.)

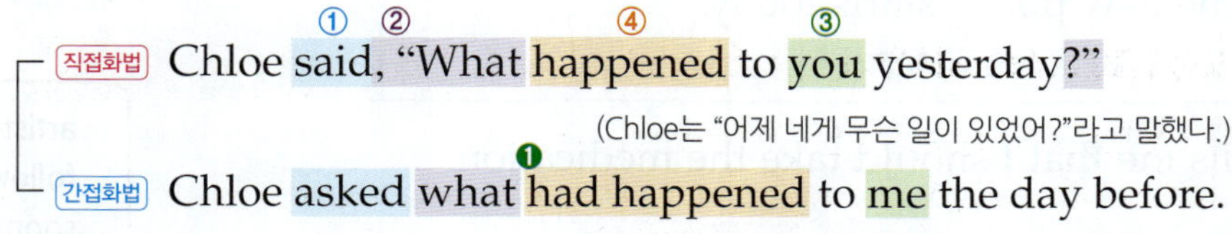

> ❶ **과거완료시제**
> 전달 동사가 과거면, 직접화법이 과거일 때 과거완료시제를 쓴다.

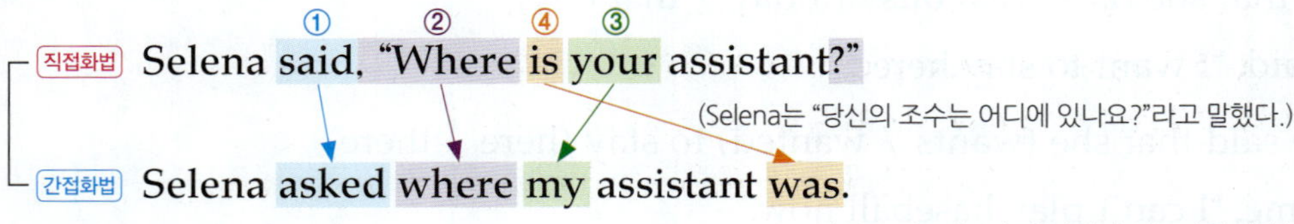

3 화법전환 – 의문문

[14-23] 주어진 직접화법을 간접화법으로 바꿔 쓰시오.

14 She said to me, "How much is this?"

   → She asked me _______________________.

15 Mary said to me, "Do you have any plans?"

   → Mary asked me _______________________.

16 He said, "When will the concert take place?"

   → He asked _______________________.

17 The client said to me, "Where is the restroom?"

   → The client asked me _______________________.

18 The doctor said to me, "How are you feeling?"

   → The doctor asked me _______________________.

19 My daughter said to me, "Why are you late?"

   → My daughter asked me _______________________.

20 My dad said to me, "Can you take out the trash?"

   → My dad asked me _______________________.

21 John said to me, "Are you attending the party today?"

   → John asked me _______________________.

22 Iris said to me, "Why do you look so tired?"

   → Iris asked me _______________________.

23 The actress said to the director, "Can I get some rest?"

   → The actress asked the director _______________________.

[24-28] 밑줄 친 부분이 맞으면 ○로 표시하고, 틀리면 바르게 고치시오.

24 The officer said to the driver, "What is going on?"

   → The officer asked the driver <u>what is going on</u>.   → _______________

25 The interviewer said to me, "How old are you?"

   → The interviewer asked me <u>how old you were</u>.   → _______________

26 We said to the teacher, "When is the school festival?"

   → We asked the teacher <u>when the school festival was</u>.   → _______________

27 Nancy said to me, "Can I borrow some plates?"

   → Nancy asked me <u>if could she borrow some plates</u>.   → _______________

28 The customer said, "How much does this item cost?"

   → The customer asked <u>how much that item cost</u>.   → _______________

> **🦉 어휘 & 표현**
> - **assistant** 조수
> - **take place** 일어나다
> - **client** 고객
> - **actress** 여배우
> - **director** 감독
> - **get some rest** 휴식을 취하다
> - **interviewer** 면접관
> - **cost** 비용이 들다

〈 정답과 해설 p. 145~146 〉

33 DAY

┌ 직접화법 He said to us, "Go home early." (그는 우리에게 "집에 일찍 가라."라고 말했다.)
│
└ 간접화법 He told us to go home early. (그는 우리에게 집에 일찍 가라고 말했다.)

① 전달 동사를 명령문의 어조에 따라 tell, advise, ask, order 등으로 바꾼다.

명령문의 어조		간접화법
일반적인 지시		tell
충고	→	advise
부탁		ask, beg
명령		order, command

② 콤마(,)와 인용부호(" ")를 삭제한다.

③ 명령문의 동사원형을 to부정사로 바꾼다. go → to go
　 부정 명령문의 경우, 「not + to부정사」로 바꾼다.

┌ 직접화법 The teacher said to Owen, "Do not speak during the exam."
│　　　　　　　　　　　　　(선생님은 Owen에게 "시험 중에는 말하지 말아라."라고 말했다.)
└ 간접화법 The teacher told Owen not to speak during the exam.
　　　　　　　　　　　　　　　(선생님은 Owen에게 시험 중에는 말하지 말라고 말했다.)

5 도치

(1) 부사구 도치 : 장소, 방향의 부사구 + 동사 + 주어

– 강조를 위해 장소나 방향을 나타내는 부사구가 문장 맨 앞으로 올 때,
　 주어와 동사에 도치가 일어난다.

┌ An old castle stood on the hill. (언덕 위에 오래된 성이 서 있었다.)
└ On the hill stood an old castle.
　　　　　　　도치된 동사와 주어

참고 주어가 대명사일 때는 도치가 일어나지 않는다.

┌ They walked along the beach. (그들은 해변을 따라 걸었다.)
└ Along the beach they walked.
　　　　　　도치되지 않은 주어와 동사

(2) 부정어구 도치 : never, no, not 등 + 동사 + 주어

– never, hardly, no, not, little 등의 부정어구가 문장 맨 앞으로 올 때,
　 주어와 동사에 도치가 일어난다.

┌ I have never seen such a beautiful sunset. (이토록 아름다운 일몰을 본 적이 없다.)
└ Never have I seen such a beautiful sunset.
　　　　　　도치된 동사와 주어

참고 일반동사일 경우, do/did/does가 주어 앞으로 가고, 일반동사는 동사원형으로 온다.

┌ He hardly goes out on the weekends. (그는 주말에 거의 외출하지 않는다.)
└ Hardly does he go out on the weekends.
　　　　　does가 주어 앞으로 옴

4 화법전환 – 명령문

[29-30] 주어진 직접화법을 간접화법으로 바꿔 쓰시오.

29 Tom said to me, "Meet me at the café tomorrow."

➡ Tom told me ________________________________.

30 The doctor said to me, "Don't watch TV too long."

➡ The doctor advised me ________________________.

1 + **2** + **3** + **4** 화법전환

[31-34] 주어진 직접화법을 간접화법으로 바꿔 쓸 때 괄호 안에서 알맞은 것을 고르시오.

31 Amelia said, "Can you pass me the salt?"

➡ Amelia asked (if / to) I could pass her the salt.

32 Emma said to me, "Bring your umbrella."

➡ Emma advised me (bring / to bring) my umbrella.

33 My mom said, "The trip is next week."

➡ My mom said that the trip was (this week / the following week).

34 Matthew said to me, "Don't forget to lock the door."

➡ Matthew reminded me (to forget / not to forget) to lock the door.

5 도치

[35-39] 밑줄 친 부분을 강조하는 문장으로 바꿔 쓰시오.

35 He rested <u>under the tree</u>.

➡ Under the tree ________________________.

36 A light glowed <u>inside the cave</u>.

➡ Inside the cave ________________________.

37 She will <u>never</u> forget the look on his face.

➡ Never ________________________.

38 A beautiful swan lay <u>near the riverbank</u>.

➡ Near the riverbank ________________________.

39 They did <u>not</u> finish the project <u>until midnight</u>.

➡ Not until midnight ________________________.

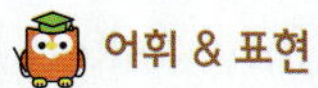

어휘 & 표현

- **advise** 충고하다, 조언하다   - **beg** 애원하다, 간청하다   - **command** 명령하다   - **castle** 성   - **remind** 상기시키다
- **glow** 반짝이다, 빛나다   - **cave** 동굴   - **look** 표정   - **swan** 백조   - **riverbank** 강둑   - **midnight** 자정

〈 정답과 해설 p. 146~147 〉

[01-02]

직접화법을 간접화법으로 바꿀 때, 각 빈칸에 들어갈 말이 알맞게 짝지어진 것을 고르시오.

01

> She said to me, "I'm very hungry now."
> → She ___(A)___ me that ___(B)___ ___(C)___ very hungry ___(D)___ .

	(A)	(B)	(C)	(D)
①	said to	she	was	now
②	said	I	am	then
③	told	she	was	then
④	told	I	was	now
⑤	told to	she	is	then

02

> I said to the boy, "Where is your mom?"
> → I ___(A)___ the boy ___(B)___ ___(C)___ mother ___(D)___ .

	(A)	(B)	(C)	(D)
①	said to	if	your	was
②	ask	whether	my	am
③	asked	where	his	was
④	asked	whether	my	was
⑤	asked	where	your	is

03

주어진 우리말과 일치하도록 바르게 영작한 것을 고르시오.

> Jane은 그에게 그녀의 이름을 아는지 물었다.

① Jane told him if she had known his name.
② Jane asked him if she knows his name.
③ Jane asked him if he know her name.
④ Jane told him if she knew his name.
⑤ Jane asked him if he knew her name.

04

밑줄 친 부분 중 어법상 옳은 것을 고르시오.

① I thought he <u>will pass</u> the exam.
② He said that he usually <u>goes</u> to bed early.
③ Do you know the Korean War <u>breaks out</u> in 1950?
④ He asked me how old <u>was I</u>.
⑤ I asked him if <u>does he know</u> me.

[05-07] 서술형

자연스러운 대화가 되도록 괄호 안의 단어를 알맞게 배열하시오. (단, 동사는 수와 시제를 적절히 변형할 것)

05

A: Don't tell a lie.
B: Right. Father said that ________________
________________ of the book of wisdom.
(be, the first chapter, honesty)

06

A: What did he say to you?
B: He asked me ________________________
________. (I, will go, for vacation, where)

07

A: I said to him, "Don't smoke in the room."
B: I also told ________________ but he still smoked there. (smoke, him, to, not)

08

빈칸에 알맞은 것을 고르시오.

> I found out that she ________ behind my back.

① is talking   ② talks
③ talking   ④ was talking
⑤ to talk

09

어법상 **틀린** 것을 고르시오.

① I think that he is diligent.
② I believe that John will be a lawyer.
③ I thought that she was in her room.
④ Across the sky flew a flock of birds.
⑤ I knew that she doesn't feel good.

10

직접화법을 간접화법으로 알맞게 바꿔 쓴 것을 고르시오.

① He said to me, "Can you answer the phone?"
　→ He asked me if could I answer the phone.
② She said to me, "Where do you study?"
　→ She asked me where did I study.
③ His father said to him, "Do not smoke again."
　→ His father told him not smoke again.
④ I said to her, "I am happy now."
　→ I told her that I was happy then.
⑤ My sister said to me, "I will be late for dinner."
　→ My sister told me that I would be late for dinner.

[11-12]

직접화법을 간접화법으로 바꿀 때, 각 빈칸에 들어갈 말이 알맞게 짝지어진 것을 고르시오.

11

> A few weeks ago, he said to me, "I am preparing for the game now."
> → A few weeks ago, he told me that he ___(A)___ preparing for the game ___(B)___ .

	(A)	(B)		(A)	(B)
①	is	– now	②	had been	– before
③	was	– now	④	was	– then
⑤	has been	– then			

12

> I said to her, "Where do you live?"
> → I asked her ___(A)___ she ___(B)___ .

	(A)	(B)		(A)	(B)
①	if	– live	②	if	– lives
③	where	– live	④	where	– to live
⑤	where	– lived			

13 고난도

어법상 **옳은** 것을 **모두** 고르시오.

> ⓐ I asked her where was she from.
> ⓑ His father knew that he was sick.
> ⓒ She advised him don't drive so fast.
> ⓓ Across the street stood a bakery.
> ⓔ My teacher told us that all that glitters was not gold.
> ⓕ He said that he goes to church every Sunday.
> ⓖ He ordered her go home right away.

→ ___________

[14-16] 서술형

주어진 문장을 간접화법으로 바꿔 쓸 때 빈칸에 알맞은 말을 쓰시오.

14

He said, "I have a computer in my room."

➡ He said that he ___________ a computer in ___________ room.

15

She said to me, "What are you doing?"

➡ She asked me ___________________ .

16

The librarian said to me, "Don't speak loudly."

➡ The librarian told me ___________________ loudly.

〈 정답과 해설 p. 147~148 〉

다음 글을 읽고 물음에 답하시오.

> One day, a fish was swimming in a lake. As the fish swam, it ⓐ <u>sees</u> a tasty worm moving in the water. The fish was very hungry, so it opened its mouth to bite the worm. ⓑ <u>Suddenly, the worm said to the fish, "Don't eat me."</u> The fish looked carefully at it. The fish said to the worm, "Why can't (a) <u>I</u> eat (b) <u>you</u>?" The worm told the fish that it (c) <u>is</u> wrapped around a hook. The fish said to (d) <u>the worm</u>, "It is very kind of (e) <u>you</u> to say so."

17

밑줄 친 ⓐ를 어법상 알맞게 고친 것을 고르시오.

① see   ② saw   ③ seen
④ will see   ⑤ was seen

18

밑줄 친 ⓑ를 간접화법으로 알맞게 바꾼 것을 고르시오.

① Suddenly, the worm told the fish not to eat it.
② Suddenly, the worm told to the fish eat it.
③ Suddenly, the worm said to the fish not to eat me.
④ Suddenly, the worm told if the fish ate it.
⑤ Suddenly, the worm told the fish don't eat me.

19

밑줄 친 (a)~(e) 중 어법상 틀린 것을 고르시오.

① (a)   ② (b)   ③ (c)
④ (d)   ⑤ (e)

20

주어진 우리말과 일치하도록 빈칸에 알맞은 것을 고르시오.

> 그녀는 나에게 갈 준비가 되어 있는지 물었다.
> → She asked me ___________________.

① am I ready to go
② to be ready to go
③ if I was ready to go
④ if I am ready to go
⑤ whether she was ready to go

[21-23] 서술형

밑줄 친 부분을 강조하는 도치 문장으로 바꿔 쓰시오.

21

An old piano sat <u>in the corner</u>.

➡ In the corner ___________________.

22

A homeless man slept <u>under the bridge</u>.

➡ Under the bridge ___________________.

23

They will <u>not</u> announce the winner <u>until next week</u>.

➡ Not until next week ___________________
___________________.

24

직접화법을 간접화법으로 알맞게 바꾸지 못한 것을 고르시오.

① He said to me, "Don't eat too much."
   → He asked me not to eat too much.
② I said to him, "What color do you like?"
   → I asked him what color he liked.
③ My teacher said to me, "Stand up, please."
   → My teacher asked me to stand up.
④ She said to me, "Are you a doctor?"
   → She asked me if you were a doctor.
⑤ He said, "I'm looking for a job."
   → He said that he was looking for a job.

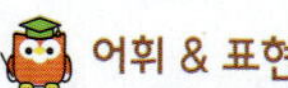

- **pass an exam** 시험을 통과하다 · **wisdom** 지혜 · **talk behind one's back** ~의 험담을 하다 · **diligent** 성실한, 부지런한
- **lawyer** 변호사 · **prepare** 준비하다 · **librarian** 사서 · **suddenly** 갑자기 · **wrap** 둘러싸다 · **hook** 갈고리

실전 모의고사

실전 모의고사

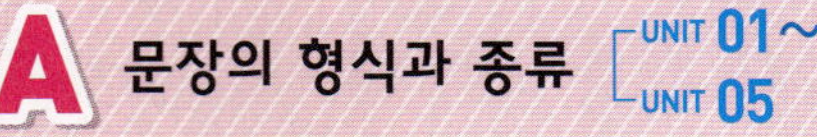

A 문장의 형식과 종류 [UNIT 01~ UNIT 05]

제한 시간 20분
맞은 개수 □ 개

[01-02]

빈칸에 알맞은 것을 고르시오.

01

> The journey wasn't tiring, __________ it?

① is ② was ③ isn't
④ wasn't ⑤ doesn't

02

> She watched him __________ in the park.

① play ② plays ③ played
④ to play ⑤ be played

[03-04] (서술형)

어법상 **틀린** 부분 한 곳을 찾아 바르게 고치시오.

03

> I gave many questions of the student.
>   ①   ②   ③   ④   ⑤

➡ (1) 틀린 곳: __________

   (2) __________ → __________

04

> Let's not wasting any more time.
>   ①   ②   ③   ④   ⑤

➡ (1) 틀린 곳: __________

   (2) __________ → __________

[05-06] (서술형)

두 문장이 같은 뜻이 되도록 빈칸에 알맞은 말을 쓰시오.

05

This policy can give students more power.
= This policy can give more power
__________ __________.

06

Liam bought his brother a new game pack.
= Liam bought a new game pack
__________ __________ __________.

07

빈칸에 알맞지 **않은** 것을 고르시오.

> His brother seemed very __________.

① kind ② friendly ③ generous
④ lovely ⑤ happily

08 (서술형)

빈칸에 공통으로 들어갈 말을 쓰시오.

> • __________ is your favorite book?
> • __________ an amazing experience!

➡ __________

09

각 문장과 문장의 형식이 알맞게 짝지어지지 **않은** 것을 고르시오.

> ⓐ He ran to the finish line.
> ⓑ That blue house seems strange.
> ⓒ She reads classic novels after work.
> ⓓ He made an apple pie for us.
> ⓔ They want their guests to feel welcomed.

① ⓐ – 1형식 ② ⓑ – 2형식 ③ ⓒ – 3형식
④ ⓓ – 4형식 ⑤ ⓔ – 5형식

10 (고난도)

어법상 **틀린** 문장을 고르시오.

① What a good choice!
② Do not go to bed late.
③ I saw him play the guitar.
④ I'll find the comic book for you.
⑤ The cat likes to hide in boxes, is it?

실전 모의고사 **B** 명사, 관사 [UNIT 06~ UNIT 10]

제한 시간 **20분**
맞은 개수 ___ 개

01

명사의 복수형으로 옳지 <u>않은</u> 것을 고르시오.

① shelf – shelves
② sheep – sheep
③ hero – heroes
④ country – countries
⑤ salmon – salmons

02

각 빈칸에 들어갈 말이 알맞게 짝지어진 것을 고르시오.

> • She is _____(A)_____ experienced doctor.
> • Music is _____(B)_____ universal language.
> • _____(C)_____ sun sets in the west.

  (A)   (B)   (C)   (A)   (B)   (C)

① a – an – The
② a – the – An
③ an – a – The
④ an – the – A
⑤ the – an – A

03

빈칸에 the가 들어갈 알맞은 것을 고르시오.

① It's time to go to _____ bed.
② She played _____ violin at the concert.
③ We traveled to the airport by _____ taxi.
④ He learned how to cook step by _____ step.
⑤ We had _____ dinner at our favorite restaurant.

04 `고난도`

밑줄 친 부분 중 어법상 틀린 것을 고르시오.

① <u>The</u> sun rises in the east.
② Rome was not built in <u>a</u> day.
③ This building is a <u>students'</u> union.
④ Let's talk about <u>cities</u> in the world.
⑤ How many <u>cups of coffees</u> would you like to order?

05

〈보기〉와 같이 주어진 단어를 소유격으로 바꾼 것 중 <u>잘못된</u> 것을 고르시오.

> ─〈보기〉─
> Dylan, card → Dylan's card

① waves, the sound → the sound of waves
② the children, voice → the children' voice
③ the test, the result → the result of the test
④ the president, promise → the president's promise
⑤ the weight, flower pots → the weight of flower pots

06

빈칸에 알맞지 <u>않은</u> 것을 고르시오.

> She received ten __________.

① gifts
② bananas
③ pencils
④ messages
⑤ sadness

[07 - 08] `서술형` `고난도`

어법상 <u>틀린</u> 문장 두 개를 찾아 바르게 고치시오.

> ⓐ He excelled in the hcckey.
> ⓑ John folded a pair of jeans.
> ⓒ Helen stirred a bowl of pancake batter.
> ⓓ Please send me the information by email.
> ⓔ His feet was sore after walking for hours.
> ⓕ She likes to relax and watch TV with her family.

07

➡ (1) __________ 문장
   (2) __________ → __________

08

➡ (1) __________ 문장
   (2) __________ → __________

〈 정답과 해설 **p. 149~150** 〉

실전 모의고사 **C** 대명사 UNIT 11~ UNIT 16

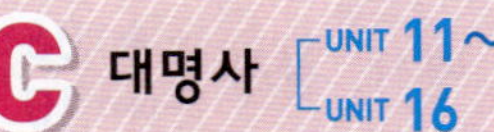

제한 시간 **20분**
맞은 개수 　　　　개

[01-02]

괄호 안에서 알맞은 것을 고르시오.

01

A: How many cookies did you bake?

B: I made twelve, and (each / each of) cookie has a different shape.

02

A: Have you met Sarah and John?

B: Yes, (both / either) of them were friendly.

03

밑줄 친 부분 중 생략할 수 있는 것을 고르시오.

① We should be proud of <u>ourselves</u>.
② He <u>himself</u> wrote the entire report.
③ When I'm alone, I often talk to <u>myself</u>.
④ She prefers to solve problems by <u>herself</u>.
⑤ Feel free to help <u>yourself</u> to some snacks.

04

빈칸에 알맞지 않은 것을 고르시오.

A: ________________________________
B: Amy.

① Who introduced you to Luke?
② Whose name did you mention?
③ Whom did you lend your book to?
④ Which restaurant do you recommend?
⑤ Who is your brother's favorite author?

[05-06] 서술형

빈칸에 공통으로 들어갈 말을 쓰시오.

05

A: Do you have __________ plans for lunch?
B: No, I don't have __________ plans.

➡ __________

06

• __________ is snowing outside, so be careful on the roads.
• __________ takes time to heal from a broken heart.

➡ __________

07

각 빈칸에 들어갈 말이 알맞게 짝지어진 것을 고르시오.

There are eight cars in the parking lot. _____(A)_____ is a sedan. _____(B)_____ is an SUV, and _____(C)_____ are pickup trucks.

	(A)	(B)	(C)
①	One	Another	the other
②	One	The other	another
③	Some	Another	the other
④	Some	Another	the others
⑤	One	Another	the others

08

우리말과 같도록 빈칸에 알맞은 것을 고르시오.

모든 열쇠가 자물쇠에 맞지 않다.
→ __________ of the keys fit the lock.

① Any　　② Both　　③ None
④ Some　　⑤ Either

09 고난도

밑줄 친 부분 중 어법상 틀린 것을 고르시오.

① Every boy <u>likes</u> the singer.
② Both of my parents <u>are</u> teachers.
③ All of the classmates <u>are</u> kind to her.
④ Each member of the team <u>has</u> a voice.
⑤ Each of the books <u>are</u> available for downloading.

실전 모의고사 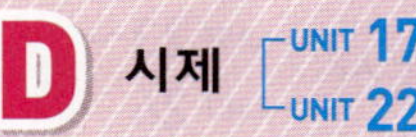 D 시제 ⌈UNIT 17~ ⌊UNIT 22

제한 시간 20분
맞은 개수 ____ 개

01

주어진 문장을 괄호 안의 시제대로 바르게 바꾸지 <u>못한</u> 것을 고르시오.

> We take our dog for a walk.

① (미래) We will take our dog for a walk.
② (과거) We taked our dog for a walk.
③ (현재진행) We are taking our dog for a walk.
④ (미래진행) We will be taking our dog for a walk.
⑤ (현재완료) We have taken our dog for a walk.

02

우리말과 같도록 바르게 영작한 것을 고르시오.

> 그는 다음 달에 일본을 떠날 것이다.

① He left Japan next month.
② He has left Japan next month.
③ He will leave Japan next month.
④ He will leaving Japan next month.
⑤ He has been left Japan next month.

03

각 빈칸에 들어갈 말이 알맞게 짝지어진 것을 고르시오.

> • She _____(A)_____ in touch with the people from the camp for three years.
> • When you _____(B)_____ off the bus, you will easily find the supermarket.

	(A)		(B)
①	has kept	–	will get
②	has kept	–	get
③	kept	–	will get
④	kept	–	get
⑤	keeps	–	will get

04

빈칸에 알맞은 것을 고르시오.

> A: Is this the last test?
> B: Yes, but there ___________ another exam two months from now.

① was ② have ③ will be
④ were ⑤ was going

[05-06] 서술형

두 문장이 같은 뜻이 되도록 빈칸에 알맞은 말을 쓰시오.

05

We are going to analyze responses to questions.

= We ___________ analyze responses to questions.

06

I lost my watch, and I don't have it now.

= I ___________ lost my watch.

07

빈칸에 알맞지 <u>않은</u> 것을 고르시오.

> She has worked for the poor ___________.

① until now ② since last year
③ for three years ④ a few years ago
⑤ since she was fifteen

08 고난도

어법상 틀린 문장을 고르시오.

① He has lived here for ten years.
② Have you ever been to the USA?
③ They have just finished their work.
④ I have heard the news two hours ago.
⑤ My son was playing the piano when I arrived.

〈 정답과 해설 **p. 150~152** 〉

실전 모의고사　E 조동사 [UNIT 23~ UNIT 26]

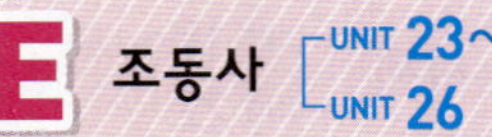

제한 시간 20분
맞은 개수 　　개

01

의미의 차이 없이 밑줄 친 부분과 바꿔 쓸 수 있는 것을 고르시오.

> A: <u>Can</u> I help you?
> B: Yes, please.

① Do ② Did ③ Will
④ May ⑤ Must

02

우리말과 같도록 괄호 안의 말을 바르게 배열하시오.

> 나는 배가 부르다.
> 나는 더 이상의 음식을 먹지 않는 것이 좋겠다.

(better, more food, not, eat, I, had, any)

➡ I'm full. ______________________

03

〈보기〉의 밑줄 친 must와 의미가 같은 것을 고르시오.

> ───〈보기〉───
> He speaks Korean. He <u>must</u> be Korean.

① Kids <u>must</u> follow the rules.
② You <u>must</u> go there on time.
③ The man <u>must</u> be a fire fighter.
④ You <u>must</u> do your homework today.
⑤ We <u>must</u> go back home by 7 o'clock.

04

어법상 옳은 문장을 고르시오.

① He has better study harder.
② You don't have better go there.
③ She uses to be afraid of spiders.
④ We must not to tell anyone the story.
⑤ According to the forecast, it may be rainy tomorrow.

[05-06]　서술형

빈칸에 공통으로 들어갈 말을 쓰시오.

05

> • ___________ you ever read Hemingway's *The Old Man and the Sea*?
> • My headphones broke down, so I ___________ to buy new ones.

➡ ___________

06

> • ___________ you like to leave a message?
> • Amy said she ___________ visit us next Saturday.

➡ ___________

07

밑줄 친 부분의 의미가 나머지 넷과 <u>다른</u> 것을 고르시오.

① He <u>can't</u> find the way back.
② I <u>can't</u> play the guitar.
③ The baby <u>can't</u> ride a bicycle.
④ Fish can swim, but they <u>can't</u> walk.
⑤ She looks healthy, so she <u>can't</u> be sick.

08　고난도

두 문장의 의미가 서로 <u>다른</u> 것을 고르시오.

① Sue can drink more juice.
　= Sue is able to drink more juice.
② I want to watch a movie tonight.
　= I would like to watch a movie tonight.
③ I used to get up early in the morning.
　= I would get up early in the morning.
④ He has to talk to her about the meeting.
　= He should talk to her about the meeting.
⑤ We don't have to go to school on Sundays.
　= We must not go to school on Sundays.

실전 모의고사

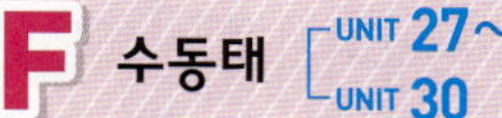

F 수동태 UNIT 27~ UNIT 30

제한 시간 **20분**
맞은 개수 　　　 개

01

수동태로 바꿔 쓸 수 <u>없는</u> 문장을 고르시오.

① She plays the violin.
② He invented the turtle ship.
③ He looks like a famous actor.
④ Jason wrote this novel last year.
⑤ She made some rules for the game.

02

우리말과 같도록 빈칸에 알맞은 것을 고르시오.

> 샐러드는 신선한 채소와 드레싱으로 구성되어 있다.
> → The salad is composed ___________ fresh vegetables and a dressing.

① to　② by　③ of　④ for　⑤ in

03 （서술형）

능동태 문장을 수동태 문장으로 바꿔 쓸 때 빈칸에 알맞은 말을 쓰시오.

The organizer sent the group a message.

➡ A message ___________________________
by the organizer.

04

두 문장이 같은 뜻이 되도록 빈칸에 알맞은 것을 고르시오.

> Parents encourage their children to eat vegetables.
> = Children ___________________ by their parents.

① encouraged to eat vegetables
② are encouraged eat vegetables
③ are encouraged eaten vegetables
④ are encouraged to eat vegetables
⑤ are encouraged to eaten vegetables

05

우리말과 같도록 바르게 영작한 것을 고르시오.

> 그 소녀의 강아지는 차에 치였다.

① The girl's dog ran by a car.
② The girl's dog ran over by a car.
③ The girl's dog was run by a car.
④ The girl's dog was run over by a car.
⑤ The girl's dog was runned over by a car.

06 （서술형）

빈칸에 공통으로 들어갈 말을 쓰시오.

> • The mountain is covered ___________ snow.
> • He was satisfied ___________ his grade.

➡ ___________

07 （고난도）

어법상 <u>틀린</u> 문장을 고르시오.

① Cheese is made from milk.
② What is it called in English?
③ Was this photo taken by her?
④ His father died two years ago.
⑤ I'm not involved of this project.

08 （서술형）

각 문장에서 어법상 <u>틀린</u> 부분을 하나씩 찾아 바르게 고치시오.

> (A) Will the baseball game be postpone?
> (B) I was forced learn how to swim.
> (C) My books have stolen by the man.
> (D) Your device can repaired by Noah.

(A) ___________ → ___________
(B) ___________ → ___________
(C) ___________ → ___________
(D) ___________ → ___________

〈 정답과 해설 **p. 152~153** 〉

실전 모의고사 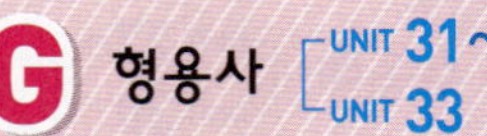 G 형용사 UNIT 31~ UNIT 33

제한 시간 20분
맞은 개수 ___ 개

01

연도, 날짜, 시간의 영어 표기법이 알맞지 <u>않은</u> 것을 고르시오.

① $\frac{3}{5}$ – three-fifths
② 10.5 – ten point five
③ 9시 45분 – a quarter to nine
④ 4월 15일 – the fifteenth of April
⑤ 2008년 – two thousand and eight

02

밑줄 친 형용사의 쓰임이 나머지 넷과 <u>다른</u> 것을 고르시오.

① I wrote a <u>short</u> note.
② They never wear <u>bright</u> colors.
③ The team seemed <u>confident</u>.
④ <u>Heavy</u> rain has caused floods.
⑤ There is no <u>simple</u> answer to this question.

03

빈칸에 알맞지 <u>않은</u> 것을 고르시오.

> We need to buy many __________ for the
> party this weekend.

① snacks ② candles ③ water
④ balloons ⑤ groceries

04

의미의 차이 없이 밑줄 친 부분과 바꿔 쓸 수 있는 것을 고르시오.

> <u>A number of</u> students were absent from
> class today.

① Much ② Many ③ A few
④ Few ⑤ The number of

05

주어진 단어가 들어갈 알맞은 위치를 고르시오.

> delicious

She couldn't (①) find (②) anything (③) on
(④) the menu (⑤).

06 고난도

각 빈칸에 들어갈 말이 알맞게 짝지어진 것을 고르시오.

> • There were ___(A)___ options to choose
>   from at the buffet.
> • There is ___(B)___ time left before the
>   deadline, so we need to hurry.
> • There were ___(C)___ errors in the code.

   (A)   (B)   (C)
① many – little – a few
② many – few – a few
③ much – little – a little
④ much – few – a little
⑤ lots of – little – a little

[07-08] 서술형 고난도

어법상 <u>틀린</u> 문장 두 개를 찾아 바르게 고치시오.

> ⓐ Add a few salt to the soup.
> ⓑ I have a little information.
> ⓒ He looked like familiar someone.
> ⓓ We need a lot of time to study English.
> ⓔ Have you seen any good movies lately?

07

(1) __________ 문장

(2) __________ → __________

08

(1) __________ 문장

(2) __________ → __________

실전 모의고사   H 부사 UNIT 34~ UNIT 36

제한 시간 20분
맞은 개수 　　　　개

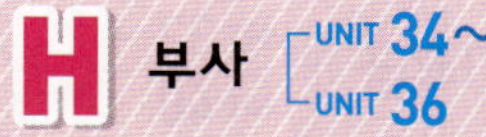

01

주어진 단어가 들어갈 알맞은 위치를 고르시오.

> always

(①) The coffee shop (②) plays (③) relaxing music (④) in the background (⑤).

02

밑줄 친 부분의 의미가 나머지 넷과 다른 것을 고르시오.

① She studied hard for the exam.
② They play hard during practice.
③ She focused hard on her writing.
④ The puzzle was hard for me to solve.
⑤ He worked hard to achieve his goals.

03

밑줄 친 부분 중 어법상 틀린 것을 고르시오.

① The boy has never read the book.
② He is often late for the class.
③ I can hardly breathe in the water.
④ My teacher always works merrily.
⑤ Jane goes often fishing on Saturday.

04

각 빈칸에 들어갈 말이 알맞게 짝지어진 것을 고르시오.

> • He was ______(A)______ late for his appointment due to heavy traffic.
> • She parked ______(B)______ the entrance of the mall.

	(A)	(B)		(A)	(B)
①	near	– near	②	near	– nearly
③	nearly	– near	④	nearly	– nearly
⑤	near	– nearer			

05

자연스럽지 않은 대화를 고르시오.

① A: How do you manage your time?
　 B: I use a planner.
② A: When is your birthday?
　 B: My birthday is on September 15th.
③ A: Where do you meet your friend for lunch?
　 B: We meet at a cafe near the park.
④ A: When did you arrive home last night?
　 B: By bus.
⑤ A: Why did you decide to move to a different city?
　 B: I got a job offer there.

06 서술형

우리말과 같도록 빈칸에 알맞은 말을 쓰시오.

나는 여전히 문제에 대한 최선의 해결책을 찾고 있다.

➡ I'm _____________ trying to figure out the best solution to the problem.

[07-08] 서술형 고난도

어법상 틀린 문장 두 개를 찾아 바르게 고치시오.

> ⓐ They've already seen that movie.
> ⓑ Karen left for vacation two weeks ago.
> ⓒ The movie was much entertaining.
> ⓓ I don't like spinach, and he doesn't either.
> ⓔ Before you buy those slacks, make sure to try on them.

07

(1) _____________ 문장

(2) _____________ → _____________

08

(1) _____________ 문장

(2) _____________ → _____________

〈 정답과 해설 p. 153~155 〉

실전 모의고사 Ⅰ 비교급 UNIT 37~ UNIT 40

제한 시간 **20분**
맞은 개수   개

01

원급, 비교급, 최상급 변화가 알맞게 짝지어지지 <u>않은</u> 것을 고르시오.

① well – better – best
② near – nearer – nearest
③ brave – braver – bravest
④ firm – more firm – most firm
⑤ friendly – friendlier – friendliest

02

빈칸에 알맞지 <u>않은</u> 것을 고르시오.

> The phone is ___________ more expensive than I expected.

① very   ② much   ③ still
④ far   ⑤ even

03 고난도

우리말과 같도록 빈칸에 알맞은 것을 고르시오.

> VIP 티켓은 일반 입장권보다 열 배 비싸다.
> → The VIP ticket is ___________ the general admission pass.

① ten times expensive
② expensive than ten times
③ ten times as expensive as
④ as expensive ten times as
⑤ as expensive than ten times

04

문장의 의미가 나머지 넷과 <u>다른</u> 것을 고르시오.

① China is the largest nation in Asia.
② China is larger than any other nation in Asia.
③ China is larger than all the other nations in Asia.
④ Other nations are larger than China in Asia.
⑤ There is no nation larger than China in Asia.

[05-06] 서술형

빈칸에 공통으로 들어갈 말을 쓰시오.

05

> • 당신은 더 많이 줄수록, 더 감사함을 느낄 것이다.
> → The ___________ you give, the more grateful you'll feel.
> • 그 차는 기껏해야 네 명의 승객을 태울 수 있다.
> → The car can carry no ___________ than four passengers.

➡ ___________

06

> • 그는 나보다 더 나은 요리사이다.
> → He is a(n) ___________ cook than I am.
> • 그녀는 우리 반에서 누구보다 프랑스어를 더 잘한다.
> → She speaks French ___________ than anyone in our class.

➡ ___________

07

ⓐ에 주어진 우리말과 같도록 바르게 영작한 것을 고르시오.

> Orange juice is ⓐ <u>가장 인기 있는 찬 음료들 중 하나</u>. There is nothing more refreshing than a glass of freshly squeezed orange juice on a hot summer day.

① one of most popular cold drink
② one of the coldest popular drinks
③ one of most coldest popular drinks
④ one of the most popular cold drink
⑤ one of the most popular cold drinks

실전 모의고사 J 접속사 [UNIT 41~ UNIT 44]

제한 시간 20분
맞은 개수 ___________ 개

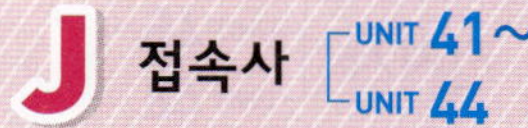

01 서술형

빈칸에 공통으로 들어갈 말을 쓰시오.

- Face your fears, ___________ you'll find courage.
- I went to the store ___________ bought some groceries.

➡ ___________

02

각 빈칸에 들어갈 말이 알맞게 짝지어진 것을 고르시오.

- She set alarms ______(A)______ she wouldn't oversleep.
- ______(B)______ it's a holiday, the office will be closed.

  (A)   (B)
① though   –   Since
② though   –   Once
③ so that   –   Once
④ so that   –   Since
⑤ since   –   Although

03 고난도

(A)~(D) 중 어느 빈칸에도 들어갈 수 없는 것을 고르시오.

- This book covers not only history ______(A)______ also culture.
- Neither the cat ______(B)______ the dog wants to go outside.
- You can ______(C)______ bake a cake or buy one.
- The store sells clothing for men as ______(D)______ as women.

① either   ② nor   ③ but
④ both   ⑤ well

04 서술형

두 문장이 같은 뜻이 되도록 빈칸에 알맞은 말을 쓰시오.

If you don't wear a helmet, you can't ride your bike.

= ___________ you wear a helmet, you can't ride your bike.

[05-07]

우리말과 같도록 괄호 안의 말을 바르게 배열하시오.

05

당신은 우리가 어디에 주차했는지 기억하나요?
(you, where, do, remember, the car, parked, we)

➡ ___________

06

그 책은 너무 재미있어서 나는 밤을 새웠다.
(all night, that, was, stayed up, the book, interesting, so, I)

➡ ___________

07

그 영화는 재미있을 뿐 아니라 교훈적이다.
(as, is, fun, the movie, as, well, instructive)

➡ ___________

08

우리말과 같도록 빈칸에 알맞은 것을 고르시오.

그녀는 손가락이 아플 때까지 피아노를 연습했다.
→ She practiced piano ___________ her fingers ached.

① after   ② since   ③ once
④ until   ⑤ when

<정답과 해설 p. 155~156>

[01-02]

빈칸에 공통으로 들어갈 알맞은 것을 고르시오.

01

> • Robert told me to bring a magnet __________ science class.
> • He has been here in the company only __________ two years.

① to　　　　② from　　　③ for
④ by　　　　⑤ since

02

> • We need to submit it __________ midnight.
> • Many scholars think Julius Caesar was murdered __________ a group of people.

① until　　　② by　　　③ to
④ for　　　　⑤ of

03

빈칸에 들어갈 말이 나머지 넷과 <u>다른</u> 것을 고르시오.

① This vase belongs ______ my grandmother.
② The two books are related ______ each other.
③ Rebecca is good ______ writing poetry.
④ The grocery store is right next ______ the pharmacy.
⑤ Pay attention ______ the road signs while driving.

04 서술형

빈칸에 공통으로 들어갈 말을 쓰시오.

> • No machine can take the place __________ human creativity.
> • Don't be afraid __________ trying something new.

➡ __________

[05-06]

우리말과 같도록 빈칸에 알맞은 것을 고르시오.

05

> 퍼레이드 동안 아이들은 신나게 환호했다.
> → Children cheered excitedly __________ the parade.

① like　　　　② during　　　③ until
④ since　　　　⑤ after

06

> 우리는 꽃밭 사이를 걸었다.
> → We walked __________ the fields of flowers.

① above　　　② beneath　　　③ behind
④ through　　　⑤ in front of

07

빈칸에 알맞은 것을 <u>모두</u> 고르시오.

> The zoo is usually __________ visitors at this time of day.

① full with　　　　② full of
③ crowded with　　④ filled of
⑤ crowded from

08 고난도

괄호에 들어갈 말이 알맞게 묶인 것을 고르시오.

> (ⓐ) noon　　　　　(ⓑ) Berlin
> (ⓒ) church　　　　(ⓓ) 7 o'clock
> (ⓔ) spring　　　　(ⓕ) March
> (ⓖ) Christmas Day　(ⓗ) July 18th
> (ⓘ) the bus stop　　(ⓙ) the sofa

① on - ⓑ, ⓖ, ⓗ, ⓙ　　② in - ⓐ, ⓑ, ⓔ, ⓕ
③ in - ⓑ, ⓔ, ⓕ, ⓗ　　④ at - ⓐ, ⓒ, ⓓ, ⓘ
⑤ at - ⓓ, ⓔ, ⓖ, ⓘ

실전 모의고사 L 부정사 UNIT 49~ UNIT 53

제한 시간 20분
맞은 개수 ___ 개

01

주어진 문장의 밑줄 친 to spend와 용법이 같은 것을 고르시오.

> Eric was delighted to spend his vacation in Finland.

① My future plan is to live abroad.
② It is impossible to deliver this by 3 p.m.
③ We have no money to spend on travelling.
④ Sue was glad to get a necklace for her birthday.
⑤ She hopes to feel more confident in herself.

02

각 빈칸에 들어갈 말이 알맞게 짝지어진 것을 고르시오.

> • We saw Jimmy ____(A)____ an hour ago.
> • I couldn't make him ____(B)____ his mind.

	(A)		(B)
①	leave	–	change
②	leave	–	to change
③	to leave	–	change
④	to leave	–	changing
⑤	leaving	–	to change

[03-04] 서술형

두 문장이 같은 뜻이 되도록 to부정사를 이용하여 빈칸에 알맞은 말을 쓰시오.

03

We need to decide what we should cook for dinner tonight.

= We need to decide _______ _______ _______ for dinner tonight.

04

The road was so wide that two cars could pass safely.

= The road was wide enough _______ _______ _______ _______ _______ safely.

05

우리말과 같도록 바르게 영작한 것을 고르시오.

> Vicky는 너무 어려서 캠프에 참가할 수 없다.

① Vicky is too young to participate in the camp.
② Vicky isn't too young to participate in the camp.
③ Vicky is young enough to participate in the camp.
④ Vicky is so young that she can participate in the camp.
⑤ Vicky isn't very young so she can't participate in the camp.

[06-07] 서술형 고난도

어법상 틀린 문장 두 개를 찾아 바르게 고치시오.

> ⓐ Is there a spoon to eat?
> ⓑ The map helped us to find our way.
> ⓒ We couldn't help but watch the sunset.
> ⓓ It is thoughtful of you to remember my birthday.
> ⓔ He arrived early not so as to miss the concert.

06

(1) _______________ 문장

(2) _______________ → _______________

07

(1) _______________ 문장

(2) _______________ → _______________

〈 정답과 해설 p. 156~157 〉

실전 모의고사 M 동명사 UNIT 54~ UNIT 55

제한 시간 20분
맞은 개수 ____ 개

[01-02]
빈칸에 알맞은 것을 고르시오.

01

__________ a flight attendant sounds interesting.

① Be ② Being ③ Is ④ Are ⑤ Will be

02

My brother's hobby is __________ photos in his blog.

① uploads ② uploading
③ uploaded ④ being uploaded
⑤ be uploaded

03 (서술형)

우리말과 같도록 빈칸에 알맞은 말을 쓰시오.

그는 식료품점에 있는 동안 우유를 살 것을 잊었다.

➡ He forgot __________ milk while he was at the grocery store.

04

우리말과 같도록 바르게 영작한 것을 고르시오.

나는 청중 앞에서 말하는 것에 익숙하다.

① I'm tired of speaking in front of audiences.
② I keep on speaking in front of audiences.
③ I'm busy speaking in front of audiences.
④ I'm used to speaking in front of audiences.
⑤ I used to speaking in front of audiences.

05 (고난도)

빈칸에 알맞은 것을 모두 고르시오.

The girls started __________.

① to run ② to running ③ runs
④ ran ⑤ running

06

각 빈칸에 들어갈 말이 알맞게 짝지어진 것을 고르시오.

If you plan _____(A)_____ a new hobby, I suggest _____(B)_____ up photography. You'll love _____(C)_____ moments.

    (A)   (B)   (C)
① to have − taking − capturing
② having − to take − capture
③ to have − to take − capturing
④ having − to take − to capture
⑤ have − taking − to capture

07 (고난도)

빈칸에 알맞지 않은 것을 고르시오.

Bobby __________ to pass the audition.

① needed ② failed ③ wanted
④ finished ⑤ promised

08 (서술형)

괄호 안의 단어를 이용하여 빈칸에 알맞은 말을 쓰시오.

➡ She always avoids __________ (go) to crowded places.

09

우리말과 같도록 not이 들어갈 위치를 고르시오.

식사 중에 휴대폰을 사용하지 않는 것을 고려해 주실 수 있나요?

→ Could (①) you (②) consider (③) using (④) your phone (⑤) during meals?

실전 모의고사 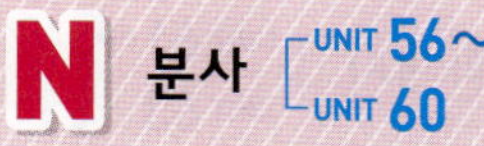 N 분사 [UNIT 56~ UNIT 60]

제한 시간 20분
맞은 개수 ___ 개

[01-02]

밑줄 친 부분을 분류하여 기호를 쓰시오.

ⓐ Look at the smiling baby!
ⓑ He considered cooking dinner together.
ⓒ Swimming in the ocean makes me feel alive.
ⓓ Mike is called a walking dictionary.
ⓔ Studying in the library, I met an old friend.
ⓕ We're focused on making the event a success.

01
동명사 ___________

02
현재분사 ___________

03
밑줄 친 부분의 쓰임이 나머지 넷과 다른 것을 고르시오.

① Watching the movie, people began to cry.
② It was an exciting adventure story.
③ Reading newspaper on the sofa, he fell asleep.
④ She found a man lying on the street.
⑤ Designing websites was your job, not mine.

04
두 문장이 같은 뜻이 되도록 빈칸에 알맞은 것을 고르시오.

When we walked along the beach, we saw a beautiful sunset.
= ___________ along the beach, we saw a beautiful sunset.

① Walk　　② Walked　　③ Walking
④ To walk　　⑤ Being walking

[05-06] 서술형

우리말과 같도록 괄호 안의 단어를 이용하여 〈조건〉에 맞게 영작하시오.

〈조건〉
1. 접속사는 생략할 것　　2. 분사구문을 이용해 쓸 것

05
거울 속의 자신을 보면서, 그는 미소 지었다.
(himself, look at, he, in the mirror, smile)

➡ ___________

06
차고를 청소하며, 그는 오래된 책을 발견했다.
(an old book, the garage, he, clean, find)

➡ ___________

07 고난도
어법상 틀린 문장을 모두 고르시오.

① Are you worried about the game?
② Everyone was pleased with my gifts.
③ Have you read poems written by Yeats?
④ I heard my name calling in the hallway.
⑤ The children looked boring while listening to the lecture.

08
각 빈칸에 들어갈 말이 알맞게 짝지어진 것을 고르시오.

• He was so ___(A)___ that he went to bed early.
• Have you ___(B)___ the keys on the hook?

	(A)	(B)
①	exhausted	put
②	exhausting	putting
③	exhausted	putting
④	exhaust	put
⑤	exhausting	put

〈 정답과 해설 p. 157~158 〉

실전 모의고사 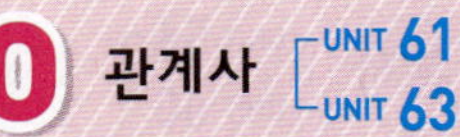 **0** 관계사 UNIT 61 ~ UNIT 63

제한 시간 **20분**
맞은 개수 □ 개

01

각 빈칸에 들어갈 말이 알맞게 짝지어진 것을 고르시오.

> • They bought a house ____(A)____ history dates back to the 18th century.
> • Tomorrow is the day ____(B)____ the new semester begins.

    (A)   (B)   (A)   (B)
① which – who　② which – where
③ whose – when　④ whose – how
⑤ that – why

[02-03]

빈칸에 알맞은 것을 **모두** 고르시오.

02

> The laptop __________ I use for work is incredibly fast.

① which　② who　③ whom
④ that　⑤ of which

03

> The day __________ I took this picture was warm.

① when　② where　③ what
④ on when　⑤ on which

04 고난도

어법상 옳은 문장을 **모두** 고르시오.

> ⓐ Do you know that I really want?
> ⓑ This is the way how I found the answer.
> ⓒ I was stung by the bee, that made me cry.
> ⓓ I don't know why he refused the invitation.
> ⓔ He sent me a letter that was written in English.

➡ __________

05

밑줄 친 부분 중 생략할 수 <u>없는</u> 것을 고르시오.

① She has a dog <u>whose</u> hair is white.
② This is the place <u>where</u> I met her first.
③ I won't forget the day <u>when</u> we first met.
④ That is the dish <u>that</u> the chef recommended.
⑤ Do you know the man <u>who is</u> playing the piano on the stage?

06

ⓐ~ⓒ 중 「관계대명사+be동사」가 생략된 곳과 생략된 「관계대명사+be동사」가 알맞게 짝지어진 것을 고르시오.

> The (ⓐ) chefs (ⓑ) cooking (ⓒ) last night were skilled.

① ⓐ – who is　② ⓐ – who are
③ ⓑ – who was　④ ⓑ – who were
⑤ ⓒ – who are

[07-09] 서술형

다음 대화 내용과 일치하도록 각 빈칸에 알맞은 말을 한 단어로 쓰시오.

> (In the library)
> W: Good afternoon! May I help you find something?
> M: Yes, I'm looking for a book.
> W: Certainly! What are you looking for?
> M: It's called "Norwegian Wood."
> W: Ah, perfect! Follow me. I'll take you right to it.

➡ A woman **07** __________ was working in the library asked a man **08** __________ he was looking for. She offered to show him the place **09** __________ the book was located.

실전 모의고사 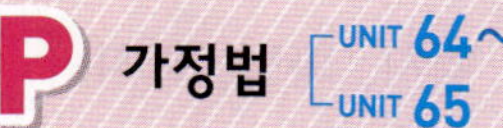 **P** 가정법 UNIT **64~** UNIT **65**

제한 시간 **20분**
맞은 개수 　　　　 개

[01-02]

두 문장이 같은 뜻이 되도록 빈칸에 알맞은 것을 고르시오.

01

He acts as if he were crazy.
= In fact, he ___________ crazy.

① was　　　② was not　　　③ has been
④ is not　　　⑤ is

02

I wish I had been at the meeting.
= I'm sorry I ___________ at the meeting.

① am　　　② was　　　③ am not
④ was not　　　⑤ have been

03 （서술형）

어법상 틀린 부분 한 곳을 찾아 바르게 고치시오.

I <u>remember</u> the accident <u>as if</u> <u>it</u> <u>is</u> <u>happening</u>
　　①　　　　　　　　②　③④　　⑤
now.

(1) 틀린 곳: ___________

(2) ___________ → ___________

04

두 문장이 같은 뜻이 되도록 각 빈칸에 알맞은 것을
고르시오.

If I were not allergic to seafood, I could try
sushi.
= As I ____(A)____ allergic to seafood, I
____(B)____ try sushi.

　　(A)　　　(B)　　　　　(A)　　　(B)
① am　　 – can't　　② am　　 – couldn't
③ were　 – can't　　④ were　 – couldn't
⑤ was　　– don't

05 （서술형）

우리말과 같도록 괄호 안의 단어를 이용하여 빈칸에 알맞은
말을 쓰시오.

나는 마치 내가 다른 누구보다도 모든 것을 더 잘 아는
것처럼 그냥 계속 하기만 했다. (know)

➡ I kept going around as if I ___________
everything better than anyone else.

06 （서술형）

두 문장이 같은 뜻이 되도록 빈칸에 알맞은 말을 쓰시오.

As I didn't have better health, I couldn't
participate in the marathon.

= If I ___________ better health, I could
___________ in the marathon.

07 （서술형）

ⓐ에 주어진 우리말과 같도톡 바르게 영작하시오.

A: I'm searching for a gift for my niece.
B: Skateboards are really popular these days.
　 ⓐ 내가 당신이라면, I'd get her one.
A: Sounds good. I'll go with that.

➡ ___________________________

08 （고난도）

어법상 틀린 문장을 고르시오.

① I feel as if I were dreaming.
② If Ted apologized, I would forgive him.
③ If he agreed, we will proceed with the
　 plan.
④ I wish I had listened to your advice at that
　 time.
⑤ If you had called, we would have reserved
　 a table for you.

〈 정답과 해설 p. 158~160 〉

실전 모의고사

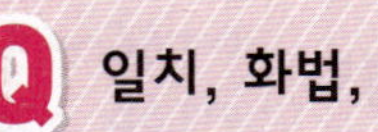

일치, 화법, 도치 UNIT 66~ UNIT 67

제한 시간 20분
맞은 개수 　　　개

[01-02]
두 문장이 같은 뜻이 되도록 빈칸에 알맞은 것을 고르시오.

01

My sister said to me, "Don't go out."
= My sister ordered me __________ out.

① went　　　② to go　　　③ not go
④ don't go　　⑤ not to go

02

He asked me whether I knew how to get to the station.
= He said to me, "__________ how to get to the station?"

① You know　　　　② Do you know
③ If you know　　　④ Whether you know
⑤ Where do you know

03 고난도
밑줄 친 부분 중 어법상 틀린 것을 고르시오.

① My teacher told me silence is gold.
② We learned the French Revolution began in 1789.
③ Tom was sure that the new recipe is going to be perfect.
④ I heard that water boils at 100 degrees Celsius.
⑤ She said she would meet me at the restaurant for lunch.

04
우리말과 같도록 괄호 안의 말을 바르게 배열하시오.

그녀는 창문을 열어도 되는지 내게 물었다.
(open, she, the window, whether, could)

➡ She asked me __________
__________.

[05-06] 서술형
밑줄 친 부분을 강조하는 도치 문장으로 바꿔 쓰시오.

05

Colorful fish swam beneath the calm surface of the lake.

➡ Beneath the calm surface of the lake
__________.

06

She never doubted her decision.

➡ Never __________.

07
빈칸에 알맞지 않은 것을 고르시오.

I thought that he __________.

① would keep his word
② will apologize to me
③ was telling the truth
④ would find a solution
⑤ made the right decision

08 서술형
밑줄 친 문장을 간접화법으로 바꿔 쓰시오.

Emily said to me, "I'm leaving the town tomorrow." I asked what made her decide that. "I need a change," she replied simply.

➡ __________
__________.

Xi STORY 자이스토리

포인트 리딩

구문 중심 독해　　　수능 유형 독해

[Level ❶, Level ❷, Level ❸, Level ❹]

"중학교 영어 독해는 포인트 리딩으로 완성한다!"

[Level ❶, Level ❷]

- 32개 중등 필수 구문으로 중등 독해 기초 19일 완성!
- 구문과 독해 풀이 비법을 알려주는 나만의 과외 선생님 - Follow Me!
- 내신 대비 실력 향상 TEST + 구문, 어휘 Review
- DAY별로 3지문씩 공부하는 구문 중심 ACTUAL READING!

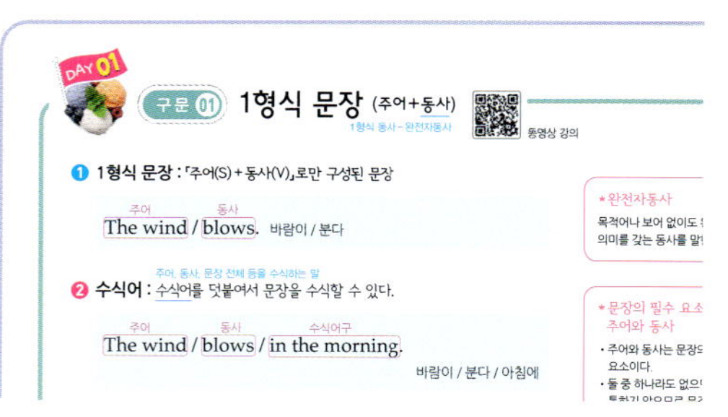

[Level ❸, Level ❹]

- 17개 수능 독해 유형 문제로 예비 고등 영어 독해 20일 완성
- 독해 문제의 풀이 비법을 알려주는 과외 선생님 - Follow Me!
- 내신대비 실력 향상 TEST + 어휘 Review
- 고1 학력평가 기출 지문으로 독해 유형을 익히고 DAY별로 4지문씩 공부하기!

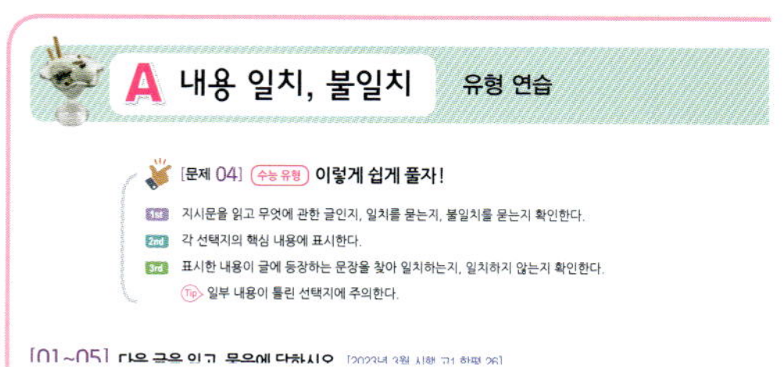

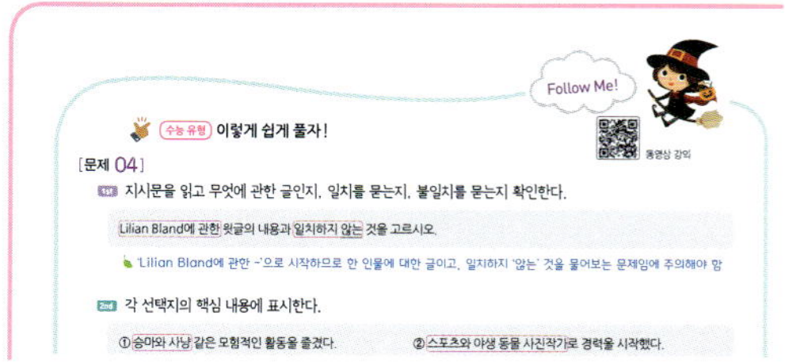

WORKBOOK

[Unit별로 1p씩 개념 이해 문제와 어휘 문제 수록]

자 이 스 토 리

중등 영문법 총정리

수경출판사

중등 영어 독해 기본

[Level 1, Level 2, Level 3]

"중학교 지문으로 수능 독해 유형을 마스터한다!"

＊단계별 수능 독해 학습법

STEP 1 내용 파악하기 , STEP 2 중심어와 중심 문장 찾기 , STEP 3 글의 흐름 이해하기 , STEP 4 글의 내용으로 짐작하기

수능 독해 문제 유형을 지문 이해 순서와 난이도에 따라 4단계로 분류하여
쉽게 이해하고 훈련할 수 있습니다.

① 수능 독해 문제 유형과 해법 제시!

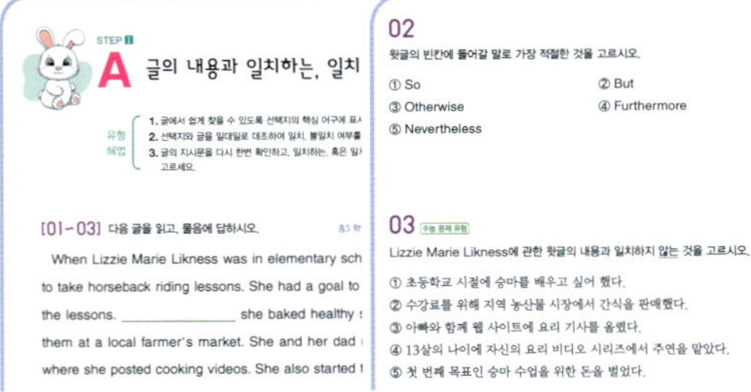

② 직독직해 + 구문 체크 - 완벽한 지문 이해

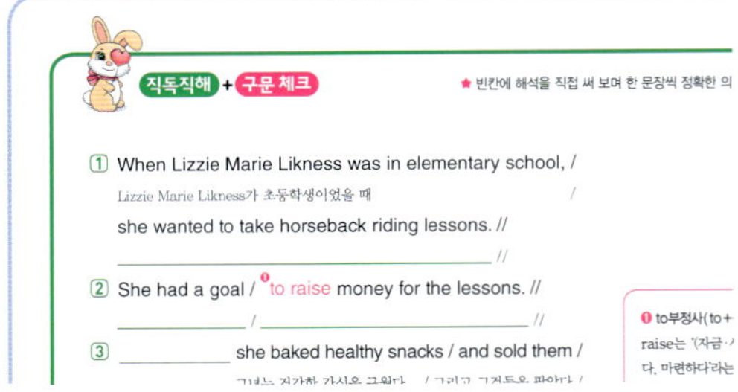

③ 학습한 독해 유형 완성 - 독해 유형 완성 TEST

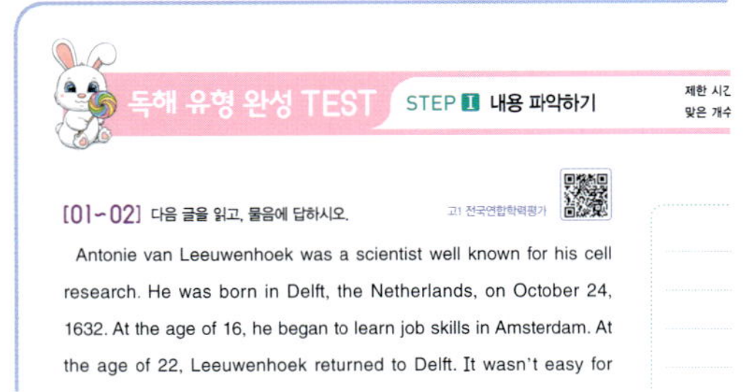

④ 독해 실력 테스트 - 독해 실력 완성 모의고사

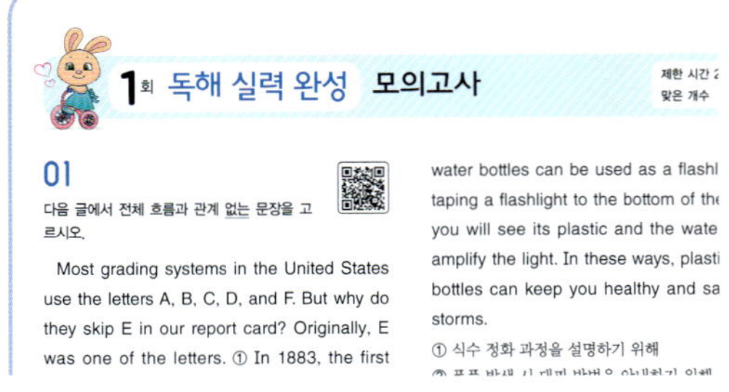

차 례

문장의 구성 요소

[01-06] 문장에서 주어는 S로, 동사는 V로, 보어는 C로, 목적어는 O로 표시하시오.

01 The leaves fell everywhere.
　　(　　) (　　)

02 I hate spicy food.
　(　　)(　　)(　　)

03 I felt cold after leaving home.
　(　　)(　　)(　　)

04 These shoes are expensive.
　(　　) (　　)(　　)

05 Holmes will show us evidence.
　(　　) (　　)(　　)(　　)

06 His advice made our relationship worse.
　(　　)(　　)　(　　)　(　　)

[07-10] 주어진 우리말과 일치하도록 괄호 안의 말을 바르게 배열하시오.

07 Oliver는 그녀에게 사과 편지를 보냈다.
　　　　(sent, a letter of apology, her)
➡ Oliver ______________________.

08 우리는 그녀를 백설공주라고 부른다.
　　　　(call, Snow White, her)
➡ We ______________________.

09 나는 영화가 지루하다고 느꼈다.
　　　　(found, boring, the movie)
➡ I ______________________.

10 Sue는 나에게 그 컴퓨터를 고쳐 달라고 부탁했다.
　　　　(the computer, me, to repair, asked)
➡ Sue ______________________.

[11-14] 〈보기〉와 같이 수식어에 밑줄을 그으시오.

〈보기〉
I am hungry now.

11 I was late for school.

12 They seem nervous about their presentation.

13 Let's play badminton in the park.

14 The flight will depart in 10 minutes.

[15-24] 핵심 어휘 복습 (영어 → 우리말, 우리말 → 영어)

15 bright 　______________

16 east 　______________

17 leave 　______________

18 bloom 　______________

19 sandcastle 　______________

20 속삭임 　w______________

21 여기다 　c______________

22 극장 　t______________

23 소설 　n______________

24 조언 　a______________

〈 정답 p. 161 〉

[01-06] 괄호 안에서 알맞은 것을 고르시오.

01 You look (nice / nicely) in this yellow shirt.

02 This book ends (sad / sadly).

03 It sounds (fun / funnily).

04 She became (sad / sadly) after the interview.

05 This movie was (difficult / difficultly) for me.

06 This piano looks quite (old / oldly).

[07-11] 문장에서 주어는 S로, 동사는 V로, 보어는 C로, 수식어는 M으로 표시하시오.

07 They live in the big city.
(   ) (   ) (   )

08 The subway looks fast.
(   ) (   ) (   )

09 We walked around the village.
(   ) (   ) (   )

10 This flower smells good.
(   ) (   ) (   )

11 He is my favorite singer.
(   ) (   ) (   )

[12-15] 주어진 우리말과 일치하도록 괄호 안의 말을 바르게 배열하시오.

12 그는 편의점으로 달려갔다.
(ran, he, the convenience store, to)
➡ ______________________________

13 그들은 나에게 친절하게 웃어주었다.
(they, at, smiled gently, me)
➡ ______________________________

14 우리는 우리의 건강에 대해 걱정한다.
(we, about, our health, worry)
➡ ______________________________

15 봄 학기는 1월에 시작한다.
(the spring term, in January, starts)
➡ ______________________________

[16-25] 핵심 어휘 복습 (영어 → 우리말, 우리말 → 영어)

16 salty   ______________

17 inventor   ______________

18 friendship   ______________

19 curious   ______________

20 climate   ______________

21 도착하다   a______________

22 어두운   g______________

23 자정   m______________

24 의식   c______________

25 발표   p______________

< 정답 p. 161 >

[01-04] 〈보기〉와 같이 간접목적어(I.O)와 직접목적어(D.O)를 찾아 쓰시오.

> 〈보기〉
> I will buy you a hamburger.
> ➡ I.O: you　D.O: a hamburger

01 They never gave me a chance.

➡ I.O: __________　D.O: __________

02 The waiter brought us the menu.

➡ I.O: __________　D.O: __________

03 I'll get you a drink of water.

➡ I.O: __________　D.O: __________

04 I sent her an email yesterday.

➡ I.O: __________　D.O: __________

[05-07] 주어진 우리말과 일치하도록 괄호 안의 말을 바르게 배열하시오.

05 그는 우리에게 파스타를 만들어 주었다.

(pasta, he, us, made, for)

➡ __________________________

06 우리는 당신에게 10퍼센트 할인을 제공합니다.

(a 10% discount, we, you, offer)

➡ __________________________

07 그는 선생님에게 숙제를 제출했다.

(his teacher, handed, the assignment, to, he)

➡ __________________________

[08-11] 주어진 4형식 문장을 3형식으로 바꿔 쓰시오.

08 Henry will buy me a ring.

➡ __________________________

09 Could you send them a reply?

➡ __________________________

10 I lent Dave my external hard disk drives.

➡ __________________________

11 You should show your doctor that injury.

➡ __________________________

[12-21] 핵심 어휘 복습 (영어 → 우리말, 우리말 → 영어)

12 alien　　__________

13 invite　　__________

14 employee　　__________

15 client　　__________

16 apology　　__________

17 호의　　f__________

18 비밀　　s__________

19 엽서　　p__________

20 (회사의) 임원, 감독　d__________

21 상승, (급여) 인상　r__________

〈 정답 p. 161 〉

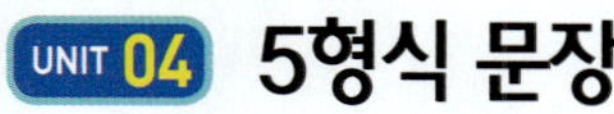

[01-05] 괄호 안에서 알맞은 것을 고르시오.

01 A muffler will keep your body (warm / warmly).

02 Let me (introduce / to introduce) myself.

03 She just felt someone (stare / to stare) at her.

04 His doctor advised him (drink / to drink) lots of water.

05 Everyone found his words (useful / usefully).

[06-10] 빈칸에 들어갈 말을 〈보기〉에서 골라 문장을 완성하시오. (중복 사용 불가)

〈보기〉
angry　　to come　　crying
clean　　to watch

06 I could hear someone ____________ in the next room.

07 They should allow children ____________ TV during their free time.

08 You always make me ____________.

09 I expected you ____________ late, but you came on time.

10 She kept the house ____________ and organized all week.

[11-14] 〈보기〉와 같이 목적어(O)와 목적격 보어(O.C)를 찾아 쓰시오. (중복 사용 불가)

〈보기〉
I heard the telephone ring a moment ago.
➡ O: the telephone　　O.C: ring

11 I saw him melt chocolate.
➡ O: ____________　　O.C: ____________

12 He noticed someone approach him.
➡ O: ____________　　O.C: ____________

13 Noah let his sister practice her presentation.
➡ O: ____________　　O.C: ____________

14 The teacher wants the students to answer her questions.
➡ O: ____________　　O.C: ____________

[15-24] 핵심 어휘 복습 (영어 → 우리말, 우리말 → 영어)

15 creativity　　____________

16 successful　　____________

17 challenging　　____________

18 innovative　　____________

19 hero　　____________

20 행동　　b____________

21 임명하다　　a____________

22 버려진　　a____________

23 주최자　　o____________

24 면허　　l____________

〈 정답 p. 161 〉

[01-06] 괄호 안에서 알맞은 것을 고르시오.

01 I (don't / doesn't) want to go to the party tonight.

02 You like this movie, (do you / don't you)?

03 (What / How) delicious this pizza tastes!

04 (Let's not / Don't let's) waste any more time.

05 (Close / Closed) the door behind you.

06 It's such a lovely day, (does it / isn't it)?

[07-10] 문장을 괄호 안의 지시대로 바꿔 쓰시오.

07 We organize a charity event.
➡ (제안문으로) ____________ organize a charity event!

08 You treat others with kindness.
➡ (명령문으로) ____________ others with kindness.

09 She won the competition.
➡ (부가의문문으로) She won the competition, ____________?

10 The room is so cozy.
➡ (what을 이용한 감탄문으로) ____________ ____________!

[11-14] 주어진 우리말과 일치하도록 괄호 안의 단어를 이용하여 빈칸에 알맞은 말을 쓰시오.

11 와, 정말 아름다운 꽃이네! (a, what)
➡ Wow, ____________ beautiful flower!

12 내일 꽃밭에 산책하러 가자. (go)
➡ ____________ for a walk in the flower garden tomorrow.

13 카메라 가져오는 거 잊지 마. (forget, not)
➡ ____________ to bring your camera.

14 멋진 사진을 찍을 놀라운 기회가 될 거야. 그렇지 않니? (it, will, not)
➡ It will be an amazing opportunity for wonderful photos, ____________?

[15-24] 핵심 어휘 복습 (영어 → 우리말, 우리말 → 영어)

15 experiment ____________

16 relaxing ____________

17 terrible ____________

18 clever ____________

19 solution ____________

20 호수 l____________

21 완수하다 c____________

22 과제 a____________

23 여분의 e____________

24 오르다 i____________

〈 정답 p. 161~162 〉

[01-06] 밑줄 친 명사가 셀 수 있는 명사라면 C(countable), 셀 수 <u>없는</u> 명사라면 UC(uncountable)를 쓰시오.

01 More than 200 people liked my <u>post</u>.

➡ ______________

02 <u>Bangkok</u> is the capital city of Thailand.

➡ ______________

03 There was great <u>sadness</u> and grief.

➡ ______________

04 I don't take <u>sugar</u> in my coffee, thanks.

➡ ______________

05 It's quicker by <u>car</u>.

➡ ______________

06 She practiced her speech in front of the <u>mirror</u>.

➡ ______________

[07-11] 괄호 안에서 알맞은 것을 고르시오.

07 (A / An) child runs across the floor.

08 Our dog just had four (puppies / puppy).

09 Would you like some (water / waters)?

10 Have you got any (information / informations) about the meeting?

11 Are you planning to travel to (Canada / a Canada) this year?

[12-15] 밑줄 친 부분이 어법상 옳으면 ○로 표시하고, 틀리면 바르게 고치시오.

12 He showed <u>a great courage</u> in his actions.

➡ ______________

13 We spent <u>a few day</u> playing soccer together.

➡ ______________

14 She expressed <u>an appreciation</u> with a smile.

➡ ______________

15 <u>Injuries</u> from the accident need medical attention.

➡ ______________

[16-25] 핵심 어휘 복습 (영어 → 우리말, 우리말 → 영어)

16 crumble   ______________

17 clergy   ______________

18 witness   ______________

19 pond   ______________

20 essential   ______________

21 상처   w______________

22 화려한   f______________

23 결정   d______________

24 일생의   l______________

25 밀가루   f______________

< 정답 p. 162 >

[01-08] 주어진 명사의 복수형을 쓰시오.

01 bus　　➡ ____________

02 wolf　　➡ ____________

03 match　　➡ ____________

04 mango　　➡ ____________

05 woman　　➡ ____________

06 country　　➡ ____________

07 computer　➡ ____________

08 salmon　　➡ ____________

[09-14] 괄호 안에서 알맞은 것을 고르시오.

09 The (mouse / mice) run across the floor.

10 She has four (childs / children), all under the age of five.

11 The shop sells dangerous (arm / arms) such as guns.

12 Do you have any nail (scissor / scissors)?

13 The (deer / deers) don't usually get tired.

14 Scientists want the discovery of a new (species / specieses).

[15-20] 빈칸에 들어갈 말을 〈보기〉에서 골라 알맞은 형태로 쓰시오. (중복 사용 불가)

〈보기〉
bar　bottle　piece　sheet　bowl　loaf

15 I bought five ____________ of bread.

16 We drank a ____________ of orange juice.

17 I'm going to have another ____________ of cake.

18 I need some ____________ of wrapping paper.

19 She eats a ____________ of cereal every morning.

20 She gave me two ____________ of soap as a gift.

[21-30] 핵심 어휘 복습 (영어 → 우리말, 우리말 → 영어)

21 fabric　　____________

22 commonly　____________

23 diabetes　____________

24 mathematics　____________

25 measles　____________

26 나타내다　r____________

27 바지　　t____________

28 아픈　　s____________

29 반죽　　d____________

30 면　　c____________

〈 정답 **p. 162** 〉

[01-06] 주어진 어구의 소유격을 빈칸에 쓰시오.

01 Where is the ____________ bathroom?
(men)

02 What is ____________ favorite color?
(Daniel)

03 What's the name ____________?
(that plant)

04 This is my ____________ drawing.
(daughter)

05 William is famous for his ____________ books. (children)

06 The ____________ project received high marks. (students)

[07-11] 주어진 우리말과 일치하도록 괄호 안의 단어를 이용하여 빈칸에 알맞은 말을 쓰시오.

07 Ted는 마늘의 냄새를 싫어한다. (garlic)
➡ Ted doesn't like the smell ____________.

08 이것은 내 펜이 아니야. July 거야. (July)
➡ This is not my pen. It's ____________.

09 내 아들들의 팀이 우승했다. (sons)
➡ My ____________ team won the championship.

10 가장 주목할 만한 공룡들의 특징은 그것들의 크기이다. (the dinosaurs)
➡ The most distinctive feature ____________ ____________ is their size.

11 Sarah는 시끄러운 음악 소리를 좋아하지 않는다. (loud music)
➡ Sarah doesn't like the sound ____________ ____________.

[12-15] 문장에서 틀린 부분을 찾아 밑줄을 긋고 바르게 고치시오.

12 Teachers car broke down on the highway.
➡ ____________

13 Todays lunch is a bowl of pasta.
➡ ____________

14 The CEO' decision surprised the employees.
➡ ____________

15 The siblings's bond grew stronger over the years.
➡ ____________

[16-25] 핵심 어휘 복습 (영어 → 우리말, 우리말 → 영어)

16 feather   ____________

17 purse   ____________

18 pillow   ____________

19 explanation   ____________

20 entrance   ____________

21 (코끼리의) 코   t____________

22 할퀴다   c____________

23 없어진   m____________

24 수확   h____________

25 진화하다   e____________

〈 정답 p. 162 〉

[01-06] 빈칸에 a나 an을 쓰시오.

01 Please give me ____________ honest answer.

02 ____________ baby elephant gets milk from its mother.

03 He made his debut as ____________ actor playing the villain.

04 That was ____________ useful and helpful example.

05 I study for ____________ hour every night.

06 Julian just bought ____________ album of Disney songs.

[07-11] 주어진 우리말과 일치하도록 괄호 안의 단어와 a나 an을 쓰시오.

07 나는 하루에 물 두 병을 마신다. (day)
➡ I drink two bottles of water ____________.

08 우리는 양파 한 개와 당근 두 개를 갖고 있다. (onion)
➡ We have ____________ and two carrots.

09 쿼카는 긴 꼬리와 튼튼한 다리를 가진 동물이다. (quokka)
➡ ____________ is an animal with a long tail and strong legs.

10 당신의 방에 새 전등이 필요합니까? (new lamp)
➡ Do you need ____________ for your room?

11 우리는 그들을 일 년에 한두 번씩 본다. (year)
➡ We see them once or twice ____________.

[12-16] 밑줄 친 부분이 어법상 옳으면 ○로 표시하고, 틀리면 바르게 고치시오.

12 There are an apps for everyone.
➡ ____________

13 A spider has eight legs.
➡ ____________

14 An Andrew was enjoying a leisurely stroll in the sunshine.
➡ ____________

15 I went to several libraries to get an information about my report.
➡ ____________

16 Please clean the dishes once a day.
➡ ____________

[17-26] 핵심 어휘 복습 (영어 → 우리말, 우리말 → 영어)

17 envelope ____________

18 tiny ____________

19 insect ____________

20 produce ____________

21 rate ____________

22 출간하다 p____________

23 다수의 m____________

24 깃털 f____________

25 모이다 f____________

26 도착하다 a____________

〈 정답 p. 162 〉

[01-06] 괄호 안에서 알맞은 것을 고르시오.

01 (A sun / The sun) climbed higher in the sky.

02 Joe is passionate about (baseball / the baseball).

03 (A / The) Eiffel Tower was built in 1887 and finished in 1889.

04 The city of Venice is a jewel in (Italy / the Italy).

05 I bought my sister a skirt, and she always wears (skirt / the skirt).

06 Who's (a / the) most famous person you've ever interviewed?

[07-11] 빈칸에 알맞은 관사를 쓰고, 관사가 필요 <u>없는</u> 곳은 ×표 하시오.

07 He has spent a lot of time in ____________ prison.

08 She plays both ____________ violin and ____________ piano beautifully.

09 I failed my physics exam, but I passed ____________ chemistry.

10 Logan was ____________ only one who disagreed with my opinion.

11 ____________ Sydney is known for its stunning harbor and the Opera House.

[12-16] 밑줄 친 부분이 어법상 옳으면 ○로 표시하고, 틀리면 바르게 고치시오.

12 They traveled across Europe <u>by train</u>.
➡ ____________

13 We had some friends over for <u>the dinner</u> on Saturday.
➡ ____________

14 Wendy majored <u>in a philosophy</u> at university.
➡ ____________

15 I want to finish off this assignment before I <u>go to bed</u>.
➡ ____________

16 <u>Sweden</u> is known for its beautiful nature.
➡ ____________

[17-26] 핵심 어휘 복습 (영어 → 우리말, 우리말 → 영어)

17 bottom   ____________

18 equator   ____________

19 recommend   ____________

20 complete   ____________

21 ostrich   ____________

22 빗질하다   c____________

23 고급의   f____________

24 수리하다   r____________

25 거르다   s____________

26 상징   s____________

< 정답 p. 162 >

[01-06] 괄호 안에서 알맞은 것을 고르시오.

01 She spends hours on the phone chatting with (her / hers) friends.

02 Their house has (it / its) own swimming pool.

03 Could I borrow a pen? I've lost (my / mine).

04 Mushroom is good for (you / your) blood.

05 Which table is (us / ours)?

06 Our school uniform is much nicer than (their / theirs).

[07-10] 밑줄 친 부분이 어법상 옳으면 ○로 표시하고, 틀리면 바르게 고치시오.

07 Thank you for the flowers. They cheered me up.

➡ ______________

08 Where are my glasses? They were on the table a minute ago.

➡ ______________

09 She delivered she's speech confidently on the stage.

➡ ______________

10 I interviewed Ms. Kim. Her thoughts were interesting.

➡ ______________

[11-14] 주어진 우리말과 일치하도록 빈칸에 알맞은 말을 쓰시오.

11 Tom이 그의 친구들에게 연락했다. 그들은 그 공원에 모였다.

➡ Tom called his friends. ______________ gathered at the park.

12 우리를 역에 태워주셔서 감사합니다.

➡ Thank you for driving ______________ to the station.

13 그 회사는 작년에 회사의 이익을 증가시켰다.

➡ The company increased ______________ profits last year.

14 여러분은 이 도시에 방문하는 것이 처음인가요?

➡ Is this ______________ first time visiting this city?

[15-24] 핵심 어휘 복습 (영어 → 우리말, 우리말 → 영어)

15 entrance ______________

16 awful ______________

17 announcement ______________

18 wave hello ______________

19 lean against ______________

20 비슷한 a______________

21 조직하다 o______________

22 협력하다 c______________

23 공연하다 p______________

24 기억해 내다 r______________

〈 정답 p. 163 〉

[01-03] 문장에서 밑줄 친 부분이 의미하는 바를 우리말로 쓰시오.

01 There are strawberries. <u>These</u> are carefully arranged in baskets.
➡ _________________

02 I saw ducks swimming in the water, and <u>this</u> caught my attention.
➡ _________________

03 His earrings twinkled in the sunlight. <u>Those</u> of others are not brighter than his.
➡ _________________

[04-09] 밑줄 친 부분이 어법상 옳으면 ○로 표시하고, 틀리면 바르게 고치시오.

04 <u>These</u> windows are always dirty.
➡ _________________

05 What are <u>these</u> boys doing here?
➡ _________________

06 I found <u>this</u> photos on the bookcase.
➡ _________________

07 Courage is found in <u>these</u> who face their fears.
➡ _________________

08 The melody of this song puts me in a better mood than <u>it</u> of others.
➡ _________________

09 These cookies smell delicious, but <u>those</u> on the other tray are even fresher.
➡ _________________

[10-14] 괄호 안에서 알맞은 것을 고르시오.

10 (These / This) laptop is fast, but (that / those) is slow.

11 (These / This) shoes are comfortable, and (that / those) are stylish.

12 She studied hard for weeks, and (these / this) made her confident about the exam.

13 The speed of his car was greater than (that / those) of mine.

14 People achieving their goals are (these / those) who work hard.

[15-24] 핵심 어휘 복습 (영어 → 우리말, 우리말 → 영어)

15 horrifying _________________

16 jealous _________________

17 score _________________

18 rest _________________

19 enthusiasm _________________

20 뛰어넘다 s_________________

21 해로운 h_________________

22 영향, 효과 e_________________

23 목표, 목표물 t_________________

24 새콤달콤한 s______ a______ s______

< 정답 p. 163 >

[01-06] 빈칸에 알맞은 재귀대명사를 〈보기〉에서 골라 쓰시오. (중복 사용 불가)

〈보기〉
| myself | yourself | itself |
| himself | herself | themselves |

01 Life ____________ is a gift.

02 Katie, control ____________!

03 She taught ____________ how to play the piano.

04 He hurt ____________ while playing soccer.

05 Did the children enjoy ____________ at the party?

06 I felt so ashamed of ____________ for making such a mistake.

[07-09] 주어진 우리말과 일치하도록 빈칸에 알맞은 재귀대명사를 쓰시오.

07 그들은 새로운 이웃들에게 자신들을 소개했다.
→ They introduced ____________ to the new neighbors.

08 나는 퇴근 후에 저녁을 직접 요리하는 것을 좋아한다.
→ I like to cook dinner for ____________ after work.

09 우리끼리니까 하는 얘기인데, Sarah에게 비밀이 있는 것 같아.
→ Between ____________, I think Sarah has a secret.

[10-15] 괄호 안에서 알맞은 것을 고르시오.

10 You can help (itself / yourself) to these snacks.

11 He dressed (himself / itself) before going to school.

12 They congratulated (ourselves / themselves) on their victory.

13 I reminded (myself / me) to buy groceries on the way home.

14 You need to believe in (you / yourself) to succeed.

15 She blamed (myself / herself) for the mistake.

[16-25] 핵심 어휘 복습 (영어 → 우리말, 우리말 → 영어)

16 treat ____________

17 prefer ____________

18 handle ____________

19 thought ____________

20 automatically ____________

21 전체의 e____________

22 호화로운 l____________

23 ~을 탓하다 b____________

24 (털을) 다듬다 g____________

25 집중력을 유지하다 m____________ f____________

〈 정답 p. 163 〉

[01-05] 밑줄 친 부분의 쓰임과 같은 것을 〈보기〉에서 골라 기호를 쓰시오. (중복 사용 가능)

〈보기〉
ⓐ It is already September.
ⓑ It is important to get enough sleep.
ⓒ I bought a new book. It is a mystery novel.

01 It is late, so we should leave soon.
➡ ____________

02 She baked a cake for the party. It was delicious.
➡ ____________

03 It is true that she won the competition.
➡ ____________

04 It was snowing all morning.
➡ ____________

05 He received a promotion at work. It came with a higher salary.
➡ ____________

[06-10] 주어진 우리말과 일치하도록 괄호 안의 말을 바르게 배열하시오.

06 여행을 계획하는 것은 좋은 생각이다. (it, to plan, the trip, is, a good idea)
➡ ________________________________

07 그는 자신의 감정을 표현하는 것을 어려워한다. (his emotions, to express, he, finds, it, difficult)
➡ ________________________________

08 그들은 정직이 중요하다는 것을 분명히 했다. (made, that, honesty, is, they, clear, it, important)
➡ ________________________________

09 새로운 환경에 적응하는 것은 어려울 수 있다. (it, a new environment, to, can be, challenging, to adapt)
➡ ________________________________

10 지구가 태양 주위를 돈다는 것은 상식이다. (common knowledge, that, the Earth, it, is, revolves, around the Sun)
➡ ________________________________
____

[11-20] 핵심 어휘 복습 (영어 → 우리말, 우리말 → 영어)

11 competition ____________

12 impossible ____________

13 healthy ____________

14 explore ____________

15 make ~ clear ____________

16 명백한 o____________

17 유지하다 m____________

18 긍정적인 p____________

19 완전히 f____________

20 (정도가) 심하게, 많이 h____________

〈 정답 p. 163 〉

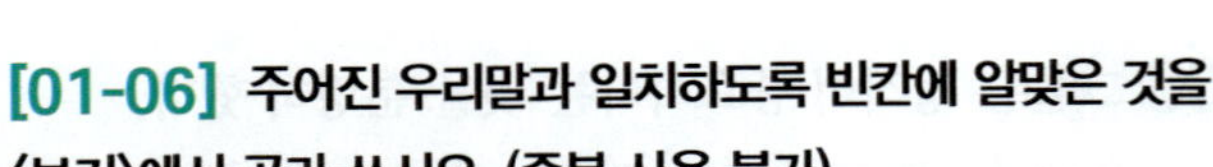

[01-06] 주어진 우리말과 일치하도록 빈칸에 알맞은 것을 〈보기〉에서 골라 쓰시오. (중복 사용 불가)

> 〈보기〉
> one　some　others　either
> the others　none　the other

01 그들 중 아무도 당근을 좋아하지 않는다.

➡ ______________ of them like carrots.

02 여기 당신들 중 일부는 이미 Jake를 만났다.

➡ ______________ of you here have already met Jake.

03 그가 박수를 치기 시작했고 나머지 사람들도 동참했다.

➡ He started to applaud and ______________ joined in.

04 한 손에는 라켓을 잡고 나머지 손에는 공을 잡아라.

➡ Hold the racket in ______________ hand and the ball in ______________.

05 다른 사람들이 너를 위해 일해 줄 것을 기대해서는 안 된다.

➡ You shouldn't expect ______________ to do your work for you.

06 만약 이러한 증상 중 하나를 경험한다면 바로 병원에 가세요.

➡ If you experience ______________ of these symptoms, see a doctor right away.

[07-11] 밑줄 친 부분이 어법상 옳으면 ○로 표시하고, 틀리면 바르게 고치시오.

07 All of my friends <u>agrees</u> with me.

➡ ______________

08 Every kid in the school <u>are</u> under the age of eleven.

➡ ______________

09 Both men and women <u>have</u> complained about the advertisement.

➡ ______________

10 Each of the companies <u>support</u> a local charity.

➡ ______________

11 Everyone <u>needs</u> to take care of his or her health.

➡ ______________

[12-21] 핵심 어휘 복습 (영어 → 우리말, 우리말 → 영어)

12 lend ______________

13 plain ______________

14 vacant ______________

15 candidate ______________

16 loyal ______________

17 ~을 받을 만하다　d______________

18 재능　t______________

19 출석하다　a______________

20 할인 중인　o______________ s______________

21 ~에 속하다　b______________ t______________

〈 정답 p. 163 〉

[01-06] 자연스러운 대화가 되도록 괄호 안에서 알맞은 것을 고르시오.

01 A: (What / Whom) is the best way to go to the shopping mall?

B: Just follow me.

02 A: (Who / Whom) made this delicious cake?

B: John.

03 A: (Whose / Whom) recipe did you use for this amazing pasta dish?

B: I used my grandmother's recipe.

04 A: (Who / Which) bird is singing, the brown one or the white one?

B: That's the brown bird.

05 A: (Whose / Whom) should I contact for more information?

B: I'm not sure.

06 A: (What / Which) is that building over there?

B: Oh, that's the new art museum.

[07-11] 주어진 우리말과 일치하도록 빈칸에 알맞은 것을 〈보기〉에서 골라 쓰시오. (중복 사용 가능)

〈보기〉
who　　whose　　which

07 오늘 저녁은 이탈리안과 한식 중 어느 식당으로 갈까요?

➡ ______________ restaurant should we go to for dinner tonight, Italian or Korean?

08 치킨 샌드위치와 참치 샌드위치 중 어느 것을 선호하시나요?

➡ ______________ one do you prefer, chicken sandwiches or tuna sandwiches?

09 누가 어제 은행에서 그 노인을 도와드렸나요?

➡ ______________ helped the old man in the bank yesterday?

10 이번 주말에 등산을 가기로 한 것은 누구의 생각이었나요?

➡ ______________ idea was it to go hiking this weekend?

11 사무실 밖에 있는 자전거는 누구의 것인가요?

➡ ______________ bike is that outside the office?

[12-21] 핵심 어휘 복습 (영어 → 우리말, 우리말 → 영어)

12 idea　　______________

13 handwriting　　______________

14 package　　______________

15 whale　　______________

16 writer　　______________

17 소리가 큰, 시끄러운　　l______________

18 룸메이트　　r______________

19 직위　　p______________

20 ~을 찾다　　l________ f________

21 ~에 착륙하다　　l________ o________

〈 정답 p. 163 〉

[01-07] 주어진 동사의 주어가 3인칭 단수일 때, 현재시제 동사의 형태를 쓰시오.

01 fix ➡ ______________

02 go ➡ ______________

03 be ➡ ______________

04 depart ➡ ______________

05 miss ➡ ______________

06 carry ➡ ______________

07 have ➡ ______________

[08-13] 괄호 안에서 알맞은 것을 고르시오.

08 In the evening, I (exercise / exercises) at the gym.

09 Sunlight (shine / shines) through the windows.

10 He (drive / drives) his car to school every day.

11 We (ride / rides) our bikes to the park on weekends.

12 Farmers (arrive / arrives) at market early to sell their fruits.

13 Children (laughs and plays / laugh and play) in the playground.

[14-19] 빈칸에 들어갈 말을 〈보기〉에서 골라 알맞은 현재시제 형태로 쓰시오. (중복 사용 불가)

〈보기〉
reply   skip   be   travel   stand   reach

14 I always ______________ breakfast.

15 Blood ______________ thicker than water.

16 She quickly ______________ to all messages.

17 The skyscraper ______________ for the sky.

18 The elderly ______________ free on public transport.

19 Landmarks ______________ as a symbol of a particular place.

[20-29] 핵심 어휘 복습 (영어 → 우리말, 우리말 → 영어)

20 local ______________

21 depart ______________

22 attract ______________

23 moment ______________

24 Pacific Ocean ______________

25 만들어 내다 b______________

26 (해가) 뜨다 r______________

27 이동하다 t______________

28 중력 g______________

29 이끼 m______________

〈 정답 p. 164 〉

[01-07] 주어진 동사의 과거형을 쓰시오.

01 love   ➡ ______________

02 cry   ➡ ______________

03 stop   ➡ ______________

04 talk   ➡ ______________

05 study   ➡ ______________

06 pray   ➡ ______________

07 turn   ➡ ______________

[08-13] 괄호 안의 단어를 이용하여 빈칸에 알맞은 말을 과거시제 형태로 쓰시오.

08 I ____________ a freshman last year. (be)

09 My family ____________ to renovate our kitchen. (plan)

10 She ____________ with me when she was in Seoul. (stay)

11 The Industrial Revolution ____________ in the late 18th century. (start)

12 Last Saturday, we ____________ a live concert in the park. (attend)

13 Jane Austen ____________ her novel *Pride and Prejudice* in 1813. (publish)

[14-19] 빈칸에 들어갈 말을 〈보기〉에서 골라 알맞은 과거시제 형태로 쓰시오. (중복 사용 불가)

〈보기〉
hurry	drop	worry
live	happen	play

14 She ____________ to catch the bus.

15 He ____________ about his presentation.

16 The temperature ____________ suddenly.

17 The accident ____________ a while ago.

18 He ____________ the main role in the musical last year.

19 A long time ago, there ____________ a girl called Cinderella.

[20-29] 핵심 어휘 복습 (영어 → 우리말, 우리말 → 영어)

20 rub   ____________

21 land   ____________

22 chase   ____________

23 history   ____________

24 invitation   ____________

25 지진   e____________

26 동창회   r____________

27 대서양   A____________

28 축하하다   c____________

29 항해하다   s____________

〈 정답 **p. 164** 〉

[01-08] 주어진 동사의 과거형을 쓰시오.

01 let ⟶ ____________

02 buy ⟶ ____________

03 send ⟶ ____________

04 understand ⟶ ____________

05 lead ⟶ ____________

06 deal ⟶ ____________

07 come ⟶ ____________

08 fly ⟶ ____________

[09-13] 괄호 안의 단어를 이용하여 빈칸에 알맞은 말을 과거시제로 쓰시오.

09 She ____________ beautifully during the concert last weekend. (sing)

10 The 23rd Winter Olympic Games ____________ ____________ in Pyeongchang. (take place)

11 The ancient Egyptians ____________ huge pyramids. (build)

12 We ____________ a wonderful time at the wedding. (have)

13 Shakespeare ____________ many famous plays. (write)

[14-16] 주어진 우리말과 일치하도록 괄호 안의 단어를 과거시제 형태로 쓰시오.

14 그 선수는 공을 던졌고 이전 기록을 깼다. (throw, break)

⟶ The athlete ____________ the ball and ____________ the previous record.

15 나는 어제 내가 읽었던 책의 저자를 만났다. (meet, read)

⟶ Yesterday, I ____________ the author of the book I ____________.

16 사진작가는 해가 뜨는 완벽한 순간을 포착했다. (catch, rise)

⟶ The photographer ____________ the perfect moment when the sun ____________.

[17-26] 핵심 어휘 복습 (영어 → 우리말, 우리말 → 영어)

17 sink ____________

18 shut ____________

19 overcome ____________

20 university ____________

21 stand in line ____________

22 일몰 s____________

23 재미있는 a____________

24 얼다 f____________

25 지치는 t____________

26 막다 b____________ o____________

〈 정답 **p. 164** 〉

[01-06] 괄호 안에서 알맞은 것을 고르시오.

01 We (started / will start) exercising from next week.

02 The plane is about (begin / to begin) landing in New York.

03 When the concert ends, the audience will (applaud / going to applaud) them.

04 The tide is about (covering / to cover) the sandy beach with seawater.

05 I (will be / was) with you this time next year.

06 She is going to (will plant / plant) a variety of flowers in her garden.

[07-12] 주어진 우리말과 일치하도록 괄호 안의 말을 바르게 배열하시오.

07 우리는 날씨가 좋으면 우리는 산에 갈 것이다.
(will, the mountains, we, go, to)

➡ _______________________________ if the weather is good.

08 나는 숙면을 취하면 기분이 나아질 것이다.
(feel, will, I, better)

➡ _____________________________ after a good night's sleep.

09 우리는 대통령의 연설을 듣게 될 것이다.
(are about to, the President's speech, we, hear)

➡ _______________________________________

10 당신은 중요한 문제에 대해 논의할 것이다. (you, an important issue, discuss, are going to)

➡ _______________________________________

11 우리는 유럽행 비행기에 탑승하려고 한다.
(to Europe, board, we, the plane, are about to)

➡ _______________________________________

12 그들은 다음 달에 그들의 기념일을 축하할 것이다.
(their anniversary, celebrate, they, next month, are going to)

➡ _______________________________________
____

[13-22] 핵심 어휘 복습 (영어 → 우리말, 우리말 → 영어)

13 launch   _____________

14 election   _____________

15 upcoming   _____________

16 announcement   _____________

17 detail   _____________

18 재료   i_____________

19 마감일   d_____________

20 공개하다   r_____________

21 과제   a_____________

22 국립공원   n_________ p_________

<정답 p. 164>

[01-08] 주어진 동사의 진행형을 쓰시오.

01 move　⇒ ____________

02 lie　⇒ ____________

03 see　⇒ ____________

04 plan　⇒ ____________

05 walk　⇒ ____________

06 invent　⇒ ____________

07 get　⇒ ____________

08 look　⇒ ____________

[09-13] 문장을 괄호 안의 지시대로 바꿔 쓰시오.

09 A boy cries in the middle of the street.
(현재진행시제로)
　⇒ A boy ____________________
　　____________.

10 The little girl held her mother's hand.
(과거진행시제로)
　⇒ The little girl ____________________
　　____________.

11 They talk about the project for a long
time. (미래진행시제로)
　⇒ They ____________________
　　____________.

12 She lifts the box carefully from the shelf.
(현재진행시제로)
　⇒ She ____________________
　　____________.

13 He dyed his hair brown. (과거진행시제로)
　⇒ He ____________________.

[14-15] 다음 괄호 안에서 알맞은 것을 고르시오.

14 The children (seemed / was seeming)
tired.

15 Cooper (owns / is owning) several cars.

[16-25] 핵심 어휘 복습 (영어 → 우리말, 우리말 → 영어)

16 untie　　____________

17 giant　　____________

18 fireplace　　____________

19 downtown　　____________

20 sea creature　　____________

21 매듭　　k____________

22 보호소　　s____________

23 승강장　　p____________

24 (흙을) 파다　　d____________

25 (여자) 조카　　n____________

〈 정답 p. 164 〉

[01-04] 문장의 밑줄 친 현재완료시제의 용법을 파악하여 〈보기〉와 같이 쓰시오.

> ─〈보기〉─
> Barbara has just arrived at the school.
> ➡ 완료

01 Have you ever visited New York?

➡ _____________

02 He has left the room, and now the room is empty.

➡ _____________

03 They have just finished their project.

➡ _____________

04 People have complained about the noise since yesterday.

➡ _____________

[05-08] 주어진 문장을 괄호 안의 지시대로 바꾸어 쓰시오.

05 She has visited London before.

(의문문으로)

➡ _______________________________

06 House prices have come down recently.

(not을 사용하여 부정문으로)

➡ _______________________________
____

07 I've heard that story before.

(never를 사용하여 부정문으로)

➡ _______________________________

08 We have planned this trip for months.

(현재완료진행시제로)

➡ _______________________________
____

[09-12] 주어진 우리말과 일치하도록 괄호 안의 단어를 알맞은 형태로 쓰시오.

09 2020년에 나는 열 살이었다.

(be, ten years old)

➡ In 2020, I _________________________.

10 우리는 2012년부터 한국에 살아왔다.

(in Korea, we, live)

➡ _________________________ since 2012.

11 Alex가 당신의 이메일에 언제 답장했나요?

(Alex, reply to, your e-mail)

➡ When _______________________________?

12 그녀는 화요일 오후부터 그를 보지 못했다.

(not, see, him, since, Tuesday afternoon)

➡ She _______________________________
_____________________.

[13-22] 핵심 어휘 복습 (영어 → 우리말, 우리말 → 영어)

13 refuse   _____________

14 recently   _____________

15 package   _____________

16 task   _____________

17 lose one's way   _____________

18 목적지   d_____________

19 예약하다   b_____________

20 유치원   k_____________

21 (부서를) 옮기다, 이동하다   t_____________

22 버리다   t______ a______

〈 정답 p. 164~165 〉

[01-06] 괄호 안에서 알맞은 것을 고르시오.

01 She (can / cans) speak four languages.

02 Hello, (may I / I may) speak to Robert, please?

03 We (don't can / cannot) have free time.

04 You (must know / know must) Frank.

05 We could (finish / finished) the project on time.

06 We will (can / be able to) finish the work by Friday.

[07-13] 문장에서 <u>틀린</u> 부분을 찾아 밑줄을 긋고 바르게 고치시오.

07 When I may talk to Seagal?

　➡ ____________

08 I will go not without you.

　➡ ____________

09 They could enjoyed the Christmas party.

　➡ ____________

10 Should where we meet tonight?

　➡ ____________

11 Clare wills be five years old next month.

　➡ ____________

12 Will join you us for the game, Amy?

　➡ ____________

13 The doctor will calls you next week to check on your progress.

　➡ ____________

[14-16] 주어진 우리말과 일치하도록 괄호 안의 말을 바르게 배열하시오.

14 너는 정말 배가 고프겠구나.

(be, must, you, hungry, very)

　➡ _______________________________

15 이 약을 언제 먹어야 하나요?

(these pills, when, I, should, take)

　➡ _______________________________

16 Rachel은 11월에 이곳에 없을 것이다.

(not, Rachel, will, here, be)

　➡ _____________________ in November.

[17-26] 핵심 어휘 복습 (영어 → 우리말, 우리말 → 영어)

17 wave ____________

18 submit ____________

19 application ____________

20 take a break ____________

21 foreign language ____________

22 거르다　　s____________

23 회사　　c____________

24 문제, 사안　　m____________

25 휴일　　h____________

26 받아들이다　　a____________

< 정답 p. 165 >

[01-08] 주어진 우리말과 일치하도록 괄호 안에서 알맞은 것을 고르시오.

01 내가 준비되면 네게 전화할게.
→ I (will / could) call you when I'm ready.

02 그는 30킬로그램을 들 수 있다.
→ He (can / will) lift 30 kilograms.

03 케이크 좀 드실래요?
→ (Could / Would) you like some cake?

04 흡연은 암을 유발할 수 있습니다.
→ Smoking (can / is able) cause cancer.

05 우리는 언젠가 같이 점심 먹을 수 있을 거야.
→ We (could / were able) have lunch together one day.

06 저녁 9시에 Jacob이 당신을 방문할 것이다.
→ Jacob (will / is going) visit you at 9 in the evening.

07 Jessica는 체육관에 가입하고 싶어 한다.
→ Jessica would like (join / to join) a gym.

08 나는 당신이 다시 늦지 않기를 바란다.
→ I hope that you (will / won't) be late again.

[09-12] 주어진 우리말과 일치하도록 빈칸에 알맞은 것을 〈보기〉에서 골라 쓰시오. (중복 사용 불가)

〈보기〉
can't　　could　　would　　won't

09 Jack은 내년 겨울에 유럽으로 여행을 가고 싶어 한다.
→ Jack ___________ like to travel to Europe next winter.

10 Monica는 그녀의 개가 없는 삶을 상상할 수 없다.
→ Monica ___________ imagine life without her dog.

11 그들은 그 제안을 받아들이지 않을 것이다.
→ They ___________ accept the proposal.

12 그녀가 어렸을 때, 그녀는 나무를 오를 수 있었다.
→ When she was a child, she ___________ climb trees.

[13-22] 핵심 어휘 복습 (영어 → 우리말, 우리말 → 영어)

13 complex　___________

14 renovate　___________

15 identify　___________

16 absolutely　___________

17 shut down　___________

18 추천하다　r___________

19 유창하게　f___________

20 해산물　s___________

21 설명하다　e___________

22 거짓말쟁이　l___________

〈 정답 p. 165 〉

[01-04] 밑줄 친 부분과 같은 의미로 쓰인 것을 〈보기〉에서 고르시오.

〈보기〉
ⓐ You <u>may</u> choose what you want.
ⓑ It <u>may</u> snow later this afternoon.

01 Excuse me, <u>may</u> I sit here?

➡ _______________

02 This <u>may</u> help the pain a little bit.

➡ _______________

03 I was wrong. She <u>may</u> be right.

➡ _______________

04 You <u>may</u> take photographs here.

➡ _______________

[05-08] 주어진 우리말과 일치하도록 괄호 안에서 알맞은 것을 고르시오.

05 무게 제한을 초과해서는 안 된다.

➡ It (must not / doesn't have to) surpass a weight limit.

06 우리는 서두르지 않아도 된다. 시간이 많다.

➡ We (must not / don't have to) rush. There is lots of time.

07 당신은 사람들의 외모로 사람들을 판단해서는 안 된다.

➡ You (should not / don't have to) judge people by the way they look.

08 나는 나중에 파티에 갈지도 모른다.

➡ I (might / have to) go along to the party later.

[09-12] 주어진 우리말과 일치하도록 빈칸에 알맞은 것을 〈보기〉에서 골라 쓰시오. (중복 사용 불가)

〈보기〉
must　　must not
shall　　don't have to

09 당신은 손톱을 물면 안 된다.

➡ You _____________ bite your nails.

10 Harry는 종일 운전을 했다. 분명 피곤할 것이다.

➡ Harry has driven all day. He _____________ be tired.

11 배부르면 요리를 다 먹을 필요가 없다.

➡ You _____________ finish this dish if you are full.

12 점심 먹고 산책 갈까요?

➡ _____________ we go for a walk after lunch?

[13-22] 핵심 어휘 복습 (영어 → 우리말, 우리말 → 영어)

13 candidate　_____________

14 available　_____________

15 commercial　_____________

16 technical　_____________

17 fasten　_____________

18 용의자　s_____________

19 사안, 문제　i_____________

20 승객　p_____________

21 안전벨트　s_____________

22 성냥　m_____________

〈 정답 **p. 165** 〉

[01-04] 조동사 do, be, have를 이용하여 다음 문장을 괄호 안의 지시대로 바꿔 쓰시오.

01 They know the way to the beach. (의문문으로)

➡ ________________ the way to the beach?

02 He goes to the gym to get in shape. (현재진행시제로)

➡ He ________________ to the gym to get in shape.

03 She has siblings. (의문문으로)

➡ ________________ any siblings?

04 They waited on this project. (현재완료시제로)

➡ They ________________ on this project for months.

[05-09] 괄호 안에서 알맞은 것을 고르시오.

05 Spiders (would / used to) have tails.

06 You (had not better / had better not) play the piano after midnight.

07 He (used to / is used to) eat meat, but now he is a vegetarian.

08 You (have / had) better come home before the rain starts.

09 They used to (visit / visiting) their grandparents every summer.

[10-13] 주어진 우리말과 일치하도록 괄호 안의 말을 바르게 배열하시오.

10 너는 더 천천히 말하는 것이 좋겠다. (you, better, had, more, speak, slowly)

➡ ________________________________

11 나는 그것에 대해서 당신이 정말 옳다고 믿는다. (I, are, believe, do, you, right)

➡ ____________________________ about that.

12 나는 오늘 밤에 나가지 않는 것이 좋겠어. (go out, I, had, not, tonight, better)

➡ ________________________________

13 그는 의사의 진료 예약을 거르지 않는 것이 좋다. (had, he, better, skip, not)

➡ ____________________________ his doctor's appointment.

[14-23] 핵심 어휘 복습 (영어 → 우리말, 우리말 → 영어)

14 alien ________________

15 renowned ________________

16 author ________________

17 championship ________________

18 instruction ________________

19 감사하다 a________________

20 소장품 c________________

21 예행연습하다 r________________

22 시금치 s________________

23 뒤뜰 b________________

〈 정답 p. 165 〉

[01-04] 주어진 능동태 문장을 수동태 문장으로 바꿔 쓰시오.

01 He edits a national newspaper.

→ ____

02 Did she discover the secret?

→ ____

03 Leonardo da Vinci painted the Mona Lisa.

→ ____

____

04 A beautiful view of the Han River attracted them.

→ ____

____

[05-07] 문장을 괄호 안의 지시대로 바꿔 쓰시오.

05 Our proposal was accepted by the management. (의문문으로)

→ ____

____

06 This question was solved by Christine. (부정문으로)

→ ____

____

07 The artist painted a beautiful landscape. (수동태로)

→ ____

____

[08-10] 주어진 우리말과 일치하도록 괄호 안의 말을 바르게 배열하시오.

08 이 노래는 베토벤이 작곡한 것이 아니다. (this song, not, by Beethoven, was, composed)

→ ____

09 로마는 기원전 8세기에 설립되었다. (founded, was, in the 8th century BC, Rome)

→ ____

10 이 건물이 보안 시스템에 의해 보호되나요? (a security system, protected, this building, is, by)

→ ____

[11-20] 핵심 어휘 복습 (영어 → 우리말, 우리말 → 영어)

11 invent　　　　　　____________

12 design　　　　　　____________

13 treasure　　　　　____________

14 influence　　　　　____________

15 crop　　　　　　　____________

16 농장　　　　　　　f____________

17 프랑스어　　　　　F____________

18 자선 행사　　　　　c________ e________

19 ~에 있다, 위치해 있다　b____ l______ i____

20 전구　　　　　　　l________ b________

〈 정답 p. 166 〉

[01-04] 문장을 괄호 안의 지시대로 바꿔 쓰시오.

01 A woman and two men are arrested.
(과거시제로)

➡ ____

02 When was the cause of the fire discovered? (미래시제로)

➡ ____

____

03 This app is used among many people.
(현재완료시제로)

➡ ____

____

04 Houses for the old are built by the organization. (현재진행시제로)

➡ ____

____

[05-14] 주어진 조동사와 동사를 활용하여 수동태 문장을 완성하시오.

05 Before January 1st, your application ________________. (must, submit)

06 Bats ________________ in a dark cave. (can, find)

07 She ________________ to their wedding. (might, invite)

08 The house ________________ before the guests arrive. (must, clean)

09 The concert ________________ soon.
(will, finish)

10 Our memory ________________.
(must not, forget)

11 The area ________________ by tomorrow. (should, clean)

12 Tickets ________________ one week in advance. (must, purchase)

13 The results ________________ next month by the company. (will, announce)

14 The food ________________ until 7 PM. (will not, serve)

[15-24] 핵심 어휘 복습 (영어 → 우리말, 우리말 → 영어)

15 weapon　　________________

16 script　　________________

17 fence　　________________

18 decision　　________________

19 analyze　　________________

20 검토하다　　r________________

21 개발하다　　d________________

22 (음식 등을) 제공하다　　s________________

23 공간　　s________________

24 파괴하다　　d________________

〈 정답 p. 166 〉

[01-04] 문장에서 틀린 부분을 찾아 밑줄을 긋고 바르게 고치시오.

01 The news report is sent of us by satellite.
→ ____________

02 Ratatouille, a French food, was cooked to me by Antoine.
→ ____________

03 A reward was given of the little boy by the king.
→ ____________

04 Julie is taught to Chinese every day.
→ ____________

[05-09] 괄호 안의 단어를 이용하여 빈칸에 알맞은 말을 쓰시오. (필요 없는 경우, 형태를 변형하지 않아도 됨)

05 Kids are kept ____________ near water by a life vest. (safe)

06 You are not allowed ____________ during the exam. (talk)

07 They were made ____________ by your visit. (happy)

08 I was made ____________ the room by my mother. (clean)

09 Mark was ordered ____________ a fine. (pay)

[10-12] 주어진 능동태 문장을 수동태 문장으로 바꿔 쓰시오.

10 I heard someone screaming in the next room.
→ Someone ____________ in the next room.

11 She sends me a postcard from Italy.
→ I ____________.
→ A postcard from Italy ____________.

12 Brian gives us a daily newspaper.
→ We ____________.
→ A daily newspaper ____________.

[13-22] 핵심 어휘 복습 (영어 → 우리말, 우리말 → 영어)

13 masterpiece ____________

14 employee ____________

15 opinion ____________

16 crime ____________

17 elect ____________

18 명령하다, 시키다　o____________

19 사과하다　a____________

20 수여하다　a____________

21 어려운　c____________

22 교수　p____________

〈 정답 **p. 166** 〉

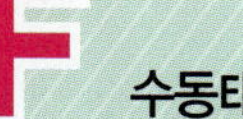

[01-06] 빈칸에 알맞은 말을 〈보기〉에서 골라 쓰시오.

(중복 사용 가능)

〈보기〉
with　　about　　in

01 We are excited ＿＿＿＿＿＿ our holiday next week.

02 Are you satisfied ＿＿＿＿＿＿ your new mobile phone?

03 The author couldn't be engaged ＿＿＿＿＿＿ his work.

04 Every wall in her bedroom is covered ＿＿＿＿＿＿ posters.

05 She must be interested ＿＿＿＿＿＿ sport.

06 I'm very worried ＿＿＿＿＿＿ David.

[07-10] 괄호 안에서 알맞은 것을 고르시오.

07 The wedding (put off / was put off) by their parents.

08 The passengers and crew (picked up / were picked up) within hours by a ship.

09 A pedestrian (was run / was run over) by a bus.

10 The plants will be taken care of (me / by me) while you're away.

[11-13] 주어진 우리말과 일치하도록 괄호 안의 단어를 이용하여 빈칸에 알맞은 말을 쓰시오.

11 그는 그의 전과 기록 때문에 경찰에게 알려져 있다. (know)

➡ He ＿＿＿＿＿＿ the police because of his criminal record.

12 그 마을은 매년 열리는 민속 축제로 유명하다. (know)

➡ The town ＿＿＿＿＿＿ its annual folk festival.

13 부모님은 그들의 자녀 교육에 관여해야 한다. (involve)

➡ Parents should ＿＿＿＿＿＿ their children's education.

[14-23] 핵심 어휘 복습 (영어 → 우리말, 우리말 → 영어)

14 various　　＿＿＿＿＿＿

15 pioneer　　＿＿＿＿＿＿

16 recycled　　＿＿＿＿＿＿

17 unexpected　　＿＿＿＿＿＿

18 appointment　　＿＿＿＿＿＿

19 분야　　f＿＿＿＿＿＿

20 성적　　g＿＿＿＿＿＿

21 갓 ~한　　f＿＿＿＿＿＿

22 상태, 조건　　c＿＿＿＿＿＿

23 곧 있을　　u＿＿＿＿＿＿

〈 정답 p. 166 〉

[01-06] 밑줄 친 형용사의 쓰임을 구분하시오.

01 I live in a <u>small</u> town.
➡ [한정적 / 서술적] 쓰임

02 The apartments are very <u>small</u>.
➡ [한정적 / 서술적] 쓰임

03 The whole family was <u>present</u>.
➡ [한정적 / 서술적] 쓰임

04 The <u>present</u> situation is quite challenging.
➡ [한정적 / 서술적] 쓰임

05 A laptop would be really <u>useful</u>.
➡ [한정적 / 서술적] 쓰임

06 This provides <u>useful</u> information about local services.
➡ [한정적 / 서술적] 쓰임

[07-13] 주어진 우리말과 일치하도록 빈칸에 알맞은 것을 〈보기〉에서 골라 쓰시오. (중복 사용 불가)

〈보기〉
awake　main　certain　late
right　afraid　worth

07 그녀는 대중 앞에서 말하는 것을 두려워한다.
➡ She's ____________ of public speaking.

08 그의 오른손은 펜을 잡았다.
➡ His ____________ hand held the pen.

09 그는 이 소설의 주인공이다.
➡ He is the ____________ character in this novel.

10 등산은 힘들었지만 꼭대기의 경치는 그만한 가치가 있었다.
➡ The hike was tough, but the view at the top was ____________ it.

11 우리는 파티에 늦은 초대를 받았다.
➡ We received a(n) ____________ invitation to the party.

12 그녀는 고등 교육을 추구하기로 한 자신의 결정에 확신을 느꼈다.
➡ She felt ____________ about her decision to pursue higher education.

13 나는 보통 밤새 책을 읽는다.
➡ I usually stay ____________ all night reading books.

[14-23] 핵심 어휘 복습 (영어 → 우리말, 우리말 → 영어)

14 chief　　　　　____________

15 fascinating　　　____________

16 content　　　　____________

17 proposal　　　　____________

18 compete in a game　____________

19 모래로 뒤덮인　　s____________

20 놀라운　　　　　b____________

21 이전의　　　　　f____________

22 빈　　　　　　　e____________

23 밝은　　　　　　b____________

〈 정답 p. 166~167 〉

[01-06] 괄호 안에서 알맞은 것을 고르시오.

01 There are (few / little) slices of cake left.

02 Can I give you (a few / a little) advice?

03 If I drink too (many / much) coffee, I can't sleep.

04 How (many / much) students are there in each class?

05 (A few / A little) rays of sunlight pierced the smoke.

06 They have very (few / little) money.

[07-11] 주어진 우리말과 일치하도록 빈칸에 알맞은 것을 〈보기〉에서 골라 쓰시오. (중복 사용 불가)

〈보기〉
few　　little　　any　　much　　many

07 어젯밤 시청에는 많은 사람들이 있었다.
➡ There were ___________ people at the city hall last night.

08 그는 그 과제를 완수할 시간이 많지 않았다.
➡ He didn't have ___________ time to complete the assignment.

09 선택과목 강의에 나온 학생은 거의 없었다.
➡ ___________ students showed up for the optional lecture.

10 나는 조금의 현금도 없다.
➡ I don't have ___________ cash.

11 이길 가망은 거의 없어 보인다.
➡ There seems to be ___________ hope of winning.

[12-13] 주어진 우리말과 일치하도록 괄호 안의 말을 바르게 배열하시오.

12 거리에는 세 개의 높은 파란 건물들이 있다.
　　　　(blue, tall, three, buildings)
➡ There are ___________________ on the street.

13 그녀는 겨울에 입을 따뜻한 옷을 찾아야 한다.
　　　　(warm, something)
➡ She needs to find ___________________ to wear in the winter.

[14-23] 핵심 어휘 복습 (영어 → 우리말, 우리말 → 영어)

14 excuse　　___________

15 cosmos　　___________

16 stranger　　___________

17 hallway　　___________

18 leap year　　___________

19 인내심　　p___________

20 남는, 여분의　　s___________

21 받아들이다　　a___________

22 사랑스러운　　a___________

23 의미 없는　　m___________

〈 정답 p. 167 〉

[01-10] 수를 알맞게 읽으시오.

01 세 번째　➡ ______________

02 $\dfrac{2}{10}$　➡ ______________

03 1995년　➡ ______________

04 2019년
➡ ______________

05 9월 20일
➡ ________________________________
____

06 12월 31일
➡ ________________________________
____

07 8:20
➡ ______________

08 3:55
➡ ______________

09 4배
➡ ______________

10 7.18
➡ ______________

[11-15] 주어진 우리말과 일치하도록 빈칸에 알맞은 말을 쓰시오. (단, 영어로 쓸 것)

11 그 공연은 5시 45분에 시작한다.
➡ The show starts at ________________
______________.

12 그 책은 2008년에 출판되었다.
➡ The book was published in __________
______________.

13 호텔은 20개의 층이 있고, 수영장은 10층에 있다.
➡ The hotel has ____________ floors, and
the pool is on the ____________ floor.

14 9시 30분에 널 만나러 갈게.
➡ I'll meet you at ________________
______________.

15 전화번호는 (212) 987-6543입니다.
➡ The phone number is ______________
________________________________.

[16-25] 핵심 어휘 복습 (영어 → 우리말, 우리말 → 영어)

16 twinkle　____________

17 village　____________

18 population　____________

19 distance　____________

20 talented　____________

21 개봉하다　r____________

22 시도　a____________

23 이전의　p____________

24 지역 번호　a__________ c__________

25 만우절　A______ F______ D______

〈 정답 p. 167 〉

UNIT 34 부사의 형태

[01-11] 주어진 형용사의 부사형을 쓰시오.

01 similar → ______________

02 true → ______________

03 full → ______________

04 frequent → ______________

05 simple → ______________

06 actual → ______________

07 beautiful → ______________

08 unique → ______________

09 hopeful → ______________

10 lucky → ______________

11 terrible → ______________

[12-19] 밑줄 친 부분이 형용사인지, 부사인지 구분하시오.

12 The airplane flew <u>low</u> over the mountains.
  → [형용사 / 부사]

13 The <u>low</u> sound of the guitar filled the room.
  → [형용사 / 부사]

14 She waited so <u>long</u> for her friend to arrive.
  → [형용사 / 부사]

15 The <u>long</u> road seemed endless.
  → [형용사 / 부사]

16 The cheetah runs <u>fast</u> to catch its prey.
  → [형용사 / 부사]

17 The <u>fast</u> pace of life in the city can be exhausting.
  → [형용사 / 부사]

18 She apologized for her <u>late</u> arrival.
  → [형용사 / 부사]

19 He arrived <u>late</u> to the meeting due to traffic.
  → [형용사 / 부사]

[20-29] 핵심 어휘 복습 (영어 → 우리말, 우리말 → 영어)

20 dull ______________

21 fireplace ______________

22 reasonably ______________

23 kindness ______________

24 save time ______________

25 벌레 w______________

26 유창한 f______________

27 껍데기 s______________

28 보호하다 p______________

29 교통 체증 t______________ c______________

〈 정답 p. 167 〉

[01-05] 밑줄 친 부사가 수식하는 대상을 찾아 〈보기〉와 같이 빈칸에 쓰시오.

> 〈보기〉
> He closed the door <u>quietly</u>.
> ➡ 동사 closed

01 He still <u>widely</u> performs in the USA.

➡ _______________

02 She was a <u>truly</u> great actress.

➡ _______________

03 <u>Unfortunately</u>, there's nothing I can do about your problem.

➡ _______________

04 She smiled <u>very</u> brightly when she saw her friend.

➡ _______________

05 <u>Luckily</u>, we found a parking spot near the restaurant.

➡ _______________

[06-12] 내용이 자연스럽도록 괄호 안의 말을 바르게 배열하시오.

06 (hardly, is, he) in the office these days.

➡ _______________ in the office these days.

07 I will (pick, up, you) at the airport.

➡ I will _______________ at the airport.

08 I (have, usually) a sandwich for lunch.

➡ I _______________ a sandwich for lunch.

09 Could you please (bring, back, them) from the laundry room?

➡ Could you please _______________ from the laundry room?

10 You (clean, your teeth, should, always) after meals.

➡ You _______________ after meals.

11 Dylan (goes, often, quite) to Paris on business.

➡ Dylan _______________ to Paris on business.

12 After we finished watching the movie, she (it, turned, off) in the living room.

➡ After we finished watching the movie, she _______________ in the living room.

[13-22] 핵심 어휘 복습 (영어 → 우리말, 우리말 → 영어)

13 completely _______________

14 delete _______________

15 narrow _______________

16 turn down _______________

17 allergic to _______________

18 정신적 외상   t_______________

19 이주하다   m_______________

20 그늘   s_______________

21 노출된   e_______________

22 방향   d_______________

〈 정답 p. 167 〉

[01-06] 괄호 안에서 알맞은 것을 고르시오.

01 There is (yet / still) lots of food.

02 He hasn't finished (yet / already).

03 She runs (very / much) faster than he does.

04 I can speak French fluently, and Spanish (either / too).

05 She doesn't enjoy hiking in the mountains, and he doesn't (either / too).

06 He moved to another city a long time (ago / before).

[07-13] 주어진 우리말과 일치하도록 괄호 안에서 알맞은 것을 고르시오.

07 프로젝트를 언제 끝낼 예정인가요?
➡ (When / What) are you going to finish your project?

08 나는 주문한 택배를 아직 받지 못했다.
➡ I (still / already) haven't received the package I ordered.

09 다른 질문이 있으신가요?
➡ Is there something (else / also) you'd like to ask?

10 당신은 왜 파티를 그렇게 일찍 떠났나요?
➡ (Why / What) did you leave the party so early?

11 그 영화는 매우 좋아서 나는 심지어 두 번 봤다.
➡ The movie was so good that I (even / evenly) watched it twice.

12 전에 해외 여행을 간 적이 있나요?
➡ Have you ever traveled abroad (ago / before)?

13 그녀는 훈련 후 훨씬 더 자신감이 생겼다.
➡ She was (very / much) more confident after her training.

[14-23] 핵심 어휘 복습 (영어 → 우리말, 우리말 → 영어)

14 rooftop ____________

15 terrifying ____________

16 promptly ____________

17 archaeologist ____________

18 ancient ruins ____________

19 해외로 a____________

20 배달하다 d____________

21 괴롭히다 b____________

22 들다 l____________

23 주유소 g_______ s_______

〈 정답 p. 167~168 〉

[01-04] 밑줄 친 부분에 유의하여 다음 문장을 해석하시오.

01 The decision must be made <u>as soon as possible</u>.

➡ _______________________________

02 Go to <u>as many places as</u> you can.

➡ _______________________________

03 <u>As long as</u> you're going, I'll go too.

➡ _______________________________

04 She earns <u>three times as much as</u> I do.

➡ _______________________________

[05-09] 밑줄 친 부분이 어법상 옳으면 ○로 표시하고, 틀리면 바르게 고치시오.

05 I can't run as <u>fast</u> as you.

➡ _______________

06 My toes are as <u>coldest</u> as ice.

➡ _______________

07 She will soon be as <u>tall</u> as her mother.

➡ _______________

08 The apple pie was as <u>better</u> as chocolate cake.

➡ _______________

09 This painting is not <u>so</u> colorful as the other one.

➡ _______________

[10-13] 주어진 우리말과 일치하도록 괄호 안의 말을 바르게 배열하시오.

10 이번 여름 날씨가 작년만큼 좋지 않다.
(is, as, last year, as, not, good)
➡ The weather of this summer __________
_______________________.

11 이 새 신발은 나의 예전 신발만큼 편안하지 않다.
(not, my old ones, comfortable, as, as)
➡ These new shoes are _______________
_______________________.

12 가능한 한 빨리 내게 문자를 주세요.
(as, as, soon, possible)
➡ Please text me _______________________.

13 날씨만 괜찮다면 우리는 영화 관람을 할 것이다.
(the weather, as, okay, as, long, is)
➡ We will go to the theater _______________
_______________________.

[14-23] 핵심 어휘 복습 (영어 → 우리말, 우리말 → 영어)

14 alert   _______________

15 silence   _______________

16 branch   _______________

17 fairytale   _______________

18 rush hour   _______________

19 마법 같은   m_______________

20 속삭임   w_______________

21 부지런한   d_______________

22 예고편   t_______________

23 오싹한   t_______________

〈 정답 p. 168 〉

UNIT 38 비교급, 최상급 형태

틀린 개수 ______

[01-13] 형용사와 부사의 비교급과 최상급을 쓰시오.

01 weak – ___________ – ___________

02 wide – ___________ – ___________

03 close – ___________ – ___________

04 pretty – ___________ – ___________

05 funny – ___________ – ___________

06 thin – ___________ – ___________

07 slowly – ___________ – ___________

08 many – ___________ – ___________

09 ill – ___________ – ___________

10 few – ___________ – ___________

11 severe – ___________ – ___________

12 good – ___________ – ___________

13 interesting – ___________ – ___________

[14-19] 괄호 안에서 알맞은 것을 고르시오.

14 Sandra is (older / more old) than Mark.

15 The library is (farther / more far) from my house than the park.

16 The size of this cafe is the (smallest / most small) in our town.

17 The traffic was (lighter / more light) this morning.

18 There were (fewer / more fewer) students in this classroom than in the other.

19 That was the (worst / baddest) movie I've ever seen.

[20-29] 핵심 어휘 복습 (영어 → 우리말, 우리말 → 영어)

20 firework ___________

21 celebrity ___________

22 silly ___________

23 investigation ___________

24 beginning ___________

25 새벽 d___________

26 터지다 e___________

27 약 m___________

28 드러내다 r___________

29 유명한 r___________

〈 정답 p. 168 〉

[01-05] 괄호 안에서 알맞은 것을 고르시오.

01 There is a lot of traffic today, but yesterday was (very / even) busier.

02 Donald was (less clever / less cleverer) than his brother.

03 The more he drank, (more / the more) violent he became.

04 He is senior (to / than) his younger brother in age.

05 The test was easier (as / than) I expected.

[06-08] 주어진 우리말과 일치하도록 빈칸에 알맞은 것을 〈보기〉에서 골라 쓰시오. (중복 사용 불가)

> ───〈보기〉───
> no more than   much more
> no less than

06 영화는 책보다 훨씬 더 재미있다.
➡ The movie is ___________________ interesting than the book.

07 겨우 30%의 사람만이 그녀를 믿는다.
➡ ___________________ 30% of people trust her.

08 학생 중 반이나 시험을 통과하지 못했다.
➡ ___________________ half of the students failed the test.

[09-12] 주어진 우리말과 일치하도록 괄호 안의 단어를 이용하여 빈칸에 알맞은 말을 쓰시오.

09 나는 점점 더 이 책에 흥미를 느끼고 있다.
(interested)
➡ I'm getting ___________________ in this book.

10 추워지면 추워질수록 나는 더 배고프다.
(cold, hungry)
➡ ___________________ it is, ___________________ I get.

11 두 번째 퍼즐은 첫 번째 것보다 덜 어려웠다.
(difficult)
➡ The second puzzle was ___________________ ___________________ the first one.

12 그의 성과는 다른 사람들보다 부족했다. (inferior)
➡ His performance was ___________________ that of the others.

[13-22] 핵심 어휘 복습 (영어 → 우리말, 우리말 → 영어)

13 inferior   ___________

14 several   ___________

15 pearl   ___________

16 modern   ___________

17 spacious   ___________

18 이전의   p___________

19 연하의, 후배의   j___________

20 연상의, 선배의   s___________

21 사전의   p___________

22 우수한   s___________

〈 정답 p. 168 〉

[01-04] 괄호 안에서 알맞은 것을 고르시오.

01 It was (more terrifying / the most terrifying) experience of my life.

02 It was (funniest / the funniest) story I'd ever heard.

03 I always have (cleaner / the cleanest) desk in the office.

04 One of the heaviest (animal / animals) is the elephant.

[05-08] 주어진 우리말과 일치하도록 괄호 안의 단어를 이용하여 빈칸에 알맞은 말을 쓰시오.

05 그녀는 반에서 가장 상냥한 학생이다.
(friendly, student, in the class)
➡ She is ___________________________
_____________.

06 정원 가꾸는 일은 50대 이상의 사람들 사이에 가장 인기 있는 활동이다. (popular)
➡ Gardening is _____________________ activity among those over 50s.

07 프랑스어는 내가 들은 가장 어려운 수업 중 하나이다. (hard, class)
➡ French is ________________________ I've ever taken.

08 이곳은 내가 가본 곳 중 가장 비싼 식당이다.
(expensive, restaurant)
➡ This is __________________________ I've ever been to.

[09-11] 주어진 문장과 같은 뜻이 되도록 문장을 완성하시오.

09 The ending is the funniest part in this film.
➡ No other part is _____________ as the ending in this film.

10 This technology is the most advanced in the world.
➡ No technology is _____________ than this technology in the world.

11 "The Firm" is the most famous book among his works.
➡ "The Firm" is more famous than any _____________ among his works.
➡ There is nothing _____________ than "The Firm" among his works.

[12-21] 핵심 어휘 복습 (영어 → 우리말, 우리말 → 영어)

12 composer　　_____________

13 Antarctic　　_____________

14 continent　　_____________

15 sibling　　_____________

16 influential　　_____________

17 소문　　r_____________

18 퍼지다　　s_____________

19 전체의, 온　　e_____________

20 흔한　　c_____________

21 승진　　p_____________

<정답 p. 168>

[01-10] 괄호 안에서 알맞은 것을 고르시오.

01 It's an old car, (for / but) it's very comfortable.

02 She picked up the sugar (and / or) put it in the box.

03 I got hungry, (or / so) I made a sandwich.

04 I'd like to go, (or / but) I'm too busy.

05 He couldn't go to the party, (so / for) he had an exam.

06 Wear your coat, (and / or) you'll catch a cold.

07 Come in, (and / but) sit down.

08 Is it Tuesday (and / or) Wednesday today?

09 John was in hospital, (so / but) I sent him some flowers.

10 Hurry up, (and / but) you can catch the last subway.

[11-13] 〈보기〉와 같이 주어진 문장을 명령문으로 바꿔 쓰시오.

〈보기〉
If you tell me the truth, I will help you.
➡ Tell me the truth, and I will help you.

11 Unless you hurry up, we will be late.

➡ _______________________________

12 If you follow the recipe, the dish will be delicious.

➡ _______________________________
____

13 If you don't save money, you won't be able to afford the trip.

➡ _______________________________
____

[14-23] 핵심 어휘 복습 (영어 → 우리말, 우리말 → 영어)

14 elegant　　_____________

15 opportunity　　_____________

16 advice　　_____________

17 sold out　　_____________

18 be in trouble　　_____________

19 편안한　　c_____________

20 빠르게　　q_____________

21 조심스럽게　　c_____________

22 활동적인　　a_____________

23 지지하다　　s_____________

〈 정답 **p. 169** 〉

틀린 개수 _____

[01-10] 괄호 안에서 알맞은 것을 고르시오.

01 Both men (and / or) women like this color.

02 Both Britain and France (agree / agrees) on the treaty.

03 The car is not only economical, (and also / but also) feels good to drive.

04 Not only animals but a plant (has / have) a will of their own.

05 He's (either / neither) a hero or a villain.

06 Neither I (and / nor) my sister knew that they were getting married!

07 Strangely, (either / neither) Amy nor John could notice the accident.

08 My jacket (is / is not) blue but green.

09 Neighbors as well as his family (is / are) looking for him.

10 It is not an eraser (and / but) a magnet.

[11-14] 주어진 우리말과 일치하도록 괄호 안의 말을 바르게 배열하시오.

11 그녀는 Kate뿐 아니라 Will도 초대했다.
(Kate, as well as, Will)
➡ She has invited ___________________.

12 셰익스피어는 극작가일 뿐 아니라 배우였다.
(only, a playwright, but, not, also, an actor)
➡ Shakespeare was ___________________
___________________.

13 당신은 감자튀김이나 구운 감자 중 선택할 수 있습니다.
(either, or, French fries, a baked potato)
➡ You can choose ___________________
___________________.

14 나는 버스가 아닌 도보로 출근할 것이다.
(not, take, walk, the bus, but)
➡ I'll ___________________ to work.

[15-24] 핵심 어휘 복습 (영어 → 우리말, 우리말 → 영어)

15 excellence _______________

16 hardworking _______________

17 trustworthy _______________

18 entertaining _______________

19 enrich _______________

20 재능이 있는 g_______________

21 정치인 p_______________

22 투표자 v_______________

23 지식 k_______________

24 유익한 i_______________

< 정답 p. 169 >

[01-04] 밑줄 친 명사절이 문장에서 주어, 목적어, 보어 중 어떤 역할을 하는지 쓰시오.

01 I can't believe <u>that he's 15</u>.

➡ _____________

02 <u>That you like him</u> is interesting.

➡ _____________

03 The effect is <u>that it produces physical changes</u>.

➡ _____________

04 <u>That she's gone</u> is obvious.

➡ _____________

[05-12] 주어진 우리말과 일치하도록 빈칸에 알맞은 것을 〈보기〉에서 골라 쓰시오. (중복 사용 불가)

〈보기〉

what	if	why	where
that	when	how	who

05 나는 누가 실수를 했는지 알고 싶다.

➡ I want to know _____________ made the mistakes.

06 내 안경이 어디에 있는지 아니?

➡ Do you know _____________ my glasses are?

07 그는 두렵다고 말했다.

➡ He said _____________ he was afraid.

08 그는 내가 왜 더 있고 싶은지 물었다.

➡ He asked me _____________ I wanted to stay longer.

09 나는 그녀가 언제 공항에 도착할지 궁금하다.

➡ I wonder _____________ she will arrive at the airport.

10 나는 이야기의 요점이 무엇인지 알고 싶다.

➡ I want to know _____________ the point of the story is.

11 우리는 컴퓨터가 인터넷에 접속할 수 있는지 물었다.

➡ We asked _____________ the computer could access the internet.

12 그는 그 시스템이 어떻게 작동하는지 설명했다.

➡ He explained _____________ the system worked.

[13-22] 핵심 어휘 복습 (영어 → 우리말, 우리말 → 영어)

13 investment　　_____________

14 reception　　_____________

15 depend on　　_____________

16 take place　　_____________

17 be based on　　_____________

18 괴롭히다　　b_____________

19 인정하다　　a_____________

20 불확실한　　u_____________

21 급한　　u_____________

22 매듭　　k_____________

〈 정답 p. 169 〉

[01-07] 주어진 우리말과 일치하도록 빈칸에 알맞은 것을 〈보기〉에서 골라 쓰시오. (중복 사용 불가)

〈보기〉

since	even though	before
while	after	so that	unless

01 공연이 끝난 후 그는 떠났다.

➡ He left ___________ the show ended.

02 당신이 나가 있는 동안 누군가가 전화했다.

➡ Someone called ___________ you were out.

03 그녀는 건강을 유지하기 위해 매일 수영한다.

➡ She swims every day ___________ she can stay healthy.

04 떠나기 전에 문을 확실히 잠그세요.

➡ Be sure to lock the door ___________ you leave.

05 최근에 일어난 일이지만, 나는 기억하지 못한다.

➡ ___________ it happened recently, I can't remember.

06 당신이 팀에 들어온 이후로 우리는 경기를 더 잘한다.

➡ We've played better ___________ you joined the team.

07 라디오를 들을 것이 아니라면 꺼주실래요?

➡ Can you turn the radio off ___________ you're going to listen to it?

[08-12] 괄호 안에서 알맞은 것을 고르시오.

08 (Until / Now that) we know each other, we will get along fine.

09 He stopped drinking and smoking (because / because of) his bad health.

10 (Although / Despite) she had a lot of money, she wasn't happy.

11 It was (so / such) a dark room that we couldn't see.

12 He is (so / such) weak that he can't stand up.

[13-22] 핵심 어휘 복습 (영어 → 우리말, 우리말 → 영어)

13 thrive ___________

14 forgive ___________

15 fall asleep ___________

16 lack of ___________

17 stay up late ___________

18 장식하다   d___________

19 칫솔질하다   b___________

20 추운   c___________

21 자신감 있게   c___________

22 기침하다   c___________

〈 정답 p. 169 〉

[01-06] 괄호 안에서 알맞은 것을 고르시오.

01 I often work (at / on / in) night.

02 She was born (at / on / in) June 13th.

03 We need your decision (in / by / since) tomorrow.

04 You're not allowed to eat (on / till / during) class.

05 The museum will be open (in / from / by) 9:30 a.m. to 6:00 p.m.

06 Shawn first visited Russia (at / in / by) 2018 and met her there.

[07-15] 주어진 우리말과 일치하도록 빈칸에 알맞은 전치사를 쓰시오.

07 밝은 꽃들은 늦여름에 핀다.
➡ Bright flowers appear ____________ late summer.

08 나는 자기 전에 차 한 잔을 마시는 것을 좋아한다.
➡ I like to have a cup of tea ____________ bed.

09 그는 5년 동안 이 회사의 고객이었다.
➡ He has been a client of this firm ____________ five years.

10 Jean은 대학 1학년 동안 나의 룸메이트였다.
➡ Jean was my roommate ____________ our first year at university.

11 영화는 8시에 시작한다.
➡ The film starts ____________ 8 o'clock.

12 나는 그곳에 단지 3개월만 살았다.
➡ I only lived there ____________ three months.

13 나는 2017년 가을에 판사로 선출되었다.
➡ I was elected judge ____________ the fall of 2017.

14 나는 세 시까지 깨어있었다.
➡ I was up ____________ three o'clock.

15 크리스마스이브에 봅시다.
➡ We'll see you ____________ Christmas Eve.

[16-25] 핵심 어휘 복습 (영어 → 우리말, 우리말 → 영어)

16 photography   ____________

17 neighborhood   ____________

18 be effective   ____________

19 walk a dog   ____________

20 set an alarm   ____________

21 약속하다   p____________

22 안전벨트   s____________

23 유효한   v____________

24 매다, 고정시키다   f____________

25 비행   f____________

〈 정답 p. 169 〉

[01-09] 주어진 우리말과 일치하도록 빈칸에 알맞은 것을 〈보기〉에서 골라 쓰시오. (중복 사용 불가)

〈보기〉

| on | in | above | below | between |
| among | next to | behind | in front of |

01 그들이 여전히 마당에 있나요?

➡ Are they still ____________ the yard?

02 아래 질문들에 답하시오.

➡ Answer the questions ____________.

03 나는 Sue와 Jane 사이에 앉았다.

➡ I sat ____________ Sue and Jane.

04 그는 트럭 뒤에서 운전 중이다.

➡ He is driving ____________ a truck.

05 기온이 영상으로 오를 것이다.

➡ Temperatures will rise ____________ zero.

06 기사는 10쪽에 이어집니다.

➡ The article continues ____________ page ten.

07 그 호텔은 공항 바로 옆에 있었다.

➡ The hotel was right ____________ the airport.

08 우리는 그의 책들 사이에서 쪽지를 발견했다.

➡ We found some memos ____________ his books.

09 그 집 앞에는 작은 정원이 있다.

➡ There is a small garden ____________ the house.

[10-14] 괄호 안에서 알맞은 것을 고르시오.

10 The moon rose slowly (above / below / beneath) the horizon.

11 There's an ice cream stain (on / over / under) your shirt.

12 Wendy came up and sat (in / beside / beneath) me.

13 A cat jumped (below / over / in) the fence.

14 Moles live (beneath / behind / beside) the surface of the ground.

[15-24] 핵심 어휘 복습 (영어 → 우리말, 우리말 → 영어)

15 branch　　____________

16 economics　　____________

17 hover　　____________

18 hide and seek　　____________

19 wave one's hand　　____________

20 걸다, 매달리다　　h____________

21 고속도로　　h____________

22 베개　　p____________

23 보물　　t____________

24 평범한　　o____________

〈 정답 p. 169~170 〉

[01-08] 주어진 우리말과 일치하도록 빈칸에 알맞은 것을 〈보기〉에서 골라 쓰시오. (중복 사용 불가)

> 〈보기〉
> into　along　up　down
> for　around　across　out of

01 우리는 천천히 언덕을 올랐다.
➡ We walked slowly ____________ the hill.

02 우리는 해변을 따라 걸었다.
➡ We walked ____________ the beach.

03 학생들은 불 주위에 앉았다.
➡ The students sat ____________ the fire.

04 그는 그의 손을 주머니 속으로 넣었다.
➡ He put his hands ____________ his pockets.

05 눈물이 얼굴로 흘러내렸다.
➡ Tears were streaming ____________ my face.

06 가로질러 가기에는 거리가 너무 복잡하다.
➡ This street is too busy to walk ____________.

07 그들은 기차역으로 향하고 있었다.
➡ They were heading ____________ the train station.

08 건물 밖으로 나갈 때 불을 끄시오.
➡ When you go ____________ the building, please turn the light off.

[09-14] 괄호 안에서 알맞은 것을 고르시오.

09 Could I pay (of / by / at) card?

10 Write (of / on / in) English on this test.

11 The children behaved (of / on / like) angels.

12 She made a cake (by / as / with) chocolate and strawberries.

13 He works (of / in / as) a nurse at a local hospital.

14 We talked (with / about / as) our plans for the weekend.

[15-24] 핵심 어휘 복습 (영어 → 우리말, 우리말 → 영어)

15 valley ____________

16 ladder ____________

17 run away ____________

18 head ____________

19 be located ____________

20 항해하다　s____________

21 고통받다　s____________

22 해안가　s____________

23 껍질을 벗기다[깎다]　p____________

24 통근하다　c____________

〈 정답 p. 170 〉

[01-05] 주어진 우리말과 일치하도록 괄호 안의 단어와 알맞은 전치사를 쓰시오.

01 우리는 볼링반에 속한다. (belong)

➡ We ______________ the bowling club.

02 아무도 그의 농담에 웃지 않았다. (laughed)

➡ No one ______________ his jokes.

03 나는 다음 버스를 기다렸다. (waited)

➡ I ______________ the next bus.

04 그녀는 축제에 참여하고 싶었지만, 매우 아팠다. (take part)

➡ She wanted to ______________ the contest, but she was too ill.

05 우리는 이 사건을 직접적으로 다루지 않는다. (deal)

➡ We don't ______________ this matter directly.

[06-12] 빈칸에 알맞은 말을 〈보기〉에서 골라 쓰시오. (중복 사용 불가)

〈보기〉

| on | at | of | to | for | with | from |

06 He is poor ____________ sports.

07 I'm not making fun ____________ you.

08 This story was based ____________ my experience.

09 I did not agree ____________ Reagan on this issue.

10 Our sons are very different ______________ each other.

11 We are accustomed ____________ using the computer.

12 This hotel is notorious ____________ its low rates of pay.

[13-14] 괄호 안에서 알맞은 것을 고르시오.

13 Could you help me look (with / on / for) my contact lens?

14 I wasn't paying attention (in / with / to) what you were saying

[15-24] 핵심 어휘 복습 (영어 → 우리말, 우리말 → 영어)

15 cancer　______________

16 exposure　______________

17 goods　______________

18 key point　______________

19 public speaking　______________

20 폐　l______________

21 불만 사항　c______________

22 단점　s______________

23 기억력 감퇴　m________ l________

24 휴가 중이다　b______ o______ v______

〈 정답 p. 170 〉

[01-03] 밑줄 친 부분을 용법에 따라 분류하여 기호를 쓰시오.

> ⓐ I ran to catch the bus.
> ⓑ They came to visit us last weekend.
> ⓒ It's easy to see why she is so popular.
> ⓓ To listen to music is my favorite hobby.
> ⓔ We decided to explain it to my parents.
> ⓕ We didn't have enough time to have dinner.

01 명사적 용법: ______________

02 형용사적 용법: ______________

03 부사적 용법: ______________

[04-06] 주어진 우리말과 일치하도록 괄호 안의 말을 바르게 배열하시오.

04 나는 프랑스어 대신 중국어를 배우기로 선택했다. (to, chose, learn)

➡ I ______________ Chinese rather than French.

05 많은 사람들 앞에서 연설하는 것은 어렵다. (it, give, to, a speech, is, difficult)

➡ ______________ in front of many people.

06 그들은 우리에게 나쁜 날씨에 여행하지 말라고 조언했다. (to, us, travel, not)

➡ They advised ______________ in bad weather.

[07-10] 주어진 우리말과 일치하도록 괄호 안의 단어와 알맞은 의문사를 활용하여 「의문사 + to부정사」 형태로 쓰시오.

07 아빠는 내게 어떻게 이메일을 사용하는지 가르치고 계신다. (use email)

➡ My dad is teaching me ______________ ______________.

08 상황이 악화되면 무엇을 해야 하는지 내게 말해줘. (do)

➡ Tell me ______________ if the situation gets worse.

09 나는 파티에 누구를 초대할지 모르겠다. (invite)

➡ I don't know ______________ to the party.

10 이 동네에서 가장 맛있는 커피를 어디서 사야 하는지 아세요? (buy)

➡ Do you know ______________ the best coffee in town?

[11-20] 핵심 어휘 복습 (영어 → 우리말, 우리말 → 영어)

11 uncertain ______________

12 assemble ______________

13 mental health ______________

14 vote for ______________

15 application form ______________

16 양질의 q______________

17 이상한 w______________

18 동료 c______________

19 운이 안 좋은 u______________

20 평생의, 일생의 l______________

〈 정답 p. 170 〉

[01-04] 괄호 안의 말을 바르게 배열하시오.

01 I never get (time, books, to, read) these days.
➡ I never get ________________________ these days.

02 (do, the first, thing, to) is to give them food.
➡ ________________________ is to give them food.

03 She has (to, make, the ability, people) feel relaxed.
➡ She has ________________________ feel relaxed.

04 We might get (go, to, the chance, to America) this year.
➡ We might get ________________________ ________________ this year.

[05-08] 빈칸에 알맞은 전치사를 쓰고, 전치사가 필요 없는 곳은 ×표 하시오.

05 Our French teacher gives us a list of vocabulary to learn ____________.

06 There are not enough chairs for ten people to sit ____________.

07 I have an essay to write ____________.

08 There are many toys to play ____________.

[09-12] 주어진 우리말과 일치하도록 괄호 안의 말을 바르게 배열하시오.

09 그들은 6월 13일에 결혼할 예정이다.
(to, are, be married)
➡ They ____________________ on June 13th.

10 수업이 시작되기 전에 비용을 지불해야 합니다.
(are, paid, to, be)
➡ Fees ____________________ before classes begin.

11 그는 자신의 개를 돌봐줄 믿을 수 있는 사람을 필요로 한다. (reliable, someone, watch, to)
➡ He needs ____________________ his dog.

12 당신은 대화할 주제를 선택할 수 있습니다. (talk, the subject, to, about)
➡ You can choose ____________________ ____________.

[13-22] 핵심 어휘 복습 (영어 → 우리말, 우리말 → 영어)

13 master ____________

14 happiness ____________

15 intend ____________

16 be destined to ____________

17 take the blame ____________

18 분명히　　　　d____________

19 협상하다　　　n____________

20 분명한　　　　c____________

21 다시 쓰다　　　r____________

22 부정행위를 하다　c____________

〈 정답 p. 170 〉

[01-06] 주어진 우리말과 일치하도록 괄호 안의 단어를 알맞은 순서와 형태로 쓰시오.

01 그는 우리의 주의를 얻기 위해 목을 가다듬었다.
(get one's attention)
➡ He cleared his throat ________________
________________.

02 그는 95세까지 살았다. (be, 95)
➡ He lived ________________.

03 이 차는 운전하기에 매우 쉽다. (drive)
➡ This car is very easy ________________.

04 그녀가 그렇게 말하다니 친절하다고 생각한다.
(so, say)
➡ I think she is kind ________________.

05 그녀는 변호사가 되기 위해 공부하고 있다.
(be, a lawyer)
➡ She is studying ________________.

06 방문객들은 박물관이 닫힌 것을 보고는 실망했다.
(closed, find, the museum)
➡ Visitors were disappointed ________________
________________.

[07-14] 괄호 안에서 알맞은 것을 고르시오.

07 This machine looks easy (use / to use).

08 We were stupid (wait / to wait) so long.

09 Many people came (to saw / to see) their performance.

10 He did not switch on the light (not so as to / so as not to) disturb her.

11 She went to the bank in order (get / to get) some money.

12 Charles is kind (provide / to provide) me a chance.

13 We were disappointed (so as to / to) hear that you were not coming.

14 He came home early (in not order to / in order not to) break his promise to the kids.

[15-24] 핵심 어휘 복습 (영어 → 우리말, 우리말 → 영어)

15 funeral ________________

16 shortcut ________________

17 gambling ________________

18 set an alarm ________________

19 brain disorder ________________

20 덮개   l________________

21 보호하다   p________________

22 선반   s________________

23 바보같은   f________________

24 발견하다   d________________

< 정답 **p. 170** >

[01-04] 〈보기〉와 같이 두 문장이 같은 뜻이 되도록 빈칸에 알맞은 말을 쓰시오.

> ──〈보기〉──
> I was so excited that I couldn't sit still.
> = I was <u>too excited to sit still</u>.

01 She is so tired that she can't keep her eyes open.

= She is ________________________.

02 This book is so boring that I can't finish it.

= This book is ________________________.

> ──〈보기〉──
> He is so tall that he can touch the ceiling.
> = He is <u>tall enough to touch the ceiling</u>.

03 The weather was so nice that we could go for a hike.

= The weather was ________________
________________.

04 The bag is so light that we can carry it.

= The bag is ________________________.

[05-08] 괄호 안에서 알맞은 것을 고르시오.

05 It was important (for / of) the president to continue on his schedule.

06 It was cruel (for / of) you to frighten the poor boy like that.

07 It is sweet (for / of) you to ask.

08 It is too dangerous (for / of) the kids to play on the street.

[09-11] 주어진 우리말과 일치하도록 괄호 안의 단어를 이용하여 빈칸에 알맞은 말을 쓰시오.

09 그는 너무 아파서 여행할 수 없었다.
(too, ill, travel)

➡ He was ________________________.

10 나는 의자에서 낮잠을 잘 정도로 피곤했다.
(tired, take a nap, enough)

➡ I was ________________________
on the chair.

11 우리는 너무 배불러서 움직일 수 없었다.
(full, move, too)

➡ We were ________________________.

[12-21] 핵심 어휘 복습 (영어 → 우리말, 우리말 → 영어)

12 donate ________________

13 charity ________________

14 oxygen ________________

15 heartless ________________

16 stand up to ________________

17 인정하다　a________________

18 정리하다　o________________

19 폭풍우　s________________

20 천장　c________________

21 전체, 온　e________________

〈 정답 p. 171 〉

[01-05] 괄호 안에서 알맞은 것을 고르시오.

01 I like him because he makes me (laugh / to laugh).

02 I helped her (start / starting) her own business.

03 Let us (consider / to consider) all the possibilities.

04 We couldn't get him (sign / to sign) the agreement.

05 I saw him (leave / to leave) a few minutes ago.

[06-08] 주어진 우리말과 일치하도록 〈보기〉에서 단어를 골라 알맞은 형태로 쓰시오. (중복 사용 불가)

〈보기〉

fix   enter   scream

06 이웃들은 아이가 소리 지르는 것을 들었다.
➡ Neighbors heard the child ___________ ___________.

07 그들은 그가 호텔 바에 들어가도록 했다.
➡ They let him ___________ the hotel bar.

08 나는 그녀가 의자를 고치는 것을 도왔다.
➡ I helped her ___________ her chair.

[09-12] 주어진 우리말과 일치하도록 괄호 안의 말을 바르게 배열하시오.

09 Lucy는 그녀의 친구들이 말다툼하는 것을 지켜보는 것 외에는 아무것도 할 수 없었다.
(but, could, watch, do nothing)
➡ Lucy ___________________________ her friends argue.

10 그는 군중 앞에서 공연하는 것 외에는 무엇이든 할 것이다. (perform, do anything, but)
➡ He would ___________________________ in front of a crowd.

11 요가 수업에 등록하는 게 어때요?
(for the yoga class, sign up, why not)
➡ ___________________________

12 음악이 흘러나오자, 그들은 춤을 출 수밖에 없었다. (help, couldn't, but, dance)
➡ The music played, and they just ___________________________.

[13-22] 핵심 어휘 복습 (영어 → 우리말, 우리말 → 영어)

13 shift ___________

14 empty ___________

15 giggle ___________

16 plumber ___________

17 spread like wildfire ___________

18 수평선 h___________

19 소리치다 y___________

20 사과하다 a___________

21 울타리 f___________

22 불평하다 c___________

〈 정답 p. 171 〉

[01-05] 〈보기〉와 같이 밑줄 친 동명사의 역할을 쓰시오.

> 〈보기〉
> I avoid <u>going</u> to the department store on Saturdays.　➡ 동사의 목적어

01 There is no possibility of <u>using</u> my idea.

➡ ______________

02 <u>Cleaning</u> the kitchen is difficult for me.

➡ ______________

03 His job is <u>teaching</u> young children.

➡ ______________

04 <u>Walking</u> is good for my health.

➡ ______________

05 Anna enjoys <u>writing</u>, and she's quite good at it.　➡ ______________

[06-09] 괄호 안에서 알맞은 것을 고르시오.

06 Learning new languages (is / are) exciting.

07 There are means of (to inform / informing) people how to install the program.

08 We promised (to celebrate / celebrating) our anniversary.

09 We expect (arriving / to arrive) at 6 PM.

[10-13] 주어진 우리말과 일치하도록 괄호 안의 단어를 알맞은 형태로 쓰시오.

10 그녀는 그들의 조언을 듣지 않은 것을 후회한다. (not, listen)

➡ She regrets ______________ to their advice.

11 행사가 취소되었음을 알려드리게 되어 유감입니다. (inform)

➡ I regret ______________ you that the event has been canceled.

12 우리는 내일까지 답변을 받을 것을 예상한다. (receive)

➡ We expect ______________ a response by tomorrow.

13 그는 롤러코스터를 탄 후 다시 타는 것을 상상할 수 없다. (ride)

➡ He can't imagine ______________ a rollercoaster again after his last experience.

[14-23] 핵심 어휘 복습 (영어 → 우리말, 우리말 → 영어)

14 breathe　　______________

15 oversee　　______________

16 responsibility　　______________

17 analysis　　______________

18 drop out of school　　______________

19 넓히다　　b______________

20 우선순위　　p______________

21 끝없는　　e______________

22 불평, 불만　　c______________

23 개조하다　　r______________

〈 정답 p. 171 〉

[01-10] 주어진 우리말과 일치하도록 괄호 안의 동사와 〈보기〉의 관용표현을 이용하여 문장을 완성하시오.

(중복 사용 불가)

〈보기〉

go v-ing　　be used to v-ing
without v-ing　　be worth v-ing
be busy v-ing　　feel like v-ing
stop A from v-ing
cannot help v-ing
have difficulty v-ing
spend + 시간/돈 + v-ing

01 이것은 돈을 쓸 가치가 있다. (spend)

➡ It _________________ money.

02 나는 스키 타러 간 적이 없다. (ski)

➡ I have never _________________.

03 Olivia는 나를 따라다니는 것에 익숙했다.

(follow)

➡ Olivia _________________ me.

04 내가 그를 볼 때 나는 웃지 않을 수 없다. (laugh)

➡ I _________________ when I see him.

05 Rucy는 시험을 위해 공부하느라 바쁘다. (study)

➡ Rucy _________________ for her exams.

06 나는 오늘 밤 아무것도 하고 싶지 않다.

(do anything)

➡ I _________________ tonight.

07 천식을 앓는 사람들은 숨 쉬는 데 어려움을 겪는다. (breathe)

➡ People with asthma _________________

_________________.

08 그들은 결론에 도달하지 못하고 두 시간 동안 토론하고 있다. (reach)

➡ They have debated for two hours _________________ a conclusion.

09 날씨조차도 우리가 여행을 즐기는 것을 막지 못했다. (enjoy)

➡ Even the weather _________________ _________________ the trip.

10 Isabella는 일 년을 이탈리아에서 한국어를 가르치며 보냈다. (teach)

➡ Isabella _________________ Korean in Italy.

[11-20] 핵심 어휘 복습 (영어 → 우리말, 우리말 → 영어)

11 knit　　_________________

12 pursue　　_________________

13 yawn　　_________________

14 despite　　_________________

15 pretend　　_________________

16 용기　　c_________________

17 비교하다　　c_________________

18 기부하다　　d_________________

19 양　　a_________________

20 혈액　　b_________________

〈 정답 **p. 171** 〉

UNIT 56 분사의 형태 및 종류

[01-08] 주어진 우리말과 일치하도록 괄호 안의 단어를 알맞은 분사 형태로 쓰시오.

01 그들은 떨어진 잎들을 모았다. (fall)
➡ They collected ____________ leaves.

02 끓는 물을 각 컵에 부으세요. (boil)
➡ Pour ____________ water into each cup.

03 어디서 신발을 수선할 수 있나요? (repair)
➡ Where can I get my shoes ____________?

04 그녀는 하루의 끝에 피곤함을 느꼈다. (tire)
➡ She felt ____________ at the end of the day.

05 나는 이 도시에서 5년 동안 살았다. (live)
➡ I have ____________ in this city for five years.

06 우리는 사람들이 계단을 뛰어 내려오는 것을 봤다. (run)
➡ We saw people ____________ down the steps.

07 전화 통화하고 있는 여자가 낯이 익다. (talk)
➡ The woman ____________ on the phone looks familiar.

08 내가 무대에 올라갈 때, 엄마는 나를 보고 웃고 계셨다. (smile)
➡ My mother was ____________ at me as I went up to the stage.

[09-14] 괄호 안에서 알맞은 것을 고르시오.

09 Can I have the TV (repairing / repaired)?

10 He sat (surround / surrounded) by his students.

11 We have (seeing / seen) that movie before.

12 The man (chatted / chatting) with my mother is my uncle.

13 He won the award for the pictures (took / taken) in the jungle.

14 We stood on the bridge (connected / connecting) the two buildings.

[15-24] 핵심 어휘 복습 (영어 → 우리말, 우리말 → 영어)

15 unlock ____________

16 sneakers ____________

17 shocking ____________

18 breakable ____________

19 in silence ____________

20 나무로 된 w____________

21 사다리 l____________

22 예약하다 r____________

23 보도하다 r____________

24 홍수 f____________

< 정답 p. 171 >

[01-03] 주어진 단어가 들어갈 알맞은 위치를 고르시오.

01

called

They live (①) in this (②) little (③) town (④) Bongyang (⑤).

02

playing

The (①) girls (②) basketball (③) are (④) my (⑤) classmates.

03

stolen

The (①) jewelry (②) by (③) the thieves was (④) found in a (⑤) cave.

[04-07] 괄호 안의 단어를 알맞은 분사 형태로 바꿔 빈칸에 쓰고, 주격 보어 역할을 하는지 목적격 보어 역할을 하는지 구분하시오.

04 I could hear Sarah and Tony _____________ (talk) in the next room.　➡ _____________

05 He looks _____________ (shock) to hear the news.　➡ _____________

06 This novel was _____________ (bore), so I couldn't finish reading it.　➡ _____________

07 Her parents saw her _____________ (wave) her hands.　➡ _____________

[08-11] 문장을 괄호 안의 지시대로 바꿔 쓰시오.

08 The workers fixed the road.
(과거진행시제로)
　➡ The workers _____________ the road when the rain started.

09 The cat sits by the window.
(현재완료시제로)
　➡ The cat _____________ by the window for a long time.

10 She bought the hanbok in Korea.
(과거시제 수동태로)
　➡ The hanbok _____________ by her in Korea.

11 A dog chases a cat. (현재진행시제로)
　➡ A dog _____________ a cat.

[12-21] 핵심 어휘 복습 (영어 → 우리말, 우리말 → 영어)

12 cane _____________

13 firefighter _____________

14 author _____________

15 discuss _____________

16 submit _____________

17 사회　　　s_____________

18 마감일　　d_____________

19 보물　　　t_____________

20 소리치다　y_____________

21 구조　　　r_____________

〈 정답 **p. 172** 〉

[01-07] 괄호 안의 단어를 알맞은 분사 형태로 바꿔 빈칸에 쓰시오.

01 (bore)

➡ She found the opera ____________, so she felt ____________.

02 (move)

➡ His letter was really ____________, so Tina was deeply ____________.

03 (amaze)

➡ I was ____________ by how good he looked. He looked ____________.

04 (interest)

➡ Florence is an ____________ city. I was ____________ in its beautiful streets.

05 (shock)

➡ The report revealed some ____________ new facts, and most people were ____________.

06 (satisfy)

➡ Janet is looking for a ____________ career. She never felt ____________ with her former job.

07 (tire)

➡ Looking after children is extremely ____________. You must be very ____________ since you have three kids.

[08-11] 주어진 우리말을 참고하여, 밑줄 친 부분이 맞으면 O로 표시하고, 틀리면 바르게 고치시오.

08 흥미로운 기사가 오늘 신문에 있다.

= There is an <u>interesting</u> article in the newspaper today.　➡ ____________

09 놀란 두 고양이들은 방 한쪽 구석에 숨어 있었다.

= Two <u>surprising</u> cats were hiding in a corner of the room.　➡ ____________

10 나는 이 전체적인 상황이 실망스럽다고 느꼈다.

= I found the whole situation <u>disappointed</u>.　➡ ____________

11 나는 그 슬픈 소식을 듣고 우울했다.

= I was <u>depressed</u> to hear the sad news.

➡ ____________

[12-21] 핵심 어휘 복습 (영어 → 우리말, 우리말 → 영어)

12 indoors　　____________

13 upstairs　　____________

14 practical　　____________

15 consultation　　____________

16 argue with　　____________

17 소음　　n____________

18 축축한, 젖은　　w____________

19 연설　　s____________

20 결과　　o____________

21 발견　　d____________

〈 정답 p. 172 〉

[01-08] 〈보기〉와 같이 밑줄 친 부분이 동명사인지 현재분사인지 구분하시오.

---〈보기〉---
Playing baseball is his full-time job.
➡ 동명사

---

01 She is <u>leaving</u> a message for me.

➡ ___________

02 He did his job without <u>complaining</u>.

➡ ___________

03 I enjoy <u>having</u> conversations with friends.   ➡ ___________

04 I have some very <u>exciting</u> news for you.

➡ ___________

05 Your problem is <u>playing</u> computer games too much.   ➡ ___________

06 Right after I gave up <u>smoking</u>, I started gaining weight.   ➡ ___________

07 <u>Drinking</u> a cup of milk in the morning is good for your health.   ➡ ___________

08 We watched an <u>interesting</u> movie during the summer.   ➡ ___________

[09-12] 문장을 해석하고, 밑줄 친 부분이 동명사인지 현재분사인지 구분하시오.

09 They are <u>waiting</u> in line for tickets.

➡ ___________________________

➡ [동명사 / 현재분사]

10 I sat in the hospital <u>waiting</u> rooms.

➡ ___________________________

➡ [동명사 / 현재분사]

11 Kimberley is <u>parking</u>, so she will be late.

➡ ___________________________

➡ [동명사 / 현재분사]

12 I left my car in the <u>parking</u> lot.

➡ ___________________________

➡ [동명사 / 현재분사]

[13-22] 핵심 어휘 복습 (영어 → 우리말, 우리말 → 영어)

13 moss ___________

14 debate ___________

15 rewarding ___________

16 resolution ___________

17 peaceful ___________

18 모으다 g___________

19 의심하다 d___________

20 사용하다 o___________

21 안내 p___________

22 지우다 e___________

〈 정답 p. 172 〉

[01-05] 〈보기〉와 같이 분사구문을 이용하여 주어진 문장을 완성하시오.

> ───〈보기〉───
> If you turn right, you will find the bank.
> ➡ <u>Turning right</u>, you will find the bank.

01 Since you came here first, you can go first.

➡ ____________________, you can go first.

02 If you're left alone, you might get bored.

➡ ____________________, you might get bored.

03 After I had a big meal, I feel sleepy.

➡ ____________________, I feel sleepy.

04 If I don't get enough sleep, I'll get a headache.

➡ ____________________, I'll get a headache.

05 Since she doesn't have a car, she relies on public transportation.

➡ ____________________, she relies on public transportation.

[06-12] 괄호 안에서 알맞은 것을 고르시오.

06 (Worked / Working) on a production of *Les Misérable*, she met Ally.

07 I listened to the music with my eyes (closing / closed).

08 (Confused / Confusing) by the questions, I couldn't answer.

09 Having (leaving / left) his job, he is still unemployed.

10 She always leaves the room with the light (turned / turning) on.

11 (Realizing not / Not realizing) the danger, I opened the door.

12 With the stars (twinkled / twinkling), they lay on the grass.

[13-22] 핵심 어휘 복습 (영어 → 우리말, 우리말 → 영어)

13 tail ____________

14 cheer ____________

15 approach ____________

16 fall down ____________

17 run away ____________

18 사나운 s____________

19 쏟아지다 p____________

20 흔들다 w____________

21 부유한 w____________

22 파산하다 g____________ b____________

〈 정답 p. 172 〉

[01-04] 〈보기〉와 같이 관계대명사를 이용하여 주어진 두 문장을 한 문장으로 쓰시오.

> ─〈보기〉─
> I know a girl. Her eyes are purple.
> ➡ I know a girl <u>whose eyes are purple</u>.

01 These plants need a rich soil. A rich soil keeps moisture.

   ➡ These plants need a rich soil

     ____________________________ .

02 It is the same skirt. You bought it last week.

   ➡ It is the same skirt ____________

     ____________ .

03 There was nothing. The doctors could do nothing.

   ➡ There was nothing ____________

     ____________ .

04 There's the man. I saw him last Friday.

   ➡ There's the man ____________

     ____________ .

[05-13] 괄호 안에서 알맞은 것을 고르시오.

05 Everyone knows (that / what) happened.

06 I like the clothes (which / who) she wears.

07 I think it was your dad (who / whom) phoned.

08 That's the girl (whom / whose) bag has been stolen.

09 They didn't have the earrings (that / what) I wanted.

10 The fried rice (which / of which) you brought was really yummy.

11 A symptom is a sign (who / which) shows something is wrong.

12 People (that / which) work here can buy their books at a discount.

13 She didn't show me (that / what) she bought for my birthday.

[14-23] 핵심 어휘 복습 (영어 → 우리말, 우리말 → 영어)

14 admire   ____________

15 architect   ____________

16 glitter   ____________

17 win the lottery   ____________

18 catch one's attention   ____________

19 설명하다   e____________

20 일어나다   h____________

21 고려하다   c____________

22 대화   c____________

23 표지   c____________

〈 정답 p. 172 〉

[01-05] 주어진 우리말과 일치하도록 괄호 안의 말을 바르게 배열하시오. (단, 필요한 부분에 콤마(,)를 쓸 것)

01 나는 그들을 종종 마주치는데 그것은 나를 미치게 한다. (makes, often, I, mad, encounter, them, which, me)

➡ ___________________________

02 내게 떠오르는 것은 아무것도 없다.
(comes, there, nothing, is, that, to mind)

➡ ___________________________

03 나는 6살 된 여동생을 좋아한다.
(is, my, sister, years, who, old, six, I, love)

➡ ___________________________

04 Bob은 누나가 한 명 있는데, 그녀는 선생님이다.
(Bob, a teacher, has, who, is, an older sister)

➡ ___________________________

05 나는 그것을 남동생과 논의했는데, 그는 변호사이다. (I, a lawyer, is, brother, who, my, discussed, with, it)

➡ ___________________________

[06-11] 문장에서 생략이 가능한 부분을 찾아 쓰시오. (단, 생략할 부분이 없다면 X로 표시할 것)

06 It was the event which changed my whole life.

➡ ___________

07 I like the girl whom you mentioned at the meeting.

➡ ___________

08 I bought the book which was published in 1992.

➡ ___________

09 It is the outdated system which needs review.

➡ ___________

10 I can't understand people whose priority is fame.

➡ ___________

11 They had the book which I wanted to buy.

➡ ___________

[12-21] 핵심 어휘 복습 (영어 → 우리말, 우리말 → 영어)

12 modern   ___________

13 professor   ___________

14 high-quality   ___________

15 ask for help   ___________

16 animal shelter   ___________

17 지붕   r___________

18 존경하다   r___________

19 신고하다, 보고하다   r___________

20 야생동물   w________ a________

21 ~을 돌보다   c________ f________

〈 정답 p. 172~173 〉

[01-06] 〈보기〉와 같이 관계부사를 이용하여 주어진 두 문장을 한 문장으로 쓰시오.

> 〈보기〉
>
> I bought shampoo at the shop. I cannot remember the shop.
> ➡ I cannot remember <u>the shop where I bought shampoo</u>.

01 I visited the village. I was born there.

  ➡ I visited ___________________________.

02 I remember the day. My father died on that day.

  ➡ I remember ___________________________

    _____________.

03 I referred to the time. At that time, seat belts were not yet compulsory.

  ➡ I referred to ___________________________

    _____________.

04 There is another reason. I like her so much for that reason.

  ➡ There is ___________________________

    _____________.

05 I analyzed the way. He approached strangers in that way.

  ➡ I analyzed ___________________________

    _____________.

06 We don't know the reason. Our cows produce less milk for that reason.

  ➡ We don't know ___________________________

    _____________.

[07-11] 괄호 안에서 알맞은 것을 고르시오.

07 I don't know the reason (how / why) the television isn't working.

08 We are waiting for the day (how / when) he comes back from Africa.

09 She may know the reason (which / for which) we wouldn't succeed.

10 We moved to Boston (which / where) my grandparents lived.

11 This is the way (how / in which) I solved the problem.

[12-21] 핵심 어휘 복습 (영어 → 우리말, 우리말 → 영어)

12 choice   _____________

13 solve   _____________

14 express   _____________

15 thought   _____________

16 grow up   _____________

17 정확한   e_____________

18 결정   d_____________

19 사고   a_____________

20 진지한   s_____________

21 이룩하다   t_____________ o_____________

〈 정답 **p. 173** 〉

[01-05] 주어진 우리말과 일치하도록 괄호 안의 단어를 이용하여 빈칸에 알맞은 말을 쓰시오.

01 내가 키가 더 크다면, 나는 롤러코스터를 탈 수 있을 텐데. (can, ride roller coasters)

➡ If I were taller, I ____________________

______________.

02 내가 저 문제의 정답을 안다면 좋을 텐데.
(know, the answer, to that question)

➡ I wish that I ____________________

______________.

03 그녀가 여기 있다면 그는 매우 감명받을 텐데.
(will, be, very impressed)

➡ If she were here, he ____________________

______________.

04 그들은 마치 나를 잘 아는 것처럼 대한다.
(as though, they, know, me, well)

➡ They treat me ____________________

______________.

05 채식주의자들을 위한 메뉴가 더 많다면 좋을 텐데.
(there, be, more menus, for vegetarians)

➡ I wish that ____________________

______________.

[06-08] 괄호 안에서 알맞은 것을 고르시오.

06 If I (go / went) to bed late, I will feel tired tomorrow.

07 If I (am / were) you, I would talk to the doctor.

08 I'm alone at home. I wish my mother (is / were) here.

[09-11] 주어진 문장을 가정법으로 바꿔 쓸 때 빈칸에 알맞은 말을 쓰시오.

09 As I'm not smart, I won't join the quiz show.

➡ If I ____________ smart, I ______________ the quiz show.

10 I'm sorry I'm not handsome like you.

➡ I wish that I ____________________ like you.

11 In fact, Emma doesn't know anything.

➡ Emma talks to us as though she ____________ everything.

[12-21] 핵심 어휘 복습 (영어 → 우리말, 우리말 → 영어)

12 hesitate ____________

13 forgive ____________

14 walk past ____________

15 build a snowman ____________

16 be absent from school ____________

17 마법의 m____________

18 백만 m____________

19 유창한 f____________

20 비서 s____________

21 치유하다 h____________

〈 정답 p. 173 〉

[01-06] 주어진 우리말과 일치하도록 괄호 안의 단어를 이용하여 빈칸에 알맞은 말을 쓰시오.

01 그녀가 내게 요청했다면 나는 그들을 도왔을 텐데.
(ask me)
→ If she ______________________, I would have helped them.

02 내가 그렇게 많이 먹지 않았었다면 좋을 텐데.
(not eat, so much)
→ I wish that I ______________________.

03 그녀는 마치 언급하지 않았던 것처럼 같은 말들을 반복한다. (as if, she, not, mention, them)
→ She repeats the same words ______________________.

04 내가 시간이 더 있었다면, 너를 행복하게 해줬을 텐데. (make, you, happy)
→ If I had had more time, I ______________________.

05 Gary는 아무것도 일어나지 않았던 것처럼 행동한다. (as though, nothing, happen)
→ Gary behaves ______________________.

06 우리가 지난주에 더 많은 시간을 보냈으면 좋을 텐데. (spend, more time, together)
→ I wish that we ______________________ last week.

[07-10] 주어진 문장을 가정법으로 바꿔 쓸 때 빈칸에 알맞은 말을 쓰시오.

07 As I didn't know you were sick, I asked you for help.
→ If I ______________ you were sick, I ______________________ you for help.

08 I'm sorry I tried to fix the hairdryer myself.
→ I wish that ______________________ to fix the hairdryer myself.

09 In fact, the cake didn't turn out as expected.
→ He talks as though the cake ____________ ____________ as expected.

10 I'm sorry I didn't volunteer to help the elderly.
→ I wish that ______________________ to help the elderly.

[11-20] 핵심 어휘 복습 (영어 → 우리말, 우리말 → 영어)

11 oversleep ______________

12 dinosaur ______________

13 overcome ______________

14 by oneself ______________

15 graduate from ______________

16 기부하다 d______________

17 거인 g______________

18 선반 s______________

19 존재하다 e______________

20 무한한 u______________

〈 정답 p. 173 〉

[01-05] 괄호 안에서 알맞은 것을 고르시오.

01 She told me the appointment (is / was) canceled.

02 He explained that he (is / had been) ill.

03 I was told that one of my friends (will / would) leave school.

04 I noticed that her hands (is / were) shaking.

05 Police reported that two people (has been / had been) killed.

[06-09] 밑줄 친 부분이 맞으면 ○로 표시하고, 틀리면 바르게 고치시오.

06 We learned that two heads <u>are</u> better than one.　➡ ____________

07 She told me that she <u>can</u> come with me.　➡ ____________

08 You promised me that you <u>will</u> never tell anybody.　➡ ____________

09 She learned that plants <u>need</u> sunlight to grow.　➡ ____________

[10-13] 주어진 우리말과 일치하도록 괄호 안의 말을 이용하여 빈칸에 알맞은 말을 쓰시오.

10 죄송해요, 당신이 누구인지 알아차리지 못했어요. (not realize, be)
➡ I'm sorry, I ________________ who you ____________.

11 보고서는 피해를 복구하는 데 2년이 더 걸릴 것이라고 전했다. (say, take)
➡ The report ____________ that it ________________ another two years to repair the damage.

12 우리는 기름이 물보다 가볍다고 들었다. (be told, be)
➡ We ________________ that oil ____________ lighter than water.

13 그는 의심은 지식의 열쇠라고 내게 가르쳤다. (teach, be)
➡ He ____________ me that doubt ____________ the key to knowledge.

[14-23] 핵심 어휘 복습 (영어 → 우리말, 우리말 → 영어)

14 conquer　____________

15 planet　____________

16 go round　____________

17 do one's best　____________

18 break out　____________

19 정직　h____________

20 정책, 방책　p____________

21 정직한　h____________

22 성공하다　s____________

23 확실한　c____________

< 정답 **p. 173** >

[01-08] 주어진 직접화법은 간접화법으로, 간접화법은 직접화법으로 바꿔 쓰시오.

01 Kate said to me, "When will you leave?"
➡ Kate asked me ______________________.

02 Zoe advised me to think very carefully.
➡ Zoe said to me, "______________________."

03 He said to me, "Don't touch anything."
➡ He told me ______________________.

04 Ava asked me if I had anything like a newspaper.
➡ Ava said to me, "______________________ ______________________?"

05 He said to me, "I will never tell anybody."
➡ He told me that ______________________ ______________________.

06 Michael said to me, "I'm with your brother."
➡ Michael told me that ______________________ ______________________.

07 Sophia asked where a plastic bag was.
➡ Sophia said, "______________________?"

08 He said to her, "Are you busy today?"
➡ He asked her ______________________ ______________________.

[09-12] 밑줄 친 부분을 강조하는 문장으로 바꿔 쓰시오.

09 A curious cat sat <u>by the window</u>.
➡ ______________________

10 They had <u>never</u> seen such a beautiful painting before.
➡ ______________________

11 They waited for hours <u>at the train station</u>.
➡ ______________________

12 He <u>seldom</u> visits his old neighborhood.
➡ ______________________

[13-22] 핵심 어휘 복습 (영어 → 우리말, 우리말 → 영어)

13 policy ______________

14 assistant ______________

15 command ______________

16 weather forecast ______________

17 get some rest ______________

18 애원하다, 간청하다 b______________

19 백조 s______________

20 상기시키다 r______________

21 감독 r______________

22 자정 m______________

〈 정답 **p. 174** 〉

memo

memo

자이스토리 수학 시리즈

개념은 쉽게, 문제는 빠르게 푼다!

★ **고등** 자이스토리 수학

• 촘촘한 유형 분류와 난이도순 기출 문제 배열 • 1등급, 2등급 대비 문제 집중 학습 + 특강 해설 ❶ 출제 경향에 따른 개념정리 ❷ 출제 유형에 따른 기출문제 ❸ 1등급 대비, 2등급 대비 문제만을 위한 풀이 단서 체크 ❹ 1등급 심화 특강, My Top Secret ❺ 다양한 풀이법 + 실수, 함정, 주의까지 분석한 입체 첨삭 해설	공통수학 1 고3 수학 I 공통수학 2 고3 수학 II 고2 수학 I 고3 미적분 고2 수학 II 고3 확률과 통계 고2 미적분 고난도 1등급 수학 고2 확률과 통계 (수학 I, 수학 II, 확률과 통계) 기하 (고2, 3) (수학 I, 수학 II, 미적분) 전국연합 모의고사 공통수학 1, 2 연도별 모의그사 고3 수학

★ **중등** 자이스토리 수학

• 세분화된 유형 문제로 개념 적용 반복 훈련 • 서술형 문제를 단계별로 익히는 서술형 완전 학습 ❶ 개념 다지기+개념 확인 문제 ❷ 학교 시험 유형 익히기 ❸ 서술형 다지기 ❹ 고난도 도전 문제 ❺ 학교 시험 단원별 모의고사 ❻ 정답 및 해설	중등 수학 1-1, 1-2 2-1, 2-2 3-1, 3-2

자이스토리

듣기 총정리 모의고사

[중1, 중2, 중3, 고1]

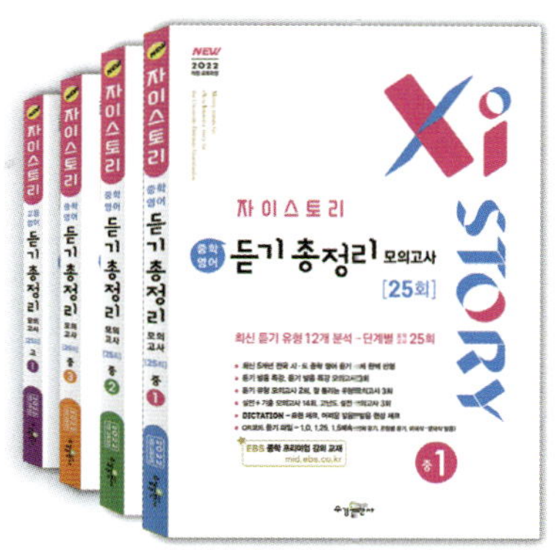

"최신 듣기 유형 분석 + 단계별 모의고사 25회"

★ EBS 중학 프리미엄 강의 교재
mid.ebs.co.kr * 고1 제외

① **듣기 유형 분석 [12~14 유형]**

최신 전국 중학 영어 듣기 능력 평가와
고1 전국연합학력평가 유형 완벽 분석

② **잘 틀리는 유형 모의고사 [3회]**
   + 듣기 발음 특강 모의고사 [2~3회]

틀리기 쉬운 유형과 발음을 훈련

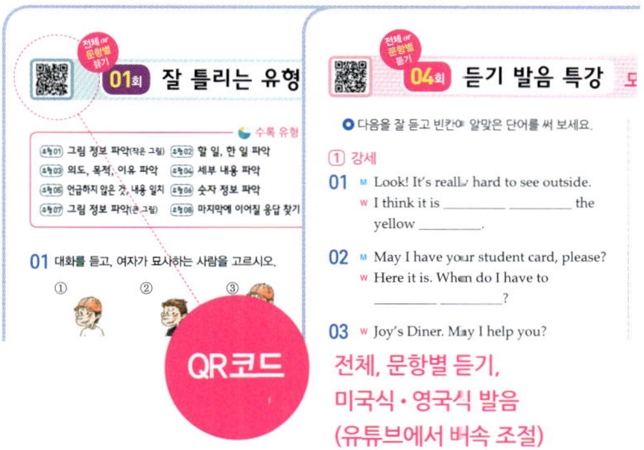

③ **실전+기출 모의고사 [12~16회],**
   고난도 듣기 실전 모의고사 [3~4회]

최신 기출 문제 유형을 반영한 단계별 모의고사

④ **Dictation, 어휘+표현 PREVIEW, REVIEW**

표현 체크와 발음 체크로 공부하고 중요한
어휘와 표현들을 익힌다.

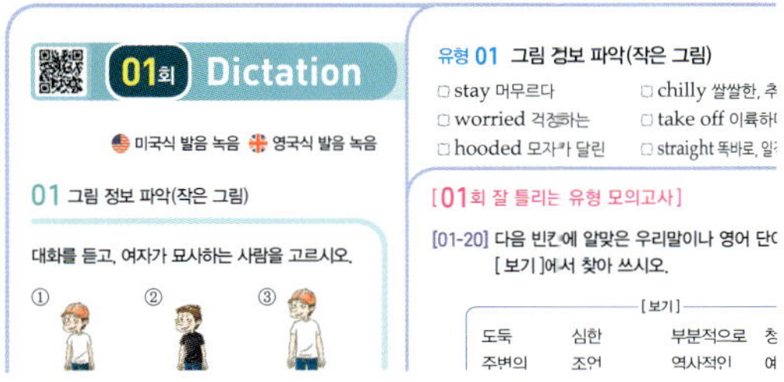

학교 시험 유형 훈련과 단계별로 서술형 문제 완성!!

자이스토리 중등 수학

*** 2022 개정교육과정**에 꼭 맞춘 **자이스토리**

자이스토리와 함께 하면 수학 실력이 하루하루 달라지는 놀라운 경험을 하실 수 있습니다.

[자이스토리 중등 수학 시리즈]
중등 수학 1-1, 1-2
중등 수학 2-1, 2-2
중등 수학 3-1, 3-2

01 개념 다지기 + 개념 확인 문제

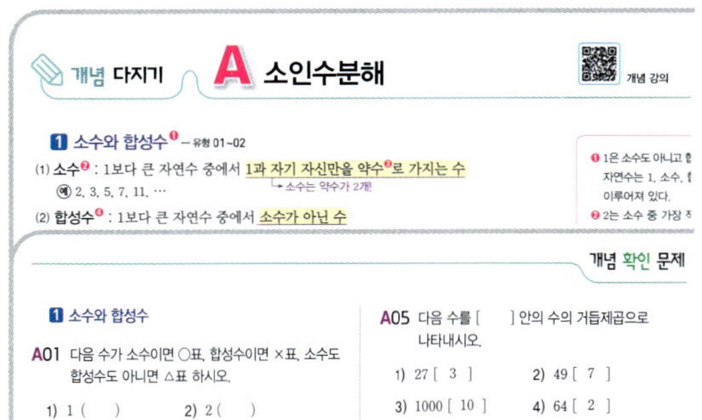

- 각 단원에서 꼭 알아야 하는 개념을 촘촘히 분류해 이해하기 쉽게 설명하였습니다.
- 개념 확인 문제를 풀어보며 개념을 다시 한 번 점검할 수 있습니다.

02 학교 시험 유형 익히기

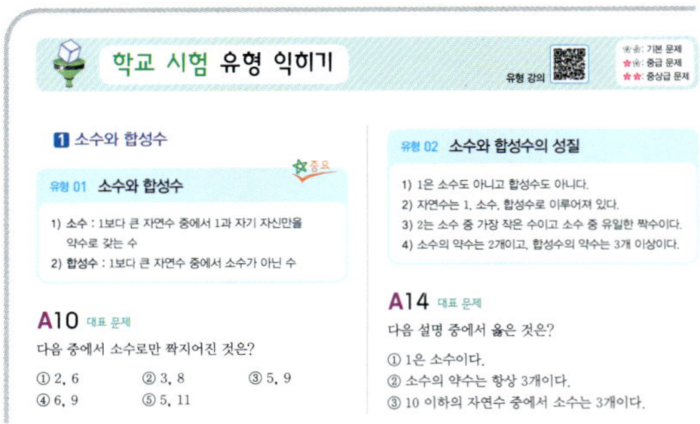

- 학교 시험에 출제되는 모든 유형을 정확히 파악할 수 있습니다.
- 최대 유형 훈련으로 개념을 확장시켜 문제를 쉽게 풀 수 있어 수학 실력이 쑥쑥 오릅니다.

03 서술형 다지기

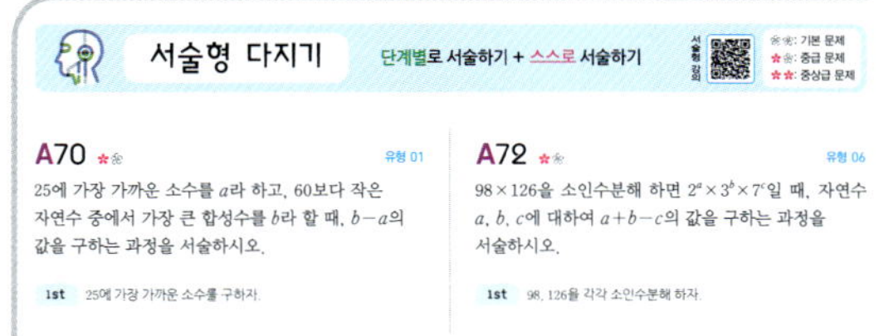

- 어려워 하는 서술형 문제를 단계별로 익힐 수 있습니다.
- 스스로 서술하는 연습을 충분히 하면 학교 시험 서술형 문제가 쉽게 느껴질 것입니다.

04 고난도 도전 문제

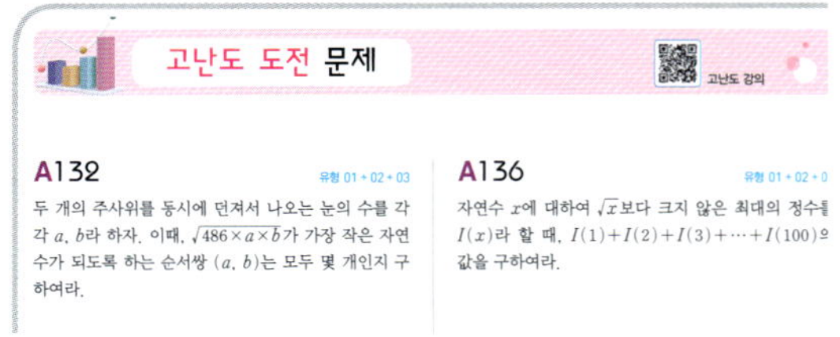

- 여러 개념이 복합된 고난도 문제의 접근 방법을 배우고 익힙니다.
- 수학적 사고력을 확장시켜 학교 시험에서 100점을 받을 수 있습니다.

해설편

짜 이 스 토 리

중등 영문법 총정리

중2

수경출판사

Xi ST🇬🇧RY 고등 영문법 [기본]

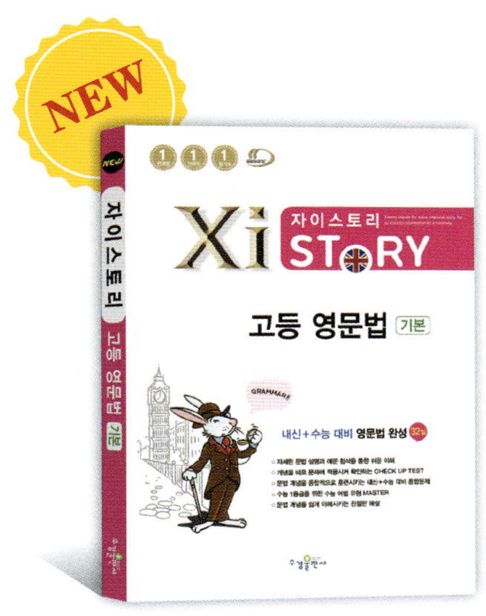

내신＋수능 대비 영문법 완성 32일

- 자세한 문법 설명과 예문 첨삭을 통한 쉬운 이해
- 개념을 바로 문제에 적용시켜 확인하는 CHECK UP TEST
- 문법 개념을 종합적으로 훈련시키는 내신＋수능 대비 종합문제
- 수능 1등급을 위한 수능 어법 유형 MASTER
- 문법 개념을 쉽게 이해시키는 친절한 해설
- 단원별 개념 설명 ＋ 문제 풀이 동영상 강의 QR코드

 Step1 예문으로 직접 확인하며
쉽게 이해하는 문법 개념!

 Step2 공부한 문법 개념을
확실히 이해시키는 CHECK UP TEST!

 Step3 여러 문법 개념을 종합적으로
적용시키는 실전 훈련 종합문제!

 Step4 실제 수능에 출제되는 어법 유형을
그대로 구현한 수능 어법 유형 마스터!

📘 자이스토리 중등 영어 시리즈

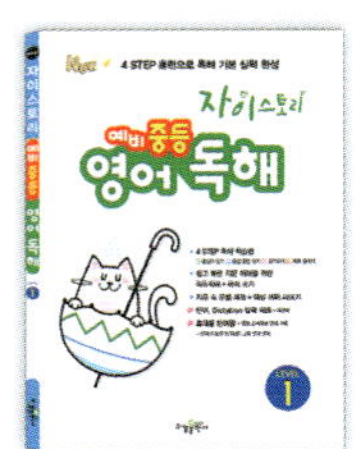

영어 독해 [예비 중등]

Level 1
Level 2

영어 독해 기본

Level 1
Level 2
Level 3

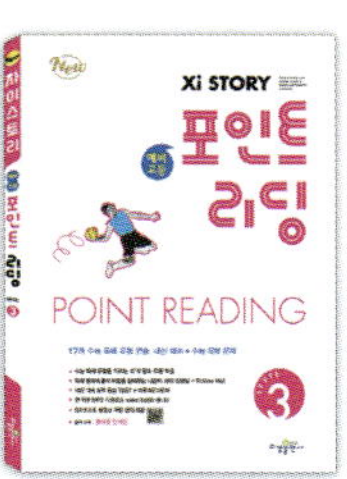

포인트 리딩

Level 1
Level 2
Level 3
Level 4

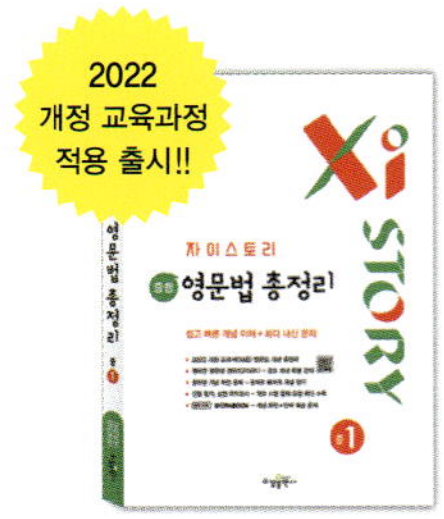

영문법 총정리

중1 / 중2 / 중3

듣기 총정리 모의고사

중1 / 중2
중3 / 고1

차 례

A 문장의 형식과 종류

UNIT 01 문장의 구성 요소

> **개념 확인 문제 정답** ▶ 문제편 p.17

01 The sun (S), rises (V)
02 The bell (S), is ringing (V)
03 The bus (S), leaves (V)
04 The flowers (S), bloomed (V)
05 ate a cup of ice cream
06 will build a sandcastle
07 planted colorful flowers
08 doesn't enjoy playing the piano
09 주격 보어 **10** 주격 보어 **11** 목적격 보어
12 목적격 보어 **13** 목적격 보어 **14** from the tree
15 in the park **16** about her future

---

01 [정답] The sun (S), rises (V)
[해석] 해는 동쪽에서 뜬다.
→ in the east는 수식어이다.

02 [정답] The bell (S), is ringing (V)
[해석] 종이 크게 울리고 있다.
→ loudly는 수식어이다.

03 [정답] The bus (S), leaves (V)
[해석] 버스는 20분 후에 출발한다.
→ in 20 minutes는 수식어이다.

04 [정답] The flowers (S), bloomed (V)
[해석] 꽃들이 아름답게 피었다.
→ beautifully는 수식어이다.

05 [정답] ate a cup of ice cream
→ a cup of ice cream이 동사 ate의 목적어로 왔다.

06 [정답] will build a sandcastle
→ a sandcastle이 동사 will build의 목적어로 왔다.

07 [정답] planted colorful flowers
→ colorful flowers가 동사 planted의 목적어로 왔다.

08 [정답] doesn't enjoy playing the piano
→ playing the piano가 동사 doesn't enjoy의 목적어로 왔다.

09 [정답] 주격 보어
[해석] 그녀는 나의 오랜 친구이다.
→ 주어 She를 보충 설명한다.

10 [정답] 주격 보어
[해석] 그 속삭임은 부드럽게 들린다.
→ 주어 The whisper를 보충 설명한다.

11 [정답] 목적격 보어
[해석] 우리는 우리 아기의 이름을 Gwen이라고 지었다.
→ 목적어 our baby를 보충 설명한다.

12 [정답] 목적격 보어
[해석] 그는 그녀를 좋은 친구로 여겼다.
→ 목적어 her를 보충 설명한다.

13 [정답] 목적격 보어
[해석] 그들은 방을 밝은 노란색으로 칠했다.
→ 목적어 the room을 보충 설명한다.

14 [정답] from the tree
[해석] 그것은 나무에서 떨어졌다.
→ from the tree는 동사를 수식하는 부사적 수식어로 쓰였다.

15 [정답] in the park
[해석] 공원에서 축구를 합시다.
→ in the park는 문장 전체를 수식하는 부사적 수식어로 쓰였다.

16 [정답] about her future
[해석] 그녀는 자신의 미래에 대해 생각하고 있다.
→ about her future는 동사를 수식하는 부사적 수식어로 쓰였다.

UNIT 02 1형식 문장과 2형식 문장

> **개념 확인 문제 정답** ▶ 문제편 p.19

01 Memories never die.
02 Love exists in many forms.
03 The guests will stay until midnight.
04 sad **05** good **06** bad
07 silent **08** great **09** aren't, 2형식
10 will arrive, 1형식 **11** became, 2형식
12 cooks, 1형식 **13** beautifully → beautiful
14 deep → deeply **15** strongly → strong
16 sudden → suddenly
17 confidently → confident

---

01 [정답] Memories never die.
→ die는 '죽다'라는 의미의 1형식 동사이다.

02 [정답] Love exists in many forms.
→ exist는 '존재하다'라는 의미의 1형식 동사이다. in many forms는 수식어구이다.

03 [정답] The guests will stay until midnight.
→ stay는 '머무르다'라는 의미의 1형식 동사이다. until midnight는 수식어구이다.

04 정답 sad
[해석] 그녀는 오늘 슬프다.
→ feel은 '~하게 느끼다'라는 의미의 감각 동사로, 형용사인 sad가 주격 보어로 와야 한다.

05 정답 good
[해석] 그 스파게티는 맛있다.
→ taste는 '~한 맛이 나다'라는 의미의 감각 동사로, 형용사인 good이 주격 보어로 와야 한다.

06 정답 bad
[해석] 이 소스는 냄새가 나쁘다.
→ smell은 '냄새가 나다'라는 의미의 감각 동사로, 형용사인 bad가 주격 보어로 와야 한다.

07 정답 silent
[해석] 사람들은 의식 동안 침묵했다.
→ keep은 '유지하다'라는 의미의 상태 동사로, 형용사인 silent가 주격 보어로 와야 한다.

08 정답 great
[해석] 그것은 좋게 들리지만, 나는 오늘 그것을 할 수 없다.
→ sound는 '~하게 들리다'라는 의미의 감각 동사로, 형용사인 great가 주격 보어로 와야 한다.

09 정답 aren't, 2형식
[해석] 그의 말은 사실이 아니다.
→ aren't는 '~이 아니다'라는 의미의 상태 동사로 쓰였으며, 형용사인 true를 주격 보어로 취한 2형식 문장이다.

10 정답 will arrive, 1형식
[해석] 그는 8시까지 도착할 것이다.
→ arrive는 '도착하다'라는 의미의 1형식 동사이다. by eight는 수식어구이다.

11 정답 became, 2형식
[해석] 그 소년은 위대한 발명가가 되었다.
→ become은 '~이 되다'라는 의미의 2형식 동사로, 명사구인 a great inventor를 주격 보어로 취했다.

12 정답 cooks, 1형식
[해석] Smith 씨는 절대 그녀의 가족을 위해 요리하지 않는다.
→ cook은 '요리하다'라는 의미의 1형식 동사로 쓰였다. for her family는 수식어구이다.

13 정답 beautifully → beautiful
[해석] 당신은 오늘 아름다워 보인다.
→ look은 '~하게 보이다'라는 의미의 상태 동사로, 형용사인 beautiful이 주격 보어로 와야 한다.

14 정답 deep → deeply
[해석] 나는 매일 밤 깊게 잠들지 못한다.
→ sleep은 '자다'라는 1형식 동사로, 뒤에 보어가 올 수 없다. 따라서 deep은 부사적 수식어인 deeply로 고쳐야 한다.

15 정답 strongly → strong
[해석] 그들의 우정은 굳건하다.
→ remain은 '계속 ~이다'라는 의미의 상태 동사로, 형용사인 strong이 주격 보어로 와야 한다.

16 정답 sudden → suddenly
[해석] 그녀는 작별 인사도 없이 갑자기 떠났다.
→ leave는 '떠나다'라는 의미의 1형식 동사로, 뒤에 보어가 올 수 없다. 따라서 sudden은 부사적 수식어인 suddenly로 고쳐야 한다.

17 정답 confidently → confident
[해석] 나는 큰 발표 전에 자신감이 생긴다.
→ become은 '되다'라는 의미의 변화 동사로, 형용사인 confident가 주격 보어로 와야 한다.

UNIT 03 3형식 문장과 4형식 문장

개념 확인 문제 정답 ▶ 문제편 p.21

01 문제를 해결했다
02 외계인이 존재한다는 것을 믿는다
03 웹디자이너가 되기를 원한다
04 us, some advice
05 me, her new bicycle
06 David, an apology letter
07 He told his secret to me.
08 Art teaches many things to us.
09 He built a treehouse for his son.
10 They sent a postcard to William.
11 Ben got a new car for his parents.
12 The director offered a raise to me.
13 Stewart bought flowers for his girlfriend.
14 The students asked some questions of me.
15 She found a place to stay for her friend.
16 She cooked a delicious meal for her family.
17 They showed their new house to the guests.
18 We got a drone for our children.

01 정답 **문제를 해결했다**
[해석] 학생들은 문제를 해결했다.
→ 동사 solved의 목적어로 명사 the problem이 왔다.

02 정답 **외계인이 존재한다는 것을 믿는다**
[해석] 그녀는 외계인이 존재한다는 것을 믿는다.
→ 동사 believes의 목적어로 명사절 that aliens exist가 왔다.

03 정답 **웹디자이너가 되기를 원한다**
[해석] 나의 딸은 웹디자이너가 되기를 원한다.
→ 동사 wants의 목적어로 to부정사구 to be a web designer가 왔다.

04 [정답] us, some advice

[해석] 이 교수님은 우리에게 몇몇 조언을 해주셨다.

→ '~에게'에 해당하는 것이 간접목적어이고, '~을'에 해당하는 것이 직접목적어이다. 이 문장에서는 us(우리에게)가 간접목적어이고, some advice(몇몇 조언을)가 직접목적어이다.

05 [정답] me, her new bicycle

[해석] Olivia는 나에게 그녀의 새 자전거를 보여주었다.

→ me(나에게)가 간접목적어이고, her new bicycle(그녀의 새 자전거를)이 직접목적어이다.

06 [정답] David, an apology letter

[해석] James는 David에게 사과 편지를 썼다.

→ David(David에게)가 간접목적어이고, an apology letter(사과 편지를)가 직접목적어이다.

07 [정답] He told his secret to me.

[해석] 그는 나에게 그의 비밀을 말해주었다.

→ tell이 3형식 문장에서 쓰일 때 간접목적어 앞에는 전치사 to가 온다.

08 [정답] Art teaches many things to us.

[해석] 예술은 우리에게 많은 것을 가르친다.

→ teach가 3형식 문장에서 쓰일 때 간접목적어 앞에는 전치사 to가 온다.

09 [정답] He built a treehouse for his son.

[해석] 그는 아들에게 나무 위에 집을 지어주었다.

→ build가 3형식 문장에서 쓰일 때 간접목적어 앞에는 전치사 for가 온다.

10 [정답] They sent a postcard to William.

[해석] 그들은 William에게 엽서를 보냈다.

→ send가 3형식 문장에서 쓰일 때 간접목적어 앞에는 전치사 to가 온다.

11 [정답] Ben got a new car for his parents.

[해석] Ben은 그의 부모님에게 새 차를 주었다.

→ get이 3형식 문장에서 쓰일 때 간접목적어 앞에는 전치사 for가 온다.

12 [정답] The director offered a raise to me.

[해석] 이사님이 나에게 연봉 인상을 제안하셨다.

→ offer가 3형식 문장에서 쓰일 때 간접목적어 앞에는 전치사 to가 온다.

13 [정답] Stewart bought flowers for his girlfriend.

[해석] Stewart는 그의 여자 친구에게 꽃을 사주었다.

→ buy가 3형식 문장에서 쓰일 때 간접목적어 앞에는 전치사 for가 온다.

14 [정답] The students asked some questions of me.

[해석] 학생들은 나에게 몇 가지 질문을 했다.

→ ask가 3형식 문장에서 쓰일 때 간접목적어 앞에는 전치사 of가 온다.

15 [정답] She found a place to stay for her friend.

[해석] 그녀는 그녀의 친구에게 머물 장소를 찾아주었다.

→ find가 3형식 문장에서 쓰일 때 간접목적어 앞에는 전치사 for가 온다.

16 [정답] She cooked a delicious meal for her family.

[해석] 그녀는 그녀의 가족에게 맛있는 식사를 요리해주었다.

→ cook이 3형식 문장에서 쓰일 때 간접목적어 앞에는 전치사 for가 온다.

17 [정답] They showed their new house to the guests.

[해석] 그들은 손님들에게 그들의 새집을 보여주었다.

→ show가 3형식 문장에서 쓰일 때 간접목적어 앞에는 전치사 to가 온다.

18 [정답] We got a drone for our children.

[해석] 우리는 아이들에게 드론을 주었다.

→ get이 3형식 문장에서 쓰일 때 간접목적어 앞에는 전치사 for가 온다.

단원 평가 문제 　UNIT 01 ~ UNIT 03　▶문제편 p.22~25

정답

01 ④	**02** ①	**03** ③	**04** ②	**05** ②
06 to me → me		**07** well → good		
08 Ethan → to Ethan			**09** ③	**10** ③
11 ④	**12** ②	**13** ⑤	**14** ④	**15** ①
16 ④	**17** ③	**18** ④	**19** ④	**20** ②
21 ④	**22** ②	**23** ①	**24** ③	**25** ④
26 ③	**27** ②	**28** This situation is surprising!		

29 Nancy bought a necklace for her sister. 또는
Nancy bought her sister a necklace.

30 ④	**31** ⑤	**32** ⑤	**33** ①

01 [정답] ④　　　　UNIT 01 문장의 구성 요소

[해석] Oliver는 편지를 아주 조심스럽게 쓰고 있다.

→ 주어 Oliver, 동사 is writing, 목적어 a letter로 구성된 문장이다. 동사 is writing을 수식하는 부사적 수식어가 와야 하므로 부사 carefully가 알맞다.

02 [정답] ①　　　　UNIT 02 1형식 문장과 2형식 문장

[해석] 그 부부는 피곤함에도 불구하고 행복해 보인다.

→ look은 '~해 보이다'라는 의미의 2형식 동사로, 보어를 필요로 한다. 따라서 형용사인 happy가 알맞다.

03 [정답] ③　　　　UNIT 03 3형식 문장과 4형식 문장

[해석] 그 선생님은 학생들에게 수업을 자세히 설명한다.

→ 동사 explain은 목적어를 취해야 하는 타동사이므로 명사 the lesson이 목적어로 오는 것이 알맞다.

04 [정답] ②
UNIT 02 1형식 문장과 2형식 문장

[해석] ① 그 소년은 졸려 보인다.
② 그 가방은 멋져 보인다.
③ 그 소녀는 배고파 보인다.
④ 이 천은 부드러운 느낌이다.
⑤ 그 수프는 맛있는 냄새가 난다.
→ look, seem, feel, smell은 2형식 동사로 보어가 와야 한다.
문장에서 보어 역할은 명사와 형용사만 할 수 있으므로 부사
greatly가 아닌 형용사 great이 와야 한다.

05 [정답] ②
UNIT 02 1형식 문장고· 2형식 문장

[해석] ① Mark는 행복해 보인다.
② 그 식당은 좋아 보인다.
③ 너의 아버지는 어제 아프셨니?
④ 그들 둘 다 매우 행복하게 살았다.
⑤ 공원에 몇몇 아이들이 있다.
→ look은 2형식 동사로 뒤에 보어가 와야 하므로, 부사 well이
아닌 형용사 good이 와야 한다.

06 [정답] to me → me
UNIT 03 3형식 문장고· 4형식 문장

[해석] 그녀는 나에게 마술 속임수를 보여주었다.
→ 4형식 문장에서 간접목적어와 직접목적어 앞에는 전치사가
쓰이지 않으므로 to me를 me로 고쳐야 한다.

07 [정답] well → good
UNIT 02 1형식 문장과 2형식 문장

[해석] 감자튀김은 토마토케첩과 함께 먹으면 맛이 좋다.
→ 주격 보어에 올 수 있는 것은 형용사이므로 부사 well을 형용사
good으로 고쳐야 한다.

08 [정답] Ethan → to Ethan
UNIT 03 3형식 문장과 4형식 문장

[해석] 나는 Ethan에게 요가를 가르칠 것이다.
→ teach가 3형식 문장에서 쓰일 때 간접목적어 앞에는 전치사
to가 오므로 Ethan 앞에 to를 써야 한다.

09 [정답] ③
UNIT 03 3형식 문장과 4형식 문장

[해석] 그녀는 매일 밤 책을 읽는다.
① 우리가 당신에게 새로운 곡을 써주었다.
② Jack이 나를 향해 달려오고 있다.
③ 나는 당신 없이 로봇을 만들 수 없다.
④ 나는 내 나쁜 습관들에 대해 부끄러움을 느낀다.
⑤ 당신은 친구들과 함께 이곳에 올 수 있다.
→ 주어(She), 동사(reads), 목적어(a book)로 구성된 3형식
문장이다. 따라서 주어(I), 동사(can't build), 목적어(robots)로
구성된 ③이 정답이다.

10 [정답] ③
UNIT 02 1형식 문장과 2형식 문장

[해석] 오븐에 있는 케이크는 맛있는 냄새가 난다.
① 그녀는 새 치마를 샀다.
② 아기가 명랑하게 웃는다.
③ Jane은 재능 있는 예술가가 되었다.
④ 그는 엄마에게 진심 어린 편지를 썼다.
⑤ 그들은 마당에 아름다운 꽃을 심었다.
→ 주어(The cake), 동사(smells), 보어(delicious)로 구성된
2형식 문장이다. 따라서 주어(Jane), 동사(became), 보어(a
talented artist)로 구성된 ③이 정답이다.

11 [정답] ④
UNIT 02 1형식 문장과 2형식 문장

[해석] 그들은 별이 빛나는 하늘 아래서 춤을 추었다.
① 그는 위대한 의사가 되었다.
② 그들은 그를 대통령으로 선출했다.
③ 그녀는 흥미로운 소설을 읽는다.
④ 그 개는 매우 크게 짖었다.
⑤ 그는 그녀의 생일에 그녀에게 선물을 준다.
→ 주어(They), 동사(danced)로 구성된 1형식 문장이다. 따라서
주어(The dog), 동사(barked)로 구성된 ④이 정답이다.

12 [정답] ②
UNIT 02 1형식 문장과 2형식 문장

[해석] 신선한 빵이 매우 달콤한 냄새가 난다.
① 그가 춤을 추는 동안 그녀는 노래를 부른다.
② 하늘은 일몰 때 너무 아름답게 보인다.
③ 위원회가 그녀를 의장으로 임명했다.
④ 그는 어버이날에 감사 편지를 썼다.
⑤ 그녀는 매달 친구에게 편지를 보낸다.
→ 주어(The fresh bread), 동사(smells), 보어(sweet)로
구성된 2형식 문장이다. 따라서 주어(The sky), 동사(looks),
보어(beautiful)로 구성된 ②이 정답이다.

13 [정답] ⑤
UNIT 03 3형식 문장과 4형식 문장

[해석] ① 나는 너에게 영어를 가르칠 것이다.
② 우리는 매일 축구를 한다.
③ 그들은 그들의 돈을 조심스럽게 쓴다.
④ 나는 어젯밤에 그 뉴스를 TV에서 들었다.
⑤ 그 아이들은 공원에서 행복하게 놀았다.
→ 모두 3형식 문장이고 ⑤만 1형식 문장이다.

14 [정답] ④
UNIT 02 1형식 문장과 2형식 문장

[해석] ① 그녀는 합창단에서 아름답게 노래 부른다.
② 그 고양이는 소파에서 평화롭게 잠을 잔다.
③ 바람이 나무 사이로 부드럽게 불어 온다.
④ 그 음악은 활기차고 동기부여가 되는 것처럼 들린다.
⑤ 그 꽃들은 매년 봄마다 정원에서 피어난다.
→ 모두 1형식 문장이고 ④만 2형식 문장이다.

15 [정답] ①
UNIT 03 3형식 문장과 4형식 문장

[해석] 당신은 내게 돈을 좀 빌려줄 수 있나요?
→ lend가 3형식 문장에서 쓰일 때 간접목적어 앞에는 전치사 to가
온다.

16 [정답] ④
UNIT 03 3형식 문장과 4형식 문장

[해석] Suji는 그녀의 어머니께 새 모자를 사드렸다.
→ buy가 3형식 문장에서 쓰일 때 간접목적어 앞에는 전치사 for가
온다.

17 [정답] ③
UNIT 03 3형식 문장과 4형식 문장

[해석] 그들은 그녀에게 매우 좋은 일자리를 제공했다.
→ offer가 3형식 문장에서 쓰일 때 간접목적어 앞에는 전치사 to가
온다.

18 정답 ④   UNIT 01 문장의 구성 요소

[해석] ① 그녀는 난폭하게 운전한다.
② 그는 위아래로 움직이고 있다.
③ 나는 카펫에 커피를 쏟았다.
④ 작년에, 강물이 거의 말랐다.
⑤ 나는 친구에게 책을 빌렸다.
→ ④의 dry는 주격 보어로 쓰였다.

19 정답 ④   UNIT 01 문장의 구성 요소

[해석] ① 그들은 내게 미소 지었다.
② 그녀는 천천히 팔을 들었다.
③ 나의 할머니는 혼자 사신다.
④ 그들은 그들의 개에게 새 장난감을 주었다.
⑤ 그는 어머니를 위해 식탁을 치웠다.
→ ④의 a new toy는 4형식 문장의 직접목적어로 쓰였다.

20 정답 ②   UNIT 02 1형식 문장과 2형식 문장

→ sound는 '~하게 들리다'라는 의미의 감각 동사로 뒤에 주격 보어가 와야 한다. 주격 보어로는 명사 상당어구나 형용사만 올 수 있다.

21 정답 ④   UNIT 03 3형식 문장과 4형식 문장

→ Dad cooked my family a meal. (4형식) 또는 Dad cooked a meal for my family. (3형식)으로 써야 한다.

22 정답 ②   UNIT 02 1형식 문장과 2형식 문장

[해석] ① 그 소년은 졸리다.
② 그 가방은 무거워 보인다.
③ 그 소녀는 궁금해 보인다.
④ 이 옷감은 거칠다.
⑤ 그 여자는 걱정스러워 보인다.
→ ②의 look은 '~하게 보이다'라는 의미의 상태 동사로, 부사 heavily가 아니라 형용사 heavy가 주격 보어로 와야 한다.

23 정답 ①   UNIT 03 3형식 문장과 4형식 문장

[해석] ① 우리는 종업원에게 팁을 주었다.
② 제게 시간 좀 주세요.
③ 당신의 개가 어제 아팠나요?
④ 두 사람 모두 혼란스러워 보인다.
⑤ 운동장에 선생님들이 있다.
→ give가 3형식 문장에서 쓰일 때 간접목적어 앞에는 전치사 to가 온다. 따라서 ①의 the waiter 앞에 to가 와야 한다.

24 정답 ③   UNIT 03 3형식 문장과 4형식 문장

[해석] ① 하늘이 맑아 보인다.
② 내 친구는 바닷가 근처에 산다.
③ 그는 그녀에게 배려 깊은 메시지를 보냈다.
④ 나는 그녀에게 내 어린 시절 사진을 보여주었다.
⑤ 그들은 우리에게 새 아파트 투어를 제공했다.
→ 4형식 문장에서 간접목적어와 직접목적어 앞에는 전치사가 쓰이지 않는다.

25 정답 ④   UNIT 03 3형식 문장과 4형식 문장

[해석] 여: 너는 지난 주말에 무엇을 했니?
남: 나는 친구들과 한라산에 갔었어.

여: 재밌었겠다! 등산은 어땠어?
남: 힘들었어. 너는?
여: 나는 집에서 영화를 봤어.
남: 재밌었겠다!
→ (A)는 「주어+동사+목적어」로 이루어진 3형식 문장이므로 ④이 정답이다.

26 정답 ③   UNIT 02 1형식 문장과 2형식 문장

[해석] 여: Jake는 요즘 뭐 하고 있니?
남: 그는 지금 요리사로 일하고 있어.
여: 멋지다! 그는 요리를 정말 잘해.
남: 네게 동의해. 사실, 그는 지난달에 새 식당을 열었어.
여: 와, 우리는 조만간 그의 식당을 방문해야 해.
→ (A)는 「주어+동사」로 이루어진 1형식 문장이므로 1형식 문장인 ③이 정답이다.

27 정답 ②   UNIT 01 문장의 구성 요소

[해석] ⓐ 그녀는 친구에게 책을 주었다.
ⓑ 나는 학생들에게 새로운 주제를 가르쳤다.
ⓒ Eric은 고객에게 영수증을 건넸다.
ⓓ 그 영화는 내게 흥미로워 보인다.
ⓔ 그녀는 차고에서 자전거를 고치고 있다.
ⓕ 우리는 어젯밤에 재미있는 영화를 봤다.
→ ⓐ 3형식, ⓑ 4형식, ⓒ 4형식, ⓓ 2형식, ⓔ 3형식, ⓕ 3형식이다. 따라서 3형식인 문장들로 묶인 ②이 정답이다.

28 정답 This situation is surprising!   UNIT 02 1형식 문장과 2형식 문장

[해석] 이 상황은 놀랍다!
→ 2형식 문장이므로 주격 보어 자리에 부사 surprisingly가 아닌 형용사 surprising이 와야 한다.

29 정답 Nancy bought a necklace for her sister. 또는 Nancy bought her sister a necklace.   UNIT 03 3형식 문장과 4형식 문장

[해석] Nancy는 그녀의 여동생에게 목걸이를 사줬다.
→ buy가 3형식 문장에서 쓰일 때 간접목적어 앞에는 전치사 for가 온다. 따라서 her sister 앞에 for가 와야 한다. 또는 4형식 문장으로 쓸 수 있다.

30 정답 ④   UNIT 03 3형식 문장과 4형식 문장

[해석] Emily: Tom의 직업은 무엇이야?
Mina: 그는 선생님이야.
Luke: 흥미롭군!
Sam: 그는 그것을 재미있어 하니?
Insu: 응, 그는 만족스러운 것 같아.
→ 나머지는 모두 2형식 문장을 말했지만, ④ Sam은 3형식 문장으로 말했다.

31 정답 ⑤   UNIT 03 3형식 문장과 4형식 문장

[해석] Emily: 너는 가게에서 무엇을 샀어?
Mina: 나는 책을 샀어.
Luke: 나는 엄마를 위해 꽃을 샀어.
Sam: Insu, 넌 무엇을 샀어?
Insu: 나는 내 여동생에게 예쁜 인형을 사주었어.
→ 나머지는 모두 3형식 문장을 말했지만, ⑤ Insu는 4형식 문장으로 말했다.

32 정답 ⑤   **UNIT 03** 3형식 문장과 4형식 문장

[해석] 나는 지난 일요일에 친구들과 함께 바다에 갔다. 일몰 경치가 정말 멋있었다. 우리는 그곳에서 많은 사진을 찍었다. 집에 돌아와서, 나는 가족들에게 사진을 보여주었다.
① 그거 멋지다!
② 그들이 그를 주방장으로 임명했나요?
③ 함께 영화 보러 가자!
④ 그들은 나의 부모님과 친척들입니다.
⑤ 너는 네 생일에 무엇을 받았니?
→ (A)는 「주어+동사+목적어」로 이루어진 3형식 문장이므로 ⑤이 알맞다.

33 정답 ①   **UNIT 03** 3형식 문장과 4형식 문장

[해석] 나는 가족들에게 사진을 보여주었다.
→ 3형식 문장을 4형식으로 바꿀 때는 간접목적어가 직접목적어 앞에 오면서 전치사가 생략된다. 따라서 ①이 알맞다.

UNIT 04 5형식 문장

개념 확인 문제 정답   ▶ 문제편 p.27

01 목적어: the walls, 목적격 보어: blue
02 목적어: her, 목적격 보어: an angel
03 목적어: the task, 목적격 보어: challenging
04 목적어: her daughter, 목적격 보어: Lily
05 목적어: the idea, 목적격 보어: innovative
06 목적어: the steak, 목적격 보어: rare
07 목적어: her father, 목적격 보어: a hero
08 목적어: the students, 목적격 보어: relaxed
09 목적어: me, 목적격 보어: angry
10 목적어: the movie, 목적격 보어: boring
11 목적어: Joe, 목적격 보어: the team captain
12 목적어: the building, 목적격 보어: abandoned

13 injured	14 happy	15 to be
16 turn	17 to take	18 to play
19 study	20 go	21 to lose
22 to pursue	23 use	

01 정답 **목적어: the walls, 목적격 보어: blue**
[해석] 그들은 벽을 파란색으로 칠했다.
→ 목적어 the walls를 보충 설명하는 목적격 보어로 형용사 blue가 왔다.

02 정답 **목적어: her, 목적격 보어: an angel**
[해석] 나는 그녀를 천사라고 부른다.
→ 목적어 her를 보충 설명하는 목적격 보어로 명사 an angel이 왔다.

03 정답 **목적어: the task, 목적격 보어: challenging**
[해석] 나는 그 일이 어렵다는 것을 알았다.
→ 목적어 the task를 보충 설명하는 목적격 보어로 형용사 challenging이 왔다.

04 정답 **목적어: her daughter, 목적격 보어: Lily**
[해석] 그녀는 그녀의 딸의 이름을 Lily라고 지었다.
→ 목적어 her daughter를 보충 설명하는 목적격 보어로 명사 Lily가 왔다.

05 정답 **목적어: the idea, 목적격 보어: innovative**
[해석] 그는 그 아이디어가 혁신적이라고 생각했다.
→ 목적어 the idea를 보충 설명하는 목적격 보어로 형용사 innovative가 왔다.

06 정답 **목적어: the steak, 목적격 보어: rare**
[해석] 요리사는 스테이크를 레어로 요리했다.
→ 목적어 the steak를 보충 설명하는 목적격 보어로 형용사 rare가 왔다.

07 정답 **목적어: her father, 목적격 보어: a hero**
[해석] 그녀는 그녀의 아빠를 영웅으로 여긴다.
→ 목적어 her father를 보충 설명하는 목적격 보어로 명사 a hero가 왔다.

08 정답 **목적어: the students, 목적격 보어: relaxed**
[해석] 그는 학생들을 편안하게 했다.
→ 목적어 the students를 보충 설명하는 목적격 보어로 형용사 relaxed가 왔다.

09 정답 **목적어: me, 목적격 보어: angry**
[해석] 그의 행동은 나를 화나게 만들었다.
→ 목적어 me를 보충 설명하는 목적격 보어로 형용사 angry가 왔다.

10 정답 **목적어: the movie, 목적격 보어: boring**
[해석] 나는 그 영화가 지루하다고 생각하지 않았다.
→ 목적어 the movie를 보충 설명하는 목적격 보어로 형용사 boring이 왔다.

11 정답 **목적어: Joe, 목적격 보어: the team captain**
[해석] 우리는 Joe를 팀 주장으로 임명했다.
→ 목적어 Joe를 보충 설명하는 목적격 보어로 명사 the team captain이 왔다.

12 정답 **목적어: the building, 목적격 보어: abandoned**
[해석] 그들은 그 건물이 버려진 것을 알아차렸다.
→ 목적어 the building을 보충 설명하는 목적격 보어로 형용사 abandoned가 왔다.

13 정답 **injured**
[해석] A: 무슨 일이야, Jonathan?
B: 나는 넘어져서 다리를 다쳤어.
→ 동사 get은 목적격 보어로 명사나 형용사를 쓸 수 있다. 따라서 목적어 my leg를 보충 설명하는 목적격 보어로는 형용사 injured가 와야 한다. 명사 injury는 문맥상 자연스럽지 않다.

14 [정답] happy

[해석] A: 엄마, 이건 엄마를 위한 거예요.
B: 고마워. 그건 나를 정말 행복하게 만드는구나.
→ 동사 make는 목적격 보어로 명사나 형용사를 쓸 수 있다.
따라서 목적어 me를 보충 설명하는 목적격 보어로 형용사
happy가 와야 한다.

15 [정답] to be

[해석] 나의 부모님은 내가 배우가 되기를 바라신다.
→ 동사 want는 목적격 보어로 to부정사를 쓸 수 있으므로
to be가 알맞다.

16 [정답] turn

[해석] 나는 하늘이 어두워지는 것을 몰랐다.
→ 지각동사 notice는 목적격 보어로 원형부정사를 쓸 수
있으므로 turn이 알맞다.

17 [정답] to take

[해석] 그녀는 나에게 일자리 제안을 받아들일 것을
조언했다.
→ 동사 advise는 목적격 보어로 to부정사를 쓸 수 있으므로
to take가 알맞다.

18 [정답] to play

[해석] 그녀는 그녀의 아이들이 밖에서 노는 것을 허락했다.
→ 동사 allow는 목적격 보어로 to부정사를 쓸 수 있으므로
to play가 알맞다.

19 [정답] study

[해석] 나는 Leo가 도서관에서 공부하는 것을 거의 보지
못한다.
→ 지각동사 see는 목적격 보어로 원형부정사를 쓸 수
있으므로 study가 알맞다.

20 [정답] go

[해석] 행사 주최자는 우리가 일찍 집에 가도록 했다.
→ 사역동사 let은 목적격 보어로 원형부정사를 쓸 수 있으므로
go가 알맞다.

21 [정답] to lose

[해석] 그 사고는 그가 면허를 잃게 만들 것이다.
→ 동사 cause는 목적격 보어로 to부정사를 쓸 수 있으므로
to lose가 알맞다.

22 [정답] to pursue

[해석] 그는 그의 팀이 그들의 꿈을 쫓도록 격려했다.
→ 동사 encourage는 목적격 보어로 to부정사를 쓸 수
있으므로 to pursue가 알맞다.

23 [정답] use

[해석] 나는 나의 조부모님이 나쁜 말을 쓰는 것을 들어본
적이 없다.
→ 지각동사 hear는 목적격 보어로 원형부정사를 쓸 수
있으므로 use가 알맞다.

개념 확인 문제 정답 ▶ 문제편 p.29~33

01 She did not arrive on time.

02 We were not happy together.

03 The tickets are not sold out.

04 They do not enjoy hiking in winter.

05 This cafe does not serve organic food.

06 The experiment was not successful.

07 Do not take a photo.　**08** Wash your hands.

09 Do not eat the food.　**10** Brush your teeth.

11 Do not ride a bike.　**12** Wear a mask.

13 Do not enter.　**14** Drink water.

15 Do not speak loudly.　**16** Let's try

17 Let's finish　**18** Let's invite

19 Let's not argue　**20** Let's not make

21 Let's never forget

22 beautiful (the flower is)

23 boring (the movie was)

24 a delicious meal (it was)

25 lovely (the garden looks)

26 a fantastic idea (she has)

27 a talented musician (you are)

28 slowly (the chocolate melted)

29 O　**30** O　**31** What → How

32 What → How　**33** O　**34** How → What

35 What　**36** Let's　**37** How

38 have　**39** Let's not　**40** How

41 Jacob can't swim, can he?

42 Is she the new team member?

43 Why did you move to this city?

44 You and I were classmates, weren't we?

45 Do you know how to play the guitar?

46 will　**47** isn't　**48** won't

49 can't　**50** was　**51** ②, ⑤, ⑦

52 ⑥, ⑧, ⑨　**53** ④, ⑫　**54** ①, ⑩

55 ③, ⑪

01 [정답] She did not arrive on time.

[해석] 〈보기〉 책들은 선반 위에 있다.
→ 책들은 선반 위에 있지 않다.
그녀는 제시간에 도착했다.
→ 그녀는 제시간에 도착하지 않았다.
→ 문장의 동사가 일반동사 arrive의 과거형이므로 앞에 did
not을 붙여 부정문을 만든다.

02 [정답] We were not happy together.

[해석] 우리는 함께 행복했다.

→ 우리는 함께 행복하지 않았다.

→ 문장의 동사가 be동사이므로 바로 뒤에 not을 붙여 부정문을 만든다.

03 [정답] The tickets are not sold out.

[해석] 표가 매진되었다. → 표는 매진되지 않았다.

→ 문장의 동사가 be동사이므로 바로 뒤에 not을 붙여 부정문을 만든다.

04 [정답] They do not enjoy hiking in winter.

[해석] 그들은 겨울에 등산을 즐긴다.

→ 그들은 겨울에 등산을 즐기지 않는다.

→ 문장의 동사가 일반동사 enjoy이고, 주어는 3인칭 복수이므로 앞에 do not을 붙여 부정문을 만든다.

05 [정답] This cafe does not serve organic food.

[해석] 이 카페는 유기농 식품을 제공한다.

→ 이 카페는 유기농 식품을 제공하지 않는다.

→ 문장의 동사가 serve의 현재형이고, 주어는 3인칭 단수이므로 앞에 does not을 붙여 부정문을 만든다.

06 [정답] The experiment was not successful.

[해석] 그 실험은 성공적이었다.

→ 그 실험은 성공적이지 않았다.

→ 문장의 동사가 be동사이므로 바로 뒤에 not을 붙여 부정문을 만든다.

07 [정답] Do not take a photo.

[해석] 사진을 찍지 마세요.

→ '찍지 마세요'라는 의미의 부정 명령문을 완성하려면 동사 take 앞에 Do not을 써야 한다.

08 [정답] Wash your hands.

[해석] 손을 씻으세요.

→ '씻어라'라는 의미의 명령문을 완성하려면 동사 wash로 문장을 시작해야 한다.

09 [정답] Do not eat the food.

[해석] 음식을 먹지 마세요.

→ '먹지 마세요'라는 의미의 부정 명령문을 완성하려면 동사 eat 앞에 Do not을 써야 한다.

10 [정답] Brush your teeth.

[해석] 양치를 하세요.

→ '닦아라'라는 의미의 명령문을 완성하려면 동사 brush로 문장을 시작해야 한다.

11 [정답] Do not ride a bike.

[해석] 자전거를 타지 마세요.

→ '타지 마세요'라는 의미의 부정 명령문을 완성하려면 동사 ride 앞에 Do not을 써야 한다.

12 [정답] Wear a mask.

[해석] 마스크를 쓰세요.

→ '쓰세요'라는 의미의 명령문을 완성하려면 동사 wear로 문장을 시작해야 한다.

13 [정답] Do not enter.

[해석] 들어가지 마세요.

→ '들어가지 마세요'라는 의미의 부정 명령문을 완성하려면 동사 enter 앞에 Do not을 써야 한다.

14 [정답] Drink water.

[해석] 물을 마시세요.

→ '마시세요'라는 의미의 명령문을 완성하려면 동사 drink로 문장을 시작해야 한다.

15 [정답] Do not speak loudly.

[해석] 크게 말하지 마세요.

→ '말하지 마세요'라는 의미의 부정 명령문을 완성하려면 동사 speak 앞에 Do not을 써야 한다.

16 [정답] Let's try

→ 제안문은 「Let's+동사원형」의 형태로 문장을 시작한다. 따라서 '시도해 보자'라는 의미의 제안문을 완성하려면 Let's try 형태가 되어야 한다.

17 [정답] Let's finish

→ '끝내자'라는 의미의 제안문을 완성하려면 Let's finish 형태가 되어야 한다.

18 [정답] Let's invite

→ '초대하자'라는 의미의 제안문을 완성하려면 Let's invite 형태가 되어야 한다.

19 [정답] Let's not argue

→ 제안문의 부정문은 Let's 뒤에 not 또는 never를 쓴다. 따라서 '논쟁하지 말자'라는 의미의 제안문을 완성하려면 Let's not argue 형태가 되어야 한다.

20 [정답] Let's not make

→ '만들지 말자'라는 의미의 제안문을 완성하려면 Let's not make 형태가 되어야 한다.

21 [정답] Let's never forget

→ '절대 잊지 말자'라는 의미의 제안문을 완성하려면 Let's never forget 형태가 되어야 한다.

22 [정답] beautiful (the flower is)

[해석] 꽃이 정말 아름답다. → 꽃이 정말 아름답구나!

→ 형용사 beautiful을 강조하기 위해 How 뒤에 형용사(beautiful), 주어(the flower), 동사(is)가 오는 것이 알맞다. '주어+동사'는 생략 가능하다.

23 [정답] boring (the movie was)

[해석] 그 영화는 정말 지루했다.

→ 그 영화는 정말 지루했구나!

→ 형용사 boring을 강조하기 위해 How 뒤에 형용사(boring), 주어(the movie), 동사(was)가 이어지는 것이 알맞다. '주어+동사'는 생략 가능하다.

24 [정답] a delicious meal (it was)

[해석] 그것은 정말 맛있는 식사였다.

→ 그것은 정말 맛있는 식사였구나!

→ 명사 meal을 강조하기 위해 What 뒤에 a, 형용사(delicious), 명사(meal)가 오는 것이 알맞다. '주어+동사'는 생략 가능하다.

25 정답 lovely (the garden looks)

[해석] 정원은 정말 사랑스러워 보인다.
→ 정원이 정말 사랑스러워 보이는구나!
→ 형용사 lovely를 강조하기 위해 How 뒤에
형용사(lovely), 주어(the garden), 동사(looks)가 이어지는
것이 알맞다. '주어+동사'는 생략 가능하다.

26 정답 a fantastic idea (she has)

[해석] 그녀는 정말 환상적인 생각을 가지고 있다.
→ 그녀는 정말 환상적인 생각을 가지고 있구나!
→ 명사 idea를 강조하기 위해 What 뒤에 a,
형용사(fantastic), 명사(idea)가 오는 것이 알맞다.
'주어+동사'는 생략 가능하다.

27 정답 a talented musician (you are)

[해석] 당신은 정말 재능있는 음악가이다.
→ 당신은 정말 재능있는 음악가군요!
→ 명사 musician을 강조하기 위해 What 뒤에 a,
형용사(talented), 명사(musician)가 오는 것이 알맞다.
'주어+동사'는 생략 가능하다.

28 정답 slowly (the chocolate melted)

[해석] 초콜릿이 느리게 녹았다.
→ 초콜릿이 느리게 녹았구나!
→ 부사 slowly를 강조하기 위해 How 뒤에 부사(slowly),
주어(the chocolate), 동사(melted)가 이어지는 것이
알맞다. '주어+동사'는 생략 가능하다.

29 정답 O

[해석] 정말 좋은 기회구나!
→ What 뒤에 a, 형용사(great), 명사(chance)가
이어지므로 what을 이용한 감탄문의 형태에 맞는 문장이다.

30 정답 O

[해석] 당신은 정말 멋진 차를 가졌군요!
→ What 뒤에 a, 형용사(fantastic), 명사(car)가
이어지므로 what을 이용한 감탄문의 형태에 맞는 문장이다.

31 정답 What → How

[해석] 음식이 정말 맛있구나!
→ What 뒤에 형용사(delicious), 주어(the food),
동사(tastes)가 이어지므로 what이 아니라 how를 이용한
감탄문임을 알 수 있다. 따라서 What을 How로 바꿔야 한다.

32 정답 What → How

[해석] 휴가가 정말 편안했구나!
→ What 뒤에 형용사(relaxing), 주어(the vacation),
동사(was)가 이어지므로 what이 아니라 how를 이용한
감탄문임을 알 수 있다. 따라서 What을 How로 바꿔야 한다.

33 정답 O

[해석] 꽃들이 정말 아름다워 보이는구나!
→ How 뒤에 형용사(beautiful), 주어(the flowers),
동사(look)가 이어지므로 how를 이용한 감탄문의 형태에
맞는 문장이다.

34 정답 How → What

[해석] 그는 정말 끔찍한 실수를 저질렀구나!
→ How 뒤에 a, 형용사(terrible), 명사(mistake),
주어(he), 동사(made)가 이어지므로 how가 아니라
what을 이용한 감탄문임을 알 수 있다. 따라서 How를
What으로 바꿔야 한다.

35 정답 What

[해석] 정말 기발한 해결책이구나!
→ 뒤에 a, 형용사(clever), 명사(solution)가 이어지므로
What이 알맞다.

36 정답 Let's

[해석] 우리 같이 산책가자.
→ '산책가자'라는 의미의 제안문을 완성하려면 Let's go
형태가 되어야 한다.

37 정답 How

[해석] 영화가 정말 신나는구나!
→ 뒤에 형용사(exciting), 주어(the movie), 동사(was)가
이어지므로 How가 알맞다.

38 정답 have

[해석] 호숫가로 소풍을 갑시다.
→ Let's 뒤에는 동사원형이 오므로 have가 알맞다.

39 정답 Let's not

[해석] 집에서 영화의 밤을 갖지 말자.
→ 제안문의 부정문은 Let's 뒤에 not 또는 never를 쓴다.
따라서 '갖지 말자'라는 의미의 제안문을 완성하려면 Let's not
have 형태가 되어야 한다.

40 정답 How

[해석] 그녀는 그 과제를 정말 빨리 완수했구나!
→ 뒤에 부사(fast), 주어(she), 동사(completed)가
이어지므로 How가 알맞다.

41 정답 Jacob can't swim, can he?

→ 문장의 동사가 조동사의 부정형인 can't이므로 can을 쓰고
문장의 주어인 Jacob을 대신하는 인칭대명사 he를 쓴다.

42 정답 Is she the new team member?

→ 의문사가 없는 의문문이고, be동사이므로 'be동사+주어
~?'의 어순을 따른다.

43 정답 Why did you move to this city?

→ 의문사가 있는 의문문이고, 동사가 일반동사이므로
'의문사+do[does/did]+주어+동사원형 ~?'의 어순을
따른다.

44 정답 You and I were classmates, weren't we?

→ 문장의 동사가 be동사인 were이므로 weren't를 쓰고
문장의 주어인 You and I를 대신하는 인칭대명사 we를
쓴다.

45 정답 Do you know how to play the guitar?

→ 의문사가 없는 의문문이고, 일반동사이므로 'do[does/
did]+주어+동사원형 ~?'의 어순을 따른다.

46 [정답] will

[해석] 가격이 인상되지 않을 거예요, 그렇죠?

→ 조동사이고 부정이므로 will이 알맞다.

47 [정답] isn't

[해석] 오늘 날씨가 덥네요, 그렇지 않나요?

→ be동사이고 긍정이므로 isn't가 알맞다.

48 [정답] won't

[해석] 이번이 당신의 첫 방문이 될 거예요, 그렇지 않나요?

→ 조동사이고 긍정이므로 won't가 알맞다.

49 [정답] can't

[해석] 게임이 재미있을 수도 있어요, 그렇지 않나요?

→ 조동사이고 긍정이므로 can't가 알맞다.

50 [정답] was

[해석] 어젯밤 콘서트 지루하지 않았어요, 그렇죠?

→ be동사이고 부정이므로 was가 알맞다.

51 [정답] ②, ⑤, ⑦

[해석] ② 그는 책 읽는 것을 좋아한다.

⑤ 당신은 그것을 나 없이도 할 수 있다.

⑦ 그들은 나에게 이유를 말하지 않았다.

→ 평서문은 주어로 문장이 시작한다.

52 [정답] ⑥, ⑧, ⑨

[해석] ⑥ 알람을 설정하는 것을 잊지 마세요.

⑧ 스스로를 믿는 것을 멈추지 마세요.

⑨ 당신의 이메일을 꼭 확인하세요.

→ 명령문은 동사로 문장이 시작한다.

53 [정답] ④, ⑫

[해석] ④ 새로운 조리법을 시도해 봅시다.

⑫ 절대 배움을 멈추지 말자.

→ 제안문은 Let's로 문장이 시작한다.

54 [정답] ①, ⑩

[해석] ① 강의가 정말 흥미로웠구나!

⑩ 정말 놀라운 공연이구나!

→ 감탄문은 'How+형용사[부사]+(주어+동사)!'나 'What+(a/an)+형용사+명사+(주어+동사)!'로 문장이 구성된다.

55 [정답] ③, ⑪

[해석] ③ 이게 정확한 주소인가요?

⑪ 당신이 가장 좋아하는 색은 무엇입니까?

→ 의문문은 의문사나 동사로 문장이 시작하며, '?'로 문장이 끝난다.

정답

01 ④	**02** ②	**03** ⑤	**04** ④	**05** ③
06 ④	**07** ④	**08** Do not run.		

09 Let's not eat the candy.

10 Do not touch the flower.　　**11** ④

12 How tall the giraffe is!

13 Learn from your mistakes.

14 What a unique piece of artwork!

15 Let's try that new cafe downtown.

16 What does Tom do for a living?

17 Does he enjoy playing soccer?

18 ④	**19** ③	**20** ②
21 ③	**22** No, I didn't.	**23** At 7 p.m.
24 to wear	**25** delicious	**26** cry 또는 crying
27 ④	**28** ⑤	**29** ⑤
30 ⑤	**31** ④	**32** ④

33 선생님은 학생들에게 숙제를 하라고 지시했다.

34 The teacher made the students do their homework.

35 to call	**36** to drive	**37** have
38 What	**39** W[w]ill	**40** How
41 ③	**42** ③	

01 [정답] ④　　UNIT 04 5형식 문장

[해석] 그들은 천장을 하얀색으로 칠했다.

① 나는 영화 회사에서 일한다.

② 그는 나에게 정원 가꾸는 비법을 가르쳐 주었다.

③ 그들은 우리에게 20퍼센트 할인을 약속했다.

④ 그녀는 항상 그녀의 여동생을 행복하게 만든다.

⑤ 우리는 토요일마다 산에 오른다.

→ 주어(They), 동사(painted), 목적어(the ceiling), 목적격 보어(white)로 구성된 5형식 문장이다. 따라서 주어(She), 동사(makes), 목적어(her sister), 목적격 보어(happy)로 구성된 ④이 정답이다.

02 [정답] ②　　UNIT 04 5형식 문장

[해석] 나는 누군가가 나를 따라오는 것을 느꼈다.

① 이게 우리의 마지막 희망이다.

② 그는 팀을 자랑스럽게 만들었다.

③ 나는 당신에게 예시를 들어줄 것이다.

④ 그들은 나를 따뜻하게 맞아주었다.

⑤ 나는 희망과 꿈에 대한 시를 썼다.

→ 주어(I), 동사(felt), 목적어(someone), 목적격 보어(follow)로 구성된 5형식 문장이다. 따라서 주어(He), 동사(made), 목적어(the team), 목적격 보어(proud)로 구성된 ②이 정답이다.

03 정답 ⑤   UNIT **04** 5형식 문장

[해석] 그는 친구들에게 재미있는 이야기를 했다.

① 그녀는 즐겁게 노래한다.

② 그녀는 그 일을 도전적이라고 느꼈다.

③ 그 영화는 매우 흥미로운 것 같았다.

④ 그들은 새로운 마케팅 전략을 논의했다.

⑤ 그는 그녀에게 창가의 편안한 자리를 제공했다.

→ 주어(He), 동사(told), 간접목적어(his friend), 직접목적어(a funny story)로 구성된 4형식 문장이다. 따라서 주어(He), 동사(offered), 간접목적어(her), 직접목적어(a comfortable seat)로 구성된 ⑤가 정답이다.

04 정답 ④   UNIT **04** 5형식 문장

[해석] 그의 실패는 우리를 ① 슬프게 ② 자랑스럽게 ③ 놀라게 ④ 불행하게 ⑤ 실망하게 했다.

→ made의 목적어로 us가 왔고 빈칸은 목적격 보어 자리이다. 명사 또는 형용사가 올 수 있으므로 부사인 unhappily는 알맞지 않다.

05 정답 ③   UNIT **05** 문장의 종류

[해석] ① 포기하지 말아라.

② 다른 사람을 판단하지 말아라.

③ 다른 사람에게 무례하게 굴지 말아라.

④ 오븐을 만지지 말아라.

⑤ 남동생과 싸우지 말아라.

→ 부정 명령문은 don't 또는 never 뒤에 동사원형이 온다. rude는 '무례한'을 의미하는 형용사이므로 앞에 be가 있어야 한다.

06 정답 ④   UNIT **05** 문장의 종류

[해석] ① 정말 사랑스러운 목소리구나!

② 정말 환상적인 아이디어구나!

③ 정말 아름다운 석양이구나!

④ 정말 멋진 경치를 우리가 가졌구나!

⑤ 정말 놀라운 공연이구나!

→ what을 이용한 감탄문에서 명사 앞에는 형용사가 와야 한다. 따라서 부사인 nicely는 알맞지 않다.

07 정답 ④   UNIT **04** 5형식 문장

[해석] ① 나를 바보라고 부르지 마.

② 나는 그를 과학자로 만들 것이다.

③ 제발, 나를 혼자 가게 두지 마.

④ 우리는 그의 이름을 매우 크게 불렀다.

⑤ 과학은 우리의 삶을 편안하게 만들었다.

→ 모두 5형식 문장이고 ④만 3형식 문장이다.

08 정답 Do not run.   UNIT **05** 문장의 종류

[해석] 뛰지 마세요.

→ '뛰지 마세요'라는 의미의 부정 명령문을 완성하려면 동사 run 앞에 Do not을 써야 한다.

09 정답 Let's not eat the candy.   UNIT **05** 문장의 종류

[해석] 사탕 먹지 말자.

→ 제안문의 부정문은 Let's 뒤에 not 또는 never를 쓴다. 따라서 '먹지 말자'라는 의미의 제안문을 완성하려면 Let's not eat 형태가 되어야 한다.

10 정답 Do not touch the flower.   UNIT **05** 문장의 종류

[해석] 꽃을 만지지 마세요.

→ '만지지 마세요'라는 의미의 부정 명령문을 완성하려면 동사 touch 앞에 Do not을 써야 한다.

11 정답 ④   UNIT **04** 5형식 문장

[해석] • 나는 당신에게 복사본을 보낼 것이다.

• 선생님들은 학생들이 스스로 결정을 내릴 수 있도록 해야 한다.

→ send는 3형식 문장으로 쓰일 때 간접목적어 앞에 전치사 to를 쓰는 동사이다. allow는 목적격 보어로 to부정사를 쓸 수 있다.

12 정답 How tall the giraffe is!   UNIT **05** 문장의 종류

→ 형용사 tall을 강조하기 위해 How 뒤에 형용사(tall), 주어(the giraffe), 동사(is)가 이어지는 것이 알맞다.

13 정답 Learn from your mistakes.   UNIT **05** 문장의 종류

→ '배워라'라는 의미의 명령문을 완성하려면 동사 learn으로 문장을 시작해야 한다.

14 정답 What a unique piece of artwork!   UNIT **05** 문장의 종류

→ 명사 piece of artwork를 강조하기 위해 What 뒤에 a, 형용사(unique), 명사(piece of artwork)가 오는 것이 알맞다.

15 정답 Let's try that new cafe downtown.   UNIT **05** 문장의 종류

→ 제안문은 「Let's+동사원형」의 형태로 문장을 시작한다. 따라서 '가보자'라는 의미의 제안문을 완성하려면 Let's try 형태가 알맞다.

16 정답 What does Tom do for a living?   UNIT **05** 문장의 종류

→ 의문사가 있는 일반동사 의문문은 「의문사+do/does/did+주어+동사」의 어순을 갖는다.

17 정답 Does he enjoy playing soccer?   UNIT **05** 문장의 종류

→ 의문사가 없는 일반동사 의문문은 「do/does/did+주어+동사」의 어순을 갖는다.

18 정답 ④   UNIT **04** 5형식 문장

[해석] ① 기계는 잘 작동한다.

② 그녀는 내가 선생님이 되기를 원한다.

③ 경찰은 그 사고를 수습했다.

④ 안경을 쓰는 것은 그를 진지하게 보이게 만들었다.

⑤ 버스가 이동하는 동안에는 문을 닫아 주시기 바랍니다.

→ 사역동사 make는 목적격 보어로 원형부정사를 쓸 수 있다. 따라서 looks는 look으로 고쳐야 한다.

19 정답 ③   UNIT **04** 5형식 문장

[해석] ① 우리는 Angela를 반장으로 뽑았다.

② 나는 David에게 초콜릿을 주었다.

③ John은 Mary가 창문을 열게 했다.

④ 그녀는 그를 위해 종이꽃을 만들었다.

⑤ 그들은 학생들에게 수학을 열심히 공부하라고 충고한다.

→ 사역동사 let은 목적격 보어로 원형부정사를 쓸 수 있다. 따라서 to open은 open으로 고쳐야 한다.

20 [정답] ② UNIT **05** 문장의 종류

[해석] • 당신은 프랑스어를 할 줄 몰라요, 그렇죠?

• 우리는 일찍 도착했어요, 그렇지 않나요?

→ (A) 조동사 can't가 쓰였으므로 조동사 can과 문장의 주어인 you를 쓴다.

(B) 일반동사의 과거형이 쓰였으므로 didn't를 쓰고 문장의 주어인 we를 쓴다.

21 [정답] ③ UNIT **05** 문장의 종류

[해석] • Julio는 약속을 어기지 않아요, 그렇죠?

• 커피는 당신이 가장 좋아하는 음료예요, 그렇지 않나요?

→ (A) 일반동사의 부정형이 쓰였으므로 does를 쓰고 문장의 주어인 Julio를 대신하는 인칭대명사 he를 쓴다.

(B) be동사 is가 쓰였으므로 isn't를 쓰고 문장의 주어인 Coffee를 대신하는 인칭대명사 it을 쓴다.

22 [정답] No, I didn't. UNIT **05** 문장의 종류

[해석] A: 제 이메일을 받으셨나요?

B: 아니요, 안 받았어요. 언제 보냈나요?

→ 의문사가 없는 의문문은 대답이 긍정이면 Yes, 부정이면 No로 답한다.

23 [정답] At 7 p.m. UNIT **05** 문장의 종류

[해석] A: 영화는 언제 시작해?

B: 오후 7시에.

→ 의문사가 있는 의문문은 의문사가 묻는 정보로 답한다. when(언제)으로 물었으므로 '오후 7시에.'라고 답하는 것이 알맞다.

24 [정답] to wear UNIT **04** 5형식 문장

[해석] 그녀는 그에게 재킷을 입으라고 권했다.

→ advise(권하다)는 목적격 보어로 to부정사를 취하는 동사이다.

25 [정답] delicious UNIT **04** 5형식 문장

[해석] 그는 사탕이 맛있다는 것을 알았다.

→ 목적격 보어 자리에 올 수 있는 것은 형용사이다.

26 [정답] cry 또는 crying UNIT **04** 5형식 문장

[해석] 그는 그녀가 우는 것을 보았다.

→ see(보다)는 지각동사로, 목적격 보어로 원형부정사를 취하는 동사이다. 현재분사 crying을 쓸 수도 있다.

27 [정답] ④ UNIT **05** 문장의 종류

→ 제안문의 Let's 뒤에는 동사원형이 와야 하고, 긍정문이므로 not이 들어가면 안 된다. honest는 형용사이므로 be동사의 원형인 be가 온다.

28 [정답] ⑤ UNIT **04** 5형식 문장

→ want(원하다)는 목적격 보어로 to부정사를 취하는 동사이다.

29 [정답] ⑤ UNIT **05** 문장의 종류

[해석] ① 당신 잘못이 아니에요, 그렇죠?

② 음식이 매웠어요, 그렇지 않나요?

③ 좀 전에 비가 오지 않았어요, 그렇죠?

④ 그녀가 오늘 일찍 체육관에 있었나요?

⑤ 회의는 오후 3시가 아니에요, 그렇죠?

→ 나머지는 모두 was가 들어가는데 ⑤의 부가의문문에는 동사의 시제에 맞는 is가 들어가야 한다.

30 [정답] ⑤ UNIT **05** 문장의 종류

[해석] ① 네 고양이는 정말 귀엽구나!

② 당신은 오늘 기분이 어떤가요?

③ 이불이 정말 포근하게 느껴지는구나!

④ 취업 면접은 어떻게 됐나요?

⑤ 당신은 정말 맛있는 식사를 준비했군요!

→ 나머지는 모두 how가 들어가는데 ⑤에는 명사 meal을 강조하는 what이 들어가야 한다.

31 [정답] ④ UNIT **05** 문장의 종류

[해석] 당신은 생일 선물을 어디에 숨겼나요?

① 네, 그랬어요.

② 저는 어제 했어요.

③ 당신의 생일이에요.

④ 그것들은 탁자 밑에 있어요.

⑤ 그녀의 생일이기 때문이에요.

→ 의문사가 묻는 정보로 대답해야 하므로, where(어디에)로 묻는 질문에는 ④이 가장 적절하다.

32 [정답] ④ UNIT **05** 문장의 종류

[해석] 너는 빨간 것과 파란 것 중 어느 것을 더 좋아하니?

① 응, 그것은 내 거야.

② 아니, 난 그것을 좋아하지 않아.

③ 너의 것은 어때?

④ 나는 빨간 것을 더 좋아해.

⑤ 아니, 나는 고를 수가 없어.

→ 의문사 which가 있으므로 Yes나 No로 답할 수 없다.

33 [정답] 선생님은 학생들에게 숙제를 하라고 지시했다. UNIT **04** 5형식 문장

→ 동사(ordered), 목적어(the students), 목적격 보어(to do ~)가 쓰인 5형식 문장이다.

34 [정답] The teacher made the students do their homework. UNIT **04** 5형식 문장

→ 사역동사 make는 목적격 보어로 원형부정사를 쓰므로 do가 알맞다.

35 [정답] to call UNIT **04** 5형식 문장

→ 문장의 목적격 보어 자리인데, tell은 목적격 보어로 to부정사를 쓸 수 있는 동사이므로 to call이 와야 한다.

36 [정답] to drive UNIT **04** 5형식 문장

→ 문장의 목적격 보어 자리인데, ask는 목적격 보어로 to부정사를 쓸 수 있는 동사이므로 to drive가 와야 한다.

37 [정답] have UNIT **04** 5형식 문장

→ 문장의 목적격 보어 자리인데, 사역동사 let은 목적격 보어로 원형부정사를 쓸 수 있는 동사이므로 have가 와야 한다.

38 [정답] What UNIT **05** 문장의 종류

[해석] • 당신은 저녁으로 무엇을 원하시나요?

• 정말 놀라운 공연이군요!

→ '무엇'에 관한 정보를 물어볼 때는 의문사 what을 써서 물어본다. what을 이용해서 '정말 ~하구나'를 의미하는 감탄문을 완성할 수 있다.

A

39 [정답] W[w]ill UNIT **05** 문장의 종류

[해석] • 내일 저녁 식사에 함께 하실래요?

• 그들은 늦게 도착하지 않을 거예요, 그렇죠?

→ 조동사 의문문은 '조동사+주어+동사원형 ~?'의 어순을 따른다. 조동사가 부가의문문에 쓰였을 경우, 긍정과 부정만 바꿔서 그대로 쓴다.

40 [정답] How UNIT **05** 문장의 종류

[해석] • 노을이 얼마나 아름다운지!

• 보통 주말을 어떻게 보내세요?

→ how를 이용해서 '정말 ~하구나'를 의미하는 감탄문을 완성할 수 있다. '방법'에 관한 정보를 물어볼 때는 의문사 how를 써서 물어본다.

41 [정답] ③ UNIT **05** 문장의 종류

[해석] 여: 산책하러 가요. 날씨가 참 좋아요.

남: 미안하지만, 오늘 끝내야 할 일이 좀 있어요.

여: 미안해하지 마세요. 우리는 다음에 갈 수 있어요.

남: 고마워요. 당신은 정말 친절하시네요!

→ 명령문의 주어 You는 말하지 않아도 알 수 있기 때문에 생략할 수 있다.

42 [정답] ③ UNIT **05** 문장의 종류

[해석] A: 너는 우리가 정말로 이 마라톤을 할 수 있다고 생각하니? 나는 우리가 준비되었는지 모르겠어.

B: 걱정하지 마! 우리는 충분히 훈련을 했어.

A: 좋아, 하자! 멋진 경험이 될 거야!

B: 정말 놀라운 기분이야!

→ 「What+a(n)+형+명+(주+동)!」 구문의 감탄문은 「How+형+(주+동)!」 구문으로 바꿔 쓸 수 있다.

B 명사, 관사

UNIT 06 명사의 종류

> **개념 확인 문제 정답** ▶ 문제편 p.41~43
>
> | | | | | |
> |---|---|---|---|---|
> | **01** X | **02** A | **03** a | **04** an | **05** X |
> | **06** an | **07** a | **08** a | **09** ○ | **10** ○ |
> | **11** ○ | | **12** necklace | | **13** trees |
> | **14** an invitation | **15** ○ | | **16** movie | |
> | **17** article | | **18** Four | | **19** chair |
> | **20** museum | | **21** kittens | | **22** puzzles |
> | **23** Ten | | **24** oranges | | **25** ⓐ, ⓓ |
> | **26** ⓑ, ⓒ, ⓗ | | **27** ⓕ, ⓖ, ⓘ | | **28** ⓔ, ⓙ |
> | **29** UC | **30** C | **31** C | **32** C | **33** UC |
> | **34** UC | **35** UC | **36** C | **37** UC | **38** C |
> | **39** UC | **40** UC | **41** C | **42** UC | **43** C |
> | **44** UC | **45** UC | **46** C | **47** C | **48** UC |
> | **49** great kindness | **50** ○ | | **51** A child | |
> | **52** ○ | **53** money | | **54** ○ | |
> | **55** beautiful music | **56** a | | **57** duck | **58** stick |
> | **59** courage | | **60** Smoke | | **61** an |

01 [정답] X

[해석] 하늘에서 별들이 반짝였다.

→ stars는 복수형이므로 a나 an이 필요하지 않다.

02 [정답] A

[해석] 고양이 한 마리가 평화롭게 자고 있다.

→ cat의 첫소리 발음은 자음이므로 a가 필요하다.

03 [정답] a

[해석] 나는 보도에서 동전 한 개를 찾았다.

→ coin의 첫소리 발음은 자음이므로 a가 필요하다.

04 [정답] an

[해석] 냉장고에 사과 한 개가 있다.

→ apple의 첫소리 발음은 모음이므로 an이 필요하다.

05 [정답] X

[해석] 새들은 겨울을 위해 남쪽으로 날아갔다.

→ birds는 복수형이므로 a나 an이 필요하지 않다.

06 [정답] an

[해석] 제게 아이스크림콘 하나만 사주세요.

→ ice cream의 첫소리 발음은 모음이므로 an이 필요하다.

07 [정답] a

[해석] 우리는 보호소에서 개 한 마리를 입양할 것이다.

→ dog의 첫소리 발음은 자음이므로 a가 필요하다.

08 [정답] a

[해석] 그녀는 파티에 드레스를 입을 것이다.

→ dress의 첫소리 발음은 자음이므로 a가 필요하다.

09 [정답] ○

[해석] 곧 몇몇 꽃이 필 것이다.

→ 앞에 Some이 있으므로 복수형이 알맞게 쓰였다.

10 [정답] ○

[해석] 당신은 제 두 여동생들을 찾았나요?

→ 앞에 two가 있으므로 복수형이 알맞게 쓰였다.

11 [정답] ○

[해석] Greg는 자전거 한 대를 살 것이다.

→ bicycle 앞에 a가 있으므로 단수형이 알맞게 쓰였다.

12 [정답] necklace

[해석] 나는 드디어 목걸이를 할 수 있다.

→ necklace 앞에 a가 있으므로 단수형으로 써야 한다.

13 [정답] trees

[해석] 나는 작년에 다섯 그루의 나무들을 심었다.

→ 다섯 그루를 나타내야 하므로 복수형으로 써야 한다.

14 [정답] an invitation

[해석] 그녀는 초대장을 받지 못했다.

→ invitation의 첫소리 발음은 모음이므로 an이 와야 한다.

15 [정답] ○

[해석] 그들은 오늘 아침에 모래성을 하나 만들었다.

→ sandcastle 앞에 a가 있으므로 단수형이 알맞게 쓰였다.

16 [정답] movie

[해석] 우리는 재미있는 영화 한 편을 같이 보았다.

→ interesting movie 앞에 an이 있으므로 단수형으로 써야 한다.

17 [정답] article

[해석] 그는 온라인으로 기사를 읽고 있다.

→ 앞에 an이 있으므로 단수형이 와야 한다.

18 [정답] Four

[해석] 네 대의 차가 신호등에서 대기하고 있다.

→ 뒤에 복수형이 있으므로 Four가 와야 한다.

19 [정답] chair

[해석] 우리는 손님들을 위한 여분의 의자가 필요하다.

→ 앞에 an이 있으므로 단수형이 와야 한다.

20 [정답] museum

[해석] 그들은 지난 주말 박물관을 방문했다.

→ 앞에 a가 있으므로 단수형이 와야 한다.

21 [정답] kittens

[해석] 우리는 헛간에서 새끼 고양이 두 마리를 발견했다.

→ 앞에 two가 있으므로 복수형이 와야 한다.

22 [정답] puzzles

[해석] 그녀는 신문에 있는 많은 퍼즐을 풀었다.

→ 앞에 a lot of가 있으므로 복수형이 와야 한다.

23 [정답] Ten

[해석] 열 명의 학생이 과학 실험에 참여했다.

→ 뒤에 복수형이 있으므로 Ten이 와야 한다.

24 [정답] oranges

[해석] 나는 식료품점에서 세 개의 오렌지를 샀다.

→ 앞에 three가 있으므로 복수형이 와야 한다.

25 [정답] ⓐ, ⓓ

[해석] ⓐ 가스, 기름, 우유, ⓓ 불, 눈, 와인

→ 일정한 형태가 없는 물질들을 나타내므로 물질명사이다.

26 [정답] ⓑ, ⓒ, ⓗ

[해석] ⓑ 미움, 자부심, 행운, ⓒ 분노, 시간, 희망,

ⓗ 실패, 성공, 품질

→ 눈에 보이지 않는 추상적인 개념을 나타내므로
추상명사이다.

27 [정답] ⓕ, ⓖ, ⓙ

[해석] ⓕ 노르웨이, 금요일, Nora,

ⓖ Oliver, 월요일, 스페인, ⓙ 독일, Nancy, 5월

→ 세상에 하나뿐인 것의 이름을 나타내므로 고유명사이다.

28 [정답] ⓔ, ⓘ

[해석] ⓔ 짐, 쓰레기, 물건, ⓘ 보석, 숙제, 교통

→ 개별적으로 세어지지 않고 전체로 간주되는 집합명사이다.

29 [정답] UC

[해석] ((도시)) 시드니

→ 사람, 국가, 도시, 월, 요일 등 고유명사는 셀 수 없다.

30 [정답] C

[해석] 코끼리

→ 셀 수 있는 보통명사이다.

31 [정답] C

[해석] 펜

→ 셀 수 있는 보통명사이다.

32 [정답] C

[해석] 소년

→ 셀 수 있는 보통명사이다.

33 [정답] UC

[해석] 시간

→ 추상적인 개념을 나타내는 명사는 셀 수 없다.

34 [정답] UC

[해석] 은

→ 형태가 없는 물질을 나타내는 명사는 셀 수 없다.

35 [정답] UC

[해석] 장비

→ 개별적으로 세어지지 않고 전체로 간주되는 집합명사는 셀
수 없다.

36 [정답] C

[해석] 양말

→ 셀 수 있는 보통명사이다.

37 [정답] UC

[해석] ((국가)) 인도

→ 사람, 국가, 도시, 월, 요일 등 고유명사는 셀 수 없다.

38 [정답] C

[해석] 표

→ 셀 수 있는 보통명사이다.

39 [정답] UC

[해석] 우유

→ 형태가 없는 물질을 나타내는 명사는 셀 수 없다.

40 [정답] UC

[해석] ((국가)) 브라질

→ 사람, 국가, 도시, 월, 요일 등 고유명사는 셀 수 없다.

41 [정답] C

[해석] 전화기

→ 셀 수 있는 보통명사이다.

42 [정답] UC

[해석] 1월

→ 사람, 국가, 도시, 월, 요일 등 고유명사는 셀 수 없다.

43 [정답] C

[해석] 산

→ 셀 수 있는 보통명사이다.

44 [정답] UC

[해석] 지식

→ 추상적인 개념을 나타내는 명사는 셀 수 없다.

45 [정답] UC

[해석] 10월

→ 사람, 국가, 도시, 월, 요일 등 고유명사는 셀 수 없다.

46 [정답] C

[해석] 컴퓨터

→ 셀 수 있는 보통명사이다.

47 [정답] C

[해석] 샌드위치

→ 셀 수 있는 보통명사이다.

48 [정답] UC

[해석] 월요일

→ 사람, 국가, 도시, 월, 요일 등 고유명사는 셀 수 없다.

49 [정답] great kindness

[해석] 그는 큰 친절을 보였다.

→ 추상적인 개념을 나타내는 명사는 셀 수 없다.

50 [정답] ○

[해석] 병에서 쿠키 하나 주시겠어요?

→ 셀 수 있는 보통명사이다.

51 [정답] A child

[해석] 한 아이가 공원에서 게임을 하고 있다.

→ A가 있으므로 단수형인 child가 와야 한다.

52 [정답] ○

[해석] 엔지니어는 작은 로봇을 설계했다.

→ 셀 수 있는 보통명사이다.

53 [정답] money

[해석] 미래를 위해 돈을 모으는 것은 현명한 결정이다.

→ 형태가 없는 물질을 나타내는 명사는 셀 수 없다.

54 [정답] ○

[해석] 경험을 통해 지혜를 찾는 것은 평생의 여정이다.

→ 추상적인 개념을 나타내는 명사는 셀 수 없다.

55 [정답] beautiful music

[해석] 우리는 콘서트 동안 아름다운 음악을 듣는 것을 즐겼다.

→ 추상적인 개념을 나타내는 명사는 셀 수 없다.

56 [정답] a

[해석] 펜 하나를 빌릴 수 있을까요?

→ 셀 수 있는 보통명사이면서 첫소리 발음이 자음이므로 앞에 a가 와야 한다.

57 [정답] duck

[해석] 오리 한 마리가 연못을 헤엄쳐 건넜다.

→ 앞에 A가 있으므로 보통명사인 duck이 적절하다.

58 [정답] stick

[해석] 당신은 막대기 하나를 이용하여 구멍을 팔 수 있다.

→ 앞에 a가 있으므로 보통명사인 stick이 적절하다.

59 [정답] courage

[해석] 용기를 가지고, 당신은 뭐든지 할 수 있다.

→ 추상명사이므로 앞에 a나 an이 오지 않았다.

60 [정답] Smoke

[해석] 모닥불의 연기가 공기를 가득 채웠다.

→ 물질명사이므로 앞에 a나 an이 오지 않았다.

61 [정답] an

[해석] 나는 산 정상에서 독수리 한 마리를 봤다.

→ 셀 수 있는 보통명사이면서 첫소리 발음이 모음이므로 an이 와야 한다.

개념 확인 문제 정답   ▶ 문제편 p.45~47

01 boxes	**02** cities	**03** houses
04 dishes	**05** knives	**06** inches
07 wolves	**08** stories	**09** glasses
10 balloons	**11** beaches	**12** heroes
13 men	**14** deer	**15** mice
16 teeth	**17** geese	**18** sheep
19 children	**20** salmon	**21** species
22 fish	**23** feet	**24** women
25 is	**26** manners	**27** Mathematics
28 trousers	**29** love	**30** ○

31 ○   **32** is   **33** ⓔ   **34** ⓒ   **35** ⓐ
36 ⓓ   **37** ⓑ   **38** two glasses of
39 a loaf of   **40** two pieces of
41 a sheet[piece] of   **42** three cups of
43 two bars of   **44** six jars of   **45** a bowl of
46 three slices of   **47** three bottles of
48 a bar of   **49** a bowl of   **50** slices
51 jar   **52** pieces   **53** cup
54 loaves   **55** bottles

01 정답 boxes
[해석] 상자
→ -s, -x, -ch, -sh로 끝나는 명사는 뒤에 -es를 붙인다.

02 정답 cities
[해석] 도시
→ 「자음+y」로 끝나는 명사는 y를 i로 고치고 -es를 붙인다.

03 정답 houses
[해석] 집
→ 대부분의 명사는 뒤에 -s를 붙인다.

04 정답 dishes
[해석] 접시
→ -s, -x, -ch, -sh로 끝나는 명사는 뒤에 -es를 붙인다.

05 정답 knives
[해석] 칼
→ -f, -fe로 끝나는 명사는 f, fe를 v로 고치고 -es를 붙인다.

06 정답 inches
[해석] ((단위)) 인치
→ -s, -x, -ch, -sh로 끝나는 명사는 뒤에 -es를 붙인다.

07 정답 wolves
[해석] 늑대
→ -f, -fe로 끝나는 명사는 f, fe를 v로 고치고 -es를 붙인다.

08 정답 stories
[해석] 이야기
→ 「자음+y」로 끝나는 명사는 y를 i로 고치고 -es를 붙인다.

09 정답 glasses
[해석] 유리, 안경
→ -s, -x, -ch, -sh로 끝나는 명사는 뒤에 -es를 붙인다.

10 정답 balloons
[해석] 풍선
→ 대부분의 명사는 뒤에 -s를 붙인다.

11 정답 beaches
[해석] 해변
→ -s, -x, -ch, -sh로 끝나는 명사는 뒤에 -es를 붙인다.

12 정답 heroes
[해석] 영웅
→ -o로 끝나는 명사는 뒤에 -s 또는 -es를 붙이며, hero는 -es를 붙인다.

13 정답 men
[해석] 남자
→ man의 복수형은 men이다.

14 정답 deer
[해석] 사슴
→ 단수형과 복수형이 같은 명사이다.

15 정답 mice
[해석] 쥐
→ mouse의 복수형은 mice이다.

16 정답 teeth
[해석] 치아
→ tooth의 복수형은 teeth이다.

17 정답 geese
[해석] 거위
→ goose의 복수형은 geese이다.

18 정답 sheep
[해석] 양
→ 단수형과 복수형이 같은 명사이다.

19 정답 children
[해석] 어린이들
→ child의 복수형은 children이다.

20 정답 salmon
[해석] 연어
→ 단수형과 복수형이 같은 명사이다.

21 정답 species
[해석] 종(種)
→ 단수형과 복수형이 같은 명사이다.

22 정답 fish
[해석] 물고기
→ 단수형과 복수형이 같은 명사이다.

23 [정답] feet

[해석] 발

→ foot의 복수형은 feet이다.

24 [정답] women

[해석] 여자

→ woman의 복수형은 women이다.

25 [정답] is

→ 복수 형태인 일부 과목명, 국가명, 질병 이름은 단수 취급한다.

26 [정답] manners

→ 복수 형태가 될 때 뜻이 달라지는 명사로, manner는 '방식'을, manners는 '예절'을 뜻한다.

27 [정답] Mathematics

→ 복수 형태인 일부 과목명, 국가명, 질병 이름은 단수 취급한다.

28 [정답] trousers

→ 항상 복수로 쓰는 명사이다.

29 [정답] love

[해석] 어린이들은 장난감을 가지고 노는 것을 좋아한다.

→ children은 child의 복수형이므로 love가 와야 한다.

30 [정답] ○

[해석] 긴 하루 후, 그의 발은 아팠다.

→ feet은 foot의 복수형이다.

31 [정답] ○

[해석] 그녀는 그녀의 겨울 코트에 어울리는 빨간 장갑을 꼈다.

→ gloves는 항상 복수로 쓰는 명사이다.

32 [정답] is

[해석] 네덜란드는 아름다운 꽃으로 유명한 나라이다.

→ 복수 형태인 일부 과목명, 국가명, 질병 이름은 단수 취급한다.

33 [정답] ⓔ

[해석] 호박파이, 마늘빵, 쿠키 반죽

→ 모두 덩어리로 수량을 표현하는 명사이다.

34 [정답] ⓒ

[해석] 은, 사탕, 비누

→ 모두 막대로 수량을 표현하는 명사이다.

35 [정답] ⓐ

[해석] 수프, 샐러드, 팝콘

→ 모두 담는 그릇으로 수량을 표현하는 명사이다.

36 [정답] ⓓ

[해석] 탄산수, 올리브유, 식초

→ 모두 담는 병으로 수량을 표현하는 명사이다.

37 [정답] ⓑ

[해석] 음악, 장신구, 시

→ 모두 조각, 부분으로 수량을 표현하는 명사이다.

38 [정답] two glasses of

[해석] 와인 두 잔

→ 와인이 두 잔 있으므로 two glasses가 알맞다.

39 [정답] a loaf of

[해석] 빵 한 덩어리

→ 빵이 한 덩어리 있으므로 a loaf가 알맞다.

40 [정답] two pieces of

[해석] 예술품 두 개

→ 예술품이 두 개 있으므로 two pieces가 알맞다.

41 [정답] a sheet[piece] of

[해석] 종이 한 장

→ 종이가 한 장 있으므로 a sheet 또는 a piece가 알맞다.

42 [정답] three cups of

[해석] 커피 세 잔

→ 커피가 세 잔 있으므로 three cups가 알맞다.

43 [정답] two bars of

[해석] 초콜릿 두 개

→ 초콜릿이 두 개 있으므로 two bars가 알맞다.

44 [정답] six jars of

[해석] 피클 여섯 병

→ 피클이 여섯 병 있으므로 six jars가 알맞다.

45 [정답] a bowl of

[해석] 라면 한 그릇

→ 라면이 한 그릇 있으므로 a bowl이 알맞다.

46 [정답] three slices of

[해석] 수박 세 조각

→ 수박이 세 조각 있으므로 three slices가 알맞다.

47 [정답] three bottles of

[해석] 주스 세 병

→ 주스가 세 병 있으므로 three bottles가 알맞다.

48 [정답] a bar of

[해석] 비누 바 하나

→ 비누가 하나 있으므로 a bar가 알맞다.

49 [정답] a bowl of

[해석] 샐러드 한 그릇

→ 샐러드가 한 그릇 있으므로 a bowl이 알맞다.

50 [정답] slices

[해석] 베이컨 두 조각만 구워주세요.

→ 베이컨은 잔이 아니라 조각으로 수량을 나타낸다.

51 [정답] jar

[해석] 나는 땅콩버터 한 병을 사야 한다.

→ 땅콩버터는 잔이 아니라 병으로 수량을 나타낸다.

52 [정답] pieces

[해석] 그들은 단 몇 가지의 피드백만 받았다.

→ 피드백은 piece로 수량을 나타낸다.

53 [정답] cup

[해석] 핫초코 한 잔을 마시기에 완벽한 시간이다.
→ 핫초코는 덩어리가 아니라 잔으로 수량을 나타낸다.

54 [정답] loaves

[해석] 그는 샌드위치를 위해 빵 네 덩어리를 준비했다.
→ 빵은 그릇이 아니라 덩어리로 수량을 나타낸다.

55 [정답] bottles

[해석] 나는 지금까지 약 백 병의 향수를 모았다.
→ 향수는 장이 아니라 병으로 수량을 나타낸다.

UNIT 08 명사의 소유격

개념 확인 문제 정답   ▶ 문제편 p.49

01 My son's **02** Leaders' **03** The teacher's
04 of the chair **05** parents' **06** year's
07 men's **08** Sally's
09 The book's some pages → Some pages of the book
10 farmer' → farmer's 또는 farmers'
11 Todays → Today's
12 female' → female's 또는 females'
13 the bottom of the bottle
14 sisters' **15** my brother's (cap)
16 the festival of the boys'

01 [정답] My son's

[해석] 내 아들의 크기는 새로운 신발에 완벽하게 맞았다.
→ 단수 명사의 소유격은 뒤에 's를 붙여 표현한다.

02 [정답] Leaders'

[해석] 지도자들의 행동은 따라야 할 본보기를 설정한다.
→ -s로 끝나는 복수 명사의 소유격은 뒤에 '를 붙여 표현한다.

03 [정답] The teacher's

[해석] 선생님의 설명은 매우 명확했다.
→ 단수 명사의 소유격은 뒤에 's를 붙여 표현한다.

04 [정답] of the chair

[해석] 고양이는 의자 다리를 발톱으로 할퀴고 있었다.
→ 무생물 명사의 소유격은 「of+명사」로 표현한다.

05 [정답] parents'

[해석] 나는 언젠가 너를 우리 부모님 댁으로 데려갈 것이다.
→ -s로 끝나는 복수 명사의 소유격은 뒤에 '를 붙여 표현한다.

06 [정답] year's

[해석] 올해의 입시는 그 어느 때보다 어려웠다.
→ 시간을 나타내는 명사는 무생물 명사이지만 뒤에 's를 붙여 소유격을 표현한다.

07 [정답] men's

[해석] 남자 농구 리그는 주말마다 경기를 한다.
→ -s로 끝나지 않는 복수 명사의 소유격은 뒤에 's를 붙여 표현한다.

08 [정답] Sally's

[해석] Sally의 생일파티에 갔을 때, 아무도 없었다.
→ 단수 명사의 소유격은 뒤에 's를 붙여 표현한다.

09 [정답] The book's some pages → Some pages of the book

[해석] 그 책의 몇몇 페이지들이 없다.
→ 책은 무생물 명사이므로 「of+명사」로 소유격을 나타낸다.

10 [정답] farmer' → farmer's 또는 farmers'

[해석] 그 농부의 농작물은 수확할 준비가 되었다.
→ farmer 뒤에 '가 있으므로 복수 명사 farmers로 고치거나, ' 뒤에 s를 붙여야 한다.

11 [정답] Todays → Today's

[해석] 오늘의 수업은 언어의 역사에 관한 것이다.
→ 무생물 명사이지만 시간을 나타내는 today 뒤에는 's를 붙여 소유격을 표현한다.

12 [정답] female' → female's 또는 females'

[해석] 사회에서 여성의 역할은 시간이 지나면서 진화해 왔다.
→ female 뒤에 '가 있으므로 복수 명사 females로 고치거나 ' 뒤에 s를 붙여야 한다.

13 [정답] the bottom of the bottle

→ 무생물 명사의 소유격은 「of+명사」로 표현한다.

14 [정답] sisters'

→ -s로 끝나는 복수 명사의 소유격은 뒤에 '를 붙여 표현한다.

15 [정답] my brother's (cap)

→ 반복을 피하기 위해 소유격 뒤의 명사는 생략할 수 있다.

16 [정답] the festival of the boys'

→ 무생물 명사 high school의 소유격은 「of+명사」로 표현하며, -s로 끝나는 복수 명사의 소유격은 뒤에 '를 붙여 나타낸다.

단원 평가 문제 UNIT 06 ~ UNIT 08   ▶ 문제편 p.50~51

정답

01 ② **02** ④ **03** ① **04** children's
05 mice **06** is **07** ② **08** ⑤ **09** sheet
10 loaves **11** ② **12** ④ **13** ⑤
14 glasses **15** pants **16** deer
17 customs **18** women's clothing store
19 tomorrow's program **20** The key of the car
21 ③

01 정답 ②   UNIT **07** 명사의 복수형

[해석] ① 세금 ② 사슴 ③ 소원 ④ 컵 ⑤ 추억, 기억
→ deer는 단수형과 복수형이 같다.

02 정답 ④   UNIT **07** 명사의 복수형

[해석] ① 물고기 ② 아내 ③ 인형 ④ 거위 ⑤ 메아리
→ goose의 복수형은 geese이다.

03 정답 ①   UNIT **07** 명사의 복수형

[해석] ① 발 ② 치아 ③ 여자 ④ 감자 ⑤ 나비
→ foot의 복수형은 feet이다.

04 정답 children's   UNIT **08** 명사의 소유격

[해석] 아이들의 웃음소리가 공원을 채웠다.
→ -s로 끝나지 않는 복수 명사의 소유격은 뒤에 's를 붙여 표현한다.

05 정답 mice   UNIT **07** 명사의 복수형

[해석] 쥐들이 식당에서 무언가를 먹고 있다.
→ mouse의 복수형은 mice이다.

06 정답 is   UNIT **07** 명사의 복수형

[해석] 미국은 상징적인 랜드마크로 유명하다.
→ 복수 형태인 일부 과목명, 국가명, 질병 이름 등은 단수 취급한다.

07 정답 ②   UNIT **07** 명사의 복수형

[해석] __________ 한 병이 있다.
① 맥주 ② 빵 ③ 물 ④ 와인 ⑤ 주스
→ 단위명사 bottle(병)로 수량을 나타낼 수 없는 것은 ②이다. 빵은
보통 단위명사 loaf(덩어리)로 수량을 나타낸다.

08 정답 ⑤   UNIT **07** 명사의 복수형

[해석] 나는 많은 __________ 조각이 필요하다.
① 조언 ② 종이 ③ 정보 ④ 케이크 ⑤ 우유
→ 단위명사 piece(조각)로 수량을 나타낼 수 없는 것은 ⑤이다.
우유는 보통 단위명사 cup(컵)이나 glass(잔)로 수량을 나타낸다.

09 정답 sheet   UNIT **07** 명사의 복수형

[해석] 메모를 위한 종이 한 장을 빌릴 수 있을까요?
→ 종이는 보통 단위명사 sheet(장)를 사용하여 수량을 나타낸다.

10 정답 loaves   UNIT **07** 명사의 복수형

[해석] 엄마는 집에서 만든 통밀빵 세 덩어리를 구웠다.
→ 빵은 보통 단위명사 loaf(덩어리)를 사용하여 수량을 나타낸다.
세 덩어리이므로 loaves가 적절하다.

11 정답 ②   UNIT **07** 명사의 복수형

[해석] ① 그녀는 양말 한 켤레를 샀다.
② 차 두 잔 마셔도 될까요?
③ 그는 초콜릿 두 조각을 먹었다.
④ 그녀는 매일 여섯 잔의 물을 마신다.
⑤ 어머니는 나에게 부츠 두 켤레를 사주셨다.
→ ① sock은 항상 복수로 쓰는 명사이므로 socks가 알맞다. ③ 두
조각이므로 piece가 아닌 pieces가 알맞다. ④ 여섯 잔이므로
glasses가 알맞다. ⑤ 두 켤레이므로 pairs가 알맞다.

12 정답 ④   UNIT **08** 명사의 소유격

→ -s로 끝나는 복수 명사의 소유격은 뒤에 '를 붙여 표현한다. 따라서
a girls' high school이 알맞다.

13 정답 ⑤   UNIT **06** 명사의 종류

→ furniture는 셀 수 없는 집합명사이므로 단수형 furniture가
알맞다.

14 정답 glasses   UNIT **07** 명사의 복수형

[해석] 그는 오후에 물 세 잔을 마셨다.
→ 물질명사는 셀 수 없으므로 단위명사를 사용하여 수량을
나타낸다. 세 잔이므로 glasses가 알맞다.

15 정답 pants   UNIT **07** 명사의 복수형

[해석] 나는 여행을 위해 편안한 새 바지를 샀다.
→ pants는 항상 복수로 쓰는 명사이다.

16 정답 deer   UNIT **07** 명사의 복수형

[해석] 우리는 종종 숲속에 있는 우리의 오두막 근처에서 사슴을
본다.
→ deer는 단수형과 복수형이 같은 명사로 deers라고 쓰지 않는다.

17 정답 customs   UNIT **07** 명사의 복수형

[해석] 여행객들은 해외에서 구매한 명품에 대한 관세를 지불해야
한다.
→ custom은 관습, customs는 관세를 뜻한다. 따라서
여행객들이 지불해야 하는 것은 관세인 customs이다.

18 정답 women's clothing store   UNIT **08** 명사의 소유격

→ -s로 끝나지 않는 복수 명사의 소유격은 뒤에 's를 붙여 표현한다.

19 정답 tomorrow's program   UNIT **08** 명사의 소유격

→ 시간을 나타내는 명사는 무생물 명사이지만 뒤에 's를 붙여
소유격을 표현한다.

20 정답 The key of the car   UNIT **08** 명사의 소유격

→ 무생물 명사의 소유격은 「of+명사」로 표현한다.

21 정답 ③   UNIT **06** 명사의 종류, UNIT **08** 명사의 소유격

[해석] ⓐ 나는 병에 물을 좀 가지고 있다.
ⓑ 그 방은 행복으로 가득 차 있다.
ⓒ 식탁 위에 있는 컵은 내 룸메이트의 것이다.
ⓓ 미국은 다양한 인구를 가지고 있다.
ⓔ 친구들의 웃음소리가 공원에 울려 퍼졌다.
→ ⓐ water는 셀 수 없는 물질명사이므로 단수형 water가 알맞다.
ⓓ 복수 형태인 일부 과목명, 국가명, 질병 이름 등은 단수
취급하므로, 단수 동사 has가 알맞다. ⓔ -s로 끝나는 복수 명사의
소유격은 뒤에 '를 붙여 표현하므로 friends' 또는 friend's가
알맞다.

UNIT 09 부정관사 a, an

개념 확인 문제 정답 ▶ 문제편 p.53

01 a	**02** an	**03** an	**04** a	**05** a
06 an	**07** an	**08** a	**09** a	**10** an
11 an	**12** a	**13** ④	**14** ①, ③	**15** ①
16 ②	**17** ①	**18** ②	**19** ⑤	

20 a useful book　　**21** a week
22 a fashion designer　　**23** a day
24 an hour　　**25** an honest guy

---

01 [정답] a
[해석] 고양이
→ 첫소리가 발음상으로 자음으로 시작하는 명사 앞에는 a를 쓴다.

02 [정답] an
[해석] 생각
→ 첫소리가 발음상으로 모음으로 시작하는 명사 앞에는 an을 쓴다.

03 [정답] an
[해석] 배우
→ 첫소리가 발음상으로 모음으로 시작하는 명사 앞에는 an을 쓴다.

04 [정답] a
[해석] 차
→ 첫소리가 발음상으로 자음으로 시작하는 명사 앞에는 a를 쓴다.

05 [정답] a
[해석] 직업
→ 첫소리가 발음상으로 자음으로 시작하는 명사 앞에는 a를 쓴다.

06 [정답] an
[해석] 영광스러운 것
→ 첫소리가 발음상으로 모음으로 시작하는 명사 앞에는 an을 쓴다. h는 묵음으로 발음이 [a]로 시작하기 때문에 an이 온다.

07 [정답] an
[해석] 오렌지
→ 첫소리가 발음상으로 모음으로 시작하는 명사 앞에는 an을 쓴다.

08 [정답] a
[해석] 집
→ 첫소리가 발음상으로 자음으로 시작하는 명사 앞에는 a를 쓴다.

09 [정답] a
[해석] 식당
→ 첫소리가 발음상으로 자음으로 시작하는 명사 앞에는 a를 쓴다.

10 [정답] an
[해석] 섬
→ 첫소리가 발음상으로 모음으로 시작하는 명사 앞에는 an을 쓴다.

11 [정답] an
[해석] 봉투
→ 첫소리가 발음상으로 모음으로 시작하는 명사 앞에는 an을 쓴다.

12 [정답] a
[해석] 교복
→ 첫소리가 발음상으로 자음으로 시작하는 명사 앞에는 a를 쓴다. u로 시작하지만 발음상으로는 [ju]가 되므로 a가 온다.

13 [정답] ④
[해석] 개미는 작은 곤충이다.
→ 일반적인 종류의 총칭을 의미할 때 관사 a나 an을 쓴다.

14 [정답] ①, ③
[해석] 당신은 당신을 지도해줄 멘토가 필요하다.
→ '하나의'를 의미하거나 여러 개 중 막연한 하나를 나타낼 때 관사 a나 an을 쓴다.

15 [정답] ①
[해석] 나는 지금 1달러도 없다.
→ one을 대신하여 '하나의'를 의미할 때 관사 a나 an을 쓴다.

16 [정답] ②
[해석] 그 신문은 일주일에 두 번 인쇄된다.
→ per를 대신하여 '~당, ~마다'를 의미할 때 관사 a나 an을 쓴다.

17 [정답] ①
[해석] 그녀는 오늘 사과 한 개와 바나나 한 개만을 먹었다.
→ one을 대신하여 '하나의'를 의미할 때 관사 a나 an을 쓴다.

18 [정답] ②
[해석] 그 공장은 한 달에 500대의 비율로 자동차를 생산한다.
→ per를 대신하여 '~당, ~마다'를 의미할 때 관사 a나 an을 쓴다.

19 [정답] ⑤
[해석] 반 친구들은 모두 동갑이다.
→ the same을 대신하여 '같은'을 의미할 때 관사 a나 an을 쓴다.

20 [정답] a useful book
→ 명사 앞에 형용사가 올 경우, 명사가 아닌 형용사의 첫소리에 따라 a나 an을 쓴다. u로 시작하지만 발음상으로는 [ju]가 되므로 a가 온다.

21 [정답] a week
→ per를 대신하여 '~당, ~마다'를 의미할 때 관사 a나 an을 쓴다.

22 [정답] a fashion designer

→ 첫소리가 발음상으로 자음으로 시작하는 명사 앞에는 a를 쓴다.

23 [정답] a day

→ per를 대신하여 '~당, ~마다'를 의미할 때 관사 a나 an을 쓴다.

24 [정답] an hour

→ 첫소리가 발음상으로 모음으로 시작하는 명사 앞에는 an을 쓴다. h는 발음되지 않으므로 an이 온다.

25 [정답] an honest guy

→ 명사 앞에 형용사가 올 경우, 명사가 아닌 형용사의 첫소리에 따라 a나 an을 쓴다. h는 발음되지 않으므로 an이 온다.

UNIT 10 정관사 the

개념 확인 문제 정답 ▶ 문제편 p.55~57

01 The sky is clear tonight.
02 The coffee smells delicious.
03 They often play the ukulele together.
04 Close the door for me, please.
05 The moon shines brightly overhead.
06 I will be the first one to fall asleep.
07 the **08** The **09** the **10** The **11** a
12 the **13** an **14** latest → the latest
15 North Pole → the North Pole
16 world → the world **17** watch → the watch
18 cat → the cat **19** Old → The old
20 harp → the harp **21** by bus
22 ○ **23** ○ **24** breakfast
25 ○ **26** tennis **27** ○
28 Doctor Joe **29** ○ **30** ○
31 The cat **32** the piano, soccer
33 by email **34** the third oldest
35 bed **36** The Colosseum, Rome
37 The young

---

01 [정답] The sky is clear tonight.

[해석] 오늘밤 하늘이 맑다.

→ 유일한 대상 앞에 정관사 the를 쓴다.

02 [정답] The coffee smells delicious.

[해석] 그 커피는 맛있는 냄새가 난다.

→ 서로 알고 있는 대상 앞에 정관사 the를 쓴다.

03 [정답] They often play the ukulele together.

[해석] 그들은 종종 함께 우쿨렐레를 연주한다.

→ 악기 이름 앞에 정관사 the를 쓴다.

04 [정답] Close the door for me, please.

[해석] 저를 위해 문을 닫아주세요.

→ 서로 알고 있는 대상 앞에 정관사 the를 쓴다.

05 [정답] The moon shines brightly overhead.

[해석] 달은 머리 위에서 밝게 빛난다.

→ 유일한 대상 앞에 정관사 the를 쓴다.

06 [정답] I will be the first one to fall asleep.

[해석] 나는 잠드는 첫 번째 사람이 될 것이다.

→ 서수의 수식을 받는 명사 앞에 정관사 the를 쓴다.

07 [정답] the

[해석] 당신은 하모니카를 연주할 수 있나요?

→ 악기 이름 앞에는 정관사 the를 쓴다.

08 [정답] The

[해석] 산 뒤로 해가 졌다.

→ 유일한 대상 앞에는 정관사 the를 쓴다.

09 [정답] the

[해석] 그는 마지막으로 우리를 떠난 사람이었다.

→ 서수의 수식을 받는 명사 앞에는 정관사 the를 쓴다.

10 [정답] The

[해석] 에펠탑은 프랑스 파리에 위치한다.

→ 유일한 대상 앞에는 정관사 the를 쓴다.

11 [정답] a

[해석] 그는 하루에 5마일을 달린다.

→ per를 대신하여 '~당, ~마다'를 의미할 때 관사 a나 an을 쓴다.

12 [정답] the

[해석] 치타는 지구상에서 가장 빠른 육지 동물이다.

→ 최상급의 수식을 받는 명사 앞에는 정관사 the를 쓴다.

13 [정답] an

[해석] 나는 하루에 한 시간 요가 연습을 한다.

→ one을 대신하여 '하나의'를 의미할 때 관사 a나 an을 쓴다.

14 [정답] latest → the latest

[해석] 제게 최신 모델을 보여주세요.

→ 최상급의 수식을 받는 명사 앞에는 정관사 the를 쓴다.

15 [정답] North Pole → the North Pole

[해석] 산타클로스는 북극에 산다.

→ 유일한 대상 앞에는 정관사 the를 쓴다.

16 [정답] world → the world

[해석] 당신은 이 세상에서 나의 전부이다.

→ 유일한 대상 앞에는 정관사 the를 쓴다.

17 [정답] watch → the watch

[해석] 나는 시계가 있는데, 그 시계는 빨간색이다.

→ 이미 언급한 명사 앞에는 정관사 the를 쓴다.

18 [정답] cat → the cat

[해석] 나는 고양이를 보았고, 그 고양이는 도망갔다.

→ 이미 언급한 명사 앞에는 정관사 the를 쓴다.

19 정답 Old → The old

[해석] 어르신들은 과거에 대해 말할 이야기들이 있다.

→ '~한 사람들'을 나타낼 때는 형용사 앞에 정관사 the를 쓴다.

20 정답 harp → the harp

[해석] 나는 어렸을 때 하프를 연주하는 법을 배웠다.

→ 악기 이름 앞에는 정관사 the를 쓴다.

21 정답 by bus

[해석] 나는 오늘 늦게 일어나서, 버스를 타고 학교에 갔다.

→ by 뒤에 오는 교통, 통신 수단 앞에는 관사를 쓰지 않는다.

22 정답 ○

[해석] 그는 지붕을 수리하러 교회에 갔다.

→ 본래 목적으로 쓰이는 시설물, 사물 앞에는 관사를 쓰지 않지만, 지붕을 수리하러 교회라는 곳에 가는 것이므로 the를 쓴다.

23 정답 ○

[해석] 필리핀은 동남아시아 국가이다.

→ 국가명 앞에는 관사를 쓰지 않지만, 복수형 국가명 앞에는 the를 쓴다.

24 정답 breakfast

[해석] 당신이 아침을 거르는 것은 좋지 않다.

→ 식사 이름 앞에는 관사를 쓰지 않는다.

25 정답 ○

[해석] 김 교수는 중국에 갈 계획이 있다.

→ 국가명 앞에는 관사를 쓰지 않는다.

26 정답 tennis

[해석] 만약 당신이 바쁘지 않다면, 테니스 칠래요?

→ 운동 종목 앞에는 관사를 쓰지 않는다.

27 정답 ○

[해석] 나는 오늘은 몸이 안 좋아서, 집에 있을 것이다.

→ 관용적으로 관사를 쓰지 않는 표현이 있다. at home은 '집에'라는 뜻의 자주 쓰는 관용표현이다.

28 정답 Doctor Joe

[해석] Joe 박사님은 정말 말이 많다.

→ 관직, 신분 앞에는 관사를 쓰지 않는다.

29 정답 O

[해석] 우리는 그 방을 구석구석 살펴봤다.

→ 관용적으로 관사를 쓰지 않는 표현이 있다. from top to bottom은 '구석구석'이라는 뜻의 자주 쓰는 관용표현이다.

30 정답 O

[해석] 과학은 세상에 대한 우리의 이해를 증진시킨다.

→ 과목명 앞에는 관사를 쓰지 않는다.

31 정답 The cat

→ 이미 언급한 명사 앞에는 정관사 the를 쓴다.

32 정답 the piano, soccer

→ 악기 이름 앞에는 정관사 the를 쓰고, 운동 종목 앞에는 관사를 쓰지 않는다.

33 정답 by email

→ by 뒤에 오는 교통, 통신 수단 앞에는 관사를 쓰지 않는다.

34 정답 the third oldest

→ 서수 및 최상급의 수식을 받는 명사 앞에는 정관사 the를 쓴다.

35 정답 bed

→ 본래 목적으로 쓰이는 시설물, 사물 앞에는 관사를 쓰지 않는다.

36 정답 The Colosseum, Rome

→ 유일한 대상 앞에는 정관사 the를 쓰고, 도시명 앞에는 관사를 쓰지 않는다.

37 정답 The young

→ 「the+형용사」는 '~한 사람들'을 의미한다.

단원 평가 문제 UNIT 09 ~ UNIT 10 ▶문제편 p.58~60

정답

01 ④　02 ①　03 ③　04 The Moon
05 from top to bottom　06 the most popular
07 ③　08 ④　09 ④　10 ③　11 ④
12 ×　13 The　14 a　15 The　16 an
17 The
18 (1) ⓐ, the bicycle → bicycle
　　(2) ⓓ, The London → London
19 ④　20 X　21 the　22 The
23 ③　24 ②,③ 25 a laptop, the laptop
26 The White House in the United States
27 ③

01 정답 ④　　　　　　　　　UNIT 10 정관사 the

[해석] 점심 뭐 먹을래?

→ 식사 이름 앞에는 관사를 쓰지 않는다.

02 정답 ①　　　　　　　UNIT 09 부정관사 a, an

[해석] 그녀는 한동안 아무 말도 하지 않았다.

→ one을 대신하여 '하나의'를 의미할 때 관사 a나 an을 쓴다. 첫소리가 발음상으로 자음으로 시작하므로 a가 알맞다.

03 정답 ③　　　　　　　　　UNIT 10 정관사 the

[해석] 나는 집에 돌아오는 길에 주로 음악을 듣는다.

→ 관용적으로 관사를 쓰지 않는 표현이 있다. listen to music은 '음악을 듣다'라는 뜻의 자주 쓰는 관용표현이다.

04 정답 The Moon　　　　　　UNIT 10 정관사 the

[해석] 달은 대략 27일마다 지구를 돈다.

→ 유일한 대상 앞에는 정관사 the를 쓴다.

05 정답 from top to bottom　　　　　　UNIT **10** 정관사 the

[해석] 우리는 집을 구석구석 수색했다.

→ 관용적으로 관사를 쓰지 않는 표현이 있다. from top to bottom은 '샅샅이, 구석구석'이라는 뜻의 자주 쓰는 관용표현이다.

06 정답 the most popular　　　　　　UNIT **10** 정관사 the

[해석] 커피는 오늘날 세계에서 가장 인기 있는 음료 중 하나이다.

→ 최상급의 수식을 받는 명사 앞에는 정관사 the를 쓴다.

07 정답 ③　　　　　　UNIT **09** 부정관사 a, an, UNIT **10** 정관사 the

[해석] (A) 그는 훌륭한 기술자이다.

(B) 영어사전은 학생들에게 유용한 책이다.

(C) 하늘이 매우 맑고 푸르다.

→ (A) 명사 앞에 형용사가 올 경우, 명사가 아닌 형용사의 첫소리에 따라 a나 an을 쓴다. 첫소리가 발음상으로 모음으로 시작하므로 an이 알맞다. (B) u로 시작하지만 발음상으로는 [ju]가 되므로 a가 온다. (C) 유일한 대상 앞에는 정관사 the를 쓴다.

08 정답 ④　　　　　　UNIT **09** 부정관사 a, an, UNIT **10** 정관사 the

[해석] ① 모래시계는 시간을 측정한다.

② 나는 이 모임에서 유일한 십 대이다.

③ 이글루를 짓는 데는 약간의 기술이 필요하다.

④ 대학 도서관은 귀중한 자원이다.

⑤ 젊은 사람들은 항상 현명한 사람들로부터 무언가를 배울 수 있다.

→ ④ university는 첫소리가 자음으로 발음되므로 앞에 a가 온다. ① 첫소리가 모음으로 발음되므로 앞에 an이 온다. ② 수식어구로 뜻이 한정되므로 앞에 the가 온다. ③ 첫소리가 모음으로 발음되므로 앞에 an이 온다. ⑤ '~한 사람들'을 의미하므로 앞에 the가 온다.

09 정답 ④　　　　　　UNIT **10** 정관사 the

[해석] ① 그들은 점심으로 스시 롤을 주문했다.

② 우리는 Mike 삼촌과 낚시 여행을 했다.

③ 신청서를 이메일로 제출해 주세요.

④ 그는 학생들에게 드럼을 연주하는 법을 가르쳤다.

⑤ 이스탄불은 독특한 문화의 혼합이 있는 도시이다.

→ ④ 악기 이름 앞에는 정관사 the를 쓴다. ① 식사 이름 앞에는 관사를 쓰지 않는다. ② 가족 구성원 앞에는 관사를 쓰지 않는다. ③ by 뒤에 오는 교통, 통신 수단 앞에는 관사를 쓰지 않는다. ⑤ 도시명 앞에는 관사를 쓰지 않는다.

10 정답 ③　　　　　　UNIT **09** 부정관사 a, an

[해석] ① 나는 어젯밤에 재미있는 영화를 봤다.

② 그 과학자는 중요한 발견을 했다.

③ 그녀는 가게에서 독특한 빈티지 드레스를 발견했다.

④ 우리는 보호소에서 사랑스러운 개를 입양했다.

⑤ 그들은 뒷마당에 오래된 나무가 있다.

→ 나머지는 첫소리가 발음상으로 모음으로 시작하므로 an이 오고, ③은 u로 시작하지만 발음상으로는 [ju]가 되므로 a가 온다.

11 정답 ④　　　　　　UNIT **09** 부정관사 a, an, UNIT **10** 정관사 the

[해석] ① 그녀는 가장 아름다운 미소를 가지고 있다.

② 그가 운전하는 차는 스포츠카이다.

③ 그들은 나무를 심었지만, 그 나무는 여전히 자라고 있다.

④ 그 잡지는 한 달에 두 번 신간을 발행한다.

⑤ 모나리자는 레오나르도 다 빈치의 걸작이다.

→ ④ per를 대신하여 '~당, ~마다'를 의미할 때 관사 a나 an을 쓰는데, 첫소리가 발음상으로 자음으로 시작하므로 a가 알맞다. ① 최상급의 수식을 받는 명사 앞에는 정관사 the를 쓴다. ② 수식어구로 뜻이 한정되는 명사 앞에는 정관사 the를 쓴다. ③ 이미 언급한 명사 앞에는 정관사 the를 쓴다. ⑤ 유일한 대상 앞에는 정관사 the를 쓴다.

12 정답 ×　　　　　　UNIT **10** 정관사 the

[해석] 그녀는 택시를 타고 학교에 갔다.

→ by 뒤에 오는 교통, 통신 수단 앞에는 관사를 쓰지 않는다.

13 정답 The　　　　　　UNIT **10** 정관사 the

[해석] 어르신들은 현명하고 노련하다.

→ 「the+형용사」는 '~한 사람들'을 의미한다.

14 정답 a　　　　　　UNIT **09** 부정관사 a, an

[해석] 그는 하루에 우유 두 잔을 마신다.

→ per를 대신하여 '~당, ~마다'를 의미할 때 관사 a나 an을 쓴다. 첫소리가 발음상으로 자음으로 시작하므로 a가 알맞다.

15 정답 The　　　　　　UNIT **10** 정관사 the

[해석] 세번강은 영국에서 가장 긴 강이다.

→ 유일한 대상 앞에는 정관사 the를 쓴다.

16 정답 an　　　　　　UNIT **09** 부정관사 a, an

[해석] 옛날에, 한 예술가가 살았습니다.

→ one을 대신하여 '하나의'를 의미할 때 관사 a나 an을 쓴다. 첫소리가 발음상으로 모음으로 시작하므로 an이 알맞다.

17 정답 The　　　　　　UNIT **10** 정관사 the

[해석] 거리에 한 소년이 있다. 그 소년은 내 동생이다.

→ 이미 언급한 명사 앞에는 정관사 the를 쓴다.

18 정답 (1) ⓐ, the bicycle → bicycle　UNIT **09** 부정관사 a, an
　　　　(2) ⓓ, The London → London　UNIT **10** 정관사 the

[해석] ⓐ 그녀는 자전거로 신도시를 관광했다.

ⓑ 버스는 한 시간에 한 번씩 역에 도착한다.

ⓒ 파티에서 사람들은 보통 흥겨운 음악을 듣는다.

ⓓ 런던은 영국의 수도이다.

ⓔ 이 마을의 여름은 일 년 중 가장 즐거운 시간이다.

→ ⓐ by 뒤에 오는 교통, 통신 수단 앞에는 관사를 쓰지 않으므로 by bicycle이 알맞다. ⓓ 도시명 앞에는 관사를 쓰지 않으므로 London이 알맞다.

ⓑ per를 대신하여 '~당, ~마다'를 의미할 때 관사 a나 an을 쓴다. ⓒ 관용적으로 관사를 쓰지 않는 표현이 있다. listen to music은 '음악을 듣다'라는 뜻의 자주 쓰는 관용표현이다. ⓔ 최상급의 수식을 받는 명사 앞에는 정관사 the를 쓴다.

19 정답 ④　　　　　　UNIT **09** 부정관사 a, an, UNIT **10** 정관사 the

[해석] ① 정원사는 일주일에 두 번 식물에 물을 준다.

② 중국의 만리장성은 역사적인 명소이다.

③ 그 소설의 8장이 가장 놀랍다.

④ 우리 아이들은 지역 공원에서 배드민턴을 즐긴다.

⑤ 주말에 우리는 함께 텔레비전을 보기 위해 종종 모인다.

→ ④ 운동 종목 앞에는 관사를 쓰지 않으므로 playing badminton이 알맞다.

① per를 대신하여 '~당, ~마다'를 의미할 때 관사 a나 an을 쓴다.
② 유일한 대상 앞에는 정관사 the를 쓴다.
③ 서수나 최상급의 수식을 받는 명사 앞에는 정관사 the를 쓴다.
⑤ 관용적으로 관사를 쓰지 않는 표현이 있다. watch TV는
'텔레비전을 보다'라는 뜻의 자주 쓰는 관용표현이다.

20 [정답] X
UNIT 10 정관사 the

[해석] 나는 아이스하키 하는 법을 배울 것이다.
→ 운동 종목 앞에는 관사를 쓰지 않는다.

21 [정답] the
UNIT 10 정관사 the

[해석] 이 노래가 가장 인기가 없는 노래다.
→ 최상급의 수식을 받는 명사 앞에는 정관사 the를 쓴다.

22 [정답] The
UNIT 10 정관사 the

[해석] 자유의 여신상은 프랑스에서 온 선물이었다.
→ 유일한 대상이 되는 명사 앞에는 정관사 the를 쓴다.

23 [정답] ③
UNIT 09 부정관사 a, an, UNIT 10 정관사 the

[해석] ⓐ 지구는 태양을 공전한다.
ⓑ 달걀이 아침 식사에 포함되어 있다.
ⓒ 마지막으로 떠나는 사람이 불을 끌 것이다.
ⓓ 한 학생이 질문을 하기 위해 손을 들었다.
ⓔ 나는 당신보다 플루트를 훨씬 더 잘 연주할 수 있다.
→ ⓒ 서수 및 최상급의 수식을 받는 명사 앞에는 the를 써야 한다.
ⓓ 첫소리가 자음으로 발음되는 명사 앞에는 a를 써야 한다.

24 [정답] ②, ③
UNIT 09 부정관사 a, an, UNIT 10 정관사 the

[해석] 우리는 시골에 있는 ② 한, ③ 그 오래된 성을 방문했다.
→ 첫소리가 모음으로 발음되므로 '하나의'라는 뜻을 나타내도록 앞에
an을 붙이거나, 수식어구 in the countryside로 뜻이 한정되는
명사로 the를 앞에 쓸 수 있다.

25 [정답] a laptop, the laptop
UNIT 09 부정관사 a, an, UNIT 10 정관사 the

→ one을 대신하여 '하나의'를 의미할 때 관사 a나 an을 쓰고, 이미
언급한 명사 앞에는 정관사 the를 쓴다. 첫소리가 발음상으로
자음으로 시작하므로 a를 쓴다.

26 [정답] The White House in the United States
UNIT 10 정관사 the

→ 유일한 대상 앞에는 정관사 the를 쓰고, 복수형 국가 앞에는
the를 쓴다.

27 [정답] ③
UNIT 10 정관사 the

[해석] 파리에서, 한 젊은 커플이 매력적인 카페에 멈춘다. 그들은
친절한 웨이터인 Pierre에게 카푸치노 한 잔과 크루아상 두
개를 주문한다. 창가에 앉아 그들은 에펠탑의 경치를 즐긴다.
브런치를 먹은 후, 그들은 손을 잡고 길을 걷는다.
→ 유일한 대상 앞에는 정관사 the를 쓰므로 an을 삭제하는 것이
아니라 the로 고쳐야 한다.

C 대명사

UNIT 11 인칭대명사와 소유대명사

개념 확인 문제 정답	▶ 문제편 p.63~65

01 ⓑ, ⓕ **02** ⓒ, ⓔ **03** ⓐ, ⓓ **04** ⓖ, ⓗ **05** It
06 We **07** They **08** you **09** she **10** he
11 We **12** her **13** us **14** you **15** them
16 them **17** it **18** him **19** My, mine
20 Your, yours **21** Their, theirs **22** my, mine
23 our, ours **24** his, his **25** her, hers
26 its **27** mine **28** his **29** theirs **30** their
31 he **32** its **33** her **34** it **35** yours

01 [정답] ⓑ, ⓕ
[해석] ⓑ 그것은 맛이 끔찍하다.
ⓕ 나는 전 세계를 여행하고 싶다.
→ ⓑ It은 3인칭 단수 주격 인칭대명사이다. ⓕ I는 1인칭
단수 주격 인칭대명사이다.

02 [정답] ⓒ, ⓔ
[해석] ⓒ 그들은 당신을 그리워할 것이다.
ⓔ 우리는 당신에게 나중에 이야기할 것이다.
→ ⓒ They는 3인칭 복수 주격 인칭대명사이다. ⓔ We는
1인칭 복수 주격 인칭대명사이다.

03 [정답] ⓐ, ⓓ
[해석] ⓐ 그를 봐! ⓓ 당신은 나를 행복하게 만든다.
→ ⓐ him은 3인칭 단수 목적격 인칭대명사이다. ⓓ me는
1인칭 단수 목적격 인칭대명사이다.

04 [정답] ⓖ, ⓗ
[해석] ⓖ 당신은 그들을 공원에서 봤나요?
ⓗ 그들은 우리를 그들의 결혼식에 초대했다.
→ ⓖ them은 3인칭 복수 목적격 인칭대명사이다. ⓗ us는
1인칭 복수 목적격 인칭대명사이다.

05 [정답] It
[해석] 이 양초는 바닐라와 계피향이 난다.
→ This candle은 3인칭 단수이므로 이를 대신하는 주격
인칭대명사는 It이다.

06 [정답] We
[해석] Karen과 나는 화창한 날 소풍을 즐겼다.
→ Karen and I는 1인칭 복수이므로 이를 대신하는 주격
인칭대명사는 We이다.

07 [정답] They
[해석] John과 Linda는 학교 연극에서 좋은 성적을
거두었다.
→ John and Linda는 3인칭 복수이므로 이를 대신하는
주격 인칭대명사는 They이다.

08 정답 you

[해석] 당신과 당신의 친구들은 이미 프로젝트를 마쳤나요?
→ you and your friends는 2인칭 복수이므로 이를 대신하는 주격 인칭대명사는 you이다.

09 정답 she

[해석] Scarlett은 노래하는 것을 좋아하고 Scarlett은 아름다운 목소리를 가졌다.
→ Scarlett은 3인칭 단수이므로 이를 대신하는 주격 인칭대명사는 she이다.

10 정답 he

[해석] 나는 Richard에게 선물을 건넸고, Richard는 흥분해서 그것을 열었다.
→ Richard는 3인칭 단수이므로 이를 대신하는 주격 인칭대명사는 he이다.

11 정답 We

[해석] 내 부모님과 나는 작년 여름 해변으로 휴가를 갔다.
→ My parents and I는 1인칭 복수이므로 이를 대신하는 주격 인칭대명사는 We이다.

12 정답 her

[해석] 나의 아빠는 나의 엄마를 꽉 안았다.
→ my mom은 3인칭 단수이므로 이를 대신하는 목적격 인칭대명사는 her이다.

13 정답 us

[해석] 내 남동생과 나를 그렇게 부르지 마.
→ my brother and me는 1인칭 복수이므로 이를 대신하는 목적격 인칭대명사는 us이다.

14 정답 you

[해석] 나는 당신과 당신의 가족을 입구에서 보았다.
→ you and your family는 2인칭 복수이므로 이를 대신하는 목적격 인칭대명사는 you이다.

15 정답 them

[해석] 그는 그의 동료들과 협력하기를 원하지 않는다.
→ his colleagues는 3인칭 복수이므로 이를 대신하는 목적격 인칭대명사는 them이다.

16 정답 them

[해석] 나는 더러운 그릇을 모으고 더러운 그릇을 씻었다.
→ the dirty dishes는 3인칭 복수이므로 이를 대신하는 목적격 인칭대명사는 them이다.

17 정답 it

[해석] 나는 그들에게 새로운 요리법을 보여줬고, 그들은 새로운 요리법을 좋아했다.
→ the new recipe는 3인칭 단수이므로 이를 대신하는 목적격 인칭대명사는 it이다.

18 정답 him

[해석] Olivia는 Paul의 수학 문제를 도왔다.
→ Paul은 3인칭 단수이므로 이를 대신하는 목적격 인칭대명사는 him이다.

19 정답 My, mine

→ '나의'를 뜻하는 소유격 인칭대명사 my와 '나의 것'을 뜻하는 소유대명사 mine이 알맞다.

20 정답 Your, yours

→ '당신의'를 뜻하는 소유격 인칭대명사 your와 '당신의 것'을 뜻하는 소유대명사 yours가 알맞다.

21 정답 Their, theirs

→ '그들의'를 뜻하는 소유격 인칭대명사 their와 '그들의 것'을 뜻하는 소유대명사 theirs가 알맞다.

22 정답 my, mine

[해석] Grace와 나는 친구이다. Grace는 나의 친구이다. Grace는 나의 친구 중 한 명이다.
→ '나의'를 뜻하는 소유격 인칭대명사 my와 '나의 것'을 뜻하는 소유대명사 mine이 알맞다.

23 정답 our, ours

[해석] 우리는 장난감을 가지고 있다. 이것들은 우리의 장난감이다. 이 장난감들은 우리의 것이다.
→ '우리의'를 뜻하는 소유격 인칭대명사 our와 '우리의 것'을 뜻하는 소유대명사 ours가 알맞다.

24 정답 his, his

[해석] 그는 멋진 시계를 가지고 있다. 이것은 그의 멋진 시계이다. 이 멋진 시계는 그의 것이다.
→ '그의'를 뜻하는 소유격 인칭대명사 his와 '그의 것'을 뜻하는 소유대명사 his가 알맞다.

25 정답 her, hers

[해석] 나는 엄마한테 꽃을 드렸다. 이제 이것은 그녀의 꽃이다. 이 꽃은 그녀의 것이다.
→ '그녀의'를 뜻하는 소유격 인칭대명사 her와 '그녀의 것'을 뜻하는 소유대명사 hers가 알맞다.

26 정답 its

[해석] 저기 하얀 고양이가 발바닥을 핥고 있다.
→ '(고양이의) 발바닥'을 뜻하므로 '그것의'를 뜻하는 소유격 인칭대명사 its가 알맞다.

27 정답 mine

[해석] 나는 어제 이 차를 샀다. 이 차는 이제 나의 것이다.
→ '나의 것'을 뜻하는 소유대명사 mine이 알맞다.

28 정답 his

[해석] Kobe는 그의 열쇠를 잃어버렸다. 그는 그것들 없이는 금고를 열 수 없다.
→ '그의'를 뜻하는 소유격 인칭대명사 his가 알맞다.

29 정답 theirs

[해석] 모퉁이에 있는 집은 그들의 것이다. 나는 그들이 그곳으로 들어가는 것을 봤다.
→ '그들의 것'을 뜻하는 소유대명사 theirs가 알맞다.

30 정답 their

[해석] 개들이 그들의 꼬리를 흔들며 나에게 달려왔다.
→ '그들의'를 뜻하는 소유격 인칭대명사 their가 알맞다.

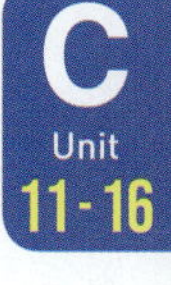

31 [정답] he
[해석] 나는 그를 카페에서 봤는데, 그는 손을 흔들었다.
→ '그는'을 뜻하는 주격 인칭대명사 he가 알맞다.

32 [정답] its
[해석] 이 호텔은 훌륭한 저녁 식사로 유명하다.
→ '그것의'를 뜻하는 소유격 인칭대명사 its가 알맞다.

33 [정답] her
[해석] 그녀는 집에서 그녀의 남동생을 돌봐야 한다.
→ '그녀의'를 뜻하는 소유격 인칭대명사 her가 알맞다.

34 [정답] it
[해석] 어려운 퍼즐이었지만 우리는 그것을 풀었다.
→ '그것을'을 뜻하는 목적격 인칭대명사 it이 알맞다.

35 [정답] yours
[해석] 나는 나의 교과서를 찾을 수가 없어. 너의 것을 좀 빌려줄래?
→ '너의 것'을 뜻하는 소유대명사 yours가 알맞다.

UNIT 12 지시대명사

개념 확인 문제 정답   ▶ 문제편 p.67

01 This	**02** Those	**03** That	**04** These	**05** ⓐ
06 ⓑ	**07** ⓑ	**08** ⓑ	**09** ⓐ	**10** ⓐ
11 ⓐ	**12** ⓐ	**13** ⓐ	**14** ⓐ	

01 [정답] This
[해석] 이것은 당신을 위한 거예요.
→ 가까운 거리에 있는 단수 명사를 가리키는 것은 This이다.

02 [정답] Those
[해석] 저들은 제 축구팀 선수들입니다.
→ 먼 거리에 있는 복수 명사를 가리키는 것은 Those이다.

03 [정답] That
[해석] 저것은 나의 통학 버스입니다.
→ 먼 거리에 있는 단수 명사를 가리키는 것은 That이다.

04 [정답] These
[해석] 이것들은 새콤달콤한 레몬들입니다.
→ 가까운 거리에 있는 복수 명사를 가리키는 것은 These이다.

05 [정답] ⓐ
[해석] 당신은 이것을 원하나요?
→ 가까운 거리에 있는 단수 명사를 가리키는 지시대명사가 쓰였다.

06 [정답] ⓑ
[해석] 우리는 그 부서진 사탕들을 팔 수 없다.
→ 뒤에 오는 broken candies를 수식하는 지시형용사가 쓰였다.

07 [정답] ⓑ
[해석] 이 작은 꽃에 물을 줘야 한다.
→ 뒤에 오는 little flower를 수식하는 지시형용사가 쓰였다.

08 [정답] ⓑ
[해석] 저 새로운 영화는 정말 소름 끼쳐 보인다.
→ 뒤에 오는 new movie를 수식하는 지시형용사가 쓰였다.

09 [정답] ⓐ
[해석] 나는 이것들처럼 알록달록한 신발을 사고 싶다.
→ 가까운 거리에 있는 복수 명사를 가리키는 지시대명사가 쓰였다.

10 [정답] ⓐ
[해석] 저것은 그 케이크의 마지막 조각일 것이다.
→ 먼 거리에 있는 단수 명사를 가리키는 지시대명사가 쓰였다.

11 [정답] ⓐ
[해석] 오늘의 문제는 어제의 것보다 더 중요하다.
→ 앞에 나온 단수 명사 issue의 반복을 피하기 위한 지시대명사가 쓰였다.

12 [정답] ⓐ
[해석] 이 학생들의 점수는 반 친구들의 것보다 더 높다.
→ 앞에 나온 복수 명사 scores의 반복을 피하기 위한 지시대명사가 쓰였다.

13 [정답] ⓐ
[해석] 이 제품의 가격은 나머지의 것보다 더 낮다.
→ 앞에 나온 단수 명사 price의 반복을 피하기 위한 지시대명사가 쓰였다.

14 [정답] ⓐ
[해석] 그는 많은 노력을 기울였고, 그것은 모두에게 깊은 인상을 주었다.
→ 앞에 나온 He made a lot of effort를 가리키는 지시대명사가 쓰였다.

UNIT 13 재귀대명사

개념 확인 문제 정답   ▶ 문제편 p.69

01 itself	**02** yourself	**03** ourselves
04 myself	**05** herself	**06** himself
07 ⓑ, ⓒ, ⓕ, ⓖ	**08** ⓐ, ⓓ, ⓔ, ⓗ	**09** of itself
10 Between ourselves	**11** Make yourself	
12 introduced herself	**13** talk to themselves	

01 [정답] itself
[해석] 그 로봇은 자동으로 스스로를 청소했다.
→ The robot을 대신하는 3인칭 단수 재귀대명사는 itself이다.

02 [정답] yourself
[해석] 파티에서 마음껏 즐기세요.

→ 2인칭 단수 재귀대명사는 yourself이다. enjoy oneself는 '즐기다'를 뜻한다.

03 정답 ourselves

[해석] 우리는 먼저 우리 자신을 돌봐야 한다.
→ We를 대신하는 1인칭 복수 재귀대명사는 ourselves이다.

04 정답 myself

[해석] 나는 내일 회의에서 내 소개를 할 것이다.
→ 1인칭 단수 재귀대명사는 myself이다. introduce oneself는 '소개하다'를 뜻한다.

05 정답 herself

[해석] 그녀는 집중력을 유지하기 위해 혼자 일하는 것을 선호한다.
→ 3인칭 단수 she의 재귀대명사는 herself이다. by oneself는 '혼자, 홀로'를 뜻한다.

06 정답 himself

[해석] 가끔 그는 그의 생각을 정리하기 위해 혼잣말을 한다.
→ 3인칭 단수 he의 재귀대명사는 himself이다. talk to oneself는 '혼잣말을 하다'를 뜻한다.

07 정답 ⓑ, ⓒ, ⓕ, ⓖ

[해석] ⓑ 실수에 대해 당신 자신을 탓하지 마세요.
ⓒ Leon은 배드민턴을 치다가 다쳤다.
ⓕ 그 고양이는 햇빛에서 자신의 털을 다듬었다.
ⓖ 그녀는 호화로운 스파로 자신을 대접했다.
→ ⓑ 목적어와 주어가 you로 같으므로 재귀 용법의 yourself가 쓰였다. ⓒ 목적어와 주어가 Leon으로 같으므로 재귀 용법의 himself가 쓰였다. ⓕ 목적어와 주어가 The cat으로 같으므로 재귀 용법의 itself가 쓰였다. ⓖ 목적어와 주어가 She로 같으므로 재귀 용법의 herself가 쓰였다.

08 정답 ⓐ, ⓓ, ⓔ, ⓗ

[해석] ⓐ 우리는 그것을 직접 할 수 있다.
ⓓ 그들은 그들의 집을 직접 지었다.
ⓔ 당신이 직접 이것을 처리할 수 있나요?
ⓗ 나는 이 소설을 직접 썼다.
→ ⓐ 주어 We를 강조하므로 강조 용법의 ourselves가 쓰였다. ⓓ 주어 They를 강조하므로 강조 용법의 themselves가 쓰였다. ⓔ 주어 you를 강조하므로 강조 용법의 yourself가 쓰였다. ⓗ 주어 I를 강조하므로 강조 용법의 myself가 쓰였다.

09 정답 of itself

→ '저절로'를 의미하는 표현은 of oneself이다. 3인칭 단수 주어 The door에 맞게 of itself를 써야 알맞다.

10 정답 Between ourselves

→ '우리끼리 얘긴데'를 의미하는 표현은 between ourselves이다.

11 정답 Make yourself

→ '느긋하게 쉬다'를 의미하는 표현은 make oneself at home이다. 명령문의 주어 you에 맞게 Make yourself를 써야 알맞다.

12 정답 introduced herself

→ '소개하다'를 의미하는 표현은 introduce oneself이다. 3인칭 단수 주어 Jane에 맞게 introduced herself를 써야 알맞다.

13 정답 talk to themselves

→ '혼잣말을 하다'를 의미하는 표현은 talk to oneself이다. 3인칭 복수 주어 People에 맞게 talk to themselves를 써야 알맞다.

단원 평가 문제 UNIT 11 ~ UNIT 13 ▶ 문제편 p.70~71

정답
01 ⓑ	**02** ⓐ, ⓕ	**03** ⓓ, ⓔ	**04** ⓒ	**05** ②
06 ①	**07** ③	**08** themselves → itself		
09 their → theirs 또는 their house				
10 those → that	**11** ②	**12** ②	**13** hers	
14 ③	**15** ②	**16** ③	**17** ①	

01 정답 ⓑ　　　　　UNIT 11 인칭대명사와 소유대명사

[해석] ⓑ 당신은 오늘 밤에 오시죠, 그렇지 않나요?
→ 이 문장에서 You는 '당신은'을 뜻하는 주격 인칭대명사이다.

02 정답 ⓐ, ⓕ　　　　UNIT 11 인칭대명사와 소유대명사

[해석] ⓐ 너무 많은 설탕은 당신에게 안 좋다.
ⓕ 당신의 여동생이 주변에 있다면, 그녀도 데리고 오세요.
→ ⓐ 이 문장에서 you는 전치사 for의 목적어로 온 목적격 인칭대명사이다. ⓕ 이 문장에서 her는 동사 bring의 목적어로 온 목적격 인칭대명사이다.

03 정답 ⓓ, ⓔ　　　　UNIT 11 인칭대명사와 소유대명사

[해석] ⓓ Sean은 그의 코트를 벗고 앉았다.
ⓔ 나는 그녀가 왜 그녀의 일을 그만두었는지 모른다.
→ ⓓ 이 문장에서 his는 '그의'를 뜻하는 소유격 인칭대명사이다.
ⓔ 이 문장에서 her는 '그녀의'를 뜻하는 소유격 인칭대명사이다.

04 정답 ⓒ　　　　　UNIT 11 인칭대명사와 소유대명사

[해석] ⓒ 나의 시력은 그의 것보다 더 좋다.
→ 이 문장에서 his는 '그의 것'을 뜻하는 소유대명사이다.

05 정답 ②　　　　　UNIT 13 재귀대명사

[해석] ① 제 소개를 하겠습니다.
② 내가 직접 이 곡을 썼다.
③ 우리는 파티를 즐겼다.
④ 그녀는 거울 속의 자신을 바라보았다.
⑤ 그는 계단에서 넘어져서 다쳤다.
→ 나머지는 모두 목적어가 주어와 같을 때 목적어 자리에 쓰는 재귀 용법의 재귀대명사이지만, ②은 주어를 강조하기 위해 쓴 강조 용법의 재귀대명사이다.

06 [정답] ①　　　　　　　　　　UNIT 13 재귀대명사

[해석] ① 그녀는 그 일을 직접 했다.
② 나는 나 자신을 돌볼 수 있다.
③ 당신 얘기 좀 해주세요.
④ 나는 방과 후에 몸을 씻었다.
⑤ 당신은 스스로를 자랑스러워해야 한다.
→ 나머지는 모두 목적어가 주어와 같을 때 목적어 자리에 쓰는 재귀 용법의 재귀대명사이지만, ①은 주어를 강조하기 위해 쓴 강조 용법의 재귀대명사이다.

07 [정답] ③　　　　　　　　UNIT 11 인칭대명사와 소유대명사

[해석] 선반에 있는 책은 ~이다.
① 나의 것 ② 그의 것 ③ 그녀의 ④ 그녀의 것 ⑤ 당신의 것
→ 소유격 인칭대명사는 뒤에 명사가 와야 하므로 ③은 올 수 없다.

08 [정답] themselves → itself　　　UNIT 13 재귀대명사

[해석] 이 컴퓨터는 사용하지 않을 때 스스로 전원이 꺼질 수 있다.
→ This computer를 대신하는 3인칭 단수 재귀대명사는 itself이다.

09 [정답] their → theirs 또는 their house
UNIT 11 인칭대명사와 소유대명사

[해석] 길 건너편에 있는 새집은 그들의 것이다.
→ their는 소유격 인칭대명사이므로 house와 함께 와서 '그들의 집'이라는 의미를 완성하거나 '그들의 것'을 뜻하는 소유대명사 theirs가 와야 한다.

10 [정답] those → that　　　　UNIT 12 지시대명사

[해석] 그의 월급은 친구의 것보다 더 높다.
→ 앞에 나온 단수 명사 salary를 대신해야 하므로 단수 지시대명사 that이 와야 한다.

11 [정답] ②　　　　　　UNIT 11 인칭대명사와 소유대명사,
UNIT 12 지시대명사, UNIT 13 재귀대명사

[해석] ⓐ 그의 개가 꼬리를 흔들고 있다.
ⓑ 그들은 우리를 그들의 소풍에 초대했다.
ⓒ 우리는 직접 나무 위의 집을 지었다.
ⓓ 나의 것은 맨 위 선반에 있는 보라색의 것이다.
ⓔ 함께 이 문제를 해결하는 데 집중합시다.
ⓕ 당신은 괜찮다고 말하지만, 이것[그것]은 거짓말처럼 들린다.
→ ⓑ picnic 앞에서 '그들의'라는 의미를 나타내야 하므로 소유대명사 theirs를 소유격 인칭대명사 their로 고쳐야 한다.
ⓓ '나의 것'을 나타내야 하므로 소유격 인칭대명사 My를 소유대명사 Mine으로 고쳐야 한다.
ⓕ '당신은 괜찮다고 말한다'라는 앞 문장 전체를 가리켜야 하므로 these를 this[that]로 고쳐야 한다.

12 [정답] ②　　　　　　　　　UNIT 12 지시대명사

[해석] (A) 당신의 셔츠 색깔이 하늘 색깔과 비슷하다.
(B) 그는 윙크를 했고, 이것은 즉시 그녀를 미소 짓게 했다.
(C) 선반에 있는 이/저 흥미로운 책들은 읽을 가치가 있다.
→ (A) the color를 대신하는 지시대명사 that이 알맞다.
(B) 앞에 나온 절을 가리키는 지시대명사 that 또는 this가 알맞다.
(C) 복수 명사를 받는 지시형용사 these나 those가 알맞다.

13 [정답] hers　　　　　　UNIT 11 인칭대명사와 소유대명사

→ '그녀의 것'을 뜻하는 소유대명사는 hers이다.

14 [정답] ③　　　　　　　　　UNIT 12 지시대명사

[해석] A: 두 박물관에서의 경험은 어땠나요?
B: 글쎄요, 첫 번째 박물관 소장품은 인상적이었어요. 하지만 두 번째 박물관 소장품은 실망스러웠어요.
→ 밑줄 친 that은 the collection의 반복을 피하기 위해 쓰였다. 따라서 that은 the collection(소장품)을 의미한다.

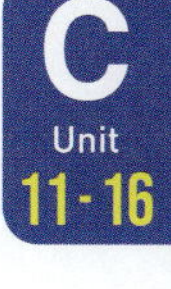

15 [정답] ②　　　　　　　　　UNIT 13 재귀대명사

[해석] A: 누군가가 Max와 함께 집에 갔나요?
B: 아무도 같이 가지 않은 것 같아요. 그는 파티가 끝나자마자 혼자 집으로 걸어갔어요.
→ '혼자'를 의미하는 표현은 by oneself이다. 3인칭 단수 주어 He에 맞는 by himself가 알맞다.

16 [정답] ③　　　　　　　　　UNIT 13 재귀대명사

[해석] A: 뭐였나요?
B: 창문이 저절로 닫힌 것 같아요.
→ '저절로'를 의미하는 표현은 of oneself이다. 3인칭 단수 주어 the window에 맞는 of itself가 알맞다.

17 [정답] ①　　　　　　　　　UNIT 12 지시대명사

[해석] 〈보기〉 나는 아름다운 석양을 보고 '저거 봐'라고 말했다.
① 밖에 있는 저것은 당신의 차인가요?
② 나는 저 빵의 냄새가 좋다.
③ 그는 생일에 저 장난감을 정말로 사고 싶어 한다.
④ 그녀는 오늘밤 저 아름다운 검정색 드레스를 입을 것이다.
⑤ 나는 저 얇은 재킷보다 이 따뜻한 재킷이 더 좋다.
→ 〈보기〉의 that은 지시대명사이고, ①의 that도 '저것'을 의미하는 지시대명사이다.
② 뒤에 온 명사 bread를 수식하는 지시 형용사이다.
③ 뒤에 온 명사 toy를 수식하는 지시형용사이다.
④ 뒤에 온 명사 dress를 수식하는 지시형용사이다.
⑤ 뒤에 온 명사 one을 수식하는 지시형용사이다.

UNIT 14 　대명사 it

개념 확인 문제 정답　　　　　▶ 문제편 p.73

01 He made it clear that he would participate.
02 It is important to maintain a healthy lifestyle.
03 I found it interesting to explore different cultures.
04 It is not surprising that she won the competition.
05 곧 오후이다.　　　　06 오늘은 7월 18일이다.
07 책을 읽을 수 있을 만큼 밝다.　08 내일은 맑고 따뜻할 것이다.
09 여기서 가장 가까운 마을까지는 겨우 5킬로미터이다.
10 ⓑ, ⓕ

01 [정답] He made it clear that he would participate.

→ 목적어 자리에 가목적어 it이 왔고, that이 진목적어절을 이끌고 있다.

02 [정답] It is important to maintain a healthy lifestyle.

→ 주어 자리에 가주어 it이 왔고, 진주어는 to maintain이 이끄는 부정사구이다.

03 [정답] I found it interesting to explore different cultures.

→ 목적어 자리에 가목적어 it이 왔고, 진목적어는 to explore가 이끄는 부정사구이다.

04 [정답] It is not surprising that she won the competition.

→ 주어 자리에 가주어 it이 왔고, that이 진주어절을 이끌고 있다.

05 [정답] 곧 오후이다.

→ 비인칭주어 it이 시간을 설명하고 있다.

06 [정답] 오늘은 7월 18일이다.

→ 비인칭주어 it이 날짜를 설명하고 있다.

07 [정답] 책을 읽을 수 있을 만큼 밝다.

→ 비인칭주어 it이 명암을 설명하고 있다.

08 [정답] 내일은 맑고 따뜻할 것이다.

→ 비인칭주어 it이 날씨를 설명하고 있다.

09 [정답] 여기서 가장 가까운 마을까지는 겨우 5킬로미터이다.

→ 비인칭주어 it이 거리를 설명하고 있다.

10 [정답] ⓑ, ⓕ

[해석] 〈보기〉 여름이고, 태양이 밝게 빛나고 있다.
ⓐ 긍정적인 태도를 유지하는 것은 중요하다.
ⓑ 벌써 금요일이라는 것을 나는 믿을 수가 없다.
ⓒ 나는 책을 찾았는데, 그것은 선반 위에 있었다.
ⓓ 나는 이것을 주문하지 않았어요. 실수인가 봐요.
ⓔ 누가 꽃을 샀다. Sarah일 것이다.
ⓕ 오후 6시 15분이고, 해가 지기 시작했다.
→ 〈보기〉의 밑줄 친 it처럼 문장에서 it이 비인칭주어로 쓰인 것은 ⓑ, ⓕ이다. ⓐ는 가주어 it, ⓒ는 인칭대명사 it, ⓓ는 막연한 상황을 나타내는 it, ⓔ는 불분명한 사람을 가리키는 it이다.

UNIT 15 **부정대명사**

개념 확인 문제 정답   ▶ 문제편 p.75~79

01 one   **02** One   **03** them   **04** it   **05** ones
06 ones   **07** one, another
08 Some, others, the others
09 One, the others   **10** One, the other
11 any   **12** some   **13** any   **14** any   **15** any
16 some   **17** some   **18** dreams   **19** learns
20 loves   **21** ○   **22** ○   **23** flower **24** ○
25 has   **26** any   **27** some   **28** every   **29** Each
30 ○   **31** are   **32** enjoy   **33** ○   **34** ○
35 all of them   **36** participants
37 Neither of us knows the answer.
38 None of my parents enjoy spicy food.
39 You can use either of the keys
40 All   **41** Neither   **42** Both
43 either   **44** None

---

01 [정답] one

[해석] 나는 시계를 잃어버렸다. 하나를 사야 한다.
→ 불특정한 watch 하나를 가리킨다.

02 [정답] One

[해석] 무슨 일이 일어날지 아무도 모른다.
→ 일반적인 사람을 나타낼 때도 one을 쓴다.

03 [정답] them

[해석] 당신은 이 신발을 어디서 샀나요? 그것들이 마음에 들어요.
→ 앞에 나온 특정한 shoes를 가리킨다.

04 [정답] it

[해석] 나는 예쁜 머리띠를 샀는데, 매우 비쌌다.
→ 앞에 나온 특정한 hairband를 가리킨다.

05 [정답] ones

[해석] 꽃무늬는 사랑스럽지만 나는 무늬가 없는 것을 선호한다.
→ 불특정한 patterns를 가리킨다.

06 [정답] ones

[해석] 목도리는 많지만 모직 목도리가 겨울에 제격이다.
→ 불특정한 scarves를 가리킨다. scarves는 scarf의 복수형이다.

07 [정답] one, another

[해석] 이 동물들 중에 하나는 기린이고 다른 하나는 돼지이다.
→ 여러 대상 중 하나를 제외한 불특정한 다른 하나는 another로 나타낸다.

08 [정답] Some, others, the others

[해석] 꽃병 안에 꽃들이 있다. 몇몇 꽃들은 빨간색이고, 다른 꽃들은 노란색이며 나머지 전부는 파란색이다.
→ 여러 대상 중 막연한 여럿은 some, 또 다른 막연한 여럿은 others, 막연한 여럿을 제외한 나머지 전부는 the others로 나타낸다.

09 [정답] One, the others

[해석] 숲에 세 명의 사람이 있다. 한 명은 혼자 앉아 있고, 나머지 전부는 서로의 옆에 앉아 있다.
→ 여러 대상 중 하나를 제외한 나머지 전부는 the others로 나타낸다.

10 [정답] One, the other

[해석] 두 명의 아이가 그네를 타고 있다. 한 명은 분홍색 드레스를 입고 있고, 나머지 한 명은 빨간색 머리띠를 하고 있다.
→ 대상이 둘일 때 나머지 하나는 the other로 나타낸다.

11 [정답] any

[해석] 우리는 낭비할 약간의 시간도 없다.
→ 부정문에서 '약간의'의 의미를 표현할 때 any를 쓴다.

12 [정답] some

[해석] 나는 내 친구들 모두가 아닌 몇 명을 초대했다.
→ 긍정문에서 '몇몇'의 의미를 표현할 때 some을 쓴다.

13 [정답] any

[해석] 오늘 늦게 비가 올 가능성은 없나요?
→ 의문문에서 '어떤'의 의미를 표현할 때 any를 쓴다.

14 [정답] any

[해석] 당신은 몇 번의 대회에서 우승했지만, 나는 아무것도 우승하지 못했다.
→ 부정문에서 '아무것도'의 의미를 표현할 때 any를 쓴다.

15 [정답] any

[해석] 빈 방이 있나요? 아니요, 아무것도 없어요.
→ 부정문에서 '아무것도'의 의미를 표현할 때 any를 쓴다.

16 [정답] some

[해석] 사탕 병이 거의 비어 있다. 아마 Peter가 그것에서 몇몇 사탕을 가져갔을 것이다.
→ 긍정문에서 '몇몇'의 의미를 표현할 때 some을 쓴다.

17 [정답] some

[해석] 이 모든 학생들은 훌륭하지만, 몇몇은 다른 학생들보다 더 열심히 한다.
→ 긍정문에서 '몇몇'의 의미를 표현할 때 some을 쓴다.

18 [정답] dreams

[해석] 모든 사람은 더 나은 미래를 꿈꾼다.
→ everyone은 단수 취급하므로 동사로 dreams가 와야 한다.

19 [정답] learns

[해석] 각각의 학생들은 각자의 속도로 배운다.
→ 형용사 each 뒤에는 단수 명사가 오므로 동사도 단수인 learns가 와야 한다.

20 [정답] loves

[해석] 누구나 맛있는 집밥을 좋아한다.
→ everybody는 단수 취급하므로 동사로 loves가 와야 한다.

21 [정답] ○

[해석] 선반에 있는 모든 책은 장르별로 정리되어 있다.
→ 형용사 every 뒤에는 단수 명사가 오므로 book은 알맞다.

22 [정답] ○

[해석] 각각의 아이들은 생일파티에서 풍선을 받았다.
→ 형용사 each 뒤에는 단수 명사가 오므로 child는 알맞다.

23 [정답] flower

[해석] 꽃다발 안에 있는 각각의 꽃들은 정성스럽게 선별되었다.
→ 형용사 each 뒤에는 단수 명사가 오므로 flower가 와야 한다.

24 [정답] ○

[해석] 각각의 예술작품들은 서로 다른 예술가들에 의해 창작되었다.
→ each of는 뒤에 복수 명사가 오더라도 단수 취급하므로 was는 알맞다.

25 [정답] has

[해석] 그 학교의 학생들 개개인은 특별한 재능을 가지고 있다.
→ each of는 뒤에 복수 명사가 오더라도 단수 취급하므로 동사로 has가 와야 한다.

26 [정답] any

[해석] A: 당신은 오늘 무엇을 할 것인가요?
B: 저는 아직 아무 계획도 하지 않았어요.
→ 부정문에서 '아무것도'의 의미를 표현할 때 any를 쓴다.

27 [정답] some

[해석] A: 모든 서류를 가져왔나요?
B: 오 이런, 그것들 중 몇몇이 빠져있어요.
→ 긍정문에서 '몇몇'의 의미를 표현할 때 some을 쓴다.

28 [정답] every

[해석] A: 모든 학생들이 강의에 참석했나요?
B: 네, 모든 학생이 출석했어요.
→ 뒤에 단수 명사 student가 왔으므로 형용사 every를 쓴다.

29 [정답] Each

[해석] A: Joshua가 포도 바구니를 보냈어요.
B: 멋져요! 각각의 포도가 달고 과즙이 많아 보여요.
→ 뒤에 of the grapes로 복수 명사가 왔으므로 대명사 Each를 쓴다.

C Unit 11·16

30 [정답] ○

[해석] 당신은 그 아이스크림을 모두 먹을 수는 없다.

→ 관사 the가 all과 명사 사이에 온 것은 적절하다.

31 [정답] are

[해석] 두 신발 모두 신발 끈이 없다.

→ both는 항상 복수 취급하므로 동사로 are가 와야 한다.

32 [정답] enjoy

[해석] 쌍둥이 둘 다 축구를 하는 것을 즐긴다.

→ both는 항상 복수 취급하므로 동사로 enjoy가 와야 한다.

33 [정답] ○

[해석] 그들의 소지품은 모두 아직 발견되지 않았다.

→ all 뒤에 복수 명사가 왔으므로 haven't가 쓰인 것은 적절하다.

34 [정답] ○

[해석] 모든 손님들이 맛있는 저녁 식사를 즐겼다.

→ 관사 the가 all과 명사 사이에 온 것은 적절하다.

35 [정답] all of them

[해석] 나는 다양한 과일들을 샀고, 나는 그것들을 모두 매우 좋아한다.

→ all 뒤에 인칭대명사가 오는 경우는 of를 꼭 써야 한다.

36 [정답] participants

[해석] 모든 참가자는 토론에 참여하는 것이 환영받는다.

→ 복수 동사가 쓰였으므로 복수 명사 participants가 와야 한다.

37 [정답] Neither of us knows the answer.

→ 주어 Neither of us, 동사 knows, 목적어 the answer 순으로 배열하는 것이 적절하다.

38 [정답] None of my parents enjoy spicy food.

→ 주어 None of my parents, 동사 enjoy, 목적어 spicy food 순으로 배열하는 것이 적절하다.

39 [정답] You can use either of the keys

→ 주어 You, 동사 can use, 목적어 either of the keys 순으로 배열하는 것이 적절하다.

40 [정답] All

→ '모든 것'을 의미하는 부정대명사 all이 알맞다.

41 [정답] Neither

→ '둘 중 어느 쪽도 아닌'을 의미하는 부정대명사 neither가 알맞다.

42 [정답] Both

→ '둘 다'를 의미하는 부정대명사 both가 알맞다.

43 [정답] either

→ '둘 중 어느 하나'를 의미하는 부정대명사 either가 알맞다.

44 [정답] None

→ '모두 ~않다'를 의미하는 부정대명사 none이 알맞다.

UNIT 16 의문대명사

<table>
<tr><td colspan="3">개념 확인 문제 정답   ▶ 문제편 p.81</td></tr>
<tr><td>01 Whose</td><td>02 whom</td><td>03 Who</td></tr>
<tr><td>04 Whose</td><td>05 whom</td><td>06 Who</td></tr>
<tr><td>07 What</td><td>08 What</td><td>09 Whose</td></tr>
<tr><td>10 What</td><td>11 What</td><td>12 whom</td></tr>
<tr><td>13 ⑨</td><td>14 ⑥   15 ⑥   16 ⑧</td><td>17 ⑥</td></tr>
<tr><td>18 ⑥</td><td>19 ⑥</td><td></td></tr>
</table>

01 [정답] Whose

→ '누구의 것'을 의미하는 소유격 의문대명사는 whose이다.

02 [정답] whom

→ '누구'를 의미하면서 전치사 of 뒤에 올 수 있는 목적격 의문대명사는 whom이다.

03 [정답] Who

→ '누가'를 의미하는 주격 의문대명사는 who이다.

04 [정답] Whose

→ '누구의'를 의미하면서 뒤에 나온 명사 handwriting을 수식하는 의문형용사는 whose이다.

05 [정답] whom

→ '누구'를 의미하면서 전치사 with 뒤에 올 수 있는 목적격 의문대명사는 whom이다.

06 [정답] Who

→ '누구'를 의미하는 주격 의문대명사는 who이다.

07 [정답] What

[해석] Joshua가 당신에게 뭐라고 말했나요?

→ '무엇'을 의미하는 의문대명사는 what이다.

08 [정답] What

[해석] 그들은 지금 무엇을 하고 있나요?

→ '무엇'을 의미하는 의문대명사는 what이다.

09 [정답] Whose

[해석] 탁자 위에 있는 이것은 누구의 책인가요?

→ '누구의'를 의미하면서 뒤에 나온 명사 book을 수식하는 의문형용사는 whose이다.

10 [정답] What

[해석] 당신은 생계를 위해 무엇을 하시나요?(당신의 직업은 무엇인가요?)

→ '무엇'을 의미하는 의문대명사는 what이다.

11 [정답] What

[해석] Parker의 직장에서 그의 직책은 무엇인가요?

→ '무엇'을 의미하는 의문대명사는 what이다.

12 [정답] whom

[해석] 이 택배를 누구에게 보내야 하나요?

→ '누구'를 의미하면서 전치사 to 뒤에 올 수 있는 목적격 의문대명사는 whom이다.

13 정답 ⑨

[해석] 이 잔은 누구의 것인가요?
확실하지는 않지만, 제 것은 아니에요.
→ '누구의' 잔인지 물었으므로, 확실하지는 않지만 제 것이
아니라고 응답하는 것이 적절하다.

14 정답 ⓔ

[해석] 어느 것이 더 저렴한가요?
왼쪽 것이요. 그것은 할인 중이에요.
→ '어느' 것이 더 저렴한지 물었으므로, 왼쪽 것이 할인
중이라고 응답하는 것이 적절하다.

15 정답 ⓓ

[해석] 당신은 몇 시에 방문할 건가요?
아마 오후 7시에요.
→ '몇 시'에 방문할 것인지 물었으므로, 오후 7시라고
응답하는 것이 적절하다.

16 정답 ⓐ

[해석] 당신은 누구를 찾고 있나요?
제 여동생이요. 그녀를 찾을 수가 없어요.
→ '누구'를 찾고 있는지 물었으므로, 여동생이라고 응답하는
것이 적절하다.

17 정답 ⓕ

[해석] 당신은 어떤 직업을 가지고 있나요?
아직 없습니다.
→ '어떤 직업'을 가지고 있는지 물었으므로, 아직 없다고
응답하는 것이 적절하다.

18 정답 ⓑ

[해석] 사진 속 이 여성은 누구인가요?
그녀는 제 룸메이트예요.
→ '누구'인지 물었으므로, 룸메이트라고 응답하는 것이
적절하다.

19 정답 ⓒ

[해석] 탁자 위에 남겨진 것은 누구의 장갑이었나요?
Sylvia의 것이었어요.
→ '누구의 장갑'이었는지 물었으므로, Sylvia의 장갑이라고
응답하는 것이 적절하다.

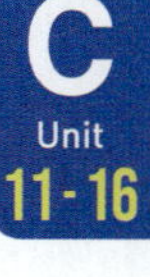

정답

01 ①	**02** ③	**03** ②	**04** ④	**05** ④
06 ⑤	**07** ⑤	**08** 3	**09** ④	**10** ⑤
11 any	**12** some	**13** each	**14** every	
15 Amy와 Mark 둘 다	**16** 모든 좌석이 ~ 않다		**17** ②	
18 ⑤	**19** ③	**20** ④	**21** the others	
22 which		**23** are → is		
24 others → the others		**25** ⑤		
26 ⑤, what				

01 정답 ①　　　　　　　　　UNIT **15** 부정대명사

[해석] 우리 도시의 모든 호텔은 예약되었다.
→ 복수 동사 were booked가 이어지므로 the hotels 앞에는
'모든'을 뜻하는 ①이 알맞다.

02 정답 ③　　　　　　　　　UNIT **15** 부정대명사

[해석] 선반에 있는 책마다 독특한 이야기가 있다.
→ 단수 동사 has가 이어지므로 of the books 앞에는 '각각'을
뜻하는 ③이 알맞다.

03 정답 ②　　　　　　　　　UNIT **16** 의문대명사

[해석] 프로그램에 관해 누구와 이야기해야 하나요?
→ '누구'를 의미하면서 전치사 with 뒤에 올 수 있는 목적격
의문대명사는 ② whom이다.

04 정답 ④　　　　　　　　　UNIT **16** 의문대명사

[해석] A: 나랑 William 중에 어느 사람을 더 좋아하나요?
B: 대답하고 싶지 않아요.
→ one을 수식하는 의문형용사로 쓰여 '어느 사람'이라는 의미를
완성하는 것은 ④ Which이다.

05 정답 ④　　　　　　　　　UNIT **15** 부정대명사

[해석] ① 모두 그녀를 좋아한다.
② 내 친구들 중 몇 명은 야구를 좋아한다.
③ 당신은 한 시간 더 일해도 괜찮으세요?
④ 각각의 직원들은 자신의 책상을 가지고 있다.
⑤ 저는 지갑을 잃어버렸어요. 좋은 지갑 하나를 추천해 주세요.
→ ④ each of는 뒤에 복수 명사가 오더라도 단수 취급하므로
동사로 have가 아니라 has가 와야 한다.

06 정답 ⑤　　　　　　　　　UNIT **15** 부정대명사

[해석] George는 Karin과 Daisy라는 두 명의 딸이 있다. 그는
"그들 둘 다 아주 똑똑해!"라고 말했다.
→ 밑줄 친 Both of them은 '그들 둘 다'라는 뜻이다. George의
딸이 두 명이라고 언급되었고, 문맥상 George가 똑똑하다고 말하는
두 명은 Karin과 Daisy이다. 따라서 밑줄 친 Both of them은
⑤ Karin and Daisy를 가리킨다.

07 정답 ⑤　　　　　　　　　UNIT **15** 부정대명사

[해석] 하린, 민지, 그리고 은주는 한 달 전에 우리 수업에
등록했다. 그들 모두 각자의 이메일 주소를 가지고 있다.

→ 밑줄 친 All of them은 '그들 모두'라는 뜻이다. 하린, 민지, 은주라는 세 명의 학생이 언급되었고, 문맥상 그들 모두 이메일 주소를 가지고 있다는 내용이므로 밑줄 친 All of them은 ⑤ Harin, Minji and Eunju를 가리킨다.

08 [정답] 3 UNIT 15 부정대명사

[해석] ⓐ Henry는 갈색 구두를 좋아하지만, 나는 검은색 구두를 선호한다.
ⓑ 동아리에서 나만 유일한 여자이다. 나머지는 모두 남자이다.
ⓒ 몇몇 사람들은 미국 차를 좋아하고, 다른 사람들은 유럽 차를 좋아한다.
ⓓ 학생들 몇몇은 내일 현장학습을 갈 것이다.
ⓔ 가족 구성원 각자가 저녁 식사를 준비하는 데 있어 역할이 있다.
→ ⓐ 앞에 나온 shoes 중 불특정한 것을 나타내는 ones가 알맞게 쓰였다. ⓒ 막연한 일부를 나타내는 some과 또 다른 막연한 여럿을 나타내는 others가 알맞게 쓰였다. ⓓ 막연한 일부를 나타내는 some이 알맞게 쓰였다.
ⓑ 여럿 중 하나를 제외한 나머지 전부를 나타내는 것은 the others이다. ⓔ 형용사 each 뒤에 단수 명사 member가 왔으므로 동사로 has가 와야 한다.

09 [정답] ④ UNIT 15 부정대명사

[해석] ① 몇몇 학생들은 영어를 잘한다.
② 물 좀 주실래요?
③ 어떤 사람들은 야구를 좋아하고, 다른 사람들은 농구를 좋아한다.
④ 병에 설탕이 들어있나요?
⑤ 나는 집에 오는 길에 음식을 좀 샀다.
→ 나머지는 모두 some이 오지만 ④은 '약간의'를 뜻하는 any가 형용사로 쓰여 sugar 앞에 온다.
①, ⑤ some은 긍정문에서 '몇몇'을 뜻하는 부정대명사로 쓰인다. ② some은 의문문에서 '조금'을 뜻하는 부정대명사로 쓰인다. ③ 막연한 여럿은 some, 또 다른 막연한 여럿은 others로 가리킨다.

10 [정답] ⑤ UNIT 16 의문대명사

[해석] ① 누가 그것에 관해 당신에게 말했나요?
② 누가 이것을 담당하나요?
③ 누가 어젯밤에 당신에게 전화했나요?
④ 어제 시합에서 누가 이겼나요?
⑤ 부엌을 청소하는 것은 누구의 차례인가요?
→ ⑤을 제외한 나머지에는 모두 '누가'를 의미하는 주격 관계대명사 who가 와야 한다. ⑤은 뒤에 나온 turn을 수식하여 '누구의 차례'라는 의미를 완성하는 의문형용사 whose가 와야 한다.

11 [정답] any UNIT 15 부정대명사

[해석] A: Rafael, 주말에 어떤 계획 있어?
B: 나는 친구 몇 명을 초대해서 바비큐 파티를 할까 해.
A: 재밌을 것 같아! 도움이 필요해?
B: 고마워. 가게에서 햄버거 좀 가져올 수 있어?
A: 물론이지. 몇 개를 사야 해?
B: 각각의 손님들이 햄버거 2개씩 먹는다면, 10개면 충분할 거야.
A: 알겠어. 나는 모든 손님이 다 배불렀으면 좋겠어.

B: 나도 그러길 바라.
→ 의문문에서 '어떤'의 의미를 표현해야 하므로 any가 알맞다.

12 [정답] some UNIT 15 부정대명사

→ 긍정문에서 '몇몇'의 의미를 표현해야 하므로 some이 알맞다.

13 [정답] each UNIT 15 부정대명사

→ 뒤에 of와 복수 명사 the guests가 왔고, '각각'의 의미를 표현해야 하므로 each가 알맞다.

14 [정답] every UNIT 15 부정대명사

→ 뒤에 단수 명사 guest가 왔고, '모든'의 의미를 표현해야 하므로 every가 알맞다.

15 [정답] Amy와 Mark 둘 다 UNIT 15 부정대명사

[해석] A: Amy, 너와 Mark는 제시간에 프로젝트를 완료했니?
B: 응, 우리 둘 다 밤늦게까지 일했어.
→ both는 '둘 다'를 뜻하므로 both of us는 'Amy와 Mark 둘 다'를 의미한다.

16 [정답] 모든 좌석이 ~ 않다 UNIT 15 부정대명사

[해석] A: 오늘 밤 콘서트에 빈자리가 있나요?
B: 모든 좌석이 남지 않았어요. 완전히 매진되었어요.
A: 그거 정말 아쉽네요!
→ none은 '모두 ~ 않다'를 뜻하므로 대화 속에서 None은 '모든 좌석이 ~ 않다'를 의미한다.

17 [정답] ② UNIT 14 대명사 it, UNIT 15 부정대명사

[해석] • 나는 나의 결혼식 날에 비가 오지 않기를 바란다.
• 당신이 준 사과는 모두 익지 않았다.
→ (A) 날씨를 나타내므로 비인칭주어 it이 적절하다.
(B) 뒤에 복수 동사 were가 오므로 Each, Either는 올 수 없다.

18 [정답] ⑤ UNIT 16 의문대명사

[해석] ① 누가 케이크를 다 먹었나요?
② 누가 문을 두드렸나요?
③ 산책하고 싶은 사람은 누구인가요?
④ 송별회에 누가 오나요?
⑤ 당신은 누구한테 그 책을 빌렸나요?
→ ⑤을 제외한 나머지는 주격 의문대명사이고, ⑤은 전치사 from의 목적격 의문대명사이다.

19 [정답] ③ UNIT 14 대명사 it

[해석] ① 어두워진다.
② 4킬로미터 떨어져 있다.
③ 그것은 내 책이 아니다.
④ 7시이다.
⑤ 오늘은 매우 덥다.
→ 나머지는 모두 비인칭주어 It이지만, ③은 '그것은'을 뜻하는 주격 인칭대명사이다.

20 [정답] ④ UNIT 14 대명사 it

[해석] ① 질문에 답하기는 쉽지 않았다.
② 영어를 공부하는 것은 중요하다.
③ 공기를 깨끗하게 유지하는 것은 불가능하다.
④ 아침 8시 30분이다.
⑤ 길을 건너는 것은 위험하다.

→ 나머지는 모두 가주어 It이지만 ④은 비인칭주어로 쓰인 It이다.

21 정답 the others   UNIT **15** 부정대명사
→ 나머지 전부는 the others로 가리킨다.

22 정답 which   UNIT **16** 의문대명사
→ '어느 수업'이라고 했으므로 one을 수식하는 의문형용사 which가 와야 한다.

23 정답 are → is   UNIT **15** 부정대명사
[해석] 다들 숙제하느라 바쁘다.
→ everyone은 단수 취급하므로 동사도 is가 와야 한다.

24 정답 others → the others   UNIT **15** 부정대명사
[해석] Eric은 세 대의 모형 비행기를 가지고 있다. 하나는 빨간색이고, 나머지는 파란색이다.
→ 여러 개 중 한 개는 one, 나머지 전부는 the others로 가리킨다.

25 정답 ⑤   UNIT **14** 대명사 it, UNIT **15** 부정대명사
[해석] 서점에서 Ethan은 새로 나온 책들을 발견한다. 그것들 모두 흥미로워 보인다. 바쁜 날이기 때문에, 그는 단 두 권만 가지고 떠난다. 그것들 중 하나는 추리 소설이고, 나머지 하나는 에세이다. 그는 어서 두 가지 모두를 다 읽고 싶다.
→ (A) 막연한 여럿을 나타내는 some이 적절하다. (B) '도두'를 나타내는 all이 적절하다. (C) 날짜를 나타내는 비인칭주어 it이 적절하다. (D) 둘 중 나머지 하나를 나타내는 the other가 적절하다. (E) '둘 다'를 나타내는 both가 적절하다. 따라서 ⑤ the others가 어느 빈칸에도 들어갈 수 없다.

26 정답 ⑤, what   UNIT **15** 부정대명사, UNIT **16** 의문대명사
[해석] 나는 책을 읽을 때, 여러 주제에서 하나를 고른다. 내가 가장 좋아하는 몇몇은 과학 분야이고, 다른 것들은 역사에 관한 것이다. 나는 새로운 책에 빠져들기 전에 항상 "작가가 누구이지, 그리고 무엇에 관한 내용이지?"라고 스스로에게 물어본다.
→ '무엇'을 의미하는 의문대명사는 which가 아니라 what이다.

D 시제

UNIT **17** 현재시제

개념 확인 문제 정답   ▶ 문제편 p.87

01 is	**02** starts	**03** travels
04 departs	**05** boils	**06** is
07 is	**08** wake	**09** bites
10 denies	**11** drops	**12** flows
13 goes	**14** kisses	**15** has
16 mixes	**17** passes	**18** pours
19 punches	**20** pushes	**21** relaxes
22 shakes	**23** strikes	**24** winks

25 Actions speak louder   **26** gathers no moss
27 and four makes five
28 goes to church on Sunday
29 Gravity attracts objects towards

01 정답 is
[해석] Harper는 지금 도서관에 있다.
→ 현재 상태를 나타내므로 be동사의 현재형 is를 쓴다.

02 정답 starts
[해석] 그는 금요일에 새로운 일을 시작할 것이다.
→ 가까운 미래를 나타내므로 현재시제를 쓴다. 주어가 3인칭 단수이므로 starts를 쓴다.

03 정답 travels
[해석] 빛은 소리보다 더 빠르게 이동한다.
→ 불변의 진리를 나타내므로 현재시제인 travels를 쓴다.

04 정답 departs
[해석] 우리 비행기는 10분 후에 출발할 것이다.
→ 가까운 미래를 나타내므로 현재시제를 쓴다.

05 정답 boils
[해석] 물은 섭씨 100도에서 끓는다.
→ 불변의 진리를 나타내므로 현자 시제를 쓴다.

06 정답 is
[해석] 태평양은 가장 큰 바다이다.
→ 불변의 진리를 나타내므로 현자 시제를 쓴다. 주어가 3인칭 단수이므로 is를 쓴다.

07 정답 is
[해석] 죄송합니다, 그녀는 지금 여기에 없습니다.
→ 현재 상태를 나타내므로 현재시제를 쓴다.

08 정답 wake
[해석] 나는 보통 아침 7시에 일어난다.
→ 습관을 나타내므로 현재시제를 쓴다.

09 정답 bites
→ 대부분의 동사와 마찬가지로 bite 뒤에는 -s를 붙인다.

10 정답 denies
→ 자음 뒤에 y가 오는 동사는 y를 i로 바꾸고 -es를 붙인다.

11 정답 drops
→ 대부분의 동사와 마찬가지로 drop 뒤에는 -s를 붙인다.

12 정답 flows
→ 대부분의 동사와 마찬가지로 flow 뒤에는 -s를 붙인다.

13 정답 goes
→ -o로 끝나는 동사는 뒤에 -es를 붙인다.

14 정답 kisses
→ -s로 끝나는 동사는 뒤에 -es를 붙인다.

15 정답 has
→ 불규칙 동사 have의 3인칭 단수형은 has다.

16 정답 mixes
→ -x로 끝나는 동사는 뒤에 -es를 붙인다.

17 정답 passes
→ -s로 끝나는 동사는 뒤에 -es를 붙인다.

18 정답 pours
→ 대부분의 동사와 마찬가지로 pour 뒤에는 -s를 붙인다.

19 정답 punches
→ -ch로 끝나는 동사는 뒤에 -es를 붙인다.

20 정답 pushes
→ -sh로 끝나는 동사는 뒤에 -es를 붙인다.

21 정답 relaxes
→ -x로 끝나는 동사는 뒤에 -es를 붙인다.

22 정답 shakes
→ 대부분의 동사와 마찬가지로 shake 뒤에는 -s를 붙인다.

23 정답 strikes
→ 대부분의 동사와 마찬가지로 strike 뒤에는 -s를 붙인다.

24 정답 winks
→ 대부분의 동사와 마찬가지로 wink 뒤에는 -s를 붙인다.

25 정답 Actions speak louder
→ 격언을 나타내므로 현재시제를 쓴다. 주어가 3인칭
복수이므로 speak에 -s가 붙지 않는다.

26 정답 gathers no moss
→ 속담을 나타내므로 현재시제를 쓴다. 주어가 3인칭
단수이므로 gathers를 쓴다.

27 정답 and four makes five
→ 불변의 진리를 나타내므로 현재시제를 쓴다. 주어가 단수로
취급하는 명사구이므로 makes를 쓴다.

28 정답 goes to church on Sunday
→ 습관을 나타내므로 현재시제를 쓴다. 주어가 3인칭
단수이므로 goes를 쓴다.

29 정답 Gravity attracts objects towards
→ 불변의 진리를 나타내므로 현재시제를 쓴다. 주어가 3인칭
단수이므로 attracts를 쓴다.

UNIT 18 과거시제

개념 확인 문제 정답 ▶ 문제편 p.89

01 baked **02** created **03** cleaned
04 copied **05** delayed **06** employed
07 hugged **08** hurried **09** identified
10 looked **11** notified **12** reached
13 shared **14** stayed **15** slipped
16 shopped **17** packed **18** watched
19 was **20** called **21** completed
22 attended **23** received **24** died
25 traveled **26** He studied hard for the exam.
27 She received a promotion at work.
28 They visited their grandparents during the
holidays.
29 We celebrated my sister's birthday with a
surprise party.

01 정답 baked
→ -e로 끝나는 동사는 뒤에 -d를 붙인다.

02 정답 created
→ -e로 끝나는 동사는 뒤에 -d를 붙인다.

03 정답 cleaned
→ 대부분의 동사와 마찬가지로 clean 뒤에는 -ed를 붙인다.

04 정답 copied
→ 자음 뒤에 y가 오는 동사는 y를 i로 바꾸고 -ed를 붙인다.

05 정답 delayed
→ 모음 뒤에 y가 오는 동사는 y를 i로 바꾸지 않고 바로 뒤에
-ed를 붙인다.

06 정답 employed
→ 모음 뒤에 y가 오는 동사는 y를 i로 바꾸지 않고 바로 뒤에
-ed를 붙인다.

07 정답 hugged
→ 단모음 뒤에 단자음이 이어지면서 끝나는 동사는 마지막
자음을 한 번 더 쓰고 -ed를 붙인다.

08 정답 hurried
→ 자음 뒤에 y가 오는 동사는 y를 i로 바꾸고 -ed를 붙인다.

09 정답 identified
→ 자음 뒤에 y가 오는 동사는 y를 i로 바꾸고 -ed를 붙인다.

10 정답 looked
→ 대부분의 동사와 마찬가지로 look 뒤에는 -ed를 붙인다.

11 정답 notified
→ 자음 뒤에 y가 오는 동사는 y를 i로 바꾸고 -ed를 붙인다.

12 정답 reached
→ 대부분의 동사와 마찬가지로 reach 뒤에는 -ed를 붙인다.

13 정답 shared
→ -e로 끝나는 동사는 뒤에 -d를 붙인다.

14 정답 stayed
→ 모음 뒤에 y가 오는 동사는 y를 i로 바꾸지 않고 바로 뒤에 -ed를 붙인다.

15 정답 slipped
→ 단모음 뒤에 단자음이 이어지면서 끝나는 동사는 마지막 자음을 한 번 더 쓰고 -ed를 붙인다.

16 정답 shopped
→ 단모음 뒤에 단자음이 이어지면서 끝나는 동사는 마지막 자음을 한 번 더 쓰고 -ed를 붙인다.

17 정답 packed
→ 대부분의 동사와 마찬가지로 pack 뒤에는 -ed를 붙인다.

18 정답 watched
→ 대부분의 동사와 마찬가지로 watch 뒤에는 -ed를 붙인다.

19 정답 was
[해석] 그것은 1990년대에 인기가 있었다.
→ '인기가 있었다'라는 의미를 완성하기 위해서는 be동사의 과거시제가 와야 한다. 주어가 3인칭 단수이므로 was가 적절하다.

20 정답 called
[해석] 오늘 좀 전에 고객이 나에게 전화했다.
→ '고객이 전화했다'라는 의미를 완성하기 위해서는 과거시제인 called가 와야 한다.

21 정답 completed
[해석] 그는 어제 그의 프로젝트를 끝냈다.
→ '프로젝트를 끝냈다'라는 의미를 완성하기 위해서는 과거시제인 completed가 와야 한다.

22 정답 attended
[해석] 나는 지난 여름에 회의에 참석했다.
→ '회의에 참석했다'라는 의미를 완성하기 위해서는 과거시제인 attended가 와야 한다.

23 정답 received
[해석] 우리는 저녁 파티에 초대를 받았다.
→ '초대를 받았다'라는 의미를 완성하기 위해서는 과거시제인 received가 와야 한다.

24 정답 died
[해석] 얼마나 많은 사람들이 지진으로 죽었나요?
→ '사람들이 죽었다'라는 의미를 완성하기 위해서는 과거시제인 died가 와야 한다.

25 정답 traveled
[해석] 내가 어렸을 때 우리 가족은 Vancouver를 자주 여행했다.
→ '우리 가족은 여행했다'라는 의미를 완성하기 위해서는 과거시제인 traveled가 와야 한다.

26 정답 He studied hard for the exam.
[해석] 그는 시험을 위해 열심히 공부했다.
→ 자음 뒤에 y가 오는 동사인 study의 과거형은 studied이다.

27 정답 She received a promotion at work.
[해석] 그녀는 직장에서 승진했다.
→ -e로 끝나는 동사인 receive의 과거형은 received이다.

28 정답 They visited their grandparents during the holidays.
[해석] 그들은 휴일 동안 조부모님을 방문했다.
→ visit의 과거형은 visited이다.

29 정답 We celebrated my sister's birthday with a surprise party.
[해석] 우리는 깜짝 파티로 언니의 생일을 축하했다.
→ -e로 끝나는 동사인 celebrate의 과거형은 celebrated이다.

D
Unit
17·22

개념 확인 문제 정답　　　▶ 문제편 p.91~93

01 cut, cut　　02 heard, heard　03 made, made
04 found, found　　05 had, had
06 caught, caught　　07 kept, kept
08 laid, laid　　09 hurt, hurt　　10 left, left
11 thought, thought　　12 sold, sold
13 dealt, dealt　　14 fed, fed
15 meant, meant　　16 slept, slept
17 held, held　　18 set, set　　19 shut, shut
20 spread, spread　　21 brought, brought
22 met, met　　23 read, read　　24 led, led
25 lost, lost　　26 put, put　　27 told
28 stood　　29 sat　　30 paid
31 slept　　32 set　　33 shut
34 left　　35 did, done　　36 cost, cost
37 ate, eaten　　38 paid, paid　　39 rang, rung
40 chose, chosen　　41 bought, bought
42 taught, taught　　43 told, told
44 sent, sent　　45 let, let　　46 built, built
47 threw, thrown　　48 came, come
49 wrote, written　　50 saw, seen
51 broke, broken　　52 sang, sung
53 wore, worn　54 drank, drunk　55 took, taken
56 rose, risen　57 said, said　58 knew, known
59 sat, sat　　60 stood, stood　61 woke, woken
62 hit, hit　　63 bit, bitten
64 became, become　　65 sang
66 taught　　67 read

01 [정답] cut, cut
[해석] 자르다
→ cut은 원형, 과거, 과거분사가 모두 같은 동사이다.

02 [정답] heard, heard
[해석] 듣다
→ hear는 과거와 과거분사가 같은 동사이다.

03 [정답] made, made
[해석] 만들다
→ make는 과거와 과거분사가 같은 동사이다.

04 [정답] found, found
[해석] 찾다
→ find는 과거와 과거분사가 같은 동사이다.

05 [정답] had, had
[해석] 가지다
→ have는 과거와 과거분사가 같은 동사이다.

06 [정답] caught, caught
[해석] 잡다
→ catch는 과거와 과거분사가 같은 동사이다.

07 [정답] kept, kept
[해석] 유지하다
→ keep은 과거와 과거분사가 같은 동사이다.

08 [정답] laid, laid
[해석] 놓다, 낳다
→ lay는 과거와 과거분사가 같은 동사이다.

09 [정답] hurt, hurt
[해석] 다치다
→ hurt는 원형, 과거, 과거분사가 모두 같은 동사이다.

10 [정답] left, left
[해석] 떠나다
→ leave는 과거와 과거분사가 같은 동사이다.

11 [정답] thought, thought
[해석] 생각하다
→ think는 과거와 과거분사가 같은 동사이다.

12 [정답] sold, sold
[해석] 팔다
→ sell은 과거와 과거분사가 같은 동사이다.

13 [정답] dealt, dealt
[해석] 거래하다
→ deal은 과거와 과거분사가 같은 동사이다.

14 [정답] fed, fed
[해석] 먹이다
→ feed는 과거와 과거분사가 같은 동사이다.

15 [정답] meant, meant
[해석] 의미하다
→ mean은 과거와 과거분사가 같은 동사이다.

16 [정답] slept, slept
[해석] 자다
→ sleep은 과거와 과거분사가 같은 동사이다.

17 [정답] held, held
[해석] 지니다
→ hold는 과거와 과거분사가 같은 동사이다.

18 [정답] set, set
[해석] 놓다
→ set은 원형, 과거, 과거분사가 모두 같은 동사이다.

19 [정답] shut, shut
[해석] 닫다
→ shut은 원형, 과거, 과거분사가 모두 같은 동사이다.

20 [정답] spread, spread
[해석] 퍼지다
→ spread는 원형, 과거, 과거분사가 모두 같은 동사이다.

21 [정답] brought, brought
[해석] 가져오다
→ bring은 과거와 과거분사가 같은 동사이다.

22 [정답] met, met
[해석] 만나다
→ meet은 과거와 과거분사가 같은 동사이다.

23 [정답] read, read
[해석] 읽다
→ read는 원형, 과거, 과거분사가 모두 같은 동사이다.

24 [정답] led, led
[해석] 인도하다
→ lead는 과거와 과거분사가 같은 동사이다.

25 [정답] lost, lost
[해석] 잃어버리다
→ lose는 과거와 과거분사가 같은 동사이다.

26 [정답] put, put
[해석] 놓다
→ put은 원형, 과거, 과거분사가 모두 같은 동사이다.

27 [정답] told
[해석] 그녀는 파티에서 우리에게 재미있는 농담을 했다.
→ tell의 과거형은 told이다.

28 [정답] stood
[해석] 그들은 영화를 위해 줄을 섰다.
→ stand의 과거형은 stood이다.

29 [정답] sat
[해석] 우리는 일몰을 감상하기 위해 함께 앉았다.
→ sit의 과거형은 sat이다.

30 [정답] paid
[해석] 그는 콘서트 티켓값을 온라인으로 지불했다.
→ pay의 과거형은 paid이다.

31 [정답] slept
[해석] 피곤한 하루를 보낸 후, 그들은 몇 시간 동안 잠을 잤다.
→ sleep의 과거형은 slept이다.

32 [정답] set
[해석] 그녀는 자기 전에 알람을 맞췄다.
→ set은 원형, 과거, 과거분사가 모두 같은 동사이다.

33 [정답] shut
[해석] 그는 소음을 차단하기 위해 창문을 닫았다.
→ shut은 원형, 과거, 과거분사가 모두 같은 동사이다.

34 [정답] left
[해석] 그녀는 출근하기 전에 부엌 조리대에 메모를 남겼다.
→ leave의 과거형은 left이다.

35 [정답] did, done
[해석] 하다
→ do는 원형, 과거, 과거분사가 모두 다른 동사이다.

36 [정답] cost, cost
[해석] 비용이 들다
→ cost는 원형, 과거, 과거분사가 모두 같은 동사이다.

37 [정답] ate, eaten
[해석] 먹다
→ eat은 원형, 과거, 과거분사가 모두 다른 동사이다.

38 [정답] paid, paid
[해석] 지불하다
→ pay는 과거와 과거분사가 같은 동사이다.

39 [정답] rang, rung
[해석] 울리다
→ ring은 원형, 과거, 과거분사가 모두 다른 동사이다.

40 [정답] chose, chosen
[해석] 선택하다
→ choose는 원형, 과거, 과거분사가 모두 다른 동사이다.

41 [정답] bought, bought
[해석] 사다
→ buy는 과거와 과거분사가 같은 동사이다.

42 [정답] taught, taught
[해석] 가르치다
→ teach는 과거와 과거분사가 같은 동사이다.

43 [정답] told, told
[해석] 말하다
→ tell은 과거와 과거분사가 같은 동사이다.

44 [정답] sent, sent
[해석] 보내다
→ send는 과거와 과거분사가 같은 동사이다.

45 [정답] let, let
[해석] ~하게 하다
→ let은 원형, 과거, 과거분사가 모두 같은 동사이다.

46 [정답] built, built
[해석] 짓다
→ build는 과거와 과거분사가 같은 동사이다.

47 [정답] threw, thrown
[해석] 던지다
→ throw는 원형, 과거, 과거분사가 모두 다른 동사이다.

48 [정답] came, come
[해석] 오다
→ come은 현재와 과거분사가 같은 동사이다.

49 [정답] wrote, written
[해석] 쓰다
→ write는 원형, 과거, 과거분사가 모두 다른 동사이다.

50 [정답] saw, seen

[해석] 보다

→ see는 원형, 과거, 과거분사가 모두 다른 동사이다.

51 [정답] broke, broken

[해석] 깨뜨리다

→ break는 원형, 과거, 과거분사가 모두 다른 동사이다.

52 [정답] sang, sung

[해석] 노래하다

→ sing은 원형, 과거, 과거분사가 모두 다른 동사이다.

53 [정답] wore, worn

[해석] 입다

→ wear는 원형, 과거, 과거분사가 모두 다른 동사이다.

54 [정답] drank, drunk

[해석] 마시다

→ drink는 원형, 과거, 과거분사가 모두 다른 동사이다.

55 [정답] took, taken

[해석] 잡다

→ take는 원형, 과거, 과거분사가 모두 다른 동사이다.

56 [정답] rose, risen

[해석] 오르다

→ rise는 원형, 과거, 과거분사가 모두 다른 동사이다.

57 [정답] said, said

[해석] 말하다

→ say는 과거와 과거분사가 같은 동사이다.

58 [정답] knew, known

[해석] 알다

→ know는 원형, 과거, 과거분사가 모두 다른 동사이다.

59 [정답] sat, sat

[해석] 앉다

→ sit은 과거와 과거분사가 같은 동사이다.

60 [정답] stood, stood

[해석] 서다

→ stand는 과거와 과거분사가 같은 동사이다.

61 [정답] woke, woken

[해석] 깨다

→ wake는 원형, 과거, 과거분사가 모두 다른 동사이다.

62 [정답] hit, hit

[해석] 치다

→ hit은 원형, 과거, 과거분사가 모두 같은 동사이다.

63 [정답] bit, bitten

[해석] 물다

→ bite는 원형, 과거, 과거분사가 모두 다른 동사이다.

64 [정답] became, become

[해석] 되다

→ become은 현재와 과거분사가 같은 동사이다.

65 [정답] sang

[해석] 그녀는 큰 소리로 노래를 불렀다.

→ sing은 원형, 과거, 과거분사가 모두 다른 동사로, 과거형은 sang이다.

66 [정답] taught

[해석] 그는 대학에서 수학을 가르쳤다.

→ teach는 과거와 과거분사가 같은 동사로, 과거형은 taught이다.

67 [정답] read

[해석] 그녀는 많은 책을 읽었다.

→ read는 원형, 과거, 과거분사가 모두 같은 동사이다.

UNIT 20 미래시제

개념 확인 문제 정답		▶ 문제편 p.94~95
01 am	**02** rains	**03** to launch
04 to leave	**05** going	**06** leave
07 walk		**08** is going to bake
09 is about to reveal		**10** completed
11 arrived	**12** will arrive	**13** helps
14 is going to help		**15** learned
16 is going to learn		**17** announced
18 are about to announce		
19 visited		**20** are going to visit

01 [정답] am

[해석] 나는 막 샤워를 하려던 참이다.

→ 즉시 일어날 미래를 나타낼 때는 「be about to+동사원형」을 쓴다.

02 [정답] rains

[해석] 비가 오면, 우리는 실내에 머무를 것이다.

→ 시간이나 조건을 나타내는 부사절에서는 현재시제가 미래시제를 대신하므로 rains가 알맞다.

03 [정답] to launch

[해석] 우리는 내년에 신제품을 출시할 것이다.

→ 미래에 일어날 계획된 일을 나타낼 때는 「be going to+동사원형」을 쓴다.

04 [정답] to leave

[해석] 그의 전화가 울렸을 때, 그는 막 떠나려 했다.

→ 즉시 일어날 미래를 나타낼 때는 「be about to+동사원형」을 쓴다. 과거 시점에서 '떠나려고' 한 것이므로 was about to leave가 쓰였다.

05 [정답] going

[해석] Oliver는 다가오는 선거에서 시장에 출마할 것이다.

→ 미래에 일어날 계획된 일을 나타낼 때는 「be going to+동사원형」을 쓴다.

06 [정답] leave

[해석] 그들은 내일 아침에 London으로 가기 위해 Seoul을 떠날 것이다.
→ 미래에 일어날 일이나 의지를 나타낼 때는 「will+동사원형」을 쓴다.

07 [정답] walk

→ 습관이나 반복되는 일을 나타내므로 현재시제 동사 walk가 알맞다.

08 [정답] is going to bake

→ 미래에 일어날 계획된 일을 나타낼 때는 「be going to+동사원형」을 쓴다.

09 [정답] is about to reveal

→ 즉시 일어날 미래를 나타낼 때는 「be about to+동사원형」을 쓴다.

10 [정답] completed

→ '완수했다'라는 의미를 완성하기 위해서는 과거시제인 completed가 와야 한다.

11 [정답] arrived

→ '도착했다'라는 의미를 완성하기 위해서는 과거시제인 arrived가 와야 한다. -e로 끝나는 동사는 뒤에 -d를 붙인다.

12 [정답] will arrive

→ 미래에 일어날 일이나 의지를 나타낼 때는 「will+동사원형」을 쓴다.

13 [정답] helps

→ 습관이나 반복되는 일을 나타내므로 현재시제를 쓴다. 주어가 3인칭 단수이므로 helps가 알맞다.

14 [정답] is going to help

→ 미래에 일어날 계획된 일을 나타낼 때는 「be going to+동사원형」을 쓴다.

15 [정답] learned

→ '배웠다'라는 의미를 완성하기 위해서는 과거시제인 learned가 와야 한다. 대부분의 동사와 마찬가지로 learn 뒤에는 -ed를 붙인다.

16 [정답] is going to learn

→ 미래에 일어날 계획된 일을 나타낼 때는 「be going to+동사원형」을 쓴다.

17 [정답] announced

→ '발표했다'라는 의미를 완성하기 위해서는 과거시제인 announced가 와야 한다. -e로 끝나는 동사는 뒤에 -d를 붙인다.

18 [정답] are about to announce

→ 즉시 일어날 미래를 나타낼 때는 「be about to+동사원형」을 쓴다.

19 [정답] visited

→ '방문했다'라는 의미를 완성하기 위해서는 과거시제인 visited가 와야 한다. 대부분의 동사와 마찬가지로 visit 뒤에는 -ed를 붙인다.

20 [정답] are going to visit

→ 미래에 일어날 계획된 일을 나타낼 때는 「be going to+동사원형」을 쓴다.

단원 평가 문제 UNIT 17 ~ UNIT 20 ▶ 문제편 p.96~97

D Unit 17-22

정답

01 ②   02 ①   03 ⑤   04 ④   05 ④
06 Heat turns ice into water.
07 The train leaves at 6 every morning.
08 Mindy heard a loud noise last night.
09 She will 또는 is going to visit her parents next weekend.
10 How old were you when you graduated from college?
11 ⓐ → walks   12 ⓒ → thought 13 ⓓ → took
14 ②   15 ③   16 ④   17 ③   18 ②

01 [정답] ② UNIT 17 현재시제

[해석] • 서두르면 일을 그르친다.
• 그는 매일 아침 침대를 정리한다.
→ 격언, 습관을 나타낼 때는 현재시제를 쓴다. Haste와 He는 모두 3인칭 단수이므로 makes가 적절하다.

02 [정답] ① UNIT 17 현재시제

[해석] • 식물은 에너지를 만들기 위해 햇빛을 사용한다.
• 나는 매일 밤 자기 전에 명상 앱을 사용한다.
→ 불변의 진리, 반복되는 일을 나타낼 때는 현재시제를 쓴다. Plants는 3인칭 복수, I는 1인칭이므로 use가 적절하다.

03 [정답] ⑤ UNIT 17 현재시제, UNIT 18 과거시제

[해석] ① 사과는 우리의 건강에 좋다.
② 일찍 일어난 새가 벌레를 잡는다.
③ 나는 매일 개와 산책한다.
④ Columbus는 1492년에 미국을 발견했다.
⑤ 어젯밤 폭풍으로 나무들이 쓰러졌다.
→ last night라고 했으므로 fall을 과거형인 fell로 바꿔야 한다.

04 [정답] ④ UNIT 18 과거시제

[해석] 그녀는 오래된 나무를 ④ 지난주에 잘랐다.
→ cut은 현재형과 과거형이 같은 동사이나, 현재시제가 되려면 3인칭 단수형은 cuts가 와야 한다. 따라서 과거를 나타내는 ④ last week만 올 수 있다.

05 [정답] ④　　　　UNIT **17** 현재시제, UNIT **18** 과거시제

[해석] 여: 회의는 언제 시작했나요?

남: 오전 9시에 시작했습니다.

여: 늦어서 죄송합니다. 제가 버스를 놓쳤어요.

남: 걱정하지 마세요. 끝이 좋으면 다 좋아요.

→ 이미 시작한 회의의 시작 시각과 회의에 늦은 이유를 말하고 있으므로 각각 과거시제인 started와 missed가 와야 한다. '끝이 좋으면 다 좋다.'라는 격언을 말할 때는 현재시제인 is가 쓰인다.

06 [정답] Heat turns ice into water.　　UNIT **17** 현재시제

[해석] 열은 얼음을 물로 바꾼다.

→ 불변의 진리를 말할 때는 현재시제를 쓰는데, 주어가 3인칭 단수이므로 turn이 아니라 turns가 와야 한다.

07 [정답] The train leaves at 6 every morning.　　UNIT **17** 현재시제

[해석] 그 기차는 매일 아침 6시에 떠난다.

→ 반복되는 일을 말할 때는 현재시제를 쓴다. 주어가 3인칭 단수이므로 leave가 아니라 leaves가 와야 한다.

08 [정답] Mindy heard a loud noise last night.　　UNIT **18** 과거시제

[해석] Mindy는 어젯밤 큰 소리를 들었다.

→ last night라고 했으므로 hears를 과거형인 heard로 고쳐야 한다.

09 [정답] She will 또는 is going to visit her parents next weekend.　　UNIT **20** 미래시제

[해석] 그녀는 다음 주말에 부모님을 방문할 것이다.

→ 미래에 일어날 일이나 의지를 나타낼 때는 「will+동사원형」 또는 「be going to+동사원형」을 쓴다.

10 [정답] How old were you when you graduated from college?　　UNIT **18** 과거시제

[해석] 당신이 대학을 졸업했을 때 당신은 몇 살이었나요?

→ 대학을 졸업한 과거를 말하고 있으므로 are를 과거형인 were로 고쳐야 한다.

11 [정답] ⓐ → walks　　UNIT **17** 현재시제

[해석] Emily는 매일 아침 학교에 걸어간다.

→ 매일 아침 반복되는 일이므로 현재시제가 쓰여야 한다. 따라서 3인칭 단수 주어에 맞는 현재형 walks로 고쳐야 한다.

12 [정답] ⓒ → thought　　UNIT **18** 과거시제
UNIT **19** 동사의 과거-과거분사 불규칙 변화표

[해석] 어제 그녀는 길에서 나비를 보았고 그것이 아름답다고 생각했다.

→ think의 과거형은 thinked가 아니라 thought이다.

13 [정답] ⓓ → took　　UNIT **18** 과거시제
UNIT **19** 동사의 과거-과거분사 불규칙 변화표

[해석] 그래서 그녀는 나비의 사진을 찍어 반 친구들에게 보여주었다. Emily의 학교 가는 길은 항상 모험이다.

→ 어제 나비의 사진을 찍고 친구들에게 보여준 것이므로 takes는 과거시제인 took로 고쳐야 한다.

14 [정답] ②　　　　UNIT **17** 현재시제, UNIT **18** 과거시제

[해석] 여: 어제 Barbara가 축구를 하다 무릎을 다쳤어.

남: 정말? 나는 그녀가 빨리 나았으면 좋겠어.

→ (A) yesterday라고 했으므로 과거시제를 써야 한다. hurt는 현재형과 과거형이 같은 동사로 hurt가 적절하다.

(B) 그녀가 낫기를 바라는 가까운 미래를 이야기하므로 현재시제가 올 수 있다. 주어가 3인칭 단수이므로 gets가 적절하다.

15 [정답] ③　　　　UNIT **17** 현재시제, UNIT **18** 과거시제

[해석] Florence는 아름다운 목소리를 ① 가졌다, ② 가졌었다, ④ 들었다, ⑤ 듣는다.

→ 문맥상 현재시제와 과거시제가 모두 올 수 있지만, 주어가 3인칭 단수이므로 ③ hear는 올 수 없다.

16 [정답] ④　　　　UNIT **18** 과거시제,
UNIT **19** 동사의 과거-과거분사 불규칙 변화표

[해석] ① 묶다 ② 마르다 ③ 말하다 ④ 닫다 ⑤ 경고하다

→ 모두 현재형 동사를 과거형으로 알맞게 바꿨지만, shut은 현재형과 과거형 모두 shut이므로 ④이 적절하지 않다.

17 [정답] ③　　　　UNIT **20** 미래시제

[해석] 곧 콘서트가 시작될 예정이니, 빨리 자리를 찾으세요.

→ 즉시 일어날 미래를 나타낼 때는 「be about to+동사원형」을 쓴다.

18 [정답] ②　　　　UNIT **17** 현재시제, UNIT **18** 과거시제
UNIT **19** 동사의 과거-과거분사 불규칙 변화표

[해석] ⓐ 우리는 몇 시간 동안 수다를 떨었다.

ⓑ 그들은 작년에 결혼했다.

ⓒ 그는 오전 6시에 알람을 맞췄다.

ⓓ 그는 열쇠를 자주 잃어버린다.

ⓔ 그는 취미로 장난감 자동차를 만든다.

ⓕ 그녀는 선반 위에 책을 놓았다(또는 놓는다).

ⓖ 그녀는 어젯밤 파티에 왔다.

ⓗ 나는 저녁을 먹기 전에 숙제를 한다.

→ ⓑ 작년에 결혼한 것이므로 get이 아니라 got이 와야 한다.
ⓔ 주어가 3인칭 단수이므로 build가 아니라 builds가 와야 한다.
ⓕ put은 현재형과 과거형이 같은 동사이므로 put으로 고치거나, 3인칭 단수 주어에 맞게 puts가 와야 한다. ⓖ 어젯밤에 온 것이므로 comes가 아니라 came이 와야 한다.

개념 확인 문제 정답　　▶ 문제편 p.99~101

01 Liam is reading a book by the fireplace.
02 She was knitting a sweater for her niece.
03 I was waiting at the station for 20 minutes.
04 They are filming a movie in the downtown area.
05 He is volunteering at a local animal shelter.
06 내년 이맘때쯤이면 나는 새로운 자리에서 일하고 있을 것이다.
07 연말이 되면, 그녀는 자신의 사업을 운영하고 있을 것이다.
08 몇 시간 후면, 그들은 해변에서 휴가를 즐기고 있을 것이다.
09 네가 도착할 때쯤, 우리는 발표를 마무리하고 있을 것이다.
10 are watering　　11 will be visiting
12 was studying　　13 is answering
14 will be waiting　　15 were having
16 is lying　17 was snowing　18 is drawing
19 was looking　20 is swimming　21 was dancing
22 tieing → tying　　23 rubing → rubbing
24 is tasting → tastes　　25 was hating → hated
26 are belonging → belong
27 writeing → writing　　28 geting → getting

---

01 [정답] Liam is reading a book by the fireplace.
[해석] Liam은 벽난로 옆에서 책을 읽는다.
Liam은 벽난로 옆에서 책을 읽고 있다.
→ 현재시제 문장이고 주어가 3인칭 단수이므로 is reading으로 쓴다.

02 [정답] She was knitting a sweater for her niece.
[해석] 그녀는 조카를 위해 스웨터를 떴다.
그녀는 조카를 위해 스웨터를 뜨고 있었다.
→ 과거시제 문장이고 주어가 3인칭 단수이므로 was knitting으로 쓴다.

03 [정답] I was waiting at the station for 20 minutes.
[해석] 나는 역에서 20분 동안 기다렸다.
나는 역에서 20분 동안 기다리고 있었다.
→ 과거시제 문장이고 주어가 I이므로 was waiting으로 쓴다.

04 [정답] They are filming a movie in the downtown area.
[해석] 그들은 시내에서 영화를 찍는다.
그들은 시내에서 영화를 찍고 있다.
→ 현재시제 문장이고 주어가 3인칭 복수이므로 are filming으로 쓴다.

05 [정답] He is volunteering at a local animal shelter.
[해석] 그는 지역 동물 보호소에서 자원봉사를 한다.
그는 지역 동물 보호소에서 자원봉사를 하고 있다.
→ 현재시제 문장이고 주어가 3인칭 단수이므로 is volunteering으로 쓴다.

06 [정답] 내년 이맘때쯤이면 나는 새로운 자리에서 일하고 있을 것이다.
→ 「will be+v-ing」는 미래진행시제로, '~하고 있을 것이다'를 의미한다. 따라서 밑줄 친 부분은 '일하고 있을 것이다'로 해석한다.

07 [정답] 연말이 되면, 그녀는 자신의 사업을 운영하고 있을 것이다.
→ 「will be+v-ing」는 미래진행시제로, '~하고 있을 것이다'를 의미한다. 따라서 밑줄 친 부분은 '운영하고 있을 것이다'로 해석한다.

08 [정답] 몇 시간 후면, 그들은 해변에서 휴가를 즐기고 있을 것이다.
→ 「will be+v-ing」는 미래진행시제로, '~하고 있을 것이다'를 의미한다. 따라서 밑줄 친 부분은 '즐기고 있을 것이다'로 해석한다.

09 [정답] 네가 도착할 때쯤, 우리는 발표를 마무리하고 있을 것이다.
→ 「will be+v-ing」는 미래진행시제로, '~하고 있을 것이다'를 의미한다. 따라서 밑줄 친 부분은 '마무리하고 있을 것이다'로 해석한다.

10 [정답] are watering
[해석] 우리는 지금 식물에 물을 주고 있다.
→ 현재 진행 중인 일을 나타낼 때는 현재진행시제인 「am/are/is+v-ing」를 쓴다. 주어가 1인칭 복수이므로 are watering이 알맞다.

11 [정답] will be visiting
[해석] 내일 이 시간에, 나는 조부모님을 방문하고 있을 것이다.
→ 미래의 특정 시점에 진행 중일 일을 나타낼 때는 미래진행시제인 「will be+v-ing」를 쓴다.

12 [정답] was studying
[해석] 전기가 나갔을 때 그녀는 영어를 공부하고 있었다.
→ 과거의 특정 시점에 하고 있던 일을 나타낼 때는 과거진행시제인 「was/were+v-ing」를 쓴다. 주어가 3인칭 단수이므로 was studying이 알맞다.

13 [정답] is answering
[해석] Luke가 지금 네 질문에 대답하고 있다.
→ 현재 진행 중인 일을 나타낼 때는 현재진행시제인 「am/are/is+v-ing」를 쓴다. 주어가 3인칭 단수이므로 is answering이 알맞다.

14 [정답] will be waiting
[해석] 기차가 도착할 때 우리는 승강장에서 기다리고 있을 것이다.
→ 미래의 특정 시점에 진행 중일 일을 나타낼 때는 미래진행시제인 「will be+v-ing」를 쓴다.

15 [정답] were having

[해석] 부모님이 집에 도착하셨을 때, 우리는 저녁을 먹고 있었다.

→ 과거의 특정 시점에 하고 있던 일을 나타낼 때는 과거진행시제인 「was/were+v-ing」를 쓴다. 주어가 1인칭 복수이므로 were having이 알맞다.

16 [정답] is lying

[해석] Jennifer는 침대에 누워 있다. 그녀는 아파 보인다.

→ -ie로 끝나는 동사는 ie를 y로 바꾸고 -ing를 붙인다. 현재 진행 중인 일을 나타내므로 is lying이 적절하다.

17 [정답] was snowing

[해석] 어제 내가 그곳에 도착했을 때 눈이 내리고 있었다.

→ 대부분의 동사와 마찬가지로 snow 뒤에는 -ing를 붙인다. 어제 진행 중이었던 일을 나타내므로 was snowing이 적절하다.

18 [정답] is drawing

[해석] Annie는 지금 그림을 그리고 있다. 그녀는 그림을 잘 그린다.

→ 대부분의 동사와 마찬가지로 draw 뒤에는 -ing를 붙인다. 현재 진행 중인 일을 나타내므로 is drawing이 적절하다.

19 [정답] was looking

[해석] 엄마가 방에 들어왔을 때 Alex는 그의 모자를 찾고 있었다.

→ 대부분의 동사와 마찬가지로 look 뒤에는 -ing를 붙인다. 과거 특정 시점에 진행 중이었던 일을 나타내므로 was looking이 적절하다.

20 [정답] is swimming

[해석] Lucas는 지금 바다에서 수영하고 있다. 그는 해양 생물을 좋아한다.

→ 단모음 뒤에 단자음이 이어지면서 끝나는 동사는 마지막 자음을 한 번 더 쓰고 -ing를 붙인다. 현재 진행 중인 일을 나타내므로 is swimming이 적절하다.

21 [정답] was dancing

[해석] 내가 밖에 나갔을 때, Mia는 빗속에서 춤을 추고 있었다.

→ -e로 끝나는 동사는 e를 빼고 뒤에 -ing를 붙인다. 과거 특정 시점에 진행 중이었던 일을 나타내므로 was dancing이 적절하다.

22 [정답] tieing → tying

[해석] 그는 매듭을 단단히 묶고 있었다.

→ -ie로 끝나는 동사인 tie의 진행형은 tying이다.

23 [정답] rubing → rubbing

[해석] 그는 그의 양손을 비비고 있었다.

→ 단모음 뒤에 단자음이 이어지면서 끝나는 동사인 rub의 진행형은 rubbing이다.

24 [정답] is tasting → tastes

[해석] 나에게 그 소스는 쓴맛이 난다.

→ 구어체 허용을 제외한 감각을 나타내는 동사인 taste는 진행형으로 잘 쓰지 않으므로 is tasting을 tastes로 바꿔야 적절하다.

25 [정답] was hating → hated

[해석] 그녀는 긴 줄에서 기다리는 것을 싫어했다.

→ 감정을 나타내는 동사인 hate는 진행형으로 잘 쓰지 않으므로 was hating을 hated로 바꿔야 적절하다.

26 [정답] are belonging → belong

[해석] 그 책들은 시립 도서관의 것이다.

→ 소유를 나타내는 동사인 belong은 진행형으로 잘 쓰지 않으므로 are belonging을 belong으로 바꿔야 적절하다.

27 [정답] writeing → writing

[해석] James는 그의 부모님에게 긴 편지를 쓰는 중이었다.

→ -e로 끝나는 동사는 e를 빼고 뒤에 -ing를 붙이므로 writeing을 writing으로 바꿔야 적절하다.

28 [정답] geting → getting

[해석] 그녀는 결혼식을 위해 머리 손질을 받고 있다.

→ 단모음 뒤에 단자음이 이어지면서 끝나는 동사인 get의 진행형은 getting이다.

개념 확인 문제 정답　▶ 문제편 p.103~107

01 has written, 썼다　**02** has lost, 잃어버렸다
03 have completed, 끝냈다
04 has rained, 비가 왔다　**05** has grown, 되었다
06 have visited　**07** visited
08 have lost　**09** has studied
10 He has not spoken to the manager.
11 I have not talked to him about the matter.
12 The children have never cleaned their room.
13 Have we arrived at the destination?
14 Have I forgotten to reply to your email?
15 have you worked for this company
16 ③　**17** ②　**18** ②　**19** ①　**20** ①
21 ③　**22** ④　**23** ④　**24** for　**25** never
26 yet　**27** since　**28** ever　**29** already
30 just　**31** have been reading
32 has been studying　**33** have been renovating
34 have been attending　**35** have been living
36 I slept well　**37** I saw you at the party
38 They have lived in Italy
39 did you arrive at the office
40 have practiced　**41** Have, tried
42 have seen　**43** has finished
44 Have, been　**45** have, had
46 have cleaned　**47** have chosen

01 정답 **has written, 썼다**
→ write의 과거분사는 written이다. 주어가 3인칭 단수이므로 has written이 와서 '소설을 썼다'라는 의미를 완성한다.

02 정답 **has lost, 잃어버렸다**
→ lose의 과거분사는 lost이다. 주어가 3인칭 단수이므로 has lost가 와서 '열쇠를 잃어버렸다'라는 의미를 완성한다.

03 정답 **have completed, 끝냈다**
→ complete의 과거분사는 completed이다. 주어가 I이므로 have completed가 와서 '작업을 끝냈다'라는 의미를 완성한다.

04 정답 **has rained, 비가 왔다**
→ rain의 과거분사는 rained이다. 주어가 비인칭주어 it이므로 has rained가 와서 '비가 왔다'라는 의미를 완성한다.

05 정답 **has grown, 되었다**
→ grow의 과거분사는 grown이다. 주어가 3인칭 단수이므로 has grown이 와서 '정원이 되었다'라는 의미를 완성한다.

06 정답 **have visited**
→ 현재까지 두 번 방문했음을 말해야 한다. 과거에 일어난 일을 현재와 연관 지어 설명하는 현재완료시제가 알맞다.

07 정답 **visited**
→ 과거에 끝난 일을 나타내는 것은 과거시제이다.

08 정답 **have lost**
→ 현재까지 잃어버린 상태임을 말해야 한다. 과거에 일어난 일을 현재와 연관 지어 설명하는 현재완료시제가 알맞다.

09 정답 **has studied**
→ 현재까지 공부를 하고 있음을 말해야 한다. 과거에 일어난 일을 현재와 연관 지어 설명하는 현재완료시제가 알맞다.

10 정답 **He has not spoken to the manager.**
[해석] 그는 관리자와 이야기했다.
→ 그는 관리자와 이야기하지 않았다.
→ 현재완료시제의 부정문은 has 뒤에 not을 넣어 만든다. 따라서 has not spoken이 적절하다.

11 정답 **I have not talked to him about the matter.**
[해석] 나는 그 문제에 대해 그와 이야기했다.
→ 나는 그 문제에 대해 그와 이야기하지 않았다.
→ 현재완료시제의 부정문은 have 뒤에 not을 넣어 만든다. 따라서 have not talked가 적절하다.

12 정답 **The children have never cleaned their room.**
[해석] 아이들은 그들의 방을 청소했다.
→ 아이들은 그들의 방을 청소한 적이 없다.
→ 현재완료시제의 부정문은 have 뒤에 never를 넣어 만든다. 따라서 have never cleaned가 적절하다.

13 정답 **Have we arrived at the destination?**
[해석] 우리는 목적지에 도착했다.
→ 우리가 목적지에 도착했나요?
→ 현재완료시제의 의문문은 「(의문사)+has/have+주어+과거분사」의 어순으로 쓴다. 따라서 Have we arrived가 적절하다.

14 정답 **Have I forgotten to reply to your email?**
[해석] 나는 당신의 이메일에 답장하는 것을 잊었다.
→ 내가 당신의 이메일에 답장하는 것을 잊었나요?
→ 현재완료시제의 의문문은 「(의문사)+has/have+주어+과거분사」의 어순으로 쓴다. 따라서 Have I forgotten이 적절하다.

15 정답 **have you worked for this company**
[해석] 당신은 이 회사에서 일했다.
→ 당신은 이 회사에서 얼마나 오래 일해왔나요?
→ 현재완료시제의 의문문은 「(의문사)+has/have+주어+과거분사」의 어순으로 쓴다. 따라서 How long have you worked가 적절하다.

16 정답 **③**
[해석] 택배가 막 도착했다.

D
Unit
17·22

→ '도착하다'라는 동작이 현재 완료되었음을 나타내는 〈완료〉
용법의 현재완료시제 문장이다. just는 〈완료〉를 나타내는
현재완료시제와 자주 함께 쓰인다.

17 정답 ②

[해석] 나는 그 영화를 본 적이 있다.
→ '보다'라는 동작을 해 본 적이 있음을 나타내는 〈경험〉
용법의 현재완료시제 문장이다. before는 〈경험〉을 나타내는
현재완료시제와 자주 함께 쓰인다.

18 정답 ②

[해석] 이것은 내가 본 최고의 공연이다.
→ '보다'라는 동작을 해 본 적이 있음을 나타내는 〈경험〉
용법의 현재완료시제 문장이다. ever는 〈경험〉을 나타내는
현재완료시제와 자주 함께 쓰인다.

19 정답 ①

[해석] 우리는 이 집에서 10년 동안 살았다.
→ '살다'라는 동작을 계속해 오고 있음을 나타내는 〈계속〉
용법의 현재완료시제 문장이다. for는 〈계속〉을 나타내는
현재완료시제와 자주 함께 쓰인다.

20 정답 ①

[해석] 우리는 어릴 때부터 알고 지냈다.
→ '알다'라는 동작을 계속해 오고 있음을 나타내는 〈계속〉
용법의 현재완료시제 문장이다. since는 〈계속〉을 나타내는
현재완료시제와 자주 함께 쓰인다.

21 정답 ③

[해석] Barbara는 최근에 학교를 졸업했다.
→ '졸업하다'라는 동작이 현재 완료되었음을 나타내는 〈완료〉
용법의 현재완료시제 문장이다. recently는 〈완료〉를
나타내는 현재완료시제와 자주 함께 쓰인다.

22 정답 ④

[해석] Donald는 그의 가족을 떠났고 아직도 돌아오기를
거부한다.
→ 과거에 가족을 떠난 결과 현재 돌아오기를 거부함을
나타내는 〈결과〉 용법의 현재완료시제 문장이다.

23 정답 ④

[해석] 당신은 지금 카드를 가지고 있지 않다. 당신은 그것을
버렸다.
→ 과거에 카드를 버린 결과 현재 그것을 가지고 있지 않음을
나타내는 〈결과〉 용법의 현재완료시제 문장이다.

24 정답 for

→ '~ 동안'을 의미하며, 현재완료시제와 자주 함께 쓰이는
단어는 for이다.

25 정답 never

→ '한번도 ~없다'를 의미하며, 현재완료시제와 자주 함께
쓰이는 단어는 never이다.

26 정답 yet

→ '아직'을 의미하며, 현재완료시제와 자주 함께 쓰이는 단어는
yet이다.

27 정답 since

→ '~부터'를 의미하며, 현재완료시제와 자주 함께 쓰이는
단어는 since이다.

28 정답 ever

→ '지금까지'를 의미하며, 현재완료시제와 자주 함께 쓰이는
단어는 ever이다.

29 정답 already

→ '벌써'를 의미하며, 현재완료시제와 자주 함께 쓰이는 단어는
already이다.

30 정답 just

→ '막, 방금'을 의미하며, 현재완료시제와 자주 함께 쓰이는
단어는 just이다.

31 정답 have been reading

→ 현재완료진행시제는 「have[has] been v-ing」로
나타낸다. 주어가 1인칭 단수이고 책을 '읽는' 것이므로 have
been reading이 알맞다.

32 정답 has been studying

→ 주어가 3인칭 단수이고 공부를 '하는' 것이므로 has been
studying이 알맞다.

33 정답 have been renovating

→ 주어가 3인칭 복수이고 '개조하는' 것이므로 have been
renovating이 알맞다.

34 정답 have been attending

→ 주어가 3인칭 복수이고 댄스 교실에 '다니는' 것이므로
have been attending이 알맞다.

35 정답 have been living

→ 주어가 1인칭 복수이고 '사는' 것이므로 have been
living이 알맞다.

36 정답 I slept well

→ 명백한 과거를 나타내는 yesterday가 있으므로
현재완료시제는 쓸 수 없고 과거시제로 써야 한다. 따라서
sleep은 slept로 바꿔 써야 한다.

37 정답 I saw you at the party

→ 명백한 과거를 나타내는 last night가 있으므로
현재완료시제는 쓸 수 없고 과거시제로 써야 한다. 따라서
see는 saw로 바꿔 써야 한다.

38 정답 They have lived in Italy

→ 현재완료시제와 자주 함께 쓰이는 since가 있고, 〈계속〉을
나타내고 있으므로 live는 3인칭 복수 주어에 맞는 have
lived로 바꿔 써야 한다.

39 정답 did you arrive at the office

→ 명백한 과거를 나타내는 what time이 있으므로
현재완료시제는 쓸 수 없고 과거시제로 써야 한다. 따라서
arrive는 did (you) arrive로 바꿔 써야 한다.

40 [정답] **have practiced**

→ 과거에서부터 현재까지 여러 번 연습했음을 의미하므로 현재완료시제로 나타내야 한다. practice의 과거분사는 practiced이다.

41 [정답] **Have, tried**

→ 현재완료시제의 의문문은 「(의문사)+has/have+주어+과거분사」의 어순으로 쓴다. 따라서 빈칸에는 각각 Have와 tried가 적절하다.

42 [정답] **have seen**

→ 과거에서부터 현재까지 경험을 의미하므로 현재완료시제로 나타내야 한다. see의 과거분사는 seen이다.

43 [정답] **has finished**

→ 과거에 시작한 일을 현재 완료했음을 의미하므로 현재완료시제로 나타내야 한다. finish의 과거분사는 finished이다.

44 [정답] **Have, been**

→ 현재완료시제의 의문문은 「(의문사)+has/have+주어+과거분사」의 어순으로 쓴다. 따라서 빈칸에는 각각 Have와 been이 적절하다.

45 [정답] **have, had**

→ 현재완료시제의 부정문은 have 뒤에 never를 넣어 만든다. 따라서 각각 have, had가 적절하다.

46 [정답] **have cleaned**

→ 주어가 1인칭 단수이고 '청소하는' 것이므로 have cleaned가 알맞다.

47 [정답] **have chosen**

→ 주어가 3인칭 복수이고 '선택하는' 것이므로 have chosen이 알맞다.

단원 평가 문제  UNIT 21 ~ UNIT 22 ▶문제편 p.108~111

정답

01 ②	**02** ⑤	**03** looks
04 been	**05** 턱수염을 염색하고 있을 것이다	
06 아직 그것을 발견하지 못했다		
07 조깅을 하고 있었다		
08 ⑤ **09** ⑤	**10** ④ **11** ⑤	**12** ⑤
13 I went there	**14** Have you seen John	
15 has gone	**16** was hitting	
17 have never seen	**18** was studying, came	
19 ②	**20** ⑤	

21 Keith has lived in Toronto since 2002.

22 She possesses great talent.

23 What time did the movie end?

24 ②	**25** ⑤	**26** ③
27 ③	**28** ③	**29** ②

30 Have I met your brother before?, I have not[never] met your brother before.

31 Have they booked their tickets recently?, They have not[never] booked their tickets recently.

32 ⑤

---

01 [정답] ②   UNIT **21** 진행시제

[해석] ① 고치다 ② 쓰다 ③ 멈추다 ④ 흔들다 ⑤ 나르다

→ -e로 끝나는 동사인 write의 진행형은 writing이다.

02 [정답] ⑤   UNIT **22** 현재완료시제

→ 현재완료진행시제는 「have[has] been v-ing」로 나타낸다. 주어가 1인칭 단수이고 '배우는' 중이므로 ⑤ have been learning이 알맞다.

03 [정답] looks   UNIT **21** 진행시제

[해석] A: 다음 주 토요일이 우리 아버지의 60번째 생신이야.
B: 정말? 아버지는 실제 나이보다 더 어려 보이셔.

→ 상태를 나타내는 동사인 look은 진행형으로 잘 쓰지 않으므로 looks가 적절하다.

04 [정답] been   UNIT **22** 현재완료시제

[해석] A: 이탈리아에 가본 적 있나요?
B: 네, 다녀왔어요! 로마랑 피렌체를 방문했어요.

→ have gone to는 현재 가버리고 없는 결과를 나타내고, have been to는 가 본 적 있다는 경험을 나타낸다.

05 [정답] **턱수염을 염색하고 있을 것이다**   UNIT **21** 진행시제

→ 미래에 진행 중일 일을 나타낼 때는 미래진행시제가 쓰인다.

06 [정답] **아직 그것을 발견하지 못했다**   UNIT **22** 현재완료시제

→ yet이 쓰인 〈완료〉 용법의 현재완료시제 문장이다.

07 정답 조깅을 하고 있었다   **UNIT 21** 진행시제
→ 과거에 하고 있던 일을 나타내는 과거진행시제가 쓰였다.

08 정답 ⑤   **UNIT 22** 현재완료시제
[해석] Kim은 피아노를 친다.
① Kim은 피아노를 칠 것이다.
② Kim은 피아노를 치고 있다.
③ Kim은 피아노를 치고 있었다.
④ Kim은 피아노를 치고 있을 것이다.
⑤ Kim은 피아노를 쳤나요?
→ 주어가 3인칭 단수이므로 현재완료 의문문을 만들 때 Have가
아니라 Has가 와야 한다.

09 정답 ⑤   **UNIT 22** 현재완료시제
[해석] 우리는 수영장에서 수영을 한다.
① 우리는 수영장에서 수영을 할 것이다.
② 우리는 수영장에서 수영을 하고 있다.
③ 우리는 수영장에서 수영을 하고 있을 것이다.
④ 우리는 수영장에서 수영을 해왔다.
⑤ 우리는 수영장에서 수영을 하지 않았다.
→ 현재완료시제의 부정문은 has, have 뒤에 never나 not을
쓴다.

10 정답 ④   **UNIT 22** 현재완료시제
[해석] 〈보기〉 나는 유럽에 가 본 적이 없다.
① Tina는 하와이에 갔다.
② 그는 방금 제안서를 받았다.
③ 우리는 이곳에 10년 동안 살았다.
④ 당신은 저 음악을 들어본 적이 있나요?
⑤ 나는 그녀를 고등학교 때부터 알아왔다.
→ 주어진 문장의 현재완료시제는 '경험'을 나타낸다. ① 〈결과〉,
② 〈완료〉, ③ 〈계속〉, ④ 〈경험〉, ⑤ 〈계속〉 용법으로 쓰였으므로,
정답은 ④이다.

11 정답 ⑤   **UNIT 21** 진행시제
→ 미래의 특정 시점에 진행 중일 일을 나타낼 때는 미래진행시제인
「will be+v-ing」를 쓴다.

12 정답 ⑤   **UNIT 22** 현재완료시제
[해석] ① A: 배고파요. B: 뭐 좀 드실 건가요?
② A: 무슨 일이에요?
B: Travis가 Helen에게 프러포즈하려고 해요.
③ A: 무슨 일로 그렇게 오래 걸렸어요?
B: 저는 전화를 받고 있었어요.
④ A: 저의 첫 독일 방문이에요.
B: 오, 정말요? 저는 작년에 그곳에 갔었어요.
⑤ A: 어제가 제 생일이었어요. B: 오, 몇 시에 초를 불었나요?
→ 명백한 과거를 나타내는 what time이 있으므로 현재완료시제인
have you blown은 적절하지 않다. did you blow가 와야
적절하다.

13 정답 I went there   **UNIT 22** 현재완료시제
[해석] A: 너는 서울에 방문한 적이 있니?
B: 응, 있어. 나는 지난여름에 그곳에 갔었어.

→ 명백한 과거를 나타내는 last summer가 있으므로
현재완료시제가 아닌 과거시제인 went가 알맞다.

14 정답 Have you seen John   **UNIT 22** 현재완료시제
[해석] A: 너는 최근에 John을 본 적이 있니?
B: 아니, 없어. 그는 직장 때문에 신도시로 이사 갔어.
A: 아, 그건 몰랐네.
→ 과거부터 지금까지 경험을 나타내는 〈경험〉 용법의
현재완료시제가 쓰여야 한다.

15 정답 has gone   **UNIT 22** 현재완료시제
→ 〈결과〉 용법의 현재완료시제가 쓰여야 한다. 주어가 3인칭
단수이므로 has gone이 적절하다.

16 정답 was hitting   **UNIT 21** 진행시제
→ 과거에 하고 있던 일이므로 과거진행시제가 쓰여야 한다. 주어가
3인칭 단수이므로 was hitting이 적절하다.

17 정답 have never seen   **UNIT 22** 현재완료시제
→ 〈경험〉 용법의 현재완료시제 부정문이 쓰여야 한다. 주어가
I이므로 have never seen이 적절하다.

18 정답 was studying, came   **UNIT 21** 진행시제
→ 과거의 특정 시점과 그때 하고 있었던 일이므로 과거시제
came과 3인칭 단수 주어에 맞는 과거진행시제 was studying이
적절하다.

19 정답 ②   **UNIT 21** 진행시제
[해석] ① 개들이 시끄럽게 짖고 있다.
② 새들은 지금 노래하고 있다.
③ 영화가 막 시작하려고 한다.
④ 나는 이번 주 토요일에 조부모님을 방문할 것이다.
⑤ 나는 책을 반납하러 도서관에 들를 것이다.
→ now가 있으므로 과거진행시제가 쓰일 수 없다.

20 정답 ⑤   **UNIT 22** 현재완료시제
[해석] ① 그녀는 새 자전거를 잃어버렸다.
② 당신은 유령을 본 적이 있나요?
③ 저녁 식사는 다 하셨나요?
④ 나는 2년 동안 한국에 머무르는 중이다.
⑤ 나는 그의 음악을 들을 기회가 없었다.
→ 현재완료시제는 「has/have+과거분사」 형태인데, haven't
have가 쓰인 것은 적절하지 않다. have를 과거분사인 had로
고쳐야 적절하다.

21 정답 Keith has lived in Toronto since 2002.
    UNIT 22 현재완료시제

→ 주어가 Keith로 3인칭 단수이고 현재완료시제와 함께 쓰이는
전치사 since가 있다. 따라서 live를 현재완료시제인 has lived로
바꾸어 Keith has lived in Toronto since 2002.의 순서로
쓴다.

22 정답 She possesses great talent.   **UNIT 21** 진행시제
→ 주어가 she로 3인칭 단수이고 진행형으로 쓰이지 않는 동사
possess가 있으므로 단수 현재형인 possesses로 바꾸어 She
possesses great talent.의 순서로 쓴다.

23 정답 What time did the movie end?

UNIT **22** 현재완료시제

→ 몇 시에 끝났는지를 묻는 의문문이므로 의문사 what과 time이 앞에 나오고, 그 뒤에는 현재완료시제가 쓰일 수 없으므로 co를 과거형인 did로 써야 한다. 따라서 What time did the movie end?의 순서로 쓴다.

24 정답 ②

UNIT **21** 진행시제, UNIT **22** 현재완료시제

[해석] ⓐ 밤하늘에는 별이 존재한다.
ⓑ 당신은 전에 모형 배를 만들어 본 적이 있나요?
ⓒ 우리는 곧 회의를 시작할 예정이다.
ⓓ Harry는 휴일 동안 그의 친척들을 방문할 것이다.
ⓔ 그는 다음 주에 유럽을 여행할 예정이다.
→ ⓑ 〈경험〉 용법의 현재완료시제가 알맞게 쓰였다.
ⓔ 미래에 일어날 계획된 일을 나타내는 「be going to+동사원형」이 알맞게 쓰였다.
ⓐ 상태를 나타내는 동사인 exist는 진행형으로 잘 쓰지 않으므로 exist로 고쳐야 한다.
ⓒ 「be about to+동사원형」이므로 beginning을 begin으로 고쳐야 한다.
ⓓ 「will+동사원형」이므로 visited를 visit으로 고쳐야 한다.

25 정답 ⑤

UNIT **22** 현재완료시제

[해석] • 콘서트는 저녁 8시에 시작했다.
• 그것은 아직도 계속되고 있다.
① 콘서트는 지금 시작한다.
② 콘서트는 오후 8시에 끝났다.
③ 콘서트는 오후 7시에 진행되고 있었다.
④, ⑤ 콘서트는 오후 8시부터 계속되고 있다.
→ 과거에 시작된 일이 현재까지 계속 진행되고 있음을 의미하는 현재완료진행시제는 「have[has] been v-ing」로 나타낸다. 주어가 3인칭 단수이므로 has been going on이 알맞다.

26 정답 ③

UNIT **22** 현재완료시제

[해석] • Sophia는 다른 학교로 갔다.
• 그녀는 더 이상 여기 없다.
① Sophia는 여기에 머물고 있다.
② Sophia는 여기에 온 적이 없다.
③ Sophia는 다른 학교로 가버렸다.
④ Sophia는 다른 학교에서 공부하지 않을 것이다.
⑤ Sophia는 이전에 다른 학교로 떠난 적이 없다.
→ 과거의 일의 결과가 현재에 영향을 미침을 나타내므로 〈결과〉 용법의 현재완료시제가 쓰여야 한다.

27 정답 ③

UNIT **22** 현재완료시제

[해석] • 나는 한 달 전에 영어를 배우기 시작했다.
• 나는 아직 그것을 배우고 있다.
① 나는 영어를 배우기 시작하지 않았다.
② 나는 더 이상 영어를 배우지 않는다.
③ 나는 한 달 동안 영어를 배워오고 있다.
④ 나는 아직 영어를 배우기 시작하지 않았다.
⑤ 나는 다음 달부터 영어를 배우기 시작할 것이다.
→ 과거에 일어난 일이 현재까지 계속됨을 나타내므로 〈계속〉 용법의 현재완료시제가 쓰여야 한다.

28 정답 ③

UNIT **21** 진행시제, UNIT **22** 현재완료시제

[해석] 여: Mark, 지금 뭐 하고 있니?
남: 나는 영화를 보고 있어. 내가 좋아하는 영화 중 하나라서 그걸 10번 이상 봤어.
→ (A) 현재 하고 있는 일을 물었으므로 현재진행시제인 am watching이 와야 한다. (B) 과거부터 지금까지 경험을 나타내는 〈경험〉 용법의 현재완료시제 have watched가 쓰여야 한다.

29 정답 ②

UNIT **22** 현재완료시제

[해석] 여: 뉴욕에 가보신 적 있으세요?
남: 네, 있어요. 저는 2년 전에 가봤어요.
→ (A) 과거부터 지금까지 경험을 나타내는 〈경험〉 용법의 현재완료시제가 쓰여야 한다. (B) 명백한 과거를 나타내는 two years ago가 있으므로 과거시제인 visited가 알맞다.

30 정답 Have I met your brother before?,
I have not[never] met your brother before.

UNIT **22** 현재완료시제

[해석] 나는 전에 당신의 오빠를 만난 적이 있다.
내가 전에 당신의 오빠를 만난 적이 있나요?
나는 전에 당신의 오빠를 만난 적이 없다.
→ 현재완료시제의 의문문은 「(의문사) + has/have + 주어 + 과거분사」의 어순으로 쓰고, 부정문은 have 뒤에 not[never]을 넣어 만든다. 따라서 Have I met과 have not[never] met이 쓰여야 한다.

31 정답 Have they booked their tickets recently?,
They have not[never] booked their tickets recently.

UNIT **22** 현재완료시제

[해석] 그들은 최근에 그들의 표를 예매했다.
그들은 최근에 그들의 표를 예매했나요?
그들은 최근에 그들의 표를 예매하지 않았다.
→ 의문문은 Have they booked, 부정문은 have not[never] booked로 써야 한다.

32 정답 ⑤

UNIT **21** 진행시제, UNIT **22** 현재완료시제

[해석] 큰일이 곧 일어날 것이다. Sarah는 오늘 중요한 취업 면접을 볼 것이다. 그녀는 오랫동안 그것을 준비했다. 그녀는 흥분과 긴장을 하고 있지만, 자신의 능력에 자신감이 있다. 그녀는 좋은 결과를 얻기를 희망한다. 아마도 내일, Sarah는 그녀의 꿈의 직업을 가진 것을 축하할 것이다.
→ 미래에 일어날 일을 나타내는 미래시제 ⑤ will celebrate가 적절히 쓰였다.
①은 is about to happen, ②은 will have 또는 is going to have, ③은 has prepared, ④은 hopes로 고쳐야 알맞다.

D
Unit
17·22

 # E 조동사

개념 확인 문제 정답 ▶ 문제편 p.115

01 will **02** hear **03** love
04 try **05** change **06** consider
07 might be **08** be able to go
09 It might not rain today.
10 Will she accept the job offer?
11 Can we go out for dinner tonight?
12 You should not submit your application.
13 skips → skip **14** be not → not be
15 speak she → she speak **16** asked → ask
17 agree not → not agree **18** not must → must not
19 does → do **20** helping → help

---

01 [정답] will
[해석] 선생님은 곧 돌아오실 것이다.
→ 조동사는 단수형과 복수형이 구분되지 않는다. 주어의 수나 인칭에 상관없이 항상 원형으로 쓰이므로 will이 적절하다.

02 [정답] hear
[해석] 나는 파도 소리를 들을 수 있었다.
→ 조동사 could 뒤에는 동사원형이 와야 한다. 따라서 hear가 적절하다.

03 [정답] love
[해석] 나는 언젠가 스웨덴에 가보고 싶다.
→ 조동사 would 뒤에는 동사원형이 와야 한다. 따라서 love가 적절하다.

04 [정답] try
[해석] 그는 그의 실수로부터 배우기 위해 노력해야 한다.
→ 조동사 must 뒤에는 동사원형이 와야 한다. 따라서 try가 적절하다.

05 [정답] change
[해석] 당신은 그것을 다른 날로 바꿀 수 있다.
→ 조동사 can 뒤에는 동사원형이 와야 한다. 따라서 change가 적절하다.

06 [정답] consider
[해석] 그녀는 쉬는 것을 고려해야 한다.
→ 조동사 should 뒤에는 동사원형이 와야 한다. 따라서 consider가 적절하다.

07 [정답] might be
[해석] 더 공부하는 것이 좋은 생각일 수 있다.
→ 조동사는 동사원형 앞에 와야 한다. 따라서 might be가 적절하다.

08 [정답] be able to go
[해석] 나는 오늘 오후에 산책하러 갈 수 있을 것이다.
→ 앞에 조동사가 있으므로 뒤에는 조동사 대체어구인 be able to go가 오는 것이 적절하다.

09 [정답] It might not rain today.
[해석] 오늘은 비가 올지도 모른다.
→ 오늘은 비가 안 올지도 모른다.
→ 조동사의 부정문은 「조동사+not+동사원형」의 어순으로 쓰므로 might 뒤에 not이 와야 한다.

10 [정답] Will she accept the job offer?
[해석] 그녀는 그 일자리 제안을 받아들일 것이다.
→ 그녀는 그 일자리 제안을 받아들일 것인가?
→ 조동사의 의문문은 「조동사+주어+동사원형」의 어순으로 쓰므로 Will she accept ~?이 알맞다.

11 [정답] Can we go out for dinner tonight?
[해석] 우리는 오늘 저녁을 먹으러 나갈 수 있다.
→ 오늘 우리가 저녁 먹으러 나갈 수 있을까요?
→ 조동사의 의문문은 「조동사+주어+동사원형」의 어순으로 쓰므로 Can we go ~?가 알맞다.

12 [정답] You should not submit your application.
[해석] 당신은 신청서를 제출해야 한다.
→ 당신은 신청서를 제출해서는 안 된다.
→ 조동사의 부정문은 「조동사+not+동사원형」의 어순으로 쓰므로 should 뒤에 not이 와야 한다.

13 [정답] skips → skip
[해석] 우리는 아침을 거르지 말아야 한다.
→ 조동사의 부정문은 「조동사+not+동사원형」의 어순으로 쓴다. 따라서 skips를 skip으로 고쳐야 적절하다.

14 [정답] be not → not be
[해석] Mark는 구내식당에 없을 수도 있다.
→ 조동사의 부정문은 「조동사+not+동사원형」의 어순으로 쓴다. 따라서 be not을 not be로 고쳐야 적절하다.

15 [정답] speak she → she speak
[해석] 그녀는 외국어로 말할 수 있나요?
→ 조동사의 의문문은 「조동사+주어+동사원형」의 어순으로 쓴다. 따라서 speak she를 she speak으로 고쳐야 적절하다.

16 [정답] asked → ask
[해석] 왜 회사를 떠났는지 여쭤봐도 될까요?
→ 조동사의 의문문은 「조동사+주어+동사원형」의 어순으로 쓴다. 따라서 asked를 ask로 고쳐야 적절하다.

17 [정답] agree not → not agree
[해석] 나는 그 문제에 대해 당신에게 동의할 수 없었다.
→ 조동사의 부정문은 「조동사+not+동사원형」의 어순으로 쓴다. 따라서 agree not을 not agree로 고쳐야 적절하다.

18 [정답] not must → must not
[해석] 당신은 술을 마신 후에 운전해서는 안 된다.
→ 조동사의 부정문은 「조동사+not+동사원형」의 어순으로 쓴다. 따라서 not must를 must not으로 고쳐야 적절하다.

19 정답 does → do

[해석] 당신의 가족은 휴일에 무엇을 할 것인가요?
→ 조동사의 의문문은 「(의문사)+조동사+주어+동사원형」의 어순으로 쓴다. 따라서 does를 do로 고쳐야 적절하다.

20 정답 helping → help

[해석] 제가 이 수학 문제를 푸는 것을 도와주시겠어요?
→ 조동사의 의문문은 「조동사+주어+동사원형」의 어순으로 쓴다. 따라서 helping을 help로 고쳐야 적절하다.

UNIT 24 조동사 can (could), will (would)

개념 확인 문제 정답　　　▶ 문제편 p.116~119

01 can	**02** can't	**03** can	**04** can	**05** can't
06 ④	**07** ③	**08** ②	**09** ①	**10** ③
11 ①, ②	**12** ①	**13** ④	**14** ③	**15** ①
16 ②	**17** ④	**18** can use		

19 can't smoke　**20** can complete　**21** can be
22 can't bring　**23** can't be　　**24** is going to
25 was going to　　**26** is not going to
27 was not going to　　**28** won't
29 would **30** would **31** will　**32** to renovate
33 ⓐ　**34** ⓕ　**35** ⓑ　**36** ⓓ　**37** ⓒ
38 ⓖ　**39** ⓔ　**40** ⓗ　**41** won't **42** can't
43 would **44** will　**45** could

01 정답 can

[해석] Kate는 타자를 빨리 칠 수 있다.
→ is able to는 can으로 바꿔 쓸 수 있다.

02 정답 can't

[해석] 그는 아침형 인간일 리 없다.
→ can't는 '~일 리가 없다'는 추측의 의미를 가진다.

03 정답 can

[해석] 당신은 건물 안으로 들어가실 수 있습니다.
→ can은 '~할 수 있다'는 허가의 의미를 가진다.

04 정답 can

[해석] 그는 헬스장에서 무거운 역기를 들어 올릴 수 있다.
→ is able to는 can으로 바꿔 쓸 수 있다.

05 정답 can't

[해석] 그녀는 부상 때문에 수영을 할 수 없다.
→ is not able to는 can't로 바꿔 쓸 수 있다.

06 정답 ④

[해석] 그들의 이야기는 진짜일 리 없다.
→ 조동사 can이 not과 함께 쓰여서 낮은 '가능성'을 나타냈다.

07 정답 ③

[해석] 저를 도와주시겠어요?
→ 조동사 could가 '부탁'의 의미로 쓰였다.

08 정답 ②

[해석] 당신은 나의 어떤 셔츠라도 입어도 좋다.
→ 조동사 can이 '허가'의 의미로 쓰였다.

09 정답 ①

[해석] 그 로봇은 복잡한 일을 할 수 있다.
→ 조동사 can이 '능력'의 의미로 쓰였다.

10 정답 ③

[해석] 좋은 식당을 추천해 주시겠어요?
→ 조동사 can이 '요청'의 의미로 쓰였다.

11 정답 ①, ②

[해석] 학생들은 쉬는 시간에는 휴대전화를 사용해도 좋다.
→ 조동사 can이 '가능, 허가'의 의미로 쓰였다.

12 정답 ①

[해석] 작년에 그는 4시간 이내에 마라톤을 달릴 수 있었다.
→ 조동사 could가 '능력'의 의미로 쓰였다.

13 정답 ④

[해석] 우리가 그곳에 도착할 때는 표가 매진됐을지도 모른다.
→ 조동사 could가 '가능성'의 의미로 쓰였다.

14 정답 ③

[해석] 회의 전에 커피 한 잔 더 주실 수 있으신가요?
→ 조동사 could가 '요청'의 의미로 쓰였다.

15 정답 ①

[해석] 우리는 인터넷에서 많은 정보를 얻을 수 있다.
→ 조동사 can이 '가능'의 의미로 쓰였다.

16 정답 ②

[해석] 내 자전거를 타도 좋은데, 제발 잃어버리지만 말아줘.
→ 조동사 can이 '허가'의 의미로 쓰였다.

17 정답 ④

[해석] Thomas는 범인일 리가 없어요. 그는 하루 종일 저와 함께 있었어요.
→ 조동사 could가 not과 함께 쓰여서 낮은 '가능성'을 나타냈다.

18 정답 can use

[해석] A: 컴퓨터 좀 써도 될까요?
B: 물론이죠. 제 컴퓨터를 사용하시면 됩니다.
→ can은 '~할 수 있다'는 허가의 의미를 가진다.

19 정답 can't smoke

[해석] A: 실례합니다, 이 구역에서는 담배를 피울 수 없습니다.
B: 아, 죄송합니다. 몰랐습니다.
→ can't는 '~ 할 수 있다'는 허가를 나타내는 can의 부정형이다.

20 [정답] can complete

[해석] A: Sarah가 숙제를 끝낼 수 있을까?
B: 물론이죠, 그녀는 끝낼 수 있어요!
→ can은 '~할 수 있다'는 능력의 의미를 가진다.

21 [정답] can be

[해석] A: Tony가 오래된 집에서 귀신을 봤다고 했어.
B: 그가 맞을 수도 있어. Lucy도 봤어.
→ can은 '~일지도 모른다'는 추측의 의미를 가진다.

22 [정답] can't bring

[해석] A: 파티에 강아지를 데리고 가도 되나요?
B: 유감스럽게도 파티에 반려동물을 데려오실 수 없습니다.
→ can't는 '~할 수 있다'는 허가를 나타내는 can의 부정형이다.

23 [정답] can't be

[해석] A: 그 식당 문을 닫는다고 들었어.
B: 그럴 리가 없어! 그 문 앞에는 늘 줄이 있는걸.
→ can이 not과 함께 쓰여 '~일 리가 없다'는 낮은 가능성의 의미를 가진다.

24 [정답] is going to

[해석] 그녀는 책을 쓸 것이다.
→ will은 is going to로 바꿔 쓸 수 있다.

25 [정답] was going to

[해석] 나는 방문하려고 했는데 아팠다.
→ would는 was going to로 바꿔 쓸 수 있다.

26 [정답] is not going to

[해석] 그 식당은 다음 주까지 문을 열지 않을 예정이다.
→ won't는 is not going to로 바꿔 쓸 수 있다.

27 [정답] was not going to

[해석] Taylor는 그에게 비밀을 말하지 않으려고 했다.
→ wouldn't는 was not going to로 바꿔 쓸 수 있다.

28 [정답] won't

[해석] 나는 충분한 돈이 없기 때문에 저 차를 사지 않을 것이다.
→ won't는 '~ 않을 것이다'라는 의지를 나타낸다.

29 [정답] would

[해석] 나는 해변으로 휴가를 가고 싶다.
→ 「would like to+동사원형」은 '~하고 싶다'를 나타낸다.

30 [정답] would

[해석] 그는 후식으로 치즈 케이크 한 조각을 원한다.
→ 「would like+명사」는 '~을 원하다'를 나타낸다.

31 [정답] will

[해석] 그녀는 해산물을 좋아하기 때문에 그것을 먹을 것이다.
→ will은 '~ 할 것이다'라는 의지를 나타낸다.

32 [정답] to renovate

[해석] Alice는 집을 개조할 예정이다.
→ will을 대신하는 것은 be going to이므로 to renovate가 알맞다.

33 [정답] ⓐ

[해석] 나는 내일 회의를 이끌 것이다.
→ will lead가 내일 회의를 이끌 것이라는 '의지'를 나타낸다.

34 [정답] ⓕ

[해석] 모두 자신의 간식을 가져와도 좋다.
→ can bring이 자신의 간식을 가져와도 좋다는 '허가'를 나타낸다.

35 [정답] ⓑ

[해석] 커피가 그가 깨어 있도록 도울까요?
→ will help가 그를 돕는 '미래'의 일을 나타낸다.

36 [정답] ⓓ

[해석] 305호의 Wilson 씨와 이야기하고 싶습니다.
→ '~하고 싶다'라는 의미를 나타내는 조동사는 would like to이다.

37 [정답] ⓒ

[해석] 그녀는 소리로 새의 종을 구분할 수 있다.
→ can identify가 새의 종을 구분할 수 있다는 '능력'을 나타낸다.

38 [정답] ⓖ

[해석] 앱 문제를 해결할 수 있나요?
→ are able to fix가 고치는 것이 '가능'한지를 나타낸다.

39 [정답] ⓔ

[해석] 제게 시립 박물관으로 가는 길을 보여주시겠어요?
→ could show가 길을 보여달라는 '요청'을 나타낸다.

40 [정답] ⓗ

[해석] 홍차 좀 드시겠어요?
→ 「would like+명사」는 '~을 원하다'를 나타낸다.

41 [정답] won't

→ won't는 '~ 않을 것이다'라는 의지를 나타낸다.

42 [정답] can't

→ can't는 '~ 할 수 있다'는 가능을 나타내는 can의 부정형이다.

43 [정답] would

→ 「would like+명사」는 '~을 원하다'를 나타낸다.

44 [정답] will

→ will은 '~ 할 것이다'라는 의지를 나타낸다.

45 [정답] could

→ could는 '할 수 있다'는 능력을 나타내는 can의 과거형이다.

정답

01 ③	**02** ①	**03** can't	**04** will	**05** won't
06 Could	**07** ⑤	**08** ②	**09** ⑤	**10** ④
11 ①	**12** ④	**13** ⓐ	**14** ⓑ	**15** ⓒ
16 ⑤	**17** I can't attend the party tonight.			
18 I will attend the party tonight.				
19 I can attend the party tonight.				
20 I won't attend the party tonight.				

01 정답 ③ UNIT **23** 조동사

[해석] 여기서 담배를 피워서는 안 된다.
→ 조동사의 부정문은 「조동사+not+동사원형」의 어순으로 쓴다. 따라서 must와 smoke 사이에 not이 들어가야 적절하다.

02 정답 ① UNIT **23** 조동사

[해석] ① 당신은 신문을 읽었나요?
② 음악 좀 줄여주시겠어요?
③ 식료품 좀 사다 주시겠어요?
④ 소금 좀 건네주시겠어요?
⑤ 회의 일정을 다시 잡아주시겠어요?
→ ①의 Have는 완료시제를 만드는 보조적인 기능을 하는 조동사이다. 나머지는 모두 '요청'을 나타내는 조동사이다.

03 정답 can't UNIT **23** 조동사

→ 본동사에 '가능성'의 의미를 더하는 것은 can이다. '할 수 없다'라는 의미를 나타내야 하므로 부정형인 can't가 알맞다.

04 정답 will UNIT **23** 조동사

→ 본동사에 '의지, 의도'의 의미를 더하는 것은 will이다.

05 정답 won't UNIT **23** 조동사

→ 본동사에 '의지, 의도'의 의미를 더하는 것은 will이다. '하지 않을 것이다'라는 의미를 나타내야 하므로 부정형인 won't가 알맞다.

06 정답 Could UNIT **23** 조동사

→ 본동사에 '부탁'의 의미를 더하는 것은 could다.

07 정답 ⑤ UNIT **24** 조동사 can (could), will (would)

[해석] 어제 비가 많이 와서 우리는 등산하러 갈 수 없었다.
→ 과거에 할 수 없었음을 나타내는 couldn't가 들어가는 것이 적절하다.

08 정답 ② UNIT **23** 조동사

[해석] ① 그는 지금 피곤할지도 모른다.
③ 그는 지금 피곤하지 않을 것이다.
④ 그는 지금 피곤한 것이 낫다.
⑤ 그는 지금 피곤해지고 싶다.
→ 가능성을 나타내는 조동사 can은 not과 함께 쓰이면 '~일 리가 없다'라는 의미를 갖는다.

09 정답 ⑤ UNIT **24** 조동사 can (could), will (would)

[해석] ① Mary는 콘서트에 참석할 수 있다.
② Mary는 콘서트에 참석할 것이다.
③ Mary는 콘서트에 참석할 것이다.
④ Mary는 콘서트에 참석하지 않을 것이다.
→ 「would like to+동사원형」은 '~하고 싶다'를 나타낸다.

10 정답 ④ UNIT **24** 조동사 can (could), will (would)

[해석] • 한 번 더 설명해 주시겠어요?
• 그녀는 언젠가 방콕을 방문하고 싶어 한다.
→ can, could, will, would 모두 요청을 나타낼 수 있지만, 「like to+동사원형」과 함께 쓰여 '~하고 싶다'를 나타내는 것은 would이다.

11 정답 ① UNIT **24** 조동사 can (could), will (would)

[해석] 그들은 내년에 새 차를 살 것이다.
→ be going to는 will로 바꿔 쓸 수 있다.

12 정답 ④ UNIT **24** 조동사 can (could), will (would)

[해석] 그녀는 구조견을 입양하고 싶어한다.
→ 「would like to+동사원형」은 '~하고 싶다'를 나타낸다.

13 정답 ⓐ UNIT **24** 조동사 can (could), will (would)

[해석] 나는 당신보다 더 멀리 수영할 수 있다.
→ 조동사 can이 '능력'의 의미로 쓰였다.

14 정답 ⓑ UNIT **24** 조동사 can (could), will (would)

[해석] 저를 위해 예약해 주시겠어요?
→ 조동사 would가 '부탁'의 의미로 쓰였다.

15 정답 ⓒ UNIT **24** 조동사 can (could), will (would)

[해석] 그 소문은 사실일 수 없다.
→ 조동사 could가 '가능성, 추측'의 의미로 쓰였다.

16 정답 ⑤ UNIT **24** 조동사 can (could), will (would)

[해석] ① 나는 그 집을 살 수 없다.
② 나는 해변에 가고 싶다.
③ 그녀는 케이크를 구울 것이다.
④ 우리가 별을 보는 것은 불가능했다.
⑤ 그는 물 한 잔을 원한다.
→ 「would like+명사」는 '~을 원하다'를 나타낸다. 이때 would는 could로 바꿔 쓸 수 없다.

17 정답 I can't attend the party tonight. UNIT **23** 조동사

→ 본동사에 '가능'의 의미를 더하는 것은 can이다. '할 수 없다'라는 의미를 나타내야 하므로 부정형인 can't가 알맞다.

18 정답 I will attend the party tonight. UNIT **23** 조동사

→ 본동사에 '의지, 의도'의 의미를 더하는 것은 will이다.

19 정답 I can attend the party tonight. UNIT **23** 조동사

→ 본동사에 '가능'의 의미를 더하는 것은 can이다.

20 정답 I won't attend the party tonight. UNIT **23** 조동사

→ 본동사에 '의지, 의도'의 의미를 더하는 것은 will이다. '하지 않을 것이다'라는 의미를 나타내야 하므로 부정형인 won't가 알맞다.

E
Unit
23·26

개념 확인 문제 정답 ▶ 문제편 p.123

01 ⓐ	02 ⓑ	03 ⓑ	04 ⓐ	05 ⓐ
06 ⓑ	07 ⓐ	08 ⓑ	09 ⓑ	10 ⓐ

11 must not 12 don't have to
13 doesn't have to 14 Shall

01 [정답] ⓐ
[해석] 여러분은 교실을 일찍 나가도 좋다.
→ may가 교실을 나가도 좋다는 '허가'의 의미로 쓰였다.

02 [정답] ⓑ
[해석] 그녀는 통화할 수 없을지도 모른다.
→ may가 그녀의 상황을 '추측'하는 의미로 쓰였다.

03 [정답] ⓑ
[해석] 광고 덕분에 매출이 증가할지도 모른다.
→ may가 매출 증가를 '추측'하는 의미로 쓰였다.

04 [정답] ⓐ
[해석] 방문객들은 건물 내부에서 사진을 찍어도 좋다.
→ may가 사진을 찍어도 좋다는 '허가'의 의미로 쓰였다.

05 [정답] ⓐ
[해석] 당신은 누구에게도 비밀을 말해서는 안 된다.
→ 비밀을 말하지 말라는 '강한 의무'를 나타내는 must가
쓰였다.

06 [정답] ⓑ
[해석] 열차에 기술적인 문제가 있음에 틀림없다.
→ 열차의 문제에 관해 '강한 추측'을 나타내는 must가
쓰였다.

07 [정답] ⓐ
[해석] 승객들은 비행 중에 안전벨트를 매야 한다.
→ 안전벨트를 매라는 '강한 의무'를 나타내는 must가 쓰였다.

08 [정답] ⓑ
[해석] 불이 꺼져 있기 때문에 그 가게는 오늘 문을 닫았음에
틀림없다.
→ 가게에 관해 '강한 추측'을 나타내는 must가 쓰였다.

09 [정답] ⓑ
[해석] Victoria는 어제 나타나지 않았기 때문에 그녀가
용의자임에 틀림없다.
→ Victoria에 관해 '강한 추측'을 나타내는 must가 쓰였다.

10 [정답] ⓐ
[해석] 선장의 명령에 복종하세요, 그렇지 않으면 당신은
위험에 처할 것입니다.
→ 명령에 복종하라는 '강한 의무'를 나타내는 must가 쓰였다.

11 [정답] must not
→ '~해서는 안 된다'를 의미하는 것은 must not이다.

12 [정답] don't have to
→ '~할 필요가 없다'를 의미하는 것은 do not have to이다.

13 [정답] doesn't have to
→ '~할 필요가 없다'를 의미하는 것은 do not have to이다.

14 [정답] Shall
→ 제안을 나타내는 것은 Shall이다.

UNIT 26 be, do, have와 그 외 조동사

개념 확인 문제 정답 ▶ 문제편 p.125~127

01 Boys are playing soccer on the playground.
02 The children were not listening to music.
03 The meal is prepared by the chef.
04 Did she finish her project on time?
05 The team did win the championship last
season.
06 Kevin returned home, and I did too.
07 We didn't eat sushi for dinner yesterday.

08 본동사	09 본동사	10 조동사
11 조동사	12 조동사	13 조동사
14 조동사	15 본동사	16 used to

17 would, used to **18** used to
19 had better not eat **20** had better try
21 had better pay attention
22 had better not play
23 She used to be a famous singer.
24 She would read books for hours without a
break.
25 You had better follow the school rules.
26 You had better not waste your time and money.

01 [정답] Boys are playing soccer on the playground.
[해석] 소년들은 운동장에서 축구를 한다.
→ 소년들은 운동장에서 축구를 하고 있다.
→ 조동사 be를 이용해 진행형을 만들 수 있다. 주어가
복수이므로 are playing이 알맞다.

02 [정답] The children were not listening to music.
[해석] 아이들은 음악을 듣지 않았다.
→ 아이들은 음악을 듣고 있지 않았다.
→ 조동사 be를 이용해 진행형을 만들 수 있다. 주어가
복수이므로 were not listening이 알맞다.

03 [정답] The meal is prepared by the chef.
[해석] 요리사는 음식을 준비한다.
→ 음식은 요리사에 의해 준비된다.
→ 조동사 be를 이용해 수동태 문장을 만들 수 있다. 주어가
단수이므로 is prepared가 알맞다.

04 [정답] Did she finish her project on time?

[해석] 그녀는 제시간에 프로젝트를 마쳤다.

→ 그녀가 제시간에 프로젝트를 마쳤나요?

→ 조동사 do를 이용해 일반동사의 의문문을 만들 수 있다. 동사가 과거이므로 Did가 오고 동사원형인 finish가 주어 뒤에 이어진다.

05 [정답] The team did win the championship last season.

[해석] 지난 시즌 그 팀이 우승을 했다.

→ 그 팀이 정말 지난 시즌에 우승을 했다.

→ 조동사 do를 이용해 일반동사를 강조할 수 있다. 동사가 과거이므로 did가 오고 동사원형인 win이 그 뒤에 이어진다.

06 [정답] Kevin returned home, and I did too.

[해석] Kevin은 집으로 돌아왔고, 나도 돌아왔다.

→ Kevin은 집으로 돌아왔고, 나도 그랬다.

→ 조동사 do를 이용해 일반동사의 반복을 피할 수 있다. 동사가 과거이므로 did가 온다.

07 [정답] We didn't eat sushi for dinner yesterday.

[해석] 우리는 어제 저녁으로 초밥을 먹었다.

→ 우리는 어제 저녁으로 초밥을 먹지 않았다.

→ 조동사 do를 이용해 일반동사의 부정문을 만들 수 있다. 동사가 과거이므로 did not이 오고, 동사원형인 eat가 그 뒤에 이어진다.

08 [정답] 본동사

[해석] 그는 오래된 동전들을 소장하고 있다.

→ '~을 가지다'를 의미하는 has가 문장에서 본동사로 쓰였다.

09 [정답] 본동사

[해석] 이것은 심각한 문제이다.

→ '~이다'를 의미하는 be동사 is는 문장에서 본동사로 쓰였다.

10 [정답] 조동사

[해석] 당신은 문을 잠그지 않았다.

→ 문장의 본동사 lock 앞에서 did는 부정문을 만드는 조동사로 쓰였다.

11 [정답] 조동사

[해석] 나는 London에 세 번 가봤다.

→ 문장의 본동사 be를 현재완료시제 have been으로 만들었으므로 have는 조동사로 쓰였다.

12 [정답] 조동사

[해석] 당신은 설명서를 이해하셨나요?

→ 문장의 본동사 understand 앞에서 did는 의문문을 만드는 조동사로 쓰였다.

13 [정답] 조동사

[해석] 그 보고서는 팀에 의해 검토되었다.

→ 과거분사 reviewed 앞에 쓰여 수동태를 만들었으므로 be동사 was는 조동사로 쓰였다.

14 [정답] 조동사

[해석] 배우들은 그들의 대사를 예행연습하고 있었다.

→ 현재분사 rehearsing 앞에 쓰여 진행형을 만들었으므로 be동사 were는 조동사로 쓰였다.

15 [정답] 본동사

[해석] 우리는 뒤뜰에 수영장이 있다.

→ '~을 가지다'를 의미하는 have가 문장에서 본동사로 쓰였다.

16 [정답] used to

→ 과거의 습관이었지만 지금은 하지 않는 것을 나타낼 때 used to를 쓴다.

17 [정답] would, used to

→ 과거의 반복적인 행위를 나타낼 때 would와 used to를 쓴다.

18 [정답] used to

→ 과거의 행위가 아닌 상태를 나타낼 때 used to를 쓴다.

19 [정답] had better not eat

[해석] A: 저는 요즘 살이 찌고 있어요.

B: 너무 많이 먹지 않는 편이 좋겠어요.

→ had better와 eat 사이에 not이 와서 '먹지 않는 편이 좋겠다'라는 의미를 완성한다.

20 [정답] had better try

[해석] A: 이 재킷은 저한테 너무 커요.

B: 더 작은 사이즈로 입어보시는 편이 좋겠어요.

→ had better 뒤에 try가 와서 '하는 편이 좋겠다'라는 의미를 완성한다.

21 [정답] had better pay attention

[해석] A: 저는 거의 교통사고가 날 뻔했어요.

B: 신호등에 주의를 기울이는 편이 좋겠어요.

→ had better 뒤에 pay attention이 와서 '주의를 기울이는 편이 좋겠다'라는 의미를 완성한다.

22 [정답] had better not play

[해석] A: 이 장소는 너무 조용해요.

B: 음악을 크게 틀지 않는 편이 좋겠어요.

→ had better와 play 사이에 not이 와서 '틀지 않는 편이 좋겠다'라는 의미를 완성한다.

23 [정답] She used to be a famous singer.

[해석] 그녀는 유명한 가수였다.

→ 과거의 상태를 나타내는 조동사는 used to이다.

24 [정답] She would read books for hours without a break.

[해석] 그녀는 몇 시간 동안 쉬지 않고 책을 읽곤 했다.

→ used to처럼 과거의 반복적인 행위를 나타내는 조동사는 would이다.

25 [정답] You had better follow the school rules.

[해석] 당신은 학교 규칙을 지키는 편이 좋겠다.

→ '~하는 편이 좋겠다'라는 제안을 나타내는 조동사는 had better이다.

E
Unit
23·26

26 [정답] You had better not waste your time and money.

[해석] 당신은 시간과 돈을 낭비하지 않는 편이 좋겠다.
→ '~하지 않는 편이 좋겠다'라는 제안을 나타내는 조동사는 had better not이다.

단원 평가 문제 UNIT 25 ~ UNIT 26
▶ 문제편 p.128~130

정답

01 ②　**02** ④　**03** ②　**04** stayed → stay
05 woulds → would　**06** smoke → to smoke
07 had better switch off　**08** had better not play
09 had better not touch
10 ③　**11** ④　**12** ③
13 They had better not stay late at school.
14 They used to stay late at school.
15 They don't have to stay late at school.
16 They should stay late at school.
17 ①　**18** ⑤　**19** ⓐ, May I take your order?
20 ⓒ, Did I make the right choice?
21 ②　**22** ⑤　**23** ⓕ　**24** ⓓ　**25** ⓑ
26 ⑨　**27** ③　**28** ⓓ, must not forget

01 [정답] ②　UNIT 25 조동사 may (might), must (have to), shall, should

[해석] 그는 떠날 필요가 없다.
→ '~할 필요가 없다'는 do not have to로 표현한다. 따라서 does와 have 사이에 not이 들어가야 적절하다.

02 [정답] ④　UNIT 26 be, do, have와 그 외 조동사
[해석] 그녀는 비행기를 놓치지 않는 편이 좋겠다.
→ had better의 부정문은 had better 뒤에 not이 온다. 따라서 had better와 miss 사이에 not이 들어가야 적절하다.

03 [정답] ②　UNIT 25 조동사 may (might), must (have to), shall, should

[해석] ① 그들이 파티에 있을지도 모른다.
② 당신은 나에게 진실을 말해야 한다.
③ 그녀는 교통체증 때문에 늦을 것이 틀림없다.
④ 그것은 오해일 지도 모른다.
⑤ 그는 당신의 이름을 기억하지 못할지도 모른다.
→ ②은 '의무'를 나타내는 조동사이다. 나머지는 모두 '추측'을 나타내고 있다.

04 [정답] stayed → stay　UNIT 26 be, do, have와 그 외 조동사
[해석] 대학에 다닐 때, 나는 늦게까지 깨어 있곤 했다.
→ 과거의 반복적인 행위를 나타내는 조동사 would 뒤에는 동사원형이 와야 한다. 따라서 stayed를 stay로 고쳐야 한다.

05 [정답] woulds → would　UNIT 26 be, do, have와 그 외 조동사

[해석] 그녀는 동료들에게 쿠키를 구워주곤 했다.
→ 과거의 반복적인 행위를 나타내는 조동사 would는 주어의 인칭과 수에 상관없이 항상 would로 써야 한다.

06 [정답] smoke → to smoke　UNIT 26 be, do, have와 그 외 조동사

[해석] 나는 흡연을 하곤 했지만, 몇 년 전에 끊었다.
→ 지금은 하지 않는 과거의 습관을 나타낼 때는 「used to+동사원형」의 형태로 써야 한다. 따라서 smoke를 to smoke로 고쳐야 한다.

07 [정답] had better switch off　UNIT 26 be, do, have와 그 외 조동사

[해석] 너는 가스레인지를 끄는 게 좋겠어.
→ had better 뒤에 switch off가 와서 '끄는 게 좋겠어'라는 의미를 완성한다.

08 [정답] had better not play　UNIT 26 be, do, have와 그 외 조동사

[해석] 너는 길거리에서 공을 가지고 놀지 않는 것이 좋겠어.
→ had better와 play 사이에 not이 와서 '놀지 않는 것이 좋겠어'라는 의미를 완성한다.

09 [정답] had better not touch　UNIT 26 be, do, have와 그 외 조동사

[해석] 너는 다리미를 만지지 않는 것이 좋겠어.
→ had better와 touch 사이에 not이 와서 '만지지 않는 것이 좋겠어'라는 의미를 완성한다.

10 [정답] ③　UNIT 25 조동사 may (might), must (have to), shall, should

[해석] ① 그는 농구를 하곤 했다.
② 그들은 다음 달에 우리를 방문할지도 모른다.
③ 당신은 서둘러서는 안 된다. 당신은 서두를 필요가 없다.
④ 술을 마시고 운전해서는 안 된다.
⑤ 우리는 어른들에게 존경심을 가져야 한다.
→ must not은 '해서는 안 된다'는 의무를, do not have to는 '할 필요 없다'는 불필요를 나타낸다.

11 [정답] ④　UNIT 25 조동사 may (might), must (have to), shall, should

[해석] ① 나는 은행에 갈 수 없다.
② 나는 은행에 가지 않을 수도 있다.
③ 나는 은행에 가면 안 된다.
④ 나는 은행에 갈 필요가 없다.
⑤ 나는 은행에 가지 않는 것이 좋겠다.
→ '~할 필요가 없다'는 의미를 나타내는 do not have to가 들어가는 것이 적절하다.

12 [정답] ③　UNIT 25 조동사 may (might), must (have to), shall, should, UNIT 26 be, do, have와 그 외 조동사
[해석] • 당신은 주방을 매일 청소할 필요가 없다.
• 나는 전에 그 소설을 본 적이 있다.
→ '~할 필요가 없다'라는 의미를 나타내는 조동사는 do not have to이다. 과거분사와 함께 완료시제를 만드는 것은 조동사 have이다.

13 정답 They had better not stay late at schcol.
UNIT **26** be, do, have와 그 외 조동사

→ had better not은 본동사에 '~하지 않는 편이 좋겠다'는 의미를 더한다.

14 정답 They used to stay late at school.
UNIT **26** be, do, have와 그 외 조동사

→ used to는 본동사에 '~하곤 했다'는 의미를 더한다.

15 정답 They don't have to stay late at school.
UNIT **25** 조동사 may (might), must (have to), shall, should

→ do not have to는 본동사에 '~할 필요가 없다'는 의디를 더한다.

16 정답 They should stay late at school.
UNIT **25** 조동사 may (might), must (have to), shall, should

→ should는 본동사에 '~해야 한다'는 의미를 더한다.

17 정답 ①
UNIT **26** be, do, have와 그 외 조동사

[해석] ① 이것은 새로운 방법이다.
② 그것은 로봇에 의해 쓰였다.
③ 나는 버스를 기다리고 있다.
④ 그는 시험을 위해 공부 중이었다.
⑤ 창문이 야구공에 의해 깨졌다.
→ ①의 is는 '~이다'를 의미하는 문장의 본동사이다. 나머지는 모두 본동사 앞에서 보조적인 기능을 하는 조동사이다.

18 정답 ⑤
UNIT **26** be, do, have와 그 외 조동사

[해석] ① 나는 여행을 정말 좋아한다.
② 우리는 도서관에 가지 않았다.
③ 당신은 휴가를 잘 보내셨나요?
④ 그는 비디오 게임을 하지 않는다.
⑤ 그는 저녁을 먹은 후에 숙제를 할 것이다.
→ ⑤의 do는 '하다'를 의미하는 문장의 본동사이다. 나머지는 모두 본동사 앞에서 보조적인 기능을 하는 조동사이다.

19 정답 ⓐ, May I take your order?
UNIT **25** 조동사 may (might), must (have to), shall, should

[해석] ⓐ 제가 주문을 받아도 될까요?
→ 조동사 뒤에는 동사원형이 오므로 taking을 take로 고쳐야 적절하다.

20 정답 ⓒ, Did I make the right choice?
UNIT **26** be, do, have와 그 외 조동사

[해석] ⓒ 제가 옳은 결정을 했나요?
→ do 조동사 뒤에는 동사원형이 오므로 made를 make로 고쳐야 적절하다.

21 정답 ②
UNIT **25** 조동사 may (might), must (have to), shall, should

[해석] 당신에게 이상하게 들리겠지만, 그것은 사실이다.
→ '추측'을 나타내는 may가 들어가는 것이 적절하다.

22 정답 ⑤
UNIT **25** 조동사 may (might), must (have to), shall, should

[해석] 요즘은 컴퓨터의 가격이 예전보다 더 낮아졌다. 그래서 컴퓨터를 사려면 돈을 많이 낼 필요가 없다.

→ '~할 필요가 없다'는 의미를 나타내는 do not have to가 들어가는 것이 적절하다.

23 정답 ⓕ
UNIT **25** 조동사 may (might), must (have to), shall, should

[해석] 당신은 제시간에 와야 한다.
→ 조동사 must가 '강한 의무'의 의미로 쓰였다.

24 정답 ⓓ
UNIT **25** 조동사 may (might), must (have to), shall, should

[해석] 하늘을 보세요! 오늘은 나중에 비가 오겠네요.
→ 조동사 must가 '추측'의 의미로 쓰였다.

25 정답 ⓑ
UNIT **25** 조동사 may (might), must (have to), shall, should

[해석] 당신은 이제 무대를 떠나도 좋다.
→ 조동사 may가 '허가'의 의미로 쓰였다.

26 정답 ⓖ
UNIT **26** be, do, have와 그 외 조동사

[해석] 그는 높은 곳을 무서워하곤 했다.
→ 조동사 used to가 '과거의 습관'의 의미로 쓰였다.

27 정답 ③
UNIT **26** be, do, have와 그 외 조동사

→ 조동사 do는 일반동사 앞에서 그 의미를 강조할 수 있다. I did forget to do my laundry.에서 네 번째로 오는 것은 ③ to이다.

28 정답 ⓓ, must not forget
UNIT **25** 조동사 may (might), must (have to), shall, should

[해석] A: 미안하지만, 나는 오늘 밤 극장에 갈 수 없어. 여동생을 돌봐야 해.
B: 오, 걱정하지 마. 우리는 다른 날로 계획하면 돼.
A: 다음 주말 어때?
B: 난 좋아. 넌 그것을 잊을 필요 없어.
A: 잊지 않을게. 달력에 추가할 거야.
→ 새로 정한 약속을 잊으면 안 된다는 의미이므로 don't have to forget을 must not forget으로 바꾸어야 한다.

F 수동태

UNIT 27 수동태의 개념 및 형태

개념 확인 문제 정답 ▶ 문제편 **p.133**

01 능동태　　**02** 수동태　　**03** 수동태

04 The box was removed by Chris from his room.

05 Both English and French are spoken in Canada.

06 A charity event for the abused animals was organized by us.

07 Our room wasn't booked a month ago.

08 Are students influenced by many celebrities?

09 Was the article written by a university professor?

10 This book was not translated by me.

11 The treasure was not discovered by them.

12 Hamlet was written by Shakespeare.

13 When was the light bulb invented by Edison?

---

01 [정답] **능동태**
[해석] Alex는 그의 농장에 다양한 작물들을 심었다.
→ Alex가 작물들을 '심은' 것이므로 능동태 문장이다.

02 [정답] **수동태**
[해석] 이 건물은 유명한 건축가에 의해 설계되었다.
→ 건물이 '설계된' 것이므로 수동태 문장이다.

03 [정답] **수동태**
[해석] 그 공원은 도시의 북쪽에 위치해 있다.
→ 공원이 '위치해' 있는 것이므로 수동태 문장이다. 위치를 나타내는 수동태 문장에서는 「by+목적격」이 생략될 수 있다.

04 [정답] **The box was removed by Chris from his room.**
[해석] Chris는 그의 방에서 상자를 꺼냈다.
→ 그 상자는 Chris에 의해 그의 방에서 꺼내졌다.
→ 능동태 문장의 목적어 the box를 주어로 옮기고, removed를 3인칭 단수 주어에 맞게 was removed로 바꾼 뒤 by Chris를 더하여 수동태 문장으로 만든다.

05 [정답] **Both English and French are spoken in Canada.**
[해석] 캐나다에서 사람들은 영어와 프랑스어를 모두 말한다.
→ 영어와 프랑스어는 모두 캐나다에서 말해진다.
→ 능동태 문장의 목적어 both English and French를 주어로 옮기고, speak을 3인칭 복수 주어에 맞게 are spoken으로 바꾼 뒤 수식어구 in Canada를 이어서 써준다. 행위자가 일반인인 people이므로 by people은 생략한다.

06 [정답] **A charity event for the abused animals was organized by us.**
[해석] 우리는 학대받은 동물들을 위한 자선 행사를 조직했다.
→ 학대받은 동물들을 위한 자선행사가 우리들에 의해 조직되었다.
→ 능동태 문장의 목적어 a charity event for the abused animals를 주어로 옮기고, organized를 3인칭 단수 주어에 맞게 was organized로 바꾼 뒤 by us를 더하여 수동태 문장으로 만든다.

07 [정답] **Our room wasn't booked a month ago.**
[해석] 우리의 방은 한 달 전에 예약되었다.
→ 우리의 방은 한 달 전에 예약되지 않았다.
→ 수동태의 부정문은 be동사 뒤에 not을 쓴다. 따라서 booked를 wasn't booked로 바꾸어야 한다.

08 [정답] **Are students influenced by many celebrities?**
[해석] 학생들은 많은 유명인사에 의해 영향을 받는다.
→ 학생들은 많은 유명인사에 의해 영향을 받나요?
→ 수동태의 의문문은 be동사를 주어 앞에 써서 만든다. 따라서 Students are를 Are students로 바꾸어야 한다.

09 [정답] **Was the article written by a university professor?**
[해석] 그 기사는 대학교수에 의해 쓰여졌다.
→ 그 기사가 대학교수에 의해 쓰여졌나요?
→ 수동태의 의문문은 be동사를 주어 앞에 써서 만든다. 따라서 The article was를 Was the article로 바꾸어야 한다.

10 [정답] **This book was not translated by me.**
→ 수동태의 부정문이 쓰인 문장이다. 따라서 동사로는 was not translated가 와야 적절하다.

11 [정답] **The treasure was not discovered by them.**
→ 수동태의 부정문이 쓰인 문장이다. 따라서 동사로는 was not discovered가 와야 적절하다.

12 [정답] **Hamlet was written by Shakespeare.**
→ 수동태 문장이다. 따라서 동사로는 was written이 와야 적절하다.

13 [정답] **When was the light bulb invented by Edison?**
→ 수동태의 의문문이 쓰인 문장이다. 의문사가 있는 의문문의 경우 의문사가 문장 맨 앞에 쓰인다.

개념 확인 문제 정답 ▶ 문제편 p.135

01 can be started   02 may not be picked
03 must be handled   04 will be mixed
05 should be reviewed   06 My car was repaired
07 Machines are being put
08 The computer has been turned off by someone.
09 A new weapon will be developed by that country.
10 The presentation is rehearsed by Robert
11 be fed   12 is being   13 can be
14 being rocked   15 destroyed

01 [정답] can be started
[해석] 이 컴퓨터는 오직 나에 의해서만 시작될 수 있다.
→ 조동사가 있는 수동태는 「조동사+be+p.p.」 형태로 쓴다. 따라서 can be started가 와야 적절하다.

02 [정답] may not be picked
[해석] Jack은 우리 팀장님에 의해 뽑히지 않을지도 모른다.
→ 조동사가 있는 수동태는 「조동사+be+p.p.」 형태로 쓴다. 따라서 may not be picked가 와야 적절하다.

03 [정답] must be handled
[해석] 이 트로피들은 더 조심히 다뤄져야만 한다.
→ 조동사가 있는 수동태는 「조동사+be+p.p.」 형태로 쓴다. 따라서 must be handled가 와야 적절하다.

04 [정답] will be mixed
[해석] 병을 흔들면 모든 것이 섞일 것이다.
→ 조동사가 있는 수동태는 「조동사+be+p.p.」 형태로 쓴다. 따라서 will be mixed가 와야 적절하다.

05 [정답] should be reviewed
[해석] 그것은 이번 주말까지 검토되어야 한다.
→ 조동사가 있는 수동태는 「조동사+be+p.p.」 형태로 쓴다. 따라서 should be reviewed가 와야 적절하다.

06 [정답] My car was repaired
[해석] 내 차는 지금 수리되고 있다.
→ 내 차는 지난주에 수리되었다.
→ 과거시제 수동태는 「was/were+p.p.」 형태로 쓴다. 따라서 동사 is being repaired를 was repaired로 바꿔야 한다.

07 [정답] Machines are being put
[해석] 기계들이 트럭 위에 올려져 있다.
→ 기계들이 트럭 위에 올려지고 있다.
→ 현재진행시제 수동태는 「am/is/are+being+p.p.」 형태로 쓴다. 따라서 동사 are put을 are being put으로 바꿔야 한다.

08 [정답] The computer has been turned off by someone.
[해석] 누군가가 컴퓨터를 껐다.
→ 컴퓨터가 누군가에 의해 꺼졌다.
→ 현재완료시제 수동태는 「have/has+been+p.p.」 형태로 쓴다. 따라서 주어는 능동태 문장의 목적어인 the computer로 바꾸고, 동사 turned off는 has been turned off로 바꿔야 한다.

09 [정답] A new weapon will be developed by that country.
[해석] 그 나라는 새로운 무기를 개발한다.
→ 새로운 무기는 그 나라에 의해 개발될 것이다.
→ 미래시제 수동태는 「will+be+p.p.」 형태로 쓴다. 따라서 동사 develops를 will be developed로 바꿔야 한다.

10 [정답] The presentation is rehearsed by Robert
[해석] Robert는 회의 전에 발표를 리허설한다.
→ 발표는 Robert에 의해 회의 전에 리허설된다.
→ 현재시제 수동태는 「am/is/are+p.p.」 형태로 쓴다. 따라서 주어는 능동태 문장의 목적어인 the presentation으로 바꾸고, 동사 rehearses는 is rehearsed로 바꿔야 한다.

11 [정답] be fed
→ 조동사가 있는 수동태는 「조동사+be+p.p.」 형태로 쓴다. 따라서 will 뒤에는 be fed가 와야 적절하다.

12 [정답] is being
→ '설치되고 있는' 것이므로 「am/is/are+being+p.p.」 형태의 현재진행시제 수동태가 와야 한다. 따라서 built 앞에는 is being이 와야 적절하다.

13 [정답] can be
→ 조동사가 있는 수동태는 「조동사+be+p.p.」 형태로 쓴다. 따라서 found 앞에는 can be가 와야 적절하다.

14 [정답] being rocked
→ 현재진행시제 수동태는 「am/is/are+being+p.p.」 형태로 쓴다. 따라서 is 뒤에는 being rocked가 와야 적절하다.

15 [정답] destroyed
→ 현재완료시제 수동태는 「has/have+been+p.p.」 형태로 쓴다. 따라서 have been 뒤에는 destroyed가 와야 적절하다.

F
Unit 27-30

▶ 문제편 p.136~137

정답

01 ⑤	**02** ④	**03** ④	**04** ③	**05** ④
06 ①				

07 (1) ⓐ, Spanish is spoken by Mexicans.
　　(2) ⓔ, Many songs have been composed by him since 2002.
　　(3) ⓕ, The problem should be solved by you by Thursday.

08 ④	**09** ③	**10** ①

11 will be held　　**12** hide → hid 또는 hidden
13 deal → dealt　　**14** ④　　**15** ①

---

01 [정답] ⑤ 　　　　UNIT 28 조동사나 시제가 있는 수동태
[해석] 꿀은 고대부터 사용되어 왔다.
→ since ancient times라고 했으므로 현재완료시제 수동태인 has been used가 오는 것이 적절하다.

02 [정답] ④ 　　　　UNIT 28 조동사나 시제가 있는 수동태
[해석] 내년에 새로운 잡지가 출간될 것이다.
→ next year라고 했으므로 미래시제 수동태인 will be launched가 오는 것이 적절하다.

03 [정답] ④ 　　　　UNIT 27 수동태의 개념 및 형태
[해석] 이 장치가 한국에서 만들어졌나요?
→ 수동태의 의문문은 be동사를 주어 앞에 써서 만든다. 따라서 3인칭 단수 주어에 맞는 Was가 적절하다.

04 [정답] ③ 　　　　UNIT 28 조동사나 시제가 있는 수동태
[해석] 사람들은 벽에 시를 쓸 것이다.
① 시가 벽에 쓴다.
② 시가 벽에 쓰여있었다.
③ 시가 벽에 쓰여질 것이다.
④ 시가 벽에 쓰여져 있었다.
⑤ 시가 벽에 쓰여질 것이었다.
→ 능동태 문장의 목적어 a poem을 주어로 쓰고, 동사로 미래시제 수동태인 will be written을 쓴 ③이 적절하다.

05 [정답] ④
　　UNIT 27 수동태의 개념 및 형태, UNIT 28 조동사나 시제가 있는 수동태
[해석] 여: 이 컴퓨터는 언제 사용되었나요?
남: 약 한 시간 전에요.
→ 한 시간 전에 '사용된' 것이므로 과거시제 수동태가 와야 한다. 의문사가 있는 의문문이므로 When was this computer used라고 해야 알맞다.

06 [정답] ① 　　　　UNIT 28 조동사나 시제가 있는 수동태
[해석] 내 담요는 내 개에 의해 ② 사용될지 모른다, ③ 사용되었다, ④ 사용되고 있다, ⑤ 사용되었다.
→ is using은 능동태 동사로 뒤에 목적어가 없으므로 적절하지 않다. ①을 제외한 나머지는 모두 수동태 형태로, 행위자인 my dog에 의해 담요가 '사용됨'을 알맞게 나타낸다.

---

07 [정답] (1) ⓐ, Spanish is spoken by Mexicans.
(2) ⓔ, Many songs have been composed by him since 2002.
(3) ⓕ, The problem should be solved by you by Thursday.
　　　　UNIT 28 조동사나 시제가 있는 수동태

[해석] ⓐ 멕시코 사람들은 스페인어를 말한다.
→ 스페인어는 멕시코 사람들에 의해 말해진다.
ⓑ 바이올린이 연주되고 있었다.
ⓒ 내 노트북이 어제 고장났다.
ⓓ 그 서류는 어디에 저장되었나요?
ⓔ 그는 2002년부터 많은 곡을 작곡했다.
→ 많은 곡이 2002년부터 그에 의해 작곡되었다.
ⓕ 당신은 목요일까지 그 문제를 해결해야 한다.
→ 그 문제는 당신에 의해 목요일까지 해결되어야 한다.
→ ⓐ 능동태 문장의 목적어 Spanish를 주어로 옮기고, speak을 3인칭 단수 주어에 맞게 is spoken으로 바꾼 뒤 by Mexicans를 더하여 수동태 문장으로 바꾼다.
ⓔ 능동태 문장의 목적어 many songs를 주어로 옮기고, has composed를 3인칭 복수 주어에 맞게 have been composed로 바꾼 뒤 by him을 더하여 수동태 문장으로 바꾼다.
ⓕ 능동태 문장의 목적어 the problem을 주어로 옮기고, should solve를 should be solved로 바꾼 뒤 by you를 더하여 수동태 문장으로 바꾼다.

08 [정답] ④ 　　　　UNIT 27 수동태의 개념 및 형태
→ '보내진' 것이므로 과거시제 수동태가 쓰여야 한다. 의문사가 있는 의문문이므로 Where was the letter sent라고 해야 알맞다.

09 [정답] ③ 　　　　UNIT 28 조동사나 시제가 있는 수동태
[해석] ① 나의 시계는 도둑에 의해 도둑맞았다.
② 그 쥐는 고양이들에게 쫓겼다.
③ 이곳은 흡연이 엄격히 금지되어 있다.
④ 그 소설은 그녀에 의해 쓰여져왔다.
⑤ 그것은 내일까지 치워지지 않을 것이다.
→ ③ '금지된' 것이므로 prohibit가 아니라 prohibited가 와서 수동태 문장이 되어야 한다.

10 [정답] ① 　　　　UNIT 27 수동태의 개념 및 형태
[해석] ① 그 오류는 삭제되지 않았다.
② 마감일이 변경되었다.
③ 내 개는 Eric에 의해 씻겨지고 있다.
④ 이것들은 서점에서 구입한 것이다.
⑤ 왜 의자가 원형으로 배열되어 있나요?
→ ① 수동태의 부정문은 no가 아니라 not을 붙여 만든다.

11 [정답] will be held 　　UNIT 28 조동사나 시제가 있는 수동태
[해석] A: 당신은 파티를 열려고 계획하고 있어요, 그렇죠?
B: 맞아요. 그 파티는 다음 주 토요일에 열릴 거예요.
→ 다음 주 토요일에 '열릴' 것이므로 미래시제 수동태인 will be held가 적절하다.

12 [정답] hide → hid 또는 hidden 　UNIT 27 수동태의 개념 및 형태
[해석] 반지가 베개 밑에 숨겨져 있었나요?
→ '숨겨져 있었던' 것이므로 과거시제 수동태가 쓰여야 한다. hide의 과거분사는 hid 또는 hidden으로 쓴다.

---

13 정답 deal → dealt   **UNIT 28** 조동사나 시제가 있는 수동태

[해석] 그 고객의 불만 사항은 즉시 처리되어야 한다.

→ 조동사가 있는 수동태 문장이다. deal의 과거분사는 dealt이다.

14 정답 ④   **UNIT 28** 조동사나 시제가 있는 수동태

[해석] 청소부가 집을 청소했다.

= 집은 청소부에 의해 청소되었다.

→ 능동태 문장의 시제가 현재완료이므로 현재완료시제 수동태인 ④ has been cleaned가 오는 것이 적절하다.

15 정답 ①   **UNIT 28** 조동사나 시제가 있는 수동태

[해석] • 쿠키가 Mike에 의해 구워지고 있다.

• 그 편지는 지난주에 발송되었다.

• 그것은 오늘 완료될 것이다.

• 그 책들은 도서관에 반납되었나요?

• 식물들은 창문 근처에 배치되었다.

→ (A) ③ (C) ④ (D) ⑤ (E) ②

편지가 '지난주'에 발송된 것이므로 과거시제 수동태가 쓰여야 한다. 따라서 (B)에는 is가 아니라 was가 와야 한다.

UNIT 29 **4형식과 5형식 문장의 수동태**

개념 확인 문제 정답   ▶ 문제편 p.139~141

01 X, was bought for me by my parents

02 was asked so many silly questions by him, were asked of me by him

03 will be shown new products by them today, will be shown to the visitors by them today

04 of → to 또는 by   **05** of → for

06 for → 삭제   **07** to → of

08 to → 삭제

09 Their new car was shown to us

10 The employees were awarded a bonus

11 A delicious cake was baked for my sister

12 The students were assigned a challenging task

13 open   **14** to sing 또는 singing

15 to think   **16** to drive 또는 driving

17 a masterpiece

18 He was made to apologize for his behavior

19 She was ordered to clean up the mess

20 She allowed her children to play in the backyard.

21 He made the assistant organize the files.

22 He was forced to admit to the crime

23 She saw the garden flowers bloom[blooming].

24 ⓕ   **25** ⓒ   **26** ⓔ

27 ⓑ   **28** ⓐ   **29** ⓓ

---

01 정답 X, was bought for me by my parents

[해석] 부모님께서 나에게 멋진 셔츠를 사주셨다.

→ 멋진 셔츠가 부모님에 의해 나를 위해 구매되었다.

→ 간접목적어인 '내가' 구매되어진 것은 어색하므로 수동태로 쓰지 않는다. 동사 buy는 직접목적어가 주어인 수동태를 만들 때 간접목적어 앞에 전치사 for를 쓴다.

02 정답 was asked so many silly questions by him, were asked of me by him

[해석] 그는 나에게 너무 많은 바보 같은 질문을 했다.

→ 나는 그에 의해 너무 많은 바보 같은 질문을 받았다.

→ 너무 많은 바보 같은 질문이 그에 의해 나에게 주어졌다.

→ 동사 ask는 직접목적어가 주어인 수동태를 만들 때 간접목적어 앞에 전치사 of를 쓴다.

03 정답 will be shown new products by them today, will be shown to the visitors by them today

[해석] 그들은 오늘 방문객들에게 새로운 제품을 보여줄 것이다.

→ 방문객들은 오늘 그들에 의해 새로운 제품을 보게 될 것이다.

→ 새로운 제품은 오늘 그들에 의해 방문객들에게 보여질 것이다.

→ 동사 show는 직접목적어가 주어인 수동태를 만들 때 간접목적어 앞에 전치사 to를 쓴다.

04 정답 of → to 또는 by

[해석] 그 팩스는 당신에게(또는 당신에 의해) 보내진 것이 아니다.

→ 동사 send는 직접목적어가 주어인 수동태를 만들 때 간접목적어 앞에 전치사 to를 쓴다. you를 행위자로 보고 by you라고 고치는 것도 가능하다.

05 정답 of → for

[해석] 한 잔의 차가 Pablo에 의해 나를 위해 만들어졌다.

→ 동사 make는 직접목적어가 주어인 수동태를 만들 때 간접목적어 앞에 전치사 for를 쓴다.

06 정답 for → 삭제

[해석] 나는 Leo 씨에 의해 어떻게 춤을 추는지 가르침을 받았다.

→ 간접목적어가 주어인 수동태 문장에서는 직접목적어 앞에 전치사를 쓰지 않는다.

07 정답 to → of

[해석] 의견이 그 팀에게 물어진다.

→ 동사 inquire는 직접목적어가 주어인 수동태를 만들 때 간접목적어 앞에 전치사 of를 쓴다.

08 정답 to → 삭제

[해석] Tom은 그의 아버지에 의해 흥미로운 책을 받았다.

→ 간접목적어가 주어인 수동태 문장에서는 직접목적어 앞에 전치사를 쓰지 않는다.

09 정답 Their new car was shown to us

[해석] 그들은 우리에게 그들의 새로운 차를 보여줬다.

→ 그들의 새로운 차는 그들에 의해 우리에게 보여졌다.

→ their new car는 능동태 문장의 직접목적어이다. 동사 show는 직접목적어가 주어인 수동태를 만들 때 간접목적어 앞에 전치사 to를 쓴다.

10 정답 The employees were awarded a bonus

[해석] 그 회사는 직원들에게 보너스를 수여했다.

→ 직원들은 그 회사에 의해 보너스를 받았다.

→ the employees는 능동태 문장의 간접목적어이다. 간접목적어를 주어로 하는 수동태 문장은 「간접목적어+be동사 +과거분사+직접목적어+(by+행위자)」의 형태로 온다.

11 정답 A delicious cake was baked for my sister

[해석] 나는 내 여동생에게 맛있는 케이크를 구워줬다.

→ 맛있는 케이크가 내 여동생을 위해 나에 의해 구워졌다.

→ a delicious cake는 능동태 문장의 직접목적어이다. 동사 bake는 직접목적어가 주어인 수동태를 만들 때 간접목적어 앞에 전치사 for를 쓴다.

12 정답 The students were assigned a challenging task

[해석] 그 선생님은 학생들에게 어려운 과제를 주었다.

→ 학생들은 그 선생님에 의해 어려운 과제를 받았다.

→ the students는 능동태 문장의 간접목적어이다. 간접목적어를 주어로 하는 수동태 문장은 「간접목적어+be동사 +과거분사+직접목적어+(by+행위자)」의 형태로 온다.

13 정답 open

[해석] 여름에는 모든 창문이 열려있다.

→ 능동태 문장의 목적격 보어로 형용사 open이 온 문장으로, 형태 변화 없이 그대로 쓰는 것이 적절하다.

14 정답 to sing 또는 singing

[해석] Judy는 지난밤 나에 의해 노래하는 것이 들렸다.

→ 능동태 문장의 목적격 보어로 원형부정사 sing이 온 문장으로, 수동태 문장에서는 to sing 또는 singing으로 바꿔야 적절하다.

15 정답 to think

[해석] 나는 그 책에 의해 내 미래에 관해 생각하게 되었다.

→ 능동태 문장의 목적격 보어로 원형부정사 think가 온 문장으로, 수동태 문장에서는 to think로 바꿔야 적절하다.

16 정답 to drive 또는 driving

[해석] 그 도둑은 자정에 트럭을 타고 달아나는 것이 목격되었다.

→ 능동태 문장의 목적격 보어로 원형부정사 drive가 온 문장으로, 수동태 문장에서는 to drive 또는 driving으로 바꿔야 적절하다.

17 정답 a masterpiece

[해석] 그 책은 비평가들에 의해 걸작이라 불린다.

→ 능동태 문장의 목적격 보어로 명사구 a masterpiece가 온 문장으로, 형태 변화 없이 그대로 쓰는 것이 적절하다.

18 정답 He was made to apologize for his behavior

[해석] 그들은 그가 그의 행동에 대해 사과하도록 했다.

→ 그는 그들에 의해 자신의 행동에 대해 사과하게 되었다.

→ 능동태 문장의 동사가 사역동사 made이다. 사역동사의 목적격 보어로 원형부정사 apologize가 온 문장으로, 수동태 문장에서는 to apologize로 바꿔야 적절하다.

19 정답 She was ordered to clean up the mess

[해석] 우리는 그녀에게 난잡한 것을 치우라고 명령했다.

→ 그녀는 우리로부터 난잡한 것을 치우라는 명령을 받았다.

→ 능동태 문장의 목적격 보어로 to부정사 to clean up이 온 문장으로, 형태 변화 없이 그대로 쓰는 것이 적절하다.

20 정답 She allowed her children to play in the backyard.

[해석] 그녀에 의해 그녀의 아이들은 뒷마당에서 놀 수 있었다.

→ 그녀는 아이들이 뒷마당에서 놀 수 있도록 허락했다.

→ 능동태 문장에서도 목적격 보어로 to부정사 to play가 오는 것이 적절하다.

21 정답 He made the assistant organize the files.

[해석] 조교는 그에 의해 파일들을 정리하게 되었다.

→ 그는 조교에게 파일을 정리하게 했다.

→ 수동태 문장으로 바뀌며 원형부정사였던 organize가 to organize가 됐지만, 능동태 문장에서는 다시 원형부정사 형태로 오는 것이 적절하다.

22 정답 He was forced to admit to the crime

[해석] 나는 그에게 범죄사실을 인정하라고 강요했다.

→ 그는 나에 의해 범죄사실을 인정하도록 강요받았다.

→ 능동태 문장의 목적격 보어로 to부정사 to admit이 온 문장으로, 형태 변화 없이 그대로 쓰는 것이 적절하다.

23 정답 She saw the garden flowers bloom[blooming].

[해석] 정원의 꽃이 피는 것이 그녀에 의해 목격되었다.

→ 그녀는 정원의 꽃이 피는 것을 보았다.

→ 수동태 문장으로 바뀌며 원형부정사였던 bloom이 to bloom이 됐지만, 능동태 문장에서는 다시 원형부정사 또는 현재분사 형태로 오는 것이 적절하다.

24 정답 ⓕ

[해석] Lincoln은 1860년에 대통령으로 선출되었다.

→ People elected Lincoln President in 1860.을 수동태로 바꾼 문장이다.

25 정답 ©

[해석] 우리는 선생님으로부터 이야기를 하나 들었다.

→ Our teacher told us a story.를 수동태로 바꾼 문장이다.

26 정답 ⓔ

[해석] 장난감은 부모님에 의해 아이에게 주어졌다.

→ His parents got the child a toy.를 수동태로 바꾼 문장이다.

27 정답 ⓑ

[해석] 부탁은 나에 의해 그에게 요청되었다.
→ I asked him a favor.를 수동태로 바꾼 문장이다.

28 정답 ⓐ

[해석] 우리의 아들은 우리에 의해 Joel이라고 이름
붙여졌다.
→ We named our son Joel.을 수동태로 바꾼 문장이다.

29 정답 ⓓ

[해석] 왕관은 왕에 의해 나에게 넘겨졌다.
→ The king passed me the crown.을 수동태로 바꾼
문장이다.

UNIT 30 주의해야 할 수동태 표현

개념 확인 문제 정답   ▶ 문제편 p.143

01 was run over **02** taken care of **03** been put off
04 after by   **05** from   **06** in
07 about   **08** with   **09** of
10 to   **11** at
12 were covered with   **13** was filled with
14 was brought up   **15** are worried about
16 is known for   **17** are engaged in

01 정답 was run over

[해석] 그 범죄자는 차에 치였다.
→ 동사구 run over를 수동태로 전환할 때는 하나의 동사처럼
한꺼번에 써야 하므로 was run over가 적절하다.

02 정답 taken care of

[해석] 아기는 조심스럽게 돌봐져야만 한다.
→ '~을 돌보다'를 의미하는 동사구는 take care of이다.

03 정답 been put off

[해석] 회의가 일주일 연기되었다.
→ 동사구 put off를 수동태로 전환할 때는 하나의 동사처럼
한꺼번에 써야 하므로 been put off가 적절하다.

04 정답 after by

[해석] Ingrid의 고양이는 휴일 동안 나에 의해 돌봐졌다.
→ 동사구 look after를 수동태로 전환할 때는 하나의
동사처럼 한꺼번에 써야 하므로 after by가 적절하다.

05 정답 from

[해석] 물병은 재활용 플라스틱으로 만들어진다.
→ '플라스틱으로 만들어진' 것이므로 be made from을
쓴다.

06 정답 in

[해석] 나는 미래 세계에 관심이 있다.
→ '미래 세계에 관심이 있는' 것이므로 be interested in을
쓴다.

07 정답 about

[해석] Jeniffer가 결과에 신이 나 있나요?
→ '결과에 신이 난' 것이므로 be excited about을 쓴다.

08 정답 with

[해석] 그는 객실 상태에 만족했다.
→ '상태에 만족한' 것이므로 be satisfied with를 쓴다.

09 정답 of

[해석] 그 그룹은 250명의 회원으로 구성되어 있다.
→ '회원으로 구성된' 것이므로 be composed of를 쓴다.

10 정답 to

[해석] 언젠가 당신의 재능이 세상에 알려질 것이다.
→ '세상에 알려지는' 것이므로 be known to를 쓴다.

11 정답 at

[해석] 우리는 갑작스러운 날씨의 변화에 놀랐다.
→ '변화에 놀란' 것이므로 be surprised at을 쓴다.

12 정답 were covered with

→ '먼지로 덮여 있었던' 것이므로 were covered with를
쓴다.

13 정답 was filled with

→ '약속으로 가득 차 있었던' 것이므로 was filled with를
쓴다.

14 정답 was brought up

→ 동사구 bring up을 수동태로 전환할 때는 하나의 동사처럼
한꺼번에 써야 하므로 was brought up이 적절하다.

15 정답 are worried about

→ '성적에 대해 걱정하시는' 것이므로 are worried
about을 쓴다.

16 정답 is known for

→ '~ 때문에 유명한' 것이므로 is known for를 쓴다.

17 정답 are engaged in

→ '푸는 것에 몰두하는' 것이므로 are engaged in을 쓴다.

단원 평가 문제 UNIT 29 ~ UNIT 30   ▶ 문제편 p.144~146

정답

01 ②   **02** ③   **03** ⑤   **04** ③   **05** ②
06 (A) worried → worried about,
  (B) learn → to learn, (C) to → 삭제
07 with **08** by **09** of **10** was given to me
11 was offered a special discount
12 will be made to stop smoking
13 ④   **14** for   **15** to borrow   **16** ④
17 ④   **18** ④   **19** ②   **20** ③   **21** ③
22 is made of   **23** was known to
24 is known for   **25** ①

01 [정답] ②   UNIT **29** 4형식과 5형식 문장의 수동태

[해석] ① 텐트는 야영객들에게 대여되었다.
② 나를 위해 식사가 요리되었다.
③ 고객에게 이메일이 전송되었다.
④ 이 상은 재능 있는 예술가들에게 주어진다.
⑤ 신메뉴가 고객들에게 선보여졌다.
→ 직접목적어를 주어로 하는 수동태 문장에서 간접목적어 앞에
전치사를 쓰는데, 그때 쓰는 전치사는 동사에 따라 달라진다.
나머지는 모두 전치사 to를 쓰지만 cook은 전치사 for를 쓴다.

02 [정답] ③   UNIT **29** 4형식과 5형식 문장의 수동태

[해석] ① 그는 그의 여동생에게 꽃 몇 송이를 주었다.
② 그는 꽃 몇 송이를 그의 여동생에게 주었다.
③ 그의 여동생은 그에게 꽃 몇 송이를 주었다.
④ 그의 여동생은 그로부터 꽃 몇 송이를 받았다.
⑤ 꽃 몇 송이는 그에 의해 그의 여동생에게 주어졌다.
→ ③은 여동생이 그에게 꽃을 줬다는 의미의 문장이고, 나머지는
모두 그가 여동생에게 꽃을 줬다는 의미의 문장이다.

03 [정답] ⑤   UNIT **30** 주의해야 할 수동태 표현

→ '쓰는 것에 몰두하는' 것이므로 is engaged in을 쓴다.

04 [정답] ③   UNIT **30** 주의해야 할 수동태 표현

→ '음악의 어머니로 알려져 있는' 것이므로 be known as를 쓴다.

05 [정답] ②   UNIT **30** 주의해야 할 수동태 표현

[해석] • 그는 사진에 관심이 있다.
• 나는 그의 영화 제작에 관여하지 않았다.
→ '사진에 관심이 있는' 것이므로 be interested in과 '제작에
관여한' 것이므로 be involved in을 써야 한다.

06 [정답] (A) worried → worried about,
      (B) learn → to learn, (C) to → 삭제
    UNIT **29** 4형식과 5형식 문장의 수동태, UNIT **30** 주의해야 할 수동태 표현

[해석] (A) 무엇이 걱정되나요, Jack?
(B) 나는 수영하는 법을 배우기를 강요받았다.
(C) 이 이상한 모양들은 미스터리 서클이라고 불린다.
→ (A) '~을 걱정하다'를 의미하는 동사구는 be worried
about이다.
(B) 능동태 문장의 목적격 보어로 to learn이 온 문장으로, 수동태
문장에서도 그대로 to learn이 와야 한다.
(C) 능동태 문장의 목적격 보어로 명사가 온 문장으로, 수동태
문장에서도 전치사를 붙이지 않고 그대로 Mystery Circles라고
써야 한다.

07 [정답] with   UNIT **30** 주의해야 할 수동태 표현

[해석] 거리는 관광객들로 붐볐다.
→ '관광객들로 붐빈' 것이므로 be crowded with를 쓴다.

08 [정답] by   UNIT **30** 주의해야 할 수동태 표현

[해석] 강도는 경찰에게 붙잡혔다.
→ 행위자를 나타내는 전치사 by가 police 앞에 와야 한다.

09 [정답] of   UNIT **30** 주의해야 할 수동태 표현

[해석] 케이크는 밀가루, 설탕, 계란으로 구성되어 있다.
→ '~로 구성된' 것이므로 be composed of를 쓴다.

10 [정답] was given to me   UNIT **29** 4형식과 5형식 문장의 수동태

[해석] 지난주에 아버지가 나에게 신용카드를 주셨다.
→ 지난주에 신용카드가 아버지에 의해 나에게 주어졌다.
→ 동사 give는 직접목적어가 주어인 수동태를 만들 때 간접목적어
앞에 전치사 to를 쓴다.

11 [정답] was offered a special discount
       UNIT **29** 4형식과 5형식 문장의 수동태

[해석] 나는 그에게 특별 할인을 제공했다.
→ 그는 나에 의해 특별 할인을 제공받았다.
→ 능동태 문장의 간접목적어를 주어로 하는 수동태에서는 동사 뒤에
전치사 없이 바로 직접목적어가 이어진다.

12 [정답] will be made to stop smoking
       UNIT **29** 4형식과 5형식 문장의 수동태

[해석] 나는 그가 담배를 끊게 할 것이다.
→ 그는 나에 의해 담배를 끊게 될 것이다.
→ 능동태 문장의 목적격 보어로 원형부정사 stop이 온 문장으로,
수동태 문장에서는 to stop으로 바꿔야 적절하다.

13 [정답] ④   UNIT **29** 4형식과 5형식 문장의 수동태

[해석] • 감미로운 세레나데가 나를 위해 불려졌다.
• Tilly가 어제 방에 들어가는 것이 나에 의해 목격되었다.
→ 동사 sing은 직접목적어가 주어인 수동태를 만들 때 간접목적어
앞에 전치사 for를 쓴다. 지각동사의 목적격 보어로 enter가 온
문장으로, 수동태 문장에서는 to enter로 써야 한다.

14 [정답] for   UNIT **29** 4형식과 5형식 문장의 수동태

[해석] 저녁 식사가 아버지에 의해 우리에게 요리되었다.
→ 동사 cook은 직접목적어가 주어인 수동태를 만들 때 간접목적어
앞에 전치사 for를 쓴다.

15 [정답] to borrow   UNIT **29** 4형식과 5형식 문장의 수동태

[해석] 내 여동생은 내 노트북을 빌릴 수 있었다.
→ 목적격 보어로 to부정사가 쓰인 능동태 문장을 수동태 문장으로
바꿀 때 to부정사는 수동형으로 바뀌지 않고 그대로 온다.

16 [정답] ④   UNIT **30** 주의해야 할 수동태 표현

[해석] 고모가 어제 나를 돌봐주셨다.
= 나는 어제 고모에 의해 돌봐졌다.
→ '~을 돌보다'를 의미하는 동사구 take care of의 과거시제
수동태는 was taken care of이다.

17 [정답] ④   UNIT **29** 4형식과 5형식 문장의 수동태

[해석] 그녀는 그에게 부모님께 전화하라고 상기시킬 것이다.
= 그는 그녀에 의해 부모님께 전화해야 한다는 것을 상기하게
될 것이다.
→ 목적격 보어로 to부정사가 쓰인 능동태 문장을 수동태 문장으로
바꿀 때 to부정사는 그대로 온다.

18 [정답] ④   UNIT **30** 주의해야 할 수동태 표현

[해석] A: 지난 주말에 무엇을 하셨나요?
B: 저는 도봉산에 갔어요.
A: 지난 주말에 눈이 많이 내렸어요, 그렇죠?
B: 네. 산이 눈으로 덮여 있었어요. 정말 멋졌어요.
A: 그곳에서 재밌었겠네요!
→ '눈으로 덮여 있던' 것이므로 be covered with가 와야 한다.

19 정답 ② UNIT **29** 4형식과 5형식 문장의 수동태

[해석] ① 케이크가 나를 위해 언니에 의해 구워졌다.
→ 언니가 내게 케이크를 구워줬다.
② 아이들이 노래 부르는 것이 우리에게 들렸다.
→ 우리는 아이들이 노래 부르는 것을 들었다.
③ 그는 나에 의해 교복을 입게 되었다.
→ 나는 그가 교복을 입게 했다.
④ 그녀는 나로부터 파티에 오라고 요청받았다.
→ 나는 그녀에게 파티에 올 것을 요청했다.
⑤ 편지가 나의 가장 친한 친구에 의해 내게 보내졌다.
→ 나의 가장 친한 친구가 나에게 편지를 보냈다.
→ 목적격 보어로 원형부정사가 쓰인 능동태 문장을 수동태 문장으로 바꿀 때 원형부정사는 to부정사로 바꾼다. to sing은 수동태 문장으로 바뀌며 온 것이므로, 지각동사가 이끄는 능동태 문장의 목적격 보어는 to부정사가 아닌 원형부정사 sing이나 현재분사 singing이 와야 한다.

20 정답 ③ UNIT **29** 4형식과 5형식 문장의 수동태

[해석] ① 그는 재치 있는 농담으로 유명하다.
② 나는 당신의 태도에 실망했다.
③ 모든 가게에서 크리스마스 음악을 연주하는 소리가 들렸다.
④ 고양이는 많은 나라에서 신성하다고 여겨진다.
⑤ 이 과정에서 대부분의 에너지가 소모된다.
→ ③ 능동태 문장의 목적격 보어로 원형부정사 play가 온 문장으로, 수동태 문장에서는 to play가 와야 한다.

21 정답 ③ UNIT **29** 4형식과 5형식 문장의 수동태

[해석] ① 그가 유죄임이 밝혀졌다.
② 그것은 오직 나만을 위해 만들어졌다.
③ 그는 맛있는 케이크를 만들었다.
④ 그 집은 그것의 역사 때문에 유명하다.
⑤ Amy는 친구들에 의해 공주라고 불렸다.
→ ③ make는 간접목적어를 주어로 하는 수동태 문장의 동사로 쓰일 수 없다.

22 정답 is made of UNIT **30** 주의해야 할 수동태 표현
→ '도자기로 만들어진' 것이므로 be made of를 쓴다.

23 정답 was known to UNIT **30** 주의해야 할 수동태 표현
→ '극소수에게만 알려져 있는' 것이므로 be known to를 쓴다.

24 정답 is known for UNIT **30** 주의해야 할 수동태 표현
→ '등산로로 유명한' 것이므로 be known for를 쓴다.

25 정답 ① UNIT **30** 주의해야 할 수동태 표현
→ 동사구 put off를 수동태로 전환할 때는 하나의 동사처럼 한꺼번에 써야 하므로 The outdoor, summer, concert, will, be, put, off의 순서에서 여섯 번째로 오는 것은 ①이다.

G 형용사

UNIT 31 형용사의 쓰임

개념 확인 문제 정답 ▶ 문제편 p.149

01 fascinating, 서술적 **02** little, colorful, 한정적
03 delicious, 서술적 **04** bright, sandy, 한정적
05 warm, 서술적 **06** awake, ⓒ **07** wrong, ⓐ
08 easy, ⓒ **09** old, ⓐ **10** sorry, ⓑ
11 breathtaking, ⓒ **12** proud, ⓑ
13 happy, ⓑ **14** Dutch, ⓐ **15** place is quiet
16 concert was boring **17** leader is excellent
18 musicians are great **19** buildings were empty

01 정답 fascinating, 서술적
[해석] 그녀는 그 책이 흥미롭다는 것을 알았다.
→ fascinating이 목적격 보어로 쓰였다.

02 정답 little, colorful, 한정적
[해석] 그 어린 소년은 화려한 모자를 썼다.
→ little과 colorful이 명사 boy와 hat을 수식하고 있다.

03 정답 delicious, 서술적
[해석] 주방에서 국물 냄새가 맛있게 난다.
→ delicious가 주격 보어로 쓰였다.

04 정답 bright, sandy, 한정적
[해석] 밝은 태양이 모래사장을 따뜻하게 했다.
→ bright와 sandy가 명사 sun과 beach를 수식하고 있다.

05 정답 warm, 서술적
[해석] 그녀의 담요가 밤새 그녀를 따뜻하게 해주었다.
→ warm이 목적격 보어로 쓰였다.

06 정답 awake, ⓒ
[해석] 그 노래들은 나를 깨어 있게 한다.
→ awake가 목적어 me를 보충 설명하는 목적격 보어로 쓰였다.

07 정답 wrong, ⓐ
[해석] 무슨 일 있어요? (무언가가 잘못되었나요?)
→ wrong이 대명사 something을 수식하는 형용사로 쓰였다.

08 정답 easy, ⓒ
[해석] 그들은 그 일이 쉽다고 생각했다.
→ easy가 목적어 the task를 보충 설명하는 목적격 보어로 쓰였다.

09 정답 old, ⓐ
[해석] 한 노인이 천천히 걷고 있었다.
→ old가 명사 man을 수식하는 형용사로 쓰였다.

G
Unit
31·33

10 [정답] sorry, ⓑ

[해석] 그는 실수에 대해 미안해하지 않았다.

→ sorry가 주어 He를 보충 설명하는 주격 보어로 쓰였다.

11 [정답] breathtaking, ⓒ

[해석] 나는 그 그림이 매우 아름답다고 생각했다.

→ breathtaking이 목적어 the painting을 보충 설명하는 목적격 보어로 쓰였다.

12 [정답] proud, ⓑ

[해석] 그녀는 공연 후에 뿌듯함을 느꼈다.

→ proud가 주어 She를 보충 설명하는 주격 보어로 쓰였다.

13 [정답] happy, ⓑ

[해석] 나는 그녀가 그 당시에는 행복하지 않았다고 생각한다.

→ happy가 주어 she를 보충 설명하는 주격 보어로 쓰였다.

14 [정답] Dutch, ⓐ

[해석] 그 네덜란드 선수는 경기에 출전할 것이다.

→ Dutch가 명사 player를 수식하는 형용사로 쓰였다.

15 [정답] place is quiet

[해석] 이곳은 조용한 장소이다. → 이 장소는 조용하다.

→ 명사 place를 수식하는 한정적 쓰임의 quiet을 주어 This place를 보충 설명하는 주격 보어로 바꿔 서술적 쓰임으로 써준다.

16 [정답] concert was boring

[해석] 지루한 콘서트였다. → 콘서트는 지루했다.

→ 명사 concert를 수식하는 한정적 쓰임의 boring을 주어 The concert를 보충 설명하는 주격 보어로 바꿔 서술적 쓰임으로 써준다.

17 [정답] leader is excellent

[해석] 그는 훌륭한 지도자이다. → 그 지도자는 훌륭하다.

→ 명사 leader를 수식하는 한정적 쓰임의 excellent를 주어 The leader를 보충 설명하는 주격 보어로 바꿔 서술적 쓰임으로 써준다.

18 [정답] musicians are great

[해석] 그들은 훌륭한 음악가들이다.

→ 그 음악가들은 훌륭하다.

→ 명사 musicians를 수식하는 한정적 쓰임의 great을 주어 The musicians를 보충 설명하는 주격 보어로 바꿔 서술적 쓰임으로 써준다.

19 [정답] buildings were empty

[해석] 이것들은 빈 건물들이었다.

→ 이 건물들은 비었었다.

→ 명사 buildings를 수식하는 한정적 쓰임의 empty를 주어 These buildings를 보충 설명하는 주격 보어로 바꿔 서술적 쓰임으로 써준다.

UNIT 32 형용사의 종류 및 어순

개념 확인 문제 정답 ▶ 문제편 p.151~155

01 흰 구름이 파란 하늘을
02 높고 두꺼운 벽을
03 그의 솔직한 사과는
04 더러운 양말들을
05 십 대 소년들은
06 이 플라스틱병은
07 바람이 부는 날이었다
08 과일 향이 나는 향수를
09 ○ 10 much 11 ○ 12 ○ 13 many
14 much 15 ○ 16 ○ 17 little 18 few
19 a little 20 A few 21 a few 22 a little 23 little
24 Few 25 some 26 any 27 some 28 any
29 any 30 any, a few 31 few, little
32 ⓑ 33 ⓒ 34 ⓑ 35 ⓐ 36 ⓒ
37 ⓑ 38 those beautiful white lilies
39 something very fresh 40 two small red cars
41 five colorful balloons
42 someone brave
43 Anybody curious about the cosmos
44 My old dog can still bark loudly.
45 I haven't received any new mails today.
46 We have to move a lot of[lots of] heavy furniture.
47 Not many senior students are coming to the field trip.
48 She showed little interest in the topic.
49 How many days are there in a leap year?
50 How much flour do we need for the cake?
51 Is there something wrong with your computer?
52 She made a few mistakes in her presentation.

01 [정답] 흰 구름이 파란 하늘을

→ white는 '흰색의', blue는 '파란색의'라는 뜻의 형용사다.

02 [정답] 높고 두꺼운 벽을

→ high는 '높은', thick은 '두꺼운'이라는 뜻의 형용사다.

03 [정답] 그의 솔직한 사과는

→ honest는 '솔직한'이라는 뜻의 형용사다.

04 [정답] 더러운 양말들을

→ dirty는 '더러운'이라는 뜻의 형용사다.

05 [정답] 십 대 소년들은

→ teenage는 '십 대의'라는 뜻의 형용사다.

06 [정답] 이 플라스틱병은

→ plastic은 '플라스틱의'라는 뜻의 형용사다.

07 [정답] 바람이 부는 날이었다

→ windy는 '바람이 부는'이라는 뜻의 형용사다.

08 [정답] **과일 향이 나는 향수를**

→ fruity는 '과일 향[맛]이 나는'이라는 뜻의 형용사다.

09 [정답] ○

[해석] 당신은 쿠키를 몇 개 구웠나요?

→ 셀 수 있는 명사 cookie를 수식하는 것이므로 many가 알맞다.

10 [정답] much

[해석] 나는 회의 전까지 시간이 많이 없다.

→ 셀 수 없는 명사 time을 수식하는 것이므로 much가 알맞다.

11 [정답] ○

[해석] 우리는 다양한 주제의 책을 많이 가지고 있다.

→ a lot of는 셀 수 있는 명사와 셀 수 없는 명사 모두를 수식할 수 있다.

12 [정답] ○

[해석] 그 공원은 가족들을 위한 많은 활동들을 제공한다.

→ 셀 수 있는 명사 activity를 수식하는 것이므로 many가 알맞다.

13 [정답] many

[해석] 독서는 많은 것들을 배울 수 있는 좋은 방법이다.

→ 셀 수 있는 명사 thing을 수식하는 것이므로 many가 알맞다.

14 [정답] much

[해석] 나는 그 주제에 대해 많은 정보를 가지고 있지 않다.

→ 셀 수 없는 명사 information을 수식하는 것이므로 much가 알맞다.

15 [정답] ○

[해석] 파티에는 모두를 위한 충분한 음식이 있다.

→ plenty of는 셀 수 있는 명사와 셀 수 없는 명사 모두를 수식할 수 있다.

16 [정답] ○

[해석] 그는 그 분야에서 많은 경험을 하고 싶었다.

→ lots of는 셀 수 있는 명사와 셀 수 없는 명사 모두를 수식할 수 있다.

17 [정답] little

[해석] 그녀는 스포츠에 거의 관심이 없었다.

→ 셀 수 없는 명사 interest를 수식하는 것이므로 little이 알맞다.

18 [정답] few

[해석] 그는 그 도시에 친구가 거의 없다.

→ 셀 수 있는 명사 friend를 수식하는 것이므로 few가 알맞다.

19 [정답] a little

[해석] 나는 오늘 오후에 약간의 자유 시간이 있다.

→ 셀 수 없는 명사 time을 수식하는 것이므로 a little이 알맞다.

20 [정답] A few

[해석] 하늘에서 몇 방울의 비가 내렸다.

→ 셀 수 있는 명사 drop을 수식하는 것이므로 A few가 알맞다.

21 [정답] a few

[해석] 나는 집에 가는 길에 식료품을 몇 개 사야 한다.

→ 셀 수 있는 명사 grocery를 수식하는 것이므로 a few가 알맞다.

22 [정답] a little

[해석] 우리는 이 상황을 관리하기 위해 약간의 인내심이 필요하다.

→ 셀 수 없는 명사 patience를 수식하는 것이므로 a little이 알맞다.

23 [정답] little

[해석] 나는 돈이 거의 없어서, 콘서트에 갈 수 없다.

→ little과 a little은 셀 수 없는 명사를 수식하는데, little은 거의 없음을, a little은 약간 있음을 나타낸다. 문맥상 돈이 거의 없는 것이므로 little이 알맞다.

24 [정답] Few

[해석] 그녀는 전혀 유명하지 않았다. 그녀를 알아보는 사람은 거의 없었다.

→ few와 a few는 셀 수 있는 명사를 수식하는데, few는 거의 없음을, a few는 약간 있음을 나타낸다. 문맥상 사람이 거의 없는 것이므로 few가 알맞다.

25 [정답] some

→ 긍정문에서 '약간의, 조금의'를 뜻하는 것은 some이다.

26 [정답] any

→ 의문문에서 '어떤 ~라도'를 뜻하는 것은 any이다.

27 [정답] some

→ 긍정문에서 '약간의, 조금의'를 뜻하는 것은 some이다.

28 [정답] any

→ 부정문에서 '조금도 ~ (아니다)'를 뜻하는 것은 any이다.

29 [정답] any

→ 조건문에서 '어떤 ~라도'를 뜻하는 것은 any이다.

30 [정답] any, a few

[해석] A: 당신은 어떤 자라도 있나요?

B: 네, 제 책상 위에 자 몇 개가 있어요.

→ 의문문에서 '어떤'을 나타내는 것은 any이고, 셀 수 있는 명사인 ruler가 몇 개가 있음을 나타내는 것은 a few이다.

31 [정답] few, little

[해석] A: 얼마나 많은 사람들이 파티에 왔나요?

B: 유감스럽게도 거의 없었어요. 음식이 많이 남았어요.

A: 오, 그렇군요. 모두를 초대할 시간이 거의 없었어요.

→ 셀 수 있는 명사 people이 '거의 없음'을 나타내는 것은 few이고, 셀 수 없는 명사 time이 '거의 없음'을 나타내는 것은 little이다.

32 정답 ⓑ

[해석] 케이크 좀 드시겠어요?

→ some은 '약간의, 좀'을 의미하는 수량형용사이다.

33 정답 ⓒ

[해석] 저 사람은 완전히 낯선 사람이다.

→ total은 '완전한'을 의미하는 일반형용사이다.

34 정답 ⓑ

[해석] 제게 단지 마지막 한 번의 기회를 주세요.

→ one은 '하나의'를 의미하는 수량형용사이다.

35 정답 ⓐ

[해석] 저 빨간 신발은 편하지 않다.

→ Those는 '저것'을 의미하는 지시형용사이다.

36 정답 ⓒ

[해석] 그는 계속 의미 없는 변명을 하고 있다.

→ meaningless는 '의미 없는'을 의미하는 일반형용사이다.

37 정답 ⓑ

[해석] 너무 많은 설탕은 당신의 건강에 좋지 않다.

→ much는 '많은'을 의미하는 수량형용사이다.

38 정답 those beautiful white lilies

→ '지시형용사 → 일반형용사(의견 → 색깔) → 명사'의 순서이다.

39 정답 something very fresh

→ -thing/-body/-one으로 끝나는 대명사는 형용사가 그 뒤에 위치한다.

40 정답 two small red cars

→ '수량형용사 → 일반형용사(크기 → 색깔) → 명사'의 순서이다.

41 정답 five colorful balloons

→ '수량형용사 → 일반형용사 → 명사'의 순서이다.

42 정답 someone brave

→ -thing/-body/-one으로 끝나는 대명사는 형용사가 그 뒤에 위치한다.

43 정답 Anybody curious about the cosmos

→ -thing/-body/-one으로 끝나는 대명사는 형용사가 그 뒤에 위치한다.

44 정답 My old dog can still bark loudly.

[해석] 내 늙은 개는 여전히 크게 짖을 수 있다.

→ 두 개 이상의 형용사가 하나의 명사를 수식할 경우, 인칭대명사의 소유격이 일반형용사보다 앞에 위치한다.

45 정답 I haven't received any new mails today.

[해석] 나는 오늘 어떤 새로운 우편물도 받지 않았다.

→ 부정문이므로 some이 아니라 any가 와야 적절하다.

46 정답 We have to move a lot of[lots of] heavy furniture.

[해석] 우리는 많은 무거운 가구를 옮겨야 한다.

→ a lots of는 틀린 표현이므로 a lot of 또는 lots of로 고쳐야 한다.

47 정답 Not many senior students are coming to the field trip.

[해석] 현장 체험학습에는 많지 않은 졸업반 학생들이 올 것이다.

→ student는 셀 수 있는 명사이므로 much가 아니라 many가 와야 적절하다.

48 정답 She showed little interest in the topic.

[해석] 그녀는 그 주제에 별 관심을 보이지 않았다.

→ interest는 셀 수 없는 명사이므로 few가 아니라 little이 와야 적절하다.

49 정답 How many days are there in a leap year?

[해석] 윤년에는 며칠이 있나요?

→ day는 셀 수 있는 명사이므로 much가 아니라 many가 와야 적절하다.

50 정답 How much flour do we need for the cake?

[해석] 케이크에 밀가루가 얼마나 필요한가요?

→ flour는 셀 수 없는 명사이므로 many가 아니라 much가 와야 적절하다.

51 정답 Is there something wrong with your computer?

[해석] 당신의 컴퓨터에 무슨 문제가 있나요?

→ -thing/-body/-one으로 끝나는 대명사는 형용사가 그 뒤에 위치한다.

52 정답 She made a few mistakes in her presentation.

[해석] 그녀는 발표에서 몇 가지 실수를 했다.

→ mistake는 셀 수 있는 명사이므로 a little이 아니라 a few가 와야 적절하다.

개념 확인 문제 정답 ▶ 문제편 p.157~159

01 fifth　　02 ninth　　03 eighth
04 twelfth　　05 twentieth
06 forty times　　07 eighty times　　08 million times
09 fifty-one times　　10 eighteen times
11 one-sixth 또는 a sixth
12 three-fourths 또는 three quarters
13 seven-fifteenths　14 two and six-seventeenths
15 ten and two-fifths　　16 (zero) point zero eight
17 eighteen point four four
18 ten point one one
19 fifty-six thousand seven hundred (and) eighty nine
20 nine thousand nine hundred (and) two
21 Millions　　22 one-fifth 또는 a fifth
23 fifteenth　　24 ten times
25 fifty point five one　　26 three, second
27 seven fifteen 또는 a quarter past[after] seven
28 June (the) twenty-first 또는 the twenty-first of June
29 two thousand (and) twenty-four
30 eleven fifty-five 또는 five to twelve
31 May (the) sixth 또는 the sixth of May
32 September (the) first 또는 the first of September
33 nineteen ninety-two　34 twenty-second
35 April (the) first 또는 the first of April
36 two thousand (and) twenty-seven
37 three forty-five 또는 a quarter to four
38 seven-tenths　　39 thirty-two times
40 two ten 또는 ten past[after] two

01 [정답] fifth
[해석] 5 → 5번째
→ 기수 five를 서수로 바꿀 때는 fifth로 쓴다.

02 [정답] ninth
[해석] 9 → 9번째
→ 기수 nine을 서수로 바꿀 때는 ninth로 쓴다.

03 [정답] eighth
[해석] 8 → 8번째
→ 기수 eight를 서수로 바꿀 때는 eighth로 쓴다.

04 [정답] twelfth
[해석] 12 → 12번째
→ 기수 twelve를 서수로 바꿀 때는 twelfth로 쓴다.

05 [정답] twentieth
[해석] 20 → 20번째
→ 기수 twenty를 서수로 바꿀 때는 twentieth로 쓴다.

06 [정답] forty times
[해석] 40번째 → 40배
→ 서수 fortieth를 배수로 바꿀 때는 기수 forty 뒤에 times를 붙여 나타낸다.

07 [정답] eighty times
[해석] 80번째 → 80배
→ 서수 eightieth를 배수로 바꿀 때는 기수 eighty 뒤에 times를 붙여 나타낸다.

08 [정답] million times
[해석] 백만 번째 → 백만 배
→ 서수 millionth를 배수로 바꿀 때는 기수 million 뒤에 times를 붙여 나타낸다.

09 [정답] fifty-one times
[해석] 51번째 → 51배
→ 서수 fifty-first를 배수로 바꿀 때는 기수 fifty-one 뒤에 times를 붙여 나타낸다.

10 [정답] eighteen times
[해석] 18번째 → 18배
→ 서수 eighteenth를 배수로 바꿀 때는 기수 eighteen 뒤에 times를 붙여 나타낸다.

11 [정답] one-sixth 또는 a sixth
→ 분자는 기수 one으로, 분모는 서수 sixth로 읽는다. 분자가 one이므로 a sixth로도 읽을 수 있다.

12 [정답] three-fourths 또는 three quarters
→ 분자는 기수 three로, 분모는 분자가 2 이상이므로 서수 fourths로 읽는다. 4분의 1은 quarter로도 쓸 수 있으므로 three quarters로도 읽을 수 있다.

13 [정답] seven-fifteenths
→ 분자는 기수 seven으로, 분모는 분자가 2 이상이므로 서수 fifteenths로 읽는다.

14 [정답] two and six-seventeenths
→ two를 먼저 읽고, 분자는 기수 six, 분모는 분자가 2 이상이므로 서수 seventeenths로 읽는다.

15 [정답] ten and two-fifths
→ ten을 먼저 읽고, 분자는 기수 two, 분모는 분자가 2 이상이므로 서수 fifths로 읽는다.

16 [정답] (zero) point zero eight
→ 소수점까지는 기수 zero로, 소수점은 point로, 소수점 이하는 한 자리씩 zero eight라고 읽는다. point 앞의 zero는 생략 가능하다.

17 [정답] eighteen point four four
→ 소수점까지는 기수 eighteen으로, 소수점은 point로, 소수점 이하는 한 자리씩 four four라고 읽는다.

18 [정답] ten point one one
→ 소수점까지는 기수 ten으로, 소수점은 point로, 소수점
이하는 한 자리씩 one one이라고 읽는다.

19 [정답] fifty-six thousand seven hundred (and)
eighty nine
→ 세 자리씩 천 단위로 끊어 읽고, hundred 뒤의 and는
생략할 수 있다.

20 [정답] nine thousand nine hundred (and) two
→ 세 자리씩 천 단위로 끊어 읽고, hundred 뒤의 and는
생략할 수 있다.

21 [정답] Millions
→ 기수는 일반적으로 단수로 나타내지만, 수십(tens of),
수백(hundreds of), 수천(thousands of)처럼 단위를
나타낼 때는 복수형으로 쓰인다.

22 [정답] one-fifth **또는** a fifth
→ 분수를 쓸 때는 분자는 기수로, 분모는 서수로 쓴다. 분자가
one이므로 a fifth로도 읽을 수 있다.

23 [정답] fifteenth
→ first, second, third를 제외하고 서수는 기수에 -th를
붙여 나타낸다.

24 [정답] ten times
→ 1배(once), 2배(twice)를 제외한 배수는
「기수+times」로 나타낸다.

25 [정답] fifty point five one
→ 소수점까지는 기수 fifty로, 소수점은 point로, 소수점
이하는 한 자리씩 five one으로 나타낸다.

26 [정답] three, second
→ '세 명'이므로 기수 three, '둘째'이므로 서수 second로
나타낸다.

27 [정답] seven fifteen **또는** a quarter past[after] seven
[해석] 7시 15분
→ 시간을 읽을 때는 시와 분을 순서대로 기수로 읽거나 전치사
after, past, to를 사용하여 나타낼 수 있다. quarter는
1시간의 1/4인 15분이고, a quarter past[after] seven은
7시에서 15분이 지났음을 의미하므로 7시 15분과 같은
말이다.

28 [정답] June (the) twenty-first **또는** the twenty-first of
June
[해석] 6월 21일
→ 날짜를 읽을 때는 '월'은 명칭으로, '일'은 서수로 읽는다.
월을 먼저 쓰기도 하고 일을 먼저 쓸 수도 있다.

29 [정답] two thousand (and) twenty-four
→ 연도는 두 자리씩 끊어 읽으며, 2000년 이상은 끊어 읽지
않을 수 있다.

30 [정답] eleven fifty-five **또는** five to twelve
→ 시간을 읽을 때는 시와 분을 순서대로 기수로 읽거나 전치사
after, past, to를 사용하여 나타낼 수 있다.

31 [정답] May (the) sixth **또는** the sixth of May
→ 날짜를 읽을 때는 '월'은 명칭으로, '일'은 서수로 읽는다.
월을 먼저 쓰기도 하고 일을 먼저 쓸 수도 있다.

32 [정답] September (the) first **또는** the first of
September
→ 날짜를 읽을 때는 '월'은 명칭으로, '일'은 서수로 읽는다.
월을 먼저 쓰기도 하고 일을 먼저 쓸 수도 있다.

33 [정답] nineteen ninety-two
→ 연도는 두 자리씩 끊어 읽는다.

34 [정답] twenty-second
→ 2로 끝나는 기수는 서수로 second를 쓴다.

35 [정답] April (the) first **또는** the first of April
→ 날짜를 읽을 때는 '월'은 명칭으로, '일'은 서수로 읽는다.
월을 먼저 쓰기도 하고 일을 먼저 쓸 수도 있다.

36 [정답] two thousand (and) twenty-seven
→ 연도는 두 자리씩 끊어 읽으며, 2000년 이상은 끊어 읽지
않을 수 있다.

37 [정답] three forty-five **또는** a quarter to four
→ 시간을 읽을 때는 시와 분을 순서대로 기수로 읽거나 전치사
after, past, to를 사용하여 나타낼 수 있다. quarter는
1시간의 1/4인 15분이고, a quarter to four는 4시가 되기
15분 전을 의미하므로 3시 45분과 같은 말이 된다.

38 [정답] seven-tenths
→ 분자는 기수로, 분모는 서수로 읽는다. 분자가 7이므로
tenth에 -s를 붙인다.

39 [정답] thirty-two times
→ 1배(once), 2배(twice)를 제외한 배수는
「기수+times」로 나타낸다.

40 [정답] two ten **또는** ten past[after] two
→ 시간을 읽을 때는 시와 분을 순서대로 기수로 읽거나 전치사
after, past, to를 사용하여 나타낼 수 있다. ten past[after]
two는 2시에서 10분이 지났음을 의미하므로 2시 10분과
같은 말이 된다.

정답

01 ①	**02** ④	**03** ①	**04** ①	**05** ②
06 서술적	**07** 한정적	**08** 서술적	**09** 한정적	**10** 서술적
11 ②	**12** ②	**13** ①	**14** ③	**15** ④
16 ①	**17** ④	**18** ⑤	**19** ③	**20** ②
21 ⑤	**22** ④	**23** ④	**24** ④	**25** ⑤
26 ②	**27** ②	**28** ①	**29** ④	**30** ④
31 ③	**32** ④	**33** ①	**34** ③	

35 Three-fifth → Three-fifths

36 silver old → old silver

37 unusual something → something unusual

38 ⓑ, Two-tenths of the group disagreed.

39 ⓔ, The young are full of potential for the future.

40 ④ **41** ⑤ **42** ⑤

---

01 [정답] ①　　UNIT 33 수사 (형용사)

[해석] 그들은 마라톤의 단지 4분의 1을 완주했다.

→ 분자는 기수 one 또는 a로, 분모는 서수 fourth로 읽는다. 4분의 1의 경우에는 fourth 대신 quarter를 쓸 수 있다.

02 [정답] ④　　UNIT 32 형용사의 종류 및 어순

[해석] 매일 웃을 많은 이유가 있다.

→ a lot of는 셀 수 있는 명사와 셀 수 없는 명사 모두를 수식할 수 있다. 여기서는 셀 수 있는 명사 reason을 수식하고 있으므로 ④ many로 바꿔 쓸 수 있다. few나 a few는 '많은'을 뜻하는 a lot of와 같은 의미가 될 수 없다.

03 [정답] ①　　UNIT 32 형용사의 종류 및 어순

[해석] 스페인은 아름다운 경치와 스페인의 풍부한 역사로 유명하다.

→ (A)에는 주어 자리에 올 수 있는 명사가, (B)에는 history를 수식하는 형용사가 와야 한다.

04 [정답] ①　　UNIT 32 형용사의 종류 및 어순

[해석] 뒷마당에는 바비큐를 위한 많은 공간이 있다.

→ 셀 수 없는 명사 space를 수식하는 자리이므로 many는 쓸 수 없다.

05 [정답] ②　　UNIT 32 형용사의 종류 및 어순

[해석] 나는 시간이 거의 없어서 친구들을 만날 수 없다.

→ 셀 수 없는 명사인 time을 수식하면서 '거의 없는'을 의미하는 형용사는 little이다.

06 [정답] 서술적　　UNIT 31 형용사의 쓰임

[해석] 나는 방을 깔끔하게 정리했다.

→ tidy가 목적격 보어로 쓰였다.

07 [정답] 한정적　　UNIT 31 형용사의 쓰임

[해석] 파란 하늘은 맑았다.

→ blue가 명사 sky를 수식하고 있다.

08 [정답] 서술적　　UNIT 31 형용사의 쓰임

[해석] 빨간 사과는 달콤한 맛이 났다.

→ sweet가 주격 보어로 쓰였다.

09 [정답] 한정적　　UNIT 31 형용사의 쓰임

[해석] 신선한 공기가 방을 가득 채웠다.

→ fresh가 명사 air를 수식하고 있다.

10 [정답] 서술적　　UNIT 31 형용사의 쓰임

[해석] 그는 그 일이 어렵다고 생각한다.

→ difficult가 목적격 보어로 쓰였다.

11 [정답] ②　　UNIT 31 형용사의 쓰임

[해석] ① 나는 차가운 것을 원한다.

② 그녀는 훌륭한 수영 선수이다.

③ 나는 친구가 거의 없어서 외롭다.

④ 새 옷을 입은 그녀는 아름다워 보였다.

⑤ 우리 엄마는 내 친구들에게 항상 친절하시다.

→ swimmer는 명사이므로 부사 well이 아닌, 형용사 good 또는 great 등이 수식해야 한다.

12 [정답] ②　　UNIT 32 형용사의 종류 및 어순

[해석] ① 그녀는 많은 채소를 먹는다.

② 프로젝트에 진전이 거의 없다.

③ 몇 개의 국제 첼로 대회가 있다.

④ 첫 번째 컵에는 물이 조금만 있어야 한다.

⑤ 세상에는 개의 종이 몇 개나 있나요?

→ 셀 수 없는 명사 progress를 수식하고 있으므로 few를 little로 고쳐야 한다.

13 [정답] ①　　UNIT 32 형용사의 종류 및 어순

[해석] ②, ④, ⑤ 많은, ③ 몇몇 학생들이 그들의 기술을 향상시키기 위해 워크숍에 참석했다.

→ 셀 수 있는 명사 student를 수식하고 있으므로 ①이 빈칸에 알맞지 않다.

14 [정답] ③　　UNIT 32 형용사의 종류 및 어순

[해석] ①, ② 몇, ④, ⑤ 많은 해 전, 나는 처음으로 유럽을 여행했다.

→ 셀 수 있는 명사 year를 수식하고 있으므로 ③이 빈칸에 알맞지 않다.

15 [정답] ④　　UNIT 32 형용사의 종류 및 어순

[해석] 그녀는 그녀의 동생에게 ①, ③ 약간의, ②, ⑤ 많은 사랑을 담아 엽서를 보냈다.

→ 셀 수 없는 명사 love를 수식하고 있으므로 ④이 빈칸에 알맞지 않다.

16 [정답] ①　　UNIT 33 수사 (형용사)

[해석] 그는 퍼즐의 10분의 ① 1, ② 2, ③ 5, ④ 6, ⑤ 9를 완성했다.

→ 분자가 2 이상일 때 분모에 -s를 붙이므로 ①이 빈칸에 알맞지 않다.

17 [정답] ④　　UNIT 32 형용사의 종류 및 어순

[해석] ① 그는 친구들이 많이 있다.

② 물 좀 마셔도 될까요?

③ 이 도시를 방문하는 것은 이번이 처음이다.
④ 내일 비가 올 확률은 거의 없다.
⑤ 그녀는 그 프로젝트에 관해 아는 게 거의 없다.
→ 셀 수 없는 명사 chance를 수식하는 것이므로 few가 아닌 little이 알맞다.

18 정답 ⑤　　　　　　　UNIT **33** 수사 (형용사)
[해석] 그 건물은 2002년에 지어졌고, 오래된 것보다 세 배 더 높다.
→ (A) 연도는 두 자리씩 끊어 읽으며, 2000년 이상은 끊어 읽지 않을 수 있다. (B) 1배 (once), 2배 (twice)를 제외한 배수는 「기수+times」로 나타낸다.

19 정답 ③　　　　　　　UNIT **32** 형용사의 종류 및 어순
[해석] 그 십 대들은 여름 축제에 밝은 빨간색 가죽 재킷을 입었다.
→ 일반형용사는 상태, 색깔, 재료 순으로 배치해야 한다.

20 정답 ②　　　　　　　UNIT **32** 형용사의 종류 및 어순
[해석] 내 여동생은 동그란 분홍색 나무 필통을 가지고 학교 수업을 시작할 것이다.
→ 일반형용사는 모양, 색깔, 재료 순으로 배치해야 한다.

21 정답 ⑤　　　　　　　UNIT **32** 형용사의 종류 및 어순
[해석] 너는 줄을 서서 기다릴 때 거의 인내심이 없다.
→ almost no는 셀 수 없는 명사 patience의 부정의 의미로 쓰였으므로, little(거의 없는)이 알맞다.

22 정답 ④　　　　　　　UNIT **33** 수사 (형용사)
[해석] 나는 그를 공원에서 4시 30분에 만날 것이다.
→ '4시 30분'은 four thirty, half past[after] four 등으로 나타낼 수 있다.

23 정답 ④　　　　　　　UNIT **33** 수사 (형용사)
[해석] 우리는 매년 7월 18일에 기념일을 축하한다.
→ '7월 18일'은 the eighteenth of July, July (the) eighteenth로 나타낼 수 있다.

24 정답 ④　　　　　　　UNIT **32** 형용사의 종류 및 어순
→ 부정문에서 '조금도 ~ (아니다)'를 의미하는 것은 any이다.

25 정답 ⑤　　　　　　　UNIT **33** 수사 (형용사)
→ 분자는 기수 three로, 분모는 분자가 2 이상이므로 서수 fourths로 표현한다.

26 정답 ②　　　　　　　UNIT **33** 수사 (형용사)
→ '세 번째'를 의미하는 서수는 third이다.

27 정답 ②　　　　　　　UNIT **32** 형용사의 종류 및 어순
[해석] 바쁜 날이었다. 사람들은 기다릴 시간이 많지 않을 것으로 생각해서, 몇몇 사람들만이 신호등에 멈췄다. 혼잡함에도 불구하고, 몇몇 거리 악사들이 장면에 작은 음악을 더했다.
→ many는 셀 수 있는 명사 앞에 오는 형용사이므로 셀 수 없는 명사 time 앞에 올 수 없다.

28 정답 ①　　　　　　　UNIT **32** 형용사의 종류 및 어순
→ buskers 앞에는 긍정문에서 '약간의'를 의미하는 some이, 셀 수 없는 명사 music 앞에는 little이 올 수 있다.

29 정답 ④　　　　　　　UNIT **32** 형용사의 종류 및 어순
[해석] ① 도서관에는 수백 권의 책이 있다.
② 그녀는 나중을 위해 케이크의 5분의 1을 남겼다.
③ 전 세계적으로 몇 개의 언어가 사용되나요?
④ 나는 그 행사에 대해 흥미가 거의 없었다.
⑤ 병 안에 아직 많은 사탕이 있다.
→ 셀 수 없는 명사 excitement를 수식하는 것이므로 few가 아닌 little이 알맞다.

30 정답 ④　　　　　　　UNIT **33** 수사 (형용사)
→ 시간을 읽을 때는 시와 분을 순서대로 기수로 읽는다. 따라서 seventeenth가 아닌 seventeen이 알맞다.

31 정답 ③　　　　　　　UNIT **33** 수사 (형용사)
→ 날짜를 읽을 때는 '월'은 명칭으로, '일'은 서수로 읽는다. 따라서 one이 아닌 the first of July로 써야 한다.

32 정답 ④　　　　　　　UNIT **32** 형용사의 종류 및 어순
[해석] 나는 내 사회를 위해 좋은 일을 하고 싶었다.
→ -thing/-body/-one으로 끝나는 대명사는 형용사가 그 뒤에 위치한다.

33 정답 ①　　　　　　　UNIT **32** 형용사의 종류 및 어순
[해석] 우리는 뒷마당을 위한 널찍한 빨간 플라스틱 의자 세 개를 샀다.
→ '수량형용사 → 일반형용사(크기 → 색깔 → 재료) → 명사'의 순서이다.

34 정답 ③　　　　　　　UNIT **32** 형용사의 종류 및 어순
[해석] 잘 익은 바나나에 몇몇 작은 검은 반점들이 있었다.
→ '수량형용사 → 일반형용사(크기 → 색깔) → 명사'의 순서이다.

35 정답 Three-fifth → Three-fifths　　UNIT **33** 수사 (형용사)
[해석] 과제의 5분의 3이 완료되었다.
→ 분자가 2 이상일 때는 분모에 -s를 붙이므로 fifth를 fifths로 고쳐야 한다.

36 정답 silver old → old silver　UNIT **32** 형용사의 종류 및 어순
[해석] 엄마께서 그녀의 오래된 은반지를 내게 주셨다.
→ 일반형용사는 나이, 재료 순으로 배치해야 한다.

37 정답 unusual something → something unusual
　　　　　　　　　　　　UNIT **32** 형용사의 종류 및 어순
[해석] Jane은 그 항아리에서 뭔가 이상한 것을 발견했다.
→ -thing/-body/-one으로 끝나는 대명사는 형용사가 그 뒤에 위치한다.

38 정답 ⓑ, Two-tenths of the group disagreed.
　　　　　　　　　　　　UNIT **33** 수사 (형용사)
[해석] 그룹의 10분의 2가 동의하지 않았다.
→ 분자가 2 이상일 때는 분모에 -s를 붙이므로 tenth를 tenths로 고쳐야 한다.

39 정답 ⓔ, The young are full of potential for the future.　　　　　UNIT **32** 형용사의 종류 및 어순
[해석] 젊은 사람들은 미래에 대한 잠재력으로 가득 차 있다.
→ 「the + 형용사」는 '~한 사람들'로 복수 취급하므로 is를 are로 고쳐야 한다.

40 [정답] ④   UNIT **33** 수사 (형용사)

[해석] 7월 22일 토요일 오후에 공원은 사람들로 가득 차 있었다. 오후 2시 45분이 되자, 놀이터는 아이들로 붐볐고, 다른 사람들은 풀밭에서 쉬고 있었다. 정확히 오후 3시에, 마술사가 분수 근처에서 쇼를 시작했다. 그는 긴 녹색 풍선 다섯 개를 꺼냈다.

→ '7월 22일에'의 알맞은 영어 표현은 on July (the) twenty-second, 또는 on the twenty-second of July이다.

41 [정답] ⑤   UNIT **33** 수사 (형용사)

→ three quarters after three는 3시 45분을 의미한다.

42 [정답] ⑤   UNIT **32** 형용사의 종류 및 어순

→ '수량형용사 → 일반형용사(크기 → 색깔) → 명사'의 순서이다.

H 부사

UNIT 34 부사의 형태

개념 확인 문제 정답   ▶ 문제편 p.167

01 quietly   **02** dully   **03** politely
04 actually   **05** bravely   **06** gently
07 happily   **08** fully   **09** smoothly
10 subtly   **11** carefully   **12** truly
13 easily   **14** suddenly
15 비행기는 산 위를 낮게 날았다., 부사
16 텔레비전의 음량이 너무 낮다., 형용사
17 그는 항상 아침 일찍 일어난다., 부사
18 우리는 시간을 절약하기 위해 이른 비행기를 탔다., 형용사
19 병에 충분한 물이 있지 않다., 형용사
20 나는 그 기술을 충분히 연습했다., 부사   **21** fast
22 hard   **23** heavily   **24** fluently

---

01 [정답] quietly

[해석] 조용한 → 조용히

→ 대부분의 경우 형용사에 -ly를 붙여 부사를 만든다.

02 [정답] dully

[해석] 따분한 → 따분하게

→ -ll로 끝나는 형용사는 -y를 붙여 부사를 만든다.

03 [정답] politely

[해석] 예의 바른 → 예의 바르게

→ 대부분의 경우 형용사에 -ly를 붙여 부사를 만든다.

04 [정답] actually

[해석] 실제의 → 실제로

→ 대부분의 경우 형용사에 -ly를 붙여 부사를 만든다.

05 [정답] bravely

[해석] 용감한 → 용감하게

→ 대부분의 경우 형용사에 -ly를 붙여 부사를 만든다.

06 [정답] gently

[해석] 온화한 → 다정하게

→ -le로 끝나는 형용사는 le를 ly르 고쳐 부사를 만든다.

07 [정답] happily

[해석] 행복한 → 행복하게

→ 「자음+y」로 끝나는 형용사는 y를 ily로 고쳐 부사를 만든다.

08 [정답] fully

[해석] 가득한 → 완전히

→ -ll로 끝나는 경우 형용사에 -y를 붙여 부사를 만든다.

09 [정답] smoothly

[해석] 매끈한 → 부드럽게

→ 대부분의 경우 형용사에 -ly를 붙여 부사를 만든다.

10 [정답] subtly

[해석] 미묘한 → 미묘하게

→ -le로 끝나는 형용사는 le를 ly로 고쳐 부사를 만든다.

11 [정답] carefully

[해석] 조심하는 → 주의 깊게

→ 대부분의 경우 형용사에 -ly를 붙여 부사를 만든다.

12 [정답] truly

[해석] 진짜의 → 진심으로

→ -ue로 끝나는 형용사는 ue를 uly로 고쳐 부사를 만든다.

13 [정답] easily

[해석] 쉬운 → 쉽게

→ 「자음+y」로 끝나는 형용사는 y를 ily로 고쳐 부사를 만든다.

14 [정답] suddenly

[해석] 갑작스러운 → 갑자기

→ 대부분의 경우 형용사에 -ly를 붙여 부사를 만든다.

15 [정답] **비행기는 산 위를 낮게 날았다., 부사**

→ low는 형용사와 부사의 형태가 같다. 이 문장에서는 부사로 쓰였다.

16 [정답] **텔레비전의 음량이 너무 낮다., 형용사**

→ low는 형용사와 부사의 형태가 같다. 이 문장에서는 형용사로 쓰였다.

17 [정답] **그는 항상 아침 일찍 일어난다., 부사**

→ early는 형용사와 부사의 형타가 같다. 이 문장에서는 부사로 쓰였다.

18 [정답] **우리는 시간을 절약하기 위해 이른 비행기를 탔다., 형용사**

→ early는 형용사와 부사의 형태가 같다. 이 문장에서는 형용사로 쓰였다.

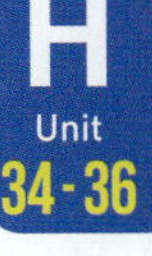

19 정답 **병에 충분한 물이 있지 않다., 형용사**
→ enough는 형용사와 부사의 형태가 같다. 이 문장에서는
형용사로 쓰였다.

20 정답 **나는 그 기술을 충분히 연습했다., 부사**
→ enough는 형용사와 부사의 형태가 같다. 이 문장에서는
부사로 쓰였다.

21 정답 **fast**
[해석] 그녀는 빨리 배우는 사람이다.
→ 그녀는 빨리 배운다.
→ fast는 형용사와 부사의 형태가 같다.

22 정답 **hard**
[해석] 그는 열심히 일하는 사람이다.
→ 그는 열심히 일한다.
→ hard는 형용사와 부사의 형태가 같다.

23 정답 **heavily**
[해석] 그는 술을 많이 마시는 사람이다.
→ 그는 술을 많이 마신다.
→ 「자음+y」로 끝나는 형용사는 y를 ily로 고쳐 부사를 만든다.

24 정답 **fluently**
[해석] 그는 중국어를 유창하게 구사하는 사람이다.
→ 그는 중국어를 유창하게 구사한다.
→ 대부분의 경우 형용사에 -ly를 붙여 부사를 만든다.

UNIT 35 부사의 역할 및 위치

개념 확인 문제 정답　　　　　▶ 문제편 p.169~171

01 동사 sings　　**02** 형용사 younger
03 형용사 cold　　**04** 부사 hurriedly　**05** 문장 전체
06 형용사 intelligent　　　　**07** 부사 hard
08 동사 spoke　　**09** 문장 전체　　**10** 부사 diligently
11 to take them off　　**12** throw them away
13 turn it down
14 turn them on in the living room
15 Write them down
16 put it off
17 always　　**18** often　　**19** rarely
20 never　　**21** usually　　**22** sometimes
23 put them away　　**24** hardly bloom
25 are always leaving　　**26** should never touch
27 was often　　　　**28** usually celebrate
29 might sometimes change

---

01 정답 **동사 sings**
[해석] 그는 무대에서 아름답게 노래한다.
→ 앞에 있는 동사 sings를 수식하고 있다.

02 정답 **형용사 younger**
[해석] 그는 나이보다 훨씬 더 젊어 보였다.
→ 뒤에 오는 비교급 형용사 younger를 수식하고 있다.

03 정답 **형용사 cold**
[해석] 물은 수영하기에는 너무 차가웠다.
→ 뒤에 오는 형용사 cold를 수식하고 있다.

04 정답 **부사 hurriedly**
[해석] 너무 급하게 결정을 내리지 말아라.
→ 뒤에 오는 부사 hurriedly를 수식하고 있다.

05 정답 **문장 전체**
[해석] 그는 일반적으로 아침 식사 전에 산책을 한다.
→ 문장 맨 앞에서 문장 전체를 수식하고 있다.

06 정답 **형용사 intelligent**
[해석] Jake는 그녀가 진정으로 지적인 소녀라고 생각한다.
→ 뒤에 오는 형용사 intelligent를 수식하고 있다.

07 정답 **부사 hard**
[해석] 그는 보람없는 일에도 매우 열심히 일한다.
→ 뒤에 오는 부사 hard를 수식하고 있다.

08 정답 **동사 spoke**
[해석] 선생님은 새 학생에게 친절하게 말씀하셨다.
→ 앞에 있는 동사 spoke를 수식하고 있다.

09 정답 **문장 전체**
[해석] 다행히도 콘서트 전에 비가 그쳤다.
→ 문장 맨 앞에서 문장 전체를 수식하고 있다.

10 정답 **부사 diligently**
[해석] Gavin은 지난 3년 동안 매우 근면하게 일했다.
→ 뒤에 오는 부사 diligently를 수식하고 있다.

11 정답 **to take them off**
[해석] 신발을 벗을 시간이다.
→ 「타동사+부사」의 목적어가 대명사일 경우, 목적어는
타동사와 부사 사이에 온다. 따라서 목적어 them을 off의
앞에 써야 한다.

12 정답 **throw them away**
[해석] 낡은 잡지를 버리자.
→ 「타동사+부사」의 목적어가 대명사일 경우, 목적어는
타동사와 부사 사이에 온다. 따라서 목적어 them을 away의
앞에 써야 한다.

13 정답 **turn it down**
[해석] 그들은 일자리 제안을 거절해야만 했다.
→ 「타동사+부사」의 목적어가 대명사일 경우, 목적어는
타동사와 부사 사이에 온다. 따라서 목적어 it을 down의 앞에
써야 한다.

14 정답 **turn them on in the living room**
[해석] 거실에 불을 켜주실 수 있나요?
→ 「타동사+부사」의 목적어가 대명사일 경우, 목적어는
타동사와 부사 사이에 온다. 따라서 목적어 them을 on의 앞에
써야 한다.

15 [정답] Write them down

[해석] 발표의 중요한 점을 적어라.

→ 「타동사+부사」의 목적어가 대명사일 경우, 목적어는 타동사와 부사 사이에 온다. 따라서 목적어 them을 down의 앞에 써야 한다.

16 [정답] put it off

[해석] 위원회는 중요한 회의를 다음 주로 연기했다.

→ 「타동사+부사」의 목적어가 대명사일 경우, 목적어는 타동사와 부사 사이에 온다. 따라서 목적어 it을 off 앞에 써야 한다.

17 [정답] always

→ '항상'을 의미하는 빈도부사는 always이다.

18 [정답] often

→ '종종'을 의미하는 빈도부사는 often이다.

19 [정답] rarely

→ '드물게'를 의미하는 빈도부사에는 rarely, hardly, seldom이 있다.

20 [정답] never

→ '절대'를 의미하는 빈도부사는 never이다.

21 [정답] usually

→ '대개'를 의미하는 빈도부사는 usually이다.

22 [정답] sometimes

→ '때때로'를 의미하는 빈도부사는 sometimes이 다.

23 [정답] put them away

[해석] 놀이가 끝난 후, 반드시 그것들을 치워라.

→ 「타동사+부사」의 목적어가 대명사일 경우, 목적어는 타동사와 부사 사이에 온다. 따라서 목적어 them을 away의 앞에 써야 한다.

24 [정답] hardly bloom

[해석] 꽃은 그늘에서 거의 피지 않는다.

→ 빈도부사는 조동사와 be동사 뒤, 일반동사 앞에 오므로, hardly가 일반동사 bloom 앞에 오는 것이 알맞다.

25 [정답] are always leaving

[해석] 그들은 항상 문을 열어놓는다.

→ 빈도부사는 조동사와 be동사 뒤, 일반동사 앞에 오므로, always가 be동사 are 뒤에 오는 것이 알맞다.

26 [정답] should never touch

[해석] 당신은 노출된 전선을 절대 만지지 말아야 한다.

→ 빈도부사는 조동사와 be동사 뒤, 일반동사 앞에 오므로, never가 조동사 should와 일반동사 touch 사이에 오는 것이 알맞다.

27 [정답] was often

[해석] 나는 종종 사무실을 나서는 가장 마지막 사람이었다.

→ 빈도부사는 조동사와 be동사 뒤, 일반동사 앞어 오므로, often이 be동사 was 뒤에 오는 것이 알맞다.

28 [정답] usually celebrate

[해석] 우리는 보통 가족 저녁 식사로 생일을 기념한다.

→ 빈도부사는 조동사와 be동사 뒤, 일반동사 앞에 오므로, usually가 일반동사 celebrate 앞에 오는 것이 알맞다.

29 [정답] might sometimes change

[해석] 바람은 때때로 예기치 않게 방향을 바꿀 수 있다.

→ 빈도부사는 조동사와 be동사 뒤, 일반동사 앞에 오므로, sometimes가 조동사 might와 일반동사 change 사이에 오는 것이 알맞다.

UNIT 36 그 밖의 중요 부사

개념 확인 문제 정답		▶ 문제편 p.173~175
01 ⓐ, ⓒ, ⓘ	**02** ⓓ, ⓕ	**03** ⓑ, ⓔ
04 ⓖ, ⓗ, ⓘ	**05** ago	**06** before
07 before	**08** before	**09** ago
10 ago	**11** before **12** ago	**13** yet
14 yet	**15** still **16** already	**17** still
18 already	**19** already	**20** either
21 too	**22** too	**23** either
24 even	**25** else	**26** even
27 even	**28** else	**29** even
30 else	**31** else	**32** Why
33 How	**34** When	**35** Where
36 deep	**37** often	

01 [정답] ⓐ, ⓒ, ⓘ

[해석] ⓐ 당신은 오늘 매우 행복해 보인다.

ⓒ 그것은 매우 무서운 책이었다.

ⓘ Bob은 좁은 거리를 통과하여 운전하는 동안 매우 조심했다.

→ 뒤에 오는 형용사의 원급 ⓐ happy, ⓒ terrifying, ⓘ careful을 수식한다.

02 [정답] ⓓ, ⓕ

[해석] ⓓ 나는 엄마보다 훨씬 더 키가 크다.

ⓕ 당신의 커피는 내 것보다 훨씬 더 맛있다.

→ 뒤에 오는 형용사의 비교급 ⓒ taller, ⓕ tastier를 수식한다.

03 [정답] ⓑ, ⓔ

[해석] ⓑ 그는 항상 아주 부드럽게 말한다.

ⓔ 차가 교통체증 속에서 아주 천천히 움직였다.

→ 뒤에 오는 부사의 원급 ⓑ softly, ⓔ slowly를 수식한다.

04 [정답] ⓖ, ⓗ, ⓘ

[해석] ⓖ 그는 이제 훨씬 더 신속하게 전화에 응답한다.

ⓗ 그녀는 당신보다 훨씬 더 명확하게 주제를 설명한다.

ⓘ 그 운동선수는 그가 전에 뛰었던 것보다 훨씬 더 높게 뛰었다.

→ 뒤에 오는 부사의 비교급 ⓖ more promptly, ⓗ more clearly, ⓘ higher를 수식한다.

05 정답 ago

[해석] 영화는 30분 전에 시작했다.
→ 부사 ago는 단순과거 문장에서 '~ 전에'라는 뜻으로 쓰인다.

06 정답 before

[해석] 그들은 전에 그 나라로 여행을 갔다.
→ 부사 before는 완료시제 문장에서 '~ 전에'라는 뜻으로 쓰인다.

07 정답 before

[해석] Catherine은 전에 해외여행을 가본 적이 없다.
→ 부사 before는 완료시제 문장에서 '~ 전에'라는 뜻으로 쓰인다.

08 정답 before

[해석] 그는 전에 종종 그의 꿈에 대해 말했었다.
→ 부사 before는 완료시제 문장에서 '~ 전에'라는 뜻으로 쓰인다.

09 정답 ago

[해석] 그들은 이틀 전에 휴가에서 돌아왔다.
→ 부사 ago는 단순과거 문장에서 '~ 전에'라는 뜻으로 쓰인다.

10 정답 ago

[해석] 우리는 한 달 전에 처음 서로를 만났다.
→ 부사 ago는 단순과거 문장에서 '~ 전에'라는 뜻으로 쓰인다.

11 정답 before

[해석] 당신은 전에 루브르 박물관을 방문한 적이 있나요?
→ 부사 before는 완료시제 문장에서 '~ 전에'라는 뜻으로 쓰인다.

12 정답 ago

[해석] 고대 유적은 1세기 전 고고학자들에 의해 발견되었다.
→ 부사 ago는 단순과거 문장에서 '~ 전에'라는 뜻으로 쓰인다.

13 정답 yet

[해석] 우편물이 벌써 도착했나요?
→ yet은 의문문에서 '벌써'라는 뜻을 갖는다.

14 정답 yet

[해석] 그녀는 아직 숙제를 다 하지 않았다.
→ yet은 부정문에서 '아직'이라는 뜻을 갖는다.

15 정답 still

[해석] 벽의 오래된 시계는 여전히 완벽한 시간을 유지한다.
→ still은 '여전히, 아직'을 의미하는 부사이다.

16 정답 already

[해석] 케이크는 이미 구워졌고 제공될 준비가 되었다.
→ already는 긍정문에서 '이미'라는 뜻을 갖는다.

17 정답 still

[해석] 당신은 아직도 같은 지역에 살고 있나요?
→ still은 '여전히, 아직'을 의미하는 부사이다.

18 정답 already

[해석] 내가 집에 도착했을 때 이미 택배가 배달되었다.
→ already는 긍정문에서 '이미'라는 뜻을 갖는다.

19 정답 already

[해석] 당신은 콘서트 표를 벌써 예약했나요?
→ already는 의문문에서 '벌써'라는 뜻을 갖는다.

20 정답 either

[해석] A: 나는 공포 영화를 좋아하지 않아.
B: 오, 나도 그래.
→ either는 부정문에 '또한, 역시'라는 의미를 더할 때 쓰는 부사이다.

21 정답 too

[해석] A: 나는 보드게임을 정말 좋아해.
B: 나도 그래.
→ too는 긍정문에 '또한, 역시'라는 의미를 더할 때 쓰는 부사이다.

22 정답 too

[해석] A: 나는 어젯밤 영화를 재미있게 봤어.
B: 나도 그랬어!
→ too는 긍정문에 '또한, 역시'라는 의미를 더할 때 쓰는 부사이다.

23 정답 either

[해석] A: 나는 더 이상 그녀를 참을 수 없어.
B: 맞지? 나도 그래.
→ either는 부정문에 '또한, 역시'라는 의미를 더할 때 쓰는 부사이다.

24 정답 even

[해석] 그녀는 긴 하루를 보내고도 늦게까지 일을 했다.
→ even은 강조하려는 말의 앞에 쓰여 '~도, ~조차'라는 의미를 더할 때 쓰는 부사이다.

25 정답 else

[해석] 그 책은 분실되어서, 그녀는 다른 것을 읽었다.
→ else는 수식하려는 말의 뒤에 쓰여 '또 다른, 그 밖에'라는 의미를 더할 때 쓰는 부사이다.

26 정답 even

[해석] 핀 떨어지는 소리조차 들릴 정도로 조용했다.
→ even은 강조하려는 말의 앞에 쓰여 '~도, ~조차'라는 의미를 더할 때 쓰는 부사이다.

27 정답 even

[해석] 그는 피곤해서 손가락 하나조차 들 수 없었다.
→ even은 강조하려는 말의 앞에 쓰여 '~도, ~조차'라는 의미를 더할 때 쓰는 부사이다.

28 [정답] else

[해석] 그녀는 다른 곳을 다 찾아봤지만, 그녀의 열쇠를 찾을 수 없었다.

→ else는 수식하려는 말의 뒤에 쓰여 '또 다른, 그 밖에'라는 의미를 더할 때 쓰는 부사이다.

29 [정답] even

[해석] 나는 그들이 파티에 오는지도 몰랐다.

→ even은 강조하려는 말의 앞에 쓰여 '~도, ~조차'라는 의미를 더할 때 쓰는 부사이다.

30 [정답] else

[해석] 그녀는 올해 휴가로 다른 곳을 가기로 결심했다.

→ else는 수식하려는 말의 뒤에 쓰여 '또 다른, 그 밖에'라는 의미를 더할 때 쓰는 부사이다.

31 [정답] else

[해석] 그 영화가 내게는 재미있었지만, 다른 사람들은 모두 지루하다고 생각했다.

→ else는 수식하려는 말의 뒤에 쓰여 '또 다른, 그 밖에'라는 의미를 더할 때 쓰는 부사이다.

32 [정답] Why

[해석] Q: 제가 왜 사과해야 하나요?
A: 왜냐하면 당신이 그녀의 감정을 상하게 했기 때문이에요.

→ '원인'을 묻는 의문부사 why가 들어가야 적절하다.

33 [정답] How

[해석] Q: 당신은 프랑스어를 어떻게 공부했나요?
A: 저는 연습을 많이 했어요.

→ '방법'을 묻는 의문부사 how가 들어가야 적절하다.

34 [정답] When

[해석] Q: 영화는 언제 시작하나요?
A: 10분 후에요.

→ '시간'을 묻는 의문부사 when이 들어가야 적절하다.

35 [정답] Where

[해석] Q: 화장실은 어디에서 찾을 수 있나요?
A: 모퉁이를 돌면 바로 있어요.

→ '장소'를 묻는 의문부사 where가 들어가야 적절하다.

36 [정답] deep

[해석] Q: 이 수영장은 얼마나 깊나요?
A: 약 2미터 정도 됩니다.

→ 얼마나 깊은지 물었으므로 deep이 적절하다.

37 [정답] often

[해석] Q: 당신은 얼마나 자주 강아지를 산책시키나요?
A: 날마다요.

→ 얼마나 자주 산책시키는지 물었으므로 often이 적절하다.

정답

01 ⑤ 02 ② 03 ④ 04 ② 05 ②
06 ⑤ 07 ③ 08 ⑤ 09 ⑤
10 She is never late for meetings.
11 We will always appreciate your help.
12 He hardly eats vegetables.
13 ③, Such experience never comes easily.
14 ④ 15 ⑤ 16 ⓐ, ⓔ, ⑨
17 ⓑ, ⓕ 18 ⓓ, ⓗ 19 ⓒ 20 ③ 21 ③
22 much 23 very 24 before 25 yet 26 still
27 either 28 ② 29 ② 30 ③
31 나도 보통 아침에 달리기를 하러 가
32 나도 줄을 길게 서서 기다리는 것을 참을 수가 없어.
33 ⓐ, ⓒ, ⓔ 34 ④ 35 ⑤ 36 ①
37 ② 38 ③ 39 ④ 40 ④ 41 ①
42 ⓑ, She is a highly skilled plumber.
43 ⓓ, They sat close during the movie.
44 ⓕ, The car was hardly damaged in the accident.

---

01 [정답] ⑤ **UNIT 34 부사의 형태**

[해석] ① 가득한 – 충분히 ② 진짜의 – 진심으로
③ 느린 – 느리게 ④ 행복한 – 행복하게
⑤ 있을 것 같은 – 아마

→ -le로 끝나는 형용사는 le를 ly로 고쳐 부사를 만든다. 따라서 probablely가 아닌 probably가 알맞다.

02 [정답] ② **UNIT 35 부사의 역할 및 위치**

[해석] 사람들은 종종 무례하다고 여겨진다.

→ 빈도부사는 조동사와 be동사 뒤, 일반동사 앞에 오므로, often은 be동사 are 뒤에 오는 것이 알맞다.

03 [정답] ④ **UNIT 35 부사의 역할 및 위치**

[해석] 부품을 모은 후에 그것들을 조립하세요.

→ 「타동사+부사」의 목적어가 대명사일 경우, 목적어는 타동사와 부사 사이에 온다. 따라서 them을 together의 앞에 써야 한다.

04 [정답] ② **UNIT 35 부사의 역할 및 위치**

[해석] 우리는 새로운 일을 위해 그것을 기입해야 한다.

→ 「타동사+부사」의 목적어가 대명사일 경우, 목적어는 타동사와 부사 사이에 온다. 부사 out은 대명사 it 뒤에 써야 한다.

05 [정답] ② **UNIT 35 부사의 역할 및 위치**

[해석] A: 영화 〈Titanic〉 봤나요?
B: 사실, 저는 바다를 배경으로 한 영화는 좋아하지 않아요.

→ 문장 맨 앞에서 문장 전체를 수식하는 부사 자리이다. 문맥상 '사실'을 의미하는 honestly가 적절하다.

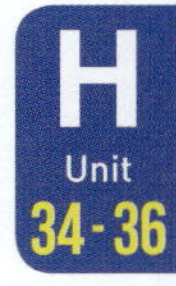

06 정답 ⑤   UNIT **35** 부사의 역할 및 위치

[해석] A: Caleb의 발표는 어땠어요?
B: 그는 성공적으로 수행했어요.
→ 앞에 있는 동사 performed를 수식하는 자리이다. 문맥상 '성공적으로'를 의미하는 successfully가 적절하다.

07 정답 ③   UNIT **34** 부사의 형태

[해석] ① 별들이 밝게 빛난다.
② 곧 어디론가 갑시다.
③ 명확하게 말씀해 주시기를 바랍니다.
④ 우리는 다시 예전 같을 수 없을 것이다.
⑤ 나는 요즘 거의 평화로움을 누리지 못한다.
→ 부사는 명사를 수식할 수 없다. 따라서 ③의 clearly를 명사를 수식할 수 있는 형용사 clear로 고쳐야 알맞다.

08 정답 ⑤   UNIT **34** 부사의 형태

[해석] ① 시험은 어려웠다.
② 그들은 어려운 결정을 내렸다.
③ 그 바위는 깨기에 너무 단단했다.
④ 그의 말을 믿기 어렵다.
⑤ 바람이 나무들을 향해 세차게 불었다.
→ hard는 형용사와 부사의 형태가 같다. ①, ②, ④은 '어려운'을, ③은 '단단한'을 의미하는 형용사로 쓰였지만, ⑤은 '세차게'를 의미하는 부사로 쓰였다.

09 정답 ⑤   UNIT **34** 부사의 형태

[해석] ① 토론은 늦은 밤까지 계속되었다.
② 고장으로 그는 늦었다.
③ 그녀는 그녀의 늦은 답변에 사과했다.
④ 나는 은행으로부터 늦은 통지를 받았다.
⑤ 특별 행사로 인해 가게가 늦게 문을 닫았다.
→ late는 형용사와 부사의 형태가 같다. 나머지는 모두 '늦은'을 의미하는 형용사로 쓰였지만, ⑤은 '늦게'를 의미하는 부사로 쓰였다.

10 정답 She is never late for meetings.   UNIT **35** 부사의 역할 및 위치

→ '절대 ~ 않다'를 의미하는 빈도부사는 never이다. 빈도부사는 조동사와 be동사 뒤, 일반동사 앞에 오므로, never가 be동사 is 뒤에 오는 것이 알맞다.

11 정답 We will always appreciate your help.   UNIT **35** 부사의 역할 및 위치

→ '항상'을 의미하는 빈도부사는 always이다. 빈도부사는 조동사와 be동사 뒤, 일반동사 앞에 오므로, always가 조동사 will 뒤에 오는 것이 알맞다.

12 정답 He hardly eats vegetables.   UNIT **35** 부사의 역할 및 위치

→ '좀처럼 ~ 않다'를 의미하는 빈도부사는 hardly이다. 빈도부사는 조동사와 be동사 뒤, 일반동사 앞에 오므로, hardly가 일반동사 eats 앞에 오는 것이 알맞다.

13 정답 ③, Such experience never comes easily.   UNIT **35** 부사의 역할 및 위치

[해석] Dexter에게,
① 이 편지가 너를 잘 찾아가기를 바라. ② 우리의 최근 그리스 방문은 정말 놀라웠어. ③ 그런 경험은 결코 쉽게 찾아오지 않아. ④ 확실히, 우리는 그곳을 한 번 더 방문해야 해. ⑤ 아니, 그것을 우리의 작은 전통으로 만들자.
Emma가
→ 빈도부사는 조동사와 be동사 뒤, 일반동사 앞에 오므로, ③의 never는 일반동사 comes 앞에 와야 알맞다.

14 정답 ④   UNIT **35** 부사의 역할 및 위치

[해석] • 실내에서는 그것을 벗어주세요.
• 그는 난로를 끄는 것을 잊었다.
→ '벗다'를 의미하는 것은 take off, '끄다'를 의미하는 것은 turn off이므로 빈칸에는 공통적으로 off가 들어가야 알맞다.

15 정답 ⑤   UNIT **35** 부사의 역할 및 위치

[해석] • 우리는 내일 무료 샘플을 나눠줄 것이다.
• 그것을 버리고 공간을 만듭시다.
→ '나눠주다'를 의미하는 것은 give away, '버리다'를 의미하는 것은 throw away이므로 빈칸에는 공통적으로 away가 들어가야 알맞다.

16 정답 ⓐ, ⓔ, ⓖ   UNIT **35** 부사의 역할 및 위치

[해석] ⓐ 고양이가 부드럽게 기분 좋은 소리를 냈다.
ⓔ 콘서트에서 음악이 크게 흘러나온다.
ⓖ 우리 팀은 언제 대회에서 잘할까?
→ 앞에 있는 동사 ⓐ purred, ⓔ plays, ⓖ will perform을 수식하고 있다.

17 정답 ⓑ, ⓕ   UNIT **35** 부사의 역할 및 위치

[해석] ⓑ 오늘은 바깥이 꽤 화창하다.
ⓕ 날씨가 평소와 달리 따뜻해 보였다.
→ 뒤에 오는 형용사 ⓑ sunny, ⓕ warm을 수식하고 있다.

18 정답 ⓓ, ⓗ   UNIT **35** 부사의 역할 및 위치

[해석] ⓓ 그녀는 그 책을 매우 많이 즐겼다.
ⓗ 그녀는 놀라울 정도로 순조롭게 변화에 적응했다.
→ 뒤에 오는 부사 ⓓ much, ⓗ smoothly를 수식하고 있다.

19 정답 ⓒ   UNIT **35** 부사의 역할 및 위치

[해석] ⓒ 갑자기 방이 조용해졌다.
→ 문장 맨 앞에서 문장 전체를 수식하고 있다.

20 정답 ③   UNIT **36** 그 밖의 중요 부사

[해석] ① 새 식당은 거의 꽉 찼다.
② 자세한 내용을 잘 들어주시기 바랍니다.
③ 풍경은 훨씬 더 어두워졌다.
④ 나는 등산을 좋아하고 친구들도 그렇다.
⑤ 당신은 전에 열기구를 타고 비행한 적이 있나요?
→ very는 형용사와 부사의 원급을 수식하는 부사이고, much는 형용사와 부사의 비교급을 수식하는 부사이다. 뒤에 형용사의 비교급 darker가 있으므로 much가 알맞다.

21 정답 ③   UNIT **36** 그 밖의 중요 부사

[해석] ① 그녀는 지금 매우 행복하다.
② 물이 훨씬 더 차가워졌다.
③ 그는 매우 효율적으로 일한다.
④ 음식이 아주 맛있다.
⑤ 농부는 매우 친절한 사람이었다.
→ ③very가 부사의 원급인 efficiently를 적절하게 수식한다.
나머지는 모두 very 뒤에 형용사 또는 부사의 원급이 오거나, much
뒤에 형용사 또는 부사의 비교급이 오도록 바꿔야 알맞다.

22 정답 much   UNIT **36** 그 밖의 중요 부사

→ much는 형용사와 부사의 비교급을 수식하는 부사이다. 뒤에
형용사의 비교급 better가 있으므로 much가 알맞다.

23 정답 very   UNIT **36** 그 밖의 중요 부사

→ very는 형용사와 부사의 원급을 수식하는 부사이다. 뒤에
형용사의 원급 grateful이 있으므로 very가 알맞다.

24 정답 before   UNIT **36** 그 밖의 중요 부사

→ 부사 before는 완료시제 문장에서 '전에'라는 뜻으로 쓰인다.

25 정답 yet   UNIT **36** 그 밖의 중요 부사

→ yet은 부정문에서 '아직'이라는 뜻을 갖는다.

26 정답 still   UNIT **36** 그 밖의 중요 부사

→ still은 '여전히, 아직'을 의미하는 부사이다.

27 정답 either   UNIT **36** 그 밖의 중요 부사

→ either는 부정문에 '또한, 역시'라는 의미를 더할 때 쓰는
부사이다.

28 정답 ②   UNIT **36** 그 밖의 중요 부사

[해석] 그녀는 (A) 아직 내 이메일에 답장이 없다.
나는 (B) 여전히 그녀의 답장을 기다리고 있다.
→ yet은 부정문에서 '아직'이라는 뜻을 갖고, still은 '여전히, 아직'을
의미한다.

29 정답 ②   UNIT **36** 그 밖의 중요 부사

[해석] 여: 당신의 고양이는 몇 살인가요?
남: 13살이에요, 그런데 아직도 매우 에너지가 넘쳐요!
→ (A) 나이를 물어보는 표현은 의문부사 how를 붙여 쓴다. (B)
'아직도'를 의미하는 부사는 still이다.

30 정답 ③   UNIT **36** 그 밖의 중요 부사

[해석] ① 그는 매우 총명하다.
② 그녀는 어제 얼마나 늦게 잤나요?
③ 나는 그 영화를 아직 보지 못했다.
④ 당신은 벌써 그에게서 편지를 받았나요?
⑤ 곧 검사 결과가 발표될 것이다.
→ 부정문에서 '아직'을 뜻하는 것은 yet이다. 따라서 already를
yet으로 고쳐야 한다.

31 정답 **나도 보통 아침에 달리기를 하러 가!**
      UNIT **36** 그 밖의 중요 부사

[해석] A: 나는 보통 아침에 달리기를 하러 가.
B: 나도 그래! 하루를 시작하는 좋은 방법이야, 그렇지 않니?

→ too는 긍정문에 '또한, 역시'라는 의미 를 더할 때 쓰는 부사이다.
앞 문장에 대한 동의이므로, '나도 보통 아침에 달리기를 하러 가!'를
의미한다.

32 정답 **나도 줄을 길게 서서 기다리는 것을 참을 수가 없어.**
      UNIT **36** 그 밖의 중요 부사

[해석] A: 나는 줄을 길게 서서 기다리는 것을 참을 수가 없어.
B: 나도 그래. 그건 너무 답답해.
→ either는 부정문에 '또한, 역시'라는 의미를 더할 때 쓰는
부사이다. 앞 문장에 대한 동의이므로, '나도 줄을 길게 서서 기다리는
것을 참을 수가 없어.'를 의미한다.

33 정답 ⓐ, ⓒ, ⓔ   UNIT **36** 그 밖의 중요 부사

[해석] ⓐ 그녀는 몇 분 전에 경기를 끝냈다.
ⓑ 그녀는 그녀의 여동생보다 훨씬 더 키가 크다.
ⓒ 그는 프랑스어를 하고, 그의 동생도 프랑스어를 한다.
ⓓ 그녀는 해변에 가고 싶어 하고, 나도 그렇다.
ⓔ 그는 배고프지만 여전히 요리 중이다.
→ ⓑ very는 형용사와 부사의 원급을 수식하는 부사이고, much는
비교급을 수식하는 부사이다. 뒤에 형용사의 비교급 taller가
있으므로 very를 much로 고쳐야 한다. ⓓ too는 긍정문에,
either는 부정문에 '또한, 역시'라는 의미를 더할 때 쓰는 부사이다.
이 문장은 긍정문이므로 either가 아닌 too가 와야 한다.

34 정답 ④   UNIT **36** 그 밖의 중요 부사

[해석] ① 나는 그녀와 같은 사람을 만난 적이 없다.
② 전에 서울에 가본 적이 있나요?
③ 그녀는 전에 타코를 먹어본 적이 없다.
④ 나는 그들을 몇 분 전에 봤다.
⑤ 여러분은 전에 서로 만난 적이 있습니다.
→ ④은 단순과거 문장으로, 부사 ago가 와야 한다. 나머지는 모두
완료시제 문장으로 부사 before가 올 수 있다.

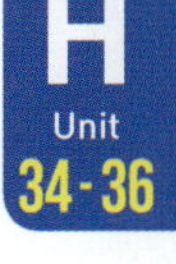

35 정답 ⑤   UNIT **36** 그 밖의 중요 부사

[해석] ① A: 당신은 어디에 가나요?
B: 학교 도서관에요.
② A: 당신은 얼마나 자주 운동을 하나요?
B: 적어도 일주일에 한 번이요.
③ A: 당신은 언제 집을 나섰나요?
B: 몇 시간 전에요.
④ A: 당신은 왜 행사에 등록하지 않았나요?
B: 저는 다른 계획이 있어요.
⑤ A: 제가 어떻게 글쓰기 실력을 향상시킬 수 있을까요?
B: 가능한 한 빨리요.
→ ⑤은 의문부사 how로 '방법'을 묻고 있는데, '가능한 한
빨리요.'라는 응답은 적절하지 않다.

36 정답 ①   UNIT **36** 그 밖의 중요 부사

[해석] ⓐ 나는 여전히 당신을 사랑한다.
ⓑ 당신은 최근에 이상하게 행동하고 있다.
ⓒ 그것은 나에게도 역시 중요하지 않다.
ⓓ 그것은 불과 며칠 전에 끝났다.
ⓔ 에펠 탑은 높이가 어떻게 되나요?
→ still은 긍정문과 부정문에 모두 쓸 수 있다.

37 [정답] ②

[해석] A: 당신은 택배를 받으셨나요?
B: 저는 아직 우편물을 확인하지 못했습니다.
→ 부정문에서 '아직'을 뜻하는 것은 ② yet이다.

38 [정답] ③

[해석] A: 당신은 왜 더 일찍 나서지 않았나요?
B: 저는 오늘 아침에 늦잠을 잤어요.
→ 왜 더 일찍 나서지 않았는지 '이유'를 묻고 있으므로 의문부사 why가 와야 적절하다.

39 [정답] ④

[해석] • 밀가루가 얼마나 필요한가요?
• 내가 생각한 것보다 훨씬 더 길었다.
→ '정도'에 대한 정보를 물을 때 how 뒤에 형용사나 부사를 쓸 수 있다. 셀 수 없는 것의 양을 묻고 있으므로 much가 알맞다. much는 형용사나 부사의 비교급을 수식한다.

40 [정답] ④

[해석] • 당신은 나를 어떻게 찾았나요?
• 당신은 얼마나 오래 이곳에 앉아 있었나요?
→ '어떻게'와 '얼마나'를 의미하는 것은 의문부사 how이다.

41 [정답] ①

[해석] ① 그는 어린이 수영장에서 수영하지도 못한다.
② 그들은 일 년 전에 새 도시로 이사했다.
③ 우리는 단서를 위해 다른 어딘가를 살펴봐야 해요.
④ 그녀는 다리 운동 후에 걸을 수도 없었다.
⑤ 그녀는 그 차를 어떻게 고칠지 아직 알아내지 못했다.
→ else는 수식하려는 말의 뒤에 쓰여야 하는데, can't를 수식하는 것은 의미상 어색하다. 따라서 swim의 앞에 쓰여 '~도'라는 의미를 더하는 even으로 고쳐야 한다.

42 [정답] ⓑ, She is a highly skilled plumber.

[해석] 그녀는 대단히 숙련된 배관공이다.
→ '대단히'를 의미하는 부사는 high가 아니라 highly이다.

43 [정답] ⓓ, They sat close during the movie.

[해석] 그들은 영화를 보는 동안 가까이 앉았다.
→ '가까이'를 의미하는 부사는 closely가 아니라 close이다.

44 [정답] ⓕ, The car was hardly damaged in the accident.

[해석] 그 사고에서 차는 거의 손상되지 않았다.
→ '거의 ~않다'를 의미하는 부사는 hard가 아니라 hardly이다.

I 비교급

UNIT 37 원급

개념 확인 문제 정답 ▶ 문제편 p.183~185

01 as thrilling as	**02** not so[as] sweet as
03 not so[as] pleasant as	**04** not so[as] simple as
05 as quietly as	**06** as well as
07 is not so[as] tidy as	**08** is not so[as] cold as
09 is not so[as] hot as	

10 do not have so[as] much space as
11 does not have so[as] many options as
12 do not speak Spanish so[as] fluently as
13 이 차는 오래된 차보다 두 배 빠르다.
14 그 뱀은 나뭇가지만큼 길다.
15 가능한 한 빨리 건물에서 나가시오.
16 이것은 저것보다 100배 무겁다.
17 가능한 한 빨리 작업을 완료하세요.
18 당신이 집의 규칙을 지키는 한 머물 수 있습니다.
19 Francis는 시험을 위해 가능한 한 열심히 공부했다.
20 my email as often as I could
21 you as much as possible
22 so long as I am healthy
23 four times as long as the left wall
24 not so[as] heavy as it is
25 as magical as a scene from a fairytale
26 the questions as confidently as we could

01 [정답] as thrilling as
→ '~만큼 …한/하게'를 의미하는 원급은 「as+원급+as」로 표현한다.

02 [정답] not so[as] sweet as
→ '~만큼 …하지 않은/않게'를 의미하는 원급의 부정은 「not so[as]+원급+as」로 표현한다.

03 [정답] not so[as] pleasant as
→ '~만큼 …하지 않은/않게'를 의미하는 원급의 부정은 「not so[as]+원급+as」로 표현한다.

04 [정답] not so[as] simple as
→ '~만큼 …하지 않은/않게'를 의미하는 원급의 부정은 「not so[as]+원급+as」로 표현한다.

05 [정답] as quietly as
→ '~만큼 …한/하게'를 의미하는 원급은 「as+원급+as」로 표현한다.

06 [정답] as well as
→ '~만큼 …한/하게'를 의미하는 원급은 「as+원급+as」로 표현한다.

07 [정답] is not so[as] tidy as
[해석] 내 방은 당신의 방보다 더 깔끔하다.
당신의 방은 내 방만큼 깔끔하지 않다.
→ 비교급 tidier의 원급은 tidy이다.

08 [정답] is not so[as] cold as
[해석] 겨울은 가을보다 더 춥다.
가을은 겨울만큼 춥지 않다.
→ 비교급 colder의 원급은 cold이다.

09 [정답] is not so[as] hot as
[해석] 커피가 차보다 더 뜨겁다.
차는 커피만큼 뜨겁지 않다.
→ 비교급 hotter의 원급은 hot이다.

10 [정답] do not have so[as] much space as
[해석] 그들은 우리가 가진 것보다 더 많은 공간을 가지고
있다.
우리는 그들만큼 많은 공간을 가지고 있지 않다.
→ '양'을 나타내는 비교급 more의 원급은 much이다.

11 [정답] does not have so[as] many options as
[해석] 이 가게는 우리 가게보다 더 많은 선택지를 가지고
있다.
우리 가게는 이 가게만큼 많은 선택지를 가지고 있지 않다.
→ '수'를 나타내는 비교급 more의 원급은 many이다.

12 [정답] do not speak Spanish so[as] fluently as
[해석] Pedro는 당신이 구사하는 것보다 더 유창하게
스페인어를 구사한다.
당신은 Pedro가 구사하는 것만큼 유창하게 스페인어를
구사하지 않는다.
→ 비교급 more fluently의 원급은 fluently이다.

13 [정답] 이 차는 오래된 차보다 두 배 빠르다.
→ 「배수사+as+원급+as」는 '~배 …하다'를 의미한다.

14 [정답] 그 뱀은 나뭇가지만큼 길다.
→ as[so] long as는 '~하는 동안', '~하는 한'을 의미하지만,
long이 '긴'을 의미할 경우 일반적인 원급으로도 쓰일 수 있다.

15 [정답] 가능한 한 빨리 건물에서 나가시오.
→ 「as+원급+as+possible」은 '가능한 한 ~한/하게'를
의미한다.

16 [정답] 이것은 저것보다 100배 무겁다.
→ 「배수사+as+원급+as」는 '~배 …하다'를 의미한다.

17 [정답] 가능한 한 빨리 작업을 완료하세요.
→ 「as+원급+as+주어+can[could]」는 '가능한 한
~한/하게'를 의미한다.

18 [정답] 당신이 집의 규칙을 지키는 한 머물 수 있습니다.
→ as[so] long as는 '~하는 동안', '~하는 한'을 의미한다.

19 [정답] Francis는 시험을 위해 가능한 한 열심히 공부했다.
→ 「as+원급+as+주어+can[could]」는 '가능한 한
~한/하게'를 의미한다.

20 [정답] my email as often as I could
→ '가능한 한 ~한/하게'는 「as+원급+as+주어+can[could]」로
표현할 수 있다.

21 [정답] you as much as possible
→ '가능한 한 ~한/하게'는 「as+원급+as+possible」로 표현할
수 있다.

22 [정답] so long as I am healthy
→ '~하는 동안', '~하는 한'은 as[so] long as로 표현할 수
있다.

23 [정답] four times as long as the left wall
→ '~배 …하다'는 「배수사+as+원급+as」로 표현할 수 있다.

24 [정답] not so[as] heavy as it is
→ '~만큼 …하지 않은/않게'를 의미하는 원급의 부정은 「not
so[as]+원급+as」로 표현한다.

25 [정답] as magical as a scene from a fairytale
→ '~만큼 …한/하게'를 의미하는 원급은 「as+원급+as」로
표현한다.

26 [정답] the questions as confidently as we could
→ '가능한 한 ~한/하게'는 「as+원급+as+주어+can[could]」로
표현할 수 있다.

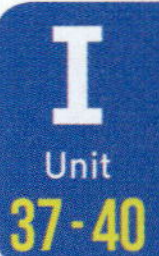

개념 확인 문제 정답 ▶ 문제편 p.187~189

01 brighter, brightest   **02** cheaper, cheapest
03 cleaner, cleanest   **04** clearer, clearest
05 cooler, coolest   **06** darker, darkest
07 denser, densest   **08** finer, finest
09 harder, hardest   **10** higher, highest
11 lighter, lightest   **12** louder, loudest
13 hungrier, hungriest   **14** lazier, laziest
15 lonelier, loneliest   **16** madder, maddest
17 noisier, noisiest   **18** prettier, prettiest
19 scarier, scariest   **20** shinier, shiniest
21 sillier, silliest   **22** slimmer, slimmest
23 tastier, tastiest   **24** wetter, wettest
25 O   **26** How can Lincoln be more generous?
27 We play music more softly in the evening.
28 I will face it with the most confident attitude.
29 That was the most boring movie I've ever seen.
30 O
31 The fireworks exploded more loudly than expected.
32 better, best   **33** worse, worst   **34** old, eldest
35 far, farthest   **36** less, least   **37** late, latest
38 more, most   **39** far, further   **40** few, fewest
41 worse, worst   **42** more, most   **43** late, latter
44 old, older   **45** better, best   **46** less
47 further   **48** worse   **49** highest
50 hot   **51** most   **52** better
53 most

01 정답 brighter, brightest
[해석] 밝은, 더 밝은, 가장 밝은
→ 대부분의 경우 원급에 -er을 붙여 비교급을, -est를 붙여 최상급을 만든다.

02 정답 cheaper, cheapest
[해석] 저렴한, 더 저렴한, 가장 저렴한
→ 대부분의 경우 원급에 -er을 붙여 비교급을, -est를 붙여 최상급을 만든다.

03 정답 cleaner, cleanest
[해석] 깨끗한, 더 깨끗한, 가장 깨끗한
→ 대부분의 경우 원급에 -er을 붙여 비교급을, -est를 붙여 최상급을 만든다.

04 정답 clearer, clearest
[해석] 분명한, 더 분명한, 가장 분명한

→ 대부분의 경우 원급에 -er을 붙여 비교급을, -est를 붙여 최상급을 만든다.

05 정답 cooler, coolest
[해석] 시원한, 더 시원한, 가장 시원한
→ 대부분의 경우 원급에 -er을 붙여 비교급을, -est를 붙여 최상급을 만든다.

06 정답 darker, darkest
[해석] 어두운, 더 어두운, 가장 어두운
→ 대부분의 경우 원급에 -er을 붙여 비교급을, -est를 붙여 최상급을 만든다.

07 정답 denser, densest
[해석] 빽빽한, 더 빽빽한, 가장 빽빽한
→ 원급이 -e로 끝나는 경우 -r을 붙여 비교급을, -st를 붙여 최상급을 만든다.

08 정답 finer, finest
[해석] 가는, 더 가는, 가장 가는
→ 원급이 -e로 끝나는 경우 -r을 붙여 비교급을, -st를 붙여 최상급을 만든다.

09 정답 harder, hardest
[해석] 어려운, 더 어려운, 가장 어려운
→ 대부분의 경우 원급에 -er을 붙여 비교급을, -est를 붙여 최상급을 만든다.

10 정답 higher, highest
[해석] 높은, 더 높은, 가장 높은
→ 대부분의 경우 원급에 -er을 붙여 비교급을, -est를 붙여 최상급을 만든다.

11 정답 lighter, lightest
[해석] 가벼운, 더 가벼운, 가장 가벼운
→ 대부분의 경우 원급에 -er을 붙여 비교급을, -est를 붙여 최상급을 만든다.

12 정답 louder, loudest
[해석] 큰, 더 큰, 가장 큰
→ 대부분의 경우 원급에 -er을 붙여 비교급을, -est를 붙여 최상급을 만든다.

13 정답 hungrier, hungriest
[해석] 배고픈, 더 배고픈, 가장 배고픈
→ 원급이 「자음+y」로 끝나는 경우 y를 i로 고치고 -er을 붙여 비교급을, -est를 붙여 최상급을 만든다.

14 정답 lazier, laziest
[해석] 게으른, 더 게으른, 가장 게으른
→ 원급이 「자음+y」로 끝나는 경우 y를 i로 고치고 -er을 붙여 비교급을, -est를 붙여 최상급을 만든다.

15 정답 lonelier, loneliest
[해석] 외로운, 더 외로운, 가장 외로운
→ 원급이 「자음+y」로 끝나는 경우 y를 i로 고치고 -er을 붙여 비교급을, -est를 붙여 최상급을 만든다.

16 정답 madder, maddest

[해석] 정신 나간, 더 정신 나간, 가장 정신 나간

→ 원급이 「단모음+단자음」으로 끝나는 경우 끝 자음을 한 번 더 쓰고 -er을 붙여 비교급을, -est를 붙여 최상급을 만든다.

17 정답 noisier, noisiest

[해석] 시끄러운, 더 시끄러운, 가장 시끄러운

→ 원급이 「자음+y」로 끝나는 경우 y를 i로 고치고 -er을 붙여 비교급을, -est를 붙여 최상급을 만든다.

18 정답 prettier, prettiest

[해석] 예쁜, 더 예쁜, 가장 예쁜

→ 원급이 「자음+y」로 끝나는 경우 y를 i로 고치고 -er을 붙여 비교급을, -est를 붙여 최상급을 만든다.

19 정답 scarier, scariest

[해석] 무서운, 더 무서운, 가장 무서운

→ 원급이 「자음+y」로 끝나는 경우 y를 i로 고치고 -er을 붙여 비교급을, -est를 붙여 최상급을 만든다.

20 정답 shinier, shiniest

[해석] 빛나는, 더 빛나는, 가장 빛나는

→ 원급이 「자음+y」로 끝나는 경우 y를 i로 고치고 -er을 붙여 비교급을, -est를 붙여 최상급을 만든다.

21 정답 sillier, silliest

[해석] 우스꽝스러운, 더 우스꽝스러운, 가장 우스꽝스러운

→ 원급이 「자음+y」로 끝나는 경우 y를 i로 고치고 -er을 붙여 비교급을, -est를 붙여 최상급을 만든다.

22 정답 slimmer, slimmest

[해석] 날씬한, 더 날씬한, 가장 날씬한

→ 원급이 「단모음+단자음」으로 끝나는 경우 끝 자음을 한 번 더 쓰고 -er을 붙여 비교급을, -est를 붙여 최상급을 만든다.

23 정답 tastier, tastiest

[해석] 맛있는, 더 맛있는, 가장 맛있는

→ 원급이 「자음+y」로 끝나는 경우 y를 i로 고치고 -er을 붙여 비교급을, -est를 붙여 최상급을 만든다.

24 정답 wetter, wettest

[해석] 젖은, 더 젖은, 가장 젖은

→ 원급이 「단모음+단자음」으로 끝나는 경우 끝 자음을 한 번 더 쓰고 -er을 붙여 비교급을, -est를 붙여 최상급을 만든다.

25 정답 O

[해석] 오늘 더 피곤하지 않나요?

→ 분사는 앞에 more를 붙여 비교급을 만들므로, more tired는 적절하다.

26 정답 How can Lincoln be more generous?

[해석] Lincoln은 어떻게 더 관대할 수 있나요?

→ 2음절 이상의 단어는 앞에 more를 붙여 비교급을 만들므로, more generous로 고쳐야 적절하다.

27 정답 We play music more softly in the evening.

[해석] 우리는 저녁에는 음악을 더 부드럽게 연주한다.

→ 「형용사+ly」 형태의 부사는 앞에 more를 붙여 비교급을 만들므로, more softly로 고쳐야 적절하다.

28 정답 I will face it with the most confident attitude.

[해석] 나는 가장 자신 있는 태도로 그것을 직면할 것이다.

→ 2음절 이상의 단어는 앞에 most를 붙여 최상급을 만들므로, most confident로 고쳐야 적절하다.

29 정답 That was the most boring movie I've ever seen.

[해석] 그것은 내가 본 영화 중 가장 지루했다.

→ 분사는 앞에 most를 붙여 최상급을 만들므로, most boring으로 고쳐야 적절하다.

30 정답 O

[해석] 그는 내딛는 모든 걸음마다 더 무서워졌다.

→ 분사는 앞에 more를 붙여 비교급을 만들므로, more scared는 적절하다.

31 정답 The fireworks exploded more loudly than expected.

[해석] 불꽃은 예상보다 더 큰 소리로 터졌다.

→ 「형용사+ly」 형태의 부사는 앞에 more를 붙여 비교급을 만들므로, more loudly로 고쳐야 적절하다.

32 정답 better, best

[해석] 좋은, 더 좋은, 가장 좋은

→ good의 비교급은 better, 최상급은 best이다.

33 정답 worse, worst

[해석] 나쁜, 더 나쁜, 가장 나쁜

→ bad의 비교급은 worse, 최상급은 worst이다.

34 정답 old, eldest

[해석] 연상의, 더 연상의, 가장 연상의

→ old가 '연상의'를 뜻할 때 비교급은 elder, 최상급은 eldest이다.

35 정답 far, farthest

[해석] (거리가) 먼, (거리가) 더 먼, (거리가) 가장 먼

→ far가 '(거리가) 먼' 것을 뜻할 때 비교급은 farther, 최상급은 farthest이다.

36 정답 less, least

[해석] (양이) 적은, (양이) 더 적은, (양이) 가장 적은

→ little의 비교급은 less, 최상급은 least이다.

37 정답 late, latest

[해석] (시간이) 늦은, (시간이) 더 늦은, (시간이) 가장 늦은

→ late가 '(시간이) 늦은' 것을 뜻할 때 비교급은 later, 최상급은 latest이다.

38 정답 more, most

[해석] (양이) 많은, (양이) 더 많은, (양이) 가장 많은

→ much의 비교급은 more, 최상급은 most이다.

39 정답 far, further

[해석] (정도가) 더, (정도가) 더 깊이, (정도가) 가장 깊이

→ far가 '(정도가) 더'를 뜻할 때 비교급은 further, 최상급은 furthest이다.

40 [정답] few, fewest

[해석] (수가) 적은, (수가) 더 적은, (수가) 가장 적은

→ few의 비교급은 fewer, 최상급은 fewest이다.

41 [정답] worse, worst

[해석] 아픈, 더 아픈, 가장 아픈

→ ill의 비교급은 worse, 최상급은 worst이다.

42 [정답] more, most

[해석] (수가) 많은, (수가) 더 많은, (수가) 가장 많은

→ many의 비교급은 more, 최상급은 most이다.

43 [정답] late, latter

[해석] (순서가) 늦은, (순서가) 더 늦은, (순서가) 가장 늦은

→ late가 '(순서가) 늦은' 것을 뜻할 때 비교급은 latter, 최상급은 last이다.

44 [정답] old, older

[해석] 오래된, 더 오래된, 가장 오래된

→ old가 '오래된'을 뜻할 때 비교급은 older, 최상급은 oldest이다.

45 [정답] better, best

[해석] 잘, 더 잘, 가장 잘

→ well의 비교급은 better, 최상급은 best이다.

46 [정답] less

→ '더 적은'을 의미하는 비교급 less가 알맞다.

47 [정답] further

→ '(정도가) 더'를 뜻하는 far의 비교급은 further이다. farther는 '(거리가) 먼'을 의미하는 far의 비교급이다.

48 [정답] worse

→ '더 나쁜'을 의미하는 비교급 worse가 알맞다.

49 [정답] highest

→ '가장 높은'을 의미하는 최상급 highest가 알맞다.

50 [정답] hot

→ '뜨거운'을 의미하는 원급 hot이 알맞다.

51 [정답] most

→ '가장 재능있는'을 의미하는 최상급이 와야 한다. 분사 (-ing, -ed)형 형용사의 경우 원급 앞에 most를 붙여 최상급을 만든다.

52 [정답] better

→ '더 나은'을 의미하는 비교급 better가 알맞다.

53 [정답] most

→ '가장 유명한'을 의미하는 최상급이 와야 한다. 분사 (-ing, -ed)형 형용사의 경우 원급 앞에 most를 붙여 최상급을 만든다.

UNIT 39 비교급

개념 확인 문제 정답 ▶ 문제편 p.191

01 hotter than **02** less hot than

03 faster than **04** less fast than

05 shinier than **06** less shiny than

07 brighter than **08** less bright than

09 much[a lot, even 등] lighter than

10 ○ **11** senior to **12** more

13 louder **14** faster **15** ⓑ and faster.

16 ⓓ than hers. **17** ⓐ to the previous one.

18 ⓒ the more knowledge you gain.

01 [정답] hotter than

→ '~보다 더 …하다'를 의미하는 비교급은 「비교급+than」으로 표현한다. hot의 비교급은 hotter이다.

02 [정답] less hot than

→ '~보다 덜 …하다', '~보다 …하지 않다'를 의미하는 비교급은 「less+원급+than」으로 표현한다.

03 [정답] faster than

→ fast의 비교급은 faster이다.

04 [정답] less fast than

→ '~보다 덜 …하다', '~보다 …하지 않다'를 의미하는 비교급은 「less+원급+than」으로 표현한다.

05 [정답] shinier than

→ shiny의 비교급은 shinier이다.

06 [정답] less shiny than

→ '~보다 덜 …하다', '~보다 …하지 않다'를 의미하는 비교급은 「less+원급+than」으로 표현한다.

07 [정답] brighter than

→ bright의 비교급은 brighter이다.

08 [정답] less bright than

→ '~보다 덜 …하다', '~보다 …하지 않다'를 의미하는 비교급은 「less+원급+than」으로 표현한다.

09 [정답] much[a lot, even 등] lighter than

[해석] 당신의 스마트폰은 나의 것보다 훨씬 더 가볍다.

→ 비교급을 강조하는 부사는 a lot, even, far, much 등이 있다. very는 원급을 강조하므로, very를 much, a lot, even 등의 부사로 고쳐야 한다.

10 [정답] ○

[해석] 그 집은 작년보다 훨씬 더 현대적으로 보인다.

→ 비교급을 강조하는 부사는 a lot, even, far, much 등이 있다.

11 정답 **senior to**

[해석] 팀 주장으로서 그녀는 다른 선수들보다 선배이다.

→ junior, senior, prior, superior, inferior 등
라틴어에서 온 형용사는 to로 비교한다. 따라서 than을 to로
고쳐야 한다.

12 정답 **more**

→ '겨우, 많아야, 기껏해야'는 no more than으로 표현할 수
있다.

13 정답 **louder**

→ '점점 더 ~한/하게'는 「비교급 and 비교급」으로 표현할 수
있다.

14 정답 **faster**

→ '~할수록 더 …하다'는 「the 비교급, the 비교급」으로
표현할 수 있다.

15 정답 ⓑ **and faster.**

[해석] 강물이 점점 더 빠르게 흐르고 있다.

→ '점점 더 ~한/하게'는 「비교급 and 비교급」으로 표현할 수
있다.

16 정답 ⓓ **than hers.**

[해석] 그의 아파트는 그녀의 아파트보다 더 넓다.

→ '~보다 더 …하다'를 의미하는 비교급은 「비교급+than」으로
표현한다.

17 정답 ⓐ **to the previous one.**

[해석] 이 방법은 이전의 방법보다 더 우수하다.

→ junior, senior, prior, superior, inferior 등
라틴어에서 온 형용사는 to로 비교한다.

18 정답 ⓒ **the more knowledge you gain.**

[해석] 당신이 공부를 할수록, 당신은 더 많은 지식을
얻는다.

→ '~할수록 더 …하다'는 「the 비교급, the 비교급」으로
표현할 수 있다.

UNIT **40** 최상급

개념 확인 문제 정답   ▶ 문제편 p.193~194

01 the largest   **02** the worst
03 the laziest   **04** (the) brightest
05 the farthest   **06** (the) fastest
07 the most difficult   **08** the latest
09 (the) most aggressively
10 (the) least   **11** the youngest of her siblings
12 the quietest spot in the entire park
13 One of the heaviest animals
14 the brightest star in the night sky
15 the most delicious of all desserts
16 the most influential of all composers
17 one of the coldest places in the world
18 taller, other flower
19 taller, the other flowers
20 flower is taller   **21** flower is as[so] tall
22 taller than   **23** faster, other land animal
24 faster, the other land animals
25 land animal is faster
26 land animal is as[so] fast
27 faster than

01 정답 **the largest**

[해석] 아시아는 지구상에서 가장 큰 대륙이다.

→ 최상급 형태는 「the+최상급」이다. large의 최상급은
largest이다.

02 정답 **the worst**

[해석] Silvan은 내가 만난 지도자 중 최악이었다.

→ bad의 최상급은 worst이다.

03 정답 **the laziest**

[해석] 그는 사무실에서 가장 게으른 사람이다.

→ lazy의 최상급은 laziest다.

04 정답 **(the) brightest**

[해석] 태양은 아침 일찍 가장 밝게 빛났다.

→ bright의 최상급은 brightest이다. 부사의 최상급은
the를 생략할 수 있다.

05 정답 **the farthest**

[해석] 나는 정원의 가장 먼 구석에 그 열쇠를 숨겼다.

→ '거리'를 의미하는 far의 최상급은 farthest이다.

06 정답 **(the) fastest**

[해석] 그 소문은 소셜 미디어를 통해 가장 빠르게 퍼졌다.

→ fast의 최상급은 fastest이다. 부사의 최상급은 the를
생략할 수 있다.

07 [정답] the most difficult
[해석] 모든 시험 중에 수학 시험이 가장 어려웠다.
→ difficult의 최상급은 most difficult이다.

08 [정답] the latest
[해석] 당신은 승진에 관해 가장 최근 소식을 들었나요?
→ '시간'이 늦음을 의미하는 late의 최상급은 latest이다.

09 [정답] (the) most aggressively
[해석] 당신의 팀은 결승전에서 가장 공격적으로 경기했다.
→ aggressively의 최상급은 most aggressively이다.
부사의 최상급은 the를 생략할 수 있다.

10 [정답] (the) least
[해석] 당신은 나에 관해 가장 적게 아는 사람이다.
→ little의 최상급은 least이다. 부사의 최상급은 the를
생략할 수 있다.

11 [정답] the youngest of her siblings
→ '~중에 가장 …한/하게'는 「the 최상급+of+복수 명사」로
표현한다. 따라서 young은 the youngest로, sibling은
siblings로 써야 알맞다.

12 [정답] the quietest spot in the entire park
→ '~에서 가장 …한/하게'는 「the 최상급+in+장소, 범위」로
표현한다. 따라서 quiet은 the quietest로 써야 알맞다.

13 [정답] One of the heaviest animals
→ '가장 …한 것 중 하나[한 명]'는 「one of the 최상급+복수
명사」로 표현한다. 따라서 heavy는 the heaviest로,
animal은 animals로 써야 알맞다.

14 [정답] the brightest star in the night sky
→ '~에서 가장 …한/하게'는 「the 최상급+in+장소, 범위」로
표현한다. 따라서 bright는 the brightest로 써야 알맞다.

15 [정답] the most delicious of all desserts
→ '~중에 가장 …한/하게'는 「the 최상급+of+복수 명사」로
표현한다. 따라서 delicious는 the most delicious로,
dessert는 desserts로 써야 알맞다.

16 [정답] the most influential of all composers
→ '~중에 가장 …한/하게'는 「the 최상급+of+복수 명사」로
표현한다. 따라서 influential은 the most influential로,
composer는 composers로 써야 알맞다.

17 [정답] one of the coldest places in the world
→ '가장 …한 것 중 하나[한 명]'는 「one of the 최상급+복수
명사」로 표현한다. 따라서 cold는 the coldest로, place는
places로 써야 알맞다.

18 [정답] taller, other flower
[해석] 해바라기는 다른 어떤 꽃보다 키가 더 크다.
→ 최상급은 「비교급+than any other+단수 명사 (다른 어떤
~보다 더 …하다)」로 바꿔 표현할 수 있다.

19 [정답] taller, the other flowers
[해석] 해바라기는 다른 모든 꽃들보다 키가 더 크다.
→ 최상급은 「비교급+than all the other+복수 명사 (다른
모든 ~보다 더 …하다)」로 바꿔 표현할 수 있다.

20 [정답] flower is taller
[해석] 어떤 꽃도 해바라기보다 키가 더 크지 않다.
→ 최상급은 「no (other) 단수 명사+비교급+than (어느
무엇도 ~보다 더 …하지 않다)」로 바꿔 표현할 수 있다.

21 [정답] flower is as[so] tall
[해석] 어떤 꽃도 해바라기만큼 키가 크지 않다.
→ 최상급은 「no (other) 단수 명사+as[so]+원급+as (어느
무엇도 ~만큼 …하지 않다)」로 바꿔 표현할 수 있다.

22 [정답] taller than
[해석] 해바라기보다 더 키가 큰 것은 없다.
→ 최상급은 「There is nothing+비교급+than」으로 바꿔
표현할 수 있다.

23 [정답] faster, other land animal
[해석] 치타는 다른 어떤 육지 동물보다 더 빠르다.
→ 최상급은 「비교급+than any other+단수 명사 (다른 어떤
~보다 더 …하다)」로 바꿔 표현할 수 있다.

24 [정답] faster, the other land animals
[해석] 치타는 다른 모든 육지 동물들보다 더 빠르다.
→ 최상급은 「비교급+than all the other+복수 명사 (다른
모든 ~보다 더 …하다)」로 바꿔 표현할 수 있다.

25 [정답] land animal is faster
[해석] 어떤 육지 동물도 치타보다 더 빠르지 않다.
→ 최상급은 「no (other) 단수 명사+비교급+than (어느
무엇도 ~보다 더 …하지 않다)」로 바꿔 표현할 수 있다.

26 [정답] land animal is as[so] fast
[해석] 어떤 육지 동물도 치타만큼 빠르지 않다.
→ 최상급은 「no (other) 단수 명사+as[so]+원급+as (어느
무엇도 ~만큼 …하지 않다)」로 바꿔 표현할 수 있다.

27 [정답] faster than
[해석] 치타보다 빠른 것은 없다.
→ 최상급은 「There is nothing+비교급+than」으로 바꿔
표현할 수 있다.

정답

01 ②	**02** ③	**03** ③	**04** ②	**05** ⑤
06 ⑤	**07** ⑤	**08** The earlier, the more		
09 deeper and deeper		**10** no more than		
11 no less than	**12** ⑤	**13** ③	**14** ③	
15 ②	**16** ①	**17** more than		

18 is larger, the other planets **19** less **20** much

21 The Sahara is the largest of the deserts.

22 Astronomers discovered one of the most distant galaxies.

23 His IQ is superior to average.

24 They traveled a lot[even/far/much 등] farther than we did.

25 The weather was not so much pleasant as last weekend.

26 The more we stay together, the stronger we become.

27 ②　**28** ②　**29** taller　**30** the heaviest

31 No (other) mountain　**32** longer than

33 ②　**34** ②　**35** as[so] long as　**36** less

37 farther　**38** ②　**39** ③　**40** ⑤

41 ④　**42** ⑤　**43** much **44** he could

45 you can **46** ⓐ, skilled **47** ⓒ, far **48** ⓓ, three

49 ③　**50** ⑤　**51** the most effective

---

01 [정답] ② UNIT 37 원급

[해석] 누가 Mary와 동갑인가?
① 그것은 Susan이다.
② Sally가 Mary와 동갑이다.
③ Susan이 Mary와 동갑이다.
④ Susan과 Sally가 Mary와 동갑이다.
⑤ Mary와 Susan이 동갑이다.
→ 14세인 Mary와 동갑인 사람은 Sally이므로 동등 비교를 통해
② Sally is as old as Mary.로 답하는 것이 알맞다.

02 [정답] ③ UNIT 40 최상급

[해석] 누가 셋 중에 가장 키가 큰가?
① Mary가 셋 중에 가장 크다.
② Sally가 셋 중에 가장 크다.
③ Susan이 셋 중에 가장 크다.
④ Mary가 Sally와 Susan보다 크다.
⑤ Susan과 Sally가 셋 중에 가장 크다.
→ 170cm인 Susan이 셋 중에 가장 키가 크므로 최상급을
사용하여 ③ Susan is the tallest of the three.로 답하는 것이
알맞다.

03 [정답] ③ UNIT 40 최상급

[해석] ① Sally는 Mary보다 덜 무겁다.
② Susan이 셋 중에 가장 나이가 많다.
③ Mary가 셋 중에 가장 무겁다.
④ Susan이 Sally와 Mary 보다 나이가 많다.
⑤ Sally와 Mary는 동갑이다.
→ 가장 몸무게가 많이 나가는 사람은 Susan이므로 ③은 내용과
일치하지 않는다.

04 [정답] ② UNIT 39 비교급

[해석] 이 상자는 저 상자보다 훨씬 더 커 보인다.
→ 비교급을 강조하는 부사는 far, much, a lot, even 등이 있다.
② more는 올 수 없다.

05 [정답] ⑤ UNIT 39 비교급

[해석] 내 남동생은 나보다 ① 더 똑똑하다, ② 더 짧다, ③ 더
키가 크다, ④ 더 빠르다, ⑤ 가장 젊다.
→ than과 함께 비교급을 나타내야 하므로 최상급인
⑤ youngest는 올 수 없다.

06 [정답] ⑤ UNIT 39 비교급

[해석] ① 그들은 우리보다 수적으로 열세했다.
② Mary는 Nicholas보다 더 많은 책을 가지고 있다.
③ 이 시계는 다른 시계보다 덜 비싸다.
④ 당신은 많아야 케이크 한 조각을 먹을 수 있다.
⑤ 중국의 인구는 한국의 인구보다 훨씬 더 많다.
→ ⑤ very는 비교급을 강조할 수 없으므로 a lot, even, far,
much, still 등으로 바꿔야 한다.

07 [정답] ⑤ UNIT 40 최상급

[해석] ① Natalie보다 더 친절한 소녀는 없다.
② 다른 어떤 소녀도 Natalie만큼 친절하지 않다.
③ 다른 어떤 소녀도 Natalie보다 더 친절하지 않다.
④ Natalie는 다른 어떤 소녀보다 더 친절하다.
⑤ Natalie는 다른 모든 소녀들보다 덜 친절하다.
→ 나머지는 모두 Natalie가 가장 친절하다고 말하고 있지만, ⑤은
Natalie가 다른 모든 소녀들보다 덜 친절하다고 했다.

08 [정답] The earlier, the more UNIT 39 비교급

→ '~할수록 더 …하다'는 「the 비교급, the 비교급」으로 표현할 수
있다. '일찍'을 뜻하는 early의 비교급은 earlier이고, '(양이) 많은'을
뜻하는 much의 비교급은 more이다.

09 [정답] deeper and deeper UNIT 39 비교급

→ '점점 더 ~한/하게'는 「비교급 and 비교급」으로 표현할 수 있다.
'깊은'을 뜻하는 deep의 비교급은 deeper이다.

10 [정답] no more than UNIT 39 비교급

→ '겨우'는 no more than으로 표현할 수 있다.

11 [정답] no less than UNIT 39 비교급

→ '~만큼이나 많이'는 no less than으로 표현할 수 있다.

12 [정답] ⑤ UNIT 39 비교급

[해석] 우리가 빨리 떠날수록, 우리는 목적지에 더 일찍 도착할
것이다.
→ '~할수록 더 …하다'는 「the 비교급, the 비교급」으로 표현할 수
있다. '일찍'을 뜻하는 early의 비교급인 earlier가 the와 함께 오는
것이 알맞다.

I Unit 37·40

13 정답 ③   UNIT **40** 최상급

[해석] 저 영화 정말 지루했다. 내가 본 영화 중에 가장 지루한 영화였다.

→ 최상급의 형태는 「the+최상급」이다. 분사 (-ing, -ed)형 형용사의 경우 원급 앞에 most를 붙여 최상급을 만든다.

14 정답 ③   UNIT **39** 비교급

[해석] 변명하는 것이 지각하는 것보다 더 나쁘다.

→ than과 함께 비교급을 완성해야 하므로 bad의 비교급인 worse가 오는 것이 알맞다.

15 정답 ②   UNIT **40** 최상급

[해석] A: John이 그 팀에서 가장 빠른 주자야.
B: 맞아. 팀에서 John보다 더 빠른 사람은 없어.

→ 「There is nothing+비교급+than」으로 최상급을 표현할 수 있다. 범위가 팀원이므로 no one을 쓸 수 있다.

16 정답 ①   UNIT **38** 비교급, 최상급 형태

[해석] A: 나의 새 휴대폰은 기존 것보다 더 비싸.
B: 맞아. 가장 최신 모델이 모두 중에 가장 비싸.

→ 일부 2음절 또는 그 이상의 긴 형용사의 최상급 표현에는 most를 쓴다.

17 정답 more than   UNIT **39** 비교급

[해석] 파티에 최대 두 명의 손님을 초대하세요.
= 파티에 많아야 두 명의 손님을 초대하세요.

→ '최대 두 명'은 '많아야 두 명'으로 바꿔 쓸 수 있다. '겨우, 많아야, 기껏해야'는 no more than으로 표현할 수 있다.

18 정답 is larger, the other planets   UNIT **40** 최상급

[해석] 목성은 우리 태양계에서 가장 큰 행성이다.
= 목성은 우리 태양계의 모든 다른 행성들보다 더 크다.

→ 최상급은 「비교급+than all the other+복수 명사 (다른 모든 ~보다 더 …하다)」로 바꿔 표현할 수 있다. large의 비교급은 larger다.

19 정답 less   UNIT **39** 비교급

→ '~보다 덜 …하다, ~보다 …하지 않다'를 의미하는 비교급은 「less+원급+than」으로 표현한다. '~만큼이나 많이'를 의미하는 것은 no less than이다. 따라서 공통으로 알맞은 단어는 less이다.

20 정답 much   UNIT **39** 비교급

→ 비교급을 강조하는 부사는 a lot, even, far, much 등이 있다. '~만큼 …하지는 않다'를 의미하는 비교급은 「not as[so] (much)+원급+as」으로 표현한다. 따라서 공통으로 알맞은 단어는 much이다.

21 정답 The Sahara is the largest of the deserts.   UNIT **40** 최상급

[해석] 사하라 사막은 사막 중에 가장 크다.

→ '~중에 가장 …한/하게'를 나타내려면 최상급 뒤에 전치사 of가 와야 한다. 따라서 at을 of로 고쳐야 한다.

22 정답 Astronomers discovered one of the most distant galaxies.   UNIT **40** 최상급

[해석] 천문학자들은 가장 먼 은하 중 하나를 발견했다.

→ '가장 …한 것 중 하나[한 명]'를 나타내려면 최상급 뒤에는 복수 명사가 와야 한다. 따라서 galaxy를 galaxies로 고쳐야 한다.

23 정답 His IQ is superior to average.   UNIT **39** 비교급

[해석] 그의 아이큐는 평균보다 더 뛰어나다.

→ 라틴어에서 온 형용사 superior는 than이 아니라 to를 써서 비교한다.

24 정답 They traveled a lot[even/far/much 등] farther than we did.   UNIT **39** 비교급

[해석] 그들은 우리가 여행한 것보다 훨씬 더 멀리 여행했다.

→ 비교급을 강조하는 부사는 a lot, even, far, much 등이 있다.

25 정답 The weather was not so much pleasant as last weekend.   UNIT **39** 비교급

[해석] 날씨가 지난 주말만큼 쾌적하지는 않았다.

→ pleasant의 비교급은 pleasanter가 아니라 more pleasant인데, '~만큼 …하지는 않다'는 「not as[so] (much)+원급+as」로 표현하므로 원급인 pleasant가 와야 한다.

26 정답 The more we stay together, the stronger we become.   UNIT **39** 비교급

[해석] 우리는 함께 있을수록 더 강해진다.

→ '~할수록 더 …하다'는 「the 비교급, the 비교급」으로 표현하므로 stronger 앞에 the가 와야 한다.

27 정답 ②   UNIT **39** 비교급

[해석] 여: 오늘 날씨가 매우 쌀쌀해요.
남: 맞아요, 어제보다 훨씬 더 추운 것 같아요.

→ very는 비교급을 강조할 수 없고 원급만 강조하므로 원급 chilly 앞에는 very가, 비교급 colder 앞에는 much가 와야 한다.

28 정답 ②   UNIT **40** 최상급

[해석] 여: Julian의 에세이는 다른 모든 학생들의 것보다 더 좋았어요.
남: 정말요? 저는 그가 반에서 가장 뛰어난 작가 중 한 명이라는 것을 믿을 수가 없네요.

→ '다른 모든 ~보다 더 …하다'는 「비교급+all the other+복수 명사」로, '가장 …한 것 중 한 명'은 「one of the 최상급+복수 명사」로 표현하므로 (A)에는 비교급 better, (B)에는 최상급 best가 와야 적절하다.

29 정답 taller   UNIT **40** 최상급

[해석] A: 세상에 가장 키가 큰 남자는 누구인가?
B: Wadlow 씨가 세상 누구보다도 더 크다.

→ 비교급을 사용한 최상급 표현으로, '비교급 + than all the other + 복수 명사'가 오는 것이 알맞다.

30 정답 the heaviest   UNIT **40** 최상급

[해석] A: Minnoch 씨의 기네스 세계 기록은 무엇인가?
B: 그의 기록은 세계에서 가장 무거운 남자이다.

→ 세계 기록을 묻고 있으므로 최상급으로 답해야 한다.

31 정답 No (other) mountain   UNIT **40** 최상급

[해석] A: Everest 산의 기네스 세계 기록은 무엇인가?
B: 세계의 어느 산도 Everest 산만큼 높지 않다.

→ 비교급을 사용한 최상급 표현으로, 'no (other) 단수 명사 + 비교급 + than'이 오는 것이 알맞다.

32 [정답] longer than UNIT **40** 최상급

[해석] 세계에서 가장 긴 강은 Nile 강이다.

→ 비교급을 사용한 최상급 표현으로, '비교급 + than any other + 단수 명사'가 오는 것이 알맞다.

33 [정답] ② UNIT **38** 비교급, 최상급 형태

[해석] ① 새로운, 더 새로운, 가장 새로운

② 얇은, 더 얇은, 가장 얇은

③ 무거운, 더 무거운, 가장 무거운

④ 활동적인, 더 활동적인, 가장 활동적인

⑤ 지루한, 더 지루한, 가장 지루한

→ 원급이 「단모음+단자음」으로 끝나는 경우 끝 자음을 한 번 더 쓰고 -er을 붙여 비교급을, -est를 붙여 최상급을 만든다. 따라서 ②은 thiner, thinest가 아닌 thinner, thinnest가 된다.

34 [정답] ② UNIT **38** 비교급, 최상급 형태

[해석] ① 많은, 더 많은, 가장 많은

② 나쁜, 더 나쁜, 가장 나쁜

③ 정중한, 더 정중한, 가장 정중한

④ 힘든, 더 힘든, 가장 힘든

⑤ 신이 난, 더 신이 난, 가장 신이 난

→ bad의 비교급은 worse, 최상급은 worst이다.

35 [정답] as[so] long as UNIT **37** 원급

→ '~하는 동안, ~하는 한'은 as[so] long as로 표현할 수 있다.

36 [정답] less UNIT **38** 비교급, 최상급 형태

→ '(양이) 적은'을 뜻하는 little의 비교급은 less이다.

37 [정답] farther UNIT **38** 비교급, 최상급 형태

→ far가 '(거리가) 먼' 것을 뜻할 때, 비교급은 farther이다.

38 [정답] ② UNIT **37** 원급

[해석] • 완행열차는 급행열차만큼 빠르지 않다.

• 급행열차는 완행열차보다 더 빠르다.

→ 「not so[as]+원급+as」 문장은 비교의 대상을 바꿔 「비교급+than」으로 표현할 수 있다. 따라서 (A)에는 원급인 fast가, (B)에는 비교급인 faster가 와야 적절하다.

39 [정답] ③ UNIT **37** 원급

[해석] • 주최자는 파티에 Nora만큼 늦게 도착하지 않았다.

• Nora는 파티에 주최자보다 더 늦게 도착했다.

→ 「not so[as]+원급+as」 문장은 비교의 대상을 바꿔 「비교급+than」으로 표현할 수 있다. 따라서 (A)에는 원급인 late가, (B)에는 비교급인 later가 와야 적절하다.

40 [정답] ⑤ UNIT **37** 원급

[해석] ① 호랑이는 세상에서 최고의 사냥꾼이다.

② 호랑이는 세상에서 가장 강력한 고양잇과 동물이다.

③ 수마트라 호랑이는 시베리아 호랑이만큼 똑똑하다.

④ 시베리아 호랑이는 수마트라 호랑이보다 더 크다.

⑤ 수컷 호랑이는 같은 종류의 암컷만큼 크지 않다.

→ ⑤ 원급의 부정은 「not so[as]+원급+as」로 표현하므로 larger를 large로 고쳐야 한다.

41 [정답] ④ UNIT **37** 원급

[해석] 그녀는 두 번째 경기에서 첫 번째 경기의 두 배만큼의 점수를 얻었다.

→ '~배 …하다'는 「배수사+as+원급+as」로 표현할 수 있다.

42 [정답] ⑤ UNIT **37** 원급

[해석] A: 정말 사랑스러운 개네요! 그는 몇 살인가요?

B: 벌써 9살이에요.

A: 우아. 제 개는 당신의 개만큼 나이를 먹지 않았어요. 그녀는 겨우 3살이에요.

→ '~만큼 …하지 않은'은 「not so[as]+원급+as」로 표현할 수 있다.

43 [정답] much UNIT **37** 원급

→ '~만큼 …한/하게'를 의미하는 원급은 「as+원급+as」로 표현한다. 따라서 공통으로 알맞은 단어는 much에다.

44 [정답] he could UNIT **37** 원급

[해석] 그는 가능한 한 빨리 퍼즐을 풀었다.

→ 「as+원급+as+possible」은 「as+원급+as+주어+can[could]」로 바꿔쓸 수 있다. 과거시제이므로 조동사 could가 와야 한다.

45 [정답] you can UNIT **37** 원급

[해석] 당신은 추운 날씨에는 가능한 한 조심히 운전해야 한다.

→ 「as+원급+as+possible」은 「as+원급+as+주어+can[could]」로 바꿔쓸 수 있다. 현재시제이므로 조동사 can이 와야 한다.

46 [정답] ⓐ, skilled UNIT **37** 원급

[해석] Jane과 Robert는 낚시 친구였다. Jane은 Robert만큼 숙련되지는 않았지만, 그녀는 최선을 다했다. 그녀는 가능한 한 멀리 낚싯줄을 던졌다. 하지만, Robert는 언제나 Jane보다 3배 더 많은 물고기를 잡았다. 그래서 Robert는 Jane에게 몇 가지 팁을 주었고, 그들의 우정은 더 강해졌다.

→ '~만큼 …하지 않은'은 「not so[as]+원급+as」로 표현할 수 있다. 따라서 ⓐ more skilled를 원급인 skilled로 고쳐야 알맞다.

47 [정답] ⓒ, far UNIT **37** 원급

→ '가능한 한 ~한/하게'는 「as+원급+as+주어+can[could]」으로 표현한다. 따라서 ⓒ further는 원급인 far로 고쳐야 알맞다.

48 [정답] ⓓ, three UNIT **37** 원급

→ '~배 …하다'는 「배수사+as+원급+as」로 표현할 수 있다. 따라서 ⓓ third는 three로 고쳐 알맞은 배수사를 완성해야 한다.

49 [정답] ③ UNIT **38** 비교급, 최상급 형태

[해석] Yumi는 반 친구들 사이에서 가장 똑똑한 학생이었다. 그녀는 늘 그녀의 친구들보다 책을 더 많이 읽었다. 그녀는 그녀의 학급에서 가장 높은 점수를 받았다. 그녀의 공부 방법은 가장 효과적이라고 여겨졌다. 결국, 모두가 그녀의 조언을 듣기를 원했다.

→ 글의 흐름상 반에서 가장 똑똑한 학생이라는 표현이 적절하다.

50 [정답] ⑤ UNIT **38** 비교급, 최상급 형태

→ 최상급을 다양하게 표현할 수 있다. ⑤은 비교급 표현인 more와 higher가 중복으로 쓰였으므로, more를 없애야 한다.

51 [정답] the most effective UNIT **38** 비교급, 최상급 형태

[해석] Yumi의 반 친구들은 그녀가 가장 효과적인 공부 방법을 가지고 있다고 생각하기 때문에 그녀의 조언을 듣기를 원한다.

→ 최상급의 문장을 써야 한다. effective의 최상급은 most effective이다.

I
Unit
37·40

 ## J 접속사

UNIT 41 등위접속사

개념 확인 문제 정답 ▶ 문제편 p.203

01 now **02** elegant **03** cozy
04 drinks **05** carefully **06** it might rain
07 or **08** and **09** so **10** for **11** but
12 so **13** for **14** you can eat the pizza
15 you'll miss the opportunity
16 they won't come **17** you will be in trouble

---

01 [정답] now
[해석] 당신은 지금 가거나 내일 갈 수 있다.
→ 등위접속사 or로 부사 tomorrow와 연결되는 것은 부사 now이다.

02 [정답] elegant
[해석] 왈츠는 단순하고 우아하다.
→ 등위접속사 and로 형용사 simple과 연결되는 것은 형용사 elegant이다.

03 [정답] cozy
[해석] 이 식당은 작지만 아늑하다.
→ 등위접속사 but으로 형용사 small과 연결되는 것은 형용사 cozy이다.

04 [정답] drinks
[해석] 나는 간식과 음료수를 좀 가져왔다.
→ 등위접속사 and로 명사 snacks와 연결되는 것은 명사 drinks이다.

05 [정답] carefully
[해석] 우리는 빠르지만 조심스럽게 떠나야 한다.
→ 등위접속사 but으로 부사 quickly와 연결되는 것은 부사 carefully이다.

06 [정답] it might rain
[해석] 나중에 비가 올지도 몰라서 나는 우산을 샀다.
→ 등위접속사 for로 절 I bought an umbrella와 연결되는 것은 절 it might rain later이다.

07 [정답] or
[해석] 당신이 가장 좋아하는 색은 파란색인가요, 초록색인가요?
→ '파란색 또는 초록색'이라고 하는 것이 가장 적절하므로 or가 와야 한다.

08 [정답] and
[해석] 나는 책을 읽는 것과 영화를 보는 것을 즐긴다.
→ '책을 읽는 것과 영화를 보는 것'이라고 하는 것이 가장 적절하므로 and가 와야 한다.

09 [정답] so
[해석] 날씨가 추워서 나는 장갑을 꼈다.
→ '추워서 장갑을 꼈다'라고 하는 것이 가장 적절하므로 so가 와야 한다.

10 [정답] for
[해석] 그는 축구하는 것을 좋아한다, 왜냐하면 그것은 그를 활동적으로 유지해 주기 때문이다.
→ '왜냐하면 그것은 그를 활동적으로 유지해 주기 때문이다'라고 하는 것이 가장 적절하므로 for가 와야 한다.

11 [정답] but
[해석] 그녀는 산책하고 싶었지만, 비가 내리기 시작했다.
→ '산책하고 싶었지만, 비가 내리기 시작했다'라고 하는 것이 가장 적절하므로 but이 와야 한다.

12 [정답] so
[해석] 그 콘서트는 매진되어서 우리는 표를 구할 수 없었다.
→ '매진되어서 표를 구할 수 없었다'라고 하는 것이 가장 적절하므로 so가 와야 한다.

13 [정답] for
[해석] 그는 경기에서 이기고 싶었기 때문에 밤새워 연습했다.
→ '이기고 싶었기 때문에'라고 하는 것이 가장 적절하므로 for가 와야 한다.

14 [정답] you can eat the pizza
[해석] 〈보기〉 당신이 내게 진실을 말한다면, 나는 당신을 지지할 것이다.
→ 진실을 말해라, 그러면 나는 당신을 지지할 것이다.
당신은 집에 일찍 오면, 피자를 먹을 수 있다.
→ 집에 일찍 와라, 그러면 당신은 피자를 먹을 수 있다.
→ Come home early 뒤에 and를 붙여 '~해라, 그러면'을 의미하는 명령문을 완성한다.

15 [정답] you'll miss the opportunity
[해석] 당신은 서두르지 않으면, 기회를 놓칠 것이다.
→ 서둘러라, 그렇지 않으면 당신은 기회를 놓칠 것이다.
→ Hurry up 뒤에 or를 붙여 '~해라, 그렇지 않으면'을 의미하는 명령문을 완성한다.

16 [정답] they won't come
[해석] 당신이 Molly 부부를 초대하지 않으면, 그들은 오지 않을 것이다.
→ Molly 부부를 초대해라, 그렇지 않으면 그들은 오지 않을 것이다.
→ Invite Mr. and Ms. Molly 뒤에 or를 붙여 '~해라, 그렇지 않으면'을 의미하는 명령문을 완성한다.

17 [정답] you will be in trouble
[해석] 당신이 내 조언을 받아들이지 않으면, 곤란해질 것이다.
→ 내 조언을 받아들여라, 그렇지 않으면 곤란해질 것이다.
→ Take my advice 뒤에 or를 붙여 '~해라, 그렇지 않으면'을 의미하는 명령문을 완성한다.

개념 확인 문제 정답 ▶ 문제편 p.205

01 O 02 O 03 injured
04 to finish 05 either, or 06 not, but
07 neither, nor 08 as well as
09 not only a famous actress[a gifted singer] but also a gifted singer[a famous actress]
10 both games[comics] and comics[games]
11 are 12 has 13 agree 14 is

01 [정답] O

[해석] Mary와 나는 둘 다 이탈리아 음식을 좋아한다.
→ 상관접속사 both A and B로 명사 Mary와 I가 적절하게 연결된다.

02 [정답] O

[해석] 그들은 요리뿐만 아니라 제빵도 잘 한다.
→ 상관접속사 not only A but also B에서 also는 생략할 수 있으므로 알맞은 문장이다.

03 [정답] injured

[해석] 사람들은 그 사고로 죽거나 다쳤다.
→ 등위접속사 either A or B로 과거분사 killed와 연결되어야 하므로 injured로 고쳐야 적절하다.

04 [정답] to finish

[해석] 우리의 목표는 빨리 끝내는 것이 아니라 훌륭하게 끝내는 것이다.
→ 등위접속사 not A but B로 to부정사 to finish와 연결되어야 하므로 to finish로 고쳐야 적절하다.

05 [정답] either, or

→ 'A 또는 B'를 나타내는 상관접속사는 either A or B이다.

06 [정답] not, but

→ 'A가 아니라 B'를 나타내는 상관접속사는 not A but B이다.

07 [정답] neither, nor

→ 'A, B 둘 다 아닌' 것을 나타내는 상관접속사는 neither A nor B이다.

08 [정답] as well as

→ 'A뿐만 아니라 B도'를 나타내는 상관접속사는 B as well as A이다.

09 [정답] not only a famous actress[a gifted singer] but also a gifted singer[a famous actress]

[해석] 그녀는 유명한 배우[뛰어난 가수]일 뿐만 아니라 뛰어난 가수[유명한 배우]이다.
→ 그녀는 유명한 배우이면서 뛰어난 가수이므로 not only A but also B를 이용하여 not only a famous actress[a gifted singer] but also a gifted singer[a famous actress]로 나타낸다.

10 [정답] both games[comics] and comics[games]

[해석] 그는 게임과 만화를 둘 다 좋아했지만, 모두 포기했다.
→ 그는 게임과 만화를 둘 다 좋아한 것이므로 both A and B를 이용하여 both games[comics] and comics[games]로 나타낸다.

11 [정답] are

[해석] Florian이 아니라 당신이 나의 가장 친한 친구이다.
→ not A but B가 주어로 쓰이면 B에 동사의 수를 일치시킨다. 따라서 you에 맞는 동사 are가 적절하다.

12 [정답] has

[해석] 나 또는 그녀가 교실을 청소해야 한다.
→ either A or B가 주어로 쓰이면 B에 동사의 수를 일치시킨다. 따라서 she에 맞는 동사 has가 적절하다.

13 [정답] agree

[해석] 정치인도 유권자들도 동의하지 않는다.
→ neither A nor B가 주어로 쓰이면 B에 동사의 수를 일치시킨다. 따라서 the voters에 맞는 동사 agree가 적절하다.

14 [정답] is

[해석] 지식뿐만 아니라 경험도 중요하다.
→ B as well as A가 주어로 쓰이 면 B에 동사의 수를 일치시킨다. 따라서 Experience에 맞는 동사 is가 적절하다.

단원 평가 문제 UNIT 41 ~ UNIT 42 ▶ 문제편 p.206~209

정답

01 ① 02 ④ 03 ① 04 ⑤ 05 ①
06 ③ 07 ⑤ 08 ② 09 ④ 10 ⑤
11 ④,⑤ 12 ② 13 I have neither time nor will.
14 It is not only important but also urgent.
15 ① 16 ④ 17 ④ 18 ④ 19 ③
20 ① 21 ① 22 ③ 23 ④ 24 ①
25 ② 26 ④

01 [정답] ① UNIT 41 등위접속사

[해석] ① 그 아기는 남자아이인가요, 여자아이인가요?
② 그가 거짓말을 하고 있었기 때문에 나는 듣지 않았다.
③ 그냥 틀을 왼쪽이나 오른쪽으로 옮기세요.
④ 죄송하지만 저는 더 오래 있을 수는 없어요.
⑤ 당신의 차가 더러워 보여서 청소했어요.
→ 아기가 남자아이이면서 여자아이일 수는 없으므로 ①의 and를 '또는'을 의미하는 or로 바꿔야 알맞다.

02 정답 ④　　　　　　　　　　　　　UNIT **41** 등위접속사

[해석] • 도로가 얼어서 우리는 천천히 운전했다.
• 그는 당신을 좋아해서 가능한 한 당신을 자주 만나려고
노력한다.
→ 두 문장 모두 원인과 결과를 말하고 있으므로 '그래서'를 의미하는
④ so가 오는 것이 적절하다.

03 정답 ①　　　　　　　　　　　　　UNIT **41** 등위접속사

[해석] • 그들은 앉아서 그것에 대해 나에게 전부 말했다.
• 일찍 방문하세요, 그러면 당신은 이 책을 반값에 살 수
있습니다.
→ '앉아서 말했다'라는 의미를 완성해야 하고, 명령문 뒤에 '~해라,
그러면'의 의미를 완성해야 하므로 ① and가 오는 것이 적절하다.

04 정답 ⑤　　　　　　　　　　　　　UNIT **42** 상관접속사

[해석] ① 그는 녹색 눈과 곱슬머리를 가지고 있다.
② 당신이나 당신의 동생 중 한 명이 보관장의 열쇠를 가지고
있다.
③ 당신이 아니라 당신의 햄스터가 진료받아야 한다.
④ 소 폐기물은 쓸모없어 보일 수 있지만, 우리는 그것을 쓸모
있게 만들 수 있다.
⑤ 과학뿐만 아니라 수학도 내가 가장 싫어하는 과목이다.
→ B as well as A는 B에 동사의 수를 일치시켜야 한다. ⑤의
Mathematics는 단수이므로 동사 are를 is로 고쳐야 알맞다.

05 정답 ①　　　　　　　　　　　　　UNIT **41** 등위접속사

[해석] 만약 당신이 빨리 달린다면, 당신은 수업 시간에 맞출
것이다.
빨리 달려라, 그러면 당신은 수업에 늦지 않을 것이다.
→ '~해라, 그러면'은 「명령문+and」로 표현한다.

06 정답 ③　　　　　　　　　　　　　UNIT **41** 등위접속사

[해석] 만약 당신이 열심히 공부하면, 당신은 시험에 합격할
것이다.
열심히 공부해라, 그렇지 않으면 당신은 시험에 떨어질 것이다.
→ '~해라, 그렇지 않으면'은 「명령문+or」로 표현한다.

07 정답 ⑤　　　　　　　　　　　　　UNIT **42** 상관접속사

→ 'A, B 둘 다 아닌'은 neither A nor B로 표현한다.

08 정답 ②　　　　　　　　　　　　　UNIT **42** 상관접속사

→ 'A, B 둘 다'는 both A and B로 표현한다.

09 정답 ④　　　　　　　　　　　　　UNIT **42** 상관접속사

→ 'A 또는 B 둘 중 하나'는 either A or B로 표현한다.

10 정답 ⑤　　　　　UNIT **41** 등위접속사, UNIT **42** 상관접속사

[해석] ⓐ 늦지 말아라, 그렇지 않으면 당신은 들어갈 수 없다.
ⓑ 나는 일본어와 중국어를 모두 할 수 있다.
(나는 일본어와 중국어를 모두 할 수 없다. 나는 일본어와
중국어 중 하나를 할 수 있다.)
ⓒ Theodor뿐만 아니라 Spencer도 당신을 알고 있다.
ⓓ 그는 우리의 우정을 소중히 여겼기 때문에, 나에게 사과했다.
ⓔ 그것은 당신 때문이 아니라 나 때문이다.
→ ⓔ에는 not이 들어가 '당신 때문이 아니라 나 때문'이라는 의미를
완성해야 적절하다.

11 정답 ④, ⑤　　　　　　　　　　　UNIT **42** 상관접속사

[해석] ① 젊은이들이 아니라 노인들이 키오스크를 어려워한다.
② 노인들이나 젊은이들 중 하나가 키오스크를 어려워한다.
③ 젊은이들도 노인들도 키오스크를 어려워하지 않는다.
→ 'A뿐만 아니라 B도'는 not only A but also B, B as well as
A로 표현할 수 있다.

12 정답 ②　　　　　　　　　　　　　UNIT **42** 상관접속사

[해석] 여: 당신은 Bill을 왜 그렇게나 싫어하나요?
남: 그는 무례할 뿐만 아니라 거만하기까지 해요.
→ 상관접속사는 문법적으로 대등한 단어를 연결한다. 따라서 (A)와
(B)에는 둘 다 형용사가 와야 하므로 ②이 알맞다.

13 정답 I have neither time nor will.　　UNIT **42** 상관접속사

→ 'A, B 둘 다 아닌'은 neither A nor B로 표현한다.

14 정답 It is not only important but also urgent.
　　　　　　　　　　　　　　　　　　　UNIT **42** 상관접속사

→ 'A뿐만 아니라 B도'는 not only A but also B 또는 B as well
as A로 표현하는데, 8글자로 적어야 하므로 not only important
but also urgent가 알맞다.

15 정답 ①　　　　　　　　　　　　　UNIT **41** 등위접속사

[해석] • 당신은 항상 나에게 정직했기 때문에 나는 당신을
믿었다.
• 살을 좀 빼라, 그렇지 않으면 건강 문제에 직면할 것이다.
→ (A)에는 앞의 절이 결과, 뒤의 절이 이유를 나타내므로 등위접속사
for가 와야 한다.
(B)에는 '~해라, 그렇지 않으면'을 나타내는 「명령문+or」의
형태이므로 or가 와야 한다.

16 정답 ④　　　　　　　　　　　　　UNIT **41** 등위접속사

[해석] • 진실을 말해라, 그러면 당신은 용서받을 수 있다.
• 너는 공포와 코미디 중에 어떤 영화를 더 좋아하니?
→ (A)에는 '~해라, 그러면'을 나타내는 「명령문+and」의 형태이므로
and가 와야 한다.
(B)에는 두 가지의 선택할 것을 연결하는 등위접속사 or가 와야 한다.

17 정답 ④　　　　　　　　　　　　　UNIT **41** 등위접속사

[해석] • 이 식당은 작지만, 훌륭한 음식이 있다.
• 나는 꿀이 없어서, 대신에 설탕을 넣었다.
→ (A)에는 반대되는 내용이 연결되므로 등위접속사 but이 와야
한다.
(B)에는 앞의 절이 원인, 뒤의 절이 결과를 나타내므로 등위접속사
so가 와야 한다.

18 정답 ④　　　　　　　　　　　　　UNIT **42** 상관접속사

[해석] • 그녀가 말하는 언어는 스페인어나 프랑스어 둘 중
하나다.
• 당신뿐만 아니라 모두를 위해 당신은 지금 떠나야 한다.
→ (A)에는 'A 또는 B 둘 중 하나'를 나타내는 either A or B의
형태이므로 either가 와야 한다.
(B)에는 'A뿐만 아니라 B도'를 나타내는 not only A but also B의
형태이므로 but also가 와야 한다.

19 정답 ③ UNIT 41 등위접속사

[해석] 남: 오늘은 날씨가 정말 좋고 화창하다. 공원에 산책 가는
건 어때?
여: 좋은 생각이야, 그런데 햇볕에 타는 것이 걱정이야.
남: 맞아. 우리는 쉴 수 있는 그늘을 찾거나, 우산을 챙길 수
있어.
여: 좋아. 서두르자, 그렇지 않으면 좋은 날씨를 놓칠 거야.
→ (A) 형용사 nice와 sunny가 연결되므로 등위접속사 and가
와야 한다.
(B) 산책하는 것은 좋지만, 햇볕에 타는 것이 걱정이라는 내용이
연결되므로 등위접속사 but이 와야 한다.

20 정답 ① UNIT 41 등위접속사

→ 'A 또는 B 둘 중 하나'는 either A or B로 표현한다. Hurry 뒤에
or를 붙여 '~해라, 그렇지 않으면'을 의미하는 명령문을 완성한다.

21 정답 ① UNIT 41 등위접속사

[해석] 여: 우리 이번 주 토요일에 무엇을 할까?
남: 미술관에 가는 것이 어때?
여: 재밌겠다. 그런데 그 박물관 근처에 새 과학관에 가는 것은
어떨까? 나는 지난주 토요일에 그곳에 갔었어.
남: 과학관 멋지겠다, 왜냐하면 나는 그곳에서 과학 숙제도 할
수 있으니까.
여: 맞아. 물을 좀 가져와, 그러면 나는 점심을 가져올게!
→ (A)에는 미술관이 아닌 과학관에 가자는 반대되는 내용이
이어지므로 등위접속사 but이 와야 한다.
(B)에는 '~해라, 그러면'을 나타내는 「명령문+and」의 형태이므로
and가 와야 한다.

22 정답 ③ UNIT 41 등위접속사

→ 빈칸 앞의 절이 결과, 뒤의 절이 이유를 나타내므로
'왜냐하면'이라는 뜻의 등위접속사 for가 와야 한다.

23 정답 ④ UNIT 41 등위접속사

[해석] Jenny는 그녀의 친구를 위해 깜짝파티를 준비 중이었다.
그녀는 할 일 목록을 만들었지만, 충분한 시간이 없었다. 그래서
그녀는 언니의 도움을 요청하기로 했다. 그들은 빠르고
효율적으로 작업했다. 파티는 엄청나게 재미있었기 때문에
Jenny는 언니의 도움에 감사했다.
→ (A)에는 앞뒤로 반대되는 내용이 연결되므로 등위접속사 but이
와야 한다.
(B)에는 앞의 절이 원인, 뒤의 절이 결과를 나타내므로 등위접속사
so가 와야 한다.

24 정답 ① UNIT 41 등위접속사

→ 부사 quickly와 efficiently가 연결되므로 등위접속사 and가
와야 한다.

25 정답 ② UNIT 41 등위접속사, UNIT 42 상관접속사

[해석] Emily는 바쁜 하루를 보냈고, 그녀는 일에 집중할지 또는
프로젝트 회의에 참석할지를 결정해야 했다. 일과 회의 둘 다
중요해 보였기 때문에, 그녀는 자신의 일과 회의 둘 다 포기하고
싶지 않았다. 그러나 그녀는 낮에는 프로젝트 작업을 하고
저녁에 회의에 참석할 수 있다는 것을 깨달았다. 그래서 그녀는
자신의 일과 회의 사이에서 시간을 균형 있게 배분하기로
결심했다.

→ ② either는 or와 함께 쓰이므로 or가 와야 한다.
① 대등한 절과 절을 연결한다.
③ both A and B의 형태로 쓰였다.
④ work ~ during the day와 attend ~ in the evening을
연결한다.
⑤ between A and B의 형태로 쓰였다.

26 정답 ④ UNIT 41 등위접속사, UNIT 42 상관접속사

→ (A)에는 'A와 B 둘 다'를 나타내는 Both A and B의 형태이므로
Both가 와야 한다.
(B)에는 앞의 절이 이유, 뒤의 절이 결과를 나타내므로 등위접속사
so가 와야 한다.

UNIT 43 명사절을 이끄는 종속접속사

개념 확인 문제 정답 ▶ 문제편 p.211~213

01 명사절 **02** 명사절 **03** 부사절 **04** 부사절 **05** 명사절
06 부사절 **07** that we failed, ⓒ
08 That he is not here, ⓐ
09 that no one cares, ⓒ
10 that he has always lied, ⓑ
11 that she will leave next week, ⓑ
12 that you changed your mind, ⓐ
13 O **14** that **15** that **16** O
17 whether we have enough space
18 if they could reschedule the meeting
19 Whether she accepts the proposal
20 based on whether we get investment
21 Please show me where the reception is.
22 You can guess when the next promotion will be.
23 We understand why she made that decision.
24 if **25** how **26** that **27** who

J
Unit
41·44

01 정답 명사절

[해석] 네가 한 말은 모두를 놀라게 했다.
→ What이 이끄는 절이 문장 맨 앞에서 주어 역할을 하므로
명사절이다.

02 정답 명사절

[해석] 문제는 우리가 더 많은 돈을 벌어야 하느냐는 것이다.
→ whether가 이끄는 절이 주어 The issue를 보충
설명하는 주격 보어 역할을 하므로 명사절이다.

03 정답 부사절

[해석] 네가 일을 끝내지 않으면, 게임을 할 수 없다.
→ Unless가 이끄는 절이 '~하지 않으면'이라는 조건의
의미를 더하므로 부사절이다.

04 정답 부사절

[해석] 네가 자는 동안, 나는 프로젝트를 끝냈다.
→ While이 이끄는 절이 '~하는 동안'이라는 시간의 의미를
더하므로 부사절이다.

정답과 해설 93

05 정답 명사절

[해석] 그녀는 열심히 일하면 보상이 따른다고 믿는다.

→ that이 이끄는 절이 동사 believes의 목적어 역할을 하므로 명사절이다.

06 정답 부사절

[해석] 몸이 좋지 않았기 때문에 나는 파티에 가지 않았다.

→ since가 이끄는 절이 '~ 때문에'라는 이유의 의미를 더하므로 부사절이다.

07 정답 that we failed, ⓒ

[해석] 사실은 우리가 실패했다는 것이다.

→ that절이 주어 The fact를 보충 설명하는 주격 보어로 쓰였다.

08 정답 That he is not here, ⓐ

[해석] 그가 여기에 없다는 것이 나를 괴롭힌다.

→ that절이 문장 맨 앞에서 주어로 쓰였다.

09 정답 that no one cares, ⓒ

[해석] 문제는 아무도 신경 쓰지 않는다는 것이다.

→ that절이 주어 The problem을 보충 설명하는 주격 보어로 쓰였다.

10 정답 that he has always lied, ⓑ

[해석] 나는 그가 항상 거짓말을 해왔다는 것을 믿을 수 없다.

→ that절이 동사 can't believe의 목적어로 쓰였다.

11 정답 that she will leave next week, ⓑ

[해석] 그녀는 나에게 다음 주에 떠날 것이라고 말한다.

→ that절이 동사 tells의 직접목적어로 쓰였다.

12 정답 that you changed your mind, ⓐ

[해석] 당신이 마음을 바꾼 것은 중요하지 않다.

→ that절이 문장의 진주어로 쓰였다. 문장 맨 앞에 있는 It은 가주어이다.

13 정답 O

→ '실수했다는 것'이라고 했으므로 that이 이끄는 절이 목적어 역할을 하는 것은 적절하다.

14 정답 that

→ '괜찮지 않은 것'이라고 했으므로 when이 아니라 that이 이끄는 절이 동사 know의 목적어 역할을 해야 한다.

15 정답 that

→ '행복해지는 것'이라고 했으므로 if가 아니라 that이 이끄는 절이 My hope를 보충 설명하는 주격 보어 역할을 해야 한다.

16 정답 O

→ '기억했다는 것'이라고 했으므로 that이 이끄는 절이 주어 역할을 하고 있다. 이때 앞에 나온 It은 가주어이다.

17 정답 whether we have enough space

[해석] 문제는 우리에게 충분한 공간이 있는지이다.

→ whether가 이끄는 절이 주어 The question을 보충 설명하는 주격 보어 역할을 한다.

18 정답 if they could reschedule the meeting

[해석] 그는 그들이 회의 일정을 다시 잡을 수 있는지 물었다.

→ if가 이끄는 절이 동사 asked의 목적어 역할을 한다.

19 정답 Whether she accepts the proposal

[해석] 그녀가 그 제안을 받아들일지는 여전히 불분명하다.

→ whether가 이끄는 절이 문장 맨 앞에서 주어 역할을 한다.

20 정답 based on whether we get investment

[해석] 내 결정은 우리가 투자를 받는지에 따라 내려질 것이다.

→ whether가 이끄는 절이 전치사 on의 목적어 역할을 한다.

21 정답 Please show me where the reception is.

[해석] 접수처가 어디에 있는지 제게 보여주세요.

→ 간접의문문의 어순은 「의문사+주어+동사」이다. 따라서 where the reception is가 와야 적절하다.

22 정답 You can guess when the next promotion will be.

[해석] 당신은 다음 홍보 활동이 언제일지 짐작할 수 있다.

→ 간접의문문의 어순은 「의문사+주어+동사」이다. 따라서 when the next promotion will be가 와야 적절하다.

23 정답 We understand why she made that decision.

[해석] 우리는 왜 그녀가 그런 결정을 내렸는지 이해한다.

→ 간접의문문의 어순은 「의문사+주어+동사」이다. 따라서 why she made가 와야 적절하다.

24 정답 if

→ 불확실하거나 의문시되는 사실에 대해 이야기할 때는 명사절 접속사 if가 온다.

25 정답 how

→ '어떻게'를 뜻하는 의문사 how가 적절하다.

26 정답 that

→ 확정적인 사실에 대해 이야기할 때는 명사절 접속사 that이 온다.

27 정답 who

→ '누가'를 뜻하는 의문사 who가 적절하다.

개념 확인 문제 정답
▶ 문제편 p.215~217

01 while I was sleeping, 내가 자는 동안
02 When the bell rang, 종이 울렸을 때
03 As the storm approached, 폭풍이 다가오자
04 before the guests arrive, 손님들이 도착하기 전에
05 he apologizes, I won't forgive him
06 we wear a coat, we will catch a cold
07 I start now, I will never finish on time
08 you pay attention, you will miss the details
09 so that **10** After **11** since
12 Once **13** until
14 Since it was a raining, 비가 내리고 있었기 때문에
15 Now that the project is complete, 프로젝트가 완료되었으니까
16 Although it was a windy day, 바람이 부는 날이었지만
17 even if I am busy, 비록 내가 바쁠지라도
18 As I was hungry, I decided to order pizza.
19 Even though she was nervous, she performed confidently.
20 Reynold left early because he had to catch a train.
21 Even if **22** such **23** so
24 Despite **25** such **26** such
27 In spite of **28** because **29** Though
30 so, that **31** Now that **32** such, that

01 [정답] while I was sleeping, 내가 자는 동안
[해석] 내가 자는 동안 Joel이 문을 두드렸나요?
→ 접속사 while은 '~하는 동안'을 의미한다.

02 [정답] When the bell rang, 종이 울렸을 때
[해석] 종이 울렸을 때, 누군가가 교실을 떠났다.
→ 접속사 when은 '~할 때'를 의미한다.

03 [정답] As the storm approached, 폭풍이 다가오자
[해석] 폭풍이 다가오자, 사람들은 탈출하기 위해 서둘렀다.
→ 접속사 as는 '~할 때, ~하자'를 의미한다.

04 [정답] before the guests arrive, 손님들이 도착하기 전에
[해석] 손님들이 도착하기 전에 모든 것들이 준비되어야 한다.
→ 접속사 before는 '~ 전에'를 의미한다.

05 [정답] he apologizes, I won't forgive him
[해석] 그가 사과하지 않는다면, 나는 그를 용서하지 않을 것이다.
→ '사과하지 않는다면'이라고 했으므로 unless가 이끄는 부사절의 동사는 apologizes가 알맞다.

06 [정답] we wear a coat, we will catch a cold
[해석] 우리가 외투를 입지 않는다면, 우리는 감기에 걸릴 것이다.
→ '입지 않는다면'이라고 했으므로 unless가 이끄는 부사절의 동사는 wear가 알맞다.

07 [정답] I start now, I will never finish on time
[해석] 내가 지금 시작하지 않는다면, 나는 절대 제시간에 끝내지 못할 것이다.
→ '시작하지 않는다면'이라고 했으므로 unless가 이끄는 부사절의 동사는 start가 알맞다.

08 [정답] you pay attention, you will miss the details
[해석] 당신이 주의를 기울이지 않는다면, 당신은 세부 사항을 놓칠 것이다.
→ '(주의를) 기울이지 않는다면'이라고 했으므로 unless가 이끄는 부사절의 동사는 pay가 알맞다.

09 [정답] so that
→ '~하도록'을 의미하는 접속사는 so that이다.

10 [정답] After
→ '~ 후에'를 의미하는 접속사는 after이다.

11 [정답] since
→ '~한 이래로'를 의미하는 접속사는 since이다.

12 [정답] Once
→ '일단 ~하면'을 의미하는 접속사는 once이다.

13 [정답] until
→ '~할 때까지'를 의미하는 접속사는 until이다.

14 [정답] Since it was raining, 비가 내리고 있었기 때문에
[해석] 비가 내리고 있었기 때문에 우리는 실내에 머물기로 했다.
→ since는 '~하기 때문에'를 의미하는 부사절 접속사이다.

15 [정답] Now that the project is complete, 프로젝트가 완료되었으니까
[해석] 프로젝트가 완료되었으니까 우리는 축하할 수 있다.
→ now that은 '~이니까'를 의미하는 부사절 접속사이다.

16 [정답] Although it was a wincy day, 바람이 부는 날이었지만
[해석] 바람이 부는 날이었지만, 그들은 계속해서 걸었다.
→ although는 '비록 ~일지라도'를 의미하는 부사절 접속사이다.

17 [정답] even if I am busy, 비록 내가 바쁠지라도
[해석] 비록 내가 바쁠지라도 부모님을 찾아뵐 것이다.
→ even if는 '비록 ~일지라도'를 의미하는 부사절 접속사이다.

18 [정답] As I was hungry, I decided to order pizza.
[해석] 나는 배가 고팠다. 나는 피자를 주문하기로 결정했다.
→ 나는 배가 고파서 피자를 주문하기로 결정했다.
→ '~하기 때문에'를 의미하는 접속사 as 뒤에는 이유를 나타내는 문장인 I was hungry가 와야 한다.

19 [정답] Even though she was nervous, she performed confidently.

[해석] 그녀는 긴장했다. 그러나 그녀는 자신감 있게 공연했다.

→ 그녀는 긴장했지만, 자신감 있게 공연했다.

→ '비록 ~일지라도'를 의미하는 접속사 even though 뒤에는 반대되는 상황인 She was nervous가 와야 한다.

20 [정답] Reynold left early because he had to catch a train.

[해석] Reynold는 일찍 떠났다. 그는 기차를 타야 했다.

→ Reynold는 기차를 타야 해서 그는 일찍 떠났다.

→ '~하기 때문에'를 의미하는 접속사 because 뒤에는 이유를 나타내는 문장인 he had to catch a train이 와야 한다.

21 [정답] Even if

[해석] 나는 실패하더라도 노력하는 것을 포기하지 않을 것이다.

→ 뒤에 절이 이어지므로 접속사 Even if가 와야 한다.

22 [정답] such

[해석] 그는 매우 착한 마음을 가지고 있어서 항상 다른 사람들을 돕는다.

→ 결과를 나타내는 부사절 접속사 「such+a+형용사+명사+that」이 쓰였다.

23 [정답] so

[해석] 그 영화는 매우 무서워서 나는 밤에 잠을 잘 수 없었다.

→ 결과를 나타내는 부사절 접속사 「so+형용사+that」이 쓰였다.

24 [정답] Despite

[해석] 경험의 부족에도 불구하고, 그는 직업을 얻었다.

→ 뒤에 명사구가 이어지므로 전치사 Despite가 와야 한다.

25 [정답] such

[해석] 그것은 매우 신나는 기회여서 우리는 놓쳐서는 안 된다.

→ 결과를 나타내는 부사절 접속사 「such+an+형용사+명사+that」이 쓰였다.

26 [정답] such

[해석] 매우 더운 날이어서 아이스크림이 빨리 녹았다.

→ 결과를 나타내는 부사절 접속사 「such+a+형용사+명사+that」이 쓰였다.

27 [정답] In spite of

[해석] 그의 병에도 불구하고, 그는 모든 수업에 참석했다.

→ 뒤에 명사구가 이어지므로 전치사 In spite of가 와야 한다.

28 [정답] because

→ because는 '~하기 때문에'를 의미하는 부사절 접속사이다.

29 [정답] Though

→ Though는 '비록 ~일지라도'를 의미하는 부사절 접속사이다.

30 [정답] so, that

→ so ~ that은 '매우 ~해서 ~하다'를 의미하는 부사절 접속사이다.

31 [정답] Now that

→ now that은 '~이니까'를 의미하는 부사절 접속사이다.

32 [정답] such, that

→ such ~ that은 '매우 ~해서 ~하다'를 의미하는 부사절 접속사이다.

단원 평가 문제　UNIT 43 ~ UNIT 44　▶문제편 p.218~222

정답

01 ②	**02** ③	**03** ②	**04** ④	**05** ④
06 ⑤	**07** ③	**08** ②	**09** ④	**10** ⑤

11 Tell me who made fun of you.

12 Do you know what made him angry?

13 Alan asks me why I stop the car.

14 ④	**15** ④	**16** ①	**17** ②	**18** ③
19 ②	**20** if, whether		**21** such, so	
22 Although, Despite			**23** ④	**24** ③
25 ①	**26** ③	**27** ①	**28** ②	**29** ④
30 ①	**31** in order that		**32** Now that	
33 even though		**34** until	**35** although	
36 so	**37** 내가 버스 정류장에서 기다리는 동안			
38 일단 당신이 결정을 하면				
39 ②	**40** ②	**41** ⑤	**42** ①	**43** ⑤

01 [정답] ②　　UNIT 43 명사절을 이끄는 종속접속사

[해석] Whitney는 그녀가 실수했다는 것을 깨달았다.

→ '그녀가 실수했다는 것'이라는 목적어 역할을 하므로 동사 realized 뒤에 오는 것이 적절하다.

02 [정답] ③　　UNIT 43 명사절을 이끄는 종속접속사

[해석] 나는 네가 왜 더 일찍 언급하지 않았는지 궁금하다.

→ 주절 I wonder 다음에 의문사 why가 이끄는 종속절이 연결되므로 wonder와 you 사이에 why가 와야 한다.

03 [정답] ②　　UNIT 44 부사절을 이끄는 종속접속사

[해석] 그는 잘생겨서 다른 사람들의 사랑을 받는다.

① 이 과일은 꿀처럼 달다.

② 나는 아파서 일을 할 수 없었다.

③ 우리가 집에 갈 때 비가 오기 시작했다.

④ 나는 바쁜 병원에서 간호사로 일한다.

⑤ 우리가 승강장에 도착했을 때 막 기차가 도착했다.

→ 주어진 문장과 ②은 '이유'를 나타내는 부사절 접속사로 as가
쓰였다. ①, ④은 전치사로, ③, ⑤은 '시간'을 나타내는 부사절
접속사로 as가 쓰였다.

04 정답 ④　　　　　UNIT **43** 명사절을 이끄는 종속접속사
[해석] 나는 네가 직장에서 승진했다는 것을 들었어.
① 저것은 내가 자랐던 집이다.
② 나는 당신에게 그런 반응을 받을 줄 몰랐다.
③ 그가 추천했던 노래는 내가 가장 좋아하는 노래가 되었다.
④ 그녀는 회의에 늦을 것이라고 언급했다.
⑤ 나는 새 차를 사기 위해 돈을 모았다.
→ 주어진 문장과 ④에서 that은 목적어 역할의 명사절을 이끄는
접속사로 쓰였다.
①은 지시대명사, ②은 지시형용사, ③은 목적격 관계대명사, ⑤은
부사절 접속사로 쓰였다.

05 정답 ④　　　　　UNIT **44** 부사절을 이끄는 종속접속사
[해석] A: 정말 외울 것이 많았어.
B: 우리 머리를 맑게 하기 위해서 잠시 쉬자.
→ '~하기 위해서'는 so that으로 표현한다.

06 정답 ⑤　　　　　UNIT **44** 부사절을 이끄는 종속접속사
[해석] A: 어젯밤 너무 더웠어요.
B: 밤공기가 뜨거웠을지라도 우리 딸은 곤히 잤어요.
→ '비록 ~일지라도'는 even though로 표현한다.

07 정답 ③　　　　　UNIT **44** 부사절을 이끄는 종속접속사
[해석] A: 당신이 치즈스파게티를 먹었나요?
B: 아니요. 저는 유제품을 포기했어요. 왜냐하면 살을 빼려고
노력 중이거든요.
→ '왜냐하면'은 because로 표현한다.

08 정답 ②　　　　　UNIT **44** 부사절을 이끄는 종속접속사
[해석] 기차가 늦어졌기 때문에 나는 지각했다.
→ 지각한 이유를 설명하기 위해 '~ 때문에'가 와야 하고 뒤에 절이
있으므로 접속사 because가 와야 한다.

09 정답 ④　　　　　UNIT **43** 명사절을 이끄는 종속접속사
[해석] 나는 내가 사과해야 하는지를 생각하는 중이다.
→ 전치사 about의 목적어 자리이므로, 목적어 역할의 명사절을
이끄는 접속사 whether가 와야 한다.

10 정답 ⑤　　　　　UNIT **44** 부사절을 이끄는 종속접속사
[해석] 비록 해가 쨍쨍해도, 그렇게 따뜻하지는 않다.
→ '비록 ~일지라도'는 although로 표현한다.

11 정답 Tell me who made fun of you.
　　　　　UNIT **43** 명사절을 이끄는 종속접속사
[해석] 누가 당신을 놀렸는지 내게 말해라.
→ 의문사 who가 이끄는 절이 동사 tell의 직접목적어 역할을 해야
한다. 의문사가 주어인 간접의문문의 어순에 맞게 who made fun
of you라고 해야 적절하다.

12 정답 Do you know what made him angry?
　　　　　UNIT **43** 명사절을 이끄는 종속접속사
[해석] 당신은 무엇이 그를 화나게 만들었는지 아시나요?
→ 의문사 what이 이끄는 절이 동사 know의 목적어 역할을 해야
한다. 의문사가 주어인 간접의문문의 어순에 맞게 what made
him angry라고 해야 적절하다.

13 정답 Alan asks me why I stop the car.
　　　　　UNIT **43** 명사절을 이끄는 종속접속사
[해석] Alan은 내게 왜 차를 세우는지 묻는다.
→ 의문사 why가 이끄는 절이 동사 asks의 직접목적어 역할을 해야
한다. 간접의문문의 어순에 맞게 why I stop the car라고 해야
적절하다.

14 정답 ④　　　　　UNIT **44** 부사절을 이끄는 종속접속사
→ ⓓ because of는 전치사이므로 뒤에 절이 올 수 없다. 따라서
접속사 because로 고쳐야 알맞다.

15 정답 ④　　　　　UNIT **43** 명사절을 이끄는 종속접속사
[해석] • 나는 그가 올지 궁금하다.
• 그는 가야 할지 머물러야 할지를 결정하지 못했다.
→ 불확실하거나 의문시되는 사실에 대해 이야기할 때는 명사절
접속사 whether가 온다.

16 정답 ①　　　　　UNIT **43** 명사절을 이끄는 종속접속사
[해석] • 나는 네가 어디에 사는지를 알고 싶다.
• 그들이 지금 어디 있는지 아무도 모른다.
→ '네가 살고 있는' 장소, '그들이 지금 있는' 장소를 나타내므로,
간접의문문을 이끄는 의문사 where가 들어가야 한다.

17 정답 ②　　　　　UNIT **43** 명사절을 이끄는 종속접속사
[해석] • 나는 왜 그녀가 고향을 떠났는지를 모른다.
• 그것이 그들이 게임에 진 이유이다.
→ 왜 '그녀가 고향을 떠났는지', 그리고 '그들이 게임에서 진' 이유를
나타내므로, 간접의문문을 이끄는 의문사 why가 들어가야 한다.

18 정답 ③　　　　　UNIT **43** 명사절을 이끄는 종속접속사
[해석] • 그가 운이 좋다는 것은 사실이다.
• 나는 가게가 여전히 열었는지 궁금하다.
→ (A)에는 '그가 운이 좋다는 것'이라는 주어 역할을 하는 that이
와야 적절하다. It은 가주어이다.
(B)에는 '가게가 여전히 열었는지'라는 목적어 역할을 하는 if가 와야
적절하다.

19 정답 ②　　　　　UNIT **43** 명사절을 이끄는 종속접속사,
　　　　　UNIT **44** 부사절을 이끄는 종속접속사
[해석] • 당신의 문제는 당신이 항상 변명한다는 것이다.
• 내가 위험을 감수하지 않는다면, 나는 성장하지 않을 것이다.
→ (A)에는 '변명을 한다는 것'이라는 보어 역할을 하는 that이 와야
적절하다.
(B)에는 '~하지 않는다면'이라는 조건을 나타내는 unless가 와야
적절하다.

20 정답 if, whether　　　　　UNIT **43** 명사절을 이끄는 종속접속사
[해석] 그것은 네가 우리와 함께하느냐 안 하느냐에 달려있다.
→ 전치사의 목적어 역할을 하는 명사절 접속사로는 if가 아닌
whether를 써야 한다.

21 정답 such, so　　　　　UNIT **44** 부사절을 이끄는 종속접속사
[해석] 그녀는 너무 친절해서 나는 마음이 편안했다.
→ 뒤에 명사가 아닌 형용사 kind가 있으므로 such를 so로 고쳐야
한다.

J
Unit
41·44

22 정답 Although, Despite　　UNIT **44** 부사절을 이끄는 종속접속사
[해석] 그의 노력에도 불구하고 그는 차를 고칠 수 없었다.
→ 뒤에 명사구 his efforts가 있으므로 접속사 Although를
전치사 Despite로 고쳐야 한다.

23 정답 ④　　UNIT **44** 부사절을 이끄는 종속접속사
[해석] ① 비가 올지라도 나는 여행 갈 것이다.
② 이제 여름휴가이니, 나는 쉴 것이다.
③ 당신은 티켓을 갖고 있지 않다면 들어올 수 없다.
④ 날씨가 정말 좋은 날이어서 우리는 소풍을 갈 수 있다.
⑤ 비록 줄이 길었지만, 우리는 저녁을 즐겼다.
→ ④ 날씨가 정말 좋은 날이어서 소풍을 갈 수 있다는 결과를
나타내므로 「such+a(n)+형용사+명사+that」의 형태로 쓴다.
따라서 such와 형용사 nice 사이에 a가 와야 한다.

24 정답 ③　　UNIT **43** 명사절을 이끄는 종속접속사
[해석] ① 너는 그들이 어디 있는지를 나에게 말할 필요가 있다.
② 그것이 그들이 역에 도착한 방법이다.
③ 너는 네가 언제 도착할지 그들에게 말해야 한다.
④ 나는 그들이 왜 싸우는지 정말 알고 싶다.
⑤ 그들은 쇼가 언제 시작하는지 기억할 필요가 없다.
→ ③ 간접의문문의 어순은 「의문사+주어+동사」이므로 when you
will arrive로 바꿔야 한다.

25 정답 ①　　UNIT **44** 부사절을 이끄는 종속접속사
[해석] ① 직접 보지 않으면 나는 믿지 않을 것이다.
② 나는 긴 기다림에도 불구하고 좋은 시간을 보냈다.
③ 나는 그 기계가 어떻게 작동하는지 알아보려는 중이다.
④ 그는 누가 그 프로젝트를 담당하는지 내게 알려주지 않았다.
⑤ 커피가 너무 뜨거워서 나는 혀를 데었다.
→ ② 문장에서는 although 뒤에 절이 아니라 명사구가 이어지므로
전치사 despite 또는 in spite of가 와야 한다. ③ 문장에서는
간접의문문의 어순에 맞게 how the machine works의 어순으로
와야 한다. ④ 문장에서는 종속절의 주어가 없으므로 who가 와야
적절하다. ⑤ 문장에서는 형용사 hot이 오므로 such가 아니라 so가
와야 한다.

26 정답 ③　　UNIT **43** 명사절을 이끄는 종속접속사
→ 의문사 where가 이끄는 간접의문문의 어순이
「의문사+주어+동사」로 올바른 것은 ③이다.

27 정답 ①　　UNIT **44** 부사절을 이끄는 종속접속사
→ 너무 아름다워서 많은 사람이 보러 온다는 결과를 나타내므로
「so+형용사+that」의 형태로 쓴다. 따라서 형용사 beautiful 앞에
so가 와야 한다.

28 정답 ②　　UNIT **43** 명사절을 이끄는 종속접속사
→ '누가' 프로젝트를 담당하는지를 나타내야 하므로 의문사 who가
간접의문문을 이끌어야 한다. 의문사가 주어인 간접의문문의 어순은
「의문사+동사」이므로 who is in charge of the project로 써야
한다.

29 정답 ④　　UNIT **44** 부사절을 이끄는 종속접속사
→ '떠나기 전'이라고 했으므로 ⓓ에는 after가 아니라 before가
와야 알맞다.

30 정답 ①　　UNIT **44** 부사절을 이끄는 종속접속사
→ '매우 붐벼서 자리를 찾을 수 없다'라고 했으므로 명사구 a busy
street 앞인 ⓐ에는 so가 아니라 such가 와야 알맞다.

31 정답 in order that　　UNIT **44** 부사절을 이끄는 종속접속사
[해석] 나는 아빠와 조깅하러 가기 위해 일찍 일어났다.
→ 나는 아빠와 조깅하러 갈 수 있도록 일찍 일어났다.
→ '~하기 위하여'는 in order that으로 표현한다.

32 정답 Now that　　UNIT **44** 부사절을 이끄는 종속접속사
[해석] 당신이 이곳에 나와 함께 있기 때문에 나는 안전하다고
느낀다.
→ 당신이 이곳에 나와 함께 있으니 나는 안전하다고 느낀다.
→ '~이니까'는 now that으로 표현한다.

33 정답 even though　　UNIT **44** 부사절을 이끄는 종속접속사
[해석] 당신이 누군가를 봤을지라도, 당신은 그것이 나였다고
확신할 수 없다.
→ '비록 ~일지라도'는 even though로 표현한다.

34 정답 until　　UNIT **44** 부사절을 이끄는 종속접속사
→ until은 '~할 때까지'를 나타내는 접속사이다.

35 정답 although　　UNIT **44** 부사절을 이끄는 종속접속사
→ although는 '비록 ~일지라도'를 의미하는 접속사이다.

36 정답 so　　UNIT **44** 부사절을 이끄는 종속접속사
→ 너무 피곤해서 낮잠을 자기로 했다는 결과를 나타내므로
「so+형용사+that」의 형태로 쓴다. 따라서 형용사 tired 앞에 so가
와야 한다.

37 정답 내가 버스 정류장에서 기다리는 동안
　　UNIT **44** 부사절을 이끄는 종속접속사
→ while은 '~하는 동안'을 의미하는 접속사이다.

38 정답 일단 당신이 결정을 하면
　　UNIT **44** 부사절을 이끄는 종속접속사
→ once는 '일단 ~하면'을 의미하는 접속사이다.

39 정답 ②　　UNIT **44** 부사절을 이끄는 종속접속사
[해석] 우리가 사업을 시작한 이래로 이제 거의 1년이 되었다.
① 우리는 미래를 모르기 때문에 조심하는 것이 가장 좋다.
② 그녀는 편지가 도착한 이후로 계속 걱정하고 있다.
③ 그것들은 찾기 어렵기 때문에 꽤 비싸다.
④ 집에서 모든 것을 할 수 있기 때문에 우리는 옷을 갖춰 입을
필요가 없다.
⑤ 모두가 서로를 알고 있기 때문에 소개는 생략할 수 있다.
→ 주어진 문장과 ②은 '시간'을, 나머지는 모두 '이유'를 나타내는
부사절 접속사로 since가 쓰였다.

40 정답 ②　　UNIT **43** 명사절을 이끄는 종속접속사
[해석] 여: 무슨 일이야?
남: 내일 대회 때문에 걱정돼.
여: 아, 수학 대회 말하는 거지?
남: 응. 너도 알다시피, 나는 수학 선생님이 되고 싶어. 그것이
그 대회에서 내가 1등을 하고 싶은 이유야. 하지만 내가 최선을
다할 수 있을지 모르겠어.
여: 긴장하지 마. 나는 네가 잘할 거라고 믿어. 나는 너를 위해
행운을 빌어줄게.

남: 고마워.

→ 대회에서 1등을 하고 싶은 이유가 앞의 절에 나왔으므로 이유를 나타내는 의문사 why가 간접의문문을 이끌어야 한다.

41 [정답] ⑤   UNIT 43 명사절을 이끄는 종속접속사

→ (B)에는 불확실한 사실을 언급하므로 '~인지 (아닌지)'를 뜻하는 명사절 접속사 if가 와야 한다.

(C)에는 believe의 목적어 자리이므로 명사절을 이끄는 접속사 that이 와야 한다.

42 [정답] ①   UNIT 43 명사절을 이끄는 종속접속사,
     UNIT 44 부사절을 이끄는 종속접속사

[해석] Emilia는 그녀가 대학에 합격했다는 소식을 듣고 매우 행복했다. 그녀는 결정되기 전에 자신이 얼마나 걱정했는지 믿을 수 없었다. 그녀는 안도감과 미래에 대한 기대감을 느끼며 미소지었다.

→ (A)에는 Emilia가 합격 소식을 들었던 때를 나타내야 하므로 시간의 부사절 접속사 when이 와야 한다.

(B)에는 '얼마나' 걱정했는지를 나타내야 하므로 간접의문문을 이끄는 의문사 how가 와야 한다.

(C)에는 '결정되기 전'을 나타내야 하므로 부사절 접속사 before가 와야 한다.

43 [정답] ⑤   UNIT 43 명사절을 이끄는 종속접속사

[해석] ① 저기 저 자동차는 매우 비싸다.

② 나는 그 생각이 전혀 마음에 들지 않는다.

③ 그것은 정확하게 내가 생각하고 있던 것이다.

④ 그는 아무도 듣지 않도록 속삭였다.

⑤ 그는 새 정책이 효과적일 것이라고 설명한다.

→ ④와 ⑤의 that은 목적어 역할의 명사절을 이끄는 접속사이다.

①, ②은 지시형용사, ③은 지시대명사, ④은 so와 함께 '~하기 위해'를 뜻하는 부사절 접속사로 쓰였다.

K 전치사

UNIT 45   시간을 나타내는 전치사

개념 확인 문제 정답   ▶ 문제편 p.225~229

01 X	**02** at	**03** on	**04** X	**05** In
06 X	**07** at, in	**08** at	**09** in	**10** at
11 at	**12** On	**13** for years		
14 during the fall		**15** During the concert		
16 for five days		**17** during the flight		
18 until	**19** until	**20** by		
21 until	**22** by	**23** during		
24 until	**25** for	**26** till		
27 by	**28** for	**29** before		
30 after	**31** before	**32** After		
33 after	**34** after	**35** since		
36 from	**37** before			

01 [정답] X

[해석] 우리는 매 정오마다 짧은 휴식 시간을 갖는다.

→ noon 앞에 every가 있으므로 전치사를 쓰지 않는다.

02 [정답] at

[해석] 우리는 정오에 짧은 휴식 시간을 가질 것이다.

→ '정오'라는 시각을 말하므로 at이 적절하다.

03 [정답] on

[해석] 그들은 크리스마스이브에 결혼할 것이다.

→ '크리스마스이브'라는 날짜를 말하므로 on이 적절하다.

04 [정답] X

[해석] 그들은 내년 크리스마스이브에 결혼할 것이다.

→ Christmas eve 앞에 next가 있으므로 전치사를 쓰지 않는다.

05 [정답] In

[해석] 겨울에는 낮이 더 짧아진다.

→ '겨울'이라는 계절을 말하므로 in이 적절하다.

06 [정답] X

[해석] 지난겨울, 낮이 훨씬 더 짧았다.

→ winter 앞에 last가 있으므로 전치사를 쓰지 않는다.

07 [정답] at, in

[해석] 나는 항상 아침 8시에 일어나도록 알람을 맞춘다.

→ '8시'라는 시각을 말하므로 8 앞에는 at이, '아침'이라는 비교적 긴 시간을 말하므로 the morning 앞에는 in이 적절하다.

08 [정답] at

[해석] 나는 보통 정오에 점심을 먹는다.

→ '정오'라는 시각을 말하므로 at이 적절하다.

09 정답 in

[해석] 나는 오후에 친구와 축구를 연습한다.
→ '오후'라는 비교적 긴 시간을 말하므로 in이 적절하다.

10 정답 at

[해석] 나는 저녁 7시 30분에 가족과 함께 저녁을 먹는다.
→ '7시 30분'이라는 시각을 말하므로 at이 적절하다.

11 정답 at

[해석] 나는 밤에 TV를 보는 것을 즐긴다.
→ '아침에'는 in the morning, '오후에'는 in the afternoon, '밤에'는 at night으로 표현한다.

12 정답 On

[해석] 나는 금요일에 새로운 책을 빌리러 도서관에 간다.
→ 요일을 말하므로 on이 적절하다.

13 정답 for years

→ '수년'이라는 구체적인 시간 앞이므로 for가 적절하다.

14 정답 during the fall

→ '가을'이라는 특정한 기간 앞이므로 during이 적절하다.

15 정답 During the concert

→ '콘서트'라는 특정한 기간 앞이므로 during이 적절하다.

16 정답 for five days

→ '5일'이라는 구체적인 시간 앞이므로 for가 적절하다.

17 정답 during the flight

→ '비행 중'이라는 특정한 기간 앞이므로 during이 적절하다.

18 정답 until

→ '7월까지' 유효한 상황이므로 until이 적절하다.

19 정답 until

→ '자정까지' 기다린 상황이므로 until이 적절하다.

20 정답 by

→ '월요일까지' 완료되는 상황이므로 by가 적절하다.

21 정답 until

→ '축제가 끝날 때까지' 있는 상황이므로 until이 적절하다.

22 정답 by

[해석] 저녁 식사 때까지 제게 다시 전화 주세요.
→ '저녁 식사 때까지' 완료되는 상황이므로 by가 적절하다.

23 정답 during

[해석] 우리는 영화를 보는 동안에는 대화해서는 안 된다.
→ '영화'라는 특정한 기간 앞이므로 during이 적절하다.

24 정답 until

[해석] 그 가게는 밤 11시까지 운영할 것이다.
→ '밤 11시까지' 운영이 지속되는 상황이므로 until이 적절하다.

25 정답 for

[해석] 나는 당신을 10분 동안만 기다릴 것이다.
→ '10분'이라는 구체적인 시간 앞이므로 for가 적절하다.

26 정답 till

[해석] 내 남동생은 아침부터 밤까지 일하느라 바쁘다.
→ '밤까지' 일하는 지속되는 상황이므로 till이 적절하다.

27 정답 by

[해석] 당신은 내일까지 숙제를 끝내는 편이 좋겠다.
→ '내일까지' 완료되는 상황이므로 by가 적절하다.

28 정답 for

[해석] 나는 일주일에 두 번 한 시간 동안 운전하는 법을 배운다.
→ '한 시간'이라는 구체적인 시간 앞이므로 for가 적절하다.

29 정답 before

[해석] 나는 요가하기 전에 아침 9시에 아침을 먹는다.
→ 요가하기 '전에' 아침을 먹는다.

30 정답 after

[해석] 나는 요가를 한 후에 점심을 요리해서 먹는다.
→ 요가 '후에' 점심을 요리해서 먹는다.

31 정답 before

[해석] 나는 동네를 산책하기 전에 사진 수업을 듣는다.
→ 동네 산책 '전에' 사진 수업을 듣는다.

32 정답 After

[해석] 산책을 마치고 나는 오후 6시에 피자를 주문한다.
→ 산책 '후에' 피자를 주문한다.

33 정답 after

[해석] 휴식과 독서를 마치고 밤 11시에 잠자리에 들 준비를 하고 잠을 잔다.
→ 휴식과 독서 '후에' 잠자리에 들 준비를 하고 잠에 든다.

34 정답 after

→ '~한 후에'를 의미하는 전치사는 after이다.

35 정답 since

→ '~이래 줄곧'을 의미하는 전치사는 since이다.

36 정답 from

→ '~부터'를 의미하는 전치사는 from이다.

37 정답 before

→ '~하기 전에'를 의미하는 전치사는 before이다.

UNIT 46 장소를 나타내는 전치사

개념 확인 문제 정답 ▶ 문제편 p.230~235

01 on	**02** in	**03** on	**04** at	**05** at
06 in	**07** in	**08** on	**09** on	**10** in
11 on	**12** at	**13** in	**14** on	**15** at
16 in	**17** X	**18** O	**19** O	**20** X
21 X	**22** under	**23** on	**24** among	
25 between	**26** behind	**27** in front of		
28 next to	**29** in front of	**30** next to		
31 behind	**32** Jane	**33** in		
34 in front of	**35** between	**36** behind		
37 on	**38** at	**39** in		
40 among	**41** above	**42** over		
43 beneath	**44** by			

01 정답 on
[해석] 거울이 벽에 걸려있다.
→ 거울이 벽의 표면에 접촉해 있으므로 on이 적절하다.

02 정답 in
[해석] 그들은 수영장에서 수영을 하고 있다.
→ 수영장 안에 있으므로 in이 적절하다.

03 정답 on
[해석] 머그잔은 주방 조리대에 있다.
→ 머그잔이 주방 조리대의 표면에 접촉해 있으므로 on이 적절하다.

04 정답 at
[해석] 그녀는 문 앞에서 손님들을 기다리고 있다.
→ 문 앞이라는 어떤 지점에 있는 것이므로 at이 적절하다.

05 정답 at
[해석] 한 무리의 학생들이 버스 정류장에서 수다를 떨었다.
→ 버스 정류장이라는 어떤 지점에 있는 것이므로 at이 적절하다.

06 정답 in
[해석] 아이들은 뒷마당에서 숨바꼭질을 했다.
→ 뒷마당에 있으므로 in이 적절하다.

07 정답 in
[해석] 상자 안에 무언가가 있다.
→ 상자 안에 있으므로 in이 적절하다.

08 정답 on
[해석] 상자 위에 사과가 있다.
→ 상자 위에 접촉해 있으므로 on이 적절하다.

09 정답 on
[해석] 그는 자전거 위에 있다.
→ 자전거 위에 접촉해 있으므로 on이 적절하다.

10 정답 in
[해석] 그녀는 택시 안에서 손을 흔들고 있다.
→ 택시 안에 있으므로 in이 적절하다.

11 정답 on
[해석] 그는 소파에 누워있다.
→ 소파에 접촉해 있으므로 on이 적절하다.

12 정답 at
[해석] 그는 문 앞에 서 있다.
→ 문 앞이라는 어떤 지점에 있는 것이므로 at이 적절하다.

13 정답 in
[해석] 그의 주머니는 비어 있다; 그 속에는 아무것도 없다.
→ 주머니 속을 의미하므로 in이 적절하다.

14 정답 on
[해석] 사다리 위에 있을 때 조심하세요.
→ 사다리 위에 접촉해 있으므로 on이 적절하다.

15 정답 at
[해석] 그녀는 우리 집 근처 슈퍼마켓에서 일한다.
→ 비교적 좁은 장소나 지점을 말하므로 at이 적절하다.

16 정답 in
[해석] 그는 숲속에서 개를 산책시키고 있다.
→ 넓은 장소나 지역을 말하므로 in이 적절하다.

17 정답 X
[해석] 책상 위에 아무것도 없다.
→ 책상 위에는 책들이 있으므로 그림과 일치하지 않는다.

18 정답 O
[해석] 책상 아래에 개 한 마리가 있다.
→ 책상 아래에 개 한 마리가 있으므로 그림과 일치한다.

19 정답 O
[해석] 상자 안에 공이 몇 개 있다.
→ 상자 안에 공이 몇 개 있으므로 그림과 일치한다.

20 정답 X
[해석] 침대 아래에 그림이 있다.
→ 침대 아래가 아니라 위에 그림이 있으므로 그림과 일치하지 않는다.

21 정답 X
[해석] 탁자 위에 과일 바구니가 있다.
→ 탁자 위에 과일 바구니가 아니라 꽃바구니가 있으므로 그림과 일치하지 않는다.

22 정답 under
[해석] 빨간 공이 상자 밑에 있다.
→ 빨간 공이 상자 밑에 있으므로 under가 적절하다.

23 정답 on
[해석] 호랑이가 나뭇가지에 누워있다.
→ 호랑이가 나무 위에 있으므로 on이 적절하다.

24 [정답] among

[해석] 바나나는 과일 사이에 있다.

→ 셋 이상의 과일들 사이에 바나나가 있으므로 among이 적절하다.

25 [정답] between

[해석] 빨간색 블록은 주황색 블록과 파란색 블록 사이에 위치한다.

→ 주황색 블록과 파란색 블록 사이에 빨간색 블록이 있으므로 between이 적절하다.

26 [정답] behind

→ '~ 뒤에'를 의미하는 전치사는 behind이다.

27 [정답] in front of

→ '~ 앞에'를 의미하는 전치사는 in front of이다.

28 [정답] next to

→ '~ 옆에'를 의미하는 전치사는 next to이다.

29 [정답] in front of

[해석] A: 마우스는 어디에 있어?

B: 책상 위에 있는 모니터 앞에 있어.

→ 마우스는 모니터 앞에 있으므로 in front of가 적절하다.

30 [정답] next to

[해석] A: 나는 그곳을 봤지만, 찾을 수가 없었어.

B: 상자 옆을 확인해 봐.

→ 마우스는 상자 옆에 있으므로 next to가 적절하다.

31 [정답] behind

[해석] Sam은 Robin의 뒤에 앉아 있다.

→ Sam은 Robin의 뒤에 앉아 있으므로 behind가 적절하다.

32 [정답] Jane

[해석] Min은 Jane의 옆에 앉아 있다.

→ Min 옆에는 Jane이 앉아 있으므로 Jane이 적절하다.

33 [정답] in

[해석] 교실에 TV가 있다.

→ 교실 안에 TV가 있는 것이므로 in이 적절하다.

34 [정답] in front of

[해석] Jane은 Bob 앞에 앉아 있다.

→ Bob 앞에 Jane이 앉아 있으므로 in front of가 적절하다.

35 [정답] between

[해석] Sue는 Jane과 Robin 사이에 앉아 있다.

→ Jane과 Robin 둘 사이에 Sue가 앉아 있으므로 between이 적절하다.

36 [정답] behind

[해석] 선생님 뒤에 칠판이 있다.

→ 선생님 뒤에 칠판이 있으므로 behind가 적절하다.

37 [정답] on

[해석] 내 집은 20층에 있다.

→ 20층이라는 표면에 접촉해 있는 것이므로 on이 적절하다.

38 [정답] at

[해석] 나는 어젯밤 파티에서 당신의 상사를 만났다.

→ 파티라는 행사에서 만난 것이므로 at이 적절하다.

39 [정답] in

[해석] 그녀는 그녀의 차에서 누군가와 이야기하고 있었다.

→ 차 안에서 이야기하고 있던 것이므로 in이 적절하다.

40 [정답] among

[해석] 우리는 거짓말들 사이에서 진실을 찾아야 한다.

→ 거짓말 사이를 의미하므로 among이 적절하다.

41 [정답] above

[해석] 밤하늘에 별들이 우리 위에서 반짝였다.

→ 별들이 우리 위에서 반짝였던 것이므로 above가 적절하다.

42 [정답] over

[해석] 구름이 산 위에 모여 있다.

→ 산 위에 모여 있는 것이므로 over가 적절하다.

43 [정답] beneath

[해석] 나는 당신의 열쇠를 서류 더미 밑에서 찾았다.

→ 서류 더미 밑에서 찾은 것이므로 beneath가 적절하다.

44 [정답] by

[해석] 그 개는 따뜻함을 유지하기 위해 벽난로 옆에서 잤다.

→ 벽난로 옆에서 잔 것이므로 by가 적절하다.

UNIT 47 방향 및 기타 전치사

개념 확인 문제 정답		▶ 문제편 p.237~239
01 around	**02** into	**03** across
04 along	**05** for	**06** out of
07 toward	**08** up	**09** through
10 across	**11** along	**12** into
13 as **14** on	**15** of	**16** by **17** from
18 for **19** with	**20** in	**21** for **22** with
23 by **24** from	**25** as	**26** through
27 toward	**28** with	

01 [정답] around

[해석] Mary는 정원 주위를 걷고 있다.

→ 정원 주위를 걷는 것이므로 around가 적절하다.

02 [정답] into

[해석] 내가 부엌 안으로 걸어갔을 때, 엄마는 설거지를 하고 계셨다.

→ 부엌 안으로 걸어간 것이므로 into가 적절하다.

03 [정답] across

[해석] John은 우리 집 바로 건너편에 산다.

→ 건너편에 사는 것이므로 across가 적절하다.

04 정답 along

[해석] 부산에는 많은 호텔들이 해안가를 따라 자리 잡고 있다.

→ 해안가를 따라 있는 것이므로 along이 적절하다.

05 정답 for

[해석] 그 비행기는 Paris를 향해 가고 있다.

→ Paris를 향해 가고 있는 것이므로 for가 적절하다.

06 정답 out of

[해석] 그 도둑은 창문 밖으로 뛰어내려 도망갔다.

→ 창문 밖으로 뛰어내린 것이므로 out of가 적절하다.

07 정답 toward

→ 수평선을 향해 항해한 것이므로 toward가 적절하다.

08 정답 up

→ 사다리를 오른 것이므로 up이 적절하다.

09 정답 through

→ 시골을 통과해 다니는 것이므로 through가 적절하다.

10 정답 across

→ 다리를 건넌 것이므로 across가 적절하다.

11 정답 along

→ 가장자리를 따라 흐르는 것이므로 along이 적절하다.

12 정답 into

→ 엘리베이터 안으로 걸어간 것이므로 into가 적절하다.

13 정답 as

[해석] Tom은 5성급 식당에서 요리사로 일한다.

→ 요리사로 일하는 것이므로 as가 적절하다.

14 정답 on

[해석] 그는 지난 여름 휴가차 브라질에 갔다.

→ 휴가라는 목적을 나타내는 것은 on이 적절하다.

15 정답 of

[해석] 그 가수는 작년에 절도죄로 고소를 당했다.

→ 절도죄로 고소를 당했다는 원인을 나타내는 것은 of가 적절하다.

16 정답 by

[해석] 요즘 많은 사람들이 자전거로 통근한다.

→ 자전거로 통근한다는 수단을 나타내는 것은 by가 적절하다.

17 정답 from

[해석] 빵은 주로 밀가루, 우유, 달걀로 만들어진다.

→ 빵의 재료를 나타내는 것은 from이 적절하다.

18 정답 for

[해석] 그는 단지 재미 때문에 농담을 했지만, 그녀는 그것 때문에 상처를 받았다.

→ 재미라는 목적을 나타내는 것은 for가 적절하다.

19 정답 with

[해석] 그는 갓 구운 빵을 오븐 장갑으로 옮기고 있다.

→ 오븐 장갑이라는 도구를 나타내는 것은 with가 적절하다.

20 정답 in

[해석] 당신은 프랑스어 수업 중에 한국어로 말할 수 없다.

→ 한국어라는 수단을 나타내는 것은 in이 적절하다.

21 정답 for

[해석] 아이들은 아이스크림 트럭을 향해 달려갔다. 그녀는 공원에서의 소풍을 위해 점심을 챙겼다.

→ '~을 향해'라는 방향과 '~ 때문에'라는 목적 둘 다를 나타낼 수 있는 전치사는 for이다.

22 정답 with

[해석] 그는 펜으로 편지를 썼다. 그는 가족과 함께 유럽으로 여행을 갔다.

→ '~로'라는 도구와 '~와 함께'라는 의미 둘 다를 나타낼 수 있는 전치사는 with이다.

23 정답 by

→ 페리를 타고 도착했다는 수단을 나타내는 것은 by가 적절하다.

24 정답 from

→ 케이크의 재료를 나타내는 것은 from이 적절하다.

25 정답 as

→ 사이드 테이블로 사용되는 것이므로 as가 적절하다.

26 정답 through

→ 터널을 통과해 지나가는 것이므로 through가 적절하다.

27 정답 toward

→ 열린 문 쪽으로 걸어간 것이므로 toward가 적절하다.

28 정답 with

→ 붓이라는 도구를 나타내는 것은 with가 적절하다.

UNIT 48 전치사의 관용표현

개념 확인 문제 정답 ▶ 문제편 p.241~243

01 ⑨, ① **02** ⓐ, ⓓ, ⓔ **03** ⓑ **04** ①, ⓗ
05 ⓒ **06** ⓒ **07** ⓓ **08** ⓑ **09** ⓔ
10 ⓐ **11** at **12** of **13** to **14** for
15 to **16** with **17** to **18** in **19** from
20 with **21** for **22** on
23 pay attention to **24** take care of
25 make fun of **26** for **27** on
28 of **29** from

01 정답 ⑨, ①

[해석] ⑨ 그 도시는 높은 범죄율로 악명이 높다.
① 안전 요원은 수영하는 사람들을 안전하게 보호할 책임이 있다.

→ '~로 악명 높다'는 be notorious for, '~에 책임이 있다'는 be responsible for로 표현한다.

02 정답 ⓐ, ⓓ, ⓔ

[해석] ⓐ 나는 내 행동이 부끄럽지 않다.
ⓓ 그는 빈티지 우표 수집을 좋아한다.
ⓔ 당신은 그의 성공을 왜 그렇게 질투하나요?
→ '~을 부끄러워하다'는 be ashamed of, '~을 좋아하다'는 be fond of, '~을 질투하다'는 be jealous of로 표현한다.

03 정답 ⓑ

[해석] ⓑ 그 영화는 역사적 사건들을 바탕으로 한다.
→ '~에 근거하다'는 be based on으로 표현한다.

04 정답 ⓕ, ⓗ

[해석] ⓕ 피부암은 햇빛 노출과 관련이 있다.
ⓗ 당신은 일찍 일어나는 것에 익숙해질 필요가 있다.
→ '~와 관련 있다'는 be related to, '~에 익숙해지다'는 be accustomed to로 표현한다.

05 정답 ⓒ

[해석] ⓒ 거리는 관광객들로 가득하다.
→ '~로 가득하다'는 be crowded with로 표현한다.

06 정답 ⓒ

[해석] 항아리에는 알록달록한 사탕들이 가득하다.
→ '~로 가득 차다'는 be full of로 표현한다.

07 정답 ⓓ

[해석] 그는 자신의 과거 실수를 부끄러워한다.
→ '~을 부끄러워하다'는 be ashamed of로 표현한다.

08 정답 ⓑ

[해석] 공항은 여행객들로 붐볐다.
→ '~로 가득하다'는 be crowded with로 표현한다.

09 정답 ⓔ

[해석] 나는 사람들의 얼굴을 기억하는 것을 잘한다.
→ '~을 잘하다'는 be good at으로 표현한다.

10 정답 ⓐ

[해석] 그 문제에 대한 그의 견해는 나의 견해와 다르다.
→ '~와 다르다'는 be different from으로 표현한다.

11 정답 at

[해석] Tom은 차를 잘 고친다.
대부분의 학생들은 에세이 작성을 못한다.
→ '~을 잘하다'는 be good at, '~을 못하다'는 be poor at으로 표현한다.

12 정답 of

[해석] 실패를 두려워하지 말라.
그는 자신의 팀이 우승할 수 있다고 믿는다.
→ '~을 두려워하다'는 be afraid of, '~을 할 수 있다'는 be capable of로 표현한다.

13 정답 to

[해석] 그 멜로디는 그녀에게 익숙했다.
흡연은 폐암 위험 증가와 밀접한 관련이 있다.
→ '~에(게) 익숙하다'는 be familiar to, '~와 관련 있다'는 be related to로 표현한다.

14 정답 for

[해석] Daniel은 잃어버린 고양이를 찾고 있다.
→ '~을 찾다'는 look for로 표현한다.

15 정답 to

[해석] 이 키보드는 당신 것입니까?
→ '~에 속하다'는 belong to로 표현한다.

16 정답 with

[해석] 이 문제에 대해서는 당신에게 전적으로 동의합니다.
→ '~에 동의하다'는 agree with로 표현한다.

17 정답 to

[해석] 운동 부족은 기억력 감퇴로 이어질 수 있다.
→ '~로 이어지다, 이끌다'는 lead to로 표현한다.

18 정답 in

[해석] 나는 가족의 중요성을 믿는다.
→ '~을 믿다'는 believe in으로 표현한다.

19 정답 from

[해석] 그는 그 사고로 인한 중상으로 사망했다.
→ '(사고, 부주의로 인해) ~로 죽다'는 die from으로 표현한다.

20 정답 with

[해석] 그는 매일 고객 불만 사항을 다룬다.
→ '~을 다루다'는 deal with로 표현한다.

21 정답 for

[해석] 우리는 여름 인턴십 프로그램에 지원했다.
→ '~을 지원하다'는 apply for로 표현한다.

22 정답 on

[해석] 성공은 얼마나 많은 시간을 투입하느냐에 달려 있다.
→ '~에 달려 있다'는 depend on으로 표현한다.

23 정답 pay attention to
→ '~에 주의를 기울이다'는 pay attention to로 표현한다.

24 정답 take care of
→ '~을 돌보다'는 take care of로 표현한다.

25 정답 make fun of
→ '~을 놀리다'는 make fun of로 표현한다.

26 정답 for
→ '~을 기다리다'는 wait for로 표현한다.

27 정답 on
→ '~을 입다'는 put on으로 표현한다.

28 정답 of
→ '~을 대신하다'는 take the place of로 표현한다.

29 정답 from
→ '~와 다르다'는 be different from으로 표현한다.

정답

01 under	02 on	03 under
04 behind	05 in	06 on
07 ④ 08 ⑤	09 ① 10 ②	11 since
12 from 13 before	14 after 15 ①	16 ①
17 ②	18 ③ 19 ④	20 ③ 21 ④
22 ③	23 on	24 in 25 between

26 in front of　27 among them
28 after the funeral　29 behind the curtain
30 in front of the classroom door

31 ③　32 ①　33 ③
34 그것은 나무들 사이에 숨어 있었다.　35 in
36 The seat next to him was empty.　37 O
38 I can feel the ground beneath my foot.
39 O
40 There were about forty people at Ruth's birthday party.

41 O　42 up　43 across　44 toward
45 out of　46 as　47 of　48 for
49 by plane　50 capable of　51 good at
52 afraid of　53 ②　54 ③
55 ③　56 ④　57 ⑤　58 ⑤　59 ①
60 ①　61 ④　62 ④　63 ⑤
64 is known for his sense of humor
65 He was proud of himself
66 take advantage of the gym membership
67 focus on the positive side

---

01 정답 under　UNIT 46 장소를 나타내는 전치사
[해석] 당신의 개는 탁자 아래에서 쉬고 있다.
→ 개가 탁자 '아래'에서 쉬고 있으므로 under가 적절하다.

02 정답 on　UNIT 45 시간을 나타내는 전치사
[해석] 나는 크리스마스에는 대개 교회에 간다.
→ '크리스마스'라는 날짜 앞이므로 on이 적절하다.

03 정답 under　UNIT 46 장소를 나타내는 전치사
[해석] Rora는 나무 아래에 있는 그네를 타고 있다.
→ 나무 '아래'에 있는 그네이므로 under가 적절하다.

04 정답 behind　UNIT 46 장소를 나타내는 전치사
[해석] Kevin, 덤불 뒤에 그만 숨고 나와!
→ 덤불 '뒤'에 숨은 것이므로 behind가 적절하다.

05 정답 in　UNIT 45 시간을 나타내는 전치사,
　　　　　　　　　　　　UNIT 46 장소를 나타내는 전치사
[해석] • 나뭇잎은 가을에 색이 변한다.
• Tom은 숲에서 갈색곰을 봤다.
• 나는 종종 내 차에서 평화와 휴식을 찾는다.
→ '가을'이라는 계절, '숲'이라는 넓은 장소와 '차'의 내부를 말하므로 in이 적절하다.

06 정답 on　UNIT 45 시간을 나타내는 전치사,
　　　　　　　　　　　　UNIT 46 장소를 나타내는 전치사
[해석] • 국제 부서는 5층에 있다.
• 우리는 새해 전야에 불꽃놀이를 볼 것이다.
• 나는 월요일 밤늦게까지 공장에 머물렀다.
→ '5층'이라는 장소, '새해 전야'라는 날짜와 '월요일'이라는 요일을 말하므로 on이 적절하다.

07 정답 ④　UNIT 45 시간을 나타내는 전치사,
　　　　　　　　　　　　UNIT 46 장소를 나타내는 전치사
[해석] 고양이 한 마리가 거울 ①, ② 옆에 ③ 뒤에 ⑤ 앞에 섰다.
→ after는 시간을 나타내는 전치사이드로 mirror 앞에 쓰일 수 없다.

08 정답 ⑤　UNIT 45 시간을 나타내는 전치사,
　　　　　　　　　　　　UNIT 46 장소를 나타내는 전치사
[해석] 물고기는 수면 ①, ②, ③ 아래르 ④ 에서 헤엄쳤다.
→ 수면 '동안' 헤엄치는 것은 문맥상 적절하지 않다.

09 정답 ①　UNIT 45 시간을 나타내는 전치사
[해석] Sophia: 저는 일주일 동안 자리를 비울 예정이에요.
Logan: 오 이런, 저는 특히 아침 커피 수다 시간 동안 당신이 그리울 거예요.
→ '일주일'이라는 구체적인 길이의 시간 앞이므로 (A)에는 for가, '아침 커피 수다 시간'이라는 특정한 기간 앞이므로 (B)에는 during이 와야 알맞다.

10 정답 ②　UNIT 45 시간을 나타내는 전치사
[해석] Grace: 저는 당신을 오후 9시까지 기다릴 거예요.
Ethan: 걱정하지 마세요. 저는 제 일을 오후 8시까지 끝낼 거예요.
→ Grace가 9시까지 계속 기다리는 것이므로 (A)에는 until이, Ethan이 8시까지 일을 완료하는 것이므로 (B)에는 by가 와야 알맞다.

11 정답 since　UNIT 45 시간을 나타내는 전치사
[해석] A: 저는 작년 여름부터 줄곧 이 여행에 대해 꿈을 꾸고 있었어요.
→ '~이래 줄곧'을 의미하는 전치사는 since이다.

12 정답 from　UNIT 45 시간을 나타내는 전치사
[해석] B: 그거 정말 신날 것 같네요! 제가 처음부터 함께해도 될까요?
→ '~부터'를 의미하는 전치사는 from이다.

13 정답 before　UNIT 45 시간을 나타내는 전치사
[해석] A: 물론이죠! 먼저 이번 주말 전에 일정을 함께 확정하도록 하죠.
→ '~ 전에'를 의미하는 전치사는 before이다.

14 정답 after　UNIT 45 시간을 나타내는 전치사
[해석] B: 네, 그것을 확정한 후에 짐을 싸기 시작하면 되겠어요.
→ '~ 후에'를 의미하는 전치사는 after이다.

15 정답 ①　UNIT 45 시간을 나타내는 전치사,
　　　　　　　　　　　　UNIT 46 장소를 나타내는 전치사
[해석] • 나는 아침 11시에 면접이 있다.
• 이탈리안 식당에서 저녁을 먹읍시다.
→ '11시'라는 시각과 '이탈리안 식당'이라는 장소를 말하므로 at이 적절하다.

16 정답 ①

[해석] • 그 일은 정오까지 완료되어야 한다.
• 그들은 이야기를 하기 위해 벽난로 옆에 모였다.
→ '정오까지' 완료되는 상황과 '벽난로 옆'이라는 장소를 말하므로 by가 적절하다.

17 정답 ②

[해석] ① Jane의 뒤에 서 있는 소녀는 누구인가요?
② 드론이 건물 위에 떠 있다.
③ 이 줄 아래에는 쓰지 마세요.
④ 3월 1일과 그 후에는 버스가 이곳에 멈추지 않는다.
⑤ 종이가 책상과 벽 사이로 떨어졌다.
→ '떠 있는' 것이므로 표면에 접촉한 on은 쓰일 수 없다. 따라서 over나 above로 고쳐야 알맞다.

18 정답 ③

[해석] ① Christine은 Patrick 옆에 앉았다.
② 안내소에는 아무도 없었다.
③ 결제는 이번 주말까지 이루어져야 한다.
④ 그들은 군중 사이로 재빨리 사라졌다.
⑤ 우리 집은 산과 바다 사이에 있다.
→ '이번 주말'이라는 기간 안에 이루어져야 하는 것이므로 above를 by 또는 before로 고쳐야 알맞다.

19 정답 ④

[해석] Joel과 Lily는 ③ 올해 5월 ① 에 ② 이후에 ⑤ 전에 결혼할 것이다.
→ 5월 '뒤에' 결혼한다는 것은 문맥상 적절하지 않다.

20 정답 ③

[해석] A: 당신은 시계를 어디에 두었나요?
B: 저는 그것을 제 침대 ① 아래에 ②, ⑤ 옆에 ④ 위에 두었어요.
→ between은 두 개의 대상 '사이'를 말하므로 적절하지 않다.

21 정답 ④

[해석] ① 누가 입구 위에 현수막을 걸었나요?
② 지평선 위로 해가 졌다.
③ 강 아래에 더 많은 터널이 설치될 것이다.
④ Charlie는 차분하게 방석 옆에 앉았다.
⑤ 진실은 여러 거짓말 속에 감춰져 있었다.
→ ④ '~ 옆에'를 뜻하는 전치사는 next to이다.

22 정답 ③

[해석] ① 잠수함이 파도 아래로 잠수했다.
② Patrick은 긴 하루를 보낸 후 마침내 집에 왔다.
③ 새로운 소프트웨어는 4월에 출시될 예정이다.
④ 밤 동안 누군가가 우리 집에 침입했다.
⑤ 나는 9월부터 12월까지 쉴 것이다.
→ ③ 4월 앞에는 전치사 in을 쓰므로 on을 in으로 고쳐야 알맞다.

23 정답 on

[해석] A: 금요일에 있을 재즈 축제에 갈 준비 되었어?
→ 요일 앞에는 전치사 on을 쓴다.

24 정답 in

[해석] B: 준비된 거 이상이지. 그건 국립공원에서 열려, 맞지?
→ 국립공원과 같은 넓은 장소 앞에는 전치사 in을 쓴다.

25 정답 between

[해석] A: 맞아. 공원은 시내와 강 사이에 있어.
→ '사이에'를 의미하는 between이 적절하다.

26 정답 in front of

[해석] B: 좋아, 그럼 입구 앞에서 보자.
→ '앞에'를 의미하는 in front of가 적절하다.

27 정답 among them
→ 셋 이상의 대상 '사이'를 나타내는 전치사는 among이다.

28 정답 after the funeral
→ '~ 후에'를 나타내는 전치사는 after이다.

29 정답 behind the curtain
→ '~ 뒤에'를 나타내는 전치사는 behind이다.

30 정답 in front of the classroom door
→ '~ 앞에'를 나타내는 전치사는 in front of이다.

31 정답 ③

[해석] ① 그 방송은 오후 10시에 끝났다.
② 우리는 2012년부터 줄곧 친구이다.
③ 그 영화는 금요일에 개봉했다.
④ 그는 아침에 조깅하러 가는 것을 좋아한다.
⑤ 점심시간 이후에 제게 다시 전화 주세요.
→ 요일 앞에는 전치사 on을 쓴다.

32 정답 ①

[해석] ① 빵집은 자정에[까지/부터/전에/후에] 영업했다.
② 폭풍우가 몰아치는 동안 전력이 꺼졌다.
③ 나는 낯선 사람들 사이에서 당신을 쉽게 찾을 수 있다.
④ 전시회는 월요일부터 금요일까지 진행될 것이다.
⑤ 그는 졸업 이후로 줄곧 교사로 일하고 있다.
→ '자정'은 특정 시점이므로 above를 문맥에 따라 at(자정에), until, by(자정까지), from(자정부터), before(자정 전에), after(자정 후에) 등으로 바꿔 써야 알맞다.

33 정답 ③

[해석] 나는 땅 위에 갑작스러운 그림자를 발견했다. 올려다보고 나는 내 머리 위에 아무것도 없다는 것을 알아차렸다. 그때, 나는 무언가가 내 뒤에 소리 없이 서 있는 것을 보았다. 그것은 나무 사이에 숨어 있었다. 나는 그것에 가까이 걸어갔고, 그것이 숲에서 흔히 볼 수 있는 나뭇가지에 불과하다는 것을 깨달았다.
→ (A) 그림자는 땅 '위에' 있는 것이므로 on이 적절하다.
(B) 위를 올려다보고 머리 '위에' 아무것도 없다는 것을 알아차린 것이므로 above가 적절하다.
(C) 그림자를 발견하고 '뒤에' 무언가가 서 있는 것을 본 것이므로 behind가 적절하다.

34 [정답] **그것은 나무들 사이에 숨어 있었다.**
UNIT **46** 장소를 나타내는 전치사
→ among은 '(셋 이상) 사이에'를 뜻하는 전치사이다.

35 [정답] **in**　　UNIT **46** 장소를 나타내는 전치사
→ '숲'과 같이 넓은 장소 앞에는 전치사 in을 쓴다.

36 [정답] **The seat next to him was empty.**
UNIT **46** 장소를 나타내는 전치사
[해석] 그의 옆자리는 비어 있었다.
→ '~ 옆에'를 의미하는 전치사는 next가 아니라 next to이다.

37 [정답] **O**　　UNIT **46** 장소를 나타내는 전치사
[해석] 우리는 돌이 많은 길 위를 계속 운전했다.
→ '~ 위에'를 의미하는 전치사 on이 적절하게 쓰였다.

38 [정답] **I can feel the ground beneath my foot.**
UNIT **46** 장소를 나타내는 전치사
[해석] 나는 발밑에 땅을 느낄 수 있다.
→ '~ 아래에'를 의미하는 전치사는 beneath to가 아니라 beneath이다.

39 [정답] **O**　　UNIT **46** 장소를 나타내는 전치사
[해석] 이러한 태도는 십 대들 사이에서 흔하다.
→ 대상이 둘 이상이므로 among이 적절하게 쓰였다.

40 [정답] **There were about forty people at Ruth's birthday party.**　　UNIT **46** 장소를 나타내는 전치사
[해석] Ruth의 생일 파티에는 약 40명의 사람이 있었다.
→ '생일 파티'와 같이 행사나 모임에는 전치사 at을 쓴다.

41 [정답] **O**　　UNIT **46** 장소를 나타내는 전치사
[해석] 그는 옥상 카페에서 친구들과 떠들고 있었다.
→ '~에서'를 의미하는 전치사 at이 적절하게 쓰였다.

42 [정답] **up**　　UNIT **47** 방향 및 기타 전치사
[해석] 그는 사다리를 오르고 있다.
→ 사다리 '위로' 오르고 있으므로 up이 적절하다.

43 [정답] **across**　　UNIT **47** 방향 및 기타 전치사
[해석] 아이들이 길을 건너고 있다.
→ 길을 '가로질러' 건너고 있으므로 across가 적절하다.

44 [정답] **toward**　　UNIT **47** 방향 및 기타 전치사
[해석] 9번 선수가 골대를 향해 강하게 공을 찼다.
→ 골대를 '향해' 공을 찼으므로 toward가 적절하다.

45 [정답] **out of**　　UNIT **47** 방향 및 기타 전치사
[해석] 그들은 소파를 트럭 밖으로 옮기고 있다.
→ 트럭 '밖으로' 옮기고 있으므로 out of가 적절하다.

46 [정답] **as**　　UNIT **47** 방향 및 기타 전치사
→ '~로(서)'를 의미하는 전치사는 as이다.

47 [정답] **of**　　UNIT **48** 전치사의 관용표현
→ '~을 부끄러워하다'는 be ashamed of로 나타낸다.

48 [정답] **for**　　UNIT **48** 전치사의 관용표현
→ '~로 악명 높다'는 be notorious for로 나타낸다.

49 [정답] **by plane**　　UNIT **47** 방향 및 기타 전치사
[해석] 우리는 울란바토르로 가기 위해 비행기를 탔다.
→ 우리는 비행기로 울란바토르에 갔다.
→ '수단'을 나타내는 by를 함께 써야 알맞다.

50 [정답] **capable of**　　UNIT **48** 전치사의 관용표현
[해석] 나는 스스로를 돌볼 수 있다.
→ '~을 할 수 있다'는 be capable of로 나타낸다.

51 [정답] **good at**　　UNIT **48** 전치사의 관용표현
[해석] Bruno는 테니스를 잘 친다.
→ '~을 잘하다'는 be good at으로 나타낸다.

52 [정답] **afraid of**　　UNIT **48** 전치사의 관용표현
[해석] 어둠은 Victor를 두렵게 한다.
→ Victor는 어둠을 두려워한다.
→ '~을 두려워하다'는 be afraid of로 나타낸다.

53 [정답] **②**　　UNIT **47** 방향 및 기타 전치사, UNIT **48** 전치사의 관용표현
[해석] • 어제 나는 프랑스어로 이메일을 받았다.
• Conan은 곧 있을 학교 연극에 참가했다.
• 그들은 그들의 문화유산을 자랑스러워한다.
→ (A) '프랑스어로 된' 이메일이므로 전치사 in이, (B) 연극에 '참가한' 것이므로 take part in이, (C) 문화유산을 '자랑스러워하는' 것이므로 be proud of가 적절하다.

54 [정답] **③**　　UNIT **47** 방향 및 기타 전치사, UNIT **48** 전치사의 관용표현
[해석] • Jones는 뱀에 물려 죽었다.
• 나는 올해가 행복으로 가득하길 바랜다!
• 나는 이 반지가 금으로 만들어지지 않았다는 것을 확신한다.
→ (A) Jones가 죽은 간접적인 '원인'이므로 전치사 from이, (B) 행복으로 '가득 차는' 것이므로 be full of가, (C) 금이라는 '재료'로 만들어진 것이므로 전치사 of가 적절하다.

55 [정답] **③**　　UNIT **48** 전치사의 관용표현
[해석] ① 그는 새로운 일자리를 찾고 있다.
② 나는 누구에게도 의존하고 싶지 않다.
③ 당신은 장학금을 신청하는 편이 좋겠다.
④ 죄송하지만, 저는 당신에게 동의하-지 않습니다.
⑤ 저 집은 더 이상 나의 소유가 아니다.
→ '~에 지원하다'는 apply for로 나타낸다.

56 [정답] **④**　　UNIT **48** 전치사의 관용표현
[해석] ① 그들이 당신을 놀리지 못하게 하세요.
② 우리는 당신이 올 때까지 당신을 기다릴 것이다.
③ 그는 매일 아침 클래식 음악을 듣는다.
④ 불법 약물 사용은 장애와 사망에 이를 수 있다.
⑤ 매년 수천 명의 사람들이 자동차 사고로 사망한다.
→ '~로 이끌다'는 lead to로 나타낸다.

57 [정답] **⑤**
UNIT **47** 방향 및 기타 전치사, UNIT **48** 전치사의 관용표현
[해석] ① 그녀는 물속으로 뛰어들었다.
② 돌이 언덕 아래로 굴러떨어졌다.
③ 우리는 산길을 따라 도보 여행을 했다.
④ 이 요리는 꿀에서 단맛을 얻는다.
⑤ 그 시장은 신선한 제품으로 유명했다.
→ '~로 유명하다'는 be famous for로 나타낸다.

58 [정답] **⑤**　　UNIT **48** 전치사의 관용표현
[해석] • 나는 식물을 별로 좋아하지 않는다.
• 나의 귀는 고요함에 익숙해졌다.
• 당신은 숫자를 외우는 것을 너무 못한다.

• 이 이야기는 사실에 근거한다.
→ '~을 좋아하다'는 be fond of로, '~에 익숙해지다'는 be accustomed to로, '~을 못하다'는 be poor at으로, '~에 근거하다'는 be based on으로 나타내므로 ⑤ with만 남는다.

59 [정답] ①

[해석] • 당신은 사후 세계를 믿나요?
• 그것은 주제와 관련이 없다.
• 여전히 많은 사람들이 기근으로 사망한다.
• 나의 형이 우리의 아버지 자리를 대신했다.
→ '~을 믿다'는 believe in으로, '~와 관련 있다'는 be related to로, '~로 죽다'는 die from으로, '~을 대신하다'는 take the place of로 나타내므로 ① on만 남는다.

60 [정답] ①

[해석] Oliver의 반 친구들 중 몇몇은 그의 아이디어를 비웃었다.
→ '~을 비웃다'는 laugh at으로 나타낸다.

61 [정답] ④

[해석] ⓐ 제가 하는 말에 주의를 기울여주시기를 바랍니다.
ⓑ 당신의 훌륭한 재능을 이용하는 게 어때요?
ⓒ 그는 정말 그의 소지품을 잘 관리하지 않는다.
ⓓ Simba의 삼촌 Scar는 항상 그를 질투했다.
ⓔ 그 나무는 강력한 폭풍으로 쓰러졌다.
→ '~을 질투하다'는 be jealous of로 나타낸다.

62 [정답] ④

[해석] • 이것은 Chicago로 가는 버스인가요?
• 나는 조언을 구하러 이곳에 왔다.
→ '~을 향해'와 '~ 때문에'를 나타내는 전치사는 for이다.

63 [정답] ⑤

[해석] • Jim은 항상 모자가 달린 재킷을 입는다.
• 이곳은 관광객들로 가득할 것이다.
→ '~을 가진'은 전치사 with로, '~로 가득하다'는 be crowded with로 나타낸다. 따라서 ⑤ with가 공통으로 들어갈 수 있다.

64 [정답] is known for his sense of humor

→ '~로 알려지다'는 be known for로 나타낸다.

65 [정답] He was proud of himself

→ '~을 자랑스러워하다'는 be proud of로 나타낸다.

66 [정답] take advantage of the gym membership

→ '~을 이용하다'는 take advantage of로 나타낸다.

67 [정답] focus on the positive side

→ '~에 집중하다'는 focus on으로 나타낸다.

L 부정사

UNIT 49 to부정사의 명사적 용법

개념 확인 문제 정답		▶ 문제편 p.253~255
01 to hear	**02** to call	**03** to worry
04 to live	**05** never to go	**06** Not to run
07 to be	**08** O	**09** ⓑ, ⓓ, ⓔ
10 ⓕ, ⓖ, ⓗ	**11** ⓐ, ⓒ, ⓘ	
12 풀어주기 위해 스트레칭을 했다		
13 그녀가 가장 좋아하는 휴식법은		
14 휴식을 취하는 것은		
15 was unfortunate to miss the chance		
16 is amazing to have someone like you in my life		
17 will take some time to forgive you and your family		
18 sounds so weird to say 'chocolate-covered pickles'		
19 to win a Nobel Prize	**20** to change his words	
21 to do this weekend	**22** to meet my colleague	
23 who I should vote for		
24 when you should feed it		
25 how he should propose to his girlfriend		
26 where I should download the application form		

01 [정답] to hear
[해석] 그의 소식을 듣게되어 유감이다.
→ to부정사는 「to+동사원형」의 형태로 쓴다. 따라서 heard를 원형인 hear로 고쳐야 알맞다.

02 [정답] to call
[해석] 그는 나중에 내게 전화하겠다고 약속했다.
→ to부정사는 「to+동사원형」의 형태로 쓴다. 따라서 calls를 원형인 call로 고쳐야 알맞다.

03 [정답] to worry
[해석] 걱정할 것은 없다.
→ to부정사는 「to+동사원형」의 형태로 쓴다. 따라서 worrying을 원형인 worry로 고쳐야 알맞다.

04 [정답] to live
[해석] 물 없이 사는 것은 불가능하다.
→ to부정사는 「to+동사원형」의 형태로 쓴다. 따라서 lives를 원형인 live로 고쳐야 알맞다.

05 [정답] never to go
[해석] 그들은 다시는 휴가를 가지 않기로 결정했다.
→ to부정사의 부정형은 「not[never]+to+동사원형」의 형태로 쓴다. 따라서 never와 go 사이에 to가 와야 알맞다.

06 [정답] Not to run

[해석] 복도에서 뛰지 않는 것은 교칙이다.

→ to부정사의 부정형은 「not[never]+to+동사원형」의 형태로 쓴다. 따라서 Not to run의 어순으로 고쳐야 알맞다.

07 [정답] to be

[해석] 나의 평생의 꿈은 재즈 피아니스트가 되는 것이었다.

→ to부정사는 「to+동사원형」의 형태로 쓴다. 따라서 to be의 어순으로 고쳐야 알맞다.

08 [정답] O

[해석] 새로운 언어를 배우는 것은 많은 노력이 필요하다.

→ to부정사 어순인 「to+동사원형」의 형태에 알맞게 쓰였다.

09 [정답] ⓑ, ⓓ, ⓔ

[해석] ⓑ 무조건적으로 사랑하는 것은 드물다.

ⓓ 당신이 해야 하는 전부는 침묵하는 것이다.

ⓔ Harry는 마침내 직장을 그만두기로 결정했다.

→ ⓑ의 To love는 주어로, ⓓ의 to stay는 보어로, ⓔ의 to quit은 동사 decided의 목적어로 쓰였으므로 모두 명사적 용법으로 쓰인 to부정사이다.

10 [정답] ⓕ, ⓖ, ⓗ

[해석] ⓕ 우리는 그것에 대해 이야기할 시간이 없었다.

ⓖ 나는 돌봐야 할 세 마리의 강아지가 있다.

ⓗ 따라야 할 길은 표지판으로 표시되어 있다.

→ ⓕ의 to talk는 앞의 time을 수식하는 형용사적 용법으로, ⓖ의 to take는 앞의 puppies를 수식하는 형용사적 용법으로, ⓗ의 to follow는 앞의 The path를 수식하는 형용사적 용법으로 쓰였다.

11 [정답] ⓐ, ⓒ, ⓘ

[해석] ⓐ 그는 나를 보고 놀랐다.

ⓒ 그들은 버스를 타기 위해 뛰어야 했다.

ⓘ 당신은 멋진 발레리나로 자랐군요!

→ ⓐ의 to see는 앞의 surprised를 수식하는 부사적 용법으로, ⓒ의 to catch는 〈목적〉을 나타내는 부사적 용법으로, ⓘ의 to be는 〈결과〉를 나타내는 부사적 용법으로 쓰였다.

12 [정답] 풀어주기 위해 스트레칭을 했다

→ to relax가 〈목적〉을 나타내는 부사적 용법의 to부정사로 쓰였다.

13 [정답] 그녀가 가장 좋아하는 휴식법은

→ to relax가 앞의 way를 수식하는 형용사적 용법의 to부정사로 쓰였다.

14 [정답] 휴식을 취하는 것은

→ To relax가 주어 역할을 하는 명사적 용법의 to부정사로 쓰였다.

15 [정답] was unfortunate to miss the chance

[해석] 그 기회를 놓친 것은 운이 안 좋았다.

→ 길이가 긴 문장의 주어 To miss the chance를 뒤로 보낸다.

16 [정답] is amazing to have someone like you in my life

[해석] 내 인생에 당신과 같은 사람이 있다는 것은 놀랍다.

→ 길이가 긴 문장의 주어 To have someone like you in my life를 뒤로 보낸다.

17 [정답] will take some time to forgive you and your family

[해석] 당신과 당신의 가족을 용서하는 것은 시간이 좀 걸릴 것이다.

→ 길이가 긴 문장의 주어 To forgive you and your family를 뒤로 보낸다.

18 [정답] sounds so weird to say 'chocolate-covered pickles'

[해석] '초콜릿으로 덮인 피클'이라고 말하는 것은 너무 이상하게 들린다.

→ 길이가 긴 문장의 주어 To say 'chocolate-covered pickles'를 뒤로 보낸다.

19 [정답] to win a Nobel Prize

→ to win a Nobel Prize가 동사 hopes의 목적어로 쓰였다.

20 [정답] to change his words

→ to change his words가 목적격 보어로 쓰였다.

21 [정답] to do this weekend

→ to do this weekend가 동사 want의 목적어로 쓰였다.

22 [정답] to meet my colleague

→ to meet my colleague가 목적격 보어로 쓰였다.

23 [정답] who I should vote for

[해석] 나는 아직도 누구에게 투표해야 할지 모르겠다.

→ 「의문사+to부정사」는 「의문사+주어+should+동사원형」으로 바꿔 쓸 수 있다. 문장의 주어가 I이므로 who to vote for는 who I should vote for로 바꿔 쓸 수 있다.

24 [정답] when you should feed it

[해석] 당신은 그것에게 언제 먹이를 줘야 할지 알아낼 필요가 있다.

→ 문장의 주어가 You이므로 when to feed it은 when you should feed it으로 바꿔 쓸 수 있다.

25 [정답] how he should propose to his girlfriend

[해석] 그는 그의 여자친구에게 어떻게 프러포즈해야 할지 확신이 서지 않는다.

→ 문장의 주어가 He이므로 how to propose to his girlfriend는 how he should propose to his girlfriend로 바꿔 쓸 수 있다.

26 [정답] where I should download the application form

[해석] 제가 어디에서 신청서를 다운받아야 하는지 알려주세요.

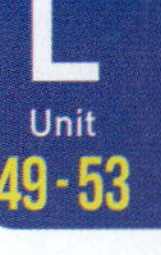

→ 의미상 주어가 I이므로 where to download the application form은 where I should download the application form으로 바꿔 쓸 수 있다.

UNIT 50 to부정사의 형용사적 용법

개념 확인 문제 정답　▶ 문제편 p.257

01 nobody to take the blame
02 anybody to talk to　**03** right to tell the truth
04 me a spoon to eat with
05 something nice to cheer you up
06 student to cheat
07 me a towel to dry with
08 nothing new to report
09 are to die someday
10 am still to negotiate the price
11 am to rewrite the whole story just for you

01 [정답] **nobody to take the blame**
[해석] 책임질 사람은 아무도 없다.
→ nobody를 to take the blame이 뒤에서 수식한다.

02 [정답] **anybody to talk to**
[해석] 당신은 이야기할 사람이 있나요?
→ anybody를 to talk to가 뒤에서 수식한다. 이때 anybody는 전치사 to의 목적어이므로 to는 to talk 뒤에 와야 한다.

03 [정답] **right to tell the truth**
[해석] 우리는 진실을 말할 권리가 있다.
→ right를 to tell the truth가 뒤에서 수식한다.

04 [정답] **me a spoon to eat with**
[해석] 사용해서 먹을 숟가락을 가져다주세요.
→ a spoon을 to eat with가 뒤에서 수식한다. 이때 spoon은 전치사 with의 목적어이므로 with는 to eat 뒤에 와야 한다.

05 [정답] **something nice to cheer you up**
[해석] 당신은 기운을 북돋아 줄 좋은 무언가가 분명히 필요하다.
→ 형용사와 to부정사가 동시에 -thing 형태의 대명사를 수식할 때는 형용사를 to부정사보다 먼저 쓴다. 따라서 something nice to cheer you up의 어순이 알맞다.

06 [정답] **student to cheat**
[해석] 그는 시험 중에 부정행위를 하는 유형의 학생이 아니다.
→ student를 to cheat이 뒤에서 수식한다.

07 [정답] **me a towel to dry with**
[해석] 가지고 닦을 수건을 건네주실 수 있나요?

→ a towel을 to dry with가 뒤에서 수식한다. 이때 a towel은 전치사 with의 목적어이므로 with는 to dry 뒤에 와야 한다.

08 [정답] **nothing new to report**
[해석] 상황에 대해 보고할 새로운 사항은 없다.
→ 형용사와 to부정사가 동시에 -thing 형태의 대명사를 수식할 때는 형용사를 to부정사보다 먼저 쓴다. 따라서 nothing new to report의 어순이 알맞다.

09 [정답] **are to die someday**
[해석] 우리는 모두 언젠가 죽을 운명이다.
→ 「be동사+to부정사」는 '운명'의 의미를 나타낼 수 있다. 주어가 We이므로 are to die someday가 알맞다.

10 [정답] **am still to negotiate the price**
[해석] 나는 아직 가격 협상을 해야 한다.
→ 「be동사+to부정사」는 '의무'의 의미를 나타낼 수 있다. 주어가 I이므로 am still to negotiate the price가 알맞다.

11 [정답] **am to rewrite the whole story just for you**
[해석] 나는 당신만을 위해 전체 이야기를 다시 쓰려고 한다.
→ 「be동사+to부정사」는 '의도'의 의미를 나타낼 수 있다. 주어가 I이므로 am to rewrite the whole story just for you가 알맞다.

UNIT 51 to부정사의 부사적 용법

개념 확인 문제 정답　▶ 문제편 p.259

01 O　**02** to gain　**03** not to let
04 so as to reach　**05** O
06 seem easy to assemble
07 Julio was sad to say goodbye
08 be crazy to break the window
09 ⓒ　**10** ⓓ　**11** ⓐ　**12** ⓐ　**13** ⓔ
14 ⓑ　**15** ⓑ

01 [정답] **O**
[해석] 그는 비밀을 말하지 않기 위해 조심스럽게 말했다.
→ '말하지 않기 위해'라는 목적을 나타내는 not to tell이 알맞게 쓰였다.

02 [정답] **to gain**
[해석] 우리는 새로운 기술을 얻기 위해 세미나에 참석했다.
→ '기술을 얻기 위해'라는 목적을 나타내려면 in order to gain으로 써야 한다.

03 [정답] **not to let**
[해석] 나는 케이크가 마르게 두지 않기 위해 그것을 뚜껑으로 덮었다.
→ '두지 않기 위해'라는 목적을 나타내려면 so as not to let으로 써야 한다.

04 정답 so as to reach

[해석] 목적지에 더 빨리 도착하기 위해 지름길로 갑시다.
→ '도착하기 위해'라는 목적을 나타내려면 so as to reach로
써야 한다.

05 정답 O

[해석] 당신은 자전거를 타는 동안 스스로 보호하기 위해
헬멧을 써야 한다.
→ '보호하기 위해'라는 목적을 나타내는 to protect가 알맞게
쓰였다.

06 정답 seem easy to assemble

→ to assemble이 형용사 easy를 수식하여 무엇하기에
쉬운지를 나타내므로 seem easy to assemble로 써야
한다.

07 정답 Julio was sad to say goodbye

→ to say goodbye가 감정의 형용사 sad의 원인을
나타내므로 Julio was sad to say goodbye로 써야 한다.

08 정답 be crazy to break the window

→ to break가 crazy라고 판단한 근거를 나타내므로 be
crazy to break the window로 써야 한다.

09 정답 ⓒ

[해석] 이 강은 수영하기에 위험하다.
→ to swim이 형용사 dangerous를 수식하여 무엇하기에
위험한지를 나타낸다.

10 정답 ⓓ

[해석] 나는 라이브 콘서트를 놓쳐서 실망했다.
→ to miss가 감정의 형용사 disappointed의 원인을
나타낸다.

11 정답 ⓐ

[해석] Alma는 선생님의 장례식에 참석하기 위해 이곳에
있다.
→ to attend가 '참석하기 위해'라는 목적을 나타낸다.

12 정답 ⓐ

[해석] 우리가 건강하게 유지하기 위해 얼마나 많은 물이
필요한가요?
→ to stay가 '건강하게 유지하기 위해'라는 목적을 나타낸다.

13 정답 ⓔ

[해석] 도박에 돈을 낭비하다니 그는 어리석었다.
→ to waste가 foolish라고 판단한 근거를 나타낸다.

14 정답 ⓑ

[해석] 나는 일어나서 내가 뇌장애가 있다는 것을 알게
되었다.
→ to discover가 '일어나서 알게 된' 결과를 나타낸다.

15 정답 ⓑ

[해석] 그녀는 강당에 도착해서 그곳에 아무도 없다는 것을
발견했다.
→ to find가 '도착해서 발견한' 결과를 나타낸다.

단원 평가 문제 UNIT 49 ~ UNIT 51 ▶ 문제편 p.260~263

정답

01 ⑤	**02** ①	**03** ①	**04** ③	**05** ⑤
06 ④	**07** ①	**08** ②		

09 I intended to return it by noon.
10 You and I are destined to be together.

11 ①	**12** ④	**13** ③	**14** ④	**15** ③
16 ④	**17** ④	**18** ④		

19 Tell me what to do next.
20 Mr. Elias doesn't know how he should [can] react.

21 ④	**22** ③	**23** ④	**24** ①	
25 ②	**26** ③	**27** ④	**28** ②	**29** ④

30 Anna's efforts to lead a healthy life

01 정답 ⑤
UNIT 49 to부정사의 명사적 용법, UNIT 50 to부정사의 형용사적 용법

[해석] ① 보는 것이 믿는 것이다.
② 그녀는 너무 간절히 이기고 싶었다.
③ 내가 본 것을 설명하는 것은 어렵다.
④ 우리의 목표는 매출을 늘리는 것이다.
⑤ 뭐 좀 드시겠어요?
→ ⑤의 to eat은 something을 수식하는 형용사적 용법으로
쓰였다. 나머지는 모두 명사적 용법으로 쓰였다.

02 정답 ①
UNIT 50 to부정사의 형용사적 용법, UNIT 51 to부정사의 부사적 용법

[해석] ① 나는 당신에게 할 말이 없습니다.
② 우리는 먹기 위해 사는 것이 아니라, 살기 위해 먹는다.
③ 그는 관심을 끌기 위해 거짓말을 했다.
④ 소방관들은 불을 끄기 위해 빠르게 일했다.
⑤ Natalie는 최선을 다했지만, 결국 비난을 받았다.
→ ①의 to say는 nothing을 수식하는 형용사적 용법으로 쓰였다.
나머지는 모두 부사적 용법으로 쓰였다.

03 정답 ①
UNIT 49 to부정사의 명사적 용법, UNIT 51 to부정사의 부사적 용법

[해석] ① 그는 친구에게 전화하는 것을 잊었다.
② 그녀는 그 콘서트를 보게 되어 신났다.
③ 그들은 그 소식을 듣고 놀랐다.
④ 그녀는 그 대회에서 이겨서 매우 행복했다.
⑤ 기술을 향상 시키기 위해, 그는 많이 연습한다.
→ ①의 to call은 명사적 용법으로 쓰였다. 나머지는 모두 부사적
용법으로 쓰였다.

04 정답 ③
UNIT 50 to부정사의 형용사적 용법, UNIT 51 to부정사의 부사적 용법

[해석] ① 그는 새 차를 사기 위해 저축했다.
② 그녀는 시험에 합격하기 위해 열심히 공부했다.
③ 그는 조언을 구하기에 가장 좋은 사람이다.
④ 그녀는 가장 좋아하는 작가를 만날 것에 신났다.
⑤ 나는 내가 실수한 것을 알고 실망했다.
→ ③의 to ask는 형용사적 용법으로 쓰였다. 나머지는 모두 부사적
용법으로 쓰였다.

05 [정답] ⑤
UNIT **49** to부정사의 명사적 용법, UNIT **51** to부정사의 부사적 용법

[해석] ① 그들은 교통 체증을 피하려고 일찍 출발했다.
② 그는 나쁜 소식을 들어서 속상했다.
③ 그녀는 너무 피곤해서 일을 계속할 수 없었다.
④ 우리는 잃어버린 열쇠들을 찾아서 안도했다.
⑤ 금요일까지 보고서를 끝내는 것이 필요하다.
→ ⑤의 to finish는 명사적 용법으로 쓰였다. 나머지는 모두 부사적 용법으로 쓰였다.

06 [정답] ④
UNIT **49** to부정사의 명사적 용법

[해석] 나는 여기서 누구를 믿어야 할지 모르겠다.
→ '누구를 믿어야 할지'는 「의문사+to부정사」 형태인 whom to trust의 어순으로 써야 알맞다.

07 [정답] ①
UNIT **51** to부정사의 부사적 용법

[해석] 그들은 유적을 발굴하기 위해 이 섬에 왔다.
→ '목적'의 의미를 명확하게 하기 위해 to 앞에 so as를 쓸 수 있으므로 so as to dig up의 어순으로 써야 알맞다.

08 [정답] ②
UNIT **49** to부정사의 명사적 용법

[해석] 사막에서 물을 찾는 것은 거의 불가능하다.
→ 주어 자리에 가주어 It이 왔으므로 진주어인 명사적 용법의 to부정사 to find가 와야 알맞다.

09 [정답] I intended to return it by noon.
UNIT **50** to부정사의 형용사적 용법

→ '의도'를 나타내는 was to return은 intended to return으로 바꿔 쓸 수 있다.

10 [정답] You and I are destined to be together.
UNIT **50** to부정사의 형용사적 용법

→ '운명'을 나타내는 are to be together는 are destined to be together로 바꿔 쓸 수 있다.

11 [정답] ①
UNIT **49** to부정사의 명사적 용법

→ Let me know where to get off.로 쓸 수 있으므로 ⓒ에는 where가 들어간다.

12 [정답] ④
UNIT **51** to부정사의 부사적 용법

[해석] 그녀는 입구를 막지 않기 위해 멀리 주차했다.
→ '목적'을 나타내는 to부정사의 부정형 not to block이 오는 것이 알맞다.

13 [정답] ③
UNIT **49** to부정사의 명사적 용법

→ Can you promise me never to lie?로 쓸 수 있으므로 여섯 번째에는 ③ to가 들어간다.

14 [정답] ④
UNIT **50** to부정사의 형용사적 용법

[해석] 같이 먹을 다른 사람을 찾으세요.
① 이 버섯은 먹어도 안전한가요?
② 식사 사이에 먹지 않도록 해보세요.
③ 밖에서 먹을 정도로 따뜻하다.
④ 우리는 먹을 음식을 찾고 있다.
⑤ 추수감사절에는 칠면조를 먹는 것이 흔하다.
→ 주어진 문장의 to eat은 someone을 수식하는 형용사적 용법으로 쓰였다. ①, ③은 부사적 용법으로, ②, ⑤은 명사적 용법으로, ④은 형용사적 용법으로 쓰였으므로 ④이 정답이다.

15 [정답] ③
UNIT **49** to부정사의 명사적 용법

[해석] 소설을 읽는 것은 내가 가장 좋아하는 취미이다.
① 우리는 제시간에 도착하기 위해 일찍 떠났다.
② 그녀는 시험에 합격하기 위해 열심히 공부했다.
③ 그의 취미는 세계를 여행하는 것이다.
④ 나는 식료품을 사기 위해 가게에 갔다.
⑤ 그 팀은 프로젝트를 끝내기 위해 늦게까지 일했다.
→ 주어진 문장의 To read는 주어 자리에서 명사적 용법으로 쓰였다. ①, ②, ④, ⑤은 목적을 나타내는 부사적 용법으로, ③은 주격보어 자리에서 명사적 용법으로 쓰였으므로 ③이 정답이다.

16 [정답] ④
UNIT **51** to부정사의 부사적 용법

[해석] 그녀는 상을 받아서 기뻤다.
① 나는 요리하는 법을 배우고 싶다.
② 그녀는 체육관에 등록하기를 결정했다.
③ 그의 목표는 마라톤을 뛰는 것이다.
④ 그는 그 소식을 듣고 놀랐다.
⑤ 외국어를 배우는 것은 중요하다.
→ 주어진 문장의 to receive는 감정의 원인을 나타내는 부사적 용법으로 쓰였다. ①, ②, ③, ⑤은 명사적 용법으로, ④은 감정의 원인을 나타내는 부사적 용법으로 쓰였으므로 ④이 정답이다.

17 [정답] ④
UNIT **50** to부정사의 형용사적 용법

[해석] 그녀는 여행 중에 머물 곳을 찾았다.
① 그의 야망은 소설을 쓰는 것이다.
② 그녀는 자유 시간에 그림 그리기를 좋아한다.
③ 우리는 집을 깔끔하게 유지하기 위해 매일 청소했다.
④ 그는 숙제를 도와줄 친구가 필요하다.
⑤ 그는 매 학기 장학금을 받기 위해 열심히 공부했다.
→ 주어진 문장의 to stay는 a place를 수식하는 형용사적 용법으로 쓰였다. ①, ②은 명사적 용법으로, ③, ⑤은 부사적 용법으로, ④은 형용사적 용법으로 쓰였으므로 ④이 정답이다.

18 [정답] ④
UNIT **49** to부정사의 명사적 용법

[해석] ① 나는 사랑하지 않을 권리도 있다.
② 우리는 살아갈 서로 다른 이유를 가지고 있다.
③ 나는 당신이 오늘은 기분이 나아졌다는 것을 들어서 기쁘다.
④ 나는 왜 다른 사람들에게 자신을 설명해야 하는지 모르겠다.
⑤ Claire는 나에게 하루 쉴 것을 조언했다.
→ 「why+to부정사」는 쓰이지 않으므로 why I should explain으로 풀어 써야 한다.

19 [정답] Tell me what to do next.
UNIT **49** to부정사의 명사적 용법

[해석] 제가 다음에 무엇을 해야 하는지 말해주세요.
→ 「의문사+주어+should+동사원형」은 「의문사+to부정사」로 바꿔 쓸 수 있다.

20 [정답] Mr. Elias doesn't know how he should [can] react.
UNIT **49** to부정사의 명사적 용법

[해석] Elias 씨는 어떻게 반응해야 할지 모른다.
→ 「의문사+to부정사」를 「의문사+주어+should[can]+동사원형」으로 바꿔 쓸 수 있다.

21 정답 ④　　　　　　　　UNIT **49** to부정사의 명사적 용법

[해석] • 그녀는 사실을 직시해야 했다.

• 긴장하는 것은 자연스럽다.

• 나는 물어볼 질문이 하나 더 있다.

• Donna는 Harvey가 자신을 위해 싸울 것이라고 예상했다.

• Ross는 Emily의 대답을 듣기 위해 London으로 갔다.

→ ⓓ는 '판단의 근거'가 아니라 동사 expected의 목적격 보어로 쓰였다.

22 정답 ③　　　　　　　　UNIT **49** to부정사의 명사적 용법

→ 주어 자리에 가주어 It이 오고, 진주어 to have a backup plan이 뒤에 오는 것이 알맞다.

23 정답 ④　　　　　　　UNIT **50** to부정사의 형용사적 용법

→ 형용사와 to부정사가 동시에 -thing 형태의 대명사를 수식할 때는 형용사를 to부정사보다 먼저 쓴다. 따라서 nothing exciting to do의 어순이 알맞다.

24 정답 ①　　　　　　　　UNIT **49** to부정사의 명사적 용법

[해석] 여: 나는 새로운 취미를 시작할 생각이야. 무엇을 제안해 줄래?

남: 악기 연주하는 것을 배우는 건 어때?

여: 그거 흥미로운 것 같아! 나는 항상 기타를 치고 싶었어.

남: 좋은 선택이야! 나아지기 위해 정기적으로 연습하는 것이 중요해.

여: 응, 알아. 나는 수업에 참여하고 다른 악기를 연주하는 사람들을 만나는 것이 기대돼.

남: 그거 좋네! 나는 너가 그것을 즐길 것을 확신해.

→ to부정사는 전치사의 목적어 역할을 할 수 없으므로 to start가 아닌 동명사 starting이 와야 한다.

25 정답 ②

　　　UNIT **50** to부정사의 형용사적 용법, UNIT **51** to부정사의 부사적 용법

[해석] ① 그는 그 소식을 듣고 놀랐다.

② 그녀는 오늘 밤 해야 할 일이 많다.

③ 그는 시험에 합격하기 위해 열심히 노력했다.

④ 실수를 피하려면 매뉴얼을 먼저 읽어라.

⑤ 그녀는 빵과 우유를 사기 위해 가게에 갔다.

→ (A)의 to get은 부사적 용법으로 쓰였다. 나머지는 모두 부사적 용법으로 쓰였지만 ②의 to do는 a lot of work를 수식하는 형용사적 용법으로 쓰였다.

26 정답 ③　　　　　　　UNIT **51** to부정사의 부사적 용법

[해석] Tom은 그의 주말 모험을 위해 새 자전거 사기를 결정했다. 그는 가장 좋은 것을 고르기 위해 쇼핑몰에 갔다. 적합한 것을 찾은 후, 그는 자전거가 타기에 편한지 확인할 필요가 있었다. Tom은 가게 점원에게 안장을 조정하는 방법을 물었다. 마침내, 그는 여행을 시작하고 근처의 트레일을 탐험할 수 있게 되어 기뻤다.

→ ③의 to ride는 '~하기에 …하다'라는 의미로, 형용사를 수식하는 부사적 용법으로 쓰였다.

27 정답 ④

　　　UNIT **50** to부정사의 형용사적 용법, UNIT **51** to부정사의 부사적 용법

[해석] ① 나는 마실 것을 찾고 있다.

② 그녀는 살 집을 찾고 있다.

③ 그들은 빌릴 방을 찾고 있다.

④ 나는 신선한 공기를 마시기 위해 공원에 갔다.

⑤ 그는 회의 전에 읽어야 할 책이 있다.

→ (A)는 목적을 나타내는 부사적 용법이다. 나머지는 모두 형용사적 용법이고 ④의 to get이 목적을 나타내는 부사적 용법으로 쓰였다.

28 정답 ②　　　　　　　　UNIT **49** to부정사의 명사적 용법

[해석] Anna는 몇 달 동안 아팠다. 그녀는 건강한 삶을 사는 것이 매우 중요하다고 믿었다. 그래서 그녀는 규칙적으로 운동하는 것이 필수적이라고 생각했다. 그녀의 목표는 활기차고 건강하게 지내는 것이었다. 그녀는 매일 조깅과 주말 요가를 포함한 상세한 운동 계획을 따르기로 결정했다. 그녀의 목표를 달성하기 위해, 그녀는 매일 아침 운동할 시간을 따로 마련해야 했다.

→ 동사 was에 대한 주어 자리이므로 to부정사 또는 동명사가 와야 한다.

29 정답 ④

　　　UNIT **49** to부정사의 명사적 용법, UNIT **51** to부정사의 부사적 용법

→ 나머지는 모두 명사적 용법이고 ④의 to achieve는 목적을 나타내는 부사적 용법이므로 정답은 ④이다.

30 정답 Anna's efforts to lead a healthy life

　　　　　　　UNIT **50** to부정사의 형용사적 용법

[해석] 운동을 통해 건강한 삶을 살기 위한 Anna의 노력

→ to lead가 efforts를 수식하는 형용사적 용법으로 쓰인 주제를 완성할 수 있다.

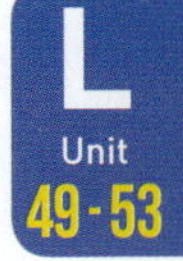

개념 확인 문제 정답

▶ 문제편 p.265~267

01 of **02** for **03** for **04** of **05** of

06 그들에게 맞서다니 그녀는 용감하다.

07 우리가 나누기에는 음식이 충분하지 않다.

08 당신의 실수를 인정하다니 당신은 정직하다.

09 그 기회를 놓치지 않다니 그는 똑똑하다.

10 It was so rude of you to make fun of others.

11 It is normal for us to desire beautiful things.

12 It would be helpful for me to organize my thought.

13 It may be impossible for us to make any major change.

14 is so dark that they can't find me

15 is so small that I can't wear it

16 am so embarrassed that I can't look anyone in the eye

17 is so strong that it can power the entire house

18 explained so clearly that we could understand every word

19 is so comfortable that we can sleep on it

20 was too nervous to say,
was so nervous that he couldn't say

21 is bold enough to confront,
is so bold that he can confront

---

01 정답 **of**

[해석] 그것을 기억하다니 당신은 정말 영리하군요!
→ clever는 사람의 성격을 나타내는 형용사이므로 of가 적절하다.

02 정답 **for**

[해석] 그녀가 평화를 찾는 것은 어려웠다.
→ difficult는 사람의 성격을 나타내는 형용사가 아니므로 for를 쓴다.

03 정답 **for**

[해석] 산소는 우리가 살아남기 위해 필수이다.
→ essential은 사람의 성격을 나타내는 형용사가 아니므로 for를 쓴다.

04 정답 **of**

[해석] 그녀를 무시하다니 그들은 무자비하다.
→ heartless는 사람의 성격을 나타내는 형용사이므로 of가 적절하다.

05 정답 **of**

[해석] 그녀에게 자리를 양보하다니 Madison은 예의가 바르다.

→ polite는 사람의 성격을 나타내는 형용사이므로 of가 적절하다.

06 정답 **그들에게 맞서다니 그녀는 용감하다.**

→ brave는 사람의 성격을 나타내는 형용사이므로 의미상 주어로 「of+목적격」이 왔다.

07 정답 **우리가 나누기에는 음식이 충분하지 않다.**

→ enough는 사람의 성격을 나타내는 형용사가 아니므로 「for+목적격」이 왔다.

08 정답 **당신의 실수를 인정하다니 당신은 정직하다.**

→ honest는 사람의 성격을 나타내는 형용사이므로 의미상 주어로 「of+목적격」이 왔다.

09 정답 **그 기회를 놓치지 않다니 그는 똑똑하다.**

→ smart는 사람의 성격을 나타내는 형용사이므로 의미상 주어로 「of+목적격」이 왔다.

10 정답 **It was so rude of you to make fun of others.**

→ rude는 사람의 성격을 나타내는 형용사이므로 의미상 주어로 「of+목적격」이 왔다.

11 정답 **It is normal for us to desire beautiful things.**

→ normal은 사람의 성격을 나타내는 형용사가 아니므로 「for+목적격」이 왔다.

12 정답 **It would be helpful for me to organize my thought.**

→ helpful은 사람의 성격을 나타내는 형용사가 아니므로 「for+목적격」이 왔다.

13 정답 **It may be impossible for us to make any major change.**

→ impossible은 사람의 성격을 나타내는 형용사가 아니므로 「for+목적격」이 왔다.

14 정답 **is so dark that they can't find me**

[해석] 방이 너무 어두워서 그들은 나를 찾을 수 없다.
→ to find의 의미상 주어가 for them, 문장의 시제가 현재시제이므로 is so dark that they can't find me로 바꿔 쓸 수 있다.

15 정답 **is so small that I can't wear it**

[해석] 이 셔츠는 너무 작아서 나는 입을 수 없다.
→ to wear의 의미상 주어가 for me, 문장의 시제가 현재시제이므로 is so small that I can't wear it으로 바꿔 쓸 수 있다. wear의 목적어는 This shirt이므로 wear 뒤에는 it이 온다.

16 정답 **am so embarrassed that I can't look anyone in the eye**

[해석] 나는 너무 창피해서 누구의 눈도 쳐다볼 수 없다.
→ to look의 의미상 주어가 문장의 주어인 I, 문장의 시제가 현재시제이므로 am so embarrassed that I can't look anyone in the eye로 바꿔 쓸 수 있다.

17 [정답] is so strong that it can power the entire house

[해석] 배터리는 집안 전체에 전원을 공급할 만큼 강력하다.
→ to power의 의미상 주어가 문장의 주어인 the battery, 문장의 시제가 현재시제이므로 is so strong that it can power the entire house로 바꿔 쓸 수 있다.

18 [정답] explained so clearly that we could understand every word

[해석] 발표자는 우리가 모든 단어를 이해할 수 있을 만큼 명확하게 설명했다.
→ to understand의 의미상 주어가 for us, 문장의 시제가 과거시제이므로 explained so clearly that we could understand every word로 바꿔 쓸 수 있다.

19 [정답] is so comfortable that we can sleep on it

[해석] 소파는 편안해서 우리가 잘 수 있다.
→ to sleep on의 의미상 주어가 for us, 문장의 시제가 현재시제이므로 is so comfortable that we can sleep on it으로 바꿔 쓸 수 있다. sleep on의 목적어는 The sofa이므로 sleep on 뒤에는 it이 온다.

20 [정답] was too nervous to say,
was so nervous that he couldn't say

→ '너무 긴장해서 말할 수 없었던' 것이므로 「too+형용사 +to부정사(너무 ~해서 …할 수 없는)」로 표현한다. to say의 의미상 주어가 문장의 주어인 He, 문장의 시제가 과거시제이므로 was so nervous that he couldn't say로 바꿔 쓸 수 있다.

21 [정답] is bold enough to confront,
is so bold that he can confront

→ '맞설 만큼 대담한' 것이므로 「형용사 + enough + to부정사(~할 만큼 …한)」로 표현한다. to confront의 의미상 주어가 문장의 주어인 Francisco, 문장의 시제가 현재시제이므로 is so bold that he can confront로 바꿔 쓸 수 있다.

UNIT 53 원형부정사

개념 확인 문제 정답 ▶ 문제편 p.269~271

01 send	**02** to speak	**03** (to) clean
04 feel	**05** think	**06** fix, to fix
07 laugh	**08** do	**09** renovate
10 take	**11** get	**12** leave
13 to water, water		**14** apologize
15 to assemble	**16** You made me look like a fool.	

17 O
18 I don't want to let our relationship worsen.
19 She got her son to take out the trash before bedtime.

20 touch 또는 touching	**21** smile 또는 smiling
22 O	**23** set 또는 setting
24 yell 또는 yelling	**25** C
26 O	**27** shift 또는 shifting
28 O **29** O	**30** Why not
31 anything but	**32** why not
33 nothing but	**34** anything but
35 nothing but	**36** cannot help but

---

01 [정답] send
[해석] 나는 나중에 그녀에게 이메일을 보내게 할 것이다.
→ 사역동사 have의 목적격 보어 자리이므로 원형부정사 send가 알맞다.

02 [정답] to speak
[해석] 그녀는 그가 회의에서 연설하게 할 것이다.
→ get은 목적격 보어로 to부정사를 취하므로 to speak이 알맞다.

03 [정답] (to) clean
[해석] 그는 저녁 파티 후에 우리가 부엌을 청소하는 것을 도왔다.
→ 준사역동사 helped의 목적격 보어 자리이므로 clean과 to clean이 모두 알맞다.

04 [정답] feel
[해석] 그것을 생각하는 것은 그를 아프게 했다.
→ 사역동사 made의 목적격 보어 자리이므로 원형부정사 feel이 알맞다.

05 [정답] think
[해석] 제가 그것을 한 번 더 생각하도록 해주세요.
→ 사역동사 let의 목적격 보어 자리이므로 원형부정사 think가 알맞다.

06 [정답] fix, to fix
[해석] 우리는 우리의 이웃이 울타리를 고치는 것을 도왔다.
→ 준사역동사 helped의 목적격 보어 자리이므로 fix와 to fix가 모두 알맞다.

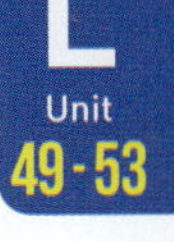

07 정답 laugh

[해석] 나를 웃게 하지 마, Kenny.
→ 사역동사 make의 목적격 보어 자리이므로 원형부정사
laugh가 알맞다.

08 정답 do

[해석] 당신이 할 수 없는 것을 내가 하게 할 수는 없다.
→ 사역동사 make의 목적격 보어 자리이므로 원형부정사
do가 알맞다.

09 정답 renovate

[해석] 나는 배관공이 싱크대를 개조하게 했다.
→ 사역동사 had의 목적격 보어 자리이므로 원형부정사
renovate가 알맞다.

10 정답 take

[해석] 코치는 팀이 짧은 휴식을 취하도록 했다.
→ 사역동사 let의 목적격 보어 자리이므로 원형부정사 take가
알맞다.

11 정답 get

[해석] 경찰은 운전자가 차에서 내리게 했다.
→ 사역동사 had의 목적격 보어 자리이므로 원형부정사
get이 알맞다.

12 정답 leave

[해석] 관리자는 우리가 금요일에는 일찍 퇴근하게 한다.
→ 사역동사 lets의 목적격 보어 자리이므로 원형부정사
leave가 알맞다.

13 정답 to water, water

[해석] 그는 그의 할머니께서 식물에 물을 주는 것을 도왔다.
→ 준사역동사 helped의 목적격 보어 자리이므로 to
water와 water가 모두 알맞다.

14 정답 apologize

[해석] Lopez 씨는 Charles에게 통화 중에 발생한 문제에
대해 동료에게 사과하도록 했다.
→ 사역동사 had의 목적격 보어 자리이므로 원형부정사
apologize가 알맞다.

15 정답 to assemble

[해석] 그녀는 도구가 없기 때문에 나는 내 남동생이 새
가구를 조립하도록 할 것이다.
→ get은 목적격 보어로 to부정사를 취하므로 to
assemble이 알맞다.

16 정답 You made me look like a fool.

→ 사역동사 made의 목적격 보어 자리에는 원형부정사가
와야 하므로 looking을 look으로 고쳐야 알맞다.

17 정답 O

→ 준사역동사 help의 목적격 보어 자리에 to find가 알맞게
쓰였다.

18 정답 I don't want to let our relationship worsen.

→ 사역동사 let의 목적격 보어 자리에는 원형부정사가 와야
하므로 worsens를 worsen으로 고쳐야 알맞다.

19 정답 She got her son to take out the trash before
bedtime.

→ got은 목적격 보어로 to부정사를 취하므로 take out을
to take out으로 고쳐야 알맞다.

20 정답 touch 또는 touching

[해석] 나는 무언가가 내 어깨에 닿는 것을 느꼈다.
→ 지각동사 felt의 목적격 보어 자리에는 원형부정사나
현재분사가 와야 하므로 touches를 touch 또는
touching으로 고쳐야 알맞다.

21 정답 smile 또는 smiling

[해석] 그는 내가 웃는 것을 보지 않는 한 긴장을 풀 수 없다.
→ 지각동사 sees의 목적격 보어 자리에는 원형부정사나
현재분사가 와야 하므로 to smile을 smile 또는 smiling으로
고쳐야 알맞다.

22 정답 O

[해석] 그들은 그 소식이 삽시간에 퍼지는 것을 들었다.
→ 지각동사 heard의 목적격 보어 자리에 원형부정사
spread가 알맞게 쓰였다.

23 정답 set 또는 setting

[해석] 우리는 수평선 너머로 해가 지는 것을 보았다.
→ 지각동사 watched의 목적격 보어 자리에는 원형부정사나
현재분사가 와야 하므로 sets를 set 또는 setting으로 고쳐야
알맞다.

24 정답 yell 또는 yelling

[해석] 나는 조금 전에 당신이 '아야!'하고 소리치는 것을
들었다.
→ 지각동사 heard의 목적격 보어 자리에는 원형부정사나
현재분사가 와야 하므로 to yell을 yell 또는 yelling으로
고쳐야 알맞다.

25 정답 O

[해석] 한번은 나는 Rosa가 수박 냄새를 맡는 것을 보았다.
→ 지각동사 saw의 목적격 보어 자리에 현재분사
smelling이 알맞게 쓰였다.

26 정답 O

[해석] 경찰은 한 남자가 은행에 들어가는 것을 목격했다.
→ 지각동사 observed의 목적격 보어 자리에 현재분사
entering이 알맞게 쓰였다.

27 정답 shift 또는 shifting

[해석] 그녀는 방의 분위기가 갑자기 바뀌는 것을 느꼈다.
→ 지각동사 felt의 목적격 보어 자리에는 원형부정사나
현재분사가 와야 하므로 to shift를 shift 또는 shifting으로
고쳐야 알맞다.

28 정답 O

[해석] Selena는 부엌에서 무언가가 타는 냄새를 맡았다.
→ 지각동사 smelled의 목적격 보어 자리에 현재분사
burning이 알맞게 쓰였다.

29 정답 O

[해석] 나는 당신이 여기서 몇 번 꽃을 사는 것을 알아챘다.
→ 지각동사 noticed의 목적격 보어 자리에 현재분사 buying이 알맞게 쓰였다.

30 정답 Why not

→ '쉬는 게 어때요?'라고 했으므로 원형부정사를 이용한 관용표현 「why not+원형부정사」의 형태가 오는 것이 알맞다.

31 정답 anything but

→ '가만히 있는 것 말고는 뭐든지'라고 했으므로 원형부정사를 이용한 관용표현 「do anything but+원형부정사」의 형태가 오는 것이 알맞다.

32 정답 why not

→ '결혼하는 게 어때요?'라고 했으므로 원형부정사를 이용한 관용표현 「why not+원형부정사」의 형태가 오는 것이 알맞다.

33 정답 nothing but

→ '단지 불평만 한다'라고 했으므로 원형부정사를 이용한 관용표현 「do nothing but+원형부정사」의 형태가 오는 것이 알맞다.

34 정답 anything but

→ '조언을 듣는 것 말고는 뭐든지'라고 했으므로 원형부정사를 이용한 관용표현 「do anything but+원형부정사」의 형태가 오는 것이 알맞다.

35 정답 nothing but

→ '약속만 한다'라고 했으므로 원형부정사를 이용한 관용표현 「do nothing but+원형부정사」의 형태가 오는 것이 알맞다.

36 정답 cannot help but

→ '킥킥대지 않을 수 없다'라고 했으므로 원형부정사를 이용한 관용표현 「cannot (help) but+원형부정사」의 형태가 오는 것이 알맞다.

단원 평가 문제 UNIT 52 ~ UNIT 53 ▶ 문제편 p.272~274

정답

01 ③   **02** ④   **03** ⑤   **04** ④   **05** ③

06 When I see old photos, I cannot help (또는 but recall) painful memories.

07 Is this sign big enough for everybody to see clearly?

08 The joke was so funny that I couldn't stop laughing.

09 ②   **10** ②   **11** ①   **12** ②   **13** ③

14 He did nothing but repeat himself.

15 Your dough is too soft to bake.

16 You told me to do anything but gamble.

17 4   **18** ④   **19** ③   **20** ①   **21** ②

22 asking → ask   **23** explains → explain

---

01 정답 ③   UNIT 52 to부정사의 의미상 주어와 관용표현

[해석] 당신이 이곳에 들어오는 것은 왜 중요한가요?
→ important는 사람의 성격을 나타내는 형용사가 아니므로 의미상 주어로 for you를 쓴다.

02 정답 ④   UNIT 52 to부정사의 의미상 주어와 관용표현

[해석] 할머니의 짐을 들어드리다니 당신은 친절하네요.
→ kind는 사람의 성격을 나타내는 형용사이므로 의미상 주어로 of you를 쓴다.

03 정답 ⑤   UNIT 53 원형부정사

[해석] ① Brown 씨는 내가 들어오는 것을 알아챘다.
② Tom은 내가 깨진 안경을 고치는 것을 도와주지 않았다.
③ 제가 당신에 대해 가족들이 알도록 해야 하나요?
④ Judy는 내가 그녀의 문제를 대신 해결하도록 했다.
⑤ Isaac은 누군가가 문을 두드리는 것을 들었다.
→ ⑤ 지각동사 heard의 목적격 보어 자리에 현재분사 knocking이 알맞게 쓰였다. ①의 came은 come 또는 coming으로, ②의 fixing은 fix 또는 to fix로, ③의 to know는 know로, ④의 to solve는 solve로 고쳐야 알맞다.

04 정답 ④   UNIT 52 to부정사의 의미상 주어와 관용표현

[해석] 한 걸음 더 나아가다니 당신은 정말 ① 용감하다 ② 멍청하다 ③ 현명하다 ⑤ 관대하다.
→ 의미상 주어로 of you가 쓰였으므로 성격을 나타내는 형용사가 아닌 ④ normal은 올 수 없다.

05 정답 ③   UNIT 53 원형부정사

[해석] 나는 Karen이 ① 휴식하도록 ② 집중하도록 ④ 내면의 평화를 찾도록 ⑤ 진전을 보이도록 돕기 위해 이곳에 왔다.
→ 준사역동사 help가 쓰였으므로 목적격 보어로는 to부정사나 원형부정사가 와야 한다. 따라서 ③ fixing은 fix나 to fix로 고쳐야 적절하다.

06 정답 When I see old photos, I cannot help recalling(또는 but recall) painful memories.
UNIT 52 to부정사의 의미상 주어와 관용표현

→ '떠올리지 않을 수 없다'라고 했으므로 원형부정사를 이용한 관용표현 「cannot (help) but+원형부정사」의 형태가 오는 것이 알맞다. 또는 help의 목적어로 recalling을 써서 표현할 수 있다.

07 정답 Is this sign big enough for everybody to see clearly?   UNIT 52 to부정사의 의미상 주어와 관용표현

→ '모두가 볼 만큼 큰'이라고 했으므로 「형용사/부사 + enough + to부정사」의 형태로 와야 한다. enough big의 어순을 big enough로 고쳐야 한다.

08 정답 The joke was so funny that I couldn't stop laughing.   UNIT 52 to부정사의 의미상 주어와 관용표현

→ '너무 웃겨서 멈출 수 없었다'라고 했으므로 for를 that으로 고쳐야 한다. to부정사 관용표현 「too+형용사/부사+to부정사(너무 ~해서 …할 수 없는)」을 활용하여 The joke was too funny for me to stop laughing.이라고도 쓸 수 있다.

09 정답 ②   UNIT 52 to부정사의 의미상 주어와 관용표현

[해석] ① 우리가 이기는 것은 가능하다.
② 그렇게 말하다니 당신은 정말 친절하시네요!
③ 나는 숨 쉬는 것이 고통스러웠다.

④ 사람들이 가치관을 바꾸는 것은 어렵다.
⑤ Alec이 학교를 하루 빠지는 것은 드물다.
→ ②의 nice는 사람의 성격을 나타내는 형용사이므로 의미상 주어로
「of+목적격」을 쓴다. 나머지는 모두 for를 쓴다.

10 정답 ②　　　　　　UNIT **52** to부정사의 의미상 주어와 관용표현
[해석] ① 나는 일찍 은퇴할 정도로 부유하다.
② 당신은 너무 나이가 많아서 산에 오를 수 없다.
= 당신은 너무 나이가 많아서 산에 오를 수 있다.
③ 점심 먹고 산책하는 게 어때요?
④ 그가 시험 중에 부정행위를 한 것은 어리석었다.
⑤ 밤새 아기가 한 일은 우는 것뿐이었다.
→ '너무 나이가 많아서 오를 수 없는' 것이므로 too old to climb는
so old that you can't climb로 바꿔 쓸 수 있다.

11 정답 ①　　　　　　　　　　UNIT **53** 원형부정사
[해석] 괜찮아요. 당신의 개가 제 손의 냄새를 맡도록 두세요.
→ 사역동사 let의 목적격 보어 자리이므로 원형부정사 ① sniff가
알맞다.

12 정답 ②　　　　　　UNIT **52** to부정사의 의미상 주어와 관용표현
[해석] Edward는 너무 화가 나서 당신의 잘못된 행동을 용서할
수 없었다.
→ '너무 화가 나서 용서할 수 없는' 것이므로 ② to forgive가
알맞다.

13 정답 ③　　　　　　　　　　UNIT **53** 원형부정사
[해석] Nate와 나는 전 세계를 여행할 계획이다. 우리는 비행기
표를 사기 위해 돈을 모았다. 하지만, 우리 부모님들은 우리가
너무 어려서 우리 스스로 떠날 수 없다고 생각하시기 때문에
우리가 여행하도록 두지 않는다. 그래서 우리는 우리의 계획을
몇 년 미루기로 결정했다.
→ 사역동사 let의 목적격 보어 자리이므로 ③에는 to do가 아니라
원형부정사 do가 들어가야 알맞다.

14 정답 He did nothing but repeat himself.
　　　　　　　　　　　　　　UNIT **53** 원형부정사
→ '단지 같은 말을 반복하기만 했던' 것이므로 원형부정사를 이용한
관용표현 「do nothing but+원형부정사」의 형태가 오는 것이
알맞다. 따라서 not을 nothing으로 고쳐야 한다.

15 정답 Your dough is too soft to bake.
　　　　　　　UNIT **52** to부정사의 의미상 주어와 관용표현
→ '너무 부드러워서 구울 수 없다'고 했으므로 that bake를 to
bake로 고쳐야 한다.

16 정답 You told me to do anything but gamble.
　　　　　　　　　　　　　　UNIT **53** 원형부정사
→ '도박 말고는 다 하라'고 했으므로 원형부정사를 이용한 관용표현
「do anything but+원형부정사」의 형태가 오는 것이 알맞다.
따라서 to gamble을 gamble로 고쳐야 한다.

17 정답 4　　　　　UNIT **52** to부정사의 의미상 주어와 관용표현
[해석] 당신이 오늘 밤 이곳에서 머무르는 것은 지루할/비쌀/
쉬울/위험할 것이다.
→ 의미상 주어로 for you가 쓰였으므로 사람의 성격을 나타내는
clever, thoughtful은 빈칸에 적절하지 않다. 따라서 나머지
4개가 빈칸에 들어갈 수 있다.

18 정답 ④
　　　UNIT **52** to부정사의 의미상 주어와 관용표현, UNIT **53** 원형부정사
[해석] Tony는 자신이 차를 운전할 만큼 나이가 많다고
생각하지만, 그의 부모님은 그가 운전하도록 두지 않는다.
→ (A) '운전할 만큼 나이가 많은' 것이므로 「형용사 + enough
+ to부정사」의 형태인 old enough to drive의 어순이 와야 한다.
(B) 사역동사 let의 목적격 보어 자리이므로 원형부정사 drive가
와야 한다.

19 정답 ③
　　　UNIT **52** to부정사의 의미상 주어와 관용표현, UNIT **53** 원형부정사
[해석] 나는 그들이 고향으로 돌아온 것이 기뻤다. 하지만 그들은
곧 떠나기로 선택했고, 그것은 나를 슬프게 했다.
→ (A) happy는 사람의 성격을 나타내는 형용사가 아니므로 for가
적절하다. (B) '떠나는 것을 선택했다'라는 의미를 완성하는 to
leave가 적절하다. (C) 사역동사 made의 목적격 보어 자리이므로
원형부정사 feel이 적절하다.

20 정답 ①　　　　　　　　　　UNIT **53** 원형부정사
[해석] ① 그녀를 놓아주고 당신의 삶을 사세요.
② 나는 심장이 매우 빨리 뛰는 것을 느꼈다.
③ 당신은 그가 교실에서 나오는 것을 봤나요?
④ Amelie는 나무 위에서 새들이 노래하는 것을 보고 있다.
⑤ 동물들은 항상 내가 우울함에서 벗어날 수 있도록 돕는다.
→ 사역동사 let의 목적격 보어 자리이므로 gone을 원형부정사
go로 고쳐야 알맞다.

21 정답 ②　　　　　　　　　　UNIT **53** 원형부정사
[해석] ⓐ 나는 방금 당신이 내 차를 긁는 걸 봤다.
ⓑ 나는 내 개의 심장이 뛰는 것을 느낄 수 있다.
ⓒ 나는 당신이 변하는 것을 보고 싶지 않다.
ⓓ 설명서는 사용자가 소프트웨어를 설치하도록 돕는다.
ⓔ 나는 당신의 여행에 대해 당신이 말하는 것을 엿듣지 않을 수
없다.
→ ⓑ 지각동사 feel의 목적격 보어로 현재분사 beating이
적절하게 쓰였다. ⓓ 준사역동사 helps의 목적격 보어로 to부정사
to set up이 적절하게 쓰였다.
ⓐ의 to scratch는 지각동사 saw의 목적격 보어 자리이므로
scratch나 scratching으로 고쳐야 하고, ⓒ의 to change는
지각동사 watch의 목적격 보어 자리이므로 change나
changing으로 고쳐야 한다. ⓔ의 to overhear는 원형부정사
overhear로 고쳐야 한다.

22 정답 asking → ask　　　　　UNIT **53** 원형부정사
[해석] A: 나 수학 과제 때문에 힘들어.
B: 과외 선생님께 도움을 요청해 보는 건 어때? 선생님께서
그것을 자세히 설명해 주시도록 하면 되잖아.
A: 정말 좋은 생각이야! 조언 고마워.
→ B는 '요청해 보는 건 어때?'라고 했으므로 Why not 뒤에는
원형부정사를 이용한 관용표현 「why not+원형부정사」의 형태가
오는 것이 알맞다. 따라서 asking이 아니라 원형부정사 ask가 와야
한다.

23 정답 explains → explain　　　UNIT **53** 원형부정사
→ 사역동사 have의 목적격 보어 자리이므로 explains는
원형부정사 explain으로 고쳐야 알맞다.

 동명사

UNIT 54 동명사의 형태 및 역할

개념 확인 문제 정답 ▶ 문제편 p.277~279

01 helping	02 never taking	03 lying
04 selling	05 Not getting	06 ⓐ, ⓑ, ⓘ
07 ⓒ, ⓓ, ⓔ	08 ⓕ, ⓖ, ⓗ	09 not 또는 never
10 is	11 starting	12 O
13 O	14 ⓒ	15 ⓑ
16 ⓒ	17 ⓐ	18 ⓑ	19 ⓐ	20 ⓑ
21 ⓐ	22 ⓒ	23 ⓐ	24 ⓑ

25 어긴 것을 후회한다 26 말하게 되어 유감이다
27 맞추려고 노력했다
28 시험 삼아 케이크를 구워봤지만
29 방문했던 것을 기억한다 30 숨 쉴 것을 기억하지
31 말할 것을 잊었다
32 보냈던 것을 절대 잊지 못할 것이다

---

01 [정답] helping
[해석] 그의 가장 큰 기쁨은 다른 사람들을 돕는 것이다.
→ 보어 자리에 동사가 올 수 없으므로 동명사 helping이 알맞다.

02 [정답] never taking
[해석] 나는 어떤 위험도 무릅쓰지 않은 것을 후회한다.
→ 동명사의 부정형은 동명사 앞에 not이나 never를 쓴다.

03 [정답] lying
[해석] 그는 문제에서 벗어나기 위해 거짓말을 할 수 있다.
→ 전치사의 목적어 자리에 동사가 올 수 없으므로 동명사 lying이 알맞다.

04 [정답] selling
[해석] 그들은 환자에게 약을 팔기 시작했다.
→ 문장의 목적어 자리에 동사가 올 수 없으므로 동명사 selling이 알맞다.

05 [정답] Not getting
[해석] 충분한 수면을 취하지 않는 것은 기분에 영향을 미친다.
→ 동명사의 부정형은 동명사 앞에 not이나 never를 쓴다.

06 [정답] ⓐ, ⓑ, ⓘ
[해석] ⓐ 좋은 사람이 되는 것은 선택이다.
ⓑ 걱정하는 것이 상황을 나아지게 하지는 않을 것이다.
ⓘ 비가 올 때 산을 오르는 것은 위험할 수 있다.
→ ⓐ '되는 것' ⓑ '걱정하는 것', ⓘ '오르는 것'이라는 의미의 주어로 쓰였다.

07 [정답] ⓒ, ⓓ, ⓔ
[해석] ⓒ 나의 열정은 만나는 모든 사람들을 칭찬하는 것이다.
ⓓ 그의 책임은 팀을 감독하는 것이었다.
ⓔ 우리의 우선순위는 고객 서비스를 개선하는 것이다.
→ 동사와 함께 ⓒ '칭찬하는 것이다', ⓓ '감독하는 것이었다', ⓔ '개선하는 것이다'라는 의미를 완성하는 보어로 쓰였다.

08 [정답] ⓕ, ⓖ, ⓗ
[해석] ⓕ 당신은 남의 험담을 하는 것으로 유명하다.
ⓖ 나는 당신의 끝없는 불평을 듣는 것이 지겹다.
ⓗ 나는 학교를 자퇴하는 것을 여전히 고려 중이다.
→ ⓕ 전치사 for, ⓖ 전치사 of, ⓗ 전치사 about의 목적어로 쓰였다.

09 [정답] not 또는 never
[해석] 나는 당신을 사랑하지 않는 것을 상상할 수 없다.
→ 동명사의 부정형은 동명사 앞에 not이나 never를 쓰므로 don't를 not이나 never로 고쳐야 알맞다.

10 [정답] is
[해석] 사람들을 살리는 것이 내가 정말 하고 싶은 일이다.
→ 동명사 주어는 단수 취급하므로 are를 is로 고쳐야 알맞다.

11 [정답] starting
[해석] 우리는 새로운 가정을 시작하는 것을 꿈꿨다.
→ 전치사 of의 목적어 역할을 해야 하므로 started를 동명사 starting으로 고쳐야 알맞다.

12 [정답] O
[해석] 여행하는 것은 내가 세상을 보는 법을 넓혀준다.
→ 동명사 Traveling이 문장의 주어로 알맞게 쓰였다.

13 [정답] O
[해석] 나는 그런 상황에서 어떻게 해야 할지 알지 못하는 것을 싫어한다.
→ 동명사 knowing의 부정형 not knowing이 알맞게 쓰였다.

14 [정답] ⓒ
[해석] 나는 더 어두운색의 옷을 입는 것을 선호한다.
→ prefer는 의미의 차이 없이 동명사와 to부정사 모두를 목적어로 취하는 동사이다.

15 [정답] ⓑ
[해석] 우리는 친구로 남기로 약속했다.
→ promise는 to부정사를 목적어로 취하는 동사이다.

16 [정답] ⓒ
[해석] 비가 쏟아지는 것이 계속됐다.
→ continue는 의미의 차이 없이 동명사와 to부정사 모두를 목적어로 취하는 동사이다.

17 [정답] ⓐ
[해석] 그는 내 질문에 대답하는 것을 피했다.
→ avoid는 동명사를 목적어로 취하는 동사이다.

18 정답 ⓑ

[해석] 그녀는 거절을 대답으로 받아들이기를 거부했다.
→ refuse는 to부정사를 목적어로 취하는 동사이다.

19 정답 ⓐ

[해석] 화장실을 개조하는 것을 미룹시다.
→ put off는 동명사를 목적어로 취하는 동사이다.

20 정답 ⓑ

[해석] Sasha는 자신의 사업을 시작하기를 바란다.
→ desire는 to부정사를 목적어로 취하는 동사이다.

21 정답 ⓐ

[해석] 당신은 긍정적으로 생각하는 것을 연습할 필요가 있다.
→ practice는 동명사를 목적어로 취하는 동사이다.

22 정답 ⓒ

[해석] 바퀴가 진흙 안으로 가라앉기 시작했다.
→ start는 의미의 차이 없이 동명사와 to부정사 모두를 목적어로 취하는 동사이다.

23 정답 ⓐ

[해석] 그 회사는 강을 오염시킨 것을 부인했다.
→ deny는 동명사를 목적어로 취하는 동사이다.

24 정답 ⓑ

[해석] 나는 그녀가 마음을 바꾸도록 설득하는 것을 실패했다.
→ fail은 to부정사를 목적어로 취하는 동사이다.

25 정답 **어긴 것을 후회한다**

→ 「regret+동명사」는 '~한 것을 후회하다'라고 해석한다.

26 정답 **말하게 되어 유감이다**

→ 「regret+to부정사」는 '~하게 되어 유감이다'라고 해석한다.

27 정답 **맞추려고 노력했다**

→ 「try+to부정사」는 '~하려고 노력하다'라고 해석한다.

28 정답 **시험 삼아 케이크를 구워봤지만**

→ 「try+동명사」는 '시험 삼아 ~해보다'라고 해석한다.

29 정답 **방문했던 것을 기억한다**

→ 「remember+동명사」는 '~했던 것을 기억하다'라고 해석한다.

30 정답 **숨 쉴 것을 기억하지**

→ 「remember+to부정사」는 '~할 것을 기억하다'라고 해석한다.

31 정답 **말할 것을 잊었다**

→ 「forget+to부정사」는 '~할 것을 잊다'라고 해석한다.

32 정답 **보냈던 것을 절대 잊지 못할 것이다**

→ 「forget+동명사」는 '~했던 것을 잊다'라고 해석한다.

UNIT 55 동명사의 관용표현

개념 확인 문제 정답　　　▶ 문제편 p.281

01 is worth sharing　**02** cannot help yawning
03 went skiing　**04** was busy designing
05 spent my whole life comparing
06 have difficulty in sleeping
07 use → used　**08** of → for　**09** on → at
10 to → like　**11** in → of　**12** at → on
13 in → from　**14** from → by
15 with → without

01 정답 **is worth sharing**

[해석] 그들이 말한 것은 공유할 가치가 있다.
→ '~할 가치가 있다'는 be worth v-ing 형태로 쓴다. share를 sharing이라고 써야 알맞다.

02 정답 **cannot help yawning**

[해석] 그들은 수업 중에 하품을 하지 않을 수 없다.
→ '~하지 않을 수 없다'는 cannot help v-ing 형태로 쓴다. yawn을 yawning이라고 써야 알맞다.

03 정답 **went skiing**

[해석] Noah는 추운 날씨에도 불구하고 스키를 타러 갔다.
→ '~하러 가다'는 go v-ing 형태로 쓴다. ski를 skiing이라고 써야 알맞다.

04 정답 **was busy designing**

[해석] 나는 회사의 로고를 디자인하느라 바빴다.
→ '~하느라 바쁘다'는 be busy v-ing 형태로 쓴다. design을 designing이라고 써야 알맞다.

05 정답 **spent my whole life comparing**

[해석] 나는 내 평생을 그녀와 비교하는 데 썼다.
→ '~하는 데 시간을 소비하다'는 「spend+시간+v-ing」 형태로 쓴다. compare를 comparing이라고 써야 알맞다.

06 정답 **have difficulty in sleeping**

[해석] 나는 당신이 밤에 잠을 자는 데 어려움을 겪는다는 것을 이해한다.
→ '~하는 데 어려움을 겪다'는 have difficulty in v-ing 형태로 쓴다. sleep을 sleeping이라고 써야 알맞다.

07 정답 **use → used**

→ '~하는 데 익숙하다'는 be used to v-ing 형태로 쓴다. 따라서 use를 used로 고쳐야 알맞다.

08 정답 **of → for**

→ '~에 대해 A에게 감사하다'는 thank A for v-ing 형태로 쓴다. 따라서 of를 for로 고쳐야 알맞다.

09 정답 **on → at**

→ '~을 잘하다'는 be good at v-ing 형태로 쓴다. 따라서 on을 at으로 고쳐야 알맞다.

10 정답 to → like
→ '~하고 싶다'는 feel like v-ing 형태로 쓴다. 따라서 to를 like로 고쳐야 알맞다.

11 정답 in → of
→ '~을 지겨워하다'는 be tired of v-ing 형태로 쓴다. 따라서 in을 of로 고쳐야 알맞다.

12 정답 at → on
→ '계속 ~하다'는 keep on v-ing 형태로 쓴다. 따라서 at을 on으로 고쳐야 알맞다.

13 정답 in → from
→ 'A가 ~하는 것을 막다'는 stop A from v-ing 형태로 쓴다. 따라서 in을 from으로 고쳐야 알맞다.

14 정답 from → by
→ '~함으로써'는 by v-ing 형태로 쓴다. 따라서 from을 by로 고쳐야 알맞다.

15 정답 with → without
→ '~하지 않고'는 without v-ing 형태로 쓴다. 따라서 with를 without으로 고쳐야 알맞다.

단원 평가 문제 UNIT 54 ~ UNIT 55
▶ 문제편 p.282~286

정답
01 ③ **02** ④ **03** ③ **04** ④ **05** ②
06 ① **07** ① **08** ⑤ **09** ③
10 I don't feel like saying, "Excuse me."
11 We are tired of saying the same thing.
12 He spends two hours traveling to work.
13 ④ **14** ⑤ **15** about
16 진정시키는 것을 잘한다
17 그녀의 꼬리는 계속 자라났다
18 사랑에 빠지지 않을 수 없었다
19 ⑤ **20** ⑤ **21** ② **22** ③ **23** ⑤
24 ② **25** We thanked Owen for being honest.
26 He couldn't prevent the accident from happening.
27 5개 **28** ② **29** ③ **30** ⑤ **31** ①
32 ② **33** to go → going **34** seeing → to see
35 to go → going **36** see → seeing **37** ③
38 ② **39** ④ **40** ⑤ **41** ④

01 정답 ③ UNIT 55 동명사의 관용표현
[해석] 나는 내가 계속 그를 생각하는 이유를 모르겠다.
→ '계속 ~하다'는 keep on v-ing 형태로 쓴다.

02 정답 ④ UNIT 55 동명사의 관용표현
[해석] 그들은 길을 찾는 데 큰 어려움을 겪었다.
→ '~하는 데 어려움을 겪다'는 have difficulty in v-ing 형태로 쓴다.

03 정답 ③ UNIT 55 동명사의 관용표현
[해석] 그는 기사의 문법적 오류를 지적하느라 바빴다.
→ '~하느라 바쁘다'는 be busy v-ing 형태로 쓰므로 ③ pointing이 와야 알맞다.

04 정답 ④ UNIT 54 동명사의 형태 및 역할
[해석] 우는 것을 멈추고 무슨 일인지 말해주세요.
→ quit은 동명사를 목적어로 취하는 동사이므로 ④ crying이 와야 알맞다.

05 정답 ② UNIT 54 동명사의 형태 및 역할
[해석] ① 나는 때때로 만져지는 것을 싫어한다.
② 나는 이 문제를 극복하기를 바란다.
③ 그는 당신을 기다리는 것을 개의치 않았다.
④ 그녀는 아이들과 함께 일하는 것을 즐겼다.
⑤ 그들은 모든 세부 사항을 계속 말했다.
→ hope은 to부정사를 목적어로 취하는 동사이므로 ②의 overcoming을 to overcome으로 고쳐야 알맞다.

06 정답 ① UNIT 54 동명사의 형태 및 역할
[해석] ① 나는 되돌아가기 싫다.
② 그는 말하는 것을 끝내지 않았다.
③ Nell은 날 해치려고 한 것을 부인한다.
④ 그들은 비용을 나눌 것을 제안했다.
⑤ 그녀는 지루한 회의에 참석하는 것을 싫어한다.
→ want는 to부정사를 목적어로 취하는 동사이므로 ①의 going을 to go로 고쳐야 알맞다.

07 정답 ① UNIT 54 동명사의 형태 및 역할
[해석] ① 우리의 주된 관심은 안전하게 있는 것이다.
② 나는 전에 그의 수업을 들었던 것을 기억한다.
③ 나는 그 사건 이후 그녀에게 연락을 시도했다.
④ 그는 담배를 끊으려고 여러 번 노력했다.
⑤ 그들은 흥분하여 박수를 치기 시작했다.
→ ①의 staying은 주어 Our main concern을 보충 설명하는 주격 보어로 쓰였다. 나머지는 모두 문장에서 목적어 역할을 한다.

08 정답 ⑤ UNIT 54 동명사의 형태 및 역할
[해석] 그들 모두 파티에 머무르는 것을 ① 피했다 ② 고려했다 ③ 후회했다 ④ 잊었다.
→ ⑤ plan은 목적어로 to부정사를 취하는 동사이므로 빈칸에 들어갈 수 없다.

09 정답 ③ UNIT 54 동명사의 형태 및 역할
[해석] ① 그는 뒤처지는 것을 피했다.
② 선물 사는 것을 미루지 맙시다.
③ 당신은 무죄를 입증하는 것에 실패했다.
④ Nolan은 나에게 이유를 묻기 시작했다.
⑤ 우리는 낙하산을 펼치는 연습을 할 것이다.
→ ③ 문장의 동사 fail은 목적어로 to부정사를 취하므로 proving을 to prove로 고쳐야 알맞다.

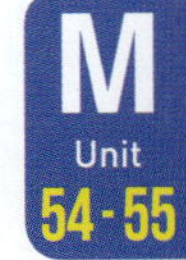

10 정답 **I don't feel like saying, "Excuse me."**
UNIT **55** 동명사의 관용표현

→ '~하고 싶다'는 feel like v-ing 형태로 쓴다. 따라서 said를 saying으로 고쳐야 알맞다.

11 정답 **We are tired of saying the same thing.**
UNIT **55** 동명사의 관용표현

→ '~을 지겨워하다'는 be tired of v-ing 형태로 쓴다. 따라서 at을 of로 고쳐야 알맞다.

12 정답 **He spends two hours traveling to work.**
UNIT **55** 동명사의 관용표현

→ '~하는 데 시간을 소비하다'는 「spend+시간+v-ing」 형태로 쓴다. 따라서 to travel을 traveling으로 고쳐야 알맞다.

13 정답 ④
UNIT **54** 동명사의 형태 및 역할

[해석] ④ 나는 그런 위험한 계획을 제안한 것을 후회한다.
→ 「regret+동명사」는 '~한 것을 후회하다'라고 해석한다. '~하게 되어 유감이다'는 「regret+to부정사」 형태로 쓴다.

14 정답 ⑤ UNIT **54** 동명사의 형태 및 역할, UNIT **55** 동명사의 관용표현

[해석] (A) Miguel은 손님들에게 친절하게 말하는 것을 연습했다.
(B) 나는 단지 이유를 모르는 것을 싫어한다.
(C) 그는 아침에 커피를 마시는 것에 익숙하지 않았다.
→ (A) practice는 목적어로 동명사를 취하는 동사이므로 talking이 와야 한다.
(B) 동명사의 부정형은 동명사 앞에 not이나 never를 붙여 표현하므로 not knowing이 와야 한다.
(C) 앞에 was not used to가 있으므로 drinking이 와서 '커피를 마시는 것에 익숙하지 않았다'라는 뜻을 완성하는 것이 알맞다.

15 정답 **about**
UNIT **55** 동명사의 관용표현

[해석] • 그는 준비가 안 된 것에 대해 걱정한다.
• 우리는 본관을 다시 꾸미는 것에 대해 이야기해야 한다.
→ '~에 대해 걱정하다'는 be worried about v-ing 형태로 쓰고, '~에 대해 이야기하다'는 talk about v-ing 형태로 쓴다. 따라서 빈칸에는 공통으로 about이 들어가야 한다.

16 정답 **진정시키는 것을 잘한다**
UNIT **55** 동명사의 관용표현
→ be good at v-ing는 '~을 잘하다'라고 해석한다.

17 정답 **그녀의 꼬리는 계속 자라났다**
UNIT **55** 동명사의 관용표현
→ keep on v-ing는 '계속 ~하다'라고 해석한다. 문장의 시제가 kept로 과거이므로 '자라났다'라고 해석하는 것이 적절하다.

18 정답 **사랑에 빠지지 않을 수 없었다**
UNIT **55** 동명사의 관용표현
→ cannot help v-ing는 '~하지 않을 수 없다'라고 해석한다. 문장의 시제가 couldn't로 과거이므로 '없었다'라고 해석하는 것이 적절하다.

19 정답 ⑤
UNIT **55** 동명사의 관용표현
→ '~하지 않고'는 without v-ing 형태로 쓴다.

20 정답 ⑤
UNIT **54** 동명사의 형태 및 역할
→ '~할 것을 기억하다'는 「remember+to부정사」 형태로 쓴다.

21 정답 ②
UNIT **55** 동명사의 관용표현
→ '~하고 싶다'는 feel like v-ing 형태로 쓴다.

22 정답 ③
UNIT **54** 동명사의 형태 및 역할

[해석] ① 나는 당신 대신 그것을 한 것을 후회한다.
나는 당신 대신 그것을 하게 되어 유감이다.
② 그들은 창문을 열기 위해 애썼다.
그들은 시험삼아 창문을 열어보았다.
③ 그녀는 예술 작품을 수집하는 것을 좋아한다.
④ 그는 손자들을 방문할 것을 기억한다.
그는 손자들을 방문했던 것을 기억한다.
⑤ Jordan을 초대하는 것을 잊었나요?
Jordan을 초대했던 것을 잊었나요?
→ like는 의미의 차이 없이 동명사와 to부정사 모두를 목적어로 취하는 동사이다.

23 정답 ⑤
UNIT **54** 동명사의 형태 및 역할

[해석] 내 목표는 대학 장학금을 받는 것이다.
① 수영은 좋은 운동이다.
② 계속 연습하는 것이 중요하다.
③ 나는 친구들과 축구하는 것을 즐긴다.
④ 책 읽기는 내가 가장 좋아하는 취미이다.
⑤ 그의 미래 희망은 훌륭한 요리사가 되는 것이다.
→ 주어진 getting은 주격 보어로 쓰였다. ①, ④은 주어, ②, ③은 목적어, ⑤은 주격 보어로 쓰였으므로 ⑤이 정답이다.

24 정답 ②
UNIT **54** 동명사의 형태 및 역할

[해석] 친절의 이점 중 하나는 신뢰를 쌓는 것이다.
① 그녀의 역할은 팀을 이끄는 것이다.
② 우리는 새로운 도시로 이사할 것을 생각하고 있다.
③ 내 아들의 가장 좋아하는 활동은 쿠키를 굽는 것이다.
④ 조깅은 내가 매일 아침 가장 먼저 하는 일이다.
⑤ 인내심을 갖는 것이 어려운 상황을 해결하는 핵심이다.
→ 주어진 being은 전치사 of의 목적어로 쓰였다. ①, ③은 주격 보어, ②은 전치사 about의 목적어, ④, ⑤은 주어로 쓰였으므로 ②이 정답이다.

25 정답 **We thanked Owen for being honest.**
UNIT **55** 동명사의 관용표현

→ '~에 대해 A에게 감사하다'는 thank A for v-ing 형태로 쓴다. '감사했다'라고 했으므로 과거시제 동사 thanked를 써야 한다.

26 정답 **He couldn't prevent the accident from happening.**
UNIT **55** 동명사의 관용표현

→ 'A가 ~하는 것을 막다'는 prevent A from v-ing 형태로 쓴다. '막을 수 없었다'라고 했으므로 과거시제 동사 couldn't를 써야 한다.

27 정답 **5개**
UNIT **54** 동명사의 형태 및 역할

[해석] Dominic은 중요한 역할을 맡는 것을 동의했다/시작했다/싫어했다/선호했다/거절했다.
→ 빈칸 뒤에 to부정사 목적어인 to take가 왔으므로 동명사를 목적어로 취하는 imagined와 postponed는 빈칸에 올 수 없다.

28 정답 ②
UNIT **54** 동명사의 형태 및 역할

[해석] Brian은 ① 그를 초대해 준 ③ 그에게 말을 걸어준 ④ 그의 말을 들어준 ⑤ 그에게 전화한 것에 대해 나에게 감사했다.
→ 빈칸 앞에 전치사 for가 있으므로 동사 형태인 ② helped는 올 수 없다. 나머지는 모두 동명사 형태로 빈칸에 올 수 있다.

29 정답 ③　　　　　　　　UNIT **54** 동명사의 형태 및 역할

[해석] 그녀는 점심으로 채소를 먹는 것을 ① 매우 좋아한다 ② 즐긴다 ④ 선호한다 ⑤ 싫어한다.

→ ①, ④은 동명사와 to부정사 둘 다를 목적어로 취하고, ②, ⑤은 동명사를 목적어로 취하고, ③은 to부정사를 목적어로 취한다. 따라서 eating의 앞에 올 수 없는 동사는 ③이다.

30 정답 ⑤　　　　　　　　UNIT **54** 동명사의 형태 및 역할

[해석] 그는 다가오는 프로젝트를 위해 팀에 들어가는 것에 ① 동의했다 ② 실패했다 ③ 희망했다 ④ 거절했다.

→ ①, ②, ③, ④은 to부정사를 목적어로 취하고, ⑤은 동명사를 목적어로 취한다. 따라서 to join의 앞에 올 수 없는 동사는 ⑤이다.

31 정답 ①　UNIT **54** 동명사의 형태 및 역할, UNIT **55** 동명사의 관용표현

[해석] (A) 그녀는 나에게 말하지 않고 떠났다.
(B) 나의 여동생들은 다른 문화를 탐험하고 싶어 한다.
(C) 나는 일찍 일어나는 것에 익숙하다.

→ (A) 빈칸 앞에 전치사 without이 왔으므로 동명사 telling이 와야 한다.
(B) desire는 to부정사를 목적어로 취하는 동사이므로 to explore가 와야 한다.
(C) '~하는 데 익숙하다'는 be used to v-ing 형태로 쓴다.

32 정답 ②　　　　　　　　UNIT **54** 동명사의 형태 및 역할

[해석] ① Silvia는 콘서트에 카메라를 들고 올 것으로 예상했다.
② Silvia는 나를 콘서트에 데려가는 것을 포기했다.
③ Silvia는 콘서트에 일찍 가기로 결정했다.
④ Silvia는 콘서트 티켓을 얻기를 바랐다.
⑤ Silvia는 콘서트에 오기로 약속했다.

→ ②의 (A) give up은 동명사를 목적어로 취하는 동사이므로 (B)에는 to take me가 아니라 taking me가 와야 알맞다.

33 정답 to go → going　　　UNIT **54** 동명사의 형태 및 역할

[해석] Harrison은 공부를 위해 해외에 가겠다고 주장했다.
→ 앞에 전치사 on이 왔으므로 to go를 going으로 고쳐야 알맞다.

34 정답 seeing → to see　　UNIT **54** 동명사의 형태 및 역할

[해석] 그들은 직접 담당자를 만날 것에 동의했다.
→ agree는 to부정사를 목적어로 취하는 동사이므로 seeing을 to see로 고쳐야 알맞다.

35 정답 to go → going　　　UNIT **54** 동명사의 형태 및 역할

[해석] 우리는 황사 때문에 캠핑을 가는 것을 미뤘다.
→ postpone은 동명사를 목적어로 취하는 동사이므로 to go를 going으로 고쳐야 알맞다.

36 정답 see → seeing　　　UNIT **55** 동명사의 관용표현

[해석] 그녀는 이렇게 큰 인파를 보는 것에 익숙하지 않다.
→ '~하는 데 익숙하다'는 be used to v-ing 형태로 쓴다. 따라서 see를 seeing으로 고쳐야 알맞다.

37 정답 ③　　　　　　　　UNIT **54** 동명사의 형태 및 역할

[해석] (A) 미안하지만, 나는 당신을 도와주고 싶지 않다.
(B) 나는 가족을 위해 요리하는 것을 개의치 않을 것이다.
(C) 제가 경기에서 우승하지 못한 것에 짜증이 났냐고요?
(D) 나는 당신과 함께 시간을 보내는 것이 즐겁다.
(E) 나는 엉망진창인 것을 치우는 것이 지겹다.

→ 동명사의 부정형은 동명사 앞에 not이나 never를 쓴다. 따라서 (C)에는 no winning이 아니라 not winning 또는 never winning이 와야 알맞다.

38 정답 ②　　　　　　　　UNIT **54** 동명사의 형태 및 역할

[해석] ① A: 나는 요리가 정말 편하다는 걸 알아.
B: 정말? 나는 외식하는 걸 더 좋아해
② A: 나는 풍경화를 그리는 연습을 해.
B: 정말 멋지다!
③ A: 너는 주말에 하이킹하는 거 좋아해?
B: 응, 좋아해.
④ A: 나는 여가 시간에 책 읽는 걸 좋아해.
B: 멋지네!
⑤ A: 너는 규칙적으로 요가하는 것에 대해 어떻게 생각해?
B: 좋은 생각이라고 생각해.

→ practice는 동명사를 목적어로 취하는 동사이므로 to paint가 아닌 painting이 와야 한다.

39 정답 ④　　　　　　　　UNIT **54** 동명사의 형태 및 역할

[해석] Emma는 주말마다 요리 수업을 듣기 시작했다. 지난주, 그녀는 전통 이탈리아 파스타 요리를 만들기로 결심했다. 몇 시간 동안 요리한 후, 그녀는 자신이 준비한 음식에 자부심을 느꼈다. 이제 그녀는 계속 다양한 요리를 실험할 것으로 기대하고 있다.

→ (A) decide는 to부정사를 목적어로 취하는 동사이다. (B) 전치사 뒤에는 동명사가 올 수 있다. (C) expect는 to부정사를 목적어로 취하는 동사이다.

40 정답 ⑤　UNIT **54** 동명사의 형태 및 역할, UNIT **55** 동명사의 관용표현

[해석] 남: 너는 자유 시간에 뭐 해?
여: 나는 매일 아침 조깅을 즐겨.
남: 정말? 나 다음 주에 수영 배우기로 했어.
여: 그거 좋네! 수영 배우는 것은 재미있을 거야.
남: 나는 수영을 잘 못할까 봐 걱정돼.
여: 걱정 마, 그냥 연습 계속해. 시도하지 않으면 나아지지 않아!
남: 조언 고마워.

→ to부정사는 전치사의 목적어로 올 수 없으므로 to try를 동명사 trying으로 고쳐야 한다. without v-ing는 '~하지 않고'를 뜻하는 동명사 관용표현이다.

41 정답 ④　　　　　　　　UNIT **55** 동명사의 관용표현

→ be worried about v-ing는 '~에 대해 걱정하다', be good at v-ing '~을 잘하다'라는 뜻의 동명사 관용표현이다. 전치사 about과 at 뒤에는 동명사가 와야 한다.

N 분사

개념 확인 문제 정답 ▶ 문제편 p.289

01 doing	**02** spoken	**03** calling
04 accepted	**05** used	**06** locked
07 exploring	**08** painting	**09** built
10 using	**11** looking	**12** waiting
13 cleaned	**14** barking	**15** unknown
16 loved		

---

01 [정답] doing
→ '하고 있는' 것이므로 doing이 are와 현재진행시제를 완성해야 한다.

02 [정답] spoken
→ The language가 '말해진' 것이므로 수동의 관계를 나타내는 spoken이 명사를 수식하는 것이 알맞다.

03 [정답] calling
→ '전화하고 있는' 것이므로 calling이 am과 현재진행시제를 완성해야 한다.

04 [정답] accepted
→ '허용되는' 것이므로 accepted가 be와 수동태 동사를 완성해야 한다.

05 [정답] used
→ '사용하지 않아온' 것이므로 used가 have not과 현재완료시제를 완성해야 한다.

06 [정답] locked
→ the door가 '잠긴' 것이므로 수동의 관계를 나타내는 locked가 명사를 수식하는 것이 알맞다.

07 [정답] exploring
→ The characters가 '탐험하는' 것이므로 능동의 관계를 나타내는 exploring이 명사를 수식하는 것이 알맞다.

08 [정답] painting
[해석] 그녀는 그림을 그리는 중이다.
→ is와 함께 현재진행시제를 완성하는 현재분사 painting이 알맞다.

09 [정답] built
[해석] 이 집은 1910년에 지어졌다.
→ 집이 '지어진' 것이므로 was와 함께 수동태를 완성하는 과거분사 built가 알맞다.

10 [정답] using
[해석] Sharon은 나무 사다리를 사용하고 있었다.
→ Sharon이 '사용하고 있었던' 것이므로 was와 함께 과거진행시제를 완성하는 현재분사 using이 알맞다.

11 [정답] looking
[해석] 그는 말없이 나를 바라보며 서있었다.
→ 그가 '보고 있었던' 것이므로 주어 He를 보충 설명하는 현재분사 looking이 알맞다.

12 [정답] waiting
[해석] 그들은 나를 오랫동안 기다리게 했다.
→ 내가 '기다린' 것이므로 목적어 me를 보충 설명하는 현재분사 waiting이 알맞다.

13 [정답] cleaned
[해석] Rita는 절대로 그녀의 운동화를 세척하지 않는다.
→ 운동화는 '세척되는' 것이므로 목적어 her sneakers를 보충 설명하는 과거분사 cleaned가 알맞다.

14 [정답] barking
[해석] 나의 개는 당신의 개 옆에서 짖고 있는 개다.
→ '짖고 있는' 개이므로 부정대명사 one을 수식하는 현재분사 barking이 알맞다.

15 [정답] unknown
[해석] 홍수의 원인은 알려지지 않았다.
→ 원인이 '알려지지 않은' 것이므로 주어 The cause를 보충 설명하는 과거분사 unknown이 알맞다.

16 [정답] loved
[해석] 그는 많은 팬들의 사랑을 받는 농구선수이다.
→ '사랑받는' 농구선수이므로 명사 the basketball player를 수식하는 과거분사 loved가 알맞다.

개념 확인 문제 정답 ▶ 문제편 p.291

01 We stepped carefully over the broken glass.
02 His shocking decision left everyone speechless.
03 The old man holding a cane is my grandfather.
04 The firefighter injured during the rescue was taken to the hospital.
05 repaired, 목적격 보어　　**06** singing, 목적격 보어
07 amazing, 주격 보어　　**08** shocked, 주격 보어
09 called, 목적격 보어　　**10** interesting, 주격 보어
11 have visited　　**12** was written
13 are discussing

---

01 [정답] We stepped carefully over the broken glass.
[해석] 우리는 조심스럽게 유리를 넘어갔다.
우리는 조심스럽게 깨진 유리를 넘어갔다.
→ 분사가 단독으로 명사를 수식할 때는 명사 앞에 온다.
따라서 broken glass의 어순이 알맞다.

02 정답 His shocking decision left everyone speechless.

[해석] 그의 결정은 모두를 말문이 막히게 했다.
그의 충격적인 결정은 모두를 말문이 막히게 했다.
→ 분사가 단독으로 명사를 수식할 때는 명사 앞에 온다.
따라서 shocking decision의 어순이 알맞다.

03 정답 The old man holding a cane is my grandfather.

[해석] 그 노인은 나의 할아버지이다.
지팡이를 든 그 노인은 나의 할아버지이다.
→ 분사가 구를 이루며 명사를 수식할 때는 명사 뒤에 온다.
따라서 The old man holding a cane의 어순이 알맞다.

04 정답 The firefighter injured during the rescue was taken to the hospital.

[해석] 소방관이 병원으로 이송되었다.
구조 중 다친 소방관이 병원으로 이송되었다.
→ 분사가 구를 이루며 명사를 수식할 때는 명사 뒤에 온다.
따라서 The firefighter injured during the rescue의 어순이 알맞다.

05 정답 repaired, 목적격 보어

[해석] 나는 나의 컴퓨터를 고쳤다.
→ 컴퓨터가 '고쳐지는' 수동의 관계이므로 repaired가 알맞다. repaired는 목적어 my computer를 보충 설명하는 목적격 보어로 쓰였다.

06 정답 singing, 목적격 보어

[해석] 나는 네가 소음 속에서 노래하는 것을 들을 수 없다.
→ 네가 '노래하는' 능동의 관계이므로 singing이 알맞다. singing은 목적어 you를 보충 설명하는 목적격 보어로 쓰였다.

07 정답 amazing, 주격 보어

[해석] 당신은 그 옷을 입으니 매혹적으로 보인다.
→ 당신이 '매혹적인' 능동의 관계이므로 amazing이 알맞다. amazing은 주어 You를 보충 설명하는 주격 보어로 쓰였다.

08 정답 shocked, 주격 보어

[해석] 그는 처음으로 충격을 느꼈다.
→ 그가 '충격을 느낀' 수동의 관계이므로 shocked가 알맞다. shocked는 주어 He를 보충 설명하는 주격 보어로 쓰였다.

09 정답 called, 목적격 보어

[해석] Luis는 그의 이름이 여러 번 불리는 것을 들었다.
→ 그의 이름이 '불리는' 수동의 관계이므로 called가 알맞다. called는 목적어 his name을 보충 설명하는 목적격 보어로 쓰였다.

10 정답 interesting, 주격 보어

[해석] 그 과정은 모두에게 흥미로웠다.
→ 과정이 '흥미로운' 능동의 관계이므로 interesting이 알맞다. interesting은 주어 The course를 보충 설명하는 주격 보어로 쓰였다.

11 정답 have visited

[해석] 우리는 작년 여름에 파리를 방문했다.
→ 우리는 파리를 두 번 방문했다.
→ 완료형은 「has/have+과거분사」 형태로 쓴다.

12 정답 was written

[해석] 유명한 작가가 이 소설을 썼다.
→ 이 소설은 유명한 작가에 의해 쓰였다.
→ 수동태는 「be+과거분사」 형태로 쓴다.

13 정답 are discussing

[해석] 그들은 현대 사회의 문제에 대해 논의한다.
→ 그들은 현대 사회의 문제에 대해 논의하고 있다.
→ 진행형은 「be+현재분사」 형태로 쓴다.

UNIT **58** 감정을 나타내는 분사

개념 확인 문제 정답	▶ 문제편 p.293

01 pleasing, pleased   **02** confusing, confused
03 depressed, depressing
04 disappointed, disappointing
05 interesting, interested
06 moved, moving   **07** bored, boring
08 amazing, amazed   **09** ○
10 satisfied   **11** tired
12 shocking   **13** surprising

01 정답 pleasing, pleased

[해석] 결과는 만족스러웠다. 나는 결과에 만족한다.
→ 결과는 만족스러움을 '느끼게 하는' 것이므로 현재분사 pleasing이 알맞다. 나는 만족스러움을 '느끼는' 것이므로 과거분사 pleased가 알맞다.

02 정답 confusing, confused

[해석] 그 소년의 나이는 혼란을 일으켰다.
사람들은 그 소년의 나이에 혼란스러웠다.
→ 소년의 나이가 혼란을 '느끼게 하는' 것이므로 현재분사 confusing이 알맞다. 사람들이 혼란스러움을 '느끼는' 것이므로 과거분사 confused가 알맞다.

03 정답 depressed, depressing

[해석] Andrea는 습한 날씨 때문에 우울하다.
습한 날씨는 우울하게 한다.
→ Andrea가 우울함을 '느끼는' 것이므로 과거분사 depressed가 알맞다. 날씨가 우울함을 '느끼게 하는' 것이므로 현재분사 depressing이 알맞다.

04 정답 disappointed, disappointing

[해석] 나는 당신의 답변에 매우 실망했다.
당신의 답변은 매우 실망스럽다.
→ 나는 실망을 '느끼는' 것이므로 과거분사 disappointed가 알맞다. 답변은 실망을 '느끼게 하는' 것이므로 현재분사 disappointing이 알맞다.

05 정답 interesting, interested

[해석] 새로운 요리법을 시도하는 것은 흥미롭다.
Whitney는 새로운 요리법을 시도하는 것에 흥미를 느낀다.
→ 요리법을 시도하는 것은 흥미를 '느끼게 하는' 것이므로 현재분사 interesting이 알맞다. Whitney가 흥미를 '느끼는' 것이므로 과거분사 interested가 알맞다.

06 정답 moved, moving

[해석] 많은 청취자가 Julian의 연설에 감동받았다.
Julian의 연설은 감동적이었다.
→ 청취자가 감동을 '느끼는' 것이므로 과거분사 moved가 알맞다. 연설은 감동을 '느끼게 하는' 것이므로 현재분사 moving이 알맞다.

07 정답 bored, boring

[해석] 아이들은 실내에 머물면서 지루해졌다.
실내에 머무는 것은 아이들에게 지루하다.
→ 아이들이 지루함을 '느끼는' 것이므로 과거분사 bored가 알맞다. 실내에 있는 것은 지루함을 '느끼게 하는' 것이므로 현재분사 boring이 알맞다.

08 정답 amazing, amazed

[해석] 아무도 다치지 않았다는 사실은 놀랍다.
우리는 아무도 다치지 않았다는 사실에 놀랐다.
→ 사실이 놀라움을 '느끼게 하는' 것이므로 현재분사 amazing이 알맞다. 우리는 놀라움을 '느끼는' 것이므로 과거분사 amazed가 알맞다.

09 정답 O

→ 논쟁하는 것이 피곤함을 '느끼게 하는' 것이므로 현재분사 tiring이 알맞게 쓰였다.

10 정답 satisfied

→ Patrick이 결과에 만족함을 '느끼는' 것이므로 과거분사 satisfied가 와야 알맞다.

11 정답 tired

→ 내가 피곤함을 '느끼는' 것이므로 과거분사 tired가 와야 알맞다.

12 정답 shocking

→ 발견이 충격을 '느끼게 하는' 것이므로 현재분사 shocking이 와야 알맞다.

13 정답 surprising

→ 놀라움을 '느끼게 하는' 영향이므로 현재분사 surprising이 와야 알맞다.

정답

01 ③	**02** ③	**03** ⑤	**04** ②	**05** ③
06 ⓐ, ⓒ, ⓔ		**07** ringing constantly		
08 named Typhoon	**09** ⑤	**10** ④	**11** ②	
12 ③	**13** ②	**14** ④	**15** annoying	
16 ⑤, boring				

01 정답 ③　　　　　UNIT 56 분사의 형태 및 종류

[해석] 나는 밤에 내리는 빗소리를 좋아한다.
→ 비가 '떨어지는' 능동의 관계이므로 현재분사 ③ falling이 알맞다.

02 정답 ③　　　　　UNIT 56 분사의 형태 및 종류

[해석] Mia는 그녀의 여행 가방을 지하철에서 도난당했다.
→ 여행 가방이 '도난당한' 수동의 관계이므로 과거분사 ③ stolen이 알맞다.

03 정답 ⑤　　　　　UNIT 57 분사의 역할

[해석] 오늘 밤 영화의 결말은 만족스러웠다.
① 잠자는 아기를 깨우지 마세요.
② 그녀는 면으로 된 셔츠를 샀다.
③ 깨진 화병이 바닥에 놓여 있다.
④ 나는 한동안 책상에 앉아 있지 않았다.
⑤ 나는 취소로 인해 실망했다.
→ 주어진 문장의 satisfying은 주어 The ending을 보충 설명하는 주격 보어로 쓰였다. ⑤의 disappointed도 주어 I를 보충 설명하는 주격 보어로 쓰였다.

04 정답 ②　　　　　UNIT 56 분사의 형태 및 종류

[해석] ① 나는 우는 아기를 진정시킬 수 없었다.
② 반으로 잘린 빵이 있다.
③ 도난당한 자전거는 어디에 신고해야 하나요?
④ 꽃을 사고 있는 남자는 당신의 남편 아닌가요?
⑤ 1860년대에 출판된 그 책은 지금도 주목을 받는다.
→ 빵이 '잘린' 수동의 관계이므로 ②의 cutting을 과거분사 cut으로 고쳐야 알맞다.

05 정답 ③　　　　　UNIT 58 감정을 나타내는 분사

[해석] ① 우리는 이 오류로 인해 꽤 당황스럽다.
② LA에 사는 나의 조카는 식당을 운영한다.
③ 어젯밤에 발표된 뉴스는 정말 충격적이었다.
④ 거리를 왔다 갔다 하는 사람들이 많다.
⑤ 동물원에서 태어난 동물들은 사육사의 보살핌을 받는다.
→ 뉴스가 충격을 '느끼게 하는' 것이므로 ③의 shocked는 현재분사 shocking으로 고쳐야 알맞다.

06 정답 ⓐ, ⓒ, ⓔ　　　　　UNIT 58 감정을 나타내는 분사

[해석] 학생들은 성적표를 받은 후에 ⓐ 놀라 ⓒ 실망해 ⓔ 만족해 보였다.
→ 학생들은 감정을 '느끼는' 대상이므로 빈칸에는 과거분사인 surprised, disappointed, satisfied가 올 수 있다. 나머지 moving, pleasing, shocking은 현재분사이므로 자연스럽지 않다.

07 정답 ringing constantly　　　UNIT **56** 분사의 형태 및 종류

[해석] • 그 전화는 계속해서 울린다.

• 그것은 나를 미치게 만든다.

계속해서 울리는 그 전화는 나를 미치게 만든다.

→ 그 전화가 '계속해서 울리는' 능동의 관계이므로 현재분사 ringing으로 문장을 이어준다.

08 정답 named Typhoon　　　UNIT **56** 분사의 형태 및 종류

[해석] • 그 개의 이름은 Typhoon이다.

• 그것은 Hemsworth 가족의 소유이다.

Typhoon이라고 이름 지어진 개는 Hemsworth 가족의 소유이다.

→ Typhoon이라고 이름이 '지어진' 수동의 관계이므로 named로 문장을 이어준다.

09 정답 ⑤　　　UNIT **56** 분사의 형태 및 종류

[해석] (A) 떨어진 나뭇가지들이 길을 막고 있다.

(B) 나는 모로코에서 구입한 당신의 찻주전자 소장품이 마음에 든다.

(C) 금박으로 감싼 초콜릿은 맛이 아주 좋다.

→ (A) 나뭇가지가 길을 '막고 있는' 것이므로 진행형을 완성하는 현재분사 blocking이 와야 한다.

(B) 찻주전자는 '구매된' 수동의 관계이므로 과거분사 bought가 와야 한다.

(C) 초콜릿은 '감싸지는' 수동의 관계이므로 과거분사 wrapped가 와야 한다.

10 정답 ④　　　UNIT **57** 분사의 역할

[해석] 노출된 전선을 만지지 않도록 주의하세요.

→ 분사가 단독으로 명사를 수식할 때는 명사 앞에 온다. 따라서 the exposed wires의 어순이 알맞다.

11 정답 ②　　　UNIT **57** 분사의 역할

[해석] Oliver의 어깨에 앉아 있는 새를 보세요!

→ 분사가 구를 이루며 명사를 수식할 때는 명사 뒤에 온다. 따라서 bird sitting on Oliver's shoulder의 어순이 알맞다.

12 정답 ③　　　UNIT **57** 분사의 역할

[해석] 그녀는 그 질문에 놀라운 답을 주었다.

→ 분사가 단독으로 명사를 수식할 때는 명사 앞에 온다. 따라서 a surprising answer의 어순이 알맞다.

13 정답 ②　　　UNIT **57** 분사의 역할

[해석] 그 소식에 우울해진 남자는 그것을 믿을 수 없었다.

→ 분사가 구를 이루며 명사를 수식할 때는 명사 뒤에 온다. 따라서 The man depressed by the news의 어순이 알맞다.

14 정답 ④　　　UNIT **58** 감정을 나타내는 분사

[해석] Hector의 부정적인 태도 때문에 그와 함께 있는 것은 우울하다.

→ Hector와 함께 있는 것이 우울감을 '느끼게 하는' 것이므로 ④ depressing이 알맞다.

15 정답 annoying　　　UNIT **58** 감정을 나타내는 분사

[해석] Alice: 무슨 일이야? 화가 나 보여.

Tim: 나는 어떤 것 때문에 짜증이 나.

Alice: 뭔데?

Tim: David는 항상 야구팀에서 투수를 하려고 해. 하지만 나도 투수가 정말 하고 싶어.

→ Tim은 David가 항상 투수를 하려고 하기 때문에 짜증난다고 생각한다.

→ Tim은 David 때문에 짜증이 났다고 했다. Tim이 짜증을 '느끼게 하는' 것이므로 빈칸에는 현재분사 annoying이 알맞다.

16 정답 ⑤, boring　　　UNIT **58** 감정을 나타내는 분사

[해석] A: 이집트 여행은 어땠어요?

B: 피라미드가 인상 깊었어요.

A: 대단하게 들려요. 다른 유적지도 방문했나요?

B: 아니요, 관광이 조금 지루했어요.

→ 관광이 지루함을 '느끼는' 것이 아니라 '느끼게 하는' 것이므로 ⑤의 bored를 boring으로 고쳐야 알맞다.

UNIT **59**　**현재분사와 동명사 비교**

개념 확인 문제 정답				▶ 문제편 p.297
01 ⓑ	**02** ⓑ	**03** ⓐ	**04** ⓑ	**05** ⓑ
06 ⓐ	**07** ⓐ	**08** ⓐ	**09** ⓑ	**10** ⓑ
11 ⓐ	**12** 의심하는 중이다		**13** 용서하는 것이다	
14 준비하는 중이었다		**15** 지우는 중이다		
16 논의하는 것이다		**17** 매는 것이다		

01 정답 ⓑ

[해석] 〈보기〉 ⓐ 구르는 돌에는 이끼가 끼지 않는다.

ⓑ 글쓰기에는 연습과 인내가 필요하다.

부모가 되는 것은 보람 있다.

→ '부모가 되는 것'이라는 의미를 완성하는 Being은 동명사로 쓰였다.

02 정답 ⓑ

[해석] Ronald는 실수하는 것을 싫어한다.

→ '실수하는 것'이라는 의미를 완성하는 making은 동명사로 쓰였다.

03 정답 ⓐ

[해석] 나는 당신이 말하는 것을 들어본 적조차 없다.

→ 목적어 you를 보충 설명하는 talking은 현재분사로 쓰였다.

04 정답 ⓑ

[해석] 당신은 정말 아늑한 거실을 가졌군요!

→ room의 용도와 목적을 나타내는 living은 동명사로 쓰였다.

05 정답 ⓑ

[해석] 녹음실 A는 지금 사용 중이다.

→ room의 용도와 목적을 나타내는 Recording은 동명사로 쓰였다.

06 정답 ⓐ

[해석] 잠자는 고양이는 쥐를 잡지 못한다.

→ 뒤에 있는 cat을 수식하는 sleeping은 현재분사로 쓰였다.

07 정답 ⓐ

[해석] 나는 그의 웃는 눈의 모양이 너무 좋다.

→ 뒤에 있는 eyes를 수식하는 laughing은 현재분사로 쓰였다.

08 정답 ⓐ

[해석] 타오르는 초는 큰 화재를 야기할 수 있다.

→ 뒤에 있는 candle을 수식하는 burning은 현재분사로 쓰였다.

09 정답 ⓑ

[해석] 그의 여행 가방은 옷으로 가득 찼었다.

→ bag의 용도와 목적을 나타내는 traveling은 동명사로 쓰였다.

10 정답 ⓑ

[해석] 우리는 한때 집에 수영장이 있었다.

→ pool의 용도와 목적을 나타내는 swimming은 동명사로 쓰였다.

11 정답 ⓐ

[해석] Skyler는 날아다니는 곤충의 소리를 감지할 수 있다.

→ 뒤에 있는 insect를 수식하는 flying은 현재분사로 쓰였다.

12 정답 **의심하는 중이다**

→ doubting이 is와 함께 진행시제를 완성한다.

13 정답 **용서하는 것이다**

→ forgiving이 is 뒤에서 주격 보어로 쓰였다.

14 정답 **준비하는 중이었다**

→ preparing이 was와 함께 진행시제를 완성한다.

15 정답 **지우는 중이다**

→ erasing이 is와 함께 진행시제를 완성한다.

16 정답 **논의하는 것이다**

→ discussing이 is 뒤에서 주격 보어로 쓰였다.

17 정답 **먹는 것이다**

→ eating이 is 뒤에서 주격 보어로 쓰였다.

UNIT 60 분사구문

개념 확인 문제 정답 ▶ 문제편 p.299~301

01 thinking I was joking **02** drinking coffee

03 Wilson sharing his idea

04 Having met you **05** Not feeling well

06 falling down **07** starting to record

08 The teacher seeing me

09 Not realizing the danger

10 Having cleaned the house

11 The bell ringing **12** Because

13 Although **14** While **15** closed

16 turned **17** pouring **18** wagging

19 crossed **20** resting

21 With the sun setting **22** with my eyes closed

23 with Christmas approaching

24 with their faces painted

01 정답 thinking I was joking

[해석] 〈보기〉 오른쪽으로 돌면, 은행을 찾을 수 있습니다.
모두가 내가 농담하는 줄 알고 웃었다.

→ 부사절의 접속사 as를 없애고, 주절의 주어와 같은 부사절의 주어 they를 없앤 다음, 부사절의 동사 thought를 thinking으로 바꾼다.

02 정답 drinking coffee

[해석] Tyler는 커피를 마시는 동안, 그의 이메일을 확인했다.

→ 주절의 주어와 같은 부사절의 주어 he를 없애고, 부사절의 동사 drank를 drinking으로 바꾼다.

03 정답 Wilson sharing his idea

[해석] Wilson이 그의 생각을 공유했을 때, 그의 동료들은 응원했다.

→ 부사절 접속사 When을 없애고, 주절의 주어와 다른 부사절의 주어 Wilson은 그대로 쓴 다음, 부사절의 동사 shared를 sharing으로 바꾼다.

04 정답 Having met you

[해석] 나는 당신을 오래전에 만났지만, 나는 당신을 알아볼 수 있다.

→ 부사절 접속사 Although를 없애고, 주절의 주어와 같은 부사절의 주어 I를 없앤다. 부사절의 시제가 주절보다 앞서기 때문에 동사 met은 Having met으로 바꾼다.

05 정답 Not feeling well

[해석] 나는 몸이 좋지 않아서, 스트레스를 받는 상황을 피했다.

→ 부사절 접속사 As를 없애고, 주절의 주어와 같은 부사절의 주어 I를 없앤 다음, 부사절의 동사 didn't feel을 Not feeling으로 바꾼다.

06 정답 falling down

[해석] 내 모든 물건이 바닥에 떨어지면서, 큰 소리를 냈다.
→ 부사절 접속사 as를 없애고, 주절의 주어와 같은 부사절의
주어 it을 없앤 다음, 부사절의 동사 fell을 falling으로 바꾼다.

07 정답 starting to record

[해석] 녹음을 시작할 때, 메아리 효과를 끄도록 하세요.
→ 주절의 주어와 같은 부사절의 주어 you를 없앤 다음,
부사절의 동사 start를 starting으로 바꾼다.

08 정답 The teacher seeing me

→ 부사절의 주어가 주절의 주어 I와 다른 the teacher이기
때문에 분사 앞에 그대로 쓴다.

09 정답 Not realizing the danger

→ 분사를 부정할 때 not은 분사 앞에 붙인다.

10 정답 Having cleaned the house

→ 부사절의 시제가 주절보다 앞서므로 Having cleaned가
알맞다.

11 정답 The bell ringing

→ 부사절의 주어가 주절의 주어 the students와 다른 the
bell이기 때문에 분사 앞에 그대로 쓴다.

12 정답 Because

[해석] Bob은 정답을 알고 있었기 때문에, 그는 손을
들었다.
→ Bob이 손을 든 '원인'이므로 Because가 알맞다.

13 정답 Although

[해석] 부유한 가정에서 태어났지만, 그는 파산했다.
→ 부유한 가정에서 태어났음에도 파산한 것이므로 '양보'를
나타내는 Although가 알맞다.

14 정답 While

[해석] 나는 길을 걷다가, 옛 친구와 우연히 마주쳤다.
→ 길을 걷다가 마주친 것이므로 '동시동작'을 나타내는
While이 알맞다.

15 정답 closed

[해석] 당신은 입을 다문 채로 씹어야 한다.
→ 입이 '다물어지는' 수동의 관계이므로 과거분사 closed가
알맞다.

16 정답 turned

[해석] 당신은 오븐을 켠 채로 잤나요?
→ 오븐이 '켜지는' 수동의 관계이므로 과거분사 turned가
알맞다.

17 정답 pouring

[해석] 비가 쏟아지면서 우리는 서둘러 대피소로 갔다.
→ 비가 '쏟아지는' 능동의 관계이므로 현재분사 pouring이
알맞다.

18 정답 wagging

[해석] 그의 개는 행복하게 꼬리를 흔들면서 나를 따라왔다.
→ 개가 꼬리를 '흔드는' 능동의 관계이므로 현재분사
wagging이 알맞다.

19 정답 crossed

[해석] 누군가가 팔짱을 낀 채 당신을 쳐다보고 있다.
→ 팔짱이 '껴지는' 수동의 관계이므로 crossed가 알맞다.

20 정답 resting

[해석] 그는 발을 탁자에 받치고 TV를 보았다.
→ 발을 '받친' 능동의 관계이므로 resting이 알맞다.

21 정답 With the sun setting

→ 해가 '지는' 능동의 관계이므로 현재분사 setting을 쓴
with the sun setting의 어순이 알맞다.

22 정답 with my eyes closed

→ 눈이 '감긴' 수동의 관계이므로 과거분사 closed를 쓴 with
my eyes closed의 어순이 알맞다.

23 정답 with Christmas approaching

→ 크리스마스가 '다가오는' 능동의 관계이므로 현재분사
approaching을 쓴 with Christmas approaching의
어순이 알맞다.

24 정답 with their faces painted

→ 얼굴이 '칠해진' 수동의 관계이므로 with their faces
painted의 어순이 알맞다.

단원 평가 문제 UNIT 59 ~ UNIT 60 ▶ 문제편 p.302~304

정답

01 ① **02** ④ **03** ② **04** ②
05 darkness falling **06** Watching the movie
07 Having studied hard
08 ② **09** ① **10** ① **11** ⑤ **12** ②
13 (1) ⓑ, Living[Having lived] in France, Pierre
speaks French well.
(2) ⓓ, Antonio whispered goodbye with tears
running down his face.
14 Cleaning the bathroom
15 the project done on time
16 the problem solved
17 When **18** Though **19** ③ **20** ④
21 With you watching, I can't concentrate.
22 ⑤ **23** ③

01 정답 ① UNIT 60 분사구문

[해석] 문이 닫힌 채로 아무도 방에 들어갈 수 없다.
→ 문이 '닫히는' 수동의 관계이므로 과거분사 shut이 알맞다.

02 정답 ④ UNIT 60 분사구문

[해석] 꽃이 몇 송이 배치된 채로 탁자는 멋들어져 보였다.
→ 꽃이 '배치되는' 수동의 관계이므로 과거분사 arranged가
알맞다.

03 정답 ②   UNIT **60** 분사구문
[해석] 우리는 차가 근처에 주차되어 있는 동안 해변으로
걸어갔다.
→ 차가 '주차되는' 수동의 관계이므로 과거분사 parked를 쓴
「with+명사+분사」 형태인 with our car parked nearby로 바꿔
쓸 수 있다.

04 정답 ②   UNIT **60** 분사구문
[해석] 급하게 쓰였기 때문에 책은 몇 가지 오류가 있었다.
→ 주절의 주어와 같은 부사절의 주어 it을 없앤 다음, 부사절의 동사
was written을 being written으로 바꾼다. 이때 being은
생략될 수 있으므로 written in haste로 바꿔 쓸 수 있다.

05 정답 darkness falling   UNIT **60** 분사구문
[해석] 어둠이 내리자, 누군가 문을 두드렸다.
→ 어둠이 '내리는' 능동의 관계이므로 현재분사 falling을 써야 한다.

06 정답 Watching the movie   UNIT **60** 분사구문
[해석] 영화를 본 후, 우리는 서로의 생각을 공유한다.
→ 부사절 접속사 After를 없애고, 주절의 주어와 같은 부사절의
주어 we를 없앤 다음 부사절의 동사 watch를 watching으로
바꾼다.

07 정답 Having studied hard   UNIT **60** 분사구문
[해석] 열심히 공부했기 때문에, 그녀는 자신감을 느낀다.
→ 부사절 접속사 Because를 없애고, 주절의 주어와 같은 부사절의
주어 she를 없앤다. 부사절의 시제가 주절보다 앞서기 때문에 동사
studied를 Having studied로 바꾼다.

08 정답 ②   UNIT **60** 분사구문
→ 부사절인 When we walked along the beach에서 부사절
접속사 when을 없애고, 주절의 주어와 같은 부사절의 주어 we를
없앤 다음 부사절의 동사 walked를 walking으로 바꾸면
분사구문인 ② Walking along the beach로 표현할 수 있다.

09 정답 ①   UNIT **59** 현재분사와 동명사 비교
[해석] ① 이 빛나는 물체는 무엇인가요?
② 나는 밤에 샤워하는 것을 좋아한다.
③ 건강을 유지하는 것은 매우 중요하다.
④ 그들은 설거지하는 것을 마쳤다.
⑤ 나는 정원용 장갑을 찾을 수 없었다.
→ ①의 shining은 뒤에 있는 object를 수식하는 현재분사로
쓰였다.
②의 taking은 '샤워하는 것'을 의미하는 동명사로, ③의 Staying은
'유지하는 것'을 의미하는 동명사로, ④의 washing은 '설거지하는
것'을 의미하는 동명사로, ⑤의 gardening은 장갑의 용도를
나타내는 동명사로 쓰였다.

10 정답 ①   UNIT **59** 현재분사와 동명사 비교
[해석] ① 우리 아기는 차 타는 것을 싫어한다.
② 우리는 달리는 차에서 뛰어내려야 했다.
③ 그녀는 나를 30분 동안 기다리게 했다.
④ 나는 밴드의 새 앨범을 위한 가사를 쓰고 있었다.
⑤ 주전자가 끓으면서 주방은 김으로 가득 찼다.

→ ①의 riding은 '타는 것'을 의미하는 동명사로 쓰였다.
②의 running은 뒤에 있는 car를 수식하는 현재분사로, ③의
waiting은 목적어 me를 보충 설명하는 현재분사로, ④의
writing은 was와 함께 과거진행시제를 완성하는 현재분사로, ⑤의
boiling은 「with+명사+분사」 구문의 현재분사로 쓰였다.

11 정답 ⑤   UNIT **59** 현재분사와 동명사 비교
[해석] ① 추워서, 나는 난방을 올렸다.
② 그들의 재회를 보면서, 우리는 울기 시작했다.
③ 소파에서 신문을 읽다가, 그는 잠이 들었다.
④ 엘리베이터를 기다리다가, 옛 동료를 만났다.
⑤ 영어 소설을 한국어로 번역하는 것이 그의 일이다.
→ ⑤의 Translating은 '번역하는 것'을 의미하는 동명사로 쓰였다.
①의 Being, ②의 Watching, ③의 Reading, ④의 Waiting은
모두 분사구문을 이끄는 현재분사로 쓰였다.

12 정답 ②   UNIT **60** 분사구문
[해석] 그녀는 버스를 잘못 탔기 때문에, 수업에 한 시간 늦었다.
→ 부사절 접속사 Because를 없애고, 주절의 주어와 같은 부사절의
주어 she를 없앤 다음, 부사절의 동사 took을 taking으로 바꿔
Taking the wrong bus로 쓸 수 있다.

13 정답 (1) ⓑ, Living[Having lived] in France, Pierre
         speaks French well.
       (2) ⓓ, Antonio whispered goodbye with tears
         running down his face.
     UNIT **60** 분사구문

[해석] ⓐ 당신은 다른 사람들을 남겨둔 채로 도망쳤다.
ⓑ 프랑스에 살아서[살았어서], Pierre는 프랑스어를 잘한다.
ⓒ 나는 캠핑 여행을 위한 침낭을 사고 싶다.
ⓓ Antonio는 눈물이 얼굴에 흐르는 채 작별 인사를 했다.
ⓔ 3일 밤을 새워가며 일하니, 그는 정말 지쳐 보였다.
→ (1) ⓑ의 Pierre는 프랑스에 '사는' 것이므로 Lived를
Living[Having lived]으로 고쳐야 알맞다.
(2) ⓓ의 tears가 '흐르는' 능동의 관계이므로 run을 running으로
고쳐야 알맞다.

14 정답 Cleaning the bathroom   UNIT **60** 분사구문
[해석] 화장실을 청소한 후, 그는 커피 한 잔으로 스스로에게
보상한다.
→ 부사절 접속사 After를 없애고, 주절의 주어와 같은 부사절의
주어 he를 없앤다. 동사 cleans는 Cleaning으로 바꾼다.

15 정답 the project done on time   UNIT **60** 분사구문
[해석] 프로젝트가 제시간에 끝나서, 우리는 팀 회식으로
축하했다.
→ 프로젝트가 '마무리된' 수동의 관계이므로 과거분사 done을 써
with 분사구문을 완성한다.

16 정답 the problem solved   UNIT **60** 분사구문
[해석] 문제가 해결되어 그들은 마침내 긴장을 풀 수 있었다.
→ 문제가 '해결되는' 수동의 관계이므로 과거분사 solved를 써
with 분사구문을 완성한다.

17 정답 When   UNIT **60** 분사구문
[해석] 도둑이 경찰을 봤을 때, 그는 몹시 당황했다.
→ 도둑이 경찰을 본 '시간'을 나타내는 When이 알맞다.

18 [정답] Though UNIT **60** 분사구문

[해석] 나는 햇볕에 앉아있음에도, 여전히 춥다.

→ 햇볕에 앉아있음에도 추운 것이므로 '양보'를 나타내는 Though가 알맞다.

19 [정답] ③ UNIT **60** 분사구문

[해석] 걱정돼서, 나는 밖에 나가서 길을 걸었다.

→ 분사구문 Feeling worried는, 밖에 나가서 길을 걸은 '이유'를 나타내는 접속사 Because와 주절의 주어와 같아서 생략된 주어 I, 부사절과 같은 시제의 felt worried로 이루어진 부사절로 바꿔 쓸 수 있다.

20 [정답] ④ UNIT **60** 분사구문

[해석] 라디오를 들으면서, Elena는 익숙한 노래에 미소를 지었다.

→ Elena가 라디오를 '듣는' 능동의 관계이므로 현재분사 ④ Listening으로 분사구문을 완성하는 것이 알맞다.

21 [정답] With you watching, I can't concentrate. UNIT **60** 분사구문

→ 당신이 '보는' 능동의 관계이므로 현재분사 watching을 쓴 With you watching, I can't concentrate.로 쓰는 것이 알맞다.

22 [정답] ⑤ UNIT **59** 현재분사와 동명사 비교

[해석] 그녀는 도난 당한 진주 목걸이를 하고 있었다.

① 몇 가지 문제에 대해 논의하는 것은 쉽지 않다.

② 근처에 공장을 짓는 것을 고려해 봅시다.

③ 나의 하루에서 가장 좋은 부분은 당신을 만나는 것이다.

④ 나는 오늘 요리 수업에 등록했다.

⑤ 한 여자를 뒤쫓는 경찰을 보세요!

→ 주어진 문장의 wearing은 was와 함께 과거진행시제를 완성하는 현재분사이고, ⑤의 chasing은 the police를 수식하는 현재분사로 쓰였다.

①의 Debating은 '논의하는 것'을 의미하는 동명사로, ②의 building은 '짓는 것'을 의미하는 동명사로, ③의 meeting은 '만나는 것'을 의미하는 동명사로, ④의 cooking은 수업의 목적을 나타내는 동명사로 쓰였다.

23 [정답] ③ UNIT **59** 현재분사와 동명사 비교

[해석] 나는 선물로 아버지께 낚싯대를 사드렸다.

① 나는 개 한 마리가 길에서 뛰어가는 것을 보았다.

② 그녀는 눈을 반짝이며 나를 맞이했다.

③ 피자를 먹는 것은 항상 내가 기분이 더 좋아지게 한다.

④ 그 운동선수는 응원하는 아이에게 손을 흔들었다.

⑤ 왼쪽으로 돌면, 당신은 London Bridge를 찾을 것이다.

→ 주어진 문장의 fishing은 막대의 용도를 나타내는 동명사이고, ③의 Eating은 '먹는 것'을 의미하는 동명사로 쓰였다.

①의 running은 목적어 a dog를 보충 설명하는 현재분사로, ②의 sparkling은 「with+명사+분사」 구문의 현재분사로, ④의 cheering은 뒤에 나온 kid를 수식하는 현재분사로, ⑤의 Turning은 분사구문을 이끄는 현재분사로 쓰였다.

O 관계사

UNIT **61** 관계대명사

개념 확인 문제 정답		▶ 문제편 p.307~309
01 the book	**02** the sport	**03** a person
04 a friend	**05** the person	**06** the book
07 주격 관계대명사		**08** 목적격 관계대명사
09 목적격 관계대명사		**10** 소유격 관계대명사
11 주격 관계대명사		**12** 목적격 관계대명사
13 목적격 관계대명사		**14** 소유격 관계대명사
15 who	**16** who	**17** likes
18 whose	**19** whom	**20** works
21 which	**22** whose	**23** that
24 who, that	**25** what	**26** which, that
27 that	**28** that	**29** that
30 that	**31** The thing that[which]	
32 what	**33** what	**34** What
35 what	**36** that	**37** that
38 what	**39** that	**40** what
41 that	**42** that	**43** what

01 [정답] the book

[해석] 책상 위에 있는 책을 저에게 주세요.

→ 관계대명사 that이 선행사 the book을 수식하고 있다.

02 [정답] the sport

[해석] 피겨스케이팅은 우리가 좋아하는 스포츠이다.

→ 관계대명사 that이 선행사 the sport를 수식하고 있다.

03 [정답] a person

[해석] 나는 중국어와 영어를 모두 말할 수 있는 사람이 필요하다.

→ 관계대명사 who가 선행사 a person을 수식하고 있다.

04 [정답] a friend

[해석] 나는 유치원때부터 알고 지낸 친구가 한 명 있다.

→ 관계대명사 whom이 선행사 a friend를 수식하고 있다.

05 [정답] the person

[해석] 구내식당에 가방을 두고 온 사람을 아시나요?

→ 관계대명사 whose가 선행사 the person을 수식하고 있다.

06 [정답] the book

[해석] 나는 표지가 아름다운 책을 다 읽었다.

→ 관계대명사 which가 선행사 the book을 수식하고 있다.

07 [정답] 주격 관계대명사

[해석] 그녀는 파리에 사는 친구가 있다.

→ a friend를 수식하고 있는 관계대명사 who가
관계대명사절에서 주어 역할을 하고 있다.

08 [정답] **목적격 관계대명사**

[해석] 이 분은 내가 항상 존경하는 의사다.

→ the doctor를 수식하고 있는 관계대명사 whom이
관계대명사절에서 목적어 역할을 하고 있다.

09 [정답] **목적격 관계대명사**

[해석] 당신은 그녀가 사랑하는 사람이다.

→ the person을 수식하고 있는 관계대명사 who가
관계대명사절에서 목적어 역할을 하고 있다.

10 [정답] **소유격 관계대명사**

[해석] 나는 꼬리를 흔들고 있던 개의 주인인 남자를 봤다.

→ a man을 수식하고 있는 관계대명사 whose가
관계대명사절에서 소유의 의미를 나타내고 있다.

11 [정답] **주격 관계대명사**

[해석] 나는 카페에서 공부하고 있던 아들에게 전화를
걸었다.

→ my son을 수식하고 있는 관계대명사 who가
관계대명사절에서 주어 역할을 하고 있다.

12 [정답] **목적격 관계대명사**

[해석] 내가 존경하는 교수님이 강연을 할 것이다.

→ The professor를 수식하고 있는 관계대명사 who가
관계대명사절에서 목적어 역할을 하고 있다.

13 [정답] **목적격 관계대명사**

[해석] 그들이 만났던 그 여자는 아름다운 눈을 가지고 있다.

→ The woman을 수식하고 있는 관계대명사 who가
관계대명사절에서 목적어 역할을 하고 있다.

14 [정답] **소유격 관계대명사**

[해석] 코트가 먼지로 뒤덮인 저 남자를 보세요.

→ that man을 수식하고 있는 관계대명사 whose가
관계대명사절에서 소유의 의미를 나타내고 있다.

15 [정답] who

[해석] 나는 런던에 사는 한 친구가 그립다.

→ 관계대명사절에서 주어 역할을 해야 하므로 who가 와야
한다.

16 [정답] who

[해석] 웃고 있는 소녀는 내 여동생이다.

→ 선행사가 사람이므로 who가 와야 한다.

17 [정답] likes

[해석] 그는 골프 치는 것을 좋아하는 나의 사촌이다.

→ 주격 관계대명사절의 동사는 선행사에 수를 일치한다.
선행사가 my cousin으로 단수이므로, 단수 동사 likes가
알맞다.

18 [정답] whose

[해석] 나는 아버지가 건축가인 친구가 있다.

→ 관계대명사절에서 소유의 의미를 나타내야 하므로
whose가 와야 한다.

19 [정답] whom

[해석] 내가 어제 만났던 남자는 배우였다.

→ 선행사가 사람이므로 whom이 와야 한다.

20 [정답] works

[해석] 그는 그 철강 회사에서 일하는 사람이다.

→ 주격 관계대명사절의 동사는 선행사에 수를 일치한다.
선행사가 the man으로 단수이므로, 단수 동사 works가
알맞다.

21 [정답] which

[해석] 런던을 흐르는 강은 템스강이다.

→ 선행사가 사물이므로 which가 와야 한다.

22 [정답] whose

[해석] 네가 전화기를 빌린 남자를 기억하니?

→ 관계대명사절에서 소유의 의미를 나타내야 하므로
whose가 와야 한다.

23 [정답] that

[해석] 반짝이는 모든 것이 금은 아니다.

→ 선행사에 all, much, little, no 등이 포함되어 있으면
관계대명사로 주로 that을 쓴다.

24 [정답] who, that

[해석] 나를 도와준 친구는 매우 친절하다.

→ that은 관계대명사 who를 대신할 수 있다.

25 [정답] what

[해석] 그들은 우리가 필요로 했던 것을 주었다.

→ 앞에 선행사가 없으므로 선행사를 포함하며 명사절을
이끄는 관계대명사 what이 알맞다. what이 문장의 목적어
역할을 하고 있다.

26 [정답] which, that

[해석] 우리가 방문한 식당은 맛있는 음식이 있었다.

→ that은 관계대명사 which를 대신할 수 있다.

27 [정답] that

[해석] 중요한 것은 당신의 행복뿐이다.

→ 선행사에 서수, 최상급, the only/very/same 등이
포함되어 있으면 관계대명사로 주로 that을 쓴다.

28 [정답] that

[해석] 필요한 모든 정보는 보고서에 있다.

→ 앞에 선행사가 있으므로 what은 올 수 없다.

29 [정답] that

[해석] 그는 모든 사람들의 관심을 끄는 말을 했다.

→ 선행사에 -thing이 포함되어 있으면 관계대명사로 주로
that을 쓴다.

30 [정답] that

[해석] 함께 뛰는 남자와 그의 개가 보이나요?

→ 선행사가 「사람+사물/동물」인 경우 관계대명사로 주로
that을 쓴다.

31 정답 The thing that[which]

[해석] 그가 한 말은 사실이다.

→ what은 「선행사+관계대명사」로 바꿔쓸 수 있다. 따라서 The thing that[which]으로 바꿔쓸 수 있다.

32 정답 what

[해석] 이것들은 내 여동생이 갖고 싶어하는 것들이다.

→ what은 「선행사+관계대명사」로 바꿔쓸 수 있다. 따라서 the things which는 what으로 바꿔쓸 수 있다.

33 정답 what

[해석] 지금 해야 할 일을 미루지 마라.

→ what은 「선행사+관계대명사」로 바꿔쓸 수 있다. 따라서 the thing that은 what으로 바꿔쓸 수 있다.

34 정답 What

[해석] 그녀가 우리에게 한 말은 사실이 아니다.

→ 앞에 선행사가 없으므로 선행사를 포함하며 명사절을 이끄는 관계대명사 what이 알맞다. What이 문장의 주어 역할을 하고 있다.

35 정답 what

[해석] 지금 내가 가장 하고 싶은 것은 TV 시청이다.

→ 앞에 선행사가 없으므로 선행사를 포함하며 명사절을 이끄는 관계대명사 what이 알맞다. what이 문장의 주격 보어 역할을 하고 있다.

36 정답 that

[해석] 내가 하는 유일한 게임은 체스이다.

→ 선행사에 서수, 최상급, the only/very/same 등이 포함되어 있으면 관계대명사로 주로 that을 쓴다.

37 정답 that

[해석] 이 반지는 엄마가 나에게 남겨준 것이다.

→ 앞에 선행사에 the thing이 있으므로 that을 쓴다.

38 정답 what

[해석] 나는 당신이 하려는 말을 이해하지 못한다.

→ 앞에 선행사가 없으므로 선행사를 포함하며 명사절을 이끄는 관계대명사 what이 알맞다. what이 문장의 목적어 역할을 하고 있다.

39 정답 that

[해석] 내 새 전화번호를 알려준 사람이 아무도 없다.

→ 선행사에 all, much, little, no 등이 포함되어 있으면 관계대명사로 주로 that을 쓴다.

40 정답 what

[해석] 어제 무슨 일이 있었는지 내게 설명해 줄 수 있나요?

→ 앞에 선행사가 없으므로 선행사를 포함하며 명사절을 이끄는 관계대명사 what이 알맞다. what이 문장의 목적어 역할을 하고 있다.

41 정답 that

[해석] 고려해야 할 많은 정보가 있다.

→ 선행사에 all, much, little, no 등이 포함되어 있으면 관계대명사로 주로 that을 쓴다.

42 정답 that

[해석] 당신을 진정으로 이해할 수 있는 사람은 당신뿐이다.

→ 선행사에 서수, 최상급, the only/very/same 등이 포함되어 있으면 관계대명사로 주로 that을 쓴다.

43 정답 what

[해석] 나는 대화 중에 당신이 한 말을 절대 잊지 않을 것이다.

→ 앞에 선행사가 없으므로 선행사를 포함하며 명사절을 이끄는 관계대명사 what이 알맞다. what이 문장의 목적어 역할을 하고 있다.

UNIT 62 관계대명사의 계속적 용법과 생략

개념 확인 문제 정답 ▶ 문제편 p.311

01 당신에게 전화했던 사람이 밖에서 기다리고 있습니다.

02 나는 이웃이 있는데, 그 사람은 동물보호소에서 자원봉사를 한다.

03 지갑을 도둑맞은 남자가 경찰에 신고했다.

04 그는 스마트폰을 가지고 있는데, 그 스마트폰은 고품질의 카메라를 가지고 있다.

05 × **06** that is **07** that

08 which **09** × **10** who is

11 I bought a book, which was so difficult.

12 The pen I lent you is on the desk.

13 She said she was ill, which was a lie.

14 The chef wearing a chef's hat plates each dish with care.

01 정답 당신에게 전화했던 사람이 밖에서 기다리고 있습니다.

→ 선행사를 직접 수식하는 주격 관계대명사 who가 쓰였다.

02 정답 나는 이웃이 있는데, 그 사람은 동물보호소에서 자원봉사를 한다.

→ 콤마(,) 뒤에 온 관계대명사 who는 a neighbor에 대해 보충 설명하는 계속적 용법의 주격 관계대명사이다.

03 정답 지갑을 도둑맞은 남자가 경찰에 신고했다.

→ 선행사를 직접 수식하는 소유격 관계대명사 whose가 쓰였다.

04 정답 그는 스마트폰을 가지고 있는데, 그 스마트폰은 고품질의 카메라를 가지고 있다.

→ 콤마(,) 뒤에 온 관계대명사 which는 a smartphone에 대해 보충 설명하는 계속적 용법의 주격 관계대명사이다.

05 정답 ×

[해석] 지붕이 파란 집을 보세요.

→ 소유격 관계대명사는 생략하지 못한다.

06 [정답] that is

[해석] 그녀는 프랑스어로 쓰인 책을 읽을 수 있나요?

→ 관계대명사절의 동사가 「be동사+분사」 형태일 때, 「주격 관계대명사+be동사」는 함께 생략할 수 있다. 따라서 a book을 수식하는 주격 관계대명사 that과 is는 함께 생략 가능하다.

07 [정답] that

[해석] 서울은 내가 여러 번 방문했던 곳이다.

→ 목적격 관계대명사는 생략할 수 있으므로, the place를 수식하는 목적격 관계대명사 that은 생략 가능하다.

08 [정답] which

[해석] 당신은 어제 잃어버린 지갑을 찾았나요?

→ 목적격 관계대명사는 생략할 수 있으므로, the purse를 수식하는 목적격 관계대명사 which는 생략 가능하다.

09 [정답] ×

[해석] 나는 내 딸을 돌봐줄 여자를 찾고 있다.

→ 주격 관계대명사는 관계대명사절의 동사가 「be동사+분사」 형태일 때, be동사와 함께 생략 가능하다. 이 문장의 관계대명사절의 동사는 can care for이므로 생략할 수 없다.

10 [정답] who is

[해석] 저 테이블에서 주스를 마시고 있는 소년은 내 동생이다.

→ 관계대명사절의 동사가 「be동사+분사」 형태일 때, 「주격 관계대명사+be동사」는 함께 생략할 수 있다. 따라서 The boy를 수식하는 주격 관계대명사 who와 is는 함께 생략 가능하다.

11 [정답] I bought a book, which was so difficult.

→ 선행사에 대한 보충 설명을 해야 하므로 계속적 용법의 관계대명사가 와야 한다. 주격 관계대명사절 which was so difficult가 콤마(,)와 함께 선행사 a book 뒤에 오는 것이 알맞다.

12 [정답] The pen I lent you is on the desk.

→ 목적격 관계대명사는 생략되었고, I lent you가 선행사 The pen 뒤에 오는 것이 알맞다.

13 [정답] She said she was ill, which was a lie.

→ 선행사에 대한 보충 설명을 해야 하므로 계속적 용법의 관계대명사가 와야 한다. 주격 관계대명사절 which was a lie가 콤마(,)와 함께 선행사 She said she was ill 뒤에 오는 것이 알맞다.

14 [정답] The chef wearing a chef's hat plates each dish with care.

→ 관계대명사절의 동사가 「be동사+분사」 형태일 때, 「주격 관계대명사+be동사」는 함께 생략할 수 있다. 따라서 The chef who is wearing a chef's hat plates each dish with care.에서 who is가 생략된 형태가 오는 것이 알맞다.

UNIT 63 관계부사

개념 확인 문제 정답 ▶ 문제편 p.313

01 저기가 당신의 아버지가 일하시는 건물인가요?

02 당신의 비행기가 이륙하는 정확한 시간을 제게 알려주세요.

03 나는 그녀가 자신의 생각을 표현하는 방법이 존경스럽다.

04 지금 우리가 살고 있는 세상은 여전히 아름답다.

05 당신이 그런 결정을 한 이유를 제게 말씀해 주시겠어요?

06 where **07** when **08** when

09 why **10** where

11 the shop where I bought shampoo

12 (the reason) why he likes you

13 (the day) when you came to Korea

14 how he can make people laugh

---

01 [정답] 저기가 당신의 아버지가 일하시는 건물인가요?

→ 관계부사 where가 선행사 the building을 수식하고 있다.

02 [정답] 당신의 비행기가 이륙하는 정확한 시간을 제게 알려주세요.

→ 관계부사 when이 선행사 the exact time을 수식하고 있다.

03 [정답] 나는 그녀가 자신의 생각을 표현하는 방법이 존경스럽다.

→ 생략된 선행사 the way를 관계부사 how가 수식하고 있다.

04 [정답] 지금 우리가 살고 있는 세상은 여전히 아름답다.

→ 관계부사 where가 선행사 The world를 수식하고 있다.

05 [정답] 당신이 그런 결정을 한 이유를 제게 말씀해 주시겠어요?

→ 관계부사 why가 선행사 the reason을 수식하고 있다.

06 [정답] where

[해석] 이곳이 내가 친구와 저녁을 먹은 곳이다.

→ 완전한 절을 이끌며 장소의 선행사 the place를 수식해야 하므로 관계부사 where가 알맞다.

07 [정답] when

[해석] 교통사고가 발생한 날을 제게 알려주세요.

→ 완전한 절을 이끌며 시간의 선행사 the day를 수식해야 하므로 관계부사 when이 알맞다.

08 [정답] when

[해석] 나는 아기가 배고픔을 느끼는 시간을 알길 원한다.

→ 완전한 절을 이끌며 시간의 선행사 the time을 수식해야 하므로 관계부사 when이 알맞다.

09 [정답] **why**

[해석] 그가 항상 진지해 보이는 이유는 무엇일까?
→ 완전한 절을 이끌며 이유의 선행사 the reason을 수식해야 하므로 관계부사 why가 알맞다.

10 [정답] **where**

[해석] 나는 Rodin이 그의 평생을 보낸 마을을 방문할 것이다.
→ 완전한 절을 이끌며 장소의 선행사 the village를 수식해야 하므로 관계부사 where가 알맞다.

11 [정답] **the shop where I bought shampoo**

→ 완전한 절을 이끌며 장소의 선행사 the shop을 수식해야 하므로 관계부사 where가 알맞다.

12 [정답] **(the reason) why he likes you**

→ 완전한 절을 이끌며 이유의 선행사 the reason을 수식해야 하므로 관계부사 why가 알맞다. 선행사가 place, reason, time 등과 같이 일반적으로 쓰이는 명사일 때, 선행사나 관계부사를 생략할 수 있다.

13 [정답] **(the day) when you came to Korea**

→ 완전한 절을 이끌며 시간의 선행사 the day를 수식해야 하므로 관계부사 when이 알맞다. 선행사가 place, reason, time 등과 같이 일반적으로 쓰이는 명사일 때, 선행사나 관계부사를 생략할 수 있다.

14 [정답] **how he can make people laugh**

→ 방법을 나타내는 관계부사 how를 써야 하는데 how는 선행사 the way와 같이 쓰지 않고, 반드시 둘 중 하나만 쓴다. 따라서 the way 자리에 관계부사절 how he can make people laugh가 오는 것이 알맞다.

단원 평가 문제   UNIT **61** ~ UNIT **63**   ▶문제편 p.314~318

정답

01 ⑤	**02** ①	**03** ③	**04** ①	**05** ②
06 ④	**07** which	**08** how	**09** ④	**10** ③
11 who 또는 that		**12** which 또는 that		
13 when 또는 on which		**14** ③		**15** what
16 ③	**17** ④	**18** ⑤	**19** ⓑ, ⓓ, ⓔ	
20 ⑤	**21** ①	**22** ④	**23** 4	**24** ⑤

25 나는 두 아들이 있는데, 그들은 중학교 교사이다.
26 I have two sons, and they are middle school teachers.
27 how she draws the picture
28 why he quit his job   **29** which 또는 that

30 ⑤	**31** ②	**32** ④	**33** ④	**34** ④
35 ③	**36** ②	**37** ⑤		

01 [정답] ⑤   UNIT **61** 관계대명사

[해석] 퍼즐은 풀기 어려운 문제다.
→ 선행사가 사물이고, 관계대명사절에서 주어 역할을 하므로 ⑤ that이 와야 한다.

02 [정답] ①   UNIT **61** 관계대명사

[해석] 그들은 디자인이 모든 사람들의 관심을 끄는 차를 샀다.
→ 관계대명사절에서 소유를 나타내고 있으므로 ① whose가 와야 한다.

03 [정답] ③   UNIT **63** 관계부사

[해석] 그는 나에게 일정을 정리하는 방법을 보여준다.
→ He shows me 다음에 이어질 문장으로 접속사가 와야 할 자리이고, 그 뒤 문장은 '그가 일정을 정리하는'이라는 완전한 문장이 오므로 the way 또는 관계부사 how가 와야 한다.

04 [정답] ①   UNIT **63** 관계부사

[해석] 나는 그녀가 왜 그렇게 행동하는지 모르겠다.
→ I don't know 다음에 이어질 문장으로 접속사가 와야 할 자리이고, 그 뒤 문장은 '그녀가 그렇게 행동하는'이라는 완전한 문장이 오므로 관계부사 (the reason) why가 와야 한다.

05 [정답] ②   UNIT **61** 관계대명사

[해석] Lily는 세탁기를 만드는 회사에 다닐 예정이다.
→ 선행사 a company가 있으므로 주격 관계대명사 that이나 which가 오는 것이 알맞다.

06 [정답] ④   UNIT **62** 관계대명사의 계속적 용법과 생략

[해석] A: 너는 어디로 휴가를 갔어?
B: 나는 작은 섬에 갔는데, 평화롭고 한적했었어.
→ 앞에 콤마가 있고 뒤에 동사 was가 이어지므로 사물을 선행사로 하는 주격 관계대명사 which가 와야 한다.

07 [정답] **which**   UNIT **62** 관계대명사의 계속적 용법과 생략

[해석] • 나는 시계가 있다.
• 그것은 미국에서 만들어졌다.
→ 나는 시계가 있는데, 그것은 미국에서 만들어졌다.
→ 선행사가 사물이므로 주격 관계대명사 which가 계속적 용법의 관계대명사 자리에 와야 한다. 계속적 용법으로 쓰인 관계대명사는 선행사에 대한 보충 설명을 한다.

08 [정답] **how**   UNIT **63** 관계부사

[해석] • 방법을 설명해 줄 수 있나요?
• 이 기계는 그 방법으로 작동한다.
→ 이 기계가 작동하는 방법을 설명해 줄 수 있나요?
→ 관계사가 이끄는 절이 방법을 나타내야 하므로 관계부사 how가 와야 한다.

09 [정답] ④   UNIT **61** 관계대명사

[해석] 네가 아까 만난 사람은 내 사촌이다.
① 나는 그가 똑똑한 소년이라는 것을 안다.
② 나는 책꽂이 가장 위에 있는 저 책을 원한다.
③ 그녀가 대회에서 우승한 것은 사실이었다.
④ 사람들이 보고 싶어 하는 영화를 선택하세요.
⑤ 나는 당신의 거실에 있는 저 그림을 매우 좋아한다.

→ 주어진 문장의 that은 선행사 The person을 수식하는 목적격 관계대명사이다. ④ that도 마찬가지로 the movie를 선행사로 하는 목적격 관계대명사이다. ① that은 know의 목적절을 이끄는 접속사, ② that은 book을 지칭하는 지시형용사, ③ that은 진주어절을 이끄는 접속사, ⑤ that은 painting을 지칭하는 지시형용사이다.

10 정답 ③　　　　UNIT **62** 관계대명사의 계속적 용법과 생략

[해석] 우리는 컴퓨터 프로그래밍에 대한 숙련도가 높은 신입사원을 채용했다.

→ 관계대명사절의 동사가「be동사+분사」형태일 때,「주격 관계대명사+be동사」는 함께 생략할 수 있다. 따라서 선행사 a new employee 뒤, 분사 (highly) skilled 앞에 who is가 오는 것이 알맞다.

11 정답 who 또는 that　　　　UNIT **61** 관계대명사

[해석] • 이것은 한 소년에 관한 것이다.

• 그는 많은 어려움을 겪었지만 유명한 댄서가 되었다.

→ 이것은 많은 어려움을 겪었지만 유명한 댄서가 된 한 소년에 관한 것이다.

→ 선행사가 사람이고, 관계대명사절에서 주어 역할을 하므로 who나 that이 두 절을 연결할 수 있다.

12 정답 which 또는 that　　　　UNIT **61** 관계대명사

[해석] • 그녀는 그 책을 즐겨 읽는다.

• 그 책은 파스타를 만드는 방법을 보여준다.

→ 그녀는 파스타를 만드는 방법을 보여주는 책을 즐겨 읽는다.

→ 선행사가 사물이고, 관계대명사절에서 주어 역할을 하므로 which나 that이 두 절을 연결할 수 있다.

13 정답 when 또는 on which　　　　UNIT **63** 관계부사

[해석] • Jane은 그날을 기억한다.

• 그녀는 그날에 시험을 통과했다.

→ Jane은 시험을 통과했던 그날을 기억한다.

→ 선행사가 시간을 나타내는 the day이므로 관계부사 when이나「전치사+관계대명사」인 on which가 두 절을 연결할 수 있다.

14 정답 ③　　　　UNIT **61** 관계대명사

[해석] ① 그는 내가 만난 가장 재미있는 소년이다.

② 당신이 한 말이 나를 슬프게 했어요.

③ 당신이 나를 위해 한 것에 감사해요.

④ 거짓말을 정당화하는 변명은 없다.

⑤ 내가 겪은 최악의 날이다.

→ 나머지는 모두 관계대명사 that이 들어가지만, ③은 목적어절을 이끄는 관계대명사 what이 들어간다.

15 정답 what　　　　UNIT **61** 관계대명사

[해석] • 나는 내가 주문한 것을 받았다.

• 당신은 그녀가 그를 위해 무엇을 샀는지 아시나요?

→ 앞에 선행사가 없으므로 선행사를 포함하며 명사절을 이끄는 관계대명사 what이 알맞다. what이 문장의 목적어 역할을 하고 있다.

16 정답 ③　　　　UNIT **62** 관계대명사의 계속적 용법과 생략
　　　　　　　　　　　　　　　　　　UNIT **63** 관계부사

[해석] (A) 우리는 역사적인 성을 방문했는데, 그것은 언덕 위에 위치했다.

(B) 이것은 모든 것이 좋아지는 순간이었다.

→ (A) 콤마(,) 뒤는 계속적 용법의 관계대명사 자리이다. 선행사가 the historic castle로 사물이므로 주격 관계대명사 which가 오는 것이 알맞다. that은 계속적 용법으로 쓸 수 없다.

(B) 완전한 절을 이끌며 시간의 선행사 the moment를 수식해야 하므로 관계부사 when이 알맞다.

17 정답 ④　　　　UNIT **63** 관계부사

[해석] (A) 그 마을이 있는 골짜기는 오염되어 있다.

(B) 왼쪽에서 운전하는 몇몇 나라가 있다.

→ (A), (B) 장소의 선행사 The valley, a few countries를 수식해야 하므로 관계부사 where나「전치사+관계대명사」인 in which가 오는 것이 알맞다.

18 정답 ⑤　　　　UNIT **63** 관계부사

[해석] 박물관은 고대 유물들이 전시된 곳이다.

→ 관계부사는 선행사를 뒤에서 수식한다. 선행사가 the place로 장소를 나타내므로 ⓒ에 where가 들어가는 것이 알맞다.

19 정답 ⓑ, ⓓ, ⓔ　　　　UNIT **61** 관계대명사

[해석] ⓐ 그녀는 실을 가지고 노는 것을 좋아하는 고양이가 있다.

ⓑ 이것이 우리가 가진 돈의 전부이다.

ⓒ 내가 추천한 책이 선반 위에 있다.

ⓓ 이번 시험은 내가 본 가장 어려운 시험이었다.

ⓔ 차가 고장 난 소녀는 견인차를 기다리고 있다.

ⓕ 나는 최신 앨범이 차트 1위를 달리고 있는 음악가를 만났다.

→ ⓐ 주격 관계대명사절의 동사는 선행사에 수를 일치하므로 단수 명사 a cat에 맞는 단수 동사 loves가 와야 한다. ⓒ what은 앞에 선행사 없이 명사절을 이끌므로 The book을 수식할 수 있는 that 또는 which가 와야 한다. ⓕ 관계대명사절에서 소유의 의미를 나타내야 하므로 whose가 와야 한다.

20 정답 ⑤　　　　UNIT **63** 관계부사

→ 장소의 선행사 the library를 관계부사 where나「전치사+관계대명사」인 in which가 수식하는 것이 알맞다.

21 정답 ①　　　　UNIT **63** 관계부사

→ 이유의 선행사 the reason을 관계부사 why나「전치사+관계대명사」인 for which가 수식하는 것이 알맞다.

22 정답 ④　　　　UNIT **63** 관계부사

→ 시간의 선행사 the moment를 관계부사 when이나「전치사+관계대명사」인 at which가 수식하는 것이 알맞다.

23 정답 4　UNIT **62** 관계대명사의 계속적 용법과 생략, UNIT **63** 관계부사

[해석] ⓐ 나는 나의 평생 친구를 처음 만난 곳을 방문했다.

ⓑ 나는 기차가 몇 시에 도착할지 모른다.

ⓒ 그가 쓰레기를 버린 소년이다.

ⓓ 아버지가 드레스를 사주셨던 때를 절대 잊지 못할 것이다.

ⓔ 그것들은 내가 그린 그림들이다.

→ ⓒ 주격 관계대명사는 단독으로 생략할 수 없다.

ⓐ, ⓑ, ⓓ 선행사가 place, time 등과 같이 일반적으로 쓰이는 명사일 때, 선행사나 관계부사를 생략할 수 있다. 관계부사 when은「전치사+관계대명사」로 바꿔 쓸 수 있다.

ⓔ 관계대명사절의 동사가「be동사+분사」형태일 때,「주격 관계대명사+be동사」는 함께 생략할 수 있다.

24 [정답] ⑤   UNIT 62 관계대명사의 계속적 용법과 생략

[해석] ① 내가 좋아하는 그 남자는 좋은 배우이다.

② 내가 쓴 노래가 많이 있다.

③ 그녀가 나에게 하는 모든 말은 재미있다.

④ 나는 그가 자란 곳을 방문했다.

⑤ 이것은 지방 자치 단체에 속하는 건물이다.

→ ⑤ 주격 관계대명사는 단독으로 생략할 수 없다.

①, ②, ③ 목적격 관계대명사는 단독으로 생략 가능하다. ④ 선행사가 place, reason, time 등과 같이 일반적으로 쓰이는 명사일 때, 선행사나 관계부사를 생략할 수 있다.

25 [정답] 나는 두 아들이 있는데, 그들은 중학교 교사이다.
UNIT 62 관계대명사의 계속적 용법과 생략

→ '나는 두 아들이 있다.'와 '두 아들은 중학교 교사이다.'라는 두 문장이 계속적 용법의 주격 관계대명사 who로 연결되었으므로 '나는 두 아들이 있는데, 그들은 중학교 교사이다.'라고 해석한다.

26 [정답] I have two sons, and they are middle school teachers.   UNIT 62 관계대명사의 계속적 용법과 생략

→ 계속적 용법의 주격 관계대명사 who가 two sons를 수식하고 있다. 계속적 용법의 관계대명사는 선행사에 대한 보충 설명을 하므로, and they are middle school teachers와 같은 의미이다.

27 [정답] how she draws the picture   UNIT 63 관계부사

→ 방법을 나타내는 관계부사 how가 '그녀가 그림을 그리는 방법'을 의미하는 관계부사절을 이끌어야 한다.

28 [정답] why he quit his job   UNIT 63 관계부사

[해석] A: 당신은 Mark가 회사를 그만뒀다는 얘기를 들었나요?

B: 아, 그래요? 무슨 일 있었어요?

A: 그는 이사를 가기 때문에 그의 회사를 관뒀어요.

→ 그가 직장을 그만둔 이유는 그가 이사를 가기 때문이다.

→ '그가 직장을 그만둔 이유'라는 의미를 나타내기 위해 이유의 선행사 The reason을 관계부사 why가 수식하는 것이 알맞다.

29 [정답] which 또는 that   UNIT 61 관계대명사

[해석] • 사람들은 다리의 필요성을 느낀다.

• 그 다리는 브루클린과 퀸즈를 연결한다.

→ 사람들은 브루클린과 퀸즈를 연결하는 다리의 필요성을 느낀다.

→ 선행사가 a bridge로 사물이고 관계대명사절에서 주어 역할을 하므로 which나 that이 두 절을 연결할 수 있다.

30 [정답] ⑤   UNIT 62 관계대명사의 계속적 용법과 생략
     UNIT 63 관계부사

[해석] ⓐ 우리에게 필요한 것은 목표이다.

ⓑ 내가 산 책은 베스트셀러이다.

ⓒ 우리가 소풍 가는 곳은 강변이다.

ⓓ 나는 빨간 반바지를 입고 있는 남자를 보았다.

ⓔ 그는 파란 셔츠를 입었는데, 그의 눈과 잘 어울렸다.

→ that은 계속적 용법의 관계대명사로 쓰일 수 없기 때문에 which는 that으로 바꿔쓸 수 없다.

31 [정답] ②   UNIT 61 관계대명사

[해석] Amy: 너의 생일에 뭐 받았어?

John: 엄마가 나에게 시계를 줬어.

Amy: 멋진 선물이네! 마음에 들었어?

John: 응, 마음에 들어. 정확하게 내가 원했던 것이야.

Amy: 다른 건 없었어?

John: 사실, 있어. 내 친구들이 내가 가장 좋아하는 식당에서 저녁을 깜짝선물로 준비해 줬어.

Amy: 정말 멋지다! 어떤 식당을 선택했어?

John: 그들은 우리가 항상 이야기하는 이탈리아 식당에 나를 데려갔어.

→ (A)에는 '내가 원하던 것'이라는 의미로 선행사를 포함하는 관계대명사 what이 와야 한다. what은 선행사 the thing을 포함한 형태이고 선행사를 포함하지 않은 형태로 the thing which, the thing that을 쓸 수 있으며, 이 경우 목적격 관계대명사를 생략할 수 있어 the thing만 쓰는 것은 가능하다. 그러나 the thing을 생략한 관계대명사 which 또는 that만 쓰는 것은 불가능하다.

32 [정답] ④   UNIT 61 관계대명사

[해석] ① 빨간색인 그 차는 밖에 주차되어 있다.

② 그녀는 매우 멋진 드레스를 입었다.

③ 나는 지난주에 잃어버린 지갑을 찾았다.

④ 너는 벽에 어떤 색을 선호하니?

⑤ 그녀는 열쇠를 잃어버렸고, 그것이 많은 문제를 일으켰다.

→ 밑줄 친 부분의 Which는 의문형용사(어느)이며 ④ Which도 마찬가지로 '어떤'을 나타내는 의문형용사이다. ①, ②, ③은 주격 관계대명사, ⑤은 계속적 용법의 주격 관계대명사로 쓰였다.

33 [정답] ④   UNIT 61 관계대명사

→ 선행사 the Italian place를 수식하고 전치사 about의 목적어 역할을 하는 관계대명사 which나 that이 (B)에 적절하다.

34 [정답] ④   UNIT 62 관계대명사의 계속적 용법과 생략

[해석] 작은 마을에 수년 동안 버려져 있던 매력적인 오래된 집이 있었다. 그 집은 담쟁이덩굴로 덮여 있었고, 많은 사람의 호기심을 자극했다. 어느 날, 역사에 관심이 많던 Emma라는 젊은 여성이 그 집을 탐험하기로 결심했다. 그녀는 오래전 그 집에서 일어난 일들을 알고 싶어했다. 그녀는 다락방에서 이전 주인이 자신이 경험한 모험에 관해 쓴 일기를 발견했다. Emma는 그 일기가 집에 관한 많은 비밀을 밝혀내어 흥미롭다고 생각했다.

→ 관계사절에서 목적어 역할을 해야 하므로 the adventures를 선행사로 하는 목적격 관계대명사 which나 that이 와야 한다.

35 [정답] ③   UNIT 61 관계대명사

→ '그 집에서 일어난 것'이라는 의미로, 선행사를 포함하는 관계대명사 what이 와야 한다.

36 [정답] ②   UNIT 61 관계대명사

[해석] 오래된 한 마을에 모든 사람이 궁금해하는 오래된 도서관이 있었다. 그 도서관에는 아무도 열 수 없는 신비로운 책이 있었다. 호기심 많은 한 소녀는 왜 그 책이 닫힌 채로 남아있는지 알아내고 싶어 했다. 어느 저녁, 그녀는 바닥 판자

아래 숨겨진 열쇠를 발견했고, 그 열쇠는 책을 여는 방법을 밝혀주었다. 그 안에서 그녀는 도서관의 비밀을 설명하는 지도를 발견했다.

→ 선행사 an old library와 a map이 있으므로 관계대명사 that이나 which가 와야 한다.

37 [정답] ⑤

UNIT 62 관계대명사의 계속적 용법과 생략
UNIT 63 관계부사

→ (B) 이유의 선행사 the reason을 수식하는 관계부사 why가 와야 한다.

(C) 선행사가 a hidden key로 사물이고 관계사절의 주어가 없으므로 계속적 용법의 주격 관계대명사인 which가 와야 한다.

P 가정법

UNIT 64 가정법 과거

개념 확인 문제 정답 ▶ 문제편 p.321~323

01 ⓐ **02** ⓒ **03** ⓑ **04** ⓐ **05** ⓑ

06 ⓐ

07 If I were not busy, I would take a trip.

08 If I were rich, I could buy a lot of shoes.

09 If I had enough time, I would play football.

10 If he were rich

11 she would not be absent

12 If she liked James

13 she could go swimming

14 were　　**15** could speak

16 didn't have to work　　**17** had

18 were　　**19** knew　　**20** weren't

21 I were tall　　**22** If I had magical powers

23 as if I were his secretary

24 as if she were a superstar

25 I would know　　**26** I had the power

---

01 [정답] ⓐ

[해석] 아직 표를 구할 수 있는지 확인하세요.

→ 명사절 접속사 if가 불확실하거나 의문시되는 사실을 이야기하고 있다.

02 [정답] ⓒ

[해석] 눈이 온다면, 나는 눈사람을 만들 텐데.

→ 가정법 if가 현재 사실에 반대되는 상황을 이야기하고 있다.

03 [정답] ⓑ

[해석] 도움이 필요하면 주저하지 말고 물어보세요.

→ 부사절 접속사 if가 실현 가능성이 있는 일에 대한 조건을 이야기하고 있다.

04 [정답] ⓐ

[해석] 매장에 재고가 있는지 물어봅시다.

→ 명사절 접속사 if가 불확실하거나 의문시되는 사실을 이야기하고 있다.

05 [정답] ⓑ

[해석] 그녀가 전화하지 않으면, 나는 그녀를 용서하지 않을 거야.

→ 부사절 접속사 if가 실현 가능성이 있는 일에 대한 조건을 이야기하고 있다.

06 [정답] ⓐ

[해석] 우리는 오늘 택배가 도착할지 알 수 없다.

→ 명사절 접속사 if가 불확실하거나 의문시되는 사실을 이야기하고 있다.

07 [정답] **If I were not busy, I would take a trip.**
[해석] 〈보기〉 그녀는 감기에 걸렸기 때문에 학교에 가지 않을 것이다.
→ 만약 그녀가 감기에 걸리지 않았다면, 그녀는 학교에 갈 텐데.
나는 바빠서 여행을 가지 않을 것이다.
→ 바쁘지 않다면, 나는 여행을 갈 텐데.
→ if 가정법 과거의 if절에는 과거시제가, 주절에는 「would/could/might+동사원형」이 온다. if절의 동사로 be동사가 오면 주어에 상관없이 were를 쓴다.

08 [정답] **If I were rich, I could buy a lot of shoes.**
[해석] 나는 부자가 아니라서 신발을 많이 살 수 없다.
→ 내가 부자라면, 신발을 많이 살 수 있을 텐데.
→ if 가정법 과거의 if절에는 과거시제가, 주절에는 「would/could/might+동사원형」이 온다. if절의 동사로 be동사가 오면 주어에 상관없이 were를 쓴다.

09 [정답] **If I had enough time, I would play football.**
[해석] 나는 시간이 부족해서 축구를 하지 않을 것이다.
→ 내게 시간이 충분하다면, 나는 축구를 할 텐데.
→ if 가정법 과거의 if절에는 과거시제가, 주절에는 「would/could/might+동사원형」이 온다.

10 [정답] **If he were rich**
→ if 가정법 과거의 if절에는 과거시제가 온다. 가정법 과거 if절의 동사로 be동사가 오면 주어에 상관없이 were를 쓴다.

11 [정답] **she would not be absent**
→ if 가정법 과거의 주절에는 「would/could/might+동사원형」이 온다.

12 [정답] **If she liked James**
→ if 가정법 과거의 if절에는 과거시제가 온다.

13 [정답] **she could go swimming**
→ if 가정법 과거의 주절에는 「would/could/might+동사원형」이 온다.

14 [정답] **were**
[해석] 그것이 불가능해서 유감이다.
→ 그것이 가능하다면 좋을 텐데.
→ I wish 가정법 과거의 that절에는 과거시제가 온다. be동사가 오면 주어에 상관없이 were를 쓴다.

15 [정답] **could speak**
[해석] 내가 스페인어를 유창하게 하지 못해서 유감이다.
→ 내가 스페인어를 유창하게 할 수 있으면 좋을 텐데.
→ I wish 가정법 과거의 that절에는 과거시제가 온다. 조동사 can의 과거형인 could가 오는 것이 적절하다.

16 [정답] **didn't have to work**
[해석] 나는 주말에 일해야 해서 유감이다.
→ 내가 주말에 일을 안 해도 된다면 좋을 텐데.

→ I wish 가정법 과거의 that절에는 과거시제가 온다. don't의 과거형인 didn't가 오는 것이 적절하다.

17 [정답] **had**
[해석] 나는 카메라 살 충분한 돈이 없어서 유감이다.
→ 내게 카메라를 살 충분한 돈이 있으면 좋을 텐데.
→ I wish 가정법 과거의 that절에는 과거시제가 온다.

18 [정답] **were**
[해석] 사실 그는 영국인이 아니다.
→ 그는 마치 영국인인 것처럼 영어를 한다.
→ as if[though] 가정법 과거의 as if[though]절에는 과거시제가 온다. be동사가 오면 주어에 상관없이 were를 쓴다.

19 [정답] **knew**
[해석] 사실 Charles는 아무것도 모른다.
→ Charles는 모든 것을 알고 있는 것처럼 나에게 말한다.
→ as if[though] 가정법 과거의 as if[though]절에는 과거시제가 온다.

20 [정답] **weren't**
[해석] 사실 우리는 거기에 있다.
→ 그는 마치 우리가 거기에 있지도 않은 것처럼 우리를 스쳐 지나간다.
→ as if[though] 가정법 과거의 as if[though]절에는 과거시제가 온다. be동사가 오면 주어에 상관없이 were를 쓴다.

21 [정답] **I were tall**
→ I wish 가정법 과거의 that절에는 과거시제가 온다. be동사가 오면 주어에 상관없이 were를 쓴다.

22 [정답] **If I had magical powers**
→ if 가정법 과거의 if절에는 과거시제가 온다.

23 [정답] **as if I were his secretary**
→ as if[though] 가정법 과거의 as if[though]절에는 과거시제가 온다. be동사가 오면 주어에 상관없이 were를 쓴다.

24 [정답] **as if she were a superstar**
→ as if[though] 가정법 과거의 as if[though]절에는 과거시제가 온다. be동사가 오면 주어에 상관없이 were를 쓴다.

25 [정답] **I would know**
→ if 가정법 과거의 주절에는 「would/could/might+동사원형」이 온다.

26 [정답] **I had the power**
→ I wish 가정법 과거의 that절에는 과거시제가 온다.

개념 확인 문제 정답　　▶ 문제편 p.325~327

01 If I had not missed　**02** could have been

03 would have made　**04** If he had known

05 would not have missed

06 reach　**07** existed　**08** had listened

09 have been　**10** had had　**11** have visited

12 had been　**13** had not eaten

14 had known　**15** had cleaned

16 had not rained　**17** had not met

18 had learned　**19** had written

20 you had come to see me

21 as if he had seen the future

22 If I had spoken French

23 as if it had been serviced

24 I had learned to play the guitar

25 he would have pursued his dreams

---

01 정답 **If I had not missed**
[해석] 나는 버스를 놓쳐서 제시간에 도착하지 못했다.
→ 버스를 놓치지 않았더라면, 제시간에 도착할 수 있었을 텐데.
→ if 가정법 과거완료의 if절에는 과거완료시제가, 주절에는 「would/could/might+have p.p.」가 온다.

02 정답 **could have been**
[해석] 그는 키가 크지 않았기 때문에 농구선수가 될 수 없었다.
→ 만약 그가 키가 컸었다면, 그는 농구선수가 될 수 있었을 텐데.
→ if 가정법 과거완료의 if절에는 과거완료시제가, 주절에는 「would/could/might+have p.p.」가 온다.

03 정답 **would have made**
[해석] 나는 늦잠을 자서 회의에 참석하지 못했다.
→ 늦잠을 자지 않았다면, 회의에 참석할 수 있었을 텐데.
→ if 가정법 과거완료의 if절에는 과거완료시제가, 주절에는 「would/could/might+have p.p.」가 온다.

04 정답 **If he had known**
[해석] 그는 그녀의 생일을 몰랐기 때문에 그녀에게 선물을 주지 않았다.
→ 그가 그녀의 생일을 알았다면, 그는 그녀에게 선물을 주었을 텐데.
→ if 가정법 과거완료의 if절에는 과거완료시제가, 주절에는 「would/could/might+have p.p.」가 온다.

05 정답 **would not have missed**
[해석] 핸드폰을 집에 두고 왔기 때문에 나는 그 모든 전화를 놓쳤다.
→ 집에 핸드폰을 두고 오지 않았더라면, 나는 그 모든 전화를 놓치지 않았을 텐데.
→ if 가정법 과거완료의 if절에는 과거완료시제가, 주절에는 「would/could/might+have p.p.」가 온다.

06 정답 **reach**
→ 현재 사실에 반대되는 일을 가정하는 if 가정법 과거 문장이다. if 가정법 과거의 주절에는 「would/could/might+동사원형」이 온다.

07 정답 **existed**
→ 현재 사실에 반대되는 일을 가정하는 if 가정법 과거 문장이다. if 가정법 과거의 if절에는 과거시제가 온다.

08 정답 **had listened**
→ 과거 사실에 반대되는 일을 가정하는 if 가정법 과거완료 문장이다. if 가정법 과거완료의 if절에는 과거완료시제가 온다.

09 정답 **have been**
→ 과거 사실에 반대되는 일을 가정하는 if 가정법 과거완료 문장이다. if 가정법 과거완료의 주절에는 「would/could/might+have p.p.」가 온다.

10 정답 **had had**
→ 과거 사실에 반대되는 일을 가정하는 if 가정법 과거완료 문장이다. if 가정법 과거완료의 if절에는 과거완료시제가 온다.

11 정답 **have visited**
→ 과거 사실에 반대되는 일을 가정하는 if 가정법 과거완료 문장이다. if 가정법 과거완료의 주절에는 「would/could/might+have p.p.」가 온다.

12 정답 **had been**
→ 과거 사실에 반대되는 일을 가정하는 if 가정법 과거완료 문장이다. if 가정법 과거완료의 if절에는 과거완료시제가 온다.

13 정답 **had not eaten**
[해석] 나는 파티에서 케이크를 너무 많이 먹은 것이 유감이다.
→ 파티에서 케이크를 많이 먹지 않았으면 좋을 텐데.
→ I wish 가정법 과거완료의 that절에는 과거완료시제가 온다.

14 정답 **had known**
[해석] 나는 그때 이유를 몰랐던 것이 유감이다.
→ 그때 그 이유를 알았더라면 좋을 텐데.
→ I wish 가정법 과거완료의 that절에는 과거완료시제가 온다.

15 정답 **had cleaned**
[해석] 그녀가 방을 열심히 청소하지 않은 것이 유감이다.
→ 그녀가 방을 열심히 청소했었다면 좋을 텐데.
→ I wish 가정법 과거완료의 that절에는 과거완료시제가 온다.

16 정답 **had not rained**
[해석] 야외 소풍 때 비가 온 것이 유감이다.
→ 야외 소풍 때 비가 오지 않았다면 좋을 텐데.

→ I wish 가정법 과거완료의 that절에는 과거완료시제가 온다.

17 [정답] had not met

[해석] 사실 그는 어젯밤에 그녀를 만났다.

→ 그는 마치 어젯밤에 그녀를 만나지 않았던 것처럼 말한다.

→ as if[though] 가정법 과거완료의 as if[though]절에는 과거완료시제가 온다.

18 [정답] had learned

[해석] 사실 나는 레시피를 배우지 않았다.

→ 나는 마치 레시피를 배웠던 것처럼 요리한다.

→ as if[though] 가정법 과거완료의 as if[though]절에는 과거완료시제가 온다.

19 [정답] had written

[해석] 사실 그는 그 노래를 직접 쓰지 않았다.

→ 그는 마치 자신이 노래를 썼던 것처럼 부른다.

→ as if[though] 가정법 과거완료의 as if[though]절에는 과거완료시제가 온다.

20 [정답] you had come to see me

→ I wish 가정법 과거완료의 that절에는 과거완료시제가 온다.

21 [정답] as if he had seen the future

→ as if[though] 가정법 과거완료의 as if[though]절에는 과거완료시제가 온다.

22 [정답] If I had spoken French

→ if 가정법 과거완료의 if절에는 과거완료시제가 온다.

23 [정답] as if it had been serviced

→ as if[though] 가정법 과거완료의 as if[though]절에는 과거완료시제가 온다.

24 [정답] I had learned to play the guitar

→ I wish 가정법 과거완료의 that절에는 과거완료시제가 온다.

25 [정답] he would have pursued his dreams

→ if 가정법 과거완료의 주절에는 「would/could/might+have p.p.」가 온다.

정답

01 ②	**02** ②	**03** ④
04 was not, did not go	**05** had been	
06 ② **07** ② **08** ② **09** ② **10** ①		
11 ② **12** ⑤ **13** ④ **14** ④ **15** had		
16 were **17** hadn't spent **18** hadn't helped		
19 were **20** would perform **21** ③		
22 I wish (that) he had saved his data.		
23 what would you have done		

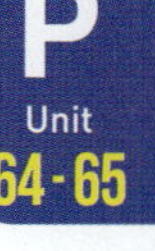

01 [정답] ②   UNIT 64 가정법 과거

[해석] A: 그녀는 그녀가 작가인 것처럼 말해.

B: 맞아, 하지만 사실 그녀는 작가가 아니야.

→ 현재의 사실과 반대되는 일을 사실인 것처럼 말할 때 쓰는 as if[though] 가정법 과거 문장이다. as if[though]절에는 과거시제가 온다. be동사가 오면 주어에 상관없이 were를 쓴다.

02 [정답] ②   UNIT 65 가정법 과거완료

[해석] A: Bob이 너에게 새 일자리를 제공했지만, 너는 그것을 하지 않았어. 왜지?

B: 월급이 좀 더 많았었더라면, 나는 그 일을 받아들이는 것을 고려해 봤을 거야.

→ 과거 사실에 반대되는 일을 가정하는 if 가정법 과거완료 문장이다. if 가정법 과거완료의 주절에는 「would/could/might+have p.p.」가 온다.

03 [정답] ④   UNIT 65 가정법 과거완료

[해석] ① A: 나는 어제 온종일 일했어.

② B: 왜? 너 돈 필요하니?

③ A: 나는 새 휴대전화가 필요해. 나는 전화기를 잃어버렸어.

④ B: 전화기를 잃어버리지 않았더라면, 일찍 퇴근할 수 있었을 텐데.

⑤ A: 맞아. 내가 멋진 새 전화기를 살 수 있을 충분한 돈을 가지고 있다면 좋을 텐데.

→ 과거 사실에 반대되는 일을 가정하는 if 가정법 과거완료 문장이다. if 가정법 과거완료의 주절에는 「would/could/might+have p.p.」가 오므로 can get off를 could have got off로 고쳐야 한다.

04 [정답] was not, did not go   UNIT 65 가정법 과거완료

[해석] 날씨가 좋았다면 우리는 소풍을 갔었을 텐데.

→ 날씨가 좋지 않았었기 때문에 우리는 소풍을 가지 않았다.

→ 과거 사실에 반대되는 일을 가정할 때 가정법 과거완료를 쓴다. 이를 직설법 과거로 표현할 때 긍정이면 부정, 부정이면 긍정으로 바꿔 쓴다.

05 [정답] had been   UNIT 65 가정법 과거완료

[해석] 개회식을 보기 위해서 평창 올림픽 경기장에 있지 않았던 것이 유감이다.

→ 내가 개회식을 보기 위해서 평창 올림픽 경기장에 있었으면 좋을 텐데.

→ 과거에 평창 올림픽 경기장에 있지 않았던 것이 유감이었기 때문에 과거에 대한 아쉬움을 I wish 가정법 과거완료로 표현할 수 있다. I wish 가정법 과거완료의 that절에는 과거완료시제가 온다.

06 정답 ②　　　　　　　　　　　　　　　　UNIT **64** 가정법 과거

[해석] ① 나는 내가 너를 도울 수 있는지 없는지를 모른다.
② 만약 네가 여기 있다면, 나는 행복할 텐데.
③ 그는 너의 답이 틀렸는지 아닌지를 나에게 물었다.
④ 나는 내일 비가 올지 안 올지가 궁금하다.
⑤ 그는 그녀가 올지 안 올지를 확신할 수 없다.
→ 나머지는 모두 명사절 접속사로 쓰였고 ②만 가정법을 이끄는 부사절 접속사로 쓰였다.

07 정답 ②　　　　　　　　　　　UNIT **65** 가정법 과거완료

→ 과거의 사실과 반대되는 일을 나타내고 있고 '마치 ~였던 것처럼'의 뜻을 표현하고 있으므로 as if 가정법 과거완료의 형태로 써야 한다. as if절에는 과거완료시제가 온다.

08 정답 ②　　　　　　　　　　　UNIT **65** 가정법 과거완료

→ 과거에 시험을 보지 않았으면 좋을 것이라는 아쉬움을 나타내고 있으므로 I wish 가정법 과거완료로 표현할 수 있다. I wish 가정법 과거완료의 that절에는 과거완료시제가 온다.

09 정답 ②　　　　　UNIT **64** 가정법 과거, UNIT **65** 가정법 과거완료

[해석] ① 그녀는 아무것도 신경 쓰지 않는 것처럼 행동한다.
② 많은 사람들이 있다면 좋을 텐데.
③ 우리가 더 큰 차를 가지고 있다면 좋을 텐데.
④ 만약 내가 그 책을 가지고 있다면, 내가 네게 그것을 빌려줄 텐데.
⑤ 만약 내가 그들과 함께 있었더라면, 나는 그들을 위해 무엇이든지 했었을 텐데.
→ I wish 가정법 과거는 현재 사실에 대한 아쉬움을 표현한다. 따라서 과거가 아닌 현재로 해석해야 한다.

10 정답 ①　　　　　　　　　　　　　　　　UNIT **64** 가정법 과거

[해석] 남: Emma가 그리워.
여: 그녀가 더 가까이 산다면 더 자주 볼 텐데.
→ 현재 사실에 반대되는 일을 가정하는 if 가정법 과거 문장이다. if 가정법 과거의 if절에는 과거시제가, 주절에는 「would/could/might+동사원형」이 온다.

11 정답 ②　　　　　　　　　　　UNIT **65** 가정법 과거완료

[해석] 여: 네가 내게 영화의 결말을 말하지 않았다면 좋을 텐데. 네가 그것을 망쳤어.
남: 미안해. 내가 더 분별있었으면 좋을 텐데.
→ I wish 가정법 과거완료는 과거 사실에 대한 아쉬움을 표현한다. I wish 가정법 과거완료의 that절에는 과거완료시제가 온다.

12 정답 ⑤　　　　　　　　　　　UNIT **65** 가정법 과거완료

[해석] 네가 일찍 일어나지 않았기 때문에 하루가 길지 않았다.
= 네가 일찍 일어났다면, 하루가 길었을 텐데.
→ 과거 사실에 반대되는 일을 가정하는 if 가정법 과거완료가 와야 한다. if 가정법 과거완료의 if절에는 과거완료시제가, 주절에는 「would/could/might+have p.p.」가 온다.

13 정답 ④　　　　　　　　　　　UNIT **65** 가정법 과거완료

[해석] 내가 수업에 더 집중을 하지 않았던 것이 유감이다.
= 내가 수업에 더 집중을 했다면 좋을 텐데.
→ 과거 사실에 대한 아쉬움을 표현하는 I wish 가정법 과거완료가 와야 한다. I wish 가정법 과거완료의 that절에는 과거완료시제가 온다.

14 정답 ④　　　　　　　　　　　UNIT **65** 가정법 과거완료

[해석] ① 네가 나에게 물었다면, 나는 네게 그녀의 주소를 말해주었을 텐데.
② 그가 일찍 일어났더라면, 그는 이곳에 왔을 텐데.
③ 그는 다리가 부러졌어. 그가 그때 조심했다면 좋을 텐데.
④ 그녀가 긍정적이었다면, 그녀의 일에서 생산적일 수 있었을 텐데.
⑤ 그녀가 실수하지 않았다면, 그녀는 금메달을 땄을 텐데.
→ ④ 과거 사실에 반대되는 일을 가정하는 if 가정법 과거완료의 주절에는 「would/could/might+have p.p.」가 와야 한다. 따라서 can be productive를 could have been productive로 고쳐야 한다.

15 정답 had　　　UNIT **64** 가정법 과거, UNIT **65** 가정법 과거완료

[해석] • 내가 바쁘지 않았다면, 나는 극장을 방문했을 텐데.
• 내가 차가 있다면, 버스를 타는 대신 운전해서 출근할 텐데.
→ 첫 번째 문장은 if 가정법 과거완료로, if절에는 과거완료시제가 와야 한다. 두 번째 문장은 if 가정법 과거로, if절에는 과거시제가 와야 한다. 과거완료시제를 만드는 조동사 had와 have의 과거시제인 had가 빈칸에 공통으로 들어가는 것이 알맞다.

16 정답 were　　　　　　　　　　　　UNIT **64** 가정법 과거

[해석] 사실 그녀는 나를 잘 안다.
→ 그녀는 나를 전혀 모르는 사람인 것처럼 쳐다본다.
→ as if[though] 가정법 과거의 as if[though]절에는 과거시제가 온다. be동사가 오면 주어에 상관없이 were를 쓴다.

17 정답 hadn't spent　　　　　　UNIT **65** 가정법 과거완료

[해석] 나는 게임을 하느라 밤을 지새웠던 것이 유감이다.
→ 내가 게임을 하느라 밤을 지새우지 않았다면 좋을 텐데.
→ I wish 가정법 과거완료의 that절에는 과거완료시제가 온다.

18 정답 hadn't helped　　　　　　UNIT **65** 가정법 과거완료

→ 과거 사실에 반대되는 일을 가정하는 if 가정법 과거완료의 if절에는 과거완료시제가 와야 한다. '도와주지 않았더라면'이라는 의미를 나타내야 하므로 부정형인 hadn't helped가 알맞다.

19 정답 were　　　　　　　　　　　　UNIT **64** 가정법 과거

→ 현재의 사실과 반대되는 일을 나타내고 있고 '마치 ~인 것처럼'의 뜻을 표현하고 있으므로 as if[though] 가정법 과거의 형태로 써야 한다. as if[though]절에는 과거시제가 오고, be동사가 오면 주어에 상관없이 were를 쓴다.

20 정답 would perform　　　　　　UNIT **64** 가정법 과거

→ 현재 사실에 반대되는 일을 가정하는 if 가정법 과거의 주절에는 「would/could/might+동사원형」이 와야 한다. '공연할 텐데'라는 의미를 나타내야 하므로 would perform이 알맞다.

21 정답 ③　　　　UNIT **64** 가정법 과거, UNIT **65** 가정법 과거완료

[해석] • 그가 집에 있다면, 전화를 받을 수 있을 텐데.
• 시간이 충분했다면, 나는 산책을 갈 수 있었을 텐데.
• 당신에게서 더 많은 것을 배웠으면 좋을 텐데.
• 당신의 도착 시간을 알았다면, 나는 그곳에서 당신을 만났을 텐데.
• 마치 David가 아팠던 것처럼 들린다.
→ (A) were - if 가정법 과거 (B) had - if 가정법 과거완료
(C) had - I wish 가정법 과거완료 (D) have - if 가정법 과거완료
(E) been - as though 가정법 과거완료이므로 ③은 어디에도 들어갈 수 없다.

22 정답 I wish (that) he had saved his data.
　　　　UNIT **65** 가정법 과거완료

[해석] 어제 Braden은 그의 컴퓨터로 숙제를 하고 있었다. 그가 숙제를 하고 있을 때, 화면이 갑자기 텅 비었다. 그는 숙제를 저장하지 않았기 때문에, 그것은 그가 중요한 자료 모두를 잃게 했다. ⓐ 그가 그의 자료를 저장했었다면 좋을 텐데. 만약 당신이 Braden의 상황이었다면, ⓑ 당신은 자료 손실을 막기 위해 무엇을 했겠는가?
→ 과거 사실에 대한 아쉬움을 표현하는 I wish 가정법 과거완료가 와야 한다. I wish 가정법 과거완료의 that절에는 과거완료시제가 온다.

23 정답 what would you have done
　　　　UNIT **65** 가정법 과거완료

→ 과거 사실에 반대되는 일을 가정하는 if 가정법 과거완료 문장이다. ⓑ는 if 가정법 과거완료의 주절에 해당하므로 「would/could/might+have p.p.」가 와야 한다. 의문문이므로 what would you have done의 형태로 오는 것이 적절하다.

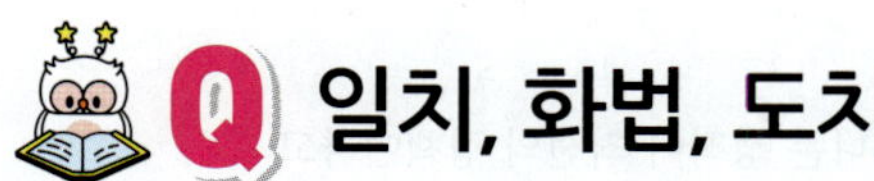

Q 일치, 화법, 도치

UNIT **66**　시제 일치

> **개념 확인 문제 정답**　　　　▶ 문제편 p.333
>
> **01** was　　　　　　　**02** would rain
> **03** couldn't meet　　　**04** conquered
> **05** is　　　　**06** exercises　　**07** is
> **08** was　**09** ○　**10** goes　**11** ○　**12** ○
> **13** knows, did her best　**14** said, is
> **15** was certain, would be

01 정답 was

[해석] 우리는 그녀가 바쁘다는 것을 안다.
→ 우리는 그녀가 바쁘다는 것을 알았다.
→ 주절의 시제인 과거에 맞춰, 종속절의 동사도 과거시제인 was가 오는 것이 알맞다.

02 정답 would rain

[해석] 내일 비가 온다고 한다.
→ 나는 내일 비가 온다고 들었다.
→ 주절의 시제인 과거에 맞춰, 종속절의 동사도 과거시제인 would rain이 오는 것이 알맞다.

03 정답 couldn't meet

[해석] 행사가 끝나면 그들을 다시 만날 수 없다는 느낌이 든다.
→ 행사가 끝나고 그들을 다시 만날 수 없다는 느낌이 들었다.
→ 주절의 시제인 과거에 맞춰, 종속절의 동사도 과거시제인 couldn't meet이 오는 것이 알맞다.

04 정답 conquered

[해석] 우리는 나폴레옹이 1806년에 프로이센을 정복했다는 것을 배웠다.
→ 시제 일치의 예외 사항이다. 역사적인 사실은 단순과거로 표현한다.

05 정답 is

[해석] 모든 사람들은 금성이 태양으로부터 두 번째 행성이라는 것을 알고 있었다.
→ 시제 일치의 예외 사항이다. 불변의 진리는 현재시제로 표현한다.

06 정답 exercises

[해석] 그녀는 그가 매일 아침 일찍 운동한다는 것을 믿지 않았다.
→ 시제 일치의 예외 사항이다. 과거의 상황이 현재에도 지속되는 현재의 습관은 현재시제로 표현한다.

07 [정답] is

[해석] 나의 어머니는 정직이 최선의 정책이라고 충고하셨다.

→ 시제 일치의 예외 사항이다. 격언은 현재시제로 표현한다.

08 [정답] was

[해석] 선생님은 한글이 세종대왕에 의해 창조되었다고 말씀하셨다.

→ 시제 일치의 예외 사항이다. 역사적인 사실은 단순과거로 표현한다.

09 [정답] ○

[해석] 그는 무엇이든 할 수 있다고 생각한다.

→ 주절의 시제가 현재이면 종속절의 시제는 어떤 시제라도 올 수 있다.

10 [정답] goes

[해석] 우리는 지구가 태양 주위를 돈다는 것을 배웠다.

→ 시제 일치의 예외 사항이다. 불변의 진리는 현재시제로 표현한다. 따라서 과거시제인 went를 현재시제인 goes로 고쳐야 한다.

11 [정답] ○

[해석] 그녀는 나를 만나서 기쁘다고 말했다.

→ 주절의 시제가 과거이고 종속절의 시제도 과거이므로 알맞게 쓰였다.

12 [정답] ○

[해석] 그는 그의 학교가 8시에 시작한다고 말했다.

→ 시제 일치의 예외 사항이다. 과거의 상황이 현재에도 지속되는 현재의 습관은 현재시제로 표현한다.

13 [정답] knows, did her best

→ 주절의 시제가 '알고 있다'라는 현재시제이며, 종속절의 시제는 '최선을 다했다'라는 과거시제이다.

14 [정답] said, is

→ 주절의 시제는 '말씀하셨다'로 과거시제이지만 불변의 진리를 말하고 있으므로 현재시제 is가 알맞다.

15 [정답] was certain, would be

→ 주절의 시제는 '확실했다'로 과거시제이다. 종속절의 시제는 의미상 미래의 일이지만, 시제 일치의 법칙에 따라 과거형(would)으로 써야 한다.

UNIT **67** 화법과 도치

개념 확인 문제 정답 ▶ 문제편 p.335~339

01 Sarah는 "저는 오후 5시에 그곳에 도착할 거예요."라고 말했다.

02 엄마는 내게 곧 저녁이 준비될 거라고 말씀하셨다.

03 Emily는 나에게 "네가 떠난다니 믿을 수가 없어."라고 말했다.

04 일기예보에서 폭우가 쏟아질 거라고 했다.

05 was, that day　**06** wanted, there

07 couldn't, then　**08** would, the next day

09 Emily said (that) the new policy started that day.

10 The doctor says to me, "You should take the medication."

11 Alex said (that) he was really excited about the trip.

12 Lisa told me (that) she had a surprise for me.

13 He told me (that) he needed the report by the next[following] day.

14 how much that was

15 if[whether] I had any plans

16 when the concert would take place

17 where the restroom was

18 how I was feeling　**19** why I was late

20 if[whether] I could take out the trash

21 if[whether] I was attending the party that day

22 why I looked so tired

23 if[whether] she could get some rest

24 what was going on　**25** how old I was

26 O　**27** if she could borrow some plates

28 O

29 to meet him at the café the next[following] day

30 not to watch TV too long

31 if　**32** to bring

33 the following week　**34** not to forget

35 he rested　**36** glowed a light

37 will she forget the look on his face

38 lay a beautiful swan

39 did they finish the project

---

01 [정답] Sarah는 "저는 오후 5시에 그곳에 도착할 거예요."라고 말했다.

→ 직접화법은 다른 사람이 한 말을 인용부호(" ")를 이용하여 그대로 전달한다.

02 [정답] 엄마는 내게 곧 저녁이 준비될 거라고 말씀하셨다.

→ 간접화법은 다른 사람이 한 말을 전달자의 입장에 맞게 바꿔서 전달한다.

03 정답 Emily는 나에게 "네가 떠난다니 믿을 수가 없어."라고 말했다.

→ 직접화법은 다른 사람이 한 말을 인용부호(" ")를 이용하여 그대로 전달한다.

04 정답 일기예보에서 폭우가 쏟아질 거라고 했다.

→ 간접화법은 다른 사람이 한 말을 전달자의 입장에 맞게 바꿔서 전달한다.

05 정답 was, that day

[해석] Mia는 "저는 오늘 바빠요."라고 말했다.

→ Mia는 그녀가 그날 바쁘다고 말했다.

→ that절의 시제는 주절의 시제에 맞춰 과거(was)로, 시간의 부사인 today는 that day로 바꾼다.

06 정답 wanted, there

[해석] Christine은 "나는 여기에 머물고 싶어."라고 말했다.

→ Christine은 그녀가 그곳에 머물고 싶다고 말했다.

→ that절의 시제는 주절의 시제에 맞춰 과거(wanted)로, 장소의 부사인 here는 there로 바꾼다.

07 정답 couldn't, then

[해석] 그는 나에게 "나는 지금 야구를 할 수 없어."라고 말했다.

→ 그는 나에게 그가 그때 야구를 할 수 없다고 말했다.

→ that절의 시제는 주절의 시제에 맞춰 과거(couldn't)로, 시간의 부사인 now는 then으로 바꾼다.

08 정답 would, the next day

[해석] Tom은 그녀에게 "나는 내일 그곳에 갈 거야."라고 말했다.

→ Tom은 그녀에게 그가 다음날 그곳에 갈 것이라고 말했다.

→ that절의 시제는 주절의 시제에 맞춰 과거(would)로, 시간의 부사인 tomorrow는 the next day로 바꾼다.

09 정답 Emily said (that) the new policy started that day.

[해석] Emily는 "새로운 정책이 오늘 시작돼요."라고 말했다.

→ Emily는 그날 새로운 정책이 시작된다고 말했다.

→ that절의 시제는 주절의 시제에 맞춰 과거(started)로, 시간의 부사인 today는 that day로 바꾼다.

10 정답 The doctor says to me, "You should take the medication."

[해석] 의사는 나에게 내가 약을 먹어야 한다고 말한다.

→ 의사는 나에게 "당신은 약을 먹어야 합니다."라고 말한다.

→ tells는 says to로, I는 대상이 되는 you로 바꾼다.

11 정답 Alex said (that) he was really excited about the trip.

[해석] Alex는 "나는 여행이 정말 기대돼."라고 말했다.

→ Alex는 그가 여행이 정말 기대된다고 말했다.

→ that절의 주어는 Alex이므로 he로 바꾸고, 시제는 주절의 시제에 맞춰 과거(was)로 바꾼다.

12 정답 Lisa told me (that) she had a surprise for me.

[해석] Lisa는 나에게 "나는 너를 위한 놀라운 소식이 있어."라고 말했다.

→ Lisa는 나에게 그녀가 나를 위한 놀라운 소식이 있다고 말했다.

→ 「say to+사람」은 「tell+사람」으로 바꾼다. that절의 주어는 Lisa이므로 she로 바꾸고, 시제는 주절의 시제에 맞춰 과거(had)로 바꾼다.

13 정답 He told me (that) he needed the report by the next[following] day

[해석] 그는 나에게 "저는 내일까지 보고서가 필요해요."라고 말했다.

→ 그는 나에게 그가 다음날까지 보고서가 필요하다고 말했다.

→ 「say to+사람」은 「tell+사람」으로 바꾼다. that절의 시제는 주절의 시제에 맞춰 과거(needed)로, 시간의 부사인 tomorrow는 the next[following] day로 바꾼다.

14 정답 how much that was

[해석] 그녀는 나에게 "이것은 얼마입니까?"라고 말했다.

→ 그녀는 나에게 그것이 얼마인지 물었다.

→ 의문사가 있는 의문문을 간접화법으로 바꿀 때는 의문사 뒤의 어순을 「주어+동사」로 바꾼다. 의문사절의 시제는 주절의 시제에 맞춰 과거(was)로, this는 that으로 바꾼다.

15 정답 if[whether] I had any plans

[해석] Mary는 내게 "당신은 계획이 있습니까?"라고 말했다.

→ Mary는 내게 내가 계획이 있는지 물었다.

→ 의문사가 없는 의문문을 간접화법으로 바꿀 때 종속절 앞에 if 또는 whether를 쓰고, 어순을 「주어+동사」로 바꾼다. if[whether]절의 시제는 주절의 시제에 맞춰 과거(had)로 바꾼다.

16 정답 when the concert would take place

[해석] 그는 "콘서트는 언제 열리나요?"라고 말했다.

→ 그는 콘서트가 언제 열리는지 물었다.

→ 의문사가 있는 의문문을 간접화법으로 바꿀 때는 의문사 뒤의 어순을 「주어+동사」로 바꾼다. 의문사절의 시제는 주절의 시제에 맞춰 과거(would)로 바꾼다.

17 정답 where the restroom was

[해석] 고객이 나에게 "화장실이 어디 있나요?"라고 말했다.

→ 고객은 나에게 화장실이 어디 있는지 물었다.

→ 의문사가 있는 의문문을 간접화법으로 바꿀 때는 의문사 뒤의 어순을 「주어+동사」로 바꾼다. 의문사절의 시제는 주절의 시제에 맞춰 과거(was)로 바꾼다.

18 정답 how I was feeling

[해석] 의사는 내게 "당신은 좀 어떠신가요?"라고 말했다.

→ 의사는 내게 내가 좀 어떤지 물었다.

→ 의문사가 있는 의문문을 간접화법으로 바꿀 때는 의문사 뒤의 어순을 「주어+동사」로 바꾼다. 의문사절의 시제는 주절의 시제에 맞춰 과거(was)로 바꾼다.

19 [정답] why I was late

[해석] 내 딸은 나에게 "왜 늦었어요?"라고 말했다.
→ 내 딸은 내게 내가 왜 늦었는지 물었다.
→ 의문사가 있는 의문문을 간접화법으로 바꿀 때는 의문사 뒤의 어순을 「주어+동사」로 바꾼다. 의문사절의 시제는 주절의 시제에 맞춰 과거(was)로 바꾼다.

20 [정답] if[whether] I could take out the trash

[해석] 아빠는 나에게 "쓰레기를 버릴 수 있니?"라고 말했다.
→ 아빠는 나에게 쓰레기를 버릴 수 있는지 물었다.
→ 의문사가 없는 의문문을 간접화법으로 바꿀 때 종속절 앞에 if 또는 whether를 쓰고, 어순을 「주어+동사」로 바꾼다. if[whether]절의 시제는 주절의 시제에 맞춰 과거(could)로 바꾼다.

21 [정답] if[whether] I was attending the party that day

[해석] John은 나에게 "너 오늘 파티에 참석하니?"라고 말했다.
→ John은 나에게 내가 그날 파티에 참석하는지 물었다.
→ 의문사가 없는 의문문을 간접화법으로 바꿀 때 종속절 앞에 if 또는 whether를 쓰고, 어순을 「주어+동사」로 바꾼다. if[whether]절의 시제는 주절의 시제에 맞춰 과거(was)로, 시간의 부사인 today는 that day로 바꾼다.

22 [정답] why I looked so tired

[해석] Iris는 나에게 "당신은 왜 그리 피곤해 보이나요?"라고 말했다.
→ Iris는 나에게 내가 왜 그리 피곤해 보이는지 물었다.
→ 의문사가 있는 의문문을 간접화법으로 바꿀 때는 의문사 뒤의 어순을 「주어+동사」로 바꾼다. 의문사절의 시제는 주절의 시제에 맞춰 과거(looked)로 바꾼다.

23 [정답] if[whether] she could get some rest

[해석] 그 여배우는 감독에게 "제가 좀 쉬어도 될까요?"라고 말했다.
→ 그 여배우는 감독에게 그녀가 좀 쉬어도 되는지 물었다.
→ 의문사가 없는 의문문을 간접화법으로 바꿀 때 종속절 앞에 if 또는 whether를 쓰고, 어순을 「주어+동사」로 바꾼다. if[whether]절의 시제는 주절의 시제에 맞춰 과거(could)로 바꾼다.

24 [정답] what was going on

[해석] 경찰관은 운전자에게 "무슨 일인가요?"라고 말했다.
→ 경찰관이 운전자에게 무슨 일이냐고 물었다.
→ 의문사가 있는 의문문을 간접화법으로 바꿀 때 의문사절의 시제는 주절의 시제에 맞춰 과거로 바꾼다. 따라서 is를 was로 고쳐야 한다.

25 [정답] how old I was

[해석] 면접관은 나에게 "당신은 몇 살입니까?"라고 말했다.

→ 면접관이 나에게 내가 몇 살인지 물었다.
→ 의문사가 있는 의문문을 간접화법으로 바꿀 때는 의문사 뒤의 어순을 「주어+동사」로 바꾼다. 주어는 물음의 대상인 '나'이므로 I was로 고쳐야 한다.

26 [정답] O

[해석] 우리는 선생님께 "학교 축제가 언제인가요?"라고 말했다.
→ 우리는 선생님께 학교 축제가 언제인지 여쭤보았다.
→ 의문사가 있는 의문문을 간접화법으로 바꿀 때는 의문사 뒤의 어순을 「주어+동사」로 바꾼다. 의문사절의 시제는 주절의 시제에 맞춰 과거(was)로 바꾼다.

27 [정답] if she could borrow some plates

[해석] Nancy는 나에게 "내가 접시를 좀 빌릴 수 있을까요?"라고 말했다.
→ Nancy는 나에게 그녀가 접시를 좀 빌릴 수 있는지 물었다.
→ 의문사가 없는 의문문을 간접화법으로 바꿀 때 종속절 앞에 if 또는 whether를 쓰고, 어순을 「주어+동사」로 바꾼다. 따라서 could she를 she could로 고쳐야 한다.

28 [정답] O

[해석] 고객은 "이 물건의 가격은 얼마입니까?"라고 말했다.
→ 고객은 그 물건의 가격이 얼마인지 물었다.
→ 의문사가 있는 의문문을 간접화법으로 바꿀 때는 의문사 뒤의 어순을 「주어+동사」로 바꾼다. 의문사절의 시제는 주절의 시제에 맞춰 과거(cost)로, this는 that으로 바꾼다.

29 [정답] to meet him at the café the next[following] day

[해석] Tom은 내게 "내일 카페에서 만나요."라고 말했다.
→ Tom은 내게 다음날 카페에서 만나자고 말했다.
→ 긍정 명령문을 간접화법으로 바꿀 때는 to부정사의 형태로 바꾼다. me는 대상이 되는 him으로 바꾸고, 시간의 부사인 tomorrow는 the next[following] day로 바꾼다.

30 [정답] not to watch TV too long

[해석] 의사는 나에게 "TV를 너무 오래 보지 마세요."라고 말했다.
→ 의사는 나에게 TV를 너무 오래 보지 말라고 충고했다.
→ 부정 명령문을 간접화법으로 바꿀 때는 not to부정사의 형태로 바꾼다.

31 [정답] if

[해석] Amelia는 "당신은 내게 소금을 건네줄 수 있나요?"라고 말했다.
→ Amelia는 내가 그녀에게 소금을 건네줄 수 있는지 물었다.
→ 의문사가 없는 의문문을 간접화법으로 바꿀 때 종속절 앞에 if 또는 whether를 쓴다.

32 [정답] to bring

[해석] Emma는 나에게 "당신의 우산을 가져오세요."라고 말했다.

→ Emma는 나에게 내 우산을 가져오라고 충고했다.
→ 긍정 명령문을 간접화법으로 바꿀 때는 to부정사의 형태로 바꾼다.

33 [정답] the following week
[해석] 엄마는 "여행이 다음 주야."라고 말했다.
→ 엄마는 여행이 그 다음 주라고 말했다.
→ 직접화법을 간접화법으로 바꿀 때 시간의 부사인 next week은 the following week으로 바꾼다.

34 [정답] not to forget
[해석] Matthew는 나에게 "문 잠그는 것을 잊지 마세요."라고 말했다.
→ Matthew는 나에게 문 잠그는 것을 잊지 말라고 상기시켰다.
→ 부정 명령문을 간접화법으로 바꿀 때는 not to부정사의 형태로 바꾼다.

35 [정답] he rested
[해석] 그는 나무 밑에서 쉬었다.
→ 주어가 he, she, they와 같은 대명사일 때 주어와 동사의 도치는 일어나지 않는다.

36 [정답] glowed a light
[해석] 동굴 안에서 빛이 반짝였다.
→ 장소를 나타내는 부사구가 문장 맨 앞으로 올 때, 주어와 동사에 도치가 일어난다. 따라서 동사 glowed와 주어 a light가 도치되어야 한다.

37 [정답] will she forget the look on his face
[해석] 그녀는 그의 표정을 결코 잊지 못할 것이다.
→ never, hardly, no, not, little 등의 부정어구가 문장 맨 앞으로 올 때, 주어와 동사에 도치가 일어난다. 따라서 동사 will과 주어 she가 도치되어야 한다.

38 [정답] lay a beautiful swan
[해석] 아름다운 백조가 강둑 근처에 누워있었다.
→ 장소를 나타내는 부사구가 문장 맨 앞으로 올 때, 주어와 동사에 도치가 일어난다. 따라서 동사 lay와 주어 a beautiful swan이 도치되어야 한다.

39 [정답] did they finish the project
[해석] 그들은 자정까지 프로젝트를 끝내지 못했다.
→ never, hardly, no, not, little 등의 부정어구가 문장 맨 앞으로 올 때, 주어와 동사에 도치가 일어난다. 따라서 동사 did와 주어 they가 도치되어야 한다.

단원 평가 문제 UNIT 66 ~ UNIT 67   ▶ 문제편 p.340~342

[정답]

01 ③	02 ③	03 ⑤	04 ②	
05 honesty is the first chapter				
06 where I would go for vacation				
07 him not to smoke				
08 ④	09 ⑤	10 ④	11 ④	12 ⑤
13 ⓑ, ⓓ, ⓕ		14 had, his		
15 what I was doing		16 not to speak		
17 ②	18 ①	19 ③	20 ③	
21 sat an old piano		22 slept a homeless man		
23 will they announce the winner			24 ④	

Q Unit 66·67

01 [정답] ③   UNIT 67 화법과 도치
[해석] 그녀는 나에게 "나는 지금 배가 고파요."라고 말했다.
→ 그녀는 나에게 그때 그녀가 배가 고팠다고 말했다.
→ said to는 told로, I는 주절의 주어인 she로, am은 주절의 시제인 was로, now는 then으로 바꿔야 한다.

02 [정답] ③   UNIT 67 화법과 도치
[해석] 나는 그 소년에게 "너의 엄마는 어디에 계시니?"라고 말했다.
→ 나는 그 소년에게 그의 엄마가 어디에 계시는지 물었다.
→ said to는 asked로, 의문사가 있는 경우 의문사를 그대로 쓰기 때문에 where가, your는 대화 상대에 해당하는 his로, is는 주절의 시제인 was로 바꿔야 한다.

03 [정답] ⑤   UNIT 67 화법과 도치
→ 의문사가 없는 의문문은 종속절 앞에 if 또는 whether를 쓰고, 어순을 「주어+동사」로 바꾼다. if[whether]절의 시제는 주절의 시제에 맞춰 과거(knew)로 바꾼다.

04 [정답] ②   UNIT 66 시제 일치
[해석] ① 나는 그가 시험에 합격할 거라고 생각했다.
② 그는 그가 보통 일찍 잠에 든다고 말했다.
③ 한국전쟁이 1950년에 발생했다는 것을 너는 알고 있니?
④ 그는 내가 몇 살인지 물었다.
⑤ 나는 그에게 그가 나를 아는지 모르는지 물었다.
→ 현재의 습관은 주절의 시제와 상관없이 현재형으로 쓴다. 따라서 ②이 어법상 옳다.
① 주절의 시제가 과거이므로 종속절의 will을 would로 고쳐야 한다. ③ 역사적인 사실은 항상 과거형을 쓰기 때문에 breaks를 broke로 고쳐야 한다. ④ 의문사가 있는 의문문을 간접화법으로 바꿀 때 의문사 뒤의 어순을 「주어+동사」로 쓰기 때문에 I was로 바꿔야 한다. ⑤ 의문문을 만들기 위해 사용된 do 동사를 삭제해야 하므로 he knew가 알맞다.

05 [정답] honesty is the first chapter   UNIT 66 시제 일치
[해석] A: 거짓말 하지 마.
B: 맞아. 아버지는 정직이 지혜라는 책의 첫 장이라고 말씀하셨어.

→ 격언이나 속담은 항상 현재시제로 쓴다. 따라서 be를 is로 바꾸어 honesty is the first chapter의 순서로 쓴다.

06 [정답] **where I would go for vacation**　UNIT **66** 시제 일치
[해석] A: 그가 너에게 뭐라고 말했니?
B: 그는 나에게 내가 휴가로 어디에 가는지 물었어.
→ 주절의 시제가 과거이므로 종속절의 시제도 과거시제가 알맞다. 의문사가 있는 경우 의문사 뒤의 어순을 「주어+동사」로 바꾼다. 따라서 will go를 would go로 바꾸어 where I would go for vacation의 순서로 쓴다.

07 [정답] **him not to smoke**　UNIT **67** 화법과 도치
[해석] A: 나는 그에게 "방에서 담배를 피우지 마."라고 말했어.
B: 나도 그에게 담배를 피우지 말라고 말했지만, 그는 여전히 거기서 담배를 피웠어.
→ 부정 명령문을 간접화법으로 바꿀 때는 not to부정사의 형태로 바꾼다. 따라서 대화 상대에 해당하는 him 다음에 not to smoke가 이어져 him not to smoke의 순서로 쓴다.

08 [정답] **④**　UNIT **66** 시제 일치
[해석] 나는 그녀가 내 험담을 하고 있다는 것을 알았다.
→ 주절의 시제가 과거이므로 과거시제가 와야 한다.

09 [정답] **⑤**　UNIT **66** 시제 일치, UNIT **67** 화법과 도치
[해석] ① 나는 그가 성실하다고 생각한다.
② 나는 John이 변호사가 될 것이라고 믿는다.
③ 나는 그녀가 그녀의 방에 있다고 생각했다.
④ 하늘을 가로질러 새 떼가 날아갔다.
⑤ 나는 그녀가 기분이 좋지 않다는 것을 알았다.
→ ⑤ 주절의 시제가 과거일 때 종속절의 시제는 과거시제, 과거완료시제가 와야 한다. ①, ② 주절의 시제가 현재일 때 종속절에 모든 시제가 올 수 있다. ③ 과거시제인 주절에 맞춰 종속절에도 과거시제가 왔다. ④ 방향의 부사구가 문장 맨 앞으로 왔기 때문에 동사 flew와 주어 a flock of birds가 도치되었다.

10 [정답] **④**　UNIT **67** 화법과 도치
[해석] ① 그는 내게 "당신은 전화 받을 수 있나요?"라고 말했다.
→ 그는 내게 내가 전화 받을 수 있는지 물었다.
② 그녀는 내게 "당신은 어디서 공부하나요?"라고 말했다.
→ 그녀는 내게 내가 어디서 공부하는지 물었다.
③ 그의 아빠는 그에게 "다시는 담배 피우지 마."라고 말씀하셨다.
→ 그의 아빠는 그에게 다시는 담배 피우지 말라고 말씀하셨다.
④ 나는 그녀에게 "나는 지금 기뻐."라고 말했다.
→ 나는 그녀에게 나는 그때 기쁘다고 말했다.
⑤ 내 여동생은 내게 "나는 저녁 식사에 늦을 거야."라고 말했다.
→ 내 여동생은 내게 그녀가 저녁 식사에 늦을 거라고 말했다.
→ ① if 뒤에는 「주어+동사」 순으로 와야 한다. ② 의문사가 있는 의문문을 간접화법으로 바꿀 때는 의문사 뒤의 어순을 「주어+동사」로 바꾸므로, where I studied로 고쳐야 한다. ③ 부정 명령문을 간접화법으로 바꿀 때는 not to부정사의 형태로 바꾸므로 not smoke를 not to smoke로 고쳐야 한다. ⑤ 주절의 주어가 종속절의 주어이므로 I를 she로 바꾸어야 한다.

11 [정답] **④**　UNIT **67** 화법과 도치
[해석] 몇 주 전에, 그는 나에게 "나는 지금 그 게임을 준비 중이야."라고 말했다.
→ 몇 주 전에, 그는 나에게 그가 당시에 그 게임을 준비 중이라고 말했다.
→ 주절의 시제가 과거이므로 종속절의 시제는 과거시제가 오는 것이 알맞다. 화법을 전환할 때, 직접화법의 now는 간접화법에서 then으로 바뀐다.

12 [정답] **⑤**　UNIT **67** 화법과 도치
[해석] 나는 그녀에게 "너 어디에 사니?"라고 말했다.
→ 나는 그녀에게 어디 사는지 물었다.
→ 의문사가 있는 의문문을 간접화법으로 바꿀 때는 의문사 뒤의 어순을 「주어+동사」로 바꾼다.

13 [정답] **ⓑ, ⓓ, ⓕ**　UNIT **67** 화법과 도치
[해석] ⓐ 나는 그녀에게 어디서 왔는지 물었다.
ⓑ 그의 아버지는 그가 아프다는 것을 알았다.
ⓒ 그녀는 그에게 너무 빨리 운전하지 말라고 충고했다.
ⓓ 길 건너편에 빵집이 있었다.
ⓔ 선생님은 우리에게 반짝이는 모든 것이 금은 아니라고 말씀하셨다.
ⓕ 그는 일요일마다 교회에 간다고 말했다.
ⓖ 그는 그녀에게 즉시 집으로 가라고 명령했다.
→ ⓐ 의문사가 있는 의문문을 간접화법으로 바꿀 때는 의문사 뒤의 어순을 「주어+동사」로 바꾼다. 따라서 was she를 she was로 고쳐야 한다. ⓒ 부정 명령문을 간접화법으로 바꿀 때는 not to부정사의 형태로 바꾸므로 don't drive를 not to drive로 고쳐야 한다. ⓔ 시제 일치의 예외 사항으로, 불변의 진리는 현재시제로 표현한다. 따라서 과거시제인 was를 is로 고쳐야 한다. ⓖ 긍정 명령문을 간접화법으로 바꿀 때는 to부정사의 형태로 바꾼다. 따라서 go를 to go로 고쳐야 한다.

14 [정답] **had, his**　UNIT **67** 화법과 도치
[해석] 그는 "내 방에 내 컴퓨터가 있어."라고 말했다.
→ 그는 그의 방에 컴퓨터가 있다고 말했다.
→ 주절에 맞게 인칭을 his로 바꾸고 시제 또한 have를 had로 바꾸어야 한다.

15 [정답] **what I was doing**　UNIT **67** 화법과 도치
[해석] 그녀는 내게 "너 뭐 하니?"라고 말했다.
→ 그녀는 내게 내가 뭐 하는지 물었다.
→ 의문사가 있는 의문문을 간접화법으로 바꿀 때는 의문사 뒤의 어순을 「주어+동사」로 바꾼다.

16 [정답] **not to speak**　UNIT **67** 화법과 도치
[해석] 사서는 나에게 "큰 소리로 이야기하지 마세요."라고 말했다.
→ 사서는 나에게 큰 소리로 이야기하지 말라고 말했다.
→ 부정 명령문을 간접화법으로 바꿀 때는 not to부정사의 형태로 바꾼다.

17 [정답] **②**　UNIT **66** 시제 일치
[해석] 어느 날, 물고기 한 마리가 호수에서 수영하고 있었다. 그 물고기가 수영할 때 물속에서 움직이는 맛있는 벌레를 한 마리 ⓐ 보았다. 그 물고기는 너무 배가 고팠기 때문에 그 벌레를

먹기 위해서 입을 크게 벌렸다. ⓑ 갑자기 그 벌레는 물고기에게 "저를 먹지 마세요."라고 말했다. 물고기는 그것을 자세히 보았다. 물고기는 벌레에게 "왜 내가 너를 먹을 수 없니?"라고 말했다. 벌레는 물고기에게 자신이 갈고리 주위에 싸여 있다고 말했다. 물고기는 벌레에게 "그렇게 말하다니 너는 참 친절하구나."라고 말했다.
→ 이야기의 진행 시제가 과거이므로 과거시제인 saw로 바꾸어야 한다.

18 [정답] ①
UNIT **67** 화법과 도치
→ 부정 명령문을 간접화법으로 바꿀 때는 not to부정사의 형태로 바꾼다.

19 [정답] ③
UNIT **66** 시제 일치
→ 주절과 종속절의 시제를 일치시켜야 하므로 과거시제인 was가 와야 한다.

20 [정답] ③
UNIT **67** 화법과 도치
→ 의문사가 없는 의문문은 종속절 앞에 if 또는 whether를 쓰고, 어순을 「주어+동사」로 바꾼다. if[whether]절의 시제는 주절의 시제에 맞춰 과거(was)로 바꾼다.

21 [정답] sat an old piano
UNIT **67** 화법과 도치
[해석] 구석에는 낡은 피아노가 놓여 있었다.
→ 장소를 나타내는 부사구가 문장 맨 앞으로 올 때, 주어와 동사에 도치가 일어난다. 따라서 동사 sat과 주어 an old piano가 도치되었다.

22 [정답] slept a homeless man
UNIT **67** 화법과 도치
[해석] 노숙자가 다리 밑에서 잠을 잤다.
→ 장소를 나타내는 부사구가 문장 맨 앞으로 올 때, 주어와 동사에 도치가 일어난다. 따라서 동사 slept와 주어 a homeless man이 도치되었다.

23 [정답] will they announce the winner
UNIT **67** 화법과 도치
[해석] 그들은 다음주가 되어야 우승자를 발표할 것이다.
→ never, hardly, no, not, little 등의 부정어구가 문장 맨 앞으로 올 때, 주어와 동사에 도치가 일어난다. 따라서 동사 will과 주어 they가 도치되었다.

24 [정답] ④
UNIT **67** 화법과 도치
[해석] ① 그는 내게 "너무 많이 먹지 마요."라고 말했다.
→ 그는 나에게 너무 많이 먹지 말라고 요청했다.
② 나는 그에게 "무슨 색을 좋아하세요?"라고 말했다.
→ 나는 그에게 무슨 색을 좋아하는지 물었다.
③ 선생님은 내게 "일어나세요."라고 말씀하셨다.
→ 선생님은 나에게 일어나라고 요청하셨다.
④ 그녀는 나에게 "의사이신가요?"라고 말했다.
→ 그녀는 나에게 의사인지 물었다.
⑤ 그는 "저는 일자리를 찾고 있어요."라고 말했다.
→ 그는 일자리를 찾고 있다고 말했다.
→ ④ 전달자의 입장에서 표현해야 하므로 if절에는 you were가 아닌 I was가 와야 한다.

A 실전 모의고사
▶ 문제편 p.344

정답

01 ②	**02** ①	**03** (1) ④ (2) of → to
04 (1) ③ (2) wasting → waste		**05** to students
06 for his brother	**07** ⑤	**08** What **09** ④
10 ⑤		

01 [정답] ②
UNIT **05** 문장의 종류
[해석] 여행은 피곤하지 않았어요, 그렇죠?
→ 평서문이 긍정문이라면 부가의문문은 부정문이 오고, 평서문이 부정문이라면 부가의문문은 긍정문이 온다. 과거시제이므로 ② was가 알맞다.
· journey 여행

02 [정답] ①
UNIT **04** 5형식 문장
[해석] 그녀는 그가 공원에서 노는 것을 보았다.
→ 지각동사 watch는 목적격 보어로 원형부사를 쓸 수 있으므로 ① play가 알맞다.

03 [정답] (1) ④ (2) of → to
UNIT **03** 3형식 문장과 4형식 문장
[해석] 나는 그 학생에게 많은 질문을 주었다.
→ give가 3형식 문장에서 쓰일 때 간접목적어 앞에는 전치사 to가 온다.

04 [정답] (1) ③ (2) wasting → waste
UNIT **05** 문장의 종류
[해석] 더 이상의 시간을 낭비하지 말자.
→ 제안문은 Let's 뒤에 동사원형이 와야 하고, 부정문은 Let's 뒤에 not 또는 never를 쓴다. 따라서 '낭비하지 말자'라는 의미의 제안문을 완성하려면 Let's not waste 형태가 되어야 한다.
· waste 낭비하다

05 [정답] to students
UNIT **03** 3형식 문장과 4형식 문장
[해석] 이 정책은 학생들에게 더 많은 힘을 줄 수 있다.
→ give가 3형식 문장에서 쓰일 때 간접목적어 앞에는 전치사 to가 온다.
· policy 정책

06 [정답] for his brother
UNIT **03** 3형식 문장과 4형식 문장
[해석] Liam은 그의 동생에게 새로운 게임팩을 사주었다.
→ buy가 3형식 문장에서 쓰일 때 간접목적어 앞에는 전치사 for가 온다.

07 [정답] ⑤
UNIT **02** 1형식 문장과 2형식 문장
[해석] 그의 형은 매우 ① 친절해 ② 친근해 ③ 너그러워 ④ 사랑스러워 ⑤ 행복하게 보인다.
→ 부사는 주격 보어로 올 수 없다.
· friendly 친근한 · generous 너그러운

08 [정답] What
UNIT **05** 문장의 종류
[해석] · 당신이 가장 좋아하는 책은 무엇입니까?
· 정말 놀라운 경험이구나!
→ 의문사 what이 있는 의문문과, what을 이용한 감탄문에 공통으로 들어가는 말은 what이다.

09 [정답] ④ UNIT **01** 문장의 구성 요소

[해석] ⓐ 그는 결승선까지 달려갔다.
ⓑ 저 파란 집은 이상해 보인다.
ⓒ 그녀는 퇴근 후 고전 소설을 읽는다.
ⓓ 그는 우리를 위해 사과 파이를 만들었다.
ⓔ 그들은 손님들이 환영을 받기를 원한다.
→ ⓓ는 주어 He, 동사 made, 목적어 an apple pie의 3형식 문장이므로, ④이 옳지 않다.
· strange 이상한 · classic 고전의 · novel 소설 · guest 손님

10 [정답] ⑤ UNIT **05** 문장의 종류

[해석] ① 정말 좋은 선택이군요!
② 늦게 잠들지 마세요.
③ 나는 그가 기타 치는 것을 보았다.
④ 제가 당신께 만화책을 찾아 드릴게요.
⑤ 고양이는 상자 속에 숨는 것을 좋아해요, 그렇지 않나요?
→ 일반동사의 긍정문이므로, 부가의문문으로는 부정인 doesn't가 와야 한다.
· choice 선택 · hide 숨다

B 실전 모의고사
▶ 문제편 p.345

정답

01 ⑤	**02** ③	**03** ②	**04** ⑤	**05** ②
06 ⑤	**07** (1) ⓐ (2) the hockey → hockey			
08 (1) ⓔ (2) feet was → feet were 또는 foot was				

01 [정답] ⑤ UNIT **07** 명사의 복수형

[해석] ① 선반 – 선반들 ② 양 – 양들 ③ 영웅 – 영웅들
④ 국가 – 국가들 ⑤ 연어 – 연어들
→ salmon은 단수형과 복수형이 같은 명사이다.
· shelf 선반 · salmon 연어

02 [정답] ③ UNIT **09** 부정관사 a, an UNIT **10** 정관사 the

[해석] · 그녀는 경험이 많은 의사이다.
· 음악은 보편적인 언어이다.
· 태양은 서쪽으로 진다.
→ (A) 첫소리가 발음상으로 모음으로 시작하는 명사 앞에는 an을 쓴다.
(B) 첫소리가 발음상으로 자음으로 시작하는 명사 앞에는 a를 쓴다. u로 시작하지만, 발음상으로는 [ju]가 되므로 a가 온다.
(C) 유일한 대상 앞에 정관사 the를 쓴다.
· experienced 경험이 많은 · universal 보편적인 · west 서쪽

03 [정답] ② UNIT **10** 정관사 the

[해석] ① 잘 시간이다.
② 그녀는 콘서트에서 바이올린을 연주했다.
③ 우리는 택시를 타고 공항으로 이동했다.
④ 그는 요리하는 법을 차근차근 배웠다.
⑤ 우리는 우리가 가장 좋아하는 식당에서 저녁을 먹었다.

→ 악기 이름 앞에는 정관사 the를 쓴다.
· airport 공항

04 [정답] ⑤ UNIT **06** 명사의 종류

[해석] ① 태양은 동쪽에서 뜬다.
② 로마는 하루아침에 세워지지 않았다.
③ 이 건물은 학생회관이다.
④ 세계의 도시들에 관해 이야기해 봅시다.
⑤ 커피를 몇 잔 주문하시겠어요?
→ 형태가 없는 물질을 나타내는 명사는 셀 수 없다.
· east 동쪽 · students' union 학생회관

05 [정답] ② UNIT **08** 명사의 소유격

[해석] 〈보기〉 Dylan의 카드
① 파도 소리 ② 아이들의 목소리 ③ 시험 결과
④ 대통령의 약속 ⑤ 화분의 무게
→ -s로 끝나지 않는 복수 명사의 소유격은 뒤에 's를 붙여 표현한다.
· wave 파도 · result 결과 · president 대통령
· promise 약속 · weight 무게 · flower pot 화분

06 [정답] ⑤ UNIT **06** 명사의 종류

[해석] 그녀는 열 개의 ① 선물을 ② 바나나를 ③ 연필을
④ 메시지를 받았다.
→ 추상적인 개념을 나타내는 명사는 셀 수 없다.
· receive 받다 · sadness 슬픔

07 [정답] (1) ⓐ (2) the hockey → hockey UNIT **10** 정관사 the

[해석] ⓐ 그는 하키에서 뛰어났다.
ⓑ John은 청바지를 접었다.
ⓒ Helen은 팬케이크 반죽 한 그릇을 저었다.
ⓓ 제게 이메일로 정보를 보내주세요.
ⓔ 몇 시간을 걸었더니 그의 발이 아팠다.
ⓕ 그녀는 가족과 함께 휴식을 취하고 TV를 보는 것을 좋아한다.
→ 운동 종목 앞에는 관사를 쓰지 않는다.
· excel 뛰어나다 · hockey 하키 · fold 접다 · stir 젓다
· batter 반죽 · information 정보

08 [정답] (1) ⓔ (2) feet was → feet were 또는 foot was UNIT **07** 명사의 복수형

→ feet은 foot의 복수형이다.

C 실전 모의고사
▶ 문제편 p.346

정답

01 each	**02** both	**03** ②	**04** ④	**05** any
06 It	**07** ⑤	**08** ③	**09** ⑤	

01 [정답] each UNIT **15** 부정대명사

[해석] A: 당신은 쿠키를 몇 개 구웠나요?
B: 저는 12개를 만들었고, 쿠키마다 모양이 달라요.
→ 뒤에 단수 명사가 왔으므로 형용사 each가 와야 한다.

· bake 굽다 · shape 모양

02 [정답] both   UNIT 15 부정대명사
[해석] A: 당신은 Sarah와 John을 만나봤나요?
B: 네, 둘 다 친절해요.
→ 뒤에 복수 동사가 왔으므로 both가 와야 한다.

03 [정답] ②   UNIT 13 재귀대명사
[해석] ① 우리는 우리 자신을 자랑스러워해야 한다.
② 그는 보고서 전체를 직접 작성했다.
③ 나는 혼자 있을 때, 혼잣말을 종종 한다.
④ 그녀는 혼자 문제를 해결하는 것을 선호한다.
⑤ 간식을 마음껏 드세요.
→ ②의 himself는 주어 He를 강조하므로 강조 용법의
재귀대명사이다. 강조 용법으로 쓰인 재귀대명사는 생략할 수 있다.
· proud 자랑스러운 · entire 전체의 · alone 혼자의

04 [정답] ④   UNIT 16 의문대명사
[해석] A: ① 누가 당신을 Luke에게 소개해 줬나요?
② 당신은 누구의 이름을 말했나요?
③ 당신의 책을 누구에게 빌려줬나요?
④ 당신은 어떤 식당을 추천하나요?
⑤ 당신의 형이 가장 좋아하는 작가는 누구인가요?
B: Amy요.
→ ④은 어떤 식당인지 물었으므로 Amy's restaurant로 대답해야
알맞다.
· introduce 소개하다 · mention 언급하다
· recommend 추천하다 · author 작가

05 [정답] any   UNIT 15 부정대명사
[해석] A: 당신은 점심에 어떤 계획이 있나요?
B: 아니요, 저는 아무 계획도 없어요.
→ 의문문에서 '어떤'의 의미를 표현할 때, 부정문에서 '아무것도'의
의미를 표현할 때 any를 쓴다.

06 [정답] It   UNIT 14 대명사 it
[해석] · 밖에 눈이 내리고 있으니, 도로에서 조심하세요.
· 상처받은 마음을 치유하는 데는 시간이 걸린다.
→ 첫 번째 문장은 비인칭주어 it이 날씨를 설명하고 있다. 두 번째
문장은 진주어 to heal 대신 가주어 it이 주어 자리에 온 가주어-
진주어 구문이다.
· outside 밖에 · heal 치료하다 · broken 상처받은

07 [정답] ⑤   UNIT 15 부정대명사
[해석] 주차장에 차 여덟 대가 있다. 하나는 세단이다. 다른
하나는 SUV이고, 나머지는 모두 소형 트럭이다.
→ 여러 대상 중 하나는 one, 또 다른 하나는 another, 나머지
전부는 the others로 나타낸다.
· parking lot 주차장

08 [정답] ③   UNIT 15 부정대명사
→ '모두 ~않다'를 의미하는 부정대명사 none이 알맞다.

09 [정답] ⑤   UNIT 15 부정대명사
[해석] ① 모든 소년은 그 가수를 좋아한다.
② 나의 부모님은 두 분 모두 선생님이시다.

③ 반 친구들 모두가 그녀에게 친절하다.
④ 각각의 팀 구성원은 발언권이 있다.
⑤ 각각 책은 다운로드할 수 있다.
→ ⑤ each of는 뒤에 복수 명사가 오더라도 단수 취급하므로
동사로 are가 아니라 is가 와야 한다.
· classmate 반 친구 · have a voice 발언권이 있다 · role 역할
· available 이용 가능한

정답
01 ②   02 ③   03 ②   04 ③   05 will
06 have   07 ④   08 ④

01 [정답] ②   UNIT 19 동사의 과거-과거분사 불규칙 변화표
[해석] 우리는 우리의 개를 데리고 산책한다.
① 우리는 우리의 개를 데리고 산책할 것이다.
② 우리는 우리의 개를 데리고 산책했다.
③ 우리는 우리의 개를 데리고 산책하고 있다.
④ 우리는 우리의 개를 데리고 산책하고 있을 것이다.
⑤ 우리는 우리의 개를 데리고 산책해왔다.
→ 동사 take의 과거형은 taked가 아니라 took이다.

02 [정답] ③   UNIT 20 미래시제
→ '다음 달'이라는 미래에 일어날 일을 나타내야 하므로「will +
동사원형」형태인 will leave가 알맞다.
· leave 떠나다

03 [정답] ②   UNIT 17 현재시제 UNIT 22 현재완료시제
[해석] · 그녀는 캠프 사람들과 3년 동안 연락을 주고받았다.
· 당신은 버스에서 내리면 쉽게 슈퍼마켓을 찾을 것이다.
→ (A) for는 〈계속〉을 나타내는 현재완료시제와 자주 함께
쓰이므로 has kept가 알맞다.
(B) 조건의 부사절에서는 현재시제가 미래시제를 대신하므로
현재시제인 get이 알맞다.
· keep in touch 연락하다 · get off 내리다

04 [정답] ③   UNIT 20 미래시제
[해석] A: 이번이 마지막 시험인가요?
B: 네, 하지만 앞으로 두 달 뒤에 또 시험이 있을 거예요.
→ '두 달 뒤'라는 미래에 일어날 일을 나타내야 하므로「will +
동사원형」형태인 will be가 알맞다.

05 [정답] will   UNIT 20 미래시제
[해석] 우리는 질문에 대한 응답을 분석할 것이다.
→ 미래의 일을 나타낼 때는「will + 동사원형」과「be going to +
동사원형」을 쓸 수 있다.
· analyze 분석하다 · response 응답

06 [정답] have   UNIT 22 현재완료시제
[해석] 나는 시계를 잃어버렸고, 지금 그것을 가지고 있지 않다.
나는 시계를 잃어버렸다.

→ 과거에 일어난 일이 현재 상태에 영향을 미치므로 결과 용법의
현재완료시제가 알맞다. 주어가 I이므로 have가 와서
'잃어버렸다'라는 의미를 완성한다.

07 정답 ④ UNIT 22 현재완료시제

[해석] 그녀는 ① 지금까지 ② 작년부터 ③ 3년 동안 ⑤ 그녀가
15살일 때부터 가난한 사람들을 위해 일했다.
→ ④ a few years ago는 과거의 한 시점을 나타내므로
현재완료시제와 쓰일 수 없다.

08 정답 ④ UNIT 22 현재완료시제

[해석] ① 그는 이곳에서 10년 동안 살았다.
② 당신은 미국에 가본 적이 있나요?
③ 그들은 방금 일을 마쳤다.
④ 나는 두 시간 전에 그 소식을 들었다.
⑤ 내가 도착했을 때 나의 아들은 피아노를 치고 있었다.
→ ④ two hours ago는 과거의 한 시점을 나타내므로 have
heard를 과거시제인 heard로 고쳐야 알맞다.
• finish 마치다 • arrive 도착하다

E 실전 모의고사
▶ 문제편
p.348

정답

01 ④	**02** I had better not eat any more food.
03 ③	**04** ⑤ **05** H[h]ave **06** W[w]ould
07 ⑤	**08** ⑤

01 정답 ④ UNIT 24 조동사 can (could), will (would)
UNIT 25 조동사 may (might), must (have to), shall, should

[해석] A: 제가 도와드릴까요?
B: 네, 부탁드립니다.
→ can과 may는 '~해도 좋다'라는 허가의 의미를 가진다.

02 정답 I had better not eat any more food.
UNIT 26 be, do, have와 그 외 조동사

→ had better와 eat 사이에 not이 와서 '먹지 않는 것이
좋겠다'라는 의미를 완성한다.

03 정답 ③ UNIT 25 조동사 may (might), must (have to), shall, should

[해석] 〈보기〉 그는 한국어를 한다. 그는 한국인임이 틀림없다.
① 아이들은 규칙을 따라야 한다.
② 당신은 제시간에 그곳에 가야 한다.
③ 그 남자는 소방관임이 틀림없다.
④ 당신은 오늘 숙제를 해야 한다.
⑤ 우리는 7시까지 집에 돌아가야 한다.
→ 〈보기〉와 ③의 must는 '강한 추측'을 나타낸다. 나머지는 모두
'강한 의무'를 나타낸다.
• on time 제시간에 • fire fighter 소방관

04 정답 ⑤ UNIT 25 조동사 may (might), must (have to), shall, should

[해석] ① 그는 더 열심히 공부해야 한다.
② 당신은 그곳에 갈 필요가 없다.
③ 그녀는 거미를 무서워하곤 했다.
④ 우리는 아무에게도 그 이야기를 해서는 안 된다.
⑤ 일기예보에 따르면 내일은 비가 올 수도 있다.
→ ⑤의 may는 비가 올 수 있다고 '추측'하는 의미로 알맞게 쓰였다.
①의 has better는 had better로, ②의 don't have better
go는 don't have to go로, ③의 uses to be는 used to be로,
④ must not to tell은 must not tell로 고쳐야 알맞다.
• afraid of ~을 무서워하는 • spider 거미
• according to ~에 따르면 • forecast 일기예보

05 정답 H[h]ave UNIT 25 조동사 may (might), must (have to), shall, should, UNIT 26 be, do, have와 그 외 조동사

[해석] • 당신은 Hemingway의 〈노인과 바다〉를 읽어 본 적이
있나요?
• 헤드폰이 고장 나서 나는 새로운 것을 사야 한다.
→ 본동사 read 앞에서 완료시제를 만들고, '강한 의무'를 나타내야
하므로 빈칸에는 공통으로 H[h]ave가 들어가야 한다.
• headphone 헤드폰 • break down 고장 나다

06 정답 W[w]ould UNIT 24 조동사 can (could), will (would)

[해석] • 당신은 메시지를 남기실래요?
• Amy는 다음 주 토요일에 우리를 방문할 것이라고 말했다.
→ '~하고 싶다'라는 의미와 will의 과거를 완성해야 하므로 빈칸에는
공통으로 W[w]ould가 들어가야 한다.
• leave 남기다 • visit 방문하다

07 정답 ⑤ UNIT 24 조동사 can (could), will (would)

[해석] ① 그는 돌아오는 길을 찾을 수 없다.
② 나는 기타를 칠 수 없다.
③ 아기는 자전거를 탈 수 없다.
④ 물고기는 수영할 수 있지만, 걸을 수는 없다.
⑤ 그녀는 건강해 보이므로 아플 리가 없다.
→ ⑤의 can't는 '~일 리가 없다'를 의미하고, 나머지 can't는 모두
'~할 수 없다'를 의미한다.
• bicycle 자전거

08 정답 ⑤ UNIT 25 조동사 may (might), must (have to), shall, should

[해석] ① Sue는 주스를 더 마실 수 있다.
② 나는 오늘 밤에 영화를 보고 싶다.
③ 나는 아침에 일찍 일어나곤 했다.
④ 그는 그녀와 회의에 관해 이야기해야 한다.
⑤ 우리는 일요일에 학교에 갈 필요가 없다.
= 우리는 일요일에 학교에 가지 말아야 한다.
→ don't have to는 '필요'를 의미하고, must not은 '강한 의무'를
의미한다.
• get up 일어나다

F 실전 모의고사

▶ 문제편
p.349

정답

01 ③	**02** ③	**03** was sent to the group
04 ④	**05** ④	**06** with **07** ⑤

08 (A) postpone → postponed (B) learn → to learn

(C) stolen → been stolen

(D) repaired → be repaired

---

01 [정답] ③ 　　　　　　　　UNIT **27** 수동태의 개념 및 형태

[해석] ① 그녀는 바이올린을 연주한다.

② 그는 거북선을 발명했다.

③ 그는 유명한 배우처럼 보인다.

④ Jason은 작년에 이 소설을 썼다.

⑤ 그녀는 게임을 위한 몇 가지 규칙을 만들었다.

→ ③은 목적어가 없으므로 수동태로 바꿔 쓸 수 없다.

· invent 발명하다 · turtle ship 거북선 · rule 규칙

02 [정답] ③ 　　　　　　　UNIT **30** 주의해야 할 수동태 표현

→ '채소와 드레싱으로 구성된' 것이므로 be composed of를 쓴다.

· compose 구성하다 · vegetable 채소 · dressing 드레싱

03 [정답] was sent to the group

UNIT **29** 4형식과 5형식 문장의 수동태

[해석] 주최자는 그 무리에게 메시지를 보냈다.

→ 메시지는 주최자에 의해 그 무리에게 보내졌다.

→ 동사 send는 직접목적어가 주어인 수동태를 만들 때 간접목적어 앞에 전치사 to를 쓴다.

· organizer 주최자

04 [정답] ④ 　　　　　UNIT **29** 4형식과 5형식 문장의 수동태

[해석] 부모들은 그들의 아이들이 채소를 먹도록 권장한다.

= 아이들은 부모님에 의해 채소를 먹도록 권장된다.

→ 능동태 문장의 목적격 보어로 to부정사 to eat이 온 문장으로, are encouraged 뒤에 형태 변화 없이 그대로 쓰는 것이 적절하다.

· encourage 권장하다

05 [정답] ④ 　　　　　UNIT **30** 주의해야 할 수동태 표현

→ 동사구 run over를 수동태로 전환할 때는 하나의 동사처럼 한꺼번에 써야 하므로 was run over가 적절하다.

· run over (자동차로) ~을 치다

06 [정답] with 　　　　UNIT **30** 주의해야 할 수동태 표현

[해석] · 산은 눈으로 덮여 있다.

· 그는 자신의 성적에 만족했다.

→ '~로 덮여 있는' 것은 be covered with로, '~에 만족한' 것은 be satisfied with로 나타낸다.

· cover 덮다 · satisfied 만족하는

07 [정답] ⑤ 　　　　　UNIT **30** 주의해야 할 수동태 표현

[해석] ① 치즈는 우유로 만들어진다.

② 이것은 영어로 뭐라고 불리나요?

③ 이 사진은 그녀가 찍은 것인가요?

④ 그의 아버지는 2년 전에 돌아가셨다.

⑤ 나는 이 프로젝트에 관련되지 않았다.

→ '~에 관련되다'는 be involved in으로 표현하므로 of를 in으로 고쳐야 알맞다.

· involve 관련시키다

08 [정답] (A) postpone → postponed

(B) learn → to learn

(C) stolen → been stolen

(D) repaired → be repaired

UNIT **28** 조동사나 시제가 있는 수동태, UNIT **29** 4형식과 5형식 문장의 수동태

[해석] (A) 야구 경기는 연기될 것인가요?

(B) 나는 수영을 배우도록 강요되었다.

(C) 나의 책들은 그 남자에 의해 도둑맞았다.

(D) 당신의 기기는 Noah에 의해 수리될 수 있다.

→ (A) 경기는 '연기되는' 것이므로 postpone을 postponed로 고쳐야 한다. (B) 능동태 문장의 목적격 보어인 to learn은 수동태 문장에서 형태 변화 없이 그대로 써야 한다. (C) 현재완료시제 수동태이므로 have와 stolen 사이에 been이 와야 한다. (D) 조동사 can이 있는 수동태이므로 can과 repaired 사이에 be가 와야 한다.

· postpone 연기하다 · force 강요하다 · steal 훔치다

· device 장치 · repair 수리하다

 **G 실전 모의고사**

▶ 문제편
p.350

정답

01 ③	**02** ③	**03** ③	**04** ②	**05** ③
06 ①	**07** (1) ⓐ (2) a few → a little			

08 (1) ⓒ (2) familiar someone → someone familiar

01 [정답] ③ 　　　　　　　　　　UNIT **33** 수사 (형용사)

→ 9시 45분은 10시보다 15분 전이므로 a quarter to ten으로 써야 알맞다.

· quarter 4분의 1 · April 4월 · thousand 1,000, 천

02 [정답] ③ 　　　　　　　　　　UNIT **31** 형용사의 쓰임

[해석] ① 짧은 메모를 작성했다.

② 그들은 절대 밝은색을 입지 않는다.

③ 그 팀은 자신감이 있어 보였다.

④ 폭우가 홍수를 야기했다.

⑤ 이 질문에 대한 간단한 답은 없다

→ ③의 confident는 서술적 쓰임으로 쓰였고, 나머지는 모두 한정적 쓰임으로 쓰였다.

· bright 밝은 · confident 자신감 있는 · flood 홍수

· simple 간단한 · answer 답

03 [정답] ③   UNIT **32** 형용사의 종류 및 어순

[해석] 우리는 이번 주말 파티를 위해 많은 ① 간식을 ② 초를 ④ 풍선을 ⑤ 식료품을 사야 한다.

→ water는 셀 수 없는 명사이므로 many와 함께 쓸 수 없다.

· snack 간식 · balloon 풍선 · grocery 식료품

04 [정답] ②   UNIT **32** 형용사의 종류 및 어순

[해석] 많은 학생이 오늘 수업에 결석했다.

→ a number of와 many는 모두 '많은'을 의미한다. much는 셀 수 없는 명사와 쓰이므로 students 앞에 올 수 없다.

· absent 결석한

05 [정답] ③   UNIT **31** 형용사의 쓰임

[해석] 그녀는 메뉴에서 맛있는 어떤 것도 찾을 수 없었다.

→ -thing/-body/-one으로 끝나는 대명사는 형용사가 그 뒤에 위치한다.

06 [정답] ①   UNIT **32** 형용사의 종류 및 어순

[해석] · 뷔페에는 선택할 많은 것들이 있었다.

· 마감까지 시간이 없어서, 우리는 서둘러야 한다.

· 코드에는 몇몇 오류가 있었다.

→ (A) 셀 수 있는 명사 option을 수식하는 것이므로 many와 lots of가 알맞다. (B) 셀 수 없는 명사 time을 수식하는 것이므로 little이 알맞다. (C) 셀 수 있는 명사 error를 수식하는 것이므로 a few가 알맞다.

· option 선택권 · choose 선택하다 · buffet 뷔페
· deadline 마감 · error 오류

07 [정답] (1) ⓐ   UNIT **32** 형용사의 종류 및 어순
         (2) a few → a little

[해석] ⓐ 수프에 소금을 조금 넣으세요.

ⓑ 나는 약간의 정보가 있다.

ⓒ 그는 낯익은 누군가처럼 보였다.

ⓓ 우리는 영어를 공부할 많은 시간이 필요하다.

ⓔ 최근에 좋은 영화를 본 적이 있나요?

→ ⓐ의 salt는 셀 수 없으므로 a few를 a little로 고쳐야 알맞다.

· salt 소금 · information 정보

08 [정답] (1) ⓒ   UNIT **31** 형용사의 쓰임
         (2) familiar someone → someone familiar

→ -thing/-body/-one으로 끝나는 대명사는 형용사가 그 뒤에 위치하므로 ⓒ의 familiar someone은 someone familiar로 고쳐야 알맞다.

H 실전 모의고사   ▶ 문제편 p.351

정답

01 ②	**02** ④	**03** ⑤	**04** ③	**05** ④
06 still	**07** (1) ⓒ (2) much → very			
08 (1) ⓔ (2) try on them → try them on				

---

01 [정답] ②   UNIT **35** 부사의 역할 및 위치

[해석] 그 커피숍은 항상 편안한 배경 음악을 튼다.

→ 빈도부사는 조동사와 be동사 뒤, 일반동사 앞에 오므로, always가 일반동사 plays 앞에 오는 것이 알맞다.

· relaxing 편안하게 하는 · background 배경

02 [정답] ④   UNIT **34** 부사의 형태

[해석] ① 그녀는 시험을 위해 열심히 공부했다.

② 그들은 연습 중에 열심히 경기를 한다.

③ 그녀는 글쓰기에 열심히 집중했다.

④ 그 퍼즐은 내가 풀기 어려웠다.

⑤ 그는 목표를 달성하기 위해 열심히 일했다.

→ ④의 hard는 '어려운'을 의미하는 형용사로 쓰였다. 나머지는 모두 '열심히'를 의미하는 부사로 쓰였다.

· practice 연습 · focus 집중하다 · solve 풀다 · achieve 달성하다

03 [정답] ⑤   UNIT **35** 부사의 역할 및 위치

[해석] ① 그 소년은 그 책을 읽은 적이 없다.

② 그는 종종 수업에 늦는다.

③ 나는 물속에서 거의 숨을 쉴 수가 없다.

④ 나의 선생님은 항상 즐겁게 일하신다.

⑤ Jane은 토요일에 종종 낚시를 간다.

→ 빈도부사는 조동사와 be동사 뒤, 일반동사 앞에 오므로, ⑤의 often은 일반동사 goes 앞에 와야 한다.

· breathe 숨쉬다 · merrily 즐겁게

04 [정답] ③   UNIT **34** 부사의 형태

[해석] · 그는 교통 체증으로 약속 시간에 거의 늦었다.

· 그녀는 쇼핑몰 입구 근처에 주차했다.

→ (A)에는 '거의'를 의미하는 부사 nearly가, (B)에는 '가까이'를 의미하는 부사 near가 알맞다.

· appointment 약속 · park 주차하다 · entrance 입구

05 [정답] ④   UNIT **36** 그 밖의 중요 부사

[해석] ① A: 당신은 시간을 어떻게 관리하나요?

B: 저는 계획표를 사용해요.

② A: 당신의 생일은 언제인가요?

B: 제 생일은 9월 15일이에요.

③ A: 당신은 친구들과 점심을 먹기 위해 어디에서 만나나요?

B: 우리는 공원 근처에 있는 카페에서 만나요.

④ A: 당신은 어젯밤에 집에 언제 도착하셨나요?

B: 버스로요.

⑤ A: 당신은 왜 다른 도시로 이사를 결정했나요?

B: 저는 그곳에서 일자리 제안을 받았어요.

→ ④에서 의문부사 when으로 언제 도착했는지를 물었으므로 답변도 '시간'과 관련되어야 한다.

· manage 관리하다 · planner 계획표 · arrive 도착하다
· decide 결정하다 · offer 제안

06 [정답] still   UNIT **36** 그 밖의 중요 부사

→ '여전히, 아직'을 의미하는 부사는 still이다.

· figure out ~을 찾다 · solution 해결책

07 [정답] (1) ⓒ (2) much → very
UNIT **36** 그 밖의 중요 부사

[해석] ⓐ 그들은 이미 그 영화를 봤다.

ⓑ Karen은 2주 전에 휴가를 떠났다.

ⓒ 그 영화는 매우 재미있었다.

ⓓ 나는 시금치를 좋아하지 않고, 그도 (시금치를) 좋아하지 않는다.

ⓔ 당신은 그 바지를 사기 전에 꼭 입어보세요.

→ very는 형용사와 부사의 원급을 수식하는 부사이고, much는 형용사와 부사의 비교급을 수식하는 부사이다. ⓒ의 much 뒤에 형용사의 원급 entertaining이 있으므로 very로 고쳐야 알맞다.

・vacation 휴가 ・entertaining 재미있는 ・spinach 시금치
・slacks 바지 ・make sure to ~을 확실히 하다

08 [정답] (1) ⓔ (2) try on them → try them on
UNIT **35** 부사의 역할 및 위치

→ 「타동사＋부사」의 목적어가 대명사일 경우, 목적어는 타동사와 부사 사이에 온다. 따라서 them을 on 앞에 써야 한다.

I 실전 모의고사
▶ 문제편 p.352

정답

01 ④ **02** ① **03** ③ **04** ④ **05** more
06 better **07** ⑤

---

01 [정답] ④
UNIT **38** 비교급, 최상급 형태

[해석] ① 잘, 더 잘, 가장 잘

② 가까운, 더 가까운, 가장 가까운

③ 용감한, 더 용감한, 가장 용감한

④ 딱딱한, 더 딱딱한, 가장 딱딱한

⑤ 친절한, 더 친절한, 가장 친절한

→ ④ firm은 -er을 붙여 비교급을, -est를 붙여 최상급을 만든다.

・brave 용감한 ・firm 딱딱한

02 [정답] ①
UNIT **39** 비교급

[해석] 그 전화기는 내가 예상했던 것보다 훨씬 더 비싸다.

→ very는 원급을 강조하므로 빈칸에 알맞지 않다.

・expensive 비싼 ・expect 예상하다

03 [정답] ③
UNIT **37** 원급

→ '~배 …하다'는 「~ times as + 원급 + as」로 표현할 수 있다.

・general 일반적인 ・admission 입장

04 [정답] ④
UNIT **40** 최상급

[해석] ① 중국은 아시아에서 가장 큰 나라이다.

② 중국은 아시아의 다른 어떤 나라보다 더 크다.

③ 중국은 아시아의 다른 모든 다른 나라들보다 더 크다.

④ 다른 나라는 아시아에서 중국보다 더 크다.

⑤ 아시아에서 중국보다 더 큰 나라는 없다.

→ 최상급 비교는 「no (other) 단수 명사 + 비교급 + than (어느 무엇도 ~보다 더 …하지 않다)」로 바꿔 표현할 수 있다. 따라서 ④ No other nation is가 와야 최상급의 의미를 나타낼 수 있다.

---

05 [정답] more
UNIT **39** 비교급

→ '~할수록 더 …하다'는 「the 비교급, the 비교급」으로 표현할 수 있다. '더 많이' 주는 것이므로 much의 비교급인 more가 와야 한다. '기껏해야'는 no more than으로 표현할 수 있다. 따라서 빈칸에 공통으로 들어갈 말은 more이다.

・grateful 감사하는 ・carry 나르다 ・passenger 승객

06 [정답] better
UNIT **39** 비교급

→ good과 well의 동일한 비교급 형태인 better를 써야 한다.

07 [정답] ⑤
UNIT **40** 최상급

[해석] 오렌지 주스는 가장 인기 있는 찬 음료들 중 하나이다. 더운 여름날 갓 짜낸 오렌지 주스 한 잔만큼 신선한 것은 없다.

→ '가장 …한 것 중 하나[한 명]'는 「one of the 최상급 + 복수 명사」로 표현한다.

・refreshing 신선한 ・freshly 갓 ~한 ・squeeze 짜다

실전 모의고사 H~J

J 실전 모의고사
▶ 문제편 p.353

정답

01 and **02** ④ **03** ④ **04** Unless
05 Do you remember where we parked the car?
06 The book was so interesting that I stayed up all night.
07 The movie is instructive as well as fun.
08 ④

---

01 [정답] and
UNIT **41** 등위접속사

[해석] ・두려움에 직면해라, 그러면 용기를 얻을 것이다.

・나는 가게에 가서 식료품을 좀 샀다.

→ 명령문 뒤에 and를 붙여 '~해라, 그러면'을 의미하는 명령문을 완성할 수 있다.

동사 went와 bought를 연결하는 등위접속사가 필요하다. 따라서 빈칸에 공통으로 들어갈 말은 and이다.

・face 직면하다 ・fear 두려움 ・courage 용기 ・grocery 식료품

02 [정답] ④
UNIT **44** 부사절을 이끄는 종속접속사

[해석] ・그녀는 늦잠을 자지 않기 위해 알람을 설정했다.

・휴일이기 때문에 사무실이 문을 닫을 것이다.

→ (A) '~하기 위해서'를 의미하는 부사절 접속사는 so that이다.

(B) '~하기 때문에'를 의미하는 부사절 접속사는 since이다.

・oversleep 늦잠자다 ・holiday 휴일

03 [정답] ④
UNIT **42** 상관접속사

[해석] ・이 책은 역사뿐만 아니라 문화도 다룬다.

・고양이도 개도 밖으로 나가고 싶어 하지 않는다.

・당신은 케이크를 굽거나 살 수 있다.

・그 가게는 여성뿐만 아니라 남성을 위한 옷도 판매한다.

정답과 해설 155

→ (A)에는 상관접속사 not only A but also B가(③),
(B)에는 neither A nor B가(②),
(C)에는 either A or B가(①),
(D)에는 B as well as A가(⑤) 쓰였다.
따라서 어느 빈칸에도 들어갈 수 없는 것은 ④ both이다.
· cover 다루다 · clothing 옷, 의류

04 [정답] Unless UNIT **44** 부사절을 이끄는 종속접속사
[해석] 헬멧을 쓰지 않는다면, 당신은 자전거를 탈 수 없다.
→ '~하지 않는다면'을 의미하는 부사절 접속사는 unless이다.

05 [정답] Do you remember where we parked the car? UNIT **43** 명사절을 이끄는 종속접속사
→ 의문사 where가 이끄는 절이 동사 remember의 목적어 역할을 해야 한다. 간접의문문의 어순에 맞게 where we parked the car라고 해야 적절하다.
· park 주차하다

06 [정답] The book was so interesting that I stayed up all night. UNIT **44** 부사절을 이끄는 종속접속사
→ 책이 너무 재미있어서 밤을 새운 것이므로 결과를 나타내는 부사절 접속사「so + 형용사 + that」을 활용하여 so interesting that I stayed up의 어순으로 써야 적절하다.
· all night 밤새

07 [정답] The movie is instructive as well as fun. UNIT **42** 상관접속사
→ 'A뿐만 아니라 B도'는 B as well as A로 표현한다.

08 [정답] ④ UNIT **44** 부사절을 이끄는 종속접속사
→ '~할 때까지'를 의미하는 부사절 접속사는 until이다.
· practice 연습하다 · ache 아프다

K 실전 모의고사
▶ 문제편 p.354

정답

01 ③	**02** ②	**03** ③	**04** of	**05** ②
06 ④	**07** ②, ③	**08** ④		

01 [정답] ③ UNIT **45** 시간을 나타내는 전치사, UNIT **47** 방향 및 기타 전치사
[해석] · Robert는 나에게 과학 수업을 위해 자석을 가져오라고 말했다.
· 그는 이 회사에 고작 2년 동안 있었다.
→ '~을 위해'와 '~ 동안'을 나타내는 전치사는 for이다.
· magnet 자석 · company 회사

02 [정답] ② UNIT **45** 시간을 나타내는 전치사, UNIT **47** 방향 및 기타 전치사
[해석] · 우리는 그것을 자정까지 제출해야 한다.
· 많은 학자들은 Julius Caesar가 한 무리의 사람들에 의해 살해되었다고 생각한다.

→ '~까지'와 '~에 의해'를 나타내는 전치사는 by이다.
· submit 제출하다 · midnight 자정 · scholar 학자
· murder 살해하다

03 [정답] ③ UNIT **46** 장소를 나타내는 전치사, UNIT **48** 전치사의 관용표현
[해석] ① 이 꽃병은 나의 할머니의 것이다.
② 그 두 책은 서로 관련이 있다.
③ Rebecca는 시 쓰는 것을 잘한다.
④ 식료품점은 약국 바로 옆에 있다.
⑤ 운전 중에는 도로 표지판에 주의를 기울이세요.
→ ③에는 '~을 잘하다'를 의미하는 be good at이 쓰였고, 나머지에는 모두 to가 쓰였다.
· vase 꽃병 · belong to ~에 속하다 · relate 관련시키다
· poetry 시 · pharmacy 약국

04 [정답] of UNIT **48** 전치사의 관용표현
[해석] · 어떤 기계도 인간의 창의력을 대신할 수 없다.
· 새로운 것을 시도하는 것을 두려워하지 말아라.
→ '~을 대신하다'는 take the place of로, '~을 두려워하다'는 be afraid of로 표현한다. 따라서 빈칸에 공통으로 들어갈 말은 of이다.
· machine 기계 · creativity 창의력 · afraid 두려운

05 [정답] ② UNIT **45** 시간을 나타내는 전치사
→ '퍼레이드'라는 특정한 기간 앞이므로 ② during이 적절하다.
· cheer 환호하다 · excitedly 신나게 · parade 퍼레이드

06 [정답] ④ UNIT **47** 방향 및 기타 전치사
→ '~을 통하여' 걸었으므로 ④ through가 적절하다.
· field 들판, 밭

07 [정답] ②, ③ UNIT **48** 전치사의 관용표현
[해석] 동물원은 보통 하루 중 이 시간에 방문객들로 가득하다.
→ '~로 가득하다'는 be full of, be crowded with로 표현할 수 있다.

08 [정답] ④ UNIT **45** 시간을 나타내는 전치사, UNIT **46** 장소를 나타내는 전치사
[해석] ⓐ 정오에 ⓑ Berlin에서 ⓒ 교회에서 ⓓ 7시에 ⓔ 봄에 ⓕ 3월에 ⓖ 크리스마스에 ⓗ 7월 18일에 ⓘ 버스 정류장에서 ⓙ 소파에서
→ ⓐ 시각 앞에는 at을 쓴다. ⓑ 넓은 지역 앞에는 in을 쓴다.
ⓒ 비교적 좁은 장소 앞에는 at을 쓴다. ⓓ 시각 앞에는 at을 쓴다.
ⓔ 계절 앞에는 in을 쓴다. ⓕ 비교적 긴 시간 앞에는 in을 쓴다.
ⓖ, ⓗ 날짜 앞에는 on을 쓴다. ⓘ 비교적 좁은 장소 앞에는 at을 쓴다. ⓙ 표면에 접촉했을 때 on을 쓴다.

L 실전 모의고사
▶ 문제편 p.355

정답

01 ④	**02** ①	**03** what to cook
04 for two cars to pass		**05** ①
06 (1) ⓐ (2) to eat → to eat with		
07 (1) ⓔ (2) not so as to miss → so as not to miss		

01 정답 ④　　　　　　　　UNIT **51** to부정사의 부사적 용법

[해석] 〈보기〉 Eric은 핀란드에서 휴가를 보낼 수 있어서 기뻤다.
① 나의 미래 계획은 해외에서 사는 것이다.
② 이것을 오후 3시까지 배달하는 것은 불가능하다.
③ 우리는 여행에 쓸 돈이 없다.
④ Sue는 그녀의 생일에 목걸이를 받아서 기뻤다.
⑤ 그녀는 자신에게 더 자신감을 느끼길 바란다.
→ 주어진 문장의 to spend는 감정의 형용사 delighted의 원인을 나타내는 부사적 용법으로, ④의 to get은 감정의 형용사 glad의 원인을 나타내는 부사적 용법으로 쓰였다.
・delighted 기쁜　・impossible 불가능한　・deliver 배달하다
・confident 자신감 있는

02 정답 ①　　　　　　　　　　UNIT **53** 원형부정사

[해석] ・우리는 Jimmy가 한 시간 전에 떠나는 것을 보았다.
・나는 그가 마음을 바꾸게 할 수 없었다.
→ (A) 지각동사 see의 목적격 보어 자리에는 원형부정사 leave나 현재분사 leaving이 올 수 있다.
(B) 사역동사 make의 목적격 보어 자리에는 원형부정사 change가 와야 알맞다.

03 정답 what to cook　　　UNIT **49** to부정사의 명사적 용법

[해석] 우리는 오늘 저녁에 무엇을 요리할지 결정해야 한다.
→ 「의문사 + 주어 + should + 동사원형」은 「의문사 + to부정사」로 바꿔 쓸 수 있다. 따라서 what to cook이 알맞다.
・decide 결정하다

04 정답 for two cars to pass
　　　　　　　　UNIT **52** to부정사의 의미상 주어와 관용표현

[해석] 그 도로는 차 두 대가 안전하게 지나갈 수 있을 만큼 넓었다.
→ 「so + 형용사 + that + 주어 + could + 동사원형」은 「형용사 + enough + for 의미상 주어 + to부정사」로 바꿔 쓸 수 있다. 따라서 for two cars to pass가 알맞다.
・wide 넓은　・safely 안전하게

05 정답 ①　　　　　　UNIT **52** to부정사의 의미상 주어와 관용표현

[해석] ① Vicky는 너무 어려서 캠프에 참가할 수 없다.
② Vicky는 캠프에 참가하기에 너무 어리지 않다.
③ Vicky는 캠프에 참가할 만큼 어리다.
④ Vicky는 너무 어려서 캠프에 참가할 수 있다.
⑤ Vicky는 아주 어리지 않아서 캠프에 참가할 수 없다.
→ '너무 어려서 참가할 수 없는' 것이므로 「too + 형용사/부사 + to부정사」 형태인 ①이 알맞다.
・participate in ~에 참여하다

---

06 정답 (1) ⓐ　　　　UNIT **50** to부정사의 형용사적 용법
　　　　　(2) to eat → to eat with

[해석] ⓐ 떠먹을 숟가락이 있나요?
ⓑ 그 지도는 우리가 길을 찾도록 도왔다.
ⓒ 우리는 일몰을 보지 않을 수 없었다.
ⓓ 나의 생일을 기억하다니 너는 참 사려 깊구나.
ⓔ 그는 콘서트를 놓치지 않기 위해 일찍 도착했다.
→ ⓐ의 a spoon을 to eat with가 뒤에서 수식한다. 이때 spoon은 전치사 with의 목적어이므로 with가 to eat 뒤에 와야 한다.
・sunset 일몰　・thoughtful 사려 깊은

07 정답 (1) ⓔ　　　　　LNIT **51** to부정사의 부사적 용법
　　　　　(2) not so as to miss → so as not to miss

→ so as to의 부정은 so as not to로 쓴다. 따라서 ⓔ의 not은 to miss 앞에 위치해야 한다.

M 실전 모의고사
▶ 문제편 p.356

정답

01 ②	**02** ②	**03** to buy	**04** ④	**05** ①, ⑤
06 ①	**07** ④	**08** going	**09** ③	

01 정답 ②　　　　　　　UNIT **54** 동명사의 형태 및 역할

[해석] 승무원이 되는 것은 흥미롭게 들린다.
→ 문장에서 주어 역할을 해야 하므로 동명사 ② Being이 알맞다.
・flight attendant (비행기) 승무원

02 정답 ②　　　　　　　UNIT **54** 동명사의 형태 및 역할

[해석] 내 동생의 취미는 그의 블로그에 사진을 올리는 것이다.
→ 문장에서 주격 보어 역할을 해야 하므로 동명사 ② uploading이 알맞다.
・upload 올리다

03 정답 to buy　　　　　UNIT **54** 동명사의 형태 및 역할

→ '~할 것을 잊다'는 「forget + to부정사」로 표현한다.
・forget 잊다

04 정답 ④　　　　　　　　UNIT **55** 동명사의 관용표현

→ '~하는 데 익숙하다'는 be used to v-ing 형태로 쓴다.
・be used to ~에 익숙하다

05 정답 ①, ⑤　　　　　UNIT **54** 동명사의 형태 및 역할

[해석] 그 소녀들은 달리기 시작했다.
→ start는 의미의 차이 없이 동명사와 to부정사 모두를 목적어로 취하는 동사이다.

06 정답 ①　　　　　　　UNIT **54** 동명사의 형태 및 역할

[해석] 새로운 취미를 가질 계획이라면 사진을 찍는 것을 추천합니다. 당신은 순간을 포착하는 것을 좋아할 것입니다.
→ (A) plan은 목적어로 to부정사를 취 하는 동사이다.
(B) suggest는 목적어로 동명사를 취하는 동사이다.

(C) love는 의미의 차이 없이 동명사와 to부정사 모두를 목적어로 취하는 동사이다.
· suggest 제안하다 · photography 사진

07 [정답] ④　　UNIT 54 동명사의 형태 및 역할
[해석] Bobby는 오디션을 합격 ① 할 필요가 있었다 ② 하는 데 실패했다 ③ 하고 싶었다 ⑤ 하겠다고 약속했다.
→ ④ finish는 목적어로 동명사를 취하는 동사이다.

08 [정답] going　　UNIT 54 동명사의 형태 및 역할
[해석] 그녀는 항상 사람이 많은 곳에 가는 것을 피한다.
→ avoid는 목적어로 동명사를 취하는 동사이므로 going이 알맞다.
· avoid 피하다 · crowded 사람이 많은

09 [정답] ③　　UNIT 54 동명사의 형태 및 역할
→ 동명사의 부정형은 동명사 앞에 not이나 never를 쓴다. 따라서 using 앞인 ③에 들어가야 알맞다.

N 실전 모의고사
▶문제편 p.357

정답

01 ⓑ, ⓒ, ⓕ	02 ⓐ, ⓓ, ⓔ	03 ⑤		04 ③

05 Looking at himself in the mirror, he smiled.
06 Cleaning the garage, he found an old book.
07 ④, ⑤　　08 ①

01 [정답] ⓑ, ⓒ, ⓕ　　UNIT 59 현재분사와 동명사 비교
[해석] ⓑ 그는 저녁을 함께 요리하는 것을 고려했다.
ⓒ 바다에서 수영하는 것은 내가 살아있음을 느끼게 해준다.
ⓕ 우리는 그 행사를 성공적으로 만드는 데 집중하고 있다.
→ ⓑ '요리하는 것'이라는 의미의 cooking은 동명사로 쓰였다.
ⓒ '수영하는 것'이라는 의미의 Swimming은 동명사로 쓰였다.
ⓕ 전치사 on의 목적어로 동명사 making이 왔다.
· consider 고려하다 · ocean 바다

02 [정답] ⓐ, ⓓ, ⓔ　　UNIT 59 현재분사와 동명사 비교
[해석] ⓐ 웃고 있는 아기를 보세요!
ⓓ Mike는 걸어 다니는 사전이라고 불린다.
ⓔ 도서관에서 공부할 때 나는 오랜 친구를 만났다.
→ ⓐ 뒤에 있는 baby를 수식하는 smiling은 현재분사로 쓰였다.
ⓓ 뒤에 있는 dictionary를 수식하는 walking은 현재분사로 쓰였다. ⓔ 분사구문을 이끄는 현재분사 studying이 왔다.
· dictionary 사전

03 [정답] ⑤　　UNIT 59 현재분사와 동명사 비교
[해석] ① 영화를 보면서 사람들이 울기 시작했다.
② 그것은 흥미진진한 모험 이야기였다.
③ 소파에서 신문을 읽으며 그는 잠이 들었다.
④ 그녀는 길에 누워있는 한 남자를 발견했다.
⑤ 웹사이트를 디자인하는 것은 내가 아니라 당신의 일이었다.

→ ⑤의 Designing은 '디자인하는 것'을 의미하는 동명사로 쓰였다. ①의 Watching, ③의 Reading은 분사구문을 이끄는 현재분사로, ②의 exciting은 뒤에 있는 story를 수식하는 현재분사로, ④의 lying은 앞에 있는 a man을 보충 설명하는 현재분사로 쓰였다.
· adventure 모험 · fall asleep 잠이 들다

04 [정답] ③　　UNIT 60 분사구문
[해석] 해변을 따라 걸었을 때, 우리는 아름다운 일몰을 보았다.
→ 부사절 접속사 When을 없애고, 주절의 주어와 같은 부사절의 주어 we를 없앤 다음, 부사절의 동사 walked를 ③ Walking으로 바꿔 분사구문을 만들 수 있다.
· sunset 일몰

05 [정답] Looking at himself in the mirror, he smiled.　　UNIT 60 분사구문
→ looking이 이끄는 분사구문을 만들 수 있다. 미소 '지었던' 과거시제 문장이므로 주절의 동사는 smiled가 알맞다.

06 [정답] Cleaning the garage, he found an old book.　　UNIT 60 분사구문
→ cleaning이 이끄는 분사구문을 만들 수 있다. '발견한' 과거시제 문장이므로 주절의 동사는 found가 알맞다.

07 [정답] ④, ⑤　　UNIT 57 분사의 역할 UNIT 58 감정을 나타내는 분사
[해석] ① 당신은 경기가 걱정되나요?
② 모두 내 선물에 기뻐했다.
③ 당신은 Yeats에 의해 쓰인 시를 읽어봤나요?
④ 나는 복도에서 내 이름이 불리는 것을 들었다.
⑤ 아이들은 강의를 듣는 동안 지루해 보였다.
→ ④ 이름이 '불리는' 수동의 관계이므로 calling을 called로 고쳐야 알맞다.
⑤ 아이들이 지루함을 '느끼는' 것이므로 boring을 bored로 고쳐야 알맞다.
· pleased 기쁜 · poem 시 · lecture 강의

08 [정답] ①　　UNIT 57 분사의 역할
[해석] · 그는 너무 지쳐서 일찍 잠자리에 들었다.
· 당신은 열쇠를 고리에 걸었나요?
→ (A) 그가 지침을 '느끼는' 것이므로 과거분사 exhausted가 알맞다.
(B) have와 완료시제를 완성하는 과거분사 put이 알맞다.
· exhausted 지친 · hook 고리

O 실전 모의고사
▶문제편 p.358

정답

01 ③	02 ①, ④	03 ①, ⑤	04 ⓓ, ⓔ	05 ①
06 ④	07 who 또는 that	08 what	09 where	

01 [정답] ③　　UNIT 61 관계대명사 UNIT 63 관계부사
[해석] · 그들은 역사가 18세기로 거슬러 올라가는 집을 샀다.
· 내일은 새 학기가 시작되는 날이다.

→ (A) 관계대명사절에서 소유의 의미를 나타내므로 whose가 알맞다.
(B) 시간의 선행사 the day를 수식하므로 관계부사 when이 알맞다.
• date back to ~까지 거슬러 올라가다 • semester 학기

02 [정답] ①, ④　　　　　　　　　　　UNIT 61 관계대명사
[해석] 내가 업무에 사용하는 노트북은 엄청나게 빠르다.
→ 선행사가 The laptop으로 사물이므로 목적격 관계대명사로
① which가 오는 것이 알맞다. ④ that은 관계대명사 which를
대신할 수 있다.
• laptop 노트북 • incredibly 엄청나게

03 [정답] ①, ⑤　　　　　　　　　　　UNIT 63 관계부사
[해석] 내가 이 사진을 찍은 날은 따뜻했다.
→ 시간의 선행사 The day를 수식해야 하므로 관계부사 ① when이
알맞다. when은 ⑤ on which로 바꿔 쓸 수 있다.

04 [정답] ⓓ, ⓔ　　　　　　　　　　　UNIT 61 관계대명사
　　UNIT 62 관계대명사의 계속적 용법과 생략 UNIT 63 관계부사
[해석] ⓐ 내가 정말 원하는 게 뭔지 아시나요?
ⓑ 이것은 내가 답을 찾은 방법이다.
ⓒ 나는 벌에 쏘였는데, 그것은 나를 울게 만들었다.
ⓓ 그가 왜 초대를 거절했는지 나는 모른다.
ⓔ 그는 나에게 영어로 쓰인 편지를 보냈다.
→ ⓓ 관계부사 why가 생략된 선행사 the reason을 알맞게
수식하고 있다. ⓔ 주격 관계대명사 that이 선행사 a letter를
알맞게 수식하고 있다.
ⓐ의 that은 what으로 고치고, ⓑ의 the way나 how 중 하나는
삭제하고, ⓒ의 that은 which로 고쳐야 알맞다.
• sting 쏘다 • refuse 거절하다 • invitation 초대

05 [정답] ① UNIT 62 관계대명사의 계속적 용법과 생략 UNIT 63 관계부사
[해석] ① 그녀는 털이 하얀 강아지가 있다.
② 이곳은 내가 그녀를 처음 만난 곳이다.
③ 나는 우리가 처음 만난 날을 잊지 않을 것이다.
④ 저것은 요리사가 추천한 요리이다.
⑤ 당신은 무대에서 피아노를 치고 있는 남자를 아시나요?
→ ① 소유격 관계대명사는 생략할 수 없다.

06 [정답] ④　　　　　UNIT 62 관계대명사의 계속적 용법과 생략
[해석] 어젯밤에 요리하고 있었던 요리사들은 숙련되었다.
→ '요리하고 있었던' 요리사들이므로 chefs와 cooking 사이에
「관계대명사 + be동사」가 생략되었다. 선행사가 chefs로 복수이고,
어젯밤이라고 했으므로 ④ who were가 알맞다.
• skilled 숙련된

07 [정답] who 또는 that　　　　　　　UNIT 61 관계대명사
[해석] (도서관에서)
여: 좋은 오후입니다! 찾는 것을 도와드릴까요?
남: 네, 저는 책을 한 권 찾고 있습니다.
여: 물론이죠! 무엇을 찾고 계신가요?
남: 그것은 '노르웨이의 숲'이라고 불립니다.
여: 아, 좋습니다! 저를 따라오세요. 제가 바로 안내해
드리겠습니다.
→ 도서관에서 일하고 있던 한 여성이 한 남성에게 무엇을 찾고
있는지 물었다. 그녀는 그에게 그 책이 있는 곳을 보여주겠다고
했다.

→ 선행사가 A woman으로 사람이므로 주격 관계대명사로 who
또는 that이 오는 것이 알맞다.
• library 도서관 • offer 제공하다 • locate 위치하다

08 [정답] what　　　　　　　　　　　UNIT 61 관계대명사
→ asked의 직접목적어가 없으므로 선행사를 포함하며 명사절을
이끄는 관계대명사 what이 오는 것이 알맞다.

09 [정답] where　　　　　　　　　　　UNIT 63 관계부사
→ show의 직접목적어인 the place를 수식해야 하므로 관계부사
where가 알맞다.

정답

01 ④	02 ④	03 (1) ④ (2) is → were
04 ①	05 knew	06 had had, have participated
07 If I were you	08 ③	

01 [정답] ④　　　　　　　　　　　UNIT 64 가정법 과거
[해석] 그는 마치 미친 것처럼 행동한다.
= 사실, 그는 미치지 않았다.
→ as if 가정법 과거는 현재의 사실과 반대되는 일을 사실인 것처럼
말할 때 쓴다. 그가 현재 미치지 않은 것이므로 ④ is not이 와야
알맞다.
• crazy 미친

02 [정답] ④　　　　　　　　　　UNIT 65 가정법 과거완료
[해석] 내가 회의에 있었다면 좋을 텐데.
= 내가 회의에 없었던 것이 유감이다.
→ I wish 가정법 과거완료는 과거 사실에 대한 아쉬움을 표현한다.
내가 회의에 없었던 것이므로 ④ was not이 와야 알맞다.

03 [정답] (1) ④ (2) is → were　　　　UNIT 64 가정법 과거
[해석] 나는 마치 지금 일어나고 있는 것처럼 그 사고를 기억한다.
→ as if 가정법 과거의 동사로 be동사가 오면, 주어에 상관없이
were를 쓴다. 따라서 ④ is를 were로 고쳐야 알맞다.
• accident 사고

04 [정답] ①　　　　　　　　　　　UNIT 64 가정법 과거
[해석] 해산물에 알레르기가 없다면, 나는 초밥을 시도해 볼 텐데.
= 나는 해산물에 알레르기가 있어서 초밥을 시도해 볼 수 없다.
→ if 가정법 과거는 현재 사실에 반대되는 일을 가정한다. 따라서
(A)에는 am이, (B)에는 can't가 와야 알맞다.
• allergic to ~에 알레르기가 있는 • seafood 해산물

05 [정답] knew　　　　　　　　　　　UNIT 64 가정법 과거
→ 현재의 사실과 반대되는 일을 사실인 것처럼 말할 때 쓰는 as if
가정법 과거의 as if절에는 과거시제가 와야 하므로 knew가 알맞다.

06 정답 had had, have participated UNIT **65** 가정법 과거완료

[해석] 나는 건강이 좋지 않았어서 마라톤에 참가할 수 없었다.
= 내가 건강했더라면, 나는 마라톤에 참가할 수 있었을 텐데.
→ 과거 사실에 반대되는 일을 가정하는 것은 if 가정법
과거완료이다. 따라서 if절에는 과거완료시제인 had had가,
주절에는 could have participated가 와야 알맞다.
· participate in ~에 참가하다

07 정답 If I were you UNIT **64** 가정법 과거

[해석] A: 저는 조카에게 줄 선물을 찾고 있어요.
B: 요즘 스케이트보드가 정말 인기가 많아요. 내가 당신이라면,
스케이트보드 하나 사줄 거예요.
A: 좋아요. 저도 그렇게 할게요.
→ 가정법에서 if절의 동사로 be동사가 오면 주어에 상관없이
were를 쓰므로 If I were you라고 써야 알맞다.
· search for ~을 찾다 · niece 조카

08 정답 ③ UNIT **64** 가정법 과거 UNIT **65** 가정법 과거완료

[해석] ① 나는 마치 꿈을 꾸는 것처럼 느껴진다.
② Ted가 사과한다면, 나는 그를 용서할 텐데.
③ 그가 동의한다면, 우리는 그 계획을 진행할 텐데.
④ 그때 당신의 조언을 들었다면 좋을 텐데.
⑤ 당신이 전화했었다면, 우리는 당신을 위해 자리를 예약했을
텐데.
→ if 가정법 과거의 if절에는 과거시제가, 주절에는 「would/
could/might + 동사원형」이 온다. 따라서 will을 would/could/
might로 고쳐야 알맞다.
· apologize 사과하다 · forgive 용서하다 · proceed 진행하다
· advice 충고 · reserve 예약하다

Q 실전 모의고사
▶ 문제편 p.360

정답

01 ⑤   **02** ②   **03** ③
04 whether she could open the window
05 swam colorful fish
06 did she doubt her decision   **07** ②
08 Emily told me (that) she was leaving the town
   the next[following] day.

01 정답 ⑤ UNIT **67** 화법과 도치

[해석] 언니는 나에게 "나가지 마."라고 말했다.
= 언니가 나에게 나가지 말라고 말했다.
→ 부정 명령문을 간접화법으로 바꿀 때는 not to부정사의 형태로
바꾼다.

02 정답 ② UNIT **67** 화법과 도치

[해석] 그는 내게 내가 어떻게 역으로 가는지를 아는지 물었다.
= 그는 내게 "당신은 어떻게 역으로 가는지 아시나요?"라고
말했다.

→ whether가 쓰였으므로 의문사가 없는 의문문인 ②으로 바꿔야
알맞다.
· station 역

03 정답 ③ UNIT **66** 시제 일치

[해석] ① 선생님은 내게 침묵이 금이라고 말씀하셨다.
② 우리는 프랑스 혁명이 1789년에 시작되었다고 배웠다.
③ Tom은 새로운 요리법이 완벽할 것이라고 확신했다.
④ 나는 물이 섭씨 100도에서 끓는다고 들었다.
⑤ 그녀는 점심에 식당에서 나를 만나겠다고 말했다.
→ ③의 is going to는 주절의 시제인 과거에 맞춰 과거진행 시제인
was going to로 바꾸는 것이 알맞다.
· the French Revolution 프랑스 혁명 · begin 시작하다
· recipe 요리법 · boil 끓다

04 정답 whether she could open the window
UNIT **67** 화법과 도치

→ 의문사가 없는 의문문을 간접화법으로 바꿀 때 whether절의
어순은 「주어 + 동사」이다. 따라서 whether she could open
the window가 알맞다.
· window 창문

05 정답 swam colorful fish UNIT **67** 화법과 도치

[해석] 알록달록한 물고기들이 호수의 잔잔한 수면 아래에서
헤엄쳤다.
→ 장소를 나타내는 부사구가 문장 맨 앞으로 올 때, 주어와 동사에
도치가 일어난다. 따라서 동사 swam과 주어 colorful fish가
도치되었다.

06 정답 did she doubt her decision UNIT **67** 화법과 도치

[해석] 그녀는 결코 자신의 결정을 의심하지 않았다.
→ never, hardly, no, not, little 등의 부정어구가 문장 맨
앞으로 올 때, 주어와 동사에 도치가 일어난다. 동사가
일반동사이므로 did가 주어 she 앞에 오고, 동사원형인 doubt가
이어진다.
· doubt 의심하다 · decision 결정

07 정답 ② UNIT **66** 시제 일치

[해석] 나는 그가 ① 약속을 지킬 ② 나에게 사과할 ③ 진실을
말하고 있을 ④ 해결책을 찾을 ⑤ 올바른 결정을 내렸을
것이라고 생각했다.
→ 주절의 시제인 과거에 맞춰, 종속절에도 과거시제 동사가 와야
한다.
· apologize 사과하다 · solution 해결책 · decision 결정

08 정답 Emily told me (that) she was leaving the
town the next[following] day. UNIT **67** 화법과 도치

[해석] Emily는 나에게 "나는 내일 마을을 떠날 거야."라고
말했다. 나는 무엇이 그녀가 그렇게 결정하게 했는지 물었다.
"나는 변화가 필요해."라고 그녀가 간단히 대답했다.
→ that절의 시제는 주절의 시제에 맞춰 과거(was leaving)로,
시간의 부사인 tomorrow는 the next[following] day로
바꾼다.
· leave 떠나다 · decide 결정하다 · reply 대답하다
· simply 간단히

WORKBOOK 정답

A 문장의 형식과 종류

UNIT 01 문장의 구성 요소 ▶ p.2

01 S, V 02 S, V, O 03 S, V, C
04 S, V, C 05 S, V, O, O 06 S, V, O, C
07 sent her a letter of apology
08 call her Snow White
09 found the movie boring
10 asked me to repair the computer
11 for school
12 about their presentation
13 in the park 14 in 10 minutes
15 밝은 16 동쪽 17 떠나다
18 피다 19 모래성
20 (w)hisper 21 (c)onsider 22 (t)heater
23 (n)ovel 24 (a)dvice

UNIT 02 1형식 문장과 2형식 문장 ▶ p.3

01 nice 02 sadly 03 fun
04 sad 05 difficult 06 old
07 S, V, M 08 S, V, C 09 S, V, M
10 S, V, C 11 S, V, C
12 He ran to the convenience store.
13 They smiled gently at me.
14 We worry about our health.
15 The spring term starts in January.
16 짠 17 발명가 18 우정
19 호기심 많은 20 기후
21 (a)rrive 22 (g)loomy 23 (m)idnight
24 (c)eremony 25 (p)resentation

UNIT 03 3형식 문장과 4형식 문장 ▶ p.4

01 me, a chance 02 us, the menu
03 you, a drink of water 04 her, an email
05 He made pasta for us.
06 We offer you a 10% discount.
07 He handed the assignment to his teacher.
08 Henry will buy a ring for me.
09 Could you send a reply to them?
10 I lent my external hard disk drives to Dave.
11 You should show that injury to your doctor.
12 외계인 13 초대하다 14 직원
15 고객 16 사과 17 (f)avor
18 (s)ecret 19 (p)ostcard 20 (d)irector
21 (r)aise

UNIT 04 5형식 문장 ▶ p.5

01 warm 02 introduce 03 stare
04 to drink 05 useful 06 crying
07 to watch 08 angry 09 to come
10 clean 11 him, melt
12 someone, approach 13 his sister, practice
14 the students, to answer 15 창의성
16 성공적인 17 어려운 18 혁신적인
19 영웅 20 (b)ehavior 21 (a)ppoint
22 (a)bandoned 23 (o)rganizer
24 (l)icense

UNIT 05 문장의 종류 ▶ p.6

01 don't 02 don't you 03 How
04 Let's not 05 Close 06 isn't it
07 Let's 08 Treat 09 didn't she

10	What a cozy room (it is)!	11	what a
12	Let's go	13	Don't forget	14	won't it
15	실험	16	편안한	17	끔찍한
18	현명한	19	해결책	20	(l)ake
21	(c)omplete		22	(a)ssignment
23	(e)xtra		24	(i)ncrease

B 명사, 관사

UNIT 06 명사의 종류　▸ p.7

01	C	02	UC	03	UC
04	UC	05	C	06	C
07	A	08	puppies	09	water
10	information	11	Canada
12	great courage	13	a few days
14	appreciation	15	○
16	부서지다	17	성직자	18	목격자
19	연못	20	필수적인	21	(w)ound
22	(f)ancy	23	(d)ecision	24	(l)ifelong
25	(f)lour

UNIT 07 명사의 복수형　▸ p.8

01	buses	02	wolves	03	matches
04	mangoes	05	women	06	countries
07	computers	08	salmon	09	mice
10	children	11	arms	12	scissors
13	deer	14	species	15	loaves
16	bottle	17	piece	18	sheets
19	bowl	20	bars	21	천
22	흔히	23	당뇨병	24	수학
25	홍역	26	(r)eflect	27	(t)rousers
28	(s)ore	29	(d)ough	30	(c)otton

UNIT 08 명사의 소유격　▸ p.9

01	men's	02	Daniel's	03	of that plant
04	daughter's	05	children's	06	students'
07	of garlic	08	July's (pen)	09	sons'
10	of the dinosaurs	11	of loud music
12	Teachers → Teacher's 또는 Teachers'
13	Todays → Today's	14	CEO' → CEO's
15	siblings's → siblings'
16	깃털	17	지갑	18	베개
19	설명	20	입장, 입학	21	(t)runk
22	(c)law	23	(m)issing	24	(h)arvest
25	(e)volve

UNIT 09 부정관사 a, an　▸ p.10

01	an	02	A	03	an
04	a	05	an	06	an
07	a day	08	an onion	09	A quokka
10	a new lamp	11	a year	12	삭제
13	○	14	삭제	15	삭제
16	○	17	봉투	18	작은
19	곤충	20	생산하다	21	비율
22	(p)ublish	23	(m)ultiple	24	(f)eather
25	(f)lock	26	(a)rrive

UNIT 10 정관사 the　▸ p.11

01	The sun	02	baseball	03	The
04	Italy	05	the skirt	06	the
07	×	08	the, the	09	×
10	the	11	×	12	○
13	for dinner	14	in philosophy	15	○
16	○	17	바닥	18	적도
19	추천하다	20	완료하다	21	타조
22	(c)omb	23	(f)ancy	24	(r)epair
25	(s)kip	26	(s)ymbol

UNIT 11 인칭대명사와 소유대명사 ▸p.12

01 her
02 its
03 mine
04 your
05 ours
06 theirs
07 ○
08 ○
09 her
10 ○
11 They
12 us
13 its
14 your
15 입구
16 끔찍한
17 공지, 발표
18 손을 흔들어 인사하다
19 ~에 기대다
20 (a)like
21 (o)rganize
22 (c)ocperate
23 (p)erform
24 (r)ecall

UNIT 12 지시대명사 ▸p.13

01 딸기들
02 오리가 물에서 수영하는 것
03 귀걸이들
04 ○
05 ○
06 these
07 those
08 that
09 ○
10 This, that
11 These, those
12 this
13 that
14 those
15 소름이 끼치는
16 질투하는
17 점수
18 나머지
19 열정
20 (s)urpass
21 (h)armful
22 (e)ffect
23 (t)arget
24 (s)weet (a)nd (s)our

UNIT 13 재귀대명사 ▸p.14

01 itself
02 yourself
03 herself
04 himself
05 themselves
06 myself
07 themselves
08 myself
09 ourselves
10 yourself
11 himself
12 themselves
13 myself
14 yourself
15 herself
16 대접하다
17 선호하다
18 다루다
19 생각
20 자동적으로
21 (e)ntire
22 (l)uxurious
23 (b)lame
24 (g)room
25 (m)aintain (f)ocus

UNIT 14 대명사 it ▸p.15

01 ⓐ
02 ⓒ
03 ⓑ
04 ⓐ
05 ⓒ
06 It is a good idea to plan the trip.
07 He finds it difficult to express his emotions.
08 They made it clear that honesty is important.
09 It can be challenging to adapt to a new environment.
10 It is common knowledge that the Earth revolves around the Sun.
11 대회
12 불가능한
13 건강한
14 탐험하다
15 ~을 분명히 하다
16 (o)bvious
17 (m)aintain
18 (p)ositive
19 (f)ully
20 (h)eavily

UNIT 15 부정대명사 ▸p.16

01 None
02 Some
03 the others
04 one, the other
05 others
06 either
07 agree
08 is
09 ○
10 supports
11 ○
12 빌려주다
13 평범한
14 빈
15 후보자
16 충성스러운
17 (d)eserve
18 (t)alent
19 (a)ttend
20 (o)n (s)ale
21 (b)elong (t)o

UNIT 16 의문대명사 ▸p.17

01 What
02 Who
03 Whose
04 Which
05 Whom
06 What
07 Which
08 Which
09 Who
10 Whose
11 Whose
12 생각
13 손 글씨
14 택배
15 고래
16 작가
17 (l)oud
18 (r)oommate
19 (p)osition
20 (l)ook (f)or
21 (l)and (o)n

D 시제

UNIT 17 현재시제 ▸ p.18

01 fixes	02 goes	03 is
04 departs	05 misses	06 carries
07 has	08 exercise	09 shines
10 drives	11 ride	12 arrive
13 laugh and play	14 skip	
15 is	16 replies	17 reaches
18 travel	19 stand	20 현지의
21 출발하다	22 끌어당기다	23 순간
24 태평양	25 (b)uild	26 (r)ise
27 (t)ravel	28 (g)ravity	29 (m)oss

UNIT 18 과거시제 ▸ p.19

01 loved	02 cried	03 stopped
04 talked	05 studied	06 prayed
07 turned	08 was	09 planned
10 stayed	11 started	12 attended
13 published	14 hurried	15 worried
16 dropped	17 happened	18 played
19 lived	20 비비다	21 착륙하다
22 쫓다	23 역사	24 초대
25 (e)arthquake	26 (r)eunion	
27 (A)tlantic	28 (c)elebrate	29 (s)ail

UNIT 19 동사의 과거–과거분사 불규칙 변화표 ▸ p.20

01 let	02 bought	03 sent
04 understood	05 led	06 dealt
07 came	08 flew	09 sang
10 took place	11 built	12 had
13 wrote	14 threw, broke	15 met, read
16 caught, rose	17 가라앉다	
18 닫다	19 극복하다	20 대학

UNIT 20 미래시제 ▸ p.21

01 will start	02 to begin	03 applaud
04 to cover	05 will be	06 plant

07 We will go to the mountains

08 I will feel better

09 We are about to hear the President's speech.

10 You are going to discuss an important issue.

11 We are about to board the plane to Europe.

12 They are going to celebrate their anniversary next month.

13 출시하다	14 선거	15 다가오는
16 발표	17 세부 사항	18 (i)ngredient
19 (d)eadline	20 (r)eveal	
21 (a)ssignment	22 (n)ational (p)ark	

UNIT 21 진행시제 ▸ p.22

01 moving	02 lying	03 seeing
04 planning	05 walking	06 inventing
07 getting	08 looking	

09 is crying in the middle of the street

10 was holding her mother's hand

11 will be talking about the project for a long time

12 is lifting the box carefully from the shelf

13 was dyeing his hair brown	14 seemed	
15 owns	16 풀다	17 거대한
18 벽난로	19 시내	20 해양 생물
21 (k)not	22 (s)helter	23 (p)latform
24 (d)ig	25 (n)iece	

UNIT 22 현재완료시제 ▸ p.23

01 경험 02 결과 03 완료 04 계속

21 줄을 서다 22 (s)unset 23 (a)musing
24 (f)reeze 25 (t)iring 26 (b)lock (o)ut

05 Has she visited London before?

06 House prices have not[haven't] come down recently.

07 I've never heard that story before.

08 We have been planning this trip for months.

09 was ten years old

10 We have lived in Korea

11 did Alex reply to your e-mail

12 has not[hasn't] seen him since Tuesday afternoon

13 거부하다　**14** 최근에　**15** 소포

16 작업　**17** 길을 잃다

18 (d)estination　**19** (b)ook

20 (k)indergarten　**21** (t)ransfer

22 (t)hrow (a)way

E 조동사

UNIT 23 조동사　▶p.24

01 can　**02** may I　**03** cannot

04 must know　**05** finish　**06** be able to

07 I may → may I　**08** go not → not go

09 enjoyed → enjoy

10 Should where → Where should

11 wills → will　**12** join you → you join

13 calls → call

14 You must be very hungry.

15 When should I take these pills?

16 Rachel will not be here

17 파도　**18** 제출하다　**19** 지원서

20 휴식을 취하다　**21** 외국어　**22** (s)kip

23 (c)ompany　**24** (m)atter　**25** (h)oliday

26 (a)ccept

UNIT 24 조동사 can (could), will (would)　▶p.25

01 will　**02** can　**03** Would

04 can　**05** could　**06** will

07 to join　**08** won't　**09** would

10 can't　**11** won't　**12** could

13 복잡한　**14** 개조하다　**15** 구별하다

16 틀림없이　**17** (가게 등을) 닫다

18 (r)ecommend　**19** (f)luently

20 (s)eafood　**21** (e)xplain　**22** (l)iar

UNIT 25 조동사 may (might), must (have to), shall, should　▶p.26

01 ⓐ　**02** ⓑ　**03** ⓑ

04 ⓐ　**05** must not

06 don't have to　**07** should not

08 might　**09** must not　**10** must

11 don't have to　**12** Shall

13 후보자　**14** 가능한　**15** 광고

16 기술적인　**17** 매다　**18** (s)uspect

19 (i)ssue　**20** (p)assenger　**21** (s)eatbelt

22 (m)atch

UNIT 26 be, do, have와 그 외 조동사　▶p.27

01 Do they know　**02** is going

03 Does she have　**04** have waited

05 used to　**06** had better not

07 used to　**08** had　**09** visit

10 You had better speak more slowly.

11 I do believe you are right

12 I had better not go out tonight.

13 He had better not skip

14 외계인　**15** 저명한　**16** 저자

17 결승전　**18** 설명　**19** (a)ppreciate

20 (c)ollection　**21** (r)ehearse　**22** (s)pinach

23 (b)ackyard

01 A national newspaper is edited by him.

02 Was the secret discovered by her?

03 The Mona Lisa was painted by Leonardo da Vinci.

04 They were attracted by a beautiful view of the Han River.

05 Was our proposal accepted by the management?

06 This question was not solved by Christine.

07 A beautiful landscape was painted by the artist.

08 This song was not composed by Beethoven.

09 Rome was founded in the 8th century BC.

10 Is this building protected by a security system?

11 발명하다　12 설계하다　13 보물

14 영향을 끼치다　15 농작물　16 (f)arm

17 (F)rench　18 (c)harity (e)vent

19 (b)e (l)ocated (i)n　20 (l)ight (b)ulb

01 A woman and two men were arrested.

02 When will the cause of the fire be discovered?

03 This app has been used among many people.

04 Houses for the old are being built by the organization.

05 must be submitted　06 can be found

07 might be invited　08 must be cleaned

09 will be finished　10 must not be forgotten

11 should be cleaned　12 must be purchased

13 will be announced　14 will not be served

15 무기　16 대본　17 울타리

18 결정　19 분석하다　20 (r)eview

21 (d)evelop　22 (s)erve　23 (s)pace

24 (d)estroy

01 of → to　02 to → for　03 of → to

04 to → 삭제　05 safe　06 to talk

07 happy　08 to clean　09 to pay

10 was heard screaming

11 am sent a postcard from Italy by her, is sent to me by her

12 are given a daily newspaper by Brian, is given to us by Brian

13 걸작　14 근로자　15 의견

16 범죄　17 선출하다　18 (o)rder

19 (a)pologize　20 (a)ward

21 (c)hallenging　22 (p)rofessor

01 about　02 with　03 in

04 with　05 in　06 about

07 was put off　08 were picked up

09 was run over　10 by me

11 is known to　12 is known for

13 be involved in　14 다양한

15 개척자, 선구자　16 재활용된　17 뜻밖의

18 약속　19 (f)ield　20 (g)rade

21 (f)reshly　22 (c)ondition　23 (u)pcoming

G 형용사

01 한정적　02 서술적　03 서술적

04 한정적　05 서술적　06 한정적

07 afraid　08 right　09 main

10 worth　11 late　12 certain

13 awake　14 주요한　15 매력적인

16 만족하는 17 제안
18 경기에 참가하다 19 (s)andy
20 (b)reathtaking 21 (f)ormer
22 (e)mpty 23 (b)right

UNIT 32 형용사의 종류 및 어순 ▶ p.33

01 few 02 a little 03 much
04 many 05 A few 06 little
07 many 08 much 09 Few
10 any 11 little
12 three tall blue buildings
13 something warm
14 변명 15 우주 16 낯선 사람
17 복도 18 윤년 19 (p)atience
20 (s)pare 21 (a)ccept 22 (a)dorable
23 (m)eaningless

UNIT 33 수사 (형용사) ▶ p.34

01 the third 02 two-tenths
03 nineteen ninety-five
04 two thousand (and) nineteen
05 September (the) twentieth 또는 the twentieth of September
06 December (the) thirty-first 또는 the thirty-first of December
07 eight twenty
08 three fifty-five 또는 five to four
09 four times 10 seven point one eight
11 five forty-five 또는 a quarter to six
12 two thousand (and) eight
13 twenty, tenth
14 nine thirty 또는 half past[after] nine
15 area code two one two, nine eight seven, six five four three
16 반짝이다 17 마을 18 인구
19 거리 20 재능있는 21 (r)elease

22 (a)ttempt 23 (p)revious
24 (a)rea (c)ode 25 (A)pril (F)ool's (D)ay

H 부사

UNIT 34 부사의 형태 ▶ p.35

01 similarly 02 truly 03 fully
04 frequently 05 simply 06 actually
07 beautifully 08 uniquely 09 hopefully
10 luckily 11 terribly 12 부사
13 형용사 14 부사 15 형용사
16 부사 17 형용사 18 형용사
19 부사 20 따분한 21 벽난로
22 합리적으로 23 친절함
24 시간을 절약하다 25 (w)orm
26 (f)luent 27 (s)hell 28 (p)rotect
29 (t)raffic (c)ongestion

UNIT 35 부사의 역할 및 위치 ▶ p.36

01 동사 performs 02 형용사 great
03 문장 전체 04 부사 brightly
05 문장 전체 06 He is hardly
07 pick you up 08 usually have
09 bring them back
10 should always clean your teeth
11 quite often goes 12 turned it off
13 완전하게 14 제거하다 15 좁은
16 ~을 거절하다 17 ~에 알레르기가 있는
18 (t)rauma 19 (m)igrate 20 (s)hade
21 (e)xposed 22 (d)irection

UNIT 36 그 밖의 중요 부사 ▶ p.37

01 still 02 yet 03 much
04 too 05 either 06 ago

07 When	08 still	09 else
10 Why	11 even	12 before
13 much	14 옥상	15 무서운
16 신속하게	17 고고학자	18 고대 유적
19 (a)broad	20 (d)eliver	
21 (b)other	22 (l)ift	
23 (g)as (s)tation		

I 비교급

UNIT 37 원급　　　▶ p.38

01 가능한 한 빨리 결정이 내려져야 한다.

02 가능한 한 많은 장소를 가세요.

03 네가 가는 한 나도 갈 것이다.

04 그녀는 내가 버는 것보다 세 배 많이 번다.

05 ○　06 cold　07 ○　08 good　09 ○

10 is not as good as last year

11 not as comfortable as my old ones

12 as soon as possible

13 as long as the weather is okay

14 알리다	15 침묵	16 나뭇가지
17 동화	18 혼잡 시간대	19 (m)agical
20 (w)hisper	21 (d)iligent	22 (t)railer
23 (t)hrilling		

UNIT 38 비교급, 최상급 형태　　　▶ p.39

01 weaker, weakest	02 wider, widest
03 closer, closest	04 prettier, prettiest
05 funnier, funniest	06 thinner, thinnest
07 more slowly, most slowly	
08 more, most	09 worse, worst
10 fewer, fewest	11 severer, severest
12 better, best	

13 more interesting, most interesting		
14 older	15 farther	16 smallest
17 lighter	18 fewer	19 worst
20 불꽃놀이	21 유명인	22 어리석은
23 조사	24 도입	25 (d)awn
26 (e)xplode	27 (m)edicine	28 (r)eveal
29 (r)enowned		

UNIT 39 비교급　　　▶ p.40

01 even	02 less clever	03 the more
04 to	05 than	06 much more
07 No more than		08 No less than
09 more and more interested		
10 The colder, the hungrier		
11 less difficult than	12 inferior to	
13 열등한	14 몇몇의	15 진주
16 현대적인	17 넓은	18 (p)revious
19 (j)unior	20 (s)enior	21 (p)rior
22 (s)uperior		

UNIT 40 최상급　　　▶ p.41

01 the most terrifying	02 the funniest
03 the cleanest	04 animals
05 the friendliest student in the class	
06 the most popular	
07 one of the hardest classes	
08 the most expensive restaurant	
09 as funny	10 more advanced
11 other book, more famous	
12 작곡가	13 남극 지역	14 대륙
15 형제자매	16 영향력 있는	17 (r)umor
18 (s)pread	19 (e)ntire	20 (c)ommon
21 (p)romotion		

J 접속사

18 (b)other　19 (a)dmit　20 (u)ncertain
21 (u)rgent　22 (k)not

UNIT 41 등위접속사　▶ p.42

01 but　02 and　03 so
04 but　05 for　06 or
07 and　08 or　09 so
10 and　11 Hurry up, or we will be late.
12 Follow the recipe, and the dish will be delicious.
13 Save money, or you won't be able to afford the trip.
14 우아한　15 기회　16 조언
17 매진된　18 곤경에 처하다　19 (c)ozy
20 (q)uickly　21 (c)arefully　22 (a)ctive
23 (s)upport

UNIT 42 상관접속사　▶ p.43

01 and　02 agree　03 but also
04 has　05 either　06 nor
07 neither　08 is not　09 are
10 but　11 Will as well as Kate
12 not only a playwright but also an actor
13 either French fries or a baked potato
14 not take the bus but walk
15 뛰어남, 탁월함　16 근면한　17 믿을 만한
18 재미있는　19 풍요롭게 하다　20 (g)ifted
21 (p)olitician　22 (v)oter
23 (k)nowledge　24 (i)nformative

UNIT 43 명사절을 이끄는 종속접속사　▶ p.44

01 목적어　02 주어　03 보어
04 주어　05 who　06 where
07 that　08 why　09 when
10 what　11 if　12 how
13 투자　14 접수처　15 ~에 의존하다
16 (행사가) 열리다　17 ~을 근거로 하다

UNIT 44 부사절을 이끄는 종속접속사　▶ p.45

01 after　02 while　03 so that
04 before　05 Even though　06 since
07 unless　08 Now that　09 because of
10 Although　11 such　12 so
13 번성하다　14 용서하다　15 잠이 들다
16 ~의 부족(한 상태)　17 늦게까지 깨어있다
18 (d)ecorate　19 (b)rush　20 (c)hilly
21 (c)onfidently　22 (c)ough

K 전치사

UNIT 45 시간을 나타내는 전치사　▶ p.46

01 at　02 on　03 by
04 during　05 from　06 in
07 in　08 before　09 for
10 during　11 at　12 for
13 in　14 until　15 on
16 사진　17 동네　18 효력이 있다
19 개를 산책시키다　20 알람을 맞추다
21 (p)romise　22 (s)eatbelt　23 (v)alid
24 (f)asten　25 (f)light

UNIT 46 장소를 나타내는 전치사　▶ p.47

01 in　02 below　03 between
04 behind　05 above　06 on
07 next to　08 among　09 in front of
10 above　11 on　12 beside
13 over　14 beneath　15 나뭇가지
16 경제학　17 (공중에서) 맴돌다
18 숨바꼭질　19 손을 흔들다　20 (h)ang

| 21 (h)ighway | 22 (p)illow | 23 (t)reasure |
| 24 (o)rdinary | | |

UNIT 47 방향 및 기타 전치사 ▸ p.48

01 up	02 along	03 around
04 into	05 down	06 across
07 for	08 out of	09 by
10 in	11 like	12 with
13 as	14 about	15 계곡
16 사다리	17 도망가다	18 향하다
19 위치하다	20 (s)ail	21 (s)uffer
22 (s)eashore	23 (p)eel	24 (c)ommute

UNIT 48 전치사의 관용표현 ▸ p.49

01 belong to	02 laughed at	03 waited for
04 take part in	05 deal with	06 at
07 of	08 on	09 with
10 from	11 to	12 for
13 for	14 to	15 암
16 노출	17 상품, 물건	18 핵심 사항
19 공개 연설	20 (l)ung	21 (c)omplaint
22 (s)hortcoming	23 (m)emory (l)oss	
24 (b)e (o)n (v)acation		

L 부정사

UNIT 49 to부정사의 명사적 용법 ▸ p.50

01 ©, ⓓ, ⓔ	02 ⓕ	03 ⓐ, ⓑ
04 chose to learn		
05 It is difficult to give a speech		
06 us not to travel	07 how to use email	

08 what to do	09 who(m) to invite
10 where to buy	11 확신이 없는
12 조립하다	13 정신 건강	14 ~에 투표하다
15 신청서	16 (q)uality	17 (w)eird
18 (c)olleague	19 (u)nfortunate	20 (l)ifelong

UNIT 50 to부정사의 형용사적 용법 ▸ p.51

| 01 time to read books |
| 02 The first thing to do |
| 03 the ability to make people |
| 04 the chance to go to America |
| 05 × | 06 on | 07 × |
| 08 with | 09 are to be married |
| 10 are to be paid |
| 11 someone reliable to watch |
| 12 the subject to talk about |
13 익히다, 연마하다	14 행복
15 의도하다	16 ~할 운명이다
17 잘못의 책임을 지다	18 (d)efinitely
19 (n)egotiate	20 (c)lear	21 (r)ewrite
22 (c)heat

UNIT 51 to부정사의 부사적 용법 ▸ p.52

| 01 to get our attention | 02 to be 95 |
| 03 to drive | 04 to say so |
| 05 to be a lawyer |
| 06 to find the museum closed |
07 to use	08 to wait	09 to see
10 so as not to	11 to get	12 to provide
13 to	14 in order not to
15 장례식	16 지름길	17 도박
18 알람을 맞추다	19 뇌장애	20 (l)id
21 (p)rotect	22 (s)helf	23 (f)oolish
24 (d)iscover

UNIT 52 to부정사의 의미상 주어와 관용표현 ▶ p.53

01 too tired to keep her eyes open
02 too boring for me to finish
03 nice enough for us to go for a hike
04 light enough for us to carry
05 for　　06 of　　07 of
08 for　　09 too ill to travel
10 tired enough to take a nap
11 too full to move　　12 기부하다
13 자선단체　　14 산소　　15 무자비한
16 ~에 맞서다　　17 (a)dmit　　18 (o)rganize
19 (s)torm　　20 (c)eiling　　21 (e)ntire

UNIT 53 원형부정사 ▶ p.54

01 laugh　　02 start　　03 consider
04 to sign　　05 leave
06 scream 또는 screaming
07 enter　　08 fix 또는 to fix
09 could do nothing but watch
10 do anything but perform
11 Why not sign up for the yoga class?
12 couldn't help but dance　　13 바뀌다
14 텅 빈　　15 킥킥대다　　16 배관공
17 삽시간에 퍼지다　　18 (h)orizon
19 (y)ell　　20 (a)pologize　　21 (f)ence
22 (c)omplain

M 동명사

UNIT 54 동명사의 형태 및 역할 ▶ p.55

01 전치사의 목적어　　02 주어
03 보어　　04 주어　　05 동사의 목적어
06 is　　07 informing　　08 to celebrate

09 to arrive　　10 not listering　　11 to inform
12 to receive　　13 riding　　14 숨 쉬다
15 감독하다　　16 책임감　　17 분석
18 학교를 중퇴하다　　19 (b)roaden
20 (p)riority　　21 (e)ndless　　22 (c)omplaint
23 (r)enovate

UNIT 55 동명사의 관용표현 ▶ p.56

01 is worth spending　　02 gone skiing
03 was used to following
04 can't[cannot] help laughing
05 is busy studying
06 don't feel like doing anything
07 have difficulty breathing
08 without reaching
09 couldn't stop us from enjoying
10 spent a year teaching
11 뜨개질하다　　12 추구하다　　13 하품하다
14 ~에도 불구하고　　15 속이다
16 (c)ourage　　17 (c)ompare　　18 (d)onate
19 (a)mount　　20 (b)lood

N 분사

UNIT 56 분사의 형태 및 종류 ▶ p.57

01 fallen　　02 boiling　　03 repaired
04 tired　　05 lived　　06 running
07 talking　　08 smiling　　09 repaired
10 surrounded　　11 seen　　12 chatting
13 taken　　14 connecting　　15 열다
16 운동화　　17 충격적인　　18 깨지기 쉬운
19 조용히　　20 (w)ooden　　21 (l)adder
22 (r)eserve　　23 (r)eport　　24 (f)lood

워크북 L~N

UNIT **57** 분사의 역할 ▸ p.58

01 ④   **02** ②   **03** ②
04 talking, 목적격 보어   **05** shocked, 주격 보어
06 boring, 주격 보어   **07** waving, 목적격 보어
08 were fixing   **09** has sat   **10** was bought
11 is chasing   **12** 지팡이   **13** 소방관
14 저자, 글쓴이   **15** 논의하다   **16** 제출하다
17 (s)ociety   **18** (d)eadline   **19** (t)reasure
20 (y)ell   **21** (r)escue

UNIT **58** 감정을 나타내는 분사 ▸ p.59

01 boring, bored   **02** moving, moved
03 amazed, amazing   **04** interesting, interested
05 shocking, shocked   **06** satisfying, satisfied
07 tiring, tired   **08** O   **09** surprised
10 disappointing   **11** O
12 실내에서   **13** 위층
14 실질적인, 실용적인   **15** 상담
16 ~와 논쟁하다   **17** (n)oise   **18** (w)et
19 (s)peech   **20** (o)utcome   **21** (d)iscovery

UNIT **59** 현재분사와 동명사 비교 ▸ p.60

01 현재분사   **02** 동명사   **03** 동명사
04 현재분사   **05** 동명사   **06** 동명사
07 동명사   **08** 현재분사
09 그들은 표를 위해 줄을 서서 기다리고 있다., 현재분사
10 나는 병원 대기실에 앉았다., 동명사
11 Kimberley는 주차 중이라 늦을 것이다., 현재분사
12 나는 나의 차를 주차장에 두었다., 동명사
13 이끼   **14** 토론   **15** 보람 있는
16 결심   **17** 평화로운   **18** (g)ather
19 (d)oubt   **20** (o)ccupy   **21** (p)atience
22 (e)rase

UNIT **60** 분사구문 ▸ p.61

01 Having come here first
02 (Being) Left alone
03 Having had a big meal
04 Not getting enough sleep
05 Not having a car   **06** Working
07 closed   **08** Confused   **09** left
10 turned   **11** Not realizing   **12** twinkling
13 꼬리   **14** 격려하다   **15** 다가오다
16 떨어지다   **17** 달아나다   **18** (s)cary
19 (p)our   **20** (w)ag   **21** (w)ealthy
22 (g)o (b)ankrupt

ⓞ 관계사

UNIT **61** 관계대명사 ▸ p.62

01 which[that] keeps moisture
02 that you bought last week
03 that the doctors could do
04 who[that] I saw last Friday
05 what   **06** which   **07** who
08 whose   **09** that   **10** which
11 which   **12** that   **13** what
14 존경하다   **15** 건축가   **16** 반짝거리다
17 복권에 당첨되다   **18** ~의 관심을 끌다
19 (e)xplain   **20** (h)appen   **21** (c)onsider
22 (c)onversation   **23** (c)over

UNIT **62** 관계대명사의 계속적 용법과 생략 ▸ p.63

01 I often encounter them, which makes me mad.
02 There is nothing that comes to mind.
03 I love my sister who is six years old.
04 Bob has an older sister, who is a teacher.

05 I discussed it with my brother, who is a lawyer.

06 ×　　07 whom　　08 which was

09 ×　　10 ×　　11 which

12 최신의, 현대의　13 교수　　14 고품질의

15 도움을 요청하다　　16 동물보호소

17 (r)oof　　18 (r)espect

19 (r)eport　　20 (w)ild (a)nimal

21 (c)are (f)or

UNIT 63 관계부사　　▶ p.64

01 the village where I was born

02 the day when my father died

03 the time when seat belts were not yet compulsory

04 another reason why I like her so much

05 how he approached strangers

06 the reason why our cows produce less milk

07 why　　08 when　　09 for which

10 where　　11 in which　　12 선택

13 해결하다　　14 표현하다　　15 생각

16 자라다　　17 (e)xact　　18 (d)ecision

19 (a)ccident　　20 (s)erious　　21 (t)ake (o)ff

P 가정법

UNIT 64 가정법 과거　　▶ p.65

01 could ride roller coasters

02 knew the answer to that question

03 would be very impressed

04 as though they knew me well

05 there were more menus for vegetarians

06 go　　07 were　　08 were

09 were, would join　　10 were handsome

11 knew　　12 망설이다　　13 용서하다

14 ~을 지나치다　　15 눈사람을 만들다

16 학교를 결석하다　　17 (m)agical

18 (m)illion　　19 (f)luent

20 (s)ecretary　　21 (h)eal

UNIT 65 가정법 과거완료　　▶ p.66

01 had asked me

02 hadn't eaten so much

03 as if she hadn't mentioned them

04 would have made you happy

05 as though nothing had happened

06 had spent more time together

07 had known, would not have asked

08 I had not tried

09 had turned out

10 I had volunteered　　11 늦잠 자다

12 공룡　　13 극복하다　　14 스스로

15 ~을 졸업하다　16 (d)onate　　17 (g)iant

18 (s)helf　　19 (e)xist　　20 (u)nlimited

Q 일치, 화법, 도치

UNIT 66 시제 일치　　▶ p.67

01 was　　02 had been　　03 would

04 were　　05 had been　　06 ○

07 could　　08 would　　09 ○

10 didn't realize, were

11 said, would take　　12 were told, is

13 taught, is　　14 정복하다　　15 행성

16 주위를 돌다　　17 최선을 다하다

18 (전쟁 등이) 발발하다　　19 (h)onesty

20 (p)olicy　　21 (h)ones　　22 (s)ucceed

23 (c)ertain

01　when I would leave　**02**　Think very carefully

03　not to touch anything

04　Do you have anything like a newspaper

05　he would never tell anybody

06　he was with my brother

07　Where is a plastic bag

08　if[whether] she was busy that day

09　By the window sat a curious cat.

10　Never had they seen such a beautiful painting before.

11　At the train station they waited for hours.

12　Seldom does he visit his old neighborhood.

13　정책　　**14**　조수　　**15**　명령하다

16　일기예보　　**17**　휴식을 취하다　　**18**　(b)eg

19　(s)wan　　**20**　(r)emind　　**21**　(r)iverbank

22　(m)idnight

memo

판매량 **1**위, 만족도 **1**위, 추천도서 **1**위!!

쉬운 개념 이해와 정확한 연산력을 키운다!!

★ 수력충전이 꼭 필요한 학생들

- 계산력이 약해서 시험에서 실수가 잦은 학생
- 스스로 원리를 터득하기 원하는 학생
- 개념 이해가 어려워 자신감이 없는 학생
- 수학의 전체적인 흐름을 잡기 원하는 학생
- 부족한 단원을 빠르게 보충하려는 학생
- 선행 학습을 하고 싶은 학생

1 쉬운 개념 이해와 다양한 문제의 풀이를 따라가면서 수학의 연산 원리를 이해하는 교재!!

2 매일매일 반복하는 연산학습으로 기본 개념을 자연스럽고 완벽하게 이해하는 교재!!

3 단원별, 유형별 다양한 문제 접근 방법으로 부족한 부분의 문제를 집중 학습할 수 있는 교재!!

★ 수력충전 시리즈

초등 수력충전 [기본]

초등 수학 1-1, 2 / 초등 수학 2-1, 2
초등 수학 3-1, 2 / 초등 수학 4-1, 2
초등 수학 5-1, 2 / 초등 수학 6-1, 2

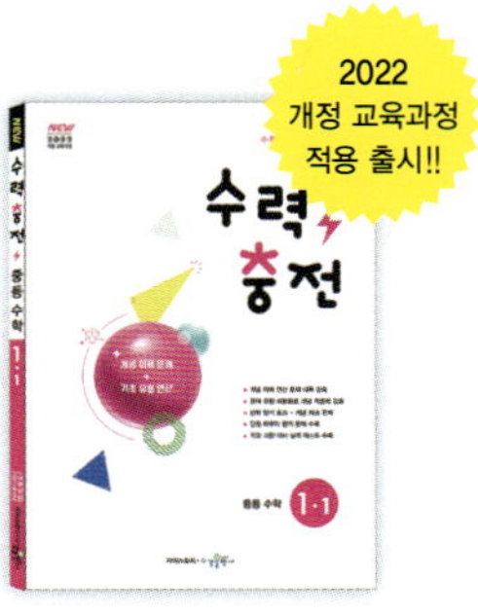

중등 수력충전

중등 수학 1-1, 2
중등 수학 2-1, 2
중등 수학 3-1, 2

고등 수력충전

공통수학 1, 공통수학 2
대수 / 미적분 I / 확률과 통계

자이스토리 국어 비문학, 문학, 문법, 어휘 시리즈

New

중등

비문학 독해 1, 2 예비 고등	독해력 완성 1, 2, 3	문학 독해+문학 용어 1, 2, 3

비문학 독해 1, 2 예비 고등

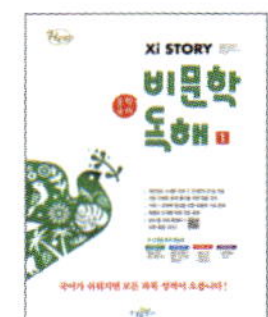

* 독해 STEP에 따른 단계별 독해 훈련

- STEP ① 핵심어 찾기, 중심 문장 찾기
- STEP ② 문단 요약하기, 문단 간의 관계 파악하기
- STEP ③ 글의 구조 파악하기, 주제 찾기
- STEP ④ 실력 향상 TEST

· 문해력+어휘 체크 문제

독해력 완성 1, 2, 3

· 재미있게 독해력을 기를 수 있는 다양한 소재의 지문
· 독해 STEP에 따른 단계별 독해 훈련
· 지문과 문제 접근법을 알려 주는 지문 특강, 문제 특강
· 다양한 유형의 어휘 테스트와 배경지식
· 다시는 틀리지 않게 하는 꼼꼼한 입체 첨삭 해설

문학 독해+문학 용어 1, 2, 3

* 갈래별, 단계별 독해 훈련

시
- STEP ① 화자, 중심 대상 찾기
- STEP ② 상황, 정서, 태도 파악하기
- STEP ③ 표현상 특징 파악하기

소설·극
- STEP ① 중심인물, 배경 파악하기
- STEP ② 중심 사건, 갈등 파악하기
- STEP ③ 서술상 특징 파악하기

★강남구청 인터넷 수능방송 강의교재 ★강남구청 인터넷 수능방송 강의교재

2022 개정 신간

중등

국어 문법 기본 / 국어 문법 완성	문해력을 키우는 어휘 1, 2

국어 문법 기본 / 국어 문법 완성

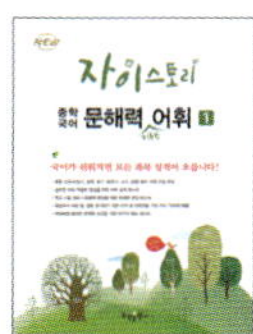

· 쉬운 개념 설명과 확인 문제로 문법 개념 쏙쏙
· 풍부한 예문과 그림으로 한눈에 개념 학습
· 최다 내신 문제로 학교 시험 100점 완성
· 문법 개념 동영상 강의 QR코드

문해력을 키우는 어휘 1, 2

· 읽기 · 듣기 · 말하기 · 쓰기 교과서의 어휘+용어 수록
· 문학 교과서 필수 작품의 어휘 + 개념어 수록
· 영역별 · 주제별 핵심 어휘 + 어휘 실력 테스트

2022 개정 신간

고등

비문학 독해 1, 2	문학 독해 1, 2

비문학 독해 1, 2

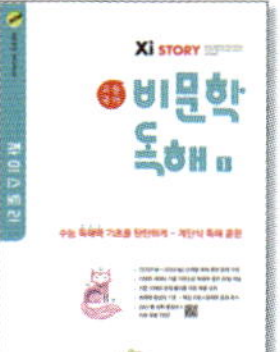

* 독해 STEP에 따른 단계별 독해 훈련

- STEP ① 핵심어 찾기, 중심 문장 찾기
- STEP ② 문단 요약하기, 문단 간의 관계 파악하기
- STEP ③ 글의 구조 파악하기, 주제 찾기
- STEP ④ 실력 확인 테스트
- STEP ⑤ 최강 실력 모의고사

문학 독해 1, 2

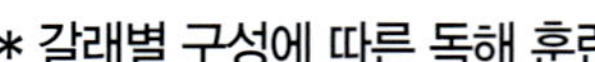

* 갈래별 구성에 따른 독해 훈련

시
- STEP ① 화자, 중심 대상 찾기
- STEP ② 상황, 정서, 태도 파악하기
- STEP ③ 표현상 특징 파악하기

소설·극
- STEP ① 중심인물, 배경 파악하기
- STEP ② 중심 사건, 갈등 파악하기
- STEP ③ 서술상 특징 파악하기

자이스토리 **중학 국어** 시리즈

🎓 중학 국어 비문학 독해 **1**, **2**, **3** (예비 고등)

- 문해력 + 어휘 체크 문제
- 4단계 독해 STEP별 아주 특별한 문제
- 다양한 유형의 어휘력 향상 TEST, 배경지식, 어휘 총정리 + 어휘 특별 TEST
- 독해 STEP에 따른 단계별 독해 훈련

  STEP **1** 핵심어 찾기, 중심 문장 찾기 [3일]   STEP **3** 글의 구조 파악하기, 주제 찾기 [5일]
  STEP **2** 문단 요약하기, 문단 간의 관계 파악하기 [4일]   STEP **4** 실력 향상 TEST [8일]

👥 중학 국어 문학 독해 + 문학 용어 **1**, **2**, **3**

갈래별 STEP에 따른 단계별 독해 훈련

〈시〉	〈소설 · 극〉	〈수필〉
STEP	STEP	STEP
1 화자, 중심 대상 찾기	**1** 중심인물, 배경 파악하기	**1** 증심 대상 찾기
2 상황, 정서, 태도 파악하기	**2** 중심 사건, 갈등 파악하기	**2** 글쓴이의 생각, 태도 파악하기
3 표현상 특징 파악하기	**3** 서술상 특징 파악하기	**3** 서술상 특징 파악하기

📚 중학 국어 독해력 완성 **1**, **2**, **3** [비문학]

- 독해 STEP에 따른 단계별 독해 훈련
- 지문과 문제 접근법을 알려 주는 Follow Me!
- 다양한 유형의 어휘 테스트와 배경지식

🌐 자이스토리 중학 국어 **문법 기본, 문법 완성**

- 2022 개정 중학 교과서 문법 개념 총정리
- 쉬운 개념 정리 + 다양한 예문의 개념 확인 문제
- 문법 개념 동영상 강의 QR코드
- 최다 내신 문제와 서술형 문제 수록
- **특별 부록**: [문법 개념 테스트] – 공부한 개념 복습 문제

📝 중학 국어 문해력을 키우는 어휘 **1**, **2**

- (읽기, 듣기 · 말하기 · 쓰기 교과서 어휘 + 용어 수록)
  영역별 · 주제별 핵심 어휘
- (문학) 교과서 필수 작품
- (문법) 교과서 필수 개념

자이스토리

예비 중등 영어 독해

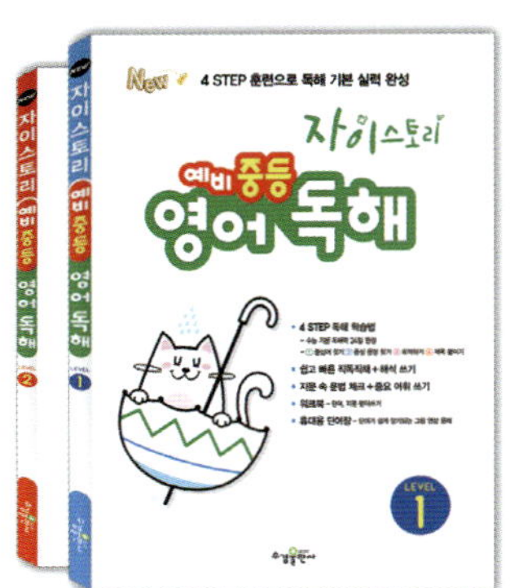

[Level 1, Level 2]

"중등 영어 독해를 계단식으로 탄탄하게 다진다!"

★ **계단식 독해 학습법 (4 STEP)**

계단식 독해 학습법을 익히면 길고 어려운 중학교 영어 지문도
쉽게 이해할 수 있는 독해 능력을 기를 수 있습니다.

[1] 중심어 찾기 [2] 중심 문장 찾기 [3] 요약하기 [4] 제목 붙이기

---

① 다양한 지문으로 기초부터 계단식 독해 학습

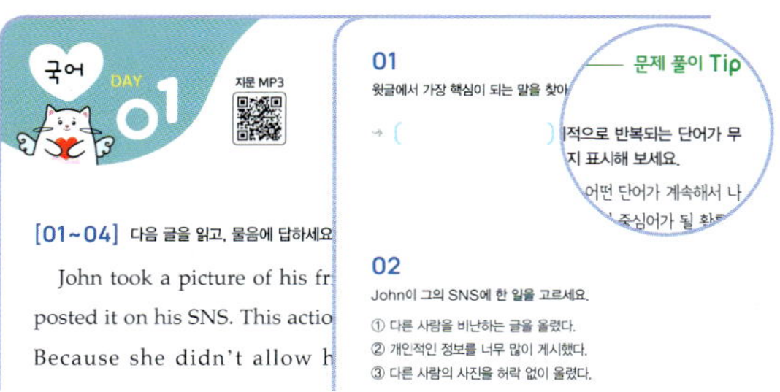

② 쉽고 빠른 지문 이해가 가능한 〔직독직해 + 해석 쓰기〕

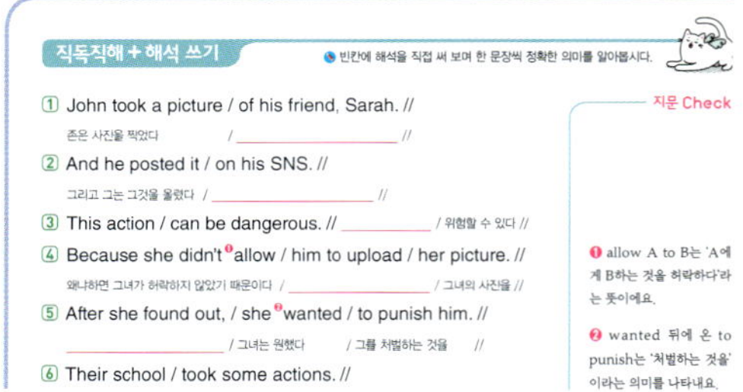

③ 지문 속 문법 체크 + 중요 어휘 쓰기!

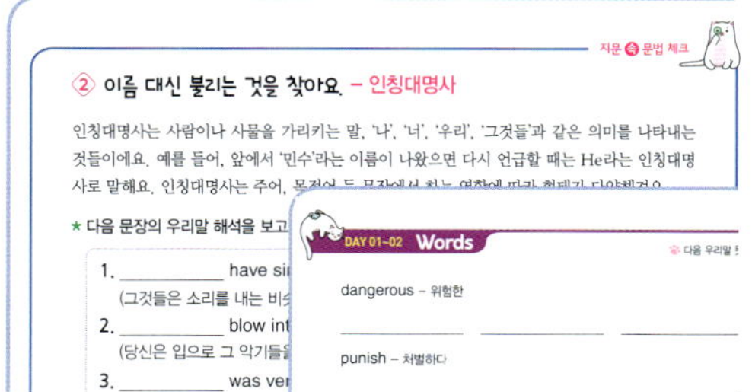

④ 5일 독해 학습을 총정리하는 Review Test!